옛날 민중들의 가요

시　　경
(詩　　經)

李　相　鎭
李　俊　寧　解譯
黃　松　文
崔　榮　典 (동·식물감수)

자유문고

『시경(詩經)』이란 어떤 책인가?

『시경(詩經)』이란 중국 대륙에서 가장 오래된 시집(詩集)으로 공자(孔子)가 엮은 것이다. 또 유가(儒家)에서는 3경(三經:詩經·書經·周易)의 하나로 선비의 필독서였다.

『시경』은 지금부터 3천여 년전 대륙의 각지에서 백성들의 입에 회자되던 민요요, 군왕들이 선조에게 제사지낼 때 부르던 하나의 음악이었다. 이러한 시들은 채시(採詩) 헌시(獻詩) 산시(刪詩) 등의 세 과정을 통하여 수집되었으며 전체의 편수는 311편이지만, 가사가 없는 시를 뺀다면 총 305편 뿐이다.

우리에게 신라시대의 향가(鄕歌)와 같이 중국대륙에는 『시경』이 있으며 이 『시경』이 중국문화에 끼친 영향은 가히 절대적 가치를 갖는다 할 수 있다.

『시경』은 흥체(興體)·부체(賦體)·비체(比體)의 3가지를 기준하여 6가지의 체로 이루어졌으며 내용은 풍(風)·아(雅)·송(頌)의 순으로 나누어져 있다.

풍(風)은 백성들 사이에 널리 불려진 민요를 모은 것이요, 아(雅)는 천자의 궁중에서 잔치에 연주되는 음악이요, 송(頌)은 천자의 종묘에서 제사지낼 때 연주하는 음악이었다. 이 가운데 풍(風)이 전체 『시경』 내용 가운데 반을 차지하고 있다.

또 『시경』이 비록 305편이지만 그 소재는 하늘과 신(神), 그리고 복잡다난한 인간사에 이르기까지 유미적(唯美的)이며 낭만적(浪漫的)이고 경천적(敬天的)이며 인간적이고 현실적인 모든 면에 관계되어 있으며, 제왕에서부터 농민에 이르기까지 모든 애환이 그 속에 담겨있다.

　공자(孔子)는 자신이 엮은 이 305편의 시(詩)를 한마디로 요약하면 '사무사(思無邪)'라고 하였다. '생각함에 사특함이 없다'라는 이 말은 곧 시를 보는 자신 속에 간사한 마음이 존재하지 않아야 한다는 가르침이기도 하다.

　앞에서 언급했지만 『시경』은 공자 이전부터 전하여 내려오던 것을 공자가 수집하여 정리하고 체계를 잡은 것이다. 『시경』이 하나의 시집이면서 오랜 기간 동안 교양의 필독서로 우리 선조들에게 중요시 되어온 것은 공자의 손을 거쳐 연구되고 정리되었으며, 공자의 심오한 사상을 부합시켜 정리되었기 때문이다.

　본래 『시경』은 주석(註釋)이 없으면 볼 수 없는 것이다. 많은 주석서 가운데 한나라 때 모시(毛詩 : 毛亨)의 주석서를 최고로 여겼으며, 그후 오대(五代) 때의 정현(鄭玄)의 정전(鄭箋)을 근거로 하여 당(唐)나라의 공영달(孔穎達)이 이 시의 소(疏)를 정리하여 당대(唐代)에 유행했고, 그후 북송(北宋) 때의 학자 주희(朱熹)에 의하여 『시경집주(詩經集註)』가 완성되면서 많은 사람들이 『시경집주』를 교본으로 삼아왔다.

　이 주희의 『시경집주』는 모시(毛詩)와 정현의 정전(鄭箋)을 참조하고 또 송나라의 여러 석학(碩學)들의 시의 주석서를 참조하고 조합하였다. 주희가 집대성한 『시경집주』를 유가에서는 정서(正書)로 삼았다.

　『시경』에 있는 작품의 작자(作者)는 대부분 밝혀지지 않았으며 작자가 누구라고 단정지을 수 있는 작품은 39편에 불과한 것이다.

　본 번역서 『시경』은 주희(朱熹)의 『시경집주』을 근거로 하여 풀어 새겼으며 동식물과 제도의 자료는 정영호(鄭英昊·전 서울대교수·현 학술원 회원)박사의 도움으로 이루어졌다.

시경집주서(詩經集註序)

주 희(朱熹)

　누군가가 나에게 시를 왜 짓느냐고 물었을 때 나는 이렇게 대답하였다.
　"사람이 태어나면서부터 고요〔虛靜〕한 상태로 있는 모습은 천성적인 성품(性稟)이다.
　이 성품이 사물에 감응되어 발동하는 것을 가리켜 성(性:本性)의 욕망(欲望)이라 한다.
　인간에게 있어서 본성의 욕망이 발동하게 되면 사고(思考)하지 않을 수 없게 된다. 또 사고하게 되면 언어가 있지 않을 수 없다. 언어가 있어도 언어로써 능히 다 표현하지 못하게 된다. 이에 슬픔과 기쁨의 감탄사를 써서 표현하는 그 이상의 어떤 깊은 감동의 극치에 이르고도 뭔가 모를 부족한 듯한 여운(餘韻)이 남게 마련이다.
　또 자연계(自然界)의 음향(音響)이라던지 서로 어우러지는 화음(和音)에 있어서도 그것을 다 표현하지는 못하는 것으로 이것이 시(詩)가 이루어지는 까닭이다."
　"그렇다면 시(詩)를 교육으로 활용하는 까닭은 어디에 있습니까?"
　"시란 사람의 마음이 사물에 감동되어 언어의 여운이 자연스럽게 형용되는 것이다. 마음속으로 감동하는 것에는 사특하고 바른 것이 있는 것이다. 그러므로 언어의 형용에도 옳은 것과 그른 것이 있게 마련이다.

오직 성인(聖人)이 세상을 다스리게 될 때 그 느끼는 것이 바르지 않은 것이 없으므로 그 언어가 가르침(교육)으로 쓰이게 된다. 그러나 간혹 감동하는 것이 잡스럽기도 하여 그 발현된 것 중에서 선택하여 쓰게 되는 경우가 있다. 이에 통치자(統治者 : 聖人)는 이 시를 보고 반드시 생각하고 스스로 반성하는 것이며 또 이 선택된 시(詩)로 권장하고 징계하는데에도 쓰는 것으로 가르침이 되는 것이다.

옛날 주(周)나라가 왕성할 때에는 위에서는 교묘(郊廟 : 국가의 사당)나 조정(朝廷)에서부터 아래로는 향(鄕)과 당(黨)과 여(閭)와 항(巷)에 이르기까지 그 언어가 수연(粹然)하여 바르지 않은 것이 없었다.

이에 성인(聖人)이 진실로 이 소리와 음률이 함께 어우러지도록 하여 고을에 쓰게 하고 각 제후국에 사용토록 하여 온 천하를 순화(順化)시켰다. 열국(列國)의 시는 천자(天子)가 직접 순수(巡守)하며 채록하여 보고 각각의 제후들의 상벌과 출척(黜陟)의 법전으로 사용하였다.

그후 소목(昭穆 : 周의 소왕·목왕) 이후에는 점점 쇠약해져 오랑캐의 능멸을 당하고 또 주나라가 동쪽으로 도읍을 옮김에 이르러서는 이 제도가 폐지되고 다시 시행되지 않았다.

이 때에 태어난 공자께서는 통치자의 지위를 얻지 못하였으므로 권선징악(勸善懲惡)과 제후 상벌의 정치를 시행할 수 없었다.

이에 그 전적(典籍)을 들어 토론하고 그 중복된 부분을 버리고 혼란된 부분을 바로잡아 그 착한 것이 족히 법이 되지 못하고 나쁜 것이 족히 경계가 되지 못하는 것은 간행할 때 삭제하였으며 간단하고 명료하게 하여 오래도록 후세에 보이기 위하여 만들었다.

이것은 학자들로 하여금 그 얻고 잃는 것을 고증할 수 있게 하여 선자(善者)는 사표로 삼고 악자(惡者)는 고치도록 한 것이다.

이로써 그의 정치는 비록 한 시대에 행하여지지 못하였으나 그의 교육으로 만세가 혜택을 받았으니 이것이 실제적으로 '시'가 교육이 되는 까닭이다."

"그렇다면 국풍(國風)·아(雅)·송(頌) 등의 체제가 서로 같지 않은 것은 어떤 이유 때문입니까?"

"내가 들은 바에 따르면 무릇 시의 풍(風)이라고 하는 것은 그의 출처가 이항(里巷 : 마을)에서 흘러나와 가요로 만들어진 것이다.

이것은 남자와 여자가 서로 더불어 읊고 노래한 것으로 각기 그들의 따뜻한 정을 표현한 것이다.

오직 주남(周南)과 소남(召南)은 친히 문왕의 교화에 힘입어 서로의 덕을 이룬 것으로 사람마다 그 성정(性情)의 바른 것을 얻어 그 언어의 발산된 것이 즐겁지만 음탕한 곳에 흐르지 않고, 슬프지만 비통한 곳에 미치지 않는다. 이로써 2편(주남·소남)이 유독 풍의 대표적인 노래로 정풍(正風)이 된 것이다.

패(邶)로부터 아래의 시는 그 나라의 다스려지고 어지러운 상태가 고르지 않고 사람의 어질고 어질지 않은 것이 또한 다른 것으로, 그 느끼고 발현(發現)되는 것 자체가 또한 사특하고 옳고 그른 상태가 고르지 않은 것이 있다. 이것을 선왕(先王)의 풍(風)이 후세에 이르러 변화된 것이라 할 수 있다.

또 아(雅)와 송(頌)은 주나라 성왕(成王) 시대 조정이나 교묘(郊廟)의 노래 가사로, 그 언어가 화평하고 씩씩하며 그 뜻이 관대하고 조밀하여 그것을 지은 사람이 왕왕 성인(聖人)의 무리였으니 이것은 만세의 정하여진 법이요, 바꿀 수 없는 좋은 가사였다.

또 아(雅)의 변화된 것은 이 또한 한 시대의 어진 이와 군자들이 시대를 민망히 여기고 풍속이 병든 것을 읊은 것으로 성인(聖人)이 선택하신 것은 그 충후하고 비통한 마음과 선한 것을 베풀고 사특한 것을 폐쇄시키는 뜻으로 한 것이다. 이것은 후세에 능히 말하지 않더라도 선비라면 능히 미칠 수 있는 것이다.

  이로써 시가 경(經)이 되는 것으로 인사(人事)가 모든 민중에게 흡족하게 하고 천도(天道)가 위로 갖추는 것으로 한 가지의 이치라도 갖추지 않은 것이 없다."

  "그렇다면 그 시를 배우는데 어찌하면 좋겠습니까?"

  "주남과 소남에 근본하여 그 실마리를 구하고 열국(列國)에 참조하여 그 변화된 것을 터득하고 아(雅)에 바르게 되어 그 법도를 크게 하고 송(頌)에 화(和)하여 그 그칠 것을 얻으면 이것이 시를 배우는 요지(要旨)라 하겠다.

  이에 장구(章句)로써 대강(大綱)를 삼고 훈고(訓詁)로써 기록하고 길이 읊어 창성(昌盛)하게 하고 흠뻑 젖어 체험하고 인간의 성품과 욕망과 은밀하고 미묘한 상태의 사이를 깊이 통찰하고 언행의 핵심의 시발처를 자세히 살핀다면 몸을 닦고 가정을 평화롭게 하며 천하의 도를 바르게 하는 진리가 이 속에 숨어 있을 따름이요, 다른 곳에서 구할 필요가 없다."

  질문한 사람이 유유히 물러갔다.

  이때 바야흐로 『시전(詩傳)』을 편집하고 또 이 질의 문답한 내용을 그 편의 머리에 얹어 시의 서문(序文)을 장식하였다.

  순희(淳熙:宋孝宗) 4년 정유(丁酉) 겨울 10월 무자(戊子)에 신안(新安)의 주희((朱熹) 씀.

  詩經序

  或有問於予 曰 詩 何爲而作也 予應之 曰 人生而靜 天之性也 感於物而動 性之欲也 夫 旣有欲矣 則不能無思 旣有思矣 則不能無言 旣有言矣 則言之所不能盡而發於咨嗟咏歎之餘者 必有自然之音響節族[1] 而不能已焉 此詩之所以作也 曰 然則其所以敎者 何也 曰 詩者 人心之感物 而形於言之餘也 心之所感 有邪正故 言之所形 有是非 惟聖人 在上 則其所感者 無不正 而其言 皆足以爲敎 其或 感之之雜 而所發不能無可擇者 則上之人 必思所以自反 而因有以勸懲之 是亦所以爲敎也 昔 周盛時 上自郊廟朝廷 而

下達於鄕黨閭巷 其言 粹然 無不出於正者 聖人 固已協之聲律 而
用之鄕人 用之邦國 以化天下 至於列國之詩 則天子巡守 亦必陳
而觀之 以行黜陟之典 降自昭穆 而後寖 以陵夷 至於東遷 而遂廢
不講矣 孔子 生於其時 旣不得位 無以行勸懲黜陟之政 於是 特擧
其籍 而討論之 去其重複 正其紛亂 而其善之 不足以爲法 惡之
不足以爲戒者 則亦刊而去之 以從簡約示久遠 使夫學者 卽是而有
以考其得失 善者 師之 而惡者 改焉 是以其政 雖不足以行於一時
而其敎 實被於萬世 是則詩之所以爲敎者 然也 曰 然則國風雅頌
之體 其不同 若是 何也 曰 吾聞之 凡詩之所謂風者 多出於里巷
歌謠之作 所謂男女相與詠歌 各言其情者也 唯周南召南 親被文王
之化 以成德 而人皆有以得其性情之正故 其發於言者 樂而不過於
淫 哀而不及於傷 是以 二篇獨爲風詩之正經 自邶而下 則其國之
治亂 不同 人之賢否 亦異 其所感 而發者 有邪正是非之不齊 而
所謂先王之風者 於此焉 變矣 若夫雅頌之篇 則皆成周之世 朝廷
郊廟 樂歌之詞 其語 和而莊 其義 寬而密 其作者 往往 聖人之徒
固所以爲萬世 法程 而不可易者也 至於雅之變者 亦皆一時 賢人
君子 閔時病俗之所爲 而聖人取之 其忠厚惻怛之心 陳善閉邪之意
尤非後世能言之 士所能及之 此詩之爲經 所以人事浹於下 天道備
於上 而無一理之不具也 曰 然則其學之也 當 奈何 曰 本之二南
以求其端 參之列國 以盡其變 正之於雅 以大其規 和之於頌 以要
其止 此學詩之大旨也 於是乎 章句以綱之 訓詁以記之 諷詠以昌
之 涵濡以體之 察之情性隱微之間 審之言行樞機之始 則修身 及
家平 均天下之道 其亦不待他求 而得之於此矣 問者 唯唯而退 余
時方輯詩傳 因悉次是語以冠其篇云 淳熙 四年 丁酉 冬十月 戊子
新安 朱熹 書

  1) 族(주):주(奏)와 같다.

차 례

『시경(詩經)』이란 어떤 책인가?…3
시경집주서(詩經集註序) — 주희…5

제 1 권 국풍(國風一)…21
제 1 장 주남(周南)…23
  1. 관저(關雎) : 물수리 우네…/24
  2. 갈담(葛覃) : 뻗어나는 칡덩굴…/26
  3. 권이(卷耳) : 캐고 캐는 도꼬마리…/28
  4. 규목(樛木) : 늘어진 나뭇가지…/29
  5. 종사(螽斯) : 베짱이의 날개…/30
  6. 도요(桃夭) : 무성한 복숭아 나무…/31
  7. 토저(兎罝) : 토끼잡는 그물…/32
  8. 부이(芣苢) : 캐고 캐는 질경이…/33
  9. 한광(漢廣) : 넓고 넓은 한강…/34
  10. 여분(汝墳) : 여수의 둑가에서…/36
  11. 인지지(麟之趾) : 기린의 발이여…/37

제 2 장 소남(召南)…39
  1. 작소(鵲巢) : 까치의 집…/39
  2. 채번(采蘩) : 흰쑥을 뜯다…/40
  3. 초충(草蟲) : 여치의 울음…/41
  4. 채빈(采蘋) : 개구리밥을 뜯세…/43
  5. 감당(甘棠) : 무성한 팥배나무…/45
  6. 행로(行露) : 축축히 내린 이슬길…/46
  7. 고양(羔羊) : 염소의 털가죽…/47
  8. 은기뢰(殷其靁) : 우르릉 천둥소리…/48
  9. 표유매(摽有梅) : 떨어지는 매화…/49
  10. 소성(小星) : 빛나는 작은 별…/50
  11. 강유사(江有汜) : 강물도 갈리고…/51
  12. 야유사균(野有死麕) : 들의 죽은 노루…/53
  13. 하피농의(何彼襛矣) : 고운 저 꽃은…/54

12 시경(詩經)

14. 추우(騶虞) : 수렵의 관리···/55

제 3 장 패풍(邶風)···57

1. 백주(柏舟) : 둥둥 뜬 잣나무 배···/57
2. 녹의(綠衣) : 녹색의 옷···/59
3. 연연(燕燕) : 제비 날으네···/60
4. 일월(日月) : 해와 달···/62
5. 종풍(終風) : 종일 부는 바람···/63
6. 격고(擊鼓) : 북을 울리면···/65
7. 개풍(凱風) : 남풍이 불면···/66
8. 웅치(雄雉) : 장끼 (수꿩)···/67
9. 포유고엽(匏有苦葉) : 박잎···/68
10. 곡풍(谷風) : 동쪽 바람···/70
11. 식미(式微) : 여위고 여위다···/73
12. 모구(旄丘) : 높고 낮은 언덕···/73
13. 간혜(簡兮) : 크고 크다···/75
14. 천수(泉水) : 졸졸 흐르는 샘물···/77
15. 북문(北門) : 북문을 나서니···/78
16. 북풍(北風) : 싸늘한 북풍···/80
17. 정녀(靜女) : 정숙한 아가씨···/81
18. 신대(新臺) : 새로운 누각···/82
19. 이자승주(二子乘舟) : 두 아들을 태운 배···/83

제 4 장 용풍(鄘風)···85

1. 백주(柏舟) : 저 잣나무 배···/85
2. 장유자(牆有茨) : 담장의 납가새···/86
3. 군자해로(君子偕老) : 그대와 함께 해로···/87
4. 상중(桑中) : 상중마을···/89
5. 순지분분(鶉之奔奔) : 메추리는 쌍쌍이 날고···/90
6. 정지방중(定之方中) : 정성이 남쪽에서 비칠 때···/91
7. 체동(蝃蝀) : 오색 무지개···/93
8. 상서(相鼠) : 쥐를 보면···/94
9. 간모(干旄) : 깃대를 세우고···/95
10. 재치(載馳) : 달려라 수레여···/96

제 5 장 위풍(衛風)···99

1. 기욱(淇奧) : 기수의 저 물굽이···/99
2. 고반(考槃) : 별장을 짓고···/101
3. 석인(碩人) : 훌륭한 임···/102

4. 맹(氓) : 모르는 사나이…/105
　　　5. 죽간(竹竿) : 낚시대…/108
　　　6. 환란(芄蘭) : 새박덩굴…/109
　　　7. 하광(河廣) : 넓은 황하…/110
　　　8. 백혜(伯兮) : 그 사람…/111
　　9. 유호(有狐) : 여우가 어슬렁거리다…/112
　　10. 목과(木瓜) : 던져준 모과…/113

제 6 장 왕풍(王風)…115

　　　1. 서리(黍離) : 이삭 늘어져…/116
　　2. 군자우역(君子于役) : 부역 가신 임…/117
　　3. 군자양양(君子陽陽) : 그 임은 즐거워…/118
　　4. 양지수(揚之水) : 잔잔히 흐르는 물…/119
　　5. 중곡유퇴(中谷有蓷) : 골짜기의 익모초…/120
　　　6. 토원(兎爰) : 토끼는 뛰고…/121
　　　7. 갈류(葛藟) : 칡덩굴…/123
　　　8. 채갈(采葛) : 칡 캐러 가세…/124
　　　9. 대거(大車) : 큰 수레…/124
　10. 구중유마(丘中有麻) : 언덕의 삼밭…/126

제 7 장 정풍(鄭風)…127

　　　1. 치의(緇衣) : 검은 옷…/127
　　2. 장중자(將仲子) : 그 중자님이여…/128
　　3. 숙우전(叔于田) : 숙님의 사냥…/129
　　4. 대숙우전(大叔于田) : 대숙님의 사냥…/130
　　　5. 청인(淸人) : 청 고을 사람…/132
　　　6. 고구(羔裘) : 염소 갖옷…/133
　　7. 준대로(遵大路) : 큰 길로 나서서…/134
　　8. 여왈계명(女曰雞鳴) : 닭이 웁니다…/135
　9. 유녀동거(有女同車) : 수레를 함께 탄 여자…/136
　10. 산유부소(山有扶蘇) : 산의 작은나무…/137
　　　11. 탁혜(蘀兮) : 마른 잎이여…/138
　　　12. 교동(狡童) : 교활한 녀석…/138
　　13. 건상(褰裳) : 치마를 걷어 올리고…/139
　　　14. 봉(丰) : 믿음직스러운 임…/140
　15. 동문지선(東門之墠) : 동문 밖의 마당…/141
　　　16. 풍우(風雨) : 바람과 비…/141
　　17. 자금(子衿) : 그 임의 옷깃…/142

18. 양지수(揚之水) : 잔잔한 물결…/143
19. 출기동문(出其東門) : 동문을 나서니…/144
20. 야유만초(野有蔓草) : 들의 덩굴풀…/144
21. 진유(溱洧) : 진수와 유수…/145

제 8 장 제풍(齊風) …147

1. 계명(雞鳴) : 닭이 울다…/147
2. 선(還) : 날쌘 그대…/148
3. 저(著) : 문간에서…/149
4. 동방지일(東方之日) : 동녘의 해…/150
5. 동방미명(東方未明) : 동이 트기 전…/151
6. 남산(南山) : 남쪽 산…/152
7. 보전(甫田) : 큰 밭…/153
8. 노령(盧令) : 사냥개의 방울…/154
9. 폐구(敝笱) : 떨어진 그물…/155
10. 재구(載驅) : 수레타고 달리는데…/156
11. 의차(猗嗟) : 아, 멋지셔라…/157

제 9 장 위풍(魏風) …159

1. 갈구(葛屨) : 칡으로 만든 신…/159
2. 분저여(汾沮洳) : 분수의 늪에서…/160
3. 원유도(園有桃) : 정원의 복숭아…/162
4. 척호(陟岵) : 민둥산에 올라서…/163
5. 십묘지간(十畝之間) : 10묘의 땅…/164
6. 벌단(伐檀) : 박달나무를 베어…/165
7. 석서(碩鼠) : 큰 쥐…/167

제 10 장 당풍(唐風) …169

1. 실솔(蟋蟀) : 귀뚜라미소리…/169
2. 산유추(山有樞) : 산의 느릅나무…/171
3. 양지수(揚之水) : 잔잔한 물…/172
4. 초료(椒聊) : 산초나무…/173
5. 주무(綢繆) : 나무단을 묶는데…/174
6. 체두(杕杜) : 고독한 아가위나무…/175
7. 고구(羔裘) : 염소갖옷…/176
8. 보우(鴇羽) : 너새의 깃…/177
9. 무의(無衣) : 옷이 없다.…/178
10. 유체지두(有杕之杜) : 외로운 아가위나무…/179
11. 갈생(葛生) : 자라는 칡덩굴…/180

12. 채령(采苓): 감초를 캐세…/181

제11장 진풍(秦風)…183

1. 거인(車隣): 수레소리…184
2. 사철(駟驖): 네 필의 말…185
3. 소융(小戎): 군인의 작은 수레…186
4. 겸가(蒹葭): 갈대숲…189
5. 종남(終南): 종남산…190
6. 황조(黃鳥): 꾀꼬리…191
7. 신풍(晨風): 빨리 나는 새매…193
8. 무의(無衣): 옷이 없으랴…194
9. 위양(渭陽): 위수의 북쪽…195
10. 권여(權輿): 부귀와 권력…196

제12장 진풍(陳風)…198

1. 완구(宛丘): 완구 위에서…198
2. 동문지분(東門之枌): 동문의 느릅나무…199
3. 형문(衡門): 초라한 집…200
4. 동문지지(東門之池): 동문밖의 연못…201
5. 동문지양(東門之楊): 동문밖의 버들…202
6. 묘문(墓門): 묘문에서…203
7. 방유작소(防有鵲巢): 제방위의 까치집…204
8. 월출(月出): 달이 뜨니…205
9. 주림(株林): 주땅의 수풀에서…206
10. 택파(澤陂): 연못의 둑…206

제13장 회풍(檜風)…208

1. 고구(羔裘): 양의 갖옷…208
2. 소관(素冠): 하얀 갓…209
3. 습유장초(隰有萇楚): 늪의 양앵두…210
4. 비풍(匪風): 바람은 일지 않고…211

제14장 조풍(曹風)…/213

1. 부유(蜉蝣): 하루살이들…213
2. 후인(候人): 길 안내인…214
3. 시구(鳲鳩): 뻐꾸기…215
4. 하천(下泉): 흐르는 샘물…216

제15장 빈풍(豳風)…/218

1. 칠월(七月): 칠월이면…218

2. 치효(鴟鴞) : 부엉이…/225
  3. 동산(東山) : 동산/227
  4. 파부(破斧) : 부서진 도끼…/229
  5. 벌가(伐柯) : 도끼자루를 베며…/230
  6. 구역(九罭) : 고기 그물…/231
  7. 낭발(狼跋) : 늙은 이리…/232

제 2 권 소아(小雅二)…235
제 1 장 녹명(鹿鳴)…236
  1. 녹명(鹿鳴) : 사슴이 우네 …/237
  2. 사모(四牡) : 네 필의 수말…/238
  3. 황황자화(皇皇者華) : 아름다운 꽃…/240
  4. 상체(常棣) : 아가위나무…/241
  5. 벌목(伐木) : 나무를 베는데…/243
  6. 천보(天保) : 하늘의 보호…/245
  7. 채미(采薇) : 고비를 캐세…/247
  8. 출거(出車) : 수레를 꺼내다…/250
  9. 체두(杕杜) : 무성한 아가위나무…/252
  10. 남해(南陔)…/254

제 2 장 백화(白華)…255
  1. 백화(白華)…/255
  2. 화서(華黍)…/255
  3. 어리(魚麗) : 물고기가 걸리다…/256
  4. 유경(由庚)…/257
  5. 남유가어(南有嘉魚) : 남쪽의 곤들메기…/258
  6. 숭구(崇丘)…/259
  7. 남산유대(南山有臺) : 남산의 향부자…/259
  8. 유의(由儀)…/261
  9. 육소(蓼蕭) : 큰 다북쑥…/261
  10. 담로(湛露) : 촉촉히 내린 이슬…/262

제 3 장 동궁(彤弓)…264
  1. 동궁(彤弓) : 붉은활…/264
  2. 청청자아(菁菁者莪) : 무성한 다북쑥…/265
  3. 유월(六月) : 뒤숭숭한 유월…/266
  4. 채기(采芑) : 상추를 뜯세…/269
  5. 거공(車攻) : 탄탄한 수레…/272

6. 길일(吉日) : 좋은 날…/274
　　　7. 홍안(鴻鴈) : 날아가는 기러기…/275
　　　8. 정료(庭燎) : 정원의 횃불…/277
　　　9. 면수(沔水) : 넘치는 물…/278
　　10. 학명(鶴鳴) : 학의 울음…/279

제 4 장 기보(祈父)…281
　　　1. 기보(祈父) : 군(軍)의 사마(司馬)…/281
　　　2. 백구(白駒) : 흰망아지…/282
　　　3. 황조(黃鳥) : 꾀꼬리야…/283
　　　4. 아행기야(我行其野) : 내 그 들에 나가다…/284
　　　5. 사간(斯干) : 이 시냇물…/285
　　　6. 무양(無羊) : 양이 없다던가…/288
　　　7. 절피남산(節彼南山) : 높이 솟은 저 남산…/290
　　　8. 정월(正月) : 사월…/293
　　　9. 시월지교(十月之交) : 시월이 되면…/298
　　10. 우무정(雨無正) : 내리는 비…/301

제 5 장 소민(小旻)…305
　　　1. 소민(小旻) : 저 높은 하늘…/305
　　　2. 소완(小宛) : 작은 비둘기…/307
　　　3. 소반(小弁) : 갈가마귀…/309
　　　4. 교언(巧言) : 교묘한 말…/312
　　　5. 하인사(何人斯) : 저 어떤 사람…/315
　　　6. 항백(巷伯) : 내시…/317
　　　7. 곡풍(谷風) : 동녘바람…/319
　　　8. 육아(蓼莪) : 길고 큰 다북쑥…/320
　　　9. 대동(大東) : 대동고을…/322
　　10. 사월(四月) : 초여름…/325

제 6 장 북산(北山)…328
　　　1. 북산(北山) : 북쪽 산…/328
　　　2. 무장대거(無將大車) : 큰 수레 몰지 마라…/330
　　　3. 소명(小明) : 작은 빛…/330
　　　4. 고종(鼓鍾) : 쇠북 울리면…/332
　　　5. 초자(楚茨) : 가시 돋힌 가시나무…/334
　　　6. 신남산(信南山) : 우뚝 솟은 남산…/337
　　　7. 보전(甫田) : 큰 밭이여…/339
　　　8. 대전(大田) : 넓은 밭…/342

18 시경(詩經)

9. 첨피낙의(瞻彼洛矣) : 저 낙수를 보라…/343
10. 상상자화(裳裳者華) : 아름다운 꽃…/345

제7장 상호(桑扈)…347
1. 상호(桑扈) : 고지새…/347
2. 원앙(鴛鴦) : 원앙새…/348
3. 기변(頍弁) : 머리 고깔…/349
4. 거할(車舝) : 수레의 빗장…/351
5. 청승(青蠅) : 쉬파리…/353
6. 빈지초연(賓之初筵) : 잔치…/354
7. 어조(魚藻) : 물고기와 마름풀…/357
8. 채숙(采菽) : 콩을 따다…/358
9. 각궁(角弓) : 뿔활…/360
10. 울류(菀柳) : 울창한 버들…/362

제8장 도인사(都人士)…364
1. 도인사(都人士) : 서울양반…/364
2. 채록(采綠) : 조개풀을 뜯으며…/365
3. 서묘(黍苗) : 기장싹…/366
4. 습상(隰桑) : 습지의 뽕나무…/368
5. 백화(白華) : 왕골…/369
6. 면만(緜蠻) : 꾀꼬리…/370
7. 호엽(瓠葉) : 박잎…/372
8. 점점지석(漸漸之石) : 우뚝 솟은 바위…/373
9. 초지화(苕之華) : 능소화…/374
10. 하초불황(何草不黃) : 풀은 시드는데…/375

제3권 대아(大雅三)…377

제1장 문왕(文王)…378
1. 문왕(文王) : 주나라 문왕…/378
2. 대명(大明) : 크게 밝히다…/381
3. 면(緜) : 길게 이어지는 것…/384
4. 역복(棫樸) : 두릅나무 떨기…/387
5. 한록(旱麓) : 한산의 기슭…/389
6. 사제(思齊) : 거룩하신 태임은…/390
7. 황의(皇矣) : 위대하다…/392
8. 영대(靈臺) : 영대…/397
9. 하무(下武) : 무궁하게 이어갈 주나라…/399

10. 문왕유성(文王有聲) : 문왕을 칭송하다…/401

제 2 장 생민(生民)…404
1. 생민(生民) : 백성을 낳으시다…/404
2. 행위(行葦) : 길가의 갈대…/408
3. 기취(旣醉) : 술에 취하다…/410
4. 부예(鳧鷖) : 물오리와 갈매기…/412
5. 가락(假樂) : 아름답고 즐거워라…/414
6. 공류(公劉) : 공류씨여…/415
7. 형작(泂酌) : 고인 물을 떠서…/419
8. 권아(卷阿) : 굽은 큰 언덕…/420
9. 민로(民勞) : 백성의 노고…/424
10. 판(板) : 하늘의 저버림…/426

제 3 장 탕(蕩)…430
1. 탕(蕩) : 위대하다…/430
2. 억(抑) : 가득한 위엄…/433
3. 상유(桑柔) : 저 부드러운 뽕나무…/438
4. 운한(雲漢) : 저 은하수…/443
5. 숭고(崧高) : 높이 치솟다…/447
6. 증민(烝民) : 모든 백성들…/450
7. 한혁(韓奕) : 큰 한나라…/453
8. 강한(江漢) : 강수와 한수…/457
9. 상무(常武) : 장중한 군사의 행렬…/460
10. 첨앙(瞻卬) : 우러러 보다…/463
11. 소민(召旻) : 하늘이시여…/466

제 4 권 송(頌四)…469

제 1 장 주송청묘(周頌淸廟)…470
1. 청묘(淸廟) : 깨끗한 사당…/470
2. 유천지명(維天之命) : 하늘의 명…/471
3. 유청(維淸) : 맑고 빛나다…/472
4. 열문(烈文) : 빛나고 덕이 있는…/472
5. 천작(天作) : 하늘이 만드셨네…/473
6. 호천유성명(昊天有成命) : 하늘이 정한 명…/474
7. 아장(我將) : 내 정성으로 드리리다…/474
8. 시매(時邁) : 순방하다…/475
9. 집경(執競) : 굳세다…/476

20 시경(詩經)

10. 사문(思文) : 큰 덕 두신 후직…/477

제 2 장 주송신공(周頌臣工)…479
1. 신공(臣工) : 관리들…/479
2. 희희(噫嘻) : 아아!…/480
3. 진로(振鷺) : 백로떼…/481
4. 풍년(豊年) : 풍년…/481
5. 유고(有瞽) : 장님 악사…/482
6. 잠(潛) : 물속의 고기…/483
7. 옹(雝) : 온화한 화기…/484
8. 재견(載見) : 처음 뵈옵다…/485
9. 유객(有客) : 손님이 오셨네…/486
10. 무(武) : 오, 무왕이시여!…/487

제 3 장 주송민여소자(周頌閔予小子)…488
1. 민여소자(閔予小子) : 가엾은 소자여…/488
2. 방락(訪落) : 처음 묻다…/489
3. 경지(敬之) : 공경함이란…/489
4. 소비(小毖) : 삼가하고 신중히…/490
5. 재삼(載芟) : 풀을 베다…/491
6. 양사(良耜) : 좋은 보습…/493
7. 사의(絲衣) : 제사의 의복…/495
8. 작(酌) : 술잔의 춤…/495
9. 환(桓) : 씩씩하고 늠름하다…/496
10. 뢰(賚) : 주는 것…/497
11. 반(般) : 즐거움…/497

제 4 장 노송(魯頌)…499
1. 경(駉) : 살찐 큰 말…/499
2. 유필(有駜) : 살찌고 건강한 말…/501
3. 반수(泮水) : 반궁의 물…/503
4. 비궁(閟宮) : 깊숙한 사당…/506

제 5 장 상송(商頌)…512
1. 나(那) : 아름답기도 하네…/512
2. 열조(烈祖) : 공로가 많으신 탕임금…/514
3. 현조(玄鳥) : 제비…/515
4. 장발(長發) : 길이 길이…/516
5. 은무(殷武) : 은나라의 힘…/519

▨ 부록 : 시경원문(原文) 색인…523

제 1 권 국풍(國風 一)

남쪽에 우뚝 솟은 저 나무
그늘이 있어야 쉬어가지.
한수(漢水)가에 노는 저 아가씨
만날 수 있어야 사랑하지
한수는 넓고 넓어
헤엄칠 수도 없고요.
강수는 길고 길어
뗏목 타고 갈 수도 없네.

제 1 권 국풍(國風 一)

  국(國)은 제후(諸侯)로 봉한 나라의 지역이요, 풍(風)은 그 봉한 제후국의 민속과 대중들의 가요로 당시에 유행하던 가사(歌詞)를 말하는 것이다.
  이것을 풍(風) 곧, 바람이라고 한 것은 당시의 황제(皇帝)가 민중에게 내린 한마디 한마디가 이치에 맞는 말로써 모든 민중을 감격시켜 바람과 같이 퍼져나간 것에서 기인한 것이다.
  이것은 모든 사물에 있어서 바람이 한번 불면 그 바람의 힘에 의하여 모든 만물이 움직이는 것과 같은 데에서 유래된 것이다. 그러므로 천자는 채시관(採詩官)을 각 제후국에 보내 민중속에 유행하는 가사를 수집하여 황제에게 바치게 하고 황제는 그것을 받아 악관(樂官)에게 주어 각 나라 제후들의 민중의 풍속이 아름답고 아름답지 못한 것을 상고하여 정치의 잘잘못을 파악하였다.
  이 때는 주남(周南)과 소남(召南)을 바른 음악으로 삼았고 바른 풍속으로 여겨 여러 각 고을이나 각 주 또는 각각의 제후국의 모범으로 삼아 천하를 교화하는데 사용하였다.
  그밖의 13개국(邶·鄘·衛·王·鄭·齊·魏·唐·秦·陳·檜·曹·豳)은 변풍(變風:아름답지 못한 음악)으로 삼아 그것도 또한 악관(樂官)에게 보존케하여 정풍(正風:周南·召南)과 사풍(邪風:13개국)을 구분하여 서로를 경계하고 교육하는데 사용하였다.
  국풍은 정풍(正風) 2개국과 변풍(變風) 13개국 모두 15개국으로 이루어졌다.

제 1 장 주남(周南 : 周南一之一)

　주(周)는 나라 이름이며 남(南)은 남쪽 지방에 있는 제후(諸侯)의 나라라는 뜻이다.
　주나라는 본래 옹주(雍州)지역인 기산(岐山)의 남쪽에 위치하고 있었다.
　후직(后稷)의 13세손인 고공단보(古公亶父)가 처음 도읍을 정한 곳이다.
　그 아들 계력(季歷)으로부터 문왕(文王=昌)에 이르러 국토를 넓히고 다시 도읍을 풍(豊)으로 옮겼으며 옛 기주(岐周)를 나누어 문왕의 아들인 주공단(周公旦)과 소공석(召公奭)의 채읍(采邑)으로 삼았다.
　또 주공단으로 하여금 나라의 정치를 관장하여 돌보게 하고, 소공석은 각 제후들을 다스리게 하여 덕의 정치가 중국의 전체는 물론 남방의 제후국, 오랑캐의 나라에까지 덕화의 혜택을 입혔으며, 천하의 3분의 2를 차지하게 되었다.
　문왕의 아들 무왕(武王)이 즉위하여 도읍을 호(鎬)로 옮기고 천자(天子)의 나라인 상(商=殷)의 주(紂)를 정벌하여 천하를 통일하였다.
　무왕이 죽고 아들 성왕(成王=誦)이 어린 나이로 즉위하여 숙부(叔父)인 주공단이 섭정하게 되었다.
　주공단은 예악(禮樂)을 제정하고 부왕인 문왕 때 유행하던 민속적인 시를 수집하여 악기에 옮겨 집안의 연회나 고을의 연회 또는 나라의 연회나 행사에 연주하도록 하였다. 그 후로 각 고을이나 제후국은 이것을 토대로 하여 계속 주공이 제정한 예악을 쓰게 되었다.

대개 나라안에서 유행한 시는 남국의 영향에서 유래한 것으로 이것을 주남(周南)이라고 하였으며, 주공단이 모은 시를 말하는 것이다. 이것이 천자의 나라인 주나라에서 각 제후국으로 그 교화가 미친 것이다. 소남은 소공석이 모은 것으로 제후의 패국(伯國=大國)으로부터 유행하여 천자의 나라까지 이르러 유행하여 쓰인 것이다.

'소서(小序)'에 '관저(關雎)와 인지(麟趾)의 교화는 왕자(王者)의 바람(風)으로 주공과 관련시킨 것이요, 남(南)은 교화가 북에서부터 남쪽으로 미친 것이다. 작소(鵲巢) 추우(騶虞)의 덕은 제후의 풍(風)이다. 이것은 선왕(先王)의 교화의 영향으로 이루어진 것이므로 소공을 연결시킨 것이다.'라고 했다.

주자(朱子=熹)도 이 말이 맞다고 주장하였다. 주남(周南)은 총 11편 34장 159구절(句節)로 되어 있다.

1. 관저(關雎) : 물수리 우네.
노래하는 한 쌍의 물수리
황하의 물가에 노는구나.
얌전하고 조용한 아가씨는
덕 높은 군자의 좋은 짝일레라.

(물수리)

올망졸망 마름풀들을 이리저리 찾고
품위있고 얌전한 아가씨를
자나깨나 생각하네.
생각해도 얻지 못하니
자나깨나 또 생각하네.
생각하고 또 생각하며
이리뒤척 저리뒤척 잠 못이루네.

올망졸망 마름풀을 이리저리 뜯으며

제 1 장 주남(周南)

얌전하고 아리따운 아가씨를 금슬좋게 사귀네.
올망졸망 마름풀을 이리저리 가려내고
얌전하고 아리따운 아가씨와 풍악을 울리며 즐기네.

▨ 흥체(興體)다. 총3장에 1장은 4구절 2, 3장은 8구절로 이루어졌다.

공자는 '관저편은 즐거우면서도 음탕하지 아니하고 슬프면서도 마음 상하지 않는다.'고 했다.

주(周)나라 문왕(文王)이 요조숙녀인 태사(太姒)를 배필로 맞아들여 궁중 사람들이 정숙한 태사의 부덕(婦德)을 보고 이 시를 지었다고 한다. 여기서 군자는 문왕을 가리킨 것이다.

※ 흥체(興體)는 사물을 앞에 거론하여 그것으로 시상(詩想)을 삼은 시 형태(詩形態)를 말한다.

關關[1] 雎鳩[2] 在河[3]之洲[4]로다 窈窕淑女[5] 君子[6]好逑로다
參差荇菜[7]를 左右流之[8]로다 窈窕淑女를 寤寐求之로다 求之不得이라 寤寐思服[9]하여 悠哉[10]悠哉라 輾轉反側[11]하노라
參差荇菜를 左右采之로다 窈窕淑女를 琴瑟[12]友之로다 參差荇菜를 左右芼之로다 窈窕淑女를 鍾鼓[13]樂之로다

1) 關關(관관): 암컷과 수컷이 서로 우는(즐기는) 의성어.
2) 雎鳩(저구): 물에 사는 물수리. 일명 왕저(王雎)라고도 한다. 중국의 강회(江淮)에서 살며 태어나면서부터 짝이 정해져 서로 문란한 행동을 하지 않고 항상 함께 놀면서도 지나치지 않는다 함. 모전(毛傳)에 지극한 애정이 있으며 그것으로 남녀의 분별을 삼았다고 함.
3) 河(하): 중국의 북방으로 흐르는 물의 통칭.
4) 洲(주): 강물 가운데 있는 섬의 일부.
5) 窈窕淑女(요조숙녀): 아름답고 덕성스럽고 교양있고 정숙한 숙녀.
6) 君子(군자): 덕이 높은 사람. 높은 지위에 있는 자. 여기에서는 주(周)나라의 문왕(文王)을 가리킴.
7) 參差荇菜(참치행채): 참치는 길기도 하고 짧기도 하여 어수선한 모

양. 행채는 마름풀로 노랑어리 연꽃. 조름
나물과에 속하는 다년생 수초.
8) 左右流之(좌우유지) : 이쪽 저쪽. 이리저리
   물길 따라 찾아다니다.
9) 思服(사복) : 마음속으로 생각하는 것.
10) 悠哉(유재) : 오랫동안 생각하는 것.
11) 輾轉反側(전전반측) : 자리에 누워
    몸을 이리 저리 뒤척이는 모양.
12) 琴瑟(금슬) : 금은 다섯 줄 또는 일
    곱 줄로 된 것이요, 슬은 25현으로
    된 중국의 현악기. 금슬은 음조가
    서로 잘 어울리는 것으로 정다운 부
    부간을 금슬이 좋다고
    일컬음.
13) 鍾鼓(종고) : 종은 금
    속의 악기요, 고는 가
    죽으로 된 악기로 음악
    의 큰 것을 일컫는 말.

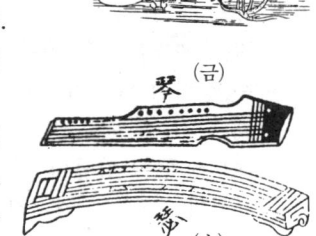

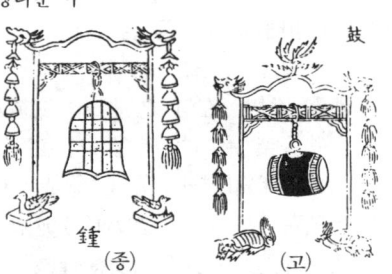

2. 갈담(葛覃) : 뻗어나는 칡덩굴

뻗어나는 칡덩굴은 산골짜기에 뻗어나가 그 잎이 무성하네.
꾀꼬리도 날아와 떨기나무에 모여앉아 요란하게 지저귀네.

뻗어나는 칡덩굴은 산골짜기로 뻗어나가 그 잎이 무성하네.
잘라다가 삶아내어 굵고 가는 베짜 옷 해입고 좋아하네.

스승께 고해 돌아가도록 말씀드려 시집에서 평상복도 빨고.
예복도 빨고 빨아 모두 깨끗이 빨아 부모님 뵈러 친정가리.

▨ 부체(賦體)다. 총 3장으로 장마다 6구절로 이루어졌다.

이 시는 후비(后妃)가 스스로 지은 시로 찬미한 내용이 없다고 했다.

후비는 귀한 집안의 출신이지만 부지런하고 검소한 생활을 하였다. 성장하여서는 사부를 존경하고 또한 부귀한 집으로 시집가서는 시부모를 모시는 효성이 지극하였다. 이는 덕이 두터운 것으로 아무나 할 수 있는 일이 아니다. 후비만이 가능한 것이다.

葛(칡)

※ 부체는 있는 그대로의 사실을 묘사한 시 형태이다.

葛之覃兮 施[1]于中谷하여 維葉萋萋[2]어늘 黃鳥[3]于飛 集于灌木[4]하여 其鳴喈喈[5]러라

葛之覃兮 施于中谷하여 維葉莫莫[6]이어늘 是刈是濩[7]하여 爲絺爲綌[8]호니 服之無斁이로다

言告師氏[9]하여 言告言歸호라 薄汚[10]我私며 薄澣我衣니 害澣害否[11]오 歸寧[12]父母하리라

1) 施(이) : 여기서는 '이'로 발음하며 옮기다의 뜻이다.
2) 萋萋(처처) : 잎이 무성한 모양.
3) 黃鳥(황조) : 꾀꼬리를 말한다.
4) 灌木(관목) : 가지가 무성하고 줄기가 분명하지 않은 떨기나무.
5) 喈喈(개개) : 새들이 지저귀는 소리가 멀리까지 들리는 소리.
6) 莫莫(막막) : 대단히 무성한 모양.
7) 是刈是濩(시예시확) : 이에 베고 이에 삶다.
8) 爲絺爲綌(위치위격) : 고운 것은 치요, 거친 것은 격.

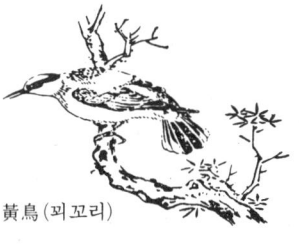

黃鳥(꾀꼬리)

28　제 1 권 국풍(國風)

9) 師氏(사씨) : 여자의 스승.
10) 薄污(박오) : 박은 짧다는 뜻이요, 오는 빨아 때를 빼는 것.
11) 害澣害否(할간할부) : 무엇은 빨고 무엇은 빨지 않으리오? 해(害)
　는 할로 발음하며 무엇의 뜻이 있다.
12) 歸寧(귀녕) : 친정에 돌아가 안부를 묻는다.

3. 권이(卷耳) : 캐고 캐는 도꼬마리

캐고 캐는 도꼬마리
바구니에도 차지 않고.
아아! 그리워라 임 생각에
바구니조차 길에 놓고.

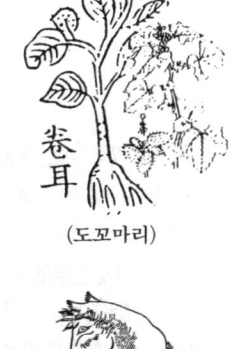
(도꼬마리)

저 험한 산을 오르려니
나의 말은 지쳤네.
에라, 저 황금 술통의 술이나 따라
이 내 생각 잊어나 볼까.

험난한 산을 오르려 하니
나의 말만 허덕이는구나.
에라, 쇠뿔잔에 술이나 따라
이 내 시름 잊어나 볼까.

(말)

바위산 오르려 하니
나의 말만 병들었고.
내 하인도 병이 났으니
이 어찌하면 좋단 말인가?

▨ 부체(賦體)다. 4장에 장마다 4구절로 이루어졌다.
이 장도 후비가 스스로 지은 것이라고 한다. 문왕이 주(紂)

제 1 장 주남(周南) 29

왕에게 갇혀 있을 때 후비가 자신의 안타까운 심정을 노래한 시라고 하지만 그것을 고증할 만한 자료는 없다.

采采¹⁾卷耳²⁾호대 不盈頃筐³⁾하여 嗟我懷人이라 寘彼周行⁴⁾호라
陟彼崔嵬⁵⁾나 我馬虺隤⁶⁾란대 我姑酌彼金罍⁷⁾하여 維以不永懷하리라
陟彼高岡이나 我馬玄黃이란대 我姑酌彼兕觥⁸⁾하여 維以不永傷하리라
陟彼砠矣나 我馬瘏矣며 我僕痡矣니 云何⁹⁾吁矣오

1) 采采(채채) : 캐고 또 캐다. 채(採)와 같다. 반복어.
2) 卷耳(권이) : 도꼬마리. 국화과의 일년초. 들이나 길가에 저절로 나는데 줄기는 1m가량 곧게 자람. 잎은 잎꼭지가 길고 넓은 삼각형이며 여름에 노란꽃이 핌. 봄에는 부드러운 잎을 먹을 수 있고, 한방에서는 창이자(蒼耳子)라 하여 약용으로 쓰임.
3) 頃筐(경광) : 앞이 낮고 뒤가 높은 대광주리.
4) 周行(주행) : 큰 길, 혹은 큰 도리. 큰 일.
5) 崔嵬(최외) : 돌이 많은 험악한 산.
6) 虺隤(회퇴) : 말이 지쳐 험악한 산을 오르지 못하는 것.
7) 金罍(금뢰) : 금으로 만든 술통.
8) 兕觥(시굉) : 소뿔로 만든 술잔.
9) 云何(운하) : 어찌하여의 뜻. 여하(如何)와 같다.

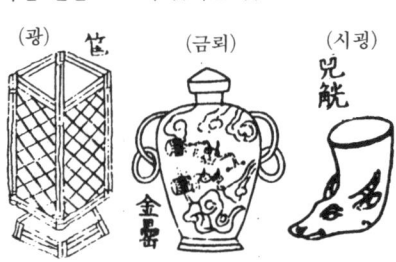

4. 규목(樛木) : 늘어진 나뭇가지

남산의 늘어진 나뭇가지 등나무가 얽혔구나.
즐거운 우리 임은 복과 녹(祿)으로 편안하도다.

30 제 I권 국풍(國風)

남산의 늘어진 나뭇가지 등나무로 덮였네.
즐거운 우리 임은 복과 녹이 도와주네.

남산의 늘어진 나뭇가지
등나무에 휘감기었네.
즐거운 우리 임은 복과 녹이 이루어주네.

(등나무)

▩ 흥체(興體)다. 3장에 장마다 4구절로 이루어졌다.

후비(后妃)가 여러 첩들에게 사랑을 베풀어 여러 첩들이 후비의 덕을 칭송한 것이다. 나무에 등나무덩굴이 얽혀 있는 것처럼 후비에게 복과 녹이 이르러 마음이 편안한 상태를 시상(詩想)으로 일으켜 후비의 부귀영화와 여러 첩들이 얽혀 있는 것을 비유하여 노래한 것이다.

  南有樛木[1]하니 葛藟[2]纍之로다 樂只君子[3]여 福履[4]綏之로다
  南有樛木하니 葛藟荒之로다 樂只君子여 福履將之로다
  南有樛木하니 葛藟縈之로다 樂只君子여 福履成之로다
 1) 樛木(규목) : 나뭇가지가 아래로 늘어진 나무.
 2) 葛藟(갈류) : 덩굴풀이며 등나무를 말한다.
 3) 樂只君子(낙지군자) : 낙은 즐거움의 뜻. 지는 어조사. 군자는 여러
    첩들이 후비를 가리킨 것으로 소군내자(小君內子)와 같은 뜻이다.
 4) 福履(복리) : 복과 녹. 이는 녹(祿)과 같다.

5. 종사(螽斯) : 베짱이의 날개
베짱이의 울음소리 무성하게 들리네.
너의 자손 번성함이 마땅하리라.

베짱이의 울음소리 끝도 없이 들리네.

너의 자손 끊임없이 번창하리라.

베짱이의 울음소리
우글우글 끝이 없네.
너의 자손 계속 모여 화목하리라.

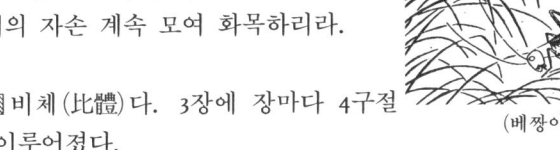
(베짱이)

▨ 비체(比體)다. 3장에 장마다 4구절로 이루어졌다.

후비가 덕을 베풀고 질투를 하지 않아 자손이 더욱 번성하였다. 베짱이떼가 번성한 것처럼 여러 첩들이 후비의 덕을 받고 화락한 것을 베짱이떼에 비유하여 후비의 성덕을 찬미한 노래이다.

※ 비체는 사물에 비유하여 노래한 것.

螽斯¹⁾羽 詵詵²⁾兮니 宜爾子孫이 振振³⁾兮로다
螽斯羽 薨薨⁴⁾兮니 宜爾子孫이 繩繩⁵⁾兮로다
螽斯羽 揖揖⁶⁾兮니 宜爾子孫이 蟄蟄⁷⁾兮로다

1) 螽斯(종사) : 황(皇)속. 자라면 푸른 색의 긴 뿔이 있으며 긴 다리가 있고 그 긴 다리로 서로 비벼 소리를 낸다. 한 번에 99마리의 새끼를 낳는다. 메뚜기과의 베짱이.
2) 詵詵(선선) : 많은 모양.
3) 振振(진진) : 번성한 모양.
4) 薨薨(횡횡) : 무리가 떼지어 내는 소리.
5) 繩繩(승승) : 대대로 자손이 번성하고 끊이지 않는 모양.
6) 揖揖(즙즙) : 계속 모여드는 모양.
7) 蟄蟄(칩칩) : 떼로 모여 우글거리는 모양.

6. 도요(桃夭) : 무성한 복숭아나무

싱싱하고 싱싱한 복숭아나무여!

그 꽃이 활짝 피었네.
시집가는 그 새아씨여!
그 집안을 화목케 하리라.

푸르고 푸른 복숭아나무여!
탐스런 열매 맺었네.
시집가는 그 새아씨여!
그 집안을 행복하게 하리라.

푸르고 푸른 복숭아나무여!
그 잎이 무성하네.
시집가는 그 새아씨여! 그 집안을 화락케 하리라.

(복숭아나무)

▨홍체다. 3장에 장마다 4구절로 이루어졌다.
  문왕(文王)의 덕이 가정으로부터 온 나라에 퍼져 감화된 여자는 어질어지고 그 어진 여자가 시집가서 가정을 행복하게 꾸밀 것을 노래한 것이다.

　　　桃之夭夭¹⁾여 灼灼²⁾其華로다 之子³⁾于歸⁴⁾여 宜其室家로다
　　　桃之夭夭여 有蕡其實이로다 之子于歸여 宜其家室이로다
　　　桃之夭夭여 其葉蓁蓁⁵⁾이로다 之子于歸여 宜其家人이로다

1) 夭夭(요요) : 싱싱한 모양.
2) 灼灼(작작) : 꽃이 활짝 핀 모양.
3) 之子(지자) : 그 아가씨. 이 아가씨.
4) 于歸(우귀) : 우는 현재 진행의 뜻, 귀는 시집가는 것.
5) 蓁蓁(진진) : 잎이 더욱 무성한 모양.

7. 토저(兎罝) : 토끼잡는 그물
잘 손질된 토끼그물

말뚝박아 치는 소리 쟁쟁하도다.
그 씩씩한 무사여. 한 나라의 좋은 방패로다.

잘 손질된 토끼그물 저 언덕위에 치는구나.
그 씩씩한 무사여. 한 나라의 좋은 신하로다.

잘 손질된 토끼그물 저 숲속에 쳐있네.
그 씩씩한 무사여. 우리 임금님과 한마음이라네.

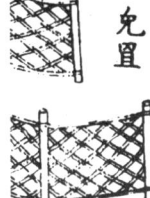
(토끼그물)

▩흥체다. 3장에 장마다 4구절로 이루어졌다.
 문왕(文王)의 성한 덕에 온 나라가 감화되어 토끼를 잡는 나무꾼들도 기예를 닦아 한 나라의 간성(干城)이 된다는 것을 찬미한 노래이다.

肅肅[1]兎罝여 椓之丁丁[2]이로다 赳赳[3]武夫여 公侯干城[4]이로다
肅肅兎罝여 施于中逵[5]로다 赳赳武夫여 公侯好仇[6]로다
肅肅兎罝여 施于中林이로다 赳赳武夫여 公侯腹心[7]이로다

1) 肅肅(숙숙) : 규칙적인 모양.
2) 丁丁(쟁쟁) : 본래는 정정(丁丁)이나 여기에서는 쟁쟁으로 발음함. 말뚝을 박을 때 나는 소리.
3) 赳赳(규규) : 씩씩한 모습.
4) 干城(간성) : 간은 방패. 방패와 성(城)처럼 나라를 지켜주는 것.
5) 中逵(중규) : 아홉 갈래의 길이 교차하는 한가운데.
6) 好仇(호구) : 구는 짝하다. 함께 일할 수 있는 좋은 짝.
7) 腹心(복심) : 마음과 덕이 서로 같음. 절친한 사이.

8. 부이(芣苢) : 캐고 캐는 질경이
캐고 캐는 이 질경이 잠깐 캐고 잠깐 뜯세.
캐고 캐는 이 질경이 어서어서 듬뿍 캐세.

캐고 캐는 이 질경이
어서어서 뜯어보세.
캐고 캐는 이 질경이
어서어서 따보세.

캐고 캐는 이 질경이
치마폭에 싸보세.
캐고 캐는 이 질경이
치마폭에 싸오세.

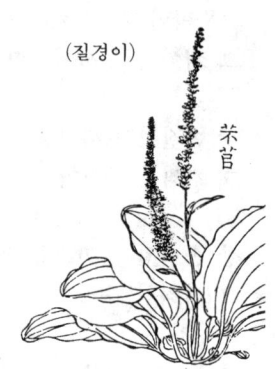
(질경이)

▨ 부체다. 3장에 장마다 4구절로 이루어졌다.
　문왕의 성덕에 감화된 민중들이 편안한 삶을 살아 가정이 화목하여 지고, 가정의 부인들도 안락한 처지에서 나물을 캐고 즐기는 상황을 노래한 시다.

　　采采¹⁾芣苢²⁾를 薄言³⁾采之호라 采采芣苢를 薄言有⁴⁾之호라
　　采采芣苢를 薄言掇⁵⁾之호라 采采芣苢를 薄言捋⁶⁾之호라
　　采采芣苢를 薄言袺之호라 采采芣苢를 薄言襭⁷⁾之호라

1) 采采(채채) : 캐고 캐다의 뜻.
2) 芣苢(부이) : 질경이. 잎이 크고 이삭줄기가 길며 길에서 자라는 식물.
3) 薄言(박언) : 조사(助辭).
4) 有(유) : 이미 캐었다. 채취했다.
5) 掇(철) : 떨어진 열매를 줍다.
6) 捋(랄) : 따낸다는 뜻.
7) 襭(힐) : 앞치마에 물건을 담고 양끝을 허리띠에 끼운 모습.

9. **한광(漢廣) : 넓고 넓은 한강**
남쪽에 우뚝 솟은 저 나무 그늘이 있어야 쉬어가지.
한수(漢水)가에 노는 저 아가씨

만날 수 있어야 사랑하지.
한수는 넓고 넓어 헤엄칠 수도 없고요.
강수는 길고 길어
뗏목 타고 갈 수도 없네.

빽빽한 잡목 사이에서
싸리나무만 베어내어
그 아가씨가 시집올 때
그 말의 꼴이나 먹여주리라.
한수는 넓고 넓어 헤엄칠 수도 없고요.
강수는 길고 길어
뗏목 타고도 갈 수가 없네.

(싸리나무)

그 울창한 잡목속의 그 쑥이나 베어 내어
그 아가씨 시집올 때 그 말의 꼴이나 먹여주리라.
한수는 넓고 넓어 헤엄쳐 갈 수도 없고요.
강수는 길고 길어 뗏목 타고 갈 수도 없네.

▨ 홍이비체(興而比體)다. 3장에 장마다 8구절이다..
　문왕의 교화가 가까운 곳에서부터 시작되어 먼 곳인 강한(江漢)의 근처에까지 미쳤다. 당시는 풍기가 문란하였으나 문왕의 교화로 남녀가 품행이 단정하여져 서로 사모하고 기다릴 줄 아는 풍토로 바뀌었다.
　남성이 여성을 그리워하여 때를 기다릴 줄 아는 정서를 노래한 시이다.

　　南有喬木[1]하니 不可休思[2]이로다 漢[3]有游女[4]하니 不可求思로다
漢之廣矣 不可泳思며 江[5]之永矣 不可方[6]思로다
　　翹翹[7]錯薪[8]에 言刈其楚[9]호리라 之子于歸에 言秣其馬호리라 漢之廣矣 不可泳思며 江之永矣 不可方思로다

翹翹錯薪에 言刈其蔞[10]호리라 之子于歸에 言秣其駒호리라 漢之廣矣 不可泳思며 江之永矣 不可方思로다

(산쑥)

1) 喬木(교목) : 나무의 가지는 별로 없고 위로만 우뚝 솟은 나무.
2) 休思(휴사) : 쉬다. 사(思)는 어조사(語助辭). 휴식(休息)으로 되어있는 책도 있다.
3) 漢(한) : 중국 장강의 대지류. 흥원부(興元府) 번총산(幡冢山)에서 흘러 강수(江水)로 이름.
4) 游女(유녀) : 밖으로 나와 노는 여자.
5) 江(강) : 강수(江水)로 장강의 본 이름.
6) 方(방) : 뗏목을 말한다.
7) 翹翹(교교) : 나무들이 빽빽이 자란 모습.
8) 錯薪(착신) : 뒤엉킨 땔 나무.
9) 楚(초) : 싸리나무.
10) 蔞(루) : 엉거시과에 속하는 산쑥.

10. 여분(汝墳) : 여수의 둑가에서

저 여수의 둑을 따라 그 나뭇가지를 베노라.
그 임을 보지 못한지라 굶주려 아침밥 그리워지듯 하네.

여수의 둑을 따라 그 곁가지를 베노라.
그 임의 얼굴을 보니 나를 잊지는 않으셨구려.

방어꼬리는 붉고 왕실(王室)은 불타는 듯하구나.
비록 불타는 듯하더라도
부모님을 위해 다시 멀리가지 않겠지요.

▨ 1, 2장은 부체, 3장은 비체다. 총 3장에 장마다 4구절로 이

루어졌다.
 문왕(文王)의 치덕(治德)이 여수(汝水)에 있는 나라에까지 미쳐 풍속이 순화되었다. 여수가의 부인이 남편이 국가의 부역에 나가 일하는 것을 즐겁게 생각하고 국가의 부역을 마치고 빨리 무사히 돌아오기를 애타게 염원한 노래이다.

遵彼汝¹⁾墳²⁾하여 伐其條枚³⁾호라 未見君子⁴⁾라 惄⁵⁾如調飢⁶⁾호라
遵彼汝墳하여 伐其條肄⁷⁾호라 旣見君子호니 不我遐棄로다
魴魚頳尾⁸⁾어늘 王室如燬로다 雖則如燬나 父母孔邇⁹⁾시니라

1) 汝(여) : 여수(汝水) 여주(汝州)의 천식산(天息山)에서 흘러 채(蔡)나라 영주(潁州)를 거쳐 회수(淮水)로 합류됨.
2) 墳(분) : 큰 둑. 큰 제방.
3) 條枚(조매) : 나뭇가지와 나무줄기.
4) 君子(군자) : 노래의 작자인 여자의 그리운 임.
5) 惄(역) : 굶주린 자가 음식을 생각하는 것과 같이 임을 생각하는 것.
6) 調飢(주기) : 주는 아침. 아침을 굶주리는 것.
7) 條肄(조이) : 베어낸 곳에 다시 돋아난 나뭇가지.
8) 魴魚頳尾(방어정미) : 방어는 피로하면 꼬리가 붉어진다고 함.
9) 父母孔邇(부모공이) : 여기서 부모는 문왕(文王)이요, 공이는 심히 가깝다, 매우 가깝다의 뜻. 따라서 가까이 계신 부모를 위하여 떠나지 말라는 의미.

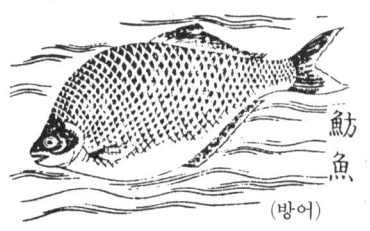
魴魚(방어)

11. 인지지(麟之趾) : 기린의 발이여
 기린의 어진 발이여. 여러 훌륭한 공자(公子)들이거니
 아! 저 어진 기린이로다.

기린의 어진 이마여.
여러 훌륭한 자손들이거니
아! 저 어진 기린이로다.

기린의 어진 뿔이여.
여러 훌륭한 공의 가족들이거니
아! 저 어진 기린이로다.

(기린)

▨흥체다. 3장에 장마다 4구절로 이루어졌다.
　문왕의 후비가 몸소 덕을 닦아 자손과 가족들이 많은 감화를 받았다는 내용이다.
　기린은 상서로운 동물로 곤충이나 풀 따위를 밟지 않는 어진 짐승으로 여긴다. 기린의 어진 것을 인용하여 후비가 인후하고 따라서 자손들도 인후함을 찬미한 노래이다.

　　麟之趾¹⁾여 振振公子²⁾로소니 于嗟³⁾麟兮로다
　　麟之定⁴⁾이여 振振公姓⁵⁾이로소니 于嗟麟兮로다
　　麟之角이여 振振公族⁶⁾이로소니 于嗟麟兮로다

1) 麟之趾(인지지) : 기린의 발. 기린은 곤충이나 풀 따위를 밟지 않는다고 함.
2) 振振公子(진진공자) : 진진은 여럿이 훌륭함. 공자는 제후국의 아들들.
3) 于嗟(우차) : 감탄사로 우(于)는 우(吁)와 상통함.
4) 麟之定(인지정) : 기린의 이마. 정은 정(頲 : 이마)과 통용.
5) 公姓(공성) : 공후(公侯)의 성. 공후의 형제들.
6) 公族(공족) : 공후의 집안. 공후의 친척의 뜻.

제 2 장 소남(召南 : 召南一之二)

소(召)는 땅 이름이다. 또 소공석(召公奭)의 채읍(采邑)이다. 옛 설화에는 부풍옹현(扶風雍縣) 남쪽에 소정(召亭)이 있다고 했다. 이곳은 현재 옹현에서 기산(岐山) 천흥(天興) 두 현으로 나누어져 있으나 확실한 내용은 알 수 없다.

소남(召南)은 총 40편으로 177구절(句節)이다.

1. 작소(鵲巢) : 까치의 집

(까치)
(비둘기)

저 까치가 집을 지으면
비둘기가 날아와 사네.
저 아가씨 시집갈 때
백 량의 수레가 마중하네.

저 까치가 집을 지으면
비둘기가 같이 사네.
저 아가씨 시집갈 때
백 량의 수레가 배웅하네.

저 까치가 집을 지으면
비둘기가 차지하네.
저 아가씨 시집갈 때
백 량의 수레가 따라가네.

▨ 흥체(興體)다. 3장에 각 장마다 4구절로 이루어졌다.

남쪽 나라의 제후들이 문왕의 덕에 교화(敎化)되어 마음을 바르게 하고 몸을 닦아 그의 집안을 잘 다스렸다. 또 여자들도 후비(后妃)의 덕에 교화되어 정숙하고 순박한 덕을 갖추게 되었다. 그 여자가 제후에게 시집간 후로 그 집안에서 아름답게 여기는 내용을 노래한 시이다.

維鵲¹⁾有巢에 維鳩居之로다 之子于歸에 百兩²⁾御³⁾之로다
維鵲有巢에 維鳩方⁴⁾之로다 之子于歸에 百兩將⁵⁾之로다
維鵲有巢에 維鳩盈之로다 之子于歸에 百兩成⁶⁾之로다

1) 維鵲(유작) : 유는 발어사(發語辭). 작은 까치.
2) 百兩(백량) : 1백 대의 수레.
3) 御(어) : 마중하다, 영접하다.
4) 方(방) : 유(有)와 같으며 차지하여 갖는 것.
5) 將(장) : 배웅하는 것.
6) 成(성) : 결혼이 완전히 이루어지는 것.

2. 채번(采蘩) : 흰쑥을 뜯다

저 흰쑥을 뜯는데
연못가나 물가에서 하지요.
어디에 쓸까요.
공후(公侯)님의 제사로다.

저 흰쑥을 뜯는데
산골짜기 시냇가에서 하지요.
어디에 쓸까요. 공후님의 묘당에 쓴다네.

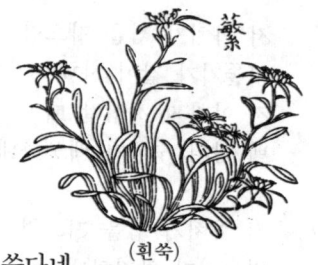
(흰쑥)

곱게 단장한 머리 일찍부터 밤까지 공사(公事)에 힘쓰네.
그 단장한 머리장식이 하늘하늘 이제야 돌아오는구려.

▓ 부체(賦體)다. 3장에 장마다 4구절이다.

　문왕의 덕에 감화된 모든 제후의 부인들이 정성과 공경을 다하여 선조의 제사를 받드는 모습을 보고 집안 사람들이 그 광경을 아름답게 여겨 이 노래를 지어 찬미한 것이라고 했다.

　또 어떤 이는 번(蘩)은 누에를 태어나게 하는 것으로 후부인(后夫人)이 친히 양잠하는 예절을 나열한 것이라고 하며 이 시는 주남(周南)의 갈담(葛覃)과 같은 시라고 말하고 있다.

　　于以¹⁾采蘩이 于沼于沚²⁾로다 于以用之³⁾를 公侯之事⁴⁾로다
　　于以采蘩이 于澗⁵⁾之中이로다 于以用之를 公侯之宮⁶⁾이로다
　　被之僮僮⁷⁾이여 夙夜在公이로다 被之祁祁⁸⁾여 薄言⁹⁾還歸로다

1) 于以采蘩(우이채번) : 우(于)는 곳을 나타내는 조사. 번은 흰쑥.
2) 于沼于沚(우소우지) : 못가에서, 물가에서의 뜻.
3) 用之(용지) : 제사에 씀.
4) 公侯之事(공후지사) : 공후는 제후를 말하고, 사는 제사지내는 일.
5) 澗(간) : 골짜기에서 흘러내리는 시냇물.
6) 宮(궁) : 공후의 사당. 묘당.
7) 被之僮僮(피지동동) : 피는 머리를 장식하는 것. 동동은 굽실거리며 공경함.
8) 祁祁(기기) : 천천히. 서서히 하는 모양.
9) 薄言(박언) : 조사(助辭).

3. 초충(草蟲) : 여치의 울음

시끄러운 여치소리며 이리 저리 뛰는 메뚜기이네.
그 임을 보지 못하여 근심하는 마음 뒤숭숭하네.
한 번 만날 수 있다면 다시 뵈올 수만 있다면
내 마음 놓이련만.

저 남산에 올라 고사리를 뜯자니

그 임을 뵈올 수 없어
이 내 근심 애달프구나.
한 번 뵈올 수 있다면
다시 만날 수만 있다면
내 마음 한없이 기쁘련만.

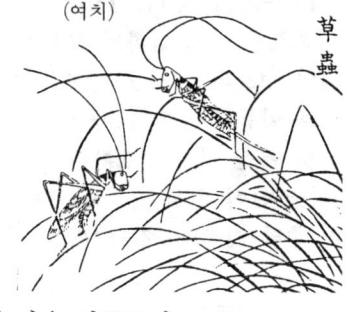
(여치)

저 남산에 올라
고비나 뜯자니
그 임을 뵈올 수 없으니 이 내 마음 서글프네.
한 번 뵙게 된다면 한 번 만날 수만 있다면
이 내 마음 편안하련만.

▨ 부체(賦體)다. 3장에 장마다 7구로 이루어졌다.
남국(南國)이 문왕의 교화에 감화되어, 제후와 대부들의 부인이 부군(夫君)들이 밖에서 생활하는데 있어 시절의 변화를 보고 남편을 생각하여 노래한 것이다. 주남(周南)의 권이(卷耳)와 비슷한 노래이다.

喓喓[1]草蟲[2]이며 趯趯阜螽[3]이로다 未見君子라 憂心忡忡[4]호라 亦旣見止며 亦旣覯止[5]면 我心則降[6]이로다

陟彼南山하여 言采其蕨호라 未見君子라 憂心惙惙[7]호라 亦旣見止며 亦旣覯止면 我心則說이로다

陟彼南山하여 言采其薇[8]호라 未見君子라 我心傷悲호라 亦旣見止며 亦旣覯止면 我心則夷[9]로다

1) 喓喓(요요) : 풀벌레가 요란스럽게 우는 소리.
2) 草蟲(초충) : 풀벌레. 모전(毛傳)에는 상양(常羊)이라고 했다. 여치로 본다.
3) 趯趯阜螽(적적부종) : 적적은 뛰는 모습. 부종은 메뚜기.
4) 忡忡(충충) : 조심하는 모양. 가슴이 두근두근하는 모양.
5) 覯止(구지) : 보다. 구는 보다의 뜻이고 지는 조사(助詞).

6) 降(항) : 내리다. 마음이 가라앉다.
7) 惙惙(철철) : 조심하는 모습.

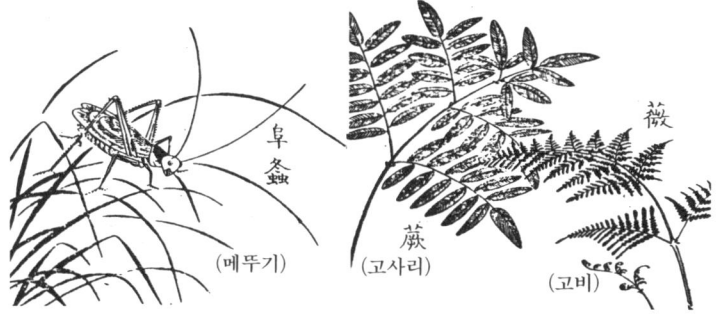

(메뚜기)　(고사리)　(고비)

8) 薇(미) : 고비. 고비과에 속하는 양치류(羊齒類)의 다년초. 야산에서 자생하며 어린 잎을 식용함. 궐(蕨)은 고사리.
9) 夷(이) : 편해지다. 기뻐지다의 뜻.

4. 채빈(采蘋) : 개구리밥을 뜯세

개구리밥 뜯는 것을 남쪽 계곡 물가에서 하고
마름풀 뜯는 것을 저 길 도랑물가에서 하세.

어디에다 담을까 광주리에 가득 담고
어디에다 삶을까 가마솥이나 옹솥에 삶아야지.

좋은 것은 담아다가 종묘 사당에 차려놓으리.
그 누가 주관하리. 젊고 예쁜 막내딸이라네.

▨ 부체(賦體)다. 3장으로 장마다 4구절로 이루어졌다.
　남국의 제후의 부인들이 문왕의 교화에 감화되어 제사를 받드는데 있어서도 정성을 다하는 것을 그 집안 사람들이 찬미한 노래라고 하였다.

于以采蘋¹⁾을 南澗之濱이로다 于以采藻²⁾를 于彼行潦³⁾로다
于以盛⁴⁾之를 維筐及筥⁵⁾로다 于以湘⁶⁾之를 維錡及釜⁷⁾로다
于以奠之⁸⁾를 宗室牖下⁹⁾로다 誰其尸¹⁰⁾之오 有齊季女¹¹⁾로다

1) 采蘋(채빈) : 개구리밥을 캐다. 빈은 개구리밥풀로 물위에 뜨는 풀. 네가래과에 속하는 다년생 수초(水草). 깊은 산의 습지 또는 물가에 자람. 초장조(酢漿藻).

2) 采藻(채조) : 마름풀을 캐다. 조는 은화식물(隱花植物)인 수초의 총칭. 물밑에서 자라며 줄기가 비녀다리같고 잎사귀는 쑥과 비슷하며 먹을 수 있는 풀.
3) 行潦(행료) : 길가에 흐르는 도랑물.
4) 盛(성) : 담다.
5) 維筐及筥(유광급거) : 모난 광주리와 둥근 광주리. 유는 조사.
6) 湘(상) : 삶다.
7) 錡及釜(기급부) : 기는 세발 달린 솥. 부는 발이 없는 솥.

8) 奠之(전지) : 담아놓다.
9) 宗室牖下(종실유하) : 종실은 종가집의 사당. 대부와 사(士)의 사당에서 제사지냄. 유하는 사당의 서남쪽 구석으로 가장 깊숙한 곳.
10) 尸(시) : 주관하다.
11) 齊季女(제계녀) : 제는 공경함. 계녀는 막내딸. 곧 젊은 새색씨가 공경스레 제사의 제수를 놓는 것을 말함.

5. 감당(甘棠) : 무성한 팥배나무

무성한 팥배나무를
자르지도 말고 베지도 말라.
그 임 소백께서 머물던 곳이니라.

(팥배나무)

무성한 팥배나무를
자르지도 말고 꺾지도 말라.
그 임 소백께서 쉬시던 곳이니라.

무성한 팥배나무를
자르지도 말고 휘지도 말라.
그 임 소백께서 휴식하던 곳이니라.

▨ 부체(賦體)다. 3장에 장마다 3구절로 이루어졌다.

소공(召公)이 남쪽의 여러 나라를 순방하며 문왕의 정책을 시행할 때 팥배나무 밑에서 잠깐 쉰 적이 있었는데 그때 쉬던 그 팥배나무를 사랑하여 소공의 덕을 흠모하는 노래로 지은 것이라 전한다.

蔽芾[1]甘棠[2]을 勿翦勿伐하라 召伯[3]所茇[4]이니라
蔽芾甘棠을 勿翦勿敗[5]하라 召伯所憩니라
蔽芾甘棠을 勿翦勿拜[6]하라 召伯所說[7]니라

1) 蔽芾(폐패) : 나무가 무성하게 자란 모양.
2) 甘棠(감당) : 팥배나무. 일명 두리(杜梨). 흰것을 이(梨), 붉은것을 두(杜)라고 한다.
3) 召伯(소백) : 소공석(召公奭)을 가리킴. 또는 소목소호(召穆召虎)로 보기도 한다. 백(伯)은 방백(方伯)이라는 뜻.
4) 茇(발) : 머물다.

5) 敗(패) : 무너뜨림. 곧 나뭇가지를 마구 꺾는다.
6) 拜(배) : 휘다. 굽히다.
7) 說(세) : 세로 발음하며 쉰다는 뜻.

6. 행로(行露) : 촉촉히 내린 이슬길

촉촉히 내린 이슬길을
어찌 밤낮으로 걸어 가보고 싶지 않겠습니까?
길에는 많은 이슬이 내렸군요.

그 누가 참새는
뿔이 없다고 했나요?
무엇으로 우리 집 지붕을
뚫었겠소.
그 누가 그대에게
집이 없다 했나요?
무엇 때문에 나를 이렇게 빨리
감옥으로 불렀겠소.
아무리 나를 감옥살이
시킨다해도
당신 집안은 만족하지 못하오.

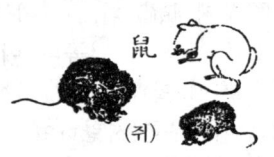

그 누가 쥐에게 이빨이 없다 했나요?
무엇으로 우리 집 담장을 뚫었겠소.
그 누가 당신에게 집이 없다 했나요?
무엇 때문에 나를 송사(訟事)에 부쳤겠소.
나를 아무리 송사에 부친다 해도
나는 그대를 따르지 아니하리.

▨ 1장은 부체(賦體)요. 2장은 흥체(興體)다. 3장에 1장은 3

구절, 2장은 6구절이다.

　남국의 사람들이 소백(召伯)의 가르침을 따르고 문왕의 교화 덕택으로 과거의 음란한 행동을 버리고 여자의 길을 택한 것을 노래한 것이다.

　이것은 당시의 음란했던 풍속이 사라지고 여자들이 정조를 지켜 아무리 포악스러운 남자라도 정숙한 여자는 침범할 수 없다는 것을 나타낸 것이라 한다.

　　厭浥[1] 行露[2]에 豈不夙夜리오마는 謂行多露니라
　　誰謂雀無角이리오 何以穿我屋고하며 誰謂女[3]無家리오 何以速[4] 我獄고컨마는 雖速我獄이나 室家는 不足[5]하니라
　　誰謂鼠無牙리오 何以穿我墉고하며 誰謂女無家리오 何以速我訟 고컨마는 雖速我訟이나 亦不女從[6]하리라
　1) 厭浥(염읍) : 이슬에 젖어 촉촉한 모습.
　2) 行露(행로) : 이슬이 내린 길.
　3) 女(여) : 너. 그대. 여(汝)와 같다.
　4) 速(속) : 부른다. 재촉하다의 뜻.
　5) 室家不足(실과부족) : 집안이 예절을 갖추지 못하다.
　6) 女從(여종) : 그대에게 시집감. 그대를 따름.

7. 고양(羔羊) : 염소의 털가죽

염소의 털가죽을
다섯 겹의 흰실로 꾸몄네.
저녁들러 나가실제
의젓하고 당당하시네.

(염소)

염소의 갖옷을
다섯 겹의 흰실로 꾸몄네.
의젓하고 당당하게 저녁 들러 돌아가시네.

염소의 가죽을 다섯 겹의 흰실로 꾸몄네.
의젓하고 당당하게 저녁들러 퇴조(退朝)하시네.

▨ 부체(賦體)다. 3장에 장마다 4구절로 이루어졌다.
남쪽의 여러 나라들이 문왕의 정치에 감화되어 여러 나라의 대부들이 다 근검절약하고 위풍당당하여 예절이 있어 그런 모습을 찬미한 노래라고 하였다.

羔羊[1]之皮여 素絲五紽[2]로다 退食[3]自公하니 委蛇委蛇[4]로다
羔羊之革이여 素絲五緎이로다 委蛇委蛇하니 自公退食이로다
羔羊之縫이여 素絲五總이로다 委蛇委蛇하니 退食自公이로다

1) 羔羊(고양) : 염소. 고는 작은 염소. 양(羊)은 큰 염소. 고양의 가죽으로 갖옷을 만들어 대부(大夫)의 연거(燕居)의 의복으로 삼는다.
2) 五紽(오타) : 실 다섯 겹을 타라고 한다 하지만 자세하지 않다. 오역(五緎), 오총(五總)이 모두 실의 꿰맨 수를 나타낸다고 했지만 그 자세한 것은 알 수 없다.
3) 退食(퇴식) : 저녁 먹으러 집으로 돌아가는 것.
4) 委蛇委蛇(위이위이) : 위이는 스스로 얻은 모습. 곧 당당한 모습으로 어슬렁거리는 모양

8. 은기뢰(殷其靁) : 우르릉 천둥소리

우르릉 천둥소리 저 남산의 남쪽에서 울리는데.
한번 가신 그 임은 행여나 돌아오실 틈도 없으신지요.
씩씩하고 씩씩한 임이여 돌아오소 돌아오소서.

우르릉 천둥소리 저 남산의 그 곁에서 울리는데.
한번 가신 그 임은 행여나 쉬러 올 틈도 없으신지요.
씩씩하고 씩씩한 임이여 돌아오소 돌아오소서.

우르릉 천둥소리 저 산의 그 밑에서 울리는데.
한번 가신 그 임은 어찌 쉴 날도 없으신지요.
씩씩하고 씩씩한 임이여 돌아오소 돌아오소서.

▨ 흥체(興體)다. 3장에 장마다 6구절로 이루어졌다.
남국의 남성들이 부역 나갔을 때 부인들이 남편을 그리며 읊은 노래라고 했다.

  殷其靁[1]는 在南山之陽[2]이어늘 何斯違斯[3]라 莫敢或遑[4]고 振振[5]
君子는 歸哉[6]歸哉인저
  殷其靁는 在南山之側이어늘 何斯違斯라 莫敢遑息고 振振君子
는 歸哉歸哉인저
  殷其靁는 在南山之下어늘 何斯違斯라 莫或遑處[7]오 振振君子는
歸哉歸哉인저

1) 殷其靁(은기뢰) : 은은 우뢰소리. 우르릉거리는 천둥소리.
2) 南山之陽(남산지양) : 남쪽 산의 햇빛이 잘 쬐이는 곳을 말한다.
3) 何斯違斯(하사위사) : 하사의 사는 이 사람이라는 뜻이고 위사의 사는 이곳이라는 뜻. 위(違)는 가다의 뜻.
4) 遑(황) : 틈. 겨를. 곧 자기에게로 돌아올 틈을 가리킴.
5) 振振(진진) : 의젓하고 씩씩한 모습.
6) 歸哉(귀재) : 돌아오소서의 뜻.
7) 遑處(황처) : 틈을 타 돌아와 자기와 함께 머무름.

9. 표유매(摽有梅) : 떨어지는 매화

매화열매 떨어지니 그 열매 일곱일세.
나를 찾는 그 임은 좋은 날을 놓치지 마세요.

매화열매 떨어지니 그 열매 일곱일세.
나를 맞는 그 임은 좋은 때를 놓치지 마세요.

매화열매 떨어지니
대광주리에 담았네.
나를 찾는 그 임은
말이 났을 때를 놓치지 마세요.

▨ 부체(賦體)다. 3장에 장마다 4구절로 이루어졌다.
교화를 받은 여자들이 곧은 정조와 믿음으로 자신의 절개를 지킬 것을 알고 있으나 혹 결혼 전에 흉폭한 사람들을 만나 욕을 당하지 않을까 걱정스러워 이 노래를 지은 것이라고 기록하고 있다.

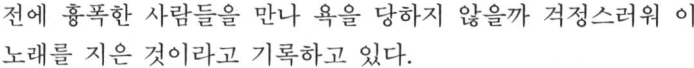
(매화)

標有梅[1]여 其實七兮로다 求我庶士[2]는 迨其吉[3]兮인저
標有梅여 其實三兮로다 求我庶士는 迨其今兮인저
標有梅여 頃筐墍之[4]로다 求我庶士는 迨其謂之[5]인저

1) 標有梅(표유매) : 표는 떨어지다. 매(梅)는 매화. 꽃이 하얗고 열매는 살구와 같으며 식초와 같이 신맛이 난다.
2) 求我庶士(구아서사) : 서사(庶士)는 여러 선비. 자신에게 장가들기를 바라는 여러 선비의 뜻.
3) 迨其吉(태기길) : 태는 미친다. 기회를 놓치지 않는다는 뜻. 길(吉)은 좋은 때. 길일(吉日).
4) 頃筐墍之(경광기지) : 경광은 앞이 낮은 대바구니. 기는 취(取)하다는 뜻으로 주워담는 것.
5) 謂之(위지) : 말이 났을 때. 지금 당장의 뜻. 곧 약속이 이루어졌다.

10. 소성(小星) : 빛나는 작은별

반짝이는 작은 별. 동쪽에 서너 너덧 개.
총총걸음으로 밤에 가 밤낮없이 공무에 종사하니

제 2 장 소남(召南)   51

참으로 팔자가 서로 같지 않네.

반짝이는 작은별. 삼성(參星)인가 묘성(昴星)인가.
총총걸음으로 밤길을 가 이부자리 안고 도니.
참으로 팔자가 서로 같지 않네.

▩ 흥체(興體)다. 2장으로 장마다 5구절로 이루어졌다.
　문왕의 부인인 후비의 덕화에 감화된 여러 첩들이 질투하지 않고 아랫사람들을 사랑하는 후비의 덕을 이를 아름답게 여겨 찬미한 노래라 한다.

　嘒[1]彼小星이여 三五在東이로다 肅肅宵征[2]이여 夙夜在公[3]하니 寔命不同[4]일세니라
　嘒彼小星이여 維參與昴[5]로다 肅肅宵征이여 抱衾與裯[6]하니 寔命不猶일세니라

1) 嘒(혜) : 희미하게 반짝이는 모양.
2) 肅肅宵征(숙숙소정) : 숙숙은 종종걸음으로 걷는 모습. 소정은 밤길을 가는 것.
3) 在公(재공) : 관청에 근무하는 것. 공적인 임무.
4) 寔命不同(식명부동) : 식(寔)은 실(實)과 같음. 명은 운명. 천첩들이 자기들의 팔자가 실로 정실부인과 다르다는 것을 한탄한 말.
5) 參與昴(삼여묘) : 삼성과 묘성. 하늘의 28수(宿)의 하나.
6) 衾與裯(금여주) : 솜이불과 홑이불.

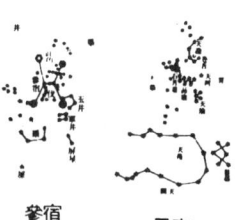
參宿　　昴宿

11. 강유사(江有汜) : 강물도 갈리고

강물은 갈라져 흐르고 저 아가씨는 시집을 가는데.

나와 함께 하지 하네. 나와 함께 하지 않으나
나중에는 후회하리.

강물은 여울져 흐르고 저 아가씨는 시집을 가는데
나와 함께 하지 않네. 나와 함께 하지 않으나
나중에는 편안해지리.

강물은 굽이쳐 흐르고 저 아가씨는 시집을 가는데
나를 버리지 않고 함께 하네. 나를 버리지 않고 함께 하여
휘파람 불다 노래 부르네.

▨흥체(興體)다. 3장으로 장마다 5구절로 이루어졌다.
　정부인이 되면 시집갈 때 시녀나 첩의 후보로 여자를 데리고 갈 수 있다. 그런데 데리고 가지 않으므로 여자들이 후회하고 있다가 다시 부름을 받고 기쁘고 고마운 마음에서 강물에 비유하여 노래 부른 것이라고 한다.

　　　江有汜[1]어늘 之子歸[2]에 不我以[3]로다 不我以나 其後也悔로다
　　　江有渚[4]어늘 之子歸에 不我與로다 不我與나 其後也處[5]로다
　　　江有沱[6]어늘 之子歸에 不我過로다 不我過나 其嘯也歌[7]로다

1) 汜(사) : 강물이 갈라져 흐르다 다시 합류되는 것.
2) 之子歸(지자귀) : 지자는 애인인 아가씨를 가리킴. 귀(歸)는 시집가는 것을 뜻함.
3) 不我以(불아이) : 싫다고 하여 거들떠보지 않다.
4) 渚(저) : 강가운데 작은 섬으로 강물이 갈라져 가운데 저(渚)가 된다고 하였다.
5) 處(처) : 함께 살다의 뜻.
6) 沱(타) : 강이 갈라진 것.
7) 其嘯也歌(기소야가) : 탄식하여 노래를 부르는 것. 탄식하는 소리.

12. 야유사균(野有死麕) : 들의 죽은 노루

들에 죽은 노루 있어 흰띠풀로 싸주었네.
아가씨 봄을 그리워하기에 멋진 사나이가 유혹하네.

숲에 떡갈나무 있고
들에 죽은 사슴 있어
흰띠풀로 싸주니
그 아가씨 옥같이 어여뻐라.

(노루)

서둘지 말고 천천히,
내 손수건은 건드리지 마세요.
삽살개를 짖게 하면 안 된답니다.

▨2장은 흥체요, 1장은 부체다. 3장에 2장은 장마다 4구절이요, 1장은 3구절로 이루어졌다.

남국의 여인들이 문왕의 교화로 몸가짐을 정숙히하여 흉폭한 사람의 욕됨을 받는 것을 경계하여 읊은 노래라고 하였다.

野有死麕[1]이어늘 白茅[2]包之로다 有女懷春[3]이어늘 吉士誘之로다
林有樸樕[4]하며 野有死鹿이어늘 白茅純束[5]하니 有女如玉이로다
舒而脫脫[6]兮하여 無感我帨[7]兮하며 無使尨[8]也吠하라

1) 麕(균) : 노루.
2) 白茅(백모) : 흰띠풀.
3) 懷春(회춘) : 봄을 생각하다. 봄을 맞아 마음이 설레이는 것. 곧 사춘(思春).
4) 樸樕(복속) : 떡갈나무.
5) 純束(돈속) : 순(純)은 '돈'으

(떡갈나무) (흰띠풀)

로 읽으며 묶는다의 뜻. 돈
속은 싼다는 뜻.
6) 脫脫(태태) : 서서히하다의
뜻.
7) 帨(세) : 허리에 차는 손수 (패건)
건을 뜻함. 패건.
8) 尨(방) : 삽살개.

(삽살개)

13. 하피농의(何彼襛矣) : 고운
저 꽃은

어쩌면 저리 고울까 산앵두꽃이여.
의젓하고 위엄있는 것은
공주님의 수레로다.

어쩌면 저리 고울까
복숭아꽃과 오얏꽃이여.
평왕(平王)의 손녀와
제후(齊侯)의 공자(公子)로다.

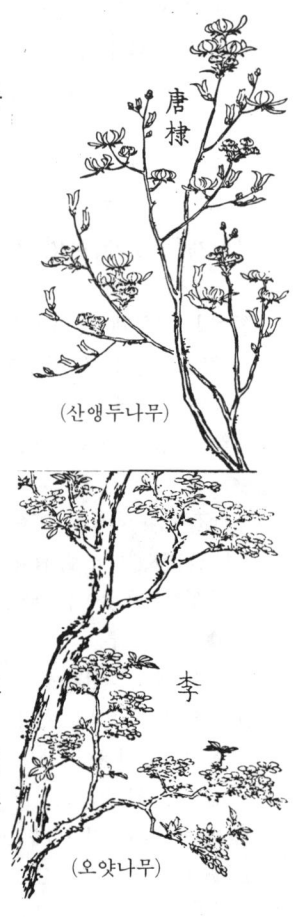
(산앵두나무)

(오얏나무)

낚시를 하려면 어찌 하오
실을 꼬아 줄을 만드네.
제후의 아들과 평왕의 손녀로다.

▨흥체다. 3장에 장마다 4구절로
이루어졌다.
  주(周)나라 천자(天子)의 공주가 제
나라 제후의 공자(公子)에게 시집가는
것을 찬미한 노래라고 기록되어 있다.

何彼穠¹⁾矣오 唐棣²⁾之華로다 曷不肅雝³⁾이리오 王姬⁴⁾之車로다
何彼穠矣오 華如桃李로다 平王⁵⁾之孫과 齊侯⁶⁾之子로다
其釣維何오 維絲伊緡⁷⁾이로다 齊侯之子와 平王之孫이로다

1) 穠(농) : 성하다.
2) 唐棣(당체) : 산앵두나무. (棠棣)는 산이스랏치.
3) 肅雝(숙옹) : 공경하고 화애스런 모습.
4) 王姬(왕희) : 주나라의 성씨는 희(姬)씨다. 공주를 왕희라고 칭함.
5) 平王(평왕) : 주나라 왕 의구(宜臼)라고 하나 확실치 않다.
6) 齊侯(제후) : 제양공(齊襄公)이라고 하나 확실치 않음.
7) 伊緡(이민) : 이는 유(維)와 같고 민은 실을 꼬아 만든 낚시줄.

14. 추우(騶虞) : 수렵의 관리
저 무성한 갈대밭에 화살 한 발에 암돼지 다섯 마리라니.
아! 진정한 추우로다.

저 무성한 다북쑥밭에 화살 한 발에
새끼돼지 다섯 마리라니.
아! 진정한 추우로다.

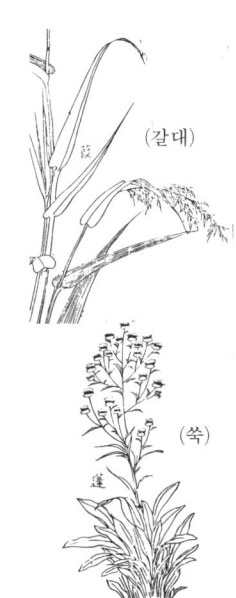
(갈대)
(쑥)

▨ 부체다. 2장에 장마다 3구절로 이루어졌다.

　남국의 제후들이 문왕의 교화로 인하여 몸을 닦고 가정을 가지런히 하며 나라를 잘 다스려 모든 은혜가 짐승들에게까지 파급되어 짐승들도 그 은혜에 보답하는 것을 찬미한 노래다.

彼茁者葭¹⁾에 壹發²⁾五豝³⁾로소니 于嗟乎
騶虞⁴⁾로다

彼茁者蓬에 壹發五豝이로소니 于嗟乎
騶虞로다

(멧돼지)

1) 茁者葭(절자가) : 절자는 싹이 돋아난 모양. 가(葭)는 갈대.
2) 壹發(일발) : 화살 한 발을 쏜다는 뜻.
3) 豝(파) : 암돼지.
4) 騶虞(추우) : 천자(天子)의 동산에 있는 동물을 관리하는 관원. 또는 짐승 이름이라고도 하며 생물을 먹지 아니하고 흰 바탕에 검은무늬가 있는 짐승이라고도 한다.

제 3 장 패풍(邶風 : 邶一之三)

패(邶)·용(鄘)·위(衛)는 각각 세 나라의 이름이다. 본래 은(殷)나라의 수도가 그 안에 있으며 주(紂)의 땅이었다.

주(周)의 무왕(武王)이 은나라의 주를 친 뒤 그 땅을 셋으로 나누어 조가(朝歌)지방의 북쪽을 패라 하고 남쪽을 용, 동쪽을 위라 하여 제후들을 봉하였다.

패와 용지방은 누구를 봉하였는지 알 수 없고, 위나라는 무왕의 동생인 강숙(康叔)을 봉하였다.

위의 도읍은 조가의 동쪽으로 기수(淇水)의 북쪽, 백천(百泉)의 남쪽에 있다고 하였다.

위(衛)가 패와 용을 병합하여 위세를 떨쳤으며 의공(懿公) 때 오랑캐의 침략을 받아 대패하고 대공(戴公)이 다시 동으로 황하를 건너 조읍(漕邑)에 도읍하였다고 하였다. 그후 문공(文公)이 초구(楚丘)의 조가로 옮겼으니 위의 본래 땅을 벗어나지 않았다.

다만 패나 용은 이미 위에 편입되었고, 그 시(詩)도 위나라의 일이라고 하였으며, 옛날의 이름에만 매여 있을 뿐이다. 그의 자세한 것은 알지 못한다. 다음의 13개국들이 다 이와 같으며 주남 소남이 국풍(國風)으로 정풍(正風)에 속하며 이하 13개국은 변풍(變風)이라고 칭하고 있다.

1. 백주(柏舟) : 둥둥 뜬 잣나무배
둥둥 뜬 잣나무 배는 물위에 떠 흘러가는데
깜박깜박 잠 못이루고 마음속 숨겨진 시름이 있는 듯하네.

내 즐기고 즐기는 것은 술이 없어서가 아니라네.

내 마음은 거울이 아니라서
남의 마음 비칠 수도 없고
형제도 있다 하지만
의지할 수도 없다네.
찾아가 하소연을 해본들
그의 노여움만 사리라.

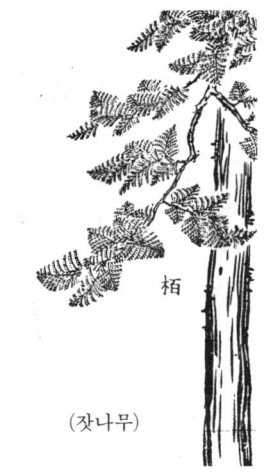

(잣나무)

내 마음 돌이 아니라서
굴리지도 못하고
내 마음 돗자리가 아니라서
둘둘 말 수도 없네.
의젓한 나의 위엄은 굽힐 수도 더욱 없네.

내 시름은 마음을 덮고 하찮은 것들의 원망만 사네.
쓰라린 근심만 많이 겪고 업신여김은 적지 않네.
조용히 생각하니 손으로 가슴만 치게 되네.

저 해야 저 달아 어찌 서로 번갈아 이지러지는가.
마음의 근심은 때묻은 옷과 같네.
조용히 생각하니 새처럼 날지 못하는 것이 한스럽네.

▨ 1·5장은 비체, 2. 3. 4장은 부체다. 5장에 장마다 6구절로 이루어졌다.
　부인이 남편의 사랑을 받지 못하는 것을 잣나무 배에 비유하여 읊은 노래라고 하였다.

　　汎[1]彼柏舟여 亦汎其流로다 耿耿[2]不寐하여 如有隱憂[3]호라 微[4]
我無酒 以敖以遊니라

我心匪鑒이라 不可以茹며 亦有兄弟나 不可以據로소니 薄言[5]往
愬오 逢彼之怒호라
　我心匪石이라 不可轉也며 我心匪席이라 不可卷也며 威儀棣棣[6]
라 不可選也로다
　憂心悄悄[7]어늘 慍于群小[8]호라 覯閔[9]既多어늘 受侮不少호라 靜
言思之오 寤辟[10]有摽호라
　日居月諸[11]여 胡迭而微[12]오 心之憂矣여 如匪澣衣[13]로다 靜言思
之오 不能奮飛[14]호라

1) 汎(범): 물위에 둥둥 떠있는 모양.
2) 耿耿(경경): 마음이 편치 않아 조심하는 모양.
3) 隱憂(은우): 마음속에 숨겨진 시름. 근심.
4) 微(미): 비(匪)와 뜻이 같다. 아닐미.
5) 薄言(박언): 조사(助詞).
6) 棣棣(체체): 의젓한 위엄.
7) 悄悄(초초): 근심하는 모습. 초초하다.
8) 慍于群小(온우군소): 조무래기(소인)로부터 원망을 받음.
9) 閔(민): 민망하다. 민(憫)과 상통함.
10) 辟(벽): 가슴을 두드리다.
11) 日居月諸(일거월저): 해여 달이여! 거(居)와 저(諸)는 조사(助辭).
12) 微(미): 이그러지다. 찌그러지다.
13) 匪澣衣(비한의): 빨지 않은 듯 때묻은 옷.
14) 奮飛(분비): 새가 날개를 떨치고 날아가는 모습.

2. 녹의(綠衣): 녹색의 옷
녹색의 옷이여, 녹색옷에 황색으로 안감을 썼구나.
마음의 시름이여, 그 언제나 그치려는고.

녹색의 옷이여, 녹색저고리에 황색의 치마로구나.
마음의 시름이여, 그 언제나 걷히려나.

녹색으로 물들인 실은 그대가 한 일이구려.
내 고인(古人)을 생각하여 허물없도록 힘쓸지어다.

모시옷과 베옷에 바람이 차갑구나.
내 고인을 생각하면 이 내 마음 알리로다.

▨ 비체다. 4장에 장마다 4구절로 이루어졌다.
 위나라의 장공(莊公)이 첩에게 빠져 정실부인인 장강(莊姜)을 돌보지 않으므로, 천첩은 더욱 빛나고 정숙한 현부인인 장강은 쓸쓸하게 살게 된 것을 슬퍼한 노래이다.

綠兮衣兮[1]여 綠衣黃裏[2]로다 心之憂矣여 曷維其已오
綠兮衣兮여 綠衣黃裳이로다 心之憂矣여 曷維其亡고
綠兮絲兮[3]여 女所治兮로다 我思古人하여 俾無訧兮로다
絺兮綌兮[4]여 凄[5]其以風이로다 我思古人하니 實獲我心이로다

1) 綠兮衣兮(녹혜의혜) : 녹색옷. 혜(兮)는 어조사(語助辭).
2) 綠衣黃裏(녹의황리) : 녹색의 옷에 황색으로 속을 꾸민 것. 황색은 5색의 하나로 정색(正色). 녹색은 간색(間色). 간색인 천한 녹색이 귀한 정색인 황색을 덮었으니 상하의 질서가 바뀐 것을 뜻한다.
3) 綠兮絲兮(녹혜사혜) : 흰실을 녹색으로 물들인 것.
4) 絺兮綌兮(치혜격혜) : 모시옷과 베옷.
5) 凄(처) : 찬바람이 부는 모습.

燕 (제비)

3. 연연(燕燕) : 제비 날으네
제비 날으네. 앞서거니 뒤서거니 훨훨 날으네.
저 아가씨 시집가는 날 멀리 들에 나가 전송하고
바라보아도 보이지 않아 눈물만이 비오듯하네.

제비 날으네, 오르락 내리락 날으네.

저 아가씨 시집가는데 멀리까지 나와 보내고
바라보아도 보이지 않아 한없이 서서 눈물 흘리네.

제비 날으네. 위 아래서 지저귀네.
저 아가씨 시집가는데 멀리 남쪽으로 보내네.
바라보아도 보이지 않아 이 내 마음 너무도 괴롭네.

중씨(仲氏)는 믿음직스럽고 그 마음 진실하고 깊어.
따뜻하고 부드러우며 그의 몸가짐이 아름답네.
가신 임 생각하여 이 내 몸을 도와주었네.

▨ 1. 2. 3장은 흥체, 4장은 부체다. 4장에 장마다 6구절로 이루어졌다.

정숙하고 현명한 장강(莊姜)은 아들이 없었다. 진(陳)나라에서 시집온 대규(戴嬀)의 몸에서 난 완(完)이라는 아들을 장강의 아들로 삼아 세자로 삼았다. 그뒤 장공이 죽고 완이 왕위에 오르자 첩의 아들인 주우(州吁)가 완을 죽이고 완의 어머니인 대규를 친정인 진나라로 쫓아보냈다. 이때 장강이 대규를 전송하면서 이 노래를 지어 불렀다고 한다.

燕燕于飛[1]여 差池[2]其羽로다 之子[3]于歸에 遠送于野호라 瞻望弗及이라 泣涕如雨호라

燕燕于飛여 頡之頏之[4]로다 之子于歸에 遠于將之[5]호라 瞻望弗及이라 佇立[6]以泣호라

燕燕于飛여 下上其音[7]이로다 之子于歸에 遠送于南호라 瞻望弗及이라 實勞我心호라

仲氏任只[8]하니 其心塞淵[9]이로다 終溫且惠[10]하여 淑愼其身이오 先君[11]之思로 以勗寡人[12]이로다

1) 燕燕于飛(연연우비) : 연(燕)은 제비를 중복으로 말한 뜻이요, 우비는 날고 있다의 뜻.

2) 差池(치지) : 가지런하지 못한 모양.
3) 之子(지자) : 진나라의 대규(戴嬀)를 가리킴.
4) 頡之頏之(힐지항지) : 높고 낮게 날아오르는 것.
5) 將之(장지) : 보내다.
6) 佇立(저립) : 멍하니 서있는 모습. 오랫동안 서있음.
7) 下上其音(하상기음) : 지저귀며 날아오르고 내리는 것.
8) 仲氏任只(중씨임지) : 중씨는 대규(戴嬀)의 자. 임은 은혜로 서로 믿음. 지는 어조사. 대규의 마음이 심후하다는 뜻.
9) 塞淵(색연) : 진실하고 깊은 것.
10) 終溫且惠(종온차혜) : 온화하면서 순하다.
11) 先君(선군) : 돌아가신 임금. 곧 장공(莊公). 돌아가신 임.
12) 寡人(과인) : 임금이 자신을 일컬을 때 쓰는 말. 여기서는 장강(莊姜)이 자신을 일컬음.

4. 일월(日月) : 해와 달

해와 달은 온땅을 비추는데.
이 사람은 옛날처럼 날 사랑해 주지 않네.
어찌하면 임의 마음 잡을 수 있을까.
어찌 나를 돌아보지도 않는가.

해와 달은 이 세상 온누리를 비춰주는데.
이 사람은 사랑해 주지도 않네.
어찌하면 임의 마음 잡을 수 있을까.
어찌 나에게 대답해 주지도 않는가.

해와 달은 항상 동녘에서 떠오르건만
이 사람은 따뜻한 말 한마디 없네.
어찌하면 임의 마음 잡을 수 있을까.
어찌 나로 하여금 잊게 하는가.

해와 달은 동녘에서 항상 떠오르건만
아버님 어머님 나를 기르실제 왜 이런 일 없게 못했나요.
어찌하면 임의 마음 잡을 수 있을까.
나에게 보답하는 것이 무례하기만 하네.

▨ 부체다. 4장에 장마다 6구절로 이루어졌다.
　이 시는 '연연(燕燕)의 앞에 있어야 했다'고 했다. 종풍(終風)편도 마찬가지라 한다. 장공으로부터 사랑을 받을 수 없는 장강이 해와 달을 들어 호소한 노래라고 하였다.

　　　日居月諸 照臨下土[1]시니 乃如之人[2]兮 逝不古處[3]하다다 胡能有定이리오마는 寧[4]不我顧오
　　　日居月諸 下土是冒시니 乃如之人兮 逝不相好하다다 胡能有定이리오마는 寧不我報오
　　　日居月諸 出自東方이샷다 乃如之人兮 德音[5]無良이로다 胡能有定이리오마는 俾也可忘가
　　　日居月諸 東方自出이샷다 父兮母兮 畜我不卒이샷다 胡能有定이리오마는 報我不述[6]하다다

1) 下土(하토) : 이 세상. 이 지구. 이 땅을 뜻함.
2) 乃如之人(내여지인) : 내여는 조사(助詞). 지인(之人)은 이 사람이란 뜻. 이같은 사람.
3) 逝不古處(서불고처) : 서는 발어사(發語詞). 고처는 뜻이 미상(未詳)하다. 다만 옛길에서 서로 만나다의 뜻이 있다고도 했다.
4) 寧(영) : 조사(助詞).
5) 德音(덕음) : 다정한 말. 좋은 말.
6) 不述(불술) : 예절을 따르지 않다. 무례하게 하다의 뜻.

5. 종풍(終風) : 종일 부는 바람
온종일 부는 차가운 바람같지만 나만 보면 히죽 웃네.

놀리고 농담만 하니 이 내 가슴은 슬프다네.

온종일 바람불고 흙비 날리는데 즐거이 찾아주려나.
가지도 않고 오지도 않으니 이 내 시름 끝이 없네.

온종일 바람불고 음산하니 하루도 빼놓지 않고 개일 날 없네.
한번 깨면 다시 잠 못이루고 생각하면 가슴만 미어지네.

먹구름이 하늘을 뒤덮어 우르릉 우르릉 천둥만 치니
한번 깨면 다시 잠 못이루고 생각하면 마음만 슬퍼지네.

▨비체다. 4장에 장마다 4구절로 이루어졌다.
위(衛)의 장공의 사람 됨됨이가 광포하고 방탕하여 장강이 직접 장공에게 하소연하지 못하고 사나운 비바람에 비유하여 노래한 가사라고 했다.

終風且暴나 顧我則笑하나니 謔浪笑敖[1]라 中心是悼로다
終風且霾[2]나 惠然肯來[3]하나니 莫往莫來라 悠悠[4]我思로다
終風且曀오 不日有曀[5]로다 寤言不寐하며 願言則嚏[6]호라
曀曀[7]其陰이며 虺虺[8]其靁로다 寤言不寐하며 願言則懷호라

1) 謔浪笑敖(학랑소오) : 희롱하고 함부로 지껄이며 웃고 장난하는 것을 뜻함.
2) 霾(매) : 바람에 휘날리는 황사와 같이 쌓인 비. 곧 흙비.
3) 惠然肯來(혜연긍래) : 순순히 찾아와 주기를 바래다.
4) 悠悠(유유) : 깊이 생각하는 모양.
5) 不日有曀(불일유에) : 하루도 못가고 다시 흐려지고 바람 불다.
6) 願言則嚏(원언측체) : 원언(願言)은 생각하다. 체는 가슴이 메어지는 것.
7) 曀曀(에에) : 흐리고 바람부는 모양.
8) 虺虺(훼훼) : 우레소리.

6. 격고(擊鼓) : 북을 울리면

북치는 소리 둥둥 울리니 병기 들고 뛰어 나가네.
토목공사와 조땅의 성을 쌓는데 나만 남쪽으로 가네.

손자중 장군을 따라 진나라 송나라를 평정하러 가네.
돌아갈 기약도 없어 마음 걱정은 끝이 없네.

이곳 저곳 머무는 이 몸은 말까지 잃어버리고
어디 가서 찾으리요 숲속 아래 찾아 헤매네.

한평생 생사를 같이 하자고 그대와 굳게 굳게 맹세하였네.
그대의 손을 꼭 잡고 한평생을 같이 늙어가자고.

아, 생사를 같이 하자 했건만 우리 함께 살길이 없네.
아, 진실이여. 우리의 언약을 이룰 길 없네.

▨ 부체다. 5장에 장마다 4구절로 이루어졌다.
　위(衛)나라 사람이 병역으로 뽑혀 출정하면서 다른 사람들은 토목공사나 성쌓는 일에 종사하는데 자신만이 남쪽으로 손자중 장군을 따라 전쟁에 나가는 것을 원망한 노래이다.

擊鼓其鏜[1]이어늘　踊躍用兵호라　土國城漕[2]어늘　我獨南行호라
從孫子仲[3]하여　平陳與宋하라　不我以歸[4]라　憂心有忡호라
爰居爰處하여　爰喪其馬하고　于以求之　于林之下호라
死生契闊[5]에　與子成說[6]호라　執子之手하여　與子偕老호라
于嗟闊[7]兮여　不我活兮로다　于嗟洵[8]兮여　不我信兮로다

1) 鏜(당) : 북을 치는 소리.
2) 漕(조) : 위나라의 고을 이름.

66 제 I 권 국풍(國風)

3) 孫子仲(손자중) : 손은 성씨요 이름은 자중으로 위(衛)나라의 장수.
4) 不我以歸(불아이귀) : 자신을 데리고 돌아가지 않는다는 뜻.
5) 契闊(계활) : 멀리하다. 초월하다의 뜻.
6) 成說(성설) : 서로 언약을 이루다. 약속을 하다.
7) 闊(활) : 계활(契闊)과 같다.
8) 洵(순) : 믿음. 진실

(가시나무)

7. 개풍(凱風) : 남풍이 불면

산들산들 불어오는 따스한 남풍
가시나무 새싹 어루만지네.
가시나무 새싹은 아직 어려
어머님의 노고가 더욱 크셨네.

산들산들 불어오는 따스한 남풍
가시나무 가지 흔드네.
어머님은 성스럽고 착하시나
나는 착한 아들이 되지 못했네.

저 차디찬 샘물이 준고을 아래로 흐르네.
아들을 일곱이나 두었으나 어머님 고생은 한이 없네.

곱고 고운 꾀꼬리는 정다운 소리로 노래하네.
아들을 일곱이나 두었으나 어머님 마음 위로하지 못하네.

▨ I장은 비체요 3장은 흥체다. 4장에 장마다 4구절로 이루어졌다.

　당시 위나라의 풍속이 음란하였다. 칠 형제를 둔 어머니가 편안하지 못한 것을 보고, 자식이 효도치 못하는 자신들을 자책하여 이 노래를 지은 것이라 한다.

凱風[1]自南으로 吹彼棘[2]心이로다 棘心夭夭[3]어늘 母氏劬勞[4]샷다
凱風自南으로 吹彼棘薪이로다 母氏聖善[5]이어시늘 我無令人하소라
爰有寒泉[6]이 在浚[7]之下로다 有子七人하대 母氏勞苦아
睍睆[8]黃鳥 載[9]好其音이로다 有子七人하대 莫慰母心가

1) 凱風(개풍) : 남풍(南風)을 뜻함.
2) 棘(극) : 작은 나무이며 떨기로 산다. 가시가 많고 크게 자라지 않으며 여리고 약하며 단단하지 않다.
3) 夭夭(요요) : 젊고 고운 모습.
4) 劬勞(구로) : 병들어 고생스러운 것. 고통스럽다의 뜻.
5) 聖善(성선) : 지혜롭고 착하다.
6) 寒泉(한천) : 준(浚)고을 아래에 있는 맑고 깨끗한 샘물.
7) 浚(준) : 위나라의 고을 이름.
8) 睍睆(현완) : 맑고 환하며 아름다운 것. 꾀꼬리 울음소리의 표현.
9) 載(재) : 조사(助詞).

8. 웅치(雄雉) : 장끼(수꿩)

장끼가 날으네. 푸드득 푸드득 날개치며 날으네.
나의 그리운 임이여! 스스로 괴로움만 주는구나.

장끼가 날으네.
오르락내리락 날으며 소리내네.
진실한 나의 임이여!
참으로 내 마음 괴롭히누나.

저 해와 달을 바라보면
끝이 없는 나의 생각.
길은 멀다고 말하는데
어찌 빨리 올 수 있으려나.

(꿩 : 장끼)

뭇 관리(官吏)들이여. 덕스런 행동을 알지 못하는가.
해치지 않고 탐내지 않으면 무엇이든 잘 되지 않겠는가.

▨ 1. 2장은 흥체요 3. 4장은 부체다. 4장에 장마다 4구절로 이루어졌다.
부인(婦人)이 부역으로 집을 떠난 남편을 생각하여 읊은 시라고 한다.

雄雉¹⁾于飛여 泄泄²⁾其羽로다 我之懷矣여 自詒伊阻³⁾로다
雄雉于飛여 下上其音이로다 展⁴⁾矣君子여 實勞我心이로다
瞻彼日月호니 悠悠我思로다 道之云遠이어니 曷云能來리오
百爾⁵⁾君子는 不知德行가 不忮不求⁶⁾면 何用不臧⁷⁾이리오

1) 雄雉(웅치) : 수꿩을 말한다. 치는 들닭으로 꿩을 말하는 것이고, 웅은 벼슬이 있고 긴 꼬리가 있으며 몸에 무늬가 있는 것을 말한다.
2) 泄泄(예예) : 느릿느릿 날으는 모양.
3) 自詒伊阻(자이이조) : 이(詒)는 끼치다, 이(伊)는 조자(助字), 조(阻)는 근심, 어려움. 스스로 괴로움을 이루다의 뜻.
4) 展(전) : 진실로 또는 성(誠)과 뜻이 통함.
5) 百爾(백이) : 무릇과 같다. 범(凡)과 같다.
6) 不忮不求(불기불구) : 해치지 않고 탐내지 않는다.
7) 臧(장) : 선(善)과 같다. 착하다 선하다의 뜻.

9. 포유고엽(匏有苦葉) : 박잎
박에는 쓴잎 있고
나루에는 깊은 건널목이 있네.
물 깊으면 옷 입은 채로 건너고,
얕으면 옷 걷고 건너라.

물이 가득한 나루는

雁
(기러기)

제 3 장 패풍(邶風) 69

물결이 넘치고 까투리 울고 있네.
나루물 넘쳐도 바퀴 적시지 않고 까투리 장끼 보고파 우네.

기럭기럭 기러기 울고, 아침 햇살 훤히 비쳐 날이 새네.
장가들러 기다리는 총각 있으면 이 얼음이 녹기 전에 하소.

어서 오라 손짓하는 저 사공에게.
모두 건너도 나는 건너지 않겠소.
모두 건너도 내 건너지 않음은 내 벗 기다림이라오.

▨ 1. 2. 4장은 비체요, 3장은 부체다. 4장에 장마다 4구절로 이루어져 있다.

이 시는 음란한 위나라의 풍속을 풍자한 시라고 하였으나 자세한 것은 알 수 없다. 아무튼 장성한 남녀가 사랑을 속삭이는 시라고 보는 것이 타당할 것 같다.

匏有苦[1]葉이어늘 濟[2]有深涉이로다 深則厲[3]오 淺則揭[4]니라
有瀰[5]濟盈이어늘 有鷕[6]雉鳴이로다 濟盈不濡軌하며 雉鳴求其牡로다
雝雝[7]鳴雁은 旭日始旦이니라 士如歸妻인댄 迨氷未泮[8]이니라
招招[9]舟子[10]에 人涉卬否라 人涉卬否는 卬須[11]我友니라

1) 匏有苦(포유고) : 포는 박(匏)이다. 박의 쓴 것은 먹을 수 없고 특별히 몸에 차고 물을 건널 때 쓴다고 했다. 박이 다 익은 것은 젊은 남녀의 성숙함을 비유한 것이기도 함.
2) 濟(제) : 제수(濟水)의 이름이나 여기에서는 나루터를 뜻함.
3) 厲(여) : 옷을 입은 상태로 물을 건너는 것.
4) 揭(게) : 옷을 걷어 올리고 물을 건너는 것.
5) 瀰(미) : 물이 가득찬 모양.
6) 鷕(요) : 암꿩이 우는 소리.

匏
(박)

7) 雝雝(옹옹) : 기러기가 화합하여 우는 소리.
8) 迨氷未泮(태빙미반) : 태는 미치다의 뜻. 반(泮)은 얼음이 풀리는 것. 얼음이 녹지 않은 상태.
9) 招招(초초) : 소리쳐 부르는 모양.
10) 舟子(주자) : 뱃사공.
11) 卬須(앙수) : 앙은 나를, 수는 기다리다의 뜻.

10. 곡풍(谷風) : 동쪽 바람

산들산들 동풍부니 날 흐리고 비 내리네.
서로 힘써 한마음으로 살아온 사이. 노여움은 마땅치 않네.
순무 캐고 무 캐는 것은 뿌리 때문이 아니요,
좋은 마음씨 변치 않을진대 그대와 죽음도 함께하리라.

가는 길에 발걸음을 터벅터벅 하는 것은
마음속과는 다른 것이어늘
멀리 나오지 아니하고 가까운 문 안에서 나를 전송하네.
그 누가 씀바귀를 쓰다고 하나
내게는 냉이처럼 단 것을.
그대는 새장가들어 형제처럼
그녀와 즐기겠지요.

(순무)
葑
菲
(무)

경수(涇水)가 위수(渭水)보다 흐리지만
더 파랗게 맑을 때도 있지요.
그대는 신혼꿈에 취하여
나를 거들떠보지도 않는구려.
내가 놓은 어살에 가지마오.
내가 놓은 통발도 들추지마오.
이 내 몸 버림받고 떠나니

뒷일 걱정한들 무슨 소용 있으리.

깊은 물에 나가면 뗏목 타고 배를 타고
얕은 물에 나가면 자맥질에 헤엄치지요.
있고 없는 것 가리어 고생 고생하여 살림준비 했지요.
이웃집이 상 당하면 있는 힘 다하여 도왔다네.

나를 도와주기는 커녕 도리어 원수같이 여기는구려.
나의 정성 뿌리치시니 팔리지 않는 물건같은 신세라네.
예전에 어렵고 궁할 때는 그대와 함께 고생했건만
이제 겨우 살 만하니 나를 독벌레에 비유하네.

우리가 맛좋은 나물을 엮어두는건 한겨울 살자는 것이라네.
그대는 새장가를 들었으니 나는 궁할 때만 필요한가요.
나를 사납고 무섭게 다그쳐 모진 고생 시키더니
그 옛날 내 시집오던 때 날 사랑하시던 그 일 잊으셨나요.

▨ 1장은 비체. 2장은 부이비체, 3장은 비체, 4장은 흥체, 5장은 부체, 6장은 흥체다. 6장에 장마다 8구절로 이루어졌다.
남편에게 버림받은 여인이 새 장가든 남편을 생각하며 자신의 신세 한탄과 남편과의 옛 정을 회상하여 읊은 시.

習習谷風[1]이 以陰以雨[2]나니 黽勉[3]同心이언정 不宜有怒니라 采采芣菲[4]는 無以下體[5]니 德音莫違인댄 及爾同死니라
行道[6]遲遲하여 中心有違[7]어늘 不遠伊邇[8]하여 薄送我畿[9]하나다 誰謂荼苦[10]오 其甘如薺[11]로다 宴爾新昏하여 如兄如弟하나다
涇以渭濁이나 湜湜[12]其沚니라 宴爾新昏하여 不我屑以[13]하나다 毋逝我梁[14]하여 毋發我笱언마는 我躬不閱이라 遑恤我後아
就其深矣란 方之舟之오 就其淺矣란 泳之游之호라 何有何亡고 하여 黽勉求之하며 凡民有喪에 匍匐救之호라

不我能慉이오 反以我爲讎하나다 旣阻我德하니 賈用不售로다 昔
育恐育鞫하여 及爾顚覆[15]이라니 旣生旣育하여 比予于毒가
　　我有旨蓄[16]은 亦以御冬이니라 宴爾新昏이여 以我御窮이랏다 有
洸有潰[17]하여 旣詒我肄[18]하니 不念昔者에 伊余來墍[19]로다

1) 習習谷風(습습곡풍) : 따스하고 부드러운 동쪽 바람. 습습은 부드럽
  고 따스한 상태. 곡풍은 동풍.
2) 以陰以雨(이음이우) : 흐렸다 비가 왔다함.
3) 黽勉(민면) : 힘을 쓰다의 뜻.
4) 采葑采菲(채봉채비) : 순무를 캐고 무를 캐다. 봉은 만청(蔓菁)이요,
  비는 무를 말함.
5) 下體(하체) : 뿌리를 일컬음.
6) 行道(행도) : 쫓겨나가는 길.
7) 違(위) : 서로 등지다.
8) 不遠伊邇(불원이이) : 멀리 나오지 않고 집안에서 전송함.
9) 畿(기) : 대문안을 말
  한다.
10) 荼苦(도고) : 씀바귀
  풀.
11) 薺(제) : 냉이풀.
12) 湜湜(식식) : 물이 맑
  은 모양.
13) 屑以(설이) : 거들떠
  보는 것.

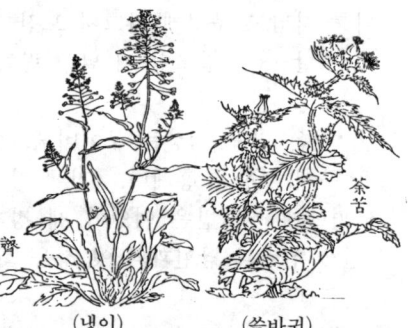
(냉이)　　(씀바귀)

14) 梁(양) : 어살. 돌을 쌓아 물을 막아 한쪽을 틔워 고기가 통하게 하
  여 고기를 잡게 만든 것.
15) 顚覆(전복) : 모진 어려움을 당하여
  지내는 것.
16) 旨蓄(지축) : 맛있는 채소를 장만함.

(어살)

17) 有洸有潰(유광유궤) : 광은 우악스러운 것.
  궤는 성내는 것.

18) 肄(이) : 수고의 뜻.
19) 墍(기) : 안식 또는 휴식의 뜻.

11. 식미(式微) : 여위고 여위다

여위고 여위면서 어찌 돌아가지 않으시나요.
그대(임금) 아니라면 어찌 이슬 맞으며 지내옵니까.

여위고 여위면서 어찌 돌아가지 않으시나요.
그대(임금) 자신이 아니라면 어찌 진흙속에 묻혀 사시나요?

▨ 부체다. 2장에 장마다 4구절로 이루어졌다.
여(黎)나라의 제후가 나라를 잃고 위나라에 의탁하고 있었는데 여나라의 신하가 군주를 위로하여 자신의 나라로 돌아가자고 호소한 시라고 했다.

式微式微[1]어늘 胡不歸오 微君之故[2]면 胡爲[3]乎中露[4]리오
式微式微어늘 胡不歸오 微君之躬이면 胡爲乎泥中이리오

1) 式微式微(식미식미) : 식은 조사(助詞). 미는 쇠약해지는 것. 두 번 강조한 것은 아주 쇠약함을 거듭 강조한 것.
2) 微君之故(미군지고) : 임금님만 아니라면. 미(微)는 비(非)와 같다.
3) 胡爲(호위) : 하위(何爲)와 같으며 무엇 때문에 어찌하여의 뜻.
4) 中露(중로) : 이슬에 젖어 살다.

12. 모구(旄丘) : 높고 낮은 언덕

저 높은 언덕에 뻗은 칡덩굴 마디마디 엉성하게 넓기도 하네.
위나라의 뭇 신하들이여. 어찌 많은 세월만 보내는가.

어찌하여 그곳에 머무르는고 반드시 이유가 있을지어다.

왜 이리 오래 걸릴까. 반드시 무슨 곡절이 있을터이네.

여우갖옷도 다 헤졌고 수레는 동쪽으로 오고 있네.
위나라의 뭇 신하들이여. 같이 협력하여 주지 말게나.

쇠약하고 약해졌구나. 이리저리 떠도는 신세여.
위나라의 뭇 신하들이여. 웃기만 하고 귀를 막은 듯하네.

▨ 1장은 흥체요, 2. 3. 4장은 부체다. 4장에 장마다 4구절로 이루어졌다.
여나라 제후의 신하가 오랫동안 위나라에 머물면서 때가 바뀌고 자연이 변하여 언덕위에 칡덩굴이 뻗어 오르는 것을 보고 지은 시라고 하였다.

旄丘¹⁾之葛兮 何誕²⁾之節兮오 叔兮伯兮³⁾ 何多日也오
何其處也오 必有與也로다 何其久也오 必有以也로다
狐裘蒙戎⁴⁾하니 匪車不東이라 叔兮伯兮 靡所與同이로다
瑣兮尾兮⁵⁾ 流離⁶⁾之子로다 叔兮伯兮 褎如充耳⁷⁾로다

1) 旄丘(모구) : 앞이 높고 뒤가 낮은 언덕.
2) 誕(탄) : 넓다.
3) 叔兮伯兮(숙혜백혜) : 숙백(叔伯)은 위나라의 여러 신하를 지칭함. 혜(兮)는 어조사.
4) 狐裘蒙戎(호구몽융) : 호구는 여우가죽옷. 몽융은 어지러운 모양. 곧 너덜너덜 하다의 뜻.
5) 瑣兮尾兮(쇄혜미혜) : 초라한 모양. 쇄는 가늘다. 미는 끝(末)의 뜻.
6) 流離(유리) : 떠돌이. 또는 떠돌아 다니는 새 이름.
7) 褎如充耳(유여충이) : 유는 많이 웃는 모양. 충이는 귀머거리. 귀머거리는 많

이 웃는다. 곧 귀를 막고 모르는 것처럼 웃다.

13. 간혜(簡兮) : 크고 크다
거칠고 불손한 자가 온갖 춤을 추네.
해는 치솟아 한낮인데 맨 앞자리에 서있네.

대장부는 당당하게 궁정뜰에서 온갖 춤을 추네.
힘이 호랑이처럼 세어 말고삐를 귀신같이 다루네.

왼손에 피리를 잡고 오른손에 꿩깃을 잡고
불그스레 상기된 그 얼굴 임금께서 술잔을 내리시네.

산에는 개암나무 습지에는 감초풀.
어느 누구를 사모하나 서녘에서 온 고운 임이네.
저 고운 그 임은 서녘에서 온 사람이라네.

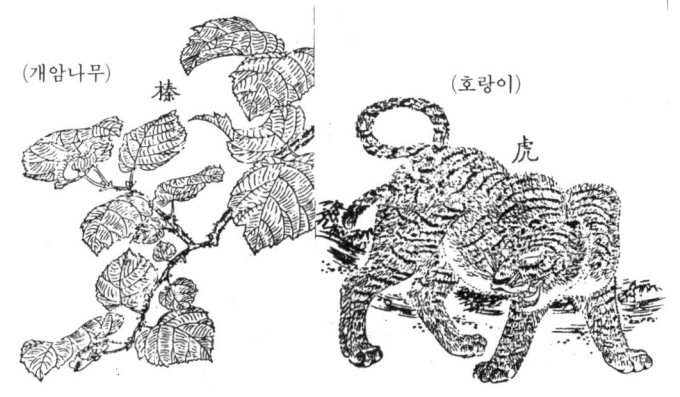
(개암나무) 榛　　(호랑이) 虎

▨ 1. 2. 3장은 부체요, 4장은 흥체다. 4장에 1, 2, 3장은 4구절이요, 4장은 6구절로 이루어졌다.
　어진 이가 자신의 뜻을 얻지 못하고 영관(伶官 : 樂人)이란 벼슬을 하며 세상을 한탄하고 자신을 한탄하는 시라고 했다.

简[1]兮简兮 方將萬舞[2]호라 日之方中[3]이어늘 在前上處[4]호라
碩人俁俁[5]하니 公庭萬舞로다 有力如虎며 執轡如組[6]로다
左手執籥[7]하고 右手秉翟호라 赫如渥赭[8]어늘 公言錫爵[9]하시다
山有榛[10]이며 隰有苓[11]이로다 云誰之思오 西方美人[12]이로다 彼美
人兮여 西方美人兮로다

1) 简(간) : 간소하여 공순하지 못하다의 뜻. 크고 어울리지 않는 모습을 일컫는다.
2) 萬舞(만무) : 모든 무용의 총칭. 무무(武舞)에서는 간척(干戚)을 쓰고 문무(文武)에서는 우약(羽籥)을 쓴다.
3) 方中(방중) : 한낮. 해가 남쪽의 가장자리에 위치하여 한낮을 이룸.
4) 在前上處(재전상처) : 제일 잘 보이는 곳. 앞줄 맨 윗자리.
5) 碩人俁俁(석인우우) : 석은 크다. 우우는 대장부의 훤칠한 모양.
6) 執轡如組(집비여조) : 말고삐 다루기를 실다루는 듯한다. 비는 말고삐, 조(組)는 실을 짜는 것으로 부드러운 것을 말함.
7) 籥(약) : 퉁소같고 구멍이 6개 있다. 또 3개의 구멍이 있다고도 함.
8) 赫如渥赭(혁여악자) : 혁여는 붉게 상기되는 모습. 악자는 붉게 상기되어 있는 모습.
9) 公言錫爵(공언석작) : 공은 위(衛)의 제후이며 『예기』 의례연음(儀禮燕飮)에 헌공(獻工)의 예를 말함.
10) 榛(진) : 개암나무. 밤과 같고 열매가 조그마하다.
11) 苓(영) : 감초. 일명 대고(大苦)라 하고 잎이 지황(地黃)과 같다. 지금의 감초.
12) 西方美人(서방미인) : 서주(西周)의 성왕(盛王). 주나라의 황제.

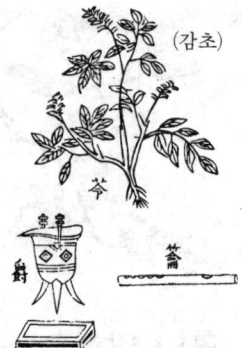

14. 천수(泉水) : 졸졸 흐르는 샘물

졸졸거리는 저 샘물도 기수로 흘러가는데.
그리운 위나라. 하루도 생각하지 않는 날이 없네.
어여쁜 내 몸종들과 함께 하여 돌아갈 날 꾀하여 보네.

제땅에서 한밤 자고 네땅에서 작별했네.
여자가 시집가면 부모 형제와는 멀어지는 것.
조카들의 안부도 묻고 언니들도 보고 싶네.

간(干) 땅에서 하루 묵고 언(言) 땅에서 이별하였지.
기름치고 굴대빗장 꽂고 수레 되돌려 달려가면
곧바로 위나라에 이를테니 아무런 해로움이 없으련만.

비천(肥泉)을 그리다가 긴 한숨만 지었네
수(須)와 조(漕) 땅을 생각하니 나의 마음 시름겹네.
수레나 타고 나가 놀면서 이 내 마음 달래나볼까.

▨ 1장은 흥체요, 2. 3. 4장은 부체다. 4장에 장마다 6구절로 이루어졌다.
　위나라에 살던 여자가 타국으로 시집가 살면서 친정에 돌아가고픈 자신의 심정을 애타게 읊은 노래라 하였다.

　　毖[1]彼泉水도 亦流于淇[2]로다 有懷于衛하여 靡日不思호니 孌彼諸姬[3]와 聊與之謀호라
　　出宿于泲[4]하고 飮餞于禰[5]호니 女子有行이 遠父母兄弟라 問我諸姑고 遂及伯姊호라
　　出宿于干[6]하고 飮餞于言[7]하여 載脂載舝[8]하여 還車[9]言邁하면 遄臻于衛언마는 不瑕[10]有害아

我思肥泉[11]하여 玆之永歎호라 思須與漕[12]호니 我心悠悠로다 駕言出遊하여 以寫[13]我憂아

1) 毖(비) : 샘물이 처음 솟아나는 모양.
2) 淇(기) : 위나라의 강 이름. 상주임려현(相州林慮縣)에서 출발하여 동쪽으로 흐르고 천수(泉水)는 서북쪽에서 동남쪽으로 와 합하여짐.
3) 孌彼諸姬(연피제희) : 연은 예쁜 모양. 제희는 시집갈 때 따라가는 여러 몸종. 귀한 신분이 시집갈 때 데리고 간다.
4) 泲(제) : 땅 이름.
5) 飮餞于禰(음천우녜) : 음천은 옛날에 먼 길을 떠날 때 조도(祖道)의 제사를 지내고 제사가 끝나면 떠나는 사람과 함께 길에서 음식을 나누어 먹었던 것을 말함. 녜는 땅 이름.
6) 干(간) : 땅 이름.
7) 言(언) : 땅 이름.
8) 載脂載舝(재지재할) : 재는 조사(助詞). 지는 수레바퀴에 기름치는 것. 할은 굴대빗장의 차축이 잘 돌아가도록 하는 것.
9) 還車(선거) : 환은 '선'으로 발음하며 수레를 돌아가게 하는 것.
10) 瑕(하) : 하(何)와 상통한다. 멀다의 뜻으로 풀이하기도 함.
11) 肥泉(비천) : 물 이름.
12) 須與漕(수여조) : 수와 조는 위나라 고을 이름.
13) 寫(사) : 사(瀉)와 같으며 쏟아 버리다의 뜻.

15. 북문(北門) : 북문을 나서니
북문을 나서니 근심 걱정이 가득하네.
궁핍하고 가난한 나의 이 어려움 뉘 알리오.
그만두어라.
하늘이 하시는 일. 말하여 무엇하리.

나라의 모든 일 나에게 맡겨지니 정사일만 고달프네.
밖에서 돌아오니 모든 식구 나에게 핀잔 뿐이라네.

그만두어라.
하늘이 하시는 일. 말하여 무엇하리.

나라일 나에게 던져지고 모든 정사 나에게 맡겨지네.
밖에서 돌아오니 모든 식구가 나만을 책하네.
그만두어라.
하늘이 하시는 일. 말하여 무엇하리.

▨ 1장은 비체요, 2, 3장은 부체다. 3장에 장마다 7구절로 이루어졌다.

위(衛)나라의 어진 선비가 어지러운 세상에서 난폭한 군주를 섬기는데 있어 자신의 뜻을 이루지 못한 것을 한탄하여 노래한 시라고 하였다.

出自北門하니 憂心殷殷[1]호라 終窶[2]且貧이어늘 莫知我艱하나다
已焉哉라 天實爲之시니 謂之何哉리오
王事[3]適我어늘 政事一埤[4]益我로다 我入自外호니 室人交徧[5]讁
我하나다 已焉哉라 天實爲之시니 謂之何哉리오
王事敦[6]我어늘 政事一埤遺[7]我로다 我入自外호니 室人交徧摧[8]
我하나다 已焉哉라 天實爲之시니 謂之何哉리오

1) 殷殷(은은) : 근심하는 모양.
2) 窶(구) : 가난하여 예의를 차릴 수가 없다.
3) 王事(왕사) : 나라일.
4) 一埤(일비) : 모든 집안을 두터이하다.
5) 交徧(교편) : 번갈아 가면서 모두.
6) 敦(돈) : 내던지다.
7) 遺(유) : 더하다.
8) 摧(최) : 저지시킴.

(까마귀)

16. 북풍(北風) : 싸늘한 북풍

북녘바람 싸늘하고 눈이 펑펑 내리는데
사랑하고 나를 좋아하는 그와 손잡고 함께 떠나가리라.
어찌 주저주저 머뭇거리랴. 어서 빨리 떠나야지.

북녘바람은 세차게 불고 진눈깨비 마구 쏟아지네.
나를 사랑하는 점잖은 이와 손잡고 함께 돌아가리라.
어찌 주저주저 머뭇거리랴. 어서 빨리 떠나야지.

붉지 않다고 여우가 아니며 검지 않다고 까마귀가 아닐까.
나를 사랑하는 점잖은 이와 손 마주잡고 수레타고 가리.
어찌 주저주저 머뭇거리랴. 어서 빨리 떠나야지.

▨비체다. 3장에 장마다 6구절로 이루어졌다.
　위(衛) 나라의 포악한 정치를 비유한 시라고 하였다. 차갑고 매서운 북풍(北風)과 눈비가 오는 것을 국가의 위난에 비유하여 위난이 장차 닥쳐오니 빨리 사랑하는 사람과 함께 이 난을 피할 것을 비유한 시라고 하였다.

　　北風其涼이며 雨雪其雱[1]이로다 惠而好我로 攜手同行호리라 其虛其邪[2]아 旣亟只且[3]로다
　　北風其喈[4]며 雨雪其霏[5]로다 惠而好我로 攜手同歸호리라 其虛其邪아 旣亟只且로다
　　莫赤匪狐[6]며 莫黑匪烏아 惠而好我로 攜手同車호리라 其虛其邪아 旣亟只且로다

1) 雱(방) : 눈이 많이 내리는 모습.
2) 其虛其邪(기허기사) : 허는 너그러운 모습. 사는 서서히의 뜻.
3) 只且(지저) : 모두 조사(助詞)이다.

4) 嘈(개) : 빠른 소리.
5) 霏(비) : 눈, 비가 섞여 내리는 모습.
6) 狐(호) : 짐승 이름. 개와 같고 황적색이 있음. 여우.

(여우)

17. 정녀(靜女) : 정숙한 아가씨

정숙하고 아리따운 그 아가씨
성모퉁이에서 나를 기다린다 했는데
사랑하고 볼 수 없으니 머리만 긁적이며 서성거렸네.

귀엽고도 어여쁜 그 아가씨 빨간피리를 나에게 주었네.
빨간피리 붉고 고우니 그녀의 아름다움 좋아하네.

저 들에서 띠풀싹 나에게 주네. 정말 곱고도 기이하네.
띠싹이 고운 것이 아니고 그녀가 주어서 고운 것이라네.

▨ 부체다. 3장에 장마다 4구절로 이루어져 있다.
　사랑하는 사람들이 서로 주고 받는 물건도 사랑스러운 것처럼 애정을 노래한 시이다. 이와 같이 애정의 시이기에 위풍(衛風)은 음탕하다고 한 것이다.

靜¹⁾女其姝²⁾하니 俟我於城隅³⁾러니 愛而不見하여 搔首踟躕⁴⁾호라
靜女其孌하니 貽我彤管⁵⁾이로다 彤管有煒⁶⁾하니 說懌女美호라
自牧⁷⁾歸荑⁸⁾하니 洵⁹⁾美且異로다 匪女之爲美라 美人之貽니라

1) 靜(정) : 한가하고 우아하다는 뜻이 있음.
2) 姝(주) : 고운것. 미색.
3) 城隅(성우) : 으슥한 곳. 성의 모퉁이로 으슥한 곳.

4) 踟躕(지주) : 머뭇거리다. 주저하다.
5) 彤管(동관) : 무슨 뜻인지 미상이다. 단 서로의 정표로 주고 받는 선물인 듯함.
6) 煒(위) : 붉은것.
7) 牧(목) : 야외(野外).
8) 荑(제) : 띠풀이 처음 솟을 때의 것.
9) 洵(순) : 진실하다.

(큰기러기)

18. 신대(新臺) : 새로운 누각

새로운 누각은 아름답고 하수는 넘실대었네.
그 고운 임 찾아왔건만 병신 꼽추가 웬말인가.

새로운 누각은 높이 솟고 하수는 출렁이었네.
그 고운 임 찾아왔건만 병신 꼽추는 낯지도 않았네.

고기그물 쳐놨더니 기러기만 걸렸다네.
그 고운 임 찾아왔건만 병신 곱추만 얻었네.

▨ 1, 2장은 부체요, 3장은 홍체다. 3장에 장마다 4구절로 이루어졌다.

옛말에 위나라의 선공(宣公)이 자신의 아들 급(伋)을 제나라의 공주에게 장가들게 하였는데 선공은 공주를 보고 자신의 첩으로 삼았다. 위선공의 비행을 풍자한 노래라고 하였다.

新臺有泚¹⁾하니 河水瀰瀰²⁾로다 燕婉³⁾之求에 籧篨⁴⁾不鮮이로다
新臺有洒⁵⁾하니 河水浼浼⁶⁾로다 燕婉之求에 籧篨不殄⁷⁾이로다
魚網之設에 鴻則離⁸⁾之로다 燕婉之求에 得此戚施⁹⁾로다

1) 泚(자) : 선명한 모습.
2) 瀰瀰(미미) : 성하고 성한 모양.

3) 燕婉(연완) : 아름다운 모양.
4) 籧篨(거제) : 몸을 굽히지 못하는 나쁜 병.
5) 洒(최) : 최로 발음하며 높다는 뜻.
6) 浼浼(매매) : 강물이 땅과 같이 가득 차서 평평한 모습.
7) 殄(진) : 끊어진다.
8) 離(이) : 걸리다. 잡히다.
9) 戚施(척시) : 뒤로 몸을 제끼지 못하는 추한 병.

19. 이자승주(二子乘舟) : 두 아들을 태운 배

두 아들을 태운 배가 두둥실 떠가네.
그 아들들이 걱정되어 내 마음 가눌 길 없네.

두 아들을 태운 배는 물결 따라 저 멀리 떠나갔네.
그 아들들이 걱정되어 큰일 없길 바랄 뿐이네.

▨ 부체다. 2장에 장마다 4구절로 이루어졌다.
위나라 선공이 아버지인 장공(莊公)의 첩 이강(夷姜 : 선공의 서모)과 정을 통하여 급(伋)을 낳았다.
또 급(伋)의 아내로 맞이하려던 며느리감을 자신이 얻어 그 선강(宣姜)에게서 수(壽)와 삭(朔)을 낳았다.
이강은 선강에게 사랑을 빼앗기고 목매 죽었다.
또 선강은 삭과 모의하여 급을 없애기로 하였다. 그래서 급을 제나라에 사자로 보내고 중간에서 급을 도적들로 하여금 죽이도록 하였으나 이 계획을 이복동생인 수가 알고 다른 곳으로 몸을 피하도록 권하였다.
그러나 급은 '임금의 명을 저버릴 수 없다' 하고 그대로 제나라로 떠나기로 했다. 이에 수는 급 몰래 사자의 표지인 기를 훔쳐 먼저 제나라로 가다가 도적에게 피살되었다.
뒤에 급이 이를 알고 뒤쫓아가 '너희들은 수를 나로 오인하고 죽였으니 나도 죽여달라'고 하여 같이 죽음을 당했다.
　이 시는 두 이복형제인 급과 수의 죽음을 애도하는 뜻에서 지은 것이라고 전한다.

　　　二子乘舟[1]하니 汎汎[2]其景[3]이로다 願言思子라 中心養養[4]호라
　　　二子乘舟하니 汎汎其逝로다 願言思子호니 不瑕有害아
　1) 二子乘舟(이자승주) : 위나라 선왕(宣王)의 아들인 급(伋)과 수(壽)를 말함. 승주는 제를 가려면 하수를 건너야 하므로 배를 탄다고 함.
　2) 汎汎(범범) : 둥실둥실 물위로 떠가는 모습.
　3) 景(영) : 멀리 그림자만 보이는 것. 경은 영(影)의 고자(古字).
　4) 養養(양양) : 양양(漾漾)과 같으며 근심하고 걱정하는 뜻으로 마음이 불안한 상태를 말함.

제 4 장 용풍(鄘風 : 鄘一之四)

용풍(鄘風)은 패풍과 함께 위풍(衛風)의 소속이라 할 수 있으며, 그의 자세한 내용은 패풍(邶風)에서 설명했다.
그것은 용이나 패가 조그마한 나라로 위나라에 병합되었기 때문이며 여기서 셋으로 분류한 것은 패나라와 용나라의 옛 이름을 보존하기 위해서다.
국풍(國風) 중에서 주남과 소남을 정풍(正風)이라고 하는데 비해 패풍 이하 용풍 위풍 등은 변풍(變風)이라고 한다. 이 작품들은 애증(哀憎)과 애정을 나열한 것이기 때문이리라.

1. 백주(柏舟) : 저 잣나무배

저 잣나무배는 황하의 한가운데 두둥실 떠있네.
늘어뜨린 저 더벅머리가 진실로 나의 짝이러니
죽을지언정 다른 곳으로 시집가지 않으리라.
어머님이시어, 저 하늘이시어! 어이 나를 몰라주시나요.

저 잣나무배는 황하가에 두둥실 떠있네.
늘어뜨린 저 더벅머리가 진실로 나의 배필이었으니.
이 몸이 죽어도 다른 생각을 갖지 않으리라.
어머님이시어, 저 하늘이시어! 어이 나를 몰라주시나요.

▧홍체다. 2장에 장마다 7구절로 이루어졌다.
옛 말에 위나라 제후의 세자는 공백(共伯)이었는데 일찍 죽어 그의 아내 공강(共姜)이 수절하려고 하는 것을 공강의 부모

86 제 I 권 국풍(國風)

가 다른 곳으로 시집보내려 하자 공강이 이 시를 지어 수절할 것을 맹세한 것이라고 전한다.

汎彼柏舟여 在彼中河[1]로다 髧[2]彼兩髦[3]여 實維我儀[4]니 之死언정 矢靡[5]他하리라 母也天只[6]시니 不諒人只아
汎彼柏舟여 在彼河側이로다 髧彼兩髦여 實維我特[7]이니 之死언정 矢靡慝하리라 母也天只시니 不諒人只아

1) 中河(중하) : 황하(黃河)의 한가운데를 이름.
2) 髧(담) : 머리를 늘어뜨리다.
3) 髦(모) : 더벅머리. 눈썹까지 내려온 머리.
4) 儀(의) : 짝을 말함.
5) 矢靡(시미) : 시는 맹서(盟誓)하다. 미는 없다.
6) 只(지) : 어조사.
7) 特(특) : 짝하다.

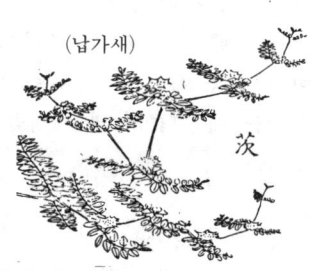
(납가새)
茨

2. 장유자(牆有茨) : 담장의 납가새
담장의 납가새는 걷어버릴 수 없네.
침실의 이야기는 말할 수도 없는 것.
말해도 무방하지만 말하면 추할 뿐이네.

담장의 납가새는 제거할 수도 없네.
침실의 이야기는 자세히 말할 수도 없고.
자세히 말해도 된다지만 말하면 길 뿐이네.

담장의 납가새는 묶어서 버릴 수도 없네.
침실의 이야기는 소문낼 수도 없는 것.
소문을 내도 된다지만 그 말은 욕될 뿐이라네.

제 4 장 용풍(鄘風)   87

▨흥체다. 3장에 장마다 6구절로 이루어졌다.
　옛 말에 의하면 위나라의 선공이 죽고 혜공(惠公)이 뒤를 이었는데 나이가 어렸다. 혜공의 서형(庶兄)인 완(頑)이 선강과 정을 통했는데 완은 선강의 배다른 서자(庶子)였다. 그러므로 위나라 사람들이 이 시를 지어 규중(閨中)의 추잡한 사연을 풍자한 것이다.

　牆有茨[1]하니 不可掃也로다 中冓[2]之言이여 不可道[3]也로다 所可道也댄 言之醜也로다
　牆有茨하니 不可襄[4]也로다 中冓之言이여 不可詳也로다 所可詳也댄 言之長也로다
　牆有茨하니 不可束也로다 中冓之言이여 不可讀[5]也로다 所可讀也댄 言之辱也로다

1) 茨(자) : 납가새. 덩굴로 자라며 가느다란 잎에 삼각가시가 있다.
2) 中冓(중구) : 집의 깊숙한 방. 구는 침실.
3) 道(도) : 더러운 일. 음란한 일.
4) 襄(양) : 양(攘)과 통하며 제거한다의 뜻.
5) 讀(독) : 외어서 이야기하듯 하다.

(코끼리)

3. 군자해로(君子偕老) : 그대와 함께 해로

임과 함께 해로하자고 쪽에 꽂은 비녀에 구슬이 여섯 개.
의젓한 걸음에 거동이 산처럼 바다처럼.
그림무늬 제복이 잘 어울리건만
그대의 정숙하지 못한 것은 어찌된 일이오.

곱고 고운 꿩깃보다 더 빛나고 고운 그 예복.
검은머리 구름같아 월자(月子)는 쓸 필요 없네.
구슬귀고리 달고 상아비녀 머리에 꽂고
시원한 이마에 백옥처럼 고운 살결.

어찌 그리 천자(天子)같으며 어찌 그리 황제같을꼬.

신선하고 고운 그 하얀 예복에
갈포옷을 입고 삼베 적삼도 했네.
그대의 맑은 눈매 시원한 이마에 고운 얼굴.
진정 진실로 고운 그대. 나라에 둘도 없는 미인일세.

▨ 부체다. 총3장에 1장은 7구절, 2장은 9구절, 3장은 8구절이다.
부인이 군자와 더불어 해로하려고 그 복식의 화려함을 장식하고 스스로 편안함을 얻은 것이라고 했다.
또 일설에는 아름다운 예복을 입고도 자신의 남편인 선공을 바르게 섬기지 못하였으니 왜 그러한지 알 수 없다고 풍자한 시라고 하였다.

君子[1]偕老라 副笄[2]六珈니 委委佗佗[3]며 如山如河라 象服[4]是宜어늘 子之不淑은 云如之何오
玼[5]兮玼兮하니 其之翟也[6]로다 鬒髮[7]如雲하니 不屑髢也로다 玉之瑱也며 象之揥也[8]며 揚且之晳也로소니 胡然而天也며 胡然而帝也오
瑳兮瑳兮하니 其之展[9]也로다 蒙彼縐絺[10]하니 是紲袢[11]也로다 子之清揚[12]이여 揚且之顏也로다 展[13]如之人兮여 邦之媛也로다

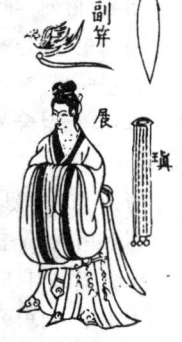

1) 君子(군자) : 여기서는 그대, 곧 남편을 가리킴.
2) 副笄(부계) : 부인의 머리장식. 계는 비녀. 쪽과 비녀.
3) 委委佗佗(위위타타) : 점잖고 의젓하게 걷는 모습.
4) 象服(상복) : 적의(翟衣)라고 하는 예복의 하나.
5) 玼(자) : 성하고 신선한 모양.
6) 翟也(적야) : 제사지낼 때 입는 옷으로 꿩의 무늬

제 4 장 용풍(鄘風) 89

채색이 있다.
7) 鬒髮(진발) : 검은머리.
8) 玉之瑱也象之揥也(옥지진야상지체야) : 옥으로 만든 귀고리를 진(瑱). 상아로 만든 머리 긁는데 쓰이는 기구를 체(揥)라 함.
9) 展(전) : 전의(展衣)이며 예복의 하나.
10) 絺綌(추치) : 가는 갈포로 된 옷.
11) 絏袢(설반) : 땀이 배는 것을 막기 위해 더운 때 입는 삼베 적삼.
12) 淸揚(청양) : 눈이 맑고 이마가 넓은 것.
13) 展(전) : 진실한 모습. 단정한 모습.

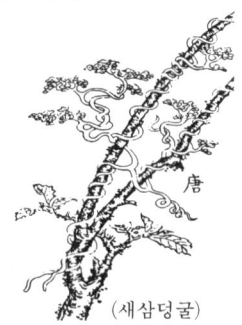
〈새삼덩굴〉

4. 상중(桑中) : 상중마을

새삼덩굴을 뜯으러 매마을에 갔었지.
그 누구를 생각하고 갔던고, 어여쁜 강씨네 큰딸이었네.
나를 상중(桑中)에서 기다려 상궁(上宮)으로 맞이했다가
올 때는 기수(淇水)가에서 나를 전송해 주었네.

보리를 베러 매마을 북쪽에 갔었지.
그 누구를 생각하고 갔던고, 어여쁜 익씨네 큰딸이었네.
나를 상중에서 기다려 상궁으로 맞이했다가,
올 때는 기수가에서 나를 전송해 주었네.

순무를 뽑으러 매마을 동쪽에 갔었지.
그 누구를 생각하고 갔던고, 어여쁜 용씨네 큰딸이었네.
나를 상중에서 기다려 상궁으로 맞이했다가
올 때는 기수가에서 나를 전송해 주었네.

▩부체다. 3장에 장마다 7구절로 이루어졌다.
본래 위나라의 풍속이 음란하였다. 이 시는 귀족들이 높은

90　제 1 권 국풍(國風)

지위를 이용하여 남의 아내나 처첩들을 빼앗고 부정한 행위를 하는 것을 풍자한 것이라고 적고 있다.

　　爰采唐¹⁾矣를 沫²⁾之鄕矣로다 云誰之思오 美孟姜³⁾矣로다 期我乎桑中⁴⁾이며 要我乎上宮⁵⁾이오 送我乎淇之上⁶⁾矣로다
　　爰采麥⁷⁾矣를 沫之北矣로라 云誰之思오 美孟弋⁸⁾矣로다 期我乎桑中이며 要我乎上宮이오 送我乎淇之上矣로다
　　爰采葑矣를 沫之東矣로다 云誰之思오 美孟庸⁹⁾矣로다 期我乎桑中이며 要我乎上宮이오 送我乎淇之上矣로다

1) 唐(당) : 몽채(蒙菜)라는 나물 이름. 또는 새삼덩굴(免絲).
2) 沫(매) : 위나라의 고을 이름. 일명 매는 나라 이름이라고도 함.
3) 孟姜(맹강) : 맹은 맏이, 강은 제나라의 딸로 귀족을 말함.
4) 桑中(상중) : 매고을의 땅 이름.
5) 上宮(상궁) : 매고을의 땅 이름.
6) 淇之上(기지상) : 매고을의 땅 이름.
7) 麥(맥) : 보리. 가을에 파종하여 여름에 익는 곡식.

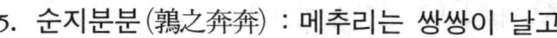
(보리)

8) 弋(익) : 『춘추(春秋)』에 사(姒)씨로 기록하고 있으며 기(杞)나라의 딸로 하후(夏后)씨의 후손이라 했다. 하나의 귀족.
9) 庸(용) : 성씨. 하나의 귀족이나 자세하지 않다고 기록되어 있다.

5. 순지분분(鶉之奔奔) : 메추리는 쌍쌍이 날고

메추리도 짝지어 날고
까치도 쌍쌍이 날으는데.
이 어질지 못한 이를
나는 왜 형으로 삼았느냐.

(메추리)

까치도 쌍쌍이 날고 메추리도 짝지어 날으는데.

이 못난 이 어질지 못한 이를 나는 왜 임금으로 삼았느냐.

▧ 흥체다. 2장에 장마다 4구절로 이루어졌다.
위나라 사람들이 선강이 서자(庶子)인 완(頑)과 서로 정을 통하고 다니는 것을 까치와 메추리에 비유하여 그의 아들인 혜공(惠公)의 말을 빌어 풍자한 노래라고 하였다. 사람 못된 것은 메추리만도 못하다는 뜻에서이다.

鶉之奔奔[1]이며 鵲之彊彊[2]이어늘 人[3]之無良을 我以爲兄가
鵲之彊彊이며 鶉之奔奔이어늘 人[4]之無良을 我以爲君가

1) 鶉之奔奔(순지분분) : 순은 메추리. 분분은 짝이 있는 것.
2) 彊彊(강강) : 살 때에는 항상 짝이 있고, 날으는데 서로 따라 날으는 것. 분분(奔奔)과 같다.
3) 人(인) : 위나라 공자 완(頑)을 지칭함.
4) 人(인) : 선강(宣姜)을 지칭함.

(밤나무)

6. 정지방중(定之方中) : 정성이 남쪽에서 비칠 때
정(定)성이 하늘 중앙에 비칠 때 초구땅에 궁실 지었네.
태양을 보고 방향을 재어
초구땅에 궁실을 지으셨네.
개암나무 밤나무 의나무
오동나무 가래나무 옻나무 심으니
장차 베어 거문고와 비파를 만드리.

저 빈 성터에 올라 초구땅을 바라보시고.
초구땅 옆 고을 바라보며
산과 높은 언덕을 측량하고

(뽕나무)

내려와 뽕나무밭을 보시며 또 점쾌도 길하다 하더니.
마침내 좋은 터 장만하셨네.

단비 내리니 관리에게 일러
날 개어 별이 나면 수레내어 뽕밭에 나가
농사를 돌아보자 하였네.
보통임금님 아니신 분 마음가짐이 성실하고 깊으시어.
큰말과 암말이 3천이나 되었다네.

▨ 부체다. 3장에 장마다 7구절로 이루어졌다.
위나라가 오랑캐의 침략을 받아 수도를 빼앗기고 초구의 땅으로 옮겨 궁실을 지었다. 이에 위나라 사람들이 기뻐하고 이 시를 지어 찬미하였다고 했다.

定之方中[1]이어늘 作于楚宮[2]하니 揆[3]之以日하여 作于楚室[4]이오 樹之榛栗과 椅桐梓漆[5]하니 爰伐琴瑟이로다
升彼虛[6]矣하여 以望楚矣로다 望楚與堂[7]하며 景山與京[8]하며 降觀于桑하니 卜云其吉이러니 終焉允臧이로다
靈雨旣零[9]이어늘 命彼倌人[10]하여 星[11]言夙駕하여 說[12]于桑田하니 匪直也人의 秉心塞淵[13]이라 騋牝[14]三千이로다

1) 定之方中(정지방중) : 정은 북쪽에 있는 별로 28수의 실(室)에 해당하는 별이다. 이 별은 어두우면 여름에 한가운데로 비치며 하(夏)나라 10월에 해당함. 이때 궁실을 짓는 것으로 영실(營室)이라 이른다. 방중(方中)은 정 중앙의 위치.
2) 楚宮(초궁) : 초구(楚丘)땅의 궁.
3) 揆(규) : 재다. 헤아리다. 8척의 나무를 심어 해의 출입의 그림자를 헤아려 동쪽 서쪽의 방위를 정하고 또 해의 중앙을 기준하여 남과 북을 정한다.
4) 楚室(초실) : 초궁(楚宮)과 같다. 서로 번갈아 운을 맞춘 것 같다.

5) 椅桐梓漆(의동자칠) : 의는 산유자나무과의 의나무. 동은 오동나무, 자는 가래나무, 칠은 옻나무로 다 거문고와 비파를 만드는 재목으로 쓰임.

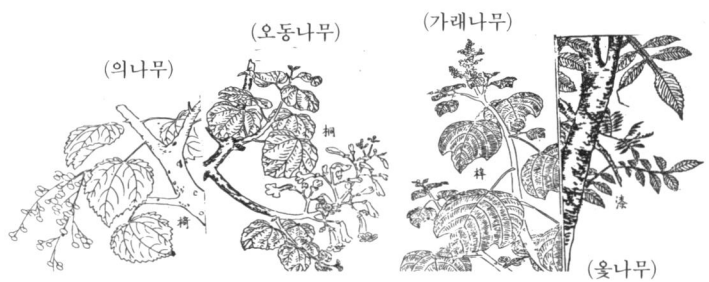

6) 虛(허) : 옛 성이라고 함.
7) 楚與堂(초여당) : 초는 초구(楚丘)의 땅. 당은 초구 곁에 있는 고을.
8) 景山與京(경산여경) : 경(景)은 측량하다. 또는 산 이름이라고도 함. 경(京)은 높은 언덕. 산과 높은 언덕을 측량하다.
9) 靈雨旣零(영우기령) : 영은 선하다. 곧 좋은 비가 떨어지다.
10) 倌人(관인) : 수레를 맡은 관리.
11) 星(성) : 별이 나타나다. 비가 개이고 별이 빛나다.
12) 說(세) : 설은 세로 발음하며 집에 머물다.
13) 秉心塞淵(병심색연) : 병심은 마음가짐. 색연은 성실하고 깊은 것.
14) 騋牝(내빈) : 내는 7척이 넘는 큰 말을 이른다. 빈은 암말. 수말에 따라서 내는 암말의 수(數).

7. 체동(蝃蝀) : 오색 무지개

무지개 동쪽에 섰어도 감히 손가락질 못하네.
여자는 한번 시집가면 부모 형제와는 멀어지는 것이라네.

아침 서쪽에 무지개 서면 아침내내 비가 내리네.
여자는 한번 시집가면 부모 형제와는 멀어지는 것이라네.

이같은 사람이여. 시집가는 것 생각하네.
믿음이 조금도 없는 사람. 인간의 도리를 모르는 것이라네.

▧ 1·2장은 비체요, 3장은 부체다. 3장에 장마다 4구절로 이루어졌다.
음란한 행동을 풍자한 시라고 말하였다.

  蝃蝀¹⁾在東하니 莫之敢指로다 女子有行은 遠父母兄弟니라
  朝隮²⁾于西하니 崇朝³⁾ 其雨로다 女子有行은 遠兄弟父母니라
  乃如之人也여 懷昏姻也로다 大無信也하니 不知命也로다

1) 蝃蝀(체동) : 무지개를 이름.
2) 隮(제) : 오르다. 『주례(周禮)』에 열 가지 밝은 것 중에서 9번째가 제(隮)라고 했으며 주석에는 무지개는 홀연히 나타나 아래에서부터 오르다라고 했다.
3) 崇朝(숭조) : 아침을 마치다. 아침에서 밥먹을 때까지를 종조(終朝)라고 함.

8. 상서(相鼠) : 쥐를 보면
저 쥐를 보아도 가죽이 있거늘
사람으로서 체모가 없네.
사람으로서 체모가 없으면
차라리 죽기나 하지 무엇하는가.

(쥐)

저 쥐를 보아도 이가 있거늘 사람으로서 버릇이 없네.
사람으로 버릇 없으면 차라리 죽기나 하지 무얼 기대하는가.

저 쥐를 보아도 몸체가 있거늘 사람으로서 예의가 없네.
사람으로서 예의가 없으면 어찌하여 일찍 죽지 않는가.

▧흥체다. 3장에 장마다 4구절로 이루어졌다.
 천한 쥐도 가죽이 있고 이가 있고 몸체가 있거늘 인간으로서 체모가 없고 버릇이 없고 예의가 없어서 되는가. 당시의 위나라 사회의 음란한 상태를 풍자한 시이다.

　　相鼠¹⁾有皮하니 人而無儀아 人而無儀는 不死何爲오
　　相鼠有齒하니 人而無止²⁾아 人而無止는 不死何俟오
　　相鼠有體하니 人而無禮아 人而無禮는 胡不遄死오
1) 相鼠(상서) : 상은 보다. 서는 쥐로 '저 쥐를 보라'는 뜻.
2) 止(지) : 행동거지. 버릇.

9. 간모(干旄) : 깃대를 세우고
우뚝 선 깃발이 준마을 교외밖에서 펄럭이네.
흰실로 깃대를 꾸몄고 좋은 말 네 필이 끌고 있네.
저 아름다운 임에게는 무엇으로 보답할거나.

우뚝 선 매그림 깃발이 준마을 읍내에서 펄럭이네.
흰비단 수실을 달고 좋은 말 다섯 필이 수레를 끄네.
저 아름다운 임에게는 무엇으로 보답할거나.

우뚝 선 꿩깃 깃발이 준마을 도성에서 펄럭이네.
흰비단실로 기단을 고 좋은 말 여섯 필이 수레를 끄네.
저 아름다운 임에게는 무슨 말로 고해야 할거나.

▧부체다. 3장에 장마다 6구절로 이루어졌다.
 위나라의 대부(大夫)가 임금의 명으로 마차를 타고 어진 선비를 찾아다니는 상황을 읊은 시라고 하였다.
　　孑孑¹⁾干旄²⁾여 在浚之郊로다 素絲紕之³⁾코 良馬四之로소니 彼姝⁴⁾

者子는 何以畀之오
　孑孑干旄⁵⁾여 在浚之都로다 素絲組之코 良馬五之로소니 彼姝者子는 何以予之오
　孑孑干旌⁶⁾이여 在浚之城이로다 素絲祝⁷⁾之코 良馬六之로소니 彼姝者子는 何以告之오

1) 孑孑(혈혈): 특별히 솟아오른 모양.
2) 干旄(간모): 소꼬리를 달은 기. 간은 깃대, 마차의 뒤에 꽂는다.
3) 素絲紕之(소사비지): 흰비단실로 짠 끈을 깃대에 달고 장식한 것.
4) 姝(주): 아름답다.
5) 干旟(간여): 새매의 기를 세운 마을.
6) 干旌(간정): 꿩의 깃털을 깃대 봉우리에 꽂은 것.
7) 祝(축): 붙이다. 속(屬)과 같다.

10. 재치(載馳): 달려라 수레여

달리고 달려라 수레여. 위나라 제후를 뵈러 가자.
아득한 길 말달려 조(漕)땅에 이르렀는데
대부는 산넘고 물건너 갔네. 내 마음 근심뿐이네.

나보고 잘한다 하지 않지만 내 뜻은 돌이킬 수 없네.
나를 못마땅하게 여기지만 내 뜻은 멀리할 수 없네.
나보고 잘한다 하지 않지만 내 뜻은 돌이킬 수 없네.
나를 좋지 않게 여기지만 내 생각을 그칠 수 없네.

저 언덕에 올라가 패모를 캐보네.
여자는 생각하기 좋아하나 또한 모든 것이 이유있는 것.
허(許)나라 사람이 나를 탓하나 어리석고 미친짓이로다.

들판에 나가면 푸릇푸릇한 저 보리싹

큰나라에 도움을 요청하고 싶지만 누굴 믿고 누가 올거나.
대부와 군자들이여, 나를 허물하지 말아다오.
생각하는 것이 헤아릴 수 없으나 나의 갈곳만 같지 못하니라.

▨ 부체다. 4장에 2장은 6구절이요, 2장은 8구절이다.

위나라 선강(宣姜)의 딸이 허나라 목공(穆公)의 부인이 되었다. 당시 위나라가 오랑캐의 침략으로 망하게 되자 친정의 나라로 돌아가 위로하려 하였으나 결국 돌아갈 수 없게 되어 이 시를 지어 노래했다고 전한다.

載馳載驅하여 歸唁[1] 衛侯하리라 驅馬悠悠하여 言至於漕[2]러니 大夫跋涉[3]이라 我心則憂호라
旣不我嘉일새 不能旋反호라 視爾不臧이나 我思不遠호라 旣不我嘉일새 不能旋濟호라 視爾不臧이나 我思不閟[4]호라
陟彼阿丘[5]하여 言采其蝱[6]호라 女子善懷[7] 亦各有行이어늘 許人尤之하니 衆穉且狂이로다
我行其野호니 芃芃[8] 其麥이로다 控[9]于大邦이나 誰因[10] 誰極[11]고 大夫君子[12]아 無我有尤어다 百爾所思[13]나 不如我所之니라.

1) 唁(언) : 나라를 잃은 제후를 위문하는 것을 말함.
2) 漕(조) : 위나라의 고을 이름.
3) 跋涉(발섭) : 물속을 가는 것을 발, 물건너 가는 것을 섭(涉)이라 함.
4) 閟(비) : 닫히다. 그치다.
5) 阿丘(아구) : 한쪽이 낮은 언덕.
6) 蝱(맹) : 한약재의 일종. 패모(貝母). 답답한 병의 치료제.
7) 善懷(선회) : 근심하는 생각이 많다는 뜻.
8) 芃芃(봉봉) : 보리가 성장하는 모습.
9) 控(공) : 호소하다.
10) 因(인) : 무엇에 기인한다.

(패모)

11) 極(극) : 이르다.

12) 大夫君子(대부군자) : 산넘고 물건넌 대부를 지칭하고 군자는 허국(許國)의 여러 사람들을 가리킴.

13) 百爾所思(백이소사) : 백이는 여러 사람. 그대들. 소사는 생각하는 바의 뜻.

제 5 장 위풍(衛風 : 衛一之五)

위풍은 위나라의 풍(風)으로 앞의 패풍과 용풍도 다 위풍의 소속이었다. 본래 패나라와 용나라는 위나라에 병합되어 버렸기 때문에 위풍에 속해 있었으나 본래의 나라 이름을 보존하기 위한 것이라 했다.

1. 기욱(淇奧) : 기수의 저 물굽이
저 기수의 굽이진 곳을 바라보니
푸른 대나무 아름답게 우거졌네.
문채가 빛나는 군자여!
자르는 듯 다듬는 듯하며
쪼아내듯 가는듯 하도다.
엄밀하고 꿋꿋하며
뚜렷이 빛나고 성대하니
문채가 빛나는 군자여!
마침내 잊을 길이 없구나.

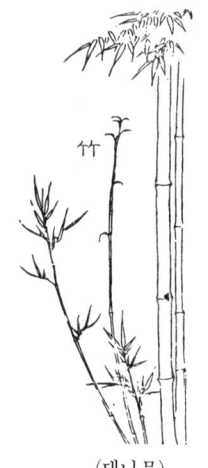
(대나무)

저 기수의 굽이진 곳을 바라보니
푸른 대나무 무성하게 우거졌네.
문채가 빛나는 군자여! 귀고리의 옥돌 찬란하며
관(冠)을 장식한 것이 별처럼 반짝이네.
엄밀하고 꿋꿋하며 뚜렷이 빛나고 성대하니.
문채가 빛나는 군자여! 마침내 잊을 길이 없구나.

저 기수의 굽이진 곳을 바라보니
푸른 대나무 왕성하게 우거졌네.
문채가 빛나는 군자여! 금인 듯 주석인 듯하며
규옥인 듯 벽옥인 듯하도다.
너그러우며 여유있는 그대, 수레 옆 대에 있으면서,
농담과 재미있는 말하지만 너무 지나치지는 않네.

▨ 흥체다. 3장에 장마다 9구절로 이루어졌다.
위나라 사람들이 무공(武公)의 지극한 덕을 찬미한 노래라고 하였다.

瞻彼淇奧[1]한대 綠竹猗猗[2]로다 有匪君子[3]여 如切如磋하며 如琢如磨[4]로다 瑟兮僩兮[5]며 赫兮咺兮[6]니 有匪君子여 終不可諼[7]兮로다
瞻彼淇奧한대 綠竹靑靑이로다 有匪君子여 充耳琇瑩[8]이며 會弁[9]如星이로다 瑟兮僩兮며 赫兮咺兮니 有匪君子여 終不可諼兮로다
瞻彼淇奧한대 綠竹如簀[10]이로다 有匪君子여 如金如錫이며 如圭如璧[11]이로다 寬兮綽兮[12]하니 猗重較[13]兮로다 善戱謔兮하니 不爲虐[14]兮로다

1) 淇奧(기욱) : 기는 강물 이름. 욱은 강물이 굽이치는 모양.
2) 猗猗(의의) : 처음은 유약하고 자라 아름답고 무성한 모습.
3) 匪君子(비군자) : 비는 비(棐)와 상통하며 문채가 현저한 모습.
4) 如切如磋如琢如磨(여절여차여탁여마) : 절(切)은 칼과 톱으로 장신구를 만드는 것. 차(磋)는 줄이나 대패로 모양을 내는 것. 탁(琢)은 망치와 끌을 사용하는 것. 마(磨)는 모래와 돌을 사용하는 것.
5) 瑟兮僩兮(슬혜한혜) : 슬은 엄하고 공경하는 마음으로 굳은 상태요, 한은 위무가 당당한 모습. 혜는 어조사.
6) 赫兮咺兮(혁혜훤혜) : 혁은 밝게 빛나는 모양. 훤은 의젓하고 기품이 있는 모습.
7) 諼(훤) : 잊어버리다. 망각하다.
8) 充耳琇瑩(충이수영) : 충이는 귀의 장식품. 귀고리. 수영은 아름다운

돌을 말함.
9) 會弁(회변) : 회는 꿰매다. 변은 가죽으로 만든 고깔. 가죽으로 만든 고깔의 가운데를 꿰매다.
10) 簀(책) : 풀이 쌓이듯 빽빽히 무성한 것.
11) 如圭如璧(여규여벽) : 규는 위가 둥글고 아래가 모난 구슬. 벽은 둥글게 다듬은 구슬. 생활하는 데 온화하고 윤택함을 말함.
12) 寬兮綽兮(관혜작혜) : 관은 너그럽고, 작은 여유가 있는 것을 뜻함.
13) 猗重較(의중각) : 의는 탄식어. 중각은 경사(卿士)의 수레다. 각은 수레의 양쪽 가에 가로 세워놓은 나무.
14) 虐(학) : 너무 지나치다.

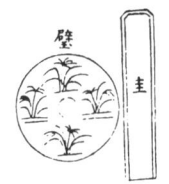
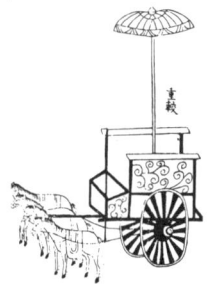

2. 고반(考槃) : 별장을 짓고

산골짜기에 집을 지으니 대인의 마음은 넓네.
홀로 자다 깨어 말해도 이 즐거움 못잊겠다 맹세하네.

언덕아래 집을 지으니 대인의 마음 더 커지네.
홀로 자다 깨어 노래불러도 언제나 그르침이 없으리.

언덕위에 집을 지으니 대인의 마음 더 한가하네.
홀로 자다 깨 또 자더라도 언제나 이 즐거움 말하지 않으리.

▨ 부체다. 3장에 장마다 4구절로 되어 있다.
어진 이가 산골짜기에 숨어 살면서도 관대하고 의젓한 모습을 잃지 않는 것을 찬미한 시라고 하였다.

考槃[1] 在澗[2]하니 碩人之寬이로다 獨寐寤言이나 永矢弗諼[3]이로다

考槃在阿⁴⁾하니 碩人之薖⁵⁾로다 獨寐寤歌나 永矢弗過로다
考槃在陸하니 碩人之軸⁶⁾이로다 獨寐寤宿⁷⁾이나 永矢弗告로다

1) 考槃(고반) : 고(考)는 이루다. 반은 움막집을 이른다. 은둔할 집을 지어 즐겁다는 뜻. 또는 고는 두드리다. 반은 그릇 이름으로 그릇을 두드리다의 뜻이라고 했지만 어느 설이 옳은 지 알 수 없다.
2) 澗(간) : 산골짜기에 흐르는 시냇물.
3) 永矢弗諼(영시불훤) : 영은 길이. 시는 맹세하다. 불훤은 잊지 않다. 길이 잊지 못할 것을 맹세하다.
4) 阿(아) : 구불구불한 구릉.
5) 薖(과) : 뜻이 이상하다. 단 관대한 뜻으로 보았다.
6) 軸(축) : 서성거리며 가지 못하는 모양.
7) 寤宿(오숙) : 잠을 깼다가 다시 잠이 드는 상태. 자고 깨고 또 자고 하는 상태.

3. 석인(碩人) : 훌륭한 임

흰하고 크신 훌륭한 임, 비단옷에 엷은 홑옷 입으셨네.
제나라 제후의 따님이며, 위나라 제후의 아내요,
동궁의 누이며, 형나라 제후의 처제요,
담(譚)나라 임금은 형부가 된다네.

손은 부드러운 띠풀싹같고 살결은 엉긴 기름처럼 부드럽고
목은 흰나무벌레 살갗처럼 생겼고 이는 박씨처럼 희고
매미의 이마에 나비의 눈썹.
방긋 웃으면 어여쁜 보조개 아름다운 눈 곱기도 하여라.

흰하고 크신 훌륭한 임, 수도의 근교에 머물렀네.
네 필의 늠름한 수말이 수레를 끌고
붉은 천으로 감은 재갈 고왔으며,
꿩깃 장식의 수레를 타고 대궐에 들어서니

대부들은 빨리 물러나 우리 임금 수고롭지 않도록 하였네.

하수(河水)는 넘실넘실 북으로 흐르는데
강물 한가운데 그물 던지면 잉어 붕어떼 팔딱거리고
갈대풀은 길게 자라 우거졌네.
시중드는 시녀들 곱기도 하며 따르는 무사들 늠름도 하네.
▨ 부체다. 4장에 장마다 7구절로 이루어졌다.
　장강은 제나라 패자(覇者)의 누이동생으로 위나라 장공에게 시집갔는데 아름답고 고우나 자식이 없어 위나라 사람들이 그 집안의 귀한 상황을 극찬한 시라고 했다. 장강의 일은 패풍 녹의(邶風綠衣)편에 자세히 기록되어 있다.

　　　碩人其頎[1]하니 衣錦褧[2]衣로다 齊侯之子오 衛侯之妻오 東宮[3]之妹오 邢侯之姨[4]오 譚公維私[5]로다
　　　手如柔荑[6]오 膚如凝脂[7]오 領如蝤蠐[8]오 齒如瓠犀오 螓首蛾眉[9]로소니 巧笑倩兮[10]며 美目盼[11]兮로다
　　　碩人敖敖[12]하니 說于農郊[13]하여 四牡有驕[14]하며 朱幩鑣鑣[15]어늘 翟茀[16]以朝하니 大夫夙退하여 無使君勞니라
　　　河水洋洋[17]하여 北流活活[18]이어늘 施罛濊濊[19]하니 鱣鮪發發[20]하며 葭菼揭揭[21]이어늘 庶姜孽孽[22]하며 庶士有朅[23]이니라

1) 碩人其頎(석인기기) : 석인은 장강(莊姜)을 가리킨다. 기(頎)는 크고 흰칠한 것.
2) 錦褧(금경) : 금은 문채가 있는 옷. 경은 홑옷. 옷이 너무 화려한 것을 가리기 위하여 위에 홑옷으로 가려 입음.
3) 東宮(동궁) : 태자가 거처하는 궁.
4) 邢侯之姨(형후지이) : 형나라 제후의 처제.
5) 譚公維私(담공유사) : 담나라 제후가 형부다.
6) 柔荑(유제) : 부드러운 띠풀. 띠풀이 돋아날 때의 희고 고운 싹.
7) 凝脂(응지) : 지방질이 서로 엉겨 굳으면 희고 매끈매끈한 상태.
8) 領如蝤蠐(영여추제) : 영은 목과 같고, 추제는 나무를 갉아먹는 좀으

로, 살결이 하얀 것을 뜻함.
9) 螓首蛾眉(진수아미) : 매미 이마에 나비 눈썹을 가리킴.
10) 巧笑倩兮(교소천혜) : 교는 웃는 모습. 천은 보조개가 패이는 것. 웃을 때 보조개가 패이는 모습.
11) 盼(반) : 눈동자의 희고 검은 상태가 뚜렷한 것. 반짝거리는 눈동자.
12) 敖敖(오오) : 키가 크고 날씬한 모양.
13) 說于農郊(세우농교) : 설(說)은 세로 읽는다. 세는 머무르다. 농교는 근교로 곧 근교에 머무르다.
14) 驕(교) : 장대한 모양.
15) 朱幩鑣鑣(주분표표) : 주분은 붉은 재갈 끈. 장식이 성대한 모양. 임금의 말의 장식을 붉은천으로 재갈을 감아 성대하게 장식한 것.
16) 翟茀(적불) : 적은 꿩깃으로 장식한 것. 불은 덮는 것.
17) 洋洋(양양) : 성대한 모양.
18) 活活(괄괄) : 물이 흐르는 모양.
19) 濊濊(활활) : 그물이 물속에 들어갈 때 나는 소리.
20) 鱣鮪發發(전유발발) : 전은 용과 같고 황색이 있어 황어(黃魚)라고 하며 예리한 머리에 입이 턱아래에 있다. 등과 배는 갑옷과 같고 큰 것은 천 여 근이 됨. 유는 전과 같으나 작으며 푸르고 검은 빛이 있다. 발발은 성대한 모양.
21) 葭菼揭揭(가담걸걸) : 가담은 갈대, 걸걸은 긴 모양. 갈대의 늘씬한 모양.
22) 庶姜孼孼(서강얼얼) : 서강은 장강의 몸종들. 얼얼은

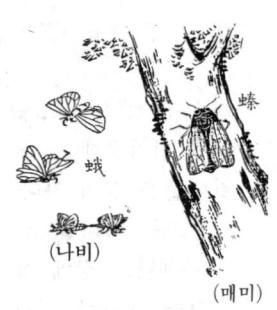
(나비)
(매미)

(전어)
(유어)   (갈대와 새박덩굴)

제 5 장 위풍(衛風)　105

성대히 꾸민 모습.
23) 庶士有朅(서사유홀) : 서사는 제나라에서 전송하는 여러 신하. 홀은 씩씩한 모습.

4. 맹(氓) : 모르는 사나이

알지 못하는 한 사나이가 돈 가지고 실을 사러 왔다네.
실을 사러 온 것이 아니라 살며시 나를 유혹하러 왔네.
그 사나이 전송하러 기수를 건너고 돈구땅까지 갔었네.
내 기약을 늦춘 것이 아니요
그대에게 좋은 중매장이가 없어서였다오.
그렇지만 그대여 노하지 마오. 이 가을로 꼭 약속하지요.

저 무너진 담장에 올라 하염없이 복관 땅만 바라보았네.
그대를 복관땅에서 보지 못하고
옷소매 적시며 많은 눈물만 흘렸네.
마침내 복관땅에서
그대를 만났을 때는
웃고 웃으며 이야기했었네.
(비둘기)
거북점과 시초점을 쳐 나쁘다는 점괘 안 나오자.
그대는 수레를 타고 와 나의 짐을 꾸려 태워갔네.

뽕잎이 떨어지기 전에는 그 잎이 싱싱하였네.
아아! 비둘기들이여, 오디를 다 먹지 말아라.
아아! 여자들이여, 사나이들과 즐겨 놀지 말아라.
사나이들이 즐겨 노는 것은 오히려 할 말이 있거니와
여자가 즐겨 노는 것은 말할 수도 없는 것이라오.

뽕잎이 떨어진 것은 누렇게 물들어 떨어진 것이라.
내 그대에게 시집온 후 3년이나 굶주리며 살았네.

기수의 물은 출렁출렁. 건너오다 수레포장 적셨는데,
여자는 아무 잘못 안했건만 그의 태도는 달라졌네.
사나이가 중심없이 행동은 갈팡질팡이네.

3년 동안 아내되어 방에서 쉬지도 못하며 고생하고
일찍 일어나고 늦게 자며 아침도 쉴새가 없었네.
그 언약이 겨우 이루어지자 이다지도 난폭한 사나이일줄이야.
형제들은 속모르고 나만 보면 웃기만하네.
생각하면 생각할수록 신세가 더 가엾다네.

죽을 때까지 해로하자더니 내 늙어서 원망케 하네.
기수도 언덕이 있고 습지도 언덕이 있건마는
처녀로서 즐길 때에는 말씨와 웃음이 부드러웠고
믿음으로 굳게 맹세할 때는 이처럼 변할 줄 생각지 못했네.

▨ 1·2장은 부체요, 3장은 비이흥체이며, 4장은 비, 5장은 부, 6장은 부이흥체이다. 총 6장에 장마다 10구절로 이루어졌다.
　음란한 여자가 남편의 버림을 받고 자신의 과거를 회상하여 뉘우치는 상황을 노래한 시라고 적고 있다.

　　　氓之蚩蚩[1] 抱布貿絲[2]러니 匪來貿絲라 來卽我謀라 送子涉淇하여 至于頓丘[3]호라 匪我愆期라 子無良媒니라 將子無怒어다 秋以爲期라호라
　　　乘彼垝垣하여 以望復關[4]호라 不見復關하여 泣涕漣漣이러니 旣見復關하여 載笑載言호라 爾卜爾筮[5]에 體[6]無咎言이어든 以爾車來하라 以我賄遷[7]이라호라
　　　桑之未落애 其葉沃若[8]이러니라 于嗟鳩[9]兮여 無食桑葚[10]이어다 于嗟女兮여 無與士耽[11]이어다 士之耽兮는 猶可說也어니와 女之耽兮는 不可說也니라
　　　桑之落矣니 其黃而隕이로다 自我徂爾하나니 三歲食貧호라 淇水

湯湯[12]하니 漸車帷裳[13]이로다 女也不爽이라 士貳其行이니라 士也罔極하니 二三其德[14]이로다

　三歲爲婦하여 靡室勞矣며 夙興夜寐하여 靡有朝矣호라 言旣遂矣어늘 至于暴矣하니 兄弟不知하여 咥[15]其笑矣하나다 靜言思之오 躬自悼矣호라

　及爾偕老라니 老使我怨이로다 淇則有岸이며 隰則有泮이어늘 總角[16]之宴에 言笑晏晏[17]하며 信誓旦旦[18]일새 不思其反호라 反是不思어니 亦已焉哉엇다

1) 氓之蚩蚩(맹지치치) : 맹은 백성이란 뜻이나 여기에서는 어느 남자의 지칭. 치치는 알지 못하는 모양으로 원망스러워 천대하는 뜻이다.
2) 抱布貿絲(포포무사) : 포(布)는 화폐. 무사(貿絲)는 실을 팔다. 돈을 받고 실을 팔다.
3) 頓丘(돈구) : 땅 이름.
4) 復關(복관) : 땅 이름. 남자가 사는 곳.
5) 爾卜爾筮(이복이서) : 거북점을 복(卜), 시초점을 서(筮)라고 함. 이(爾)는 조사(助辭).
6) 體(체) : 점괘의 징조. 점괘의 내용.
7) 賄遷(뇌천) : 재물을 가지고 남자 따라 시집가는 것.
8) 沃若(옥약) : 윤택한 모양.
9) 鳩(구) : 산비둘기. 산꿩과 같고 작으며 꼬리가 짧고 푸르다.
10) 葚(심) : 뽕나무열매, 곧 오디. 비둘기가 오디열매를 많이 먹으면 취한다고 했다.
11) 耽(탐) : 서로 즐기다.
12) 湯湯(상상) : 물이 성한 모양.
13) 帷裳(유상) : 수레에 친 휘장.
14) 二三其德(이삼기덕) : 이삼은 갈팡질팡 이랬다저랬다 하는 것. 덕은 마음, 혹은 행동.
15) 咥(질) : 웃는 모습.
16) 總角(총각) : 여자가 시집가기 전 비녀를 꽂지 않았을 때. 머리를 묶고 장식할 때를 말함.

17) 晏晏(안안) : 화유(和柔)한 모양.
18) 旦旦(단단) : 밝다.

5. 죽간(竹竿) : 낚시대

길고 가는 낚시대 들고
기수가에서 낚시질 하는 것을.
어찌 생각하지 않으리오.
멀어서 갈 수 없을 뿐이라네.

천원(泉源)은 왼편에 있고
기수는 오른편에 있는데,
여자 한번 시집가면 부모 형제와 멀어진다네.

기수는 오른편에 있고 천원은 왼편에 있는데.
생긋 웃으면 하얀 이 예뻤고,
구슬 차고 걷는 모습 나긋나긋하네.

기수는 도도히 흐르고 전나무돛 달린 소나무배.
수레타고 나가 놀며 이 내 시름 씻어나 볼까.

松 (소나무)
檜 (전나무)

▩ 부체다. 4장에 장마다 4구절로 되어 있다.
위나라의 여자가 제후(諸侯)에게 시집간 뒤 다시 친정에 가지 못하는 것을 한탄한 것으로 이 노래를 지어 자신의 심회(心懷)를 스스로 달랬다고 전한다.

籊籊[1]竹竿으로 以釣于淇를 豈不爾思리오마는 遠莫致之로다
泉源[2]在左오 淇水在右하니라 女子有行이여 遠父母兄弟로다
淇水在右오 泉源在左하니라 巧笑之瑳[3]며 佩玉之儺[4]아
淇水滺滺[5]하니 檜楫[6]松舟로다 駕言出遊하여 以寫我憂아

1) 籊籊(적적) : 길며 가느다란 것.
2) 泉源(천원) : 백천(百泉)을 말함. 위나라의 서북쪽에서 동남쪽으로 흘러 기수로 합류함.
3) 瑳(차) : 웃을 때 이가 보이면 시원스럽게 보이는 것.
4) 儺(나) : 걸음걸이에 따라 움직이는 것.
5) 浟浟(유유) : 흐르는 모양.
6) 檜楫(회즙) : 회는 잣나무 비슷한 노송나무. 즙은 배 젓는 노.

(새박덩굴)

6. 환란(芄蘭) : 새박덩굴

새박덩굴가지여, 아이가 어른들의 뿔송곳 찼네.
비록 뿔송곳은 찼지만 나를 알지는 못하네.
느릿느릿 의젓한 체하지만 혁띠 늘어진 것이 흔들거리네.

새박덩굴 잎이여, 아이가 어른들의 깍지를 꼈네.
비록 깍지는 꼈지만 나와 어울리지는 못하네.
느릿느릿 의젓한 체하지만 혁띠 늘어진 것이 흔들거리네.

▨흥체다. 2장에 장마다 6구절로 이루어졌다.
이 시는 무엇을 지칭한 것인지 확실치 않으며 또한 억지로 해석하는 것도 불가능하다고 적고 있다.

芄蘭[1]之支여 童子佩觿[2]로다 雖則佩觿나 能不我知로다 容兮遂兮[3]하니 垂帶悸[4]兮로다
芄蘭之葉이여 童子佩韘[5]이로다 雖則佩韘이나 能不我甲[6]이로다 容兮遂兮하니 垂帶悸兮로다

1) 芄蘭(환란) : 풀 이름. 일명 라마(蘿摩)라고 하며 덩굴로 자라고 끊으면 하얀 즙이 나온다. 새박덩굴.
2) 觿(휴) : 뿔송곳. 상아뿔로 만듬. 성인이 허리에 패용하는 것이요,

동자가 패용하는 것은 아니다.
3) 容兮遂兮(용혜수혜) : 느릿느릿하고 밑으로 늘어지는 모습.
4) 悸(계) : 띠에 달은 장식이 흔들리는 모양.
5) 韘(섭) : 상아뼈로 만들어 오른쪽 손 엄지손가락에 끼는 깍지. 활 쏠 때 사용한다.
6) 甲(갑) : 길다. 자신의 재능을 자랑하지 않는 것.

7. 하광(河廣) : 넓은 황하

그 누가 황하를 넓다 했나, 하나의 갈대로도 건널 수 있거늘.
그 누가 송나라를 멀다 했나, 발돋움하면 볼 수 있거늘.

그 누가 황하를 넓다 했나, 작은 배 하나 띄우지 못하거늘.
그 누가 송나라를 멀다 했나, 아침 전에 도달할 수 있거늘.

▨ 부체다. 2장에 장마다 4구절로 이루어져 있다.
위나라 선강의 딸이 송나라 환공(桓公)의 부인이 되어 양공(襄公)을 낳고 위나라로 쫓겨갔다. 뒤에 양공이 왕위에 오르자 양공의 친어머니인 선강의 딸이 아들을 만나보고 싶은 간절한 심정에서 이 시를 지은 것이라 한다.

誰謂河廣고 一葦杭[1]之로다 誰謂宋遠고 跂予望之로다
誰謂河廣고 曾不容刀[2]로다 誰謂宋遠고 曾不崇朝[3]로다

1) 一葦杭(일위항) : 갈대 하나로 건너다. 항(杭)은 혜아리다. 건너다.
2) 不容刀(불용도) : 도(刀)는 조그마한 배. 곧 그 배도 필요없다의 뜻.
3) 崇朝(숭조) : 숭은 종(終)과 같은 뜻으로 아침결이도 안 걸리는 시간. 곧 가까운 거리의 뜻.

8. 백혜(伯兮) : 그 사람

그 임은 용감한 이 나라의 호걸.
그 임은 긴 창 앞에 들고 임금님을 위해 앞장섰네.

그 임이 동으로 가신 뒤 내 머리카락 나부끼는 쑥대같네.
어찌 머리감고 기름 바르지 못하랴마는
그 누굴 위해 곱게 꾸미랴.

비 와라 비 와라 했더니
뙤약볕만 쨍쨍 나네.
오직 그 임 생각에
아픈 머리 마음 달게 받으리.

(원추리 : 忘憂草)

어디서 망우초를 얻어 뒤꼍에나 심어볼까.
오직 그 임 생각에 마음의 병이 깊어만지네.

▨ 1·2·4장은 부, 3장은 비체다. 4장에 장마다 4구절로 이루어졌다.

남편이 오래도록 임금의 선구자로 종군하여 집에 돌아오지 않으므로 이 시를 지었다고 기록되어 있다.

伯兮朅兮[1]하니 邦之桀[2]兮로다 伯也執殳[3]하여 爲王前驅로다
自伯之東하여 首如飛蓬[4]호라 豈無膏沐이리오마는 誰適爲容이리오
其雨其雨에 杲杲[5]出日이로다 願言思伯이라 甘心首疾이로다
焉得諼草[6]하여 言樹之背[7]오 願言思伯이라 使我心痗[8]로다

1) 伯兮朅兮(백혜흘혜) : 부인이 남편의 자를 스스로 부른 것. 곧 그이. 그 임과 같음. 흘은 씩씩한 모습.
2) 桀(걸) : 준수한 것.

3) 맛(수) : 길이가 2장(二丈)이나 되고 날이 없다.
4) 蓬(봉) : 풀 이름. 쑥대. 그 모습이 버들솜과 같으며 바람에 날리는 데 풀어헤쳐진 머리같은 모양이다.
5) 杲杲(고고) : 햇빛이 쨍쨍한 모습.
6) 諼草(훤초) : 기쁨을 함께하여 먹으면 근심을 잊게 한다함. 풀 이름. 원추리.
7) 背(배) : 북쪽 집.
8) 痗(매) : 병.

9. 유호(有狐) : 여우가 어슬렁거리다

여우가 어슬렁어슬렁 저 기수의 돌다리위에 있네.
마음 걱정은 그 임의 바지가
다 헤지지나 않았나 하는 것이라네.

여우가 어슬렁어슬렁 저 기수의 언덕위에 있네.
마음 걱정은 그 임이 허리띠가 없지 않나 하는 것이라네.

여우가 어슬렁어슬렁 저 기수의 언덕위에 있네.
마음 걱정은 그 임의 옷이
다 헤지지 않았나 하는 것이라네.

▨비체다. 3장에 장마다 4구절로 이루어졌다.
나라가 어지러워지고 백성이 많은 피해를 입어 홀아비와 과부가 많아졌다. 이에 과부가 홀아비에게 시집가고 싶어 이 노래를 지었다고 기록하고 있다.

有狐綏綏¹⁾하니 在彼淇梁²⁾이로다 心之憂矣는 之子無裳이니라
有狐綏綏하니 在彼淇厲³⁾로다 心之憂矣는 之子無帶니라
有狐綏綏하니 在彼淇側이로다 心之憂矣는 之子無服이니라

제 5 장 위풍(衛風) 113

1) 狐綏綏(호수수) : 호는 여우로 요사스러운 짐승. 수수는 홀로 다니며 짝을 구하는 모습.
2) 梁(양) : 돌다리.
3) 厲(여) : 깊은 물이라도 건널 수 있는 곳을 말함.

10. 목과(木瓜) : 던져준 모과
내게 모과를 던져주기에 아름다운 패옥으로 보답하였지요.
보답한 것이 아니라, 길이 사이좋게 지내자는 거지요.

내게 복숭아를 던져주기에 아름다운 구슬로 보답하였지요.
보답한 것이 아니라, 길이 사이좋게 지내자는 거지요.

내게 오얏을 던져주기에 아름다운 옥돌로 보답하였지요.
보답한 것이 아니라, 길이 사이좋게 지내자는 거지요.

▨비체다. 3장에 장마다 4구절로 이루어졌다.
남녀가 서로 주고 받으며 읊은 사연의 노래라고 했다.

　　投我以木瓜[1]에 報之以瓊琚[2]오 匪報也는 永以爲好也니라
　　投我以木桃에 報之以瓊瑤[3]오 匪報也는 永以爲好也니라
　　投我以木李에 報之以瓊玖[4]오 匪報也는 永以爲好也니라
1) 木瓜(목과) : 모과. 열매가 작은 참외같고 시며 먹을 수 있다.

(모과)　　(복숭아)　　(오얏)

2) 瓊琚(경거) : 경은 옥의 아름다운 것. 거는 몸에 차는 옥 이름.
3) 瑤(요) : 아름다운 옥.
4) 玖(구) : 또한 아름다운 옥.

제 6 장 왕풍(王風 : 王一之六)

왕(王)은 주나라 동쪽 도읍지인 낙읍(洛邑)의 기내 사방 6백 리의 땅을 말한다.

주나라의 초창기에는 문왕이 풍(豊) 땅에 도읍하고 살았으며 무왕(武王)은 호(鎬)땅으로 도읍을 옮겨 살았고 성왕(成王) 때 주공(周公)이 낙읍으로 도읍을 다시 옮겨 제후들이 모이는 곳으로 삼아 사방에서 모든 제후들이 모여드는 거리가 고루 균등해졌다.

이로부터 풍호(豊鎬)를 서도(西都)로 삼고 낙읍을 동도(東都)로 삼았다.

그후 유왕(幽王) 때에 이르러 유왕이 포사(褒姒)에게 빠져 백복(伯服)을 얻고 왕후 신(申)씨와 태자 의구(宜臼)를 폐하자 의구 태자는 신(申)나라로 도망했다. 이에 화가 난 신후가 견융(犬戎)과 더불어 주나라를 공격하여 유왕을 여산(驪山) 기슭 희(戲)땅에서 죽였다.

진(晋)나라 문공(文公)과 정(鄭)나라 무공(武公)이 태자 의구를 신나라에서 맞이하여 왕으로 세웠다.

이가 바로 평왕(平王)이며 왕성을 동도로 삼았다. 이때부터 왕실의 권위가 낮아지고 제후와 같아졌으며 그 시가 아(雅)가 아니고 풍(風)으로 되었다.

그러나 왕으로 부르는 것은 고치지 않았다. 그러므로 주풍(周風)이라고 불러야 옳으나 그러하지 아니하고 왕풍(王風)이라고 기록한 것은 권위는 없어졌으나 존중하는 뜻에서였다.

그 땅은 지금의 하남부(河南府) 및 회맹(懷孟) 등지가 그곳이라고 하였다.

1. 서리(黍離) : 이삭 늘어져

저 기장의 이삭이 늘어지고 저 피의 싹도 자랐구나.
힘없이 가는 걸음 마음의 정한 곳 없네.
나를 아는 이야 내 마음에 근심있다 하지만.
나를 모르는 이는 나를 보고 무얼 구하는가 하겠지.
넓고 푸른 저 하늘이시여, 이것이 그 누구 때문입니까?

저 기장의 이삭이 늘어지고 저 피의 이삭도 돋았구나.
힘없이 가는 걸음 마음은 취한 듯하네.
나를 아는 이야 내 마음에 근심있다 하지만
나를 모르는 이는 나를 보고 무얼 구하는가 하겠지.
넓고 푸른 저 하늘이시여, 이것이 그 누구 때문입니까?

저 기장의 이삭이 늘어지고 저 피의 이삭도 여물었구나.
힘없이 가는 걸음 마음이 막혀 답답하구나.
나를 아는 이야 내 마음에 근심있다 하지만
나를 모르는 이는 나를 보고 무얼 구하는가 하겠지.
넓고 푸른 저 하늘이시여, 이것이 그 누구 때문입니까?

▨ 부이흥체(賦而興體)다. 총 3장에 각 장마다 10구절로 이루어졌다.

주나라가 동쪽으로 도읍을 옮기고 대부들이 부역으로 종실인 주나라에 이르러보니 지난날의 종묘, 궁실이 다 없어지고 그 자리에 기장과 피의 싹만이 자라는 것을 보고 주실(周室)의 망한 것을 민망하게 여겨, 또 지난날의 감회가 깊어 읊은 노래라 전한다.

彼黍離離[1]어늘 彼稷[2]之苗로다 行邁靡靡[3]하여 中心搖搖[4]호라 知

我者는 謂我心憂어늘 不知我者는 謂我何求오하나니 悠悠蒼天[5]아 此何人哉오

　彼黍離離어늘　彼稷之穗[6]로다 行邁靡靡하여 中心如醉호라 知我者는 謂我心憂어늘 不知我者는 謂我何求오하나니 悠悠蒼天아 此何人哉오

　彼黍離離어늘 彼稷之實이로다 行邁靡靡하여 中心如噎[7]호다 知我者는 謂我心憂어늘 不知我者는 謂我何求오하나니 悠悠蒼天아 此何人哉오

1) 黍離離(서리리) : 서는 찰기장. 묘가 갈대와 같고 높이가 1장이나 되며 목부분이 흑색에 열매는 둥글고 무겁다. 이리(離離)는 이삭이 패어서 늘어진 모양.
2) 稷(직) : 곡식 이름으로 메기장. 기장과 비슷한데 기장보다 작다.
3) 邁靡靡(매미미) : 매는 가다. 미미는 더디고 더디다. 가는 것이 느릿느릿하다.
4) 搖搖(요요) : 정처없이 가는 것.
5) 悠悠蒼天(유유창천) : 높고 먼 저 푸른 하늘. 멀고 먼 하늘의 뜻.
6) 穗(수) : 고개를 빼내다. 이삭이 나오다.
7) 噎(일) : 근심이 깊어 숨도 쉴 수 없다. 가슴이 답답하다.

2. 군자우역(君子于役) : 부역 가신 임

부역에 나가신 임 돌아올 날 기약없네.
언제 오실까? 닭은 둥지에 오르고
날은 저물어 양과 소도 집 찾아오는데.
부역 나간 임이여, 내 어찌 그립지 않을소냐.

부역 나가신 임 몇날인가 몇달인가.
언제나 만날까? 닭은 둥지에 들고

118 제 1 권 국풍(國風)

날은 저물어 양과 소도 집 찾아오는데.
부역 나간 임이여, 정녕 굶주리고 목마르지 않으시기를!

▨부체다. 2장에 장마다 8구절로 이루어졌다.
대부(大夫)가 오랫동안 국가의 부역에 나가 집으로 돌아오지 못하므로 그의 부인이 그의 남편인 대부를 그리워하여 읊은 노래라고 하였다.

　　君子¹⁾于役이여 不知其期로소니 曷至哉오 雞棲于塒²⁾며 日之夕矣
라 羊牛下來로소니 君子于役이여 如之何勿思리오
　　君子于役이여 不日不月이로소니 曷其有佸고 雞棲于桀³⁾이며 日之
夕矣라 羊牛下括이로소니 君子于役이여 苟無飢渴이어다
1) 君子(군자) : 부인이 자신의 남편을 지칭
　　한 것.
2) 塒(시) : 닭이 홰에 오르는 것.
3) 桀(걸) : 닭이 홰에 오르는 것.

(수탉)
鶏

3. 군자양양(君子陽陽) : 그 임은 즐거워
그 임은 즐거워하며, 왼손에 생황잡고
오른손은 나를 방으로 부르시네. 아, 기쁘기도 하여라.

그 임은 흥겨우셔서, 왼손에 새깃잡고
오른손은 나와 춤추자고 부르시네. 아, 기쁘기도 하여라.

▨부체다. 2장에 장마다 4구절로 이루어졌다.
앞편의 '군자우역'과 같이 부인이 남편이 부역에서 돌아와 즐거워하며 과거의 고생을 잊고 안빈낙도(安貧樂道) 하는 것을 찬미한 노래라고 적고 있다. 그러나 확실하지는 않은 듯하다.

君子陽陽¹⁾하여 左執簧²⁾하고 右招我由房³⁾하나니 其樂只且⁴⁾로다
君子陶陶⁵⁾하여 左執翿⁶⁾하고 右招我由敖⁷⁾하나니 其樂只且로다

1) 陽陽(양양) : 뜻을 얻어 즐거운 모양.
2) 簧(황) : 생황. 황은 19개의 구멍이 있고, 생(笙)은 13개의 구멍이 있는 악기의 이름.
3) 由房(유방) : 유는 따르다. 방은 동쪽 방. 나를 동쪽 방으로 오게 하다.
4) 只且(지차) : 어조사.
5) 陶陶(도도) : 화락한 모습.
6) 翿(도) : 춤추는 자가 새의 깃털을 들고 있는 것.
7) 敖(오) : 춤추는 자리.

(황)

4. 양지수(揚之水) : 잔잔히 흐르는 물
잔잔히 흐르는 물이여,
나무단도 흘려보내지 못하네.
저 그리운 처자 보고 싶어
나는 신(申)땅에 수자리 살 수 없겠네.
그립고 그리워라.
어느날에나 내 집으로 돌아갈 수 있을까.

(개버들)

잔잔히 흐르는 물이여, 싸리단도 떠내려 보내지 못하네.
저 그리운 처자 보고 싶어
나는 보(甫)땅에 수자리 살 수 없겠네.
그립고 그리워라. 어느날에나 내 집으로 돌아갈 수 있을까.

잔잔히 흐르는 물이여, 개버들단도 떠내려 보내지 못하네.
저 그리운 처자 보고 싶어
나는 허(許)땅에 수자리 살 수 없겠네.
그립고 그리워라. 어느날에나 내 집으로 돌아갈 수 있을까.

▨홍체다. 3장에 장마다 6구절로 이루어졌다.

주의 평왕(平王)이 신(申)나라에 있을 때 초(楚)나라와 이웃하고 있었는데 초나라가 자주 침범하였다. 이에 기내의 백성으로 하여금 국경을 지키게 하였는데 그때의 백성들이 군대의 역사(役事)하는 것을 원망하여 지은 노래라고 하였다.

　　揚¹⁾之水여 不流束薪이로다 彼其之子²⁾여 不與我戍³⁾申⁴⁾이로다 懷哉懷哉로니 曷月予還歸哉오
　　揚之水여 不流束楚⁵⁾로다 彼其之子여 不與我戍甫⁶⁾로다 懷哉懷哉로니 曷月予還歸哉오
　　揚之水여 不流束蒲⁷⁾로다 彼其之子여 不與我戍許⁸⁾로다 懷哉懷哉로니 曷月予還歸哉오

1) 揚(양) : 유유히 흐르다. 물이 서서히 흐르는 모양.
2) 彼其之子(피기지자) : 군역을 사는 남자가 부인을 가리키는 말. 지자는 시자(是子)와 같다.
3) 戍(수) : 병역의 의무로 국경을 지키는 군역.
4) 申(신) : 강씨 성의 나라로 평왕(平王)의 어머니의 집.
5) 楚(초) : 나무.
6) 甫(보) : 강(姜)씨 성의 나라로 여(呂)나라라고도 함.
7) 蒲(포) : 개버들로 땔나무감.
8) 許(허) : 나라 이름이며 강(姜)씨 성을 가진 나라.

(익모초)

5. 중곡유퇴(中谷有蓷) : 골짜기의 익모초

골짜기의 익모초가 불에 시들어 말랐네.
생이별을 한 여인이 있어
깊은 시름에 한숨만 짓네.
깊은 시름에 한숨만 짓는 것은 집안이 당한 고난 때문이네.

골짜기의 익모초가 불에 시들어 말랐네.
생이별을 한 여인이 깊은 시름에 젖어 한숨만 쉬네.
깊은 시름에 한숨만 쉬는 것은 집안이 당한 불행 때문이네.

골짜기의 익모초가 불에 시들어 죽었네.
생이별을 한 여인이 흐느껴 울고 있네.
흐느껴 울어도 어찌할 도리가 없네.

▨흥체다. 3장에 장마다 6구절로 이루어졌다.
 흉년과 기아로 인하여 가족들이 서로 헤어지고 생이별을 하게 된 것을 슬퍼하며, 이별한 남편을 애타게 기다리던 여인의 애절한 시라고 한다.

中谷有蓷[1]하니 暵其乾矣로다 有女化離라 嘅其嘆矣호라 嘅其嘆矣호니 遇人之艱難矣로다
中谷有蓷하니 暵其脩[2]矣로다 有女化離라 條其歗[3]矣호라 條其歗矣호니 遇人之不淑[4]矣로다
中谷有蓷하니 暵其濕矣로다 有女化離라 啜[5]其泣矣호라 啜其泣矣호니 何嗟及矣리오

1) 蓷(퇴) : 익모초.
2) 脩(수) : 마르다.
3) 條其歗(조기소) : 길게 휘파람을 불다. 곧 긴 한숨.
4) 淑(숙) : 선하다의 뜻으로, 죽고 배고픈 일을 불숙(不淑)한 일이라고 하고 좋은 일은 선사(善事)라 했음.
5) 啜(철) : 우는 모양.

6. 토원(兎爰) : 토끼는 뛰고
토끼는 깡총깡총 뛰고 꿩만 그물에 걸렸네.

내가 태어났을 무렵에는 아무런 일도 없었는데
내가 장성한 뒤에는 온갖 우환만 겪으니
차라리 잠이나 들어 꼼짝하지 말자.

토끼는 깡충깡충 뛰고 꿩만 그물에 걸렸네.
내가 태어났을 무렵에는 아무런 일도 없었는데
내가 장성한 뒤에는 온갖 근심만 겪으니
차라리 잠이나 들어 깨어나지나 말자.

토끼는 깡충깡충 뛰고 꿩만 그물에 걸렸네.
내가 태어났을 무렵에는 아무런 일도 없었는데
내가 장성한 뒤에는 온갖 흉한 일만 겪으니
차라리 잠이나 들어 모든 시름 잊자.

▨비체다. 3장에 장마다 6구절로 되어 있다.
주(周)나라가 쇠약하고 제후가 강성하여 종실을 배반하므로 군자(君子)가 세상살이에 염증을 느껴 이 시를 지었다고 한다.

有兎爰爰¹⁾이어늘 雉離于羅²⁾로다 我生之初에 尙³⁾無爲러니 我生之後에 逢此百罹호니 尙寐無吪⁴⁾엇다

有兎爰爰이어늘 雉離于罦⁵⁾로다 我生之初에 尙無造러니 我生之後에 逢此百憂호니 尙寐無覺엇다

有兎爰爰이어늘 雉離于罿⁶⁾이로다 我生之初에 尙無庸⁷⁾이러니 我生之後에 逢此百凶호니 尙寐無聰이엇다

1) 爰爰(원원) : 느릿느릿. 곧 한가하게 뛰어노는 모습.
2) 雉離于羅(치리우라) : 꿩이 그물에 걸리다. 이(離)는 걸리다. 나(羅)는 그물.
3) 尙(상) : 재앙과 근심.
4) 尙寐無吪(상매무와) : 상은 거의, 오히려. 와는 움직이다. 차라리 잠이나 들어 움직이지 말 것을의 뜻.

5) 罦(부) : 수레에 치는 그물.
6) 罿(동) : 수레에 치는 그물로 꿩을 잡을 수 있다.
7) 庸(용) : 쓰임이 없다. 재앙이 파고들 데가 없다의 뜻.

7. 갈류(葛藟) : 칡덩굴

치렁치렁 얽혀 있는 칡덩굴, 황하의 언덕위에 뻗어 있네.
형제들을 멀리하고 남을 아버지라 불러야 하네.
남을 아버지라 부르지만 역시 나를 돌보지는 않네.

치렁치렁 얽혀 있는 칡덩굴, 황하의 물가에 뻗어 있네.
형제들을 멀리하고 남을 어머니라 불러야 하네.
남을 어머니라 부르지만 역시 나를 모르는 체하네.

치렁치렁 얽혀 있는 칡덩굴, 황하의 언덕위에 뻗어 있네.
형제들을 멀리하고 남을 형이라 불러야 하네.
남을 형이라 불러야 하지만 역시 내 말은 들은 체도 않네.

▨흥체다. 3장에 장마다 6구절로 이루어졌다.
세상이 어지러워지고 가족이 서로 흩어져 유리방랑하면서 한탄하는 심정을 읊은 시라고 했다.

綿綿葛藟¹⁾여 在河之滸²⁾로다 終遠兄弟라 謂他人父호라 謂他人父나 亦莫我顧로다
綿綿葛藟여 在河之涘³⁾로다 終遠兄弟라 謂他人母호라 謂他人母나 亦莫我有로다
綿綿葛藟여 在河之漘⁴⁾이로다 終遠兄弟라 謂他人昆⁵⁾호라 謂他人昆이나 亦莫我聞⁶⁾이로다

1) 綿綿葛藟(면면갈류) : 면면은 길게 뻗어 계속 이어진 모양. 갈류는 칡덩굴.

124　제 1 권 국풍(國風)

2) 滸(허) : 물가의 언덕. 강가의 언덕.
3) 涘(사) : 강가. 물가.
4) 漘(순) : 물의 기슭. 물가 언덕.
5) 昆(곤) : 형을 말함.
6) 聞(문) : 서로 듣다. 말을 주고 받는 것. 아는 체하는 것.

(향쑥)

8. 채갈(采葛) : 칡캐러 가세

저 칡이나 캐러 가세.
하루를 못보아도 석 달이나 된 듯하네.

저 향쑥이나 캐러 가세.
하루를 못보아도 아홉 달이나 된 듯하네.

저 약쑥이나 캐러 가세.
하루를 못보아도 세 해나 된 듯하네.

(약쑥)

▓부체다. 3장에 장마다 3구절로 이루어졌다.
연인의 지극한 사랑을 읊은 연애시라고 한다.

　彼采葛兮여 一日不見이 如三月兮로다
　彼采蕭¹⁾兮여 一日不見이 如三秋兮로다
　彼采艾²⁾兮여 一日不見이 如三歲兮로다

1) 蕭(소) : 제사지낼 때 쓰는 쑥. 흰잎에 줄기가 거칠고 자라면 향기가
　　있으며 제사 때 불사르는 향으로 쓰임.
2) 艾(애) : 약쑥. 말려서 침뜸하는 쑥.

9. 대거(大車) : 큰 수레

큰 수레가 덜컹거리며 가는데 대부님의 파란옷 곱기도 하네.

어찌 내 그대 생각 없을까마는
그대가 두려워 감히 가까이 가지 못한다네.

큰 수레가 덜컹거리며 가는데
대부님의 붉은 구슬빛옷 곱기도 하네.
어찌 내 그대 생각 없을까마는
그대가 두려워 달려가지 못한다네.

살아서는 다른 집에 살지만 죽어서는 한 무덤에 묻히리라.
내 말을 믿지 않거들랑 저 밝은 해를 두고 맹세하리.

▨ 부체다. 3장에 장마다 4구절로 이루어졌다.
주나라가 약해지고 대부들이 자신의 사읍(私邑)에 형벌을 엄히하여 다스리자 음란한 남녀들이 사람들을 두려워하여 이 시를 지었다고 하였다.

大車檻檻[1]하니 毳衣如菼[2]이로다 豈不爾思리오마는 畏子不敢[3]이니라
大車啍啍[4]하니 毳衣如璊[5]이로다 豈不爾思리오마는 畏子不奔이니라
穀[6]則異室이나 死則同穴호리라 謂予不信인댄 有如皦日이니라

1) 大車檻檻(대거함함) : 대거는 대부의 수레. 함함은 수레가 갈 때 나는 소리.
2) 毳衣如菼(취의여담) : 취의는 천자를 모시는 대부의 의복. 담은 갈대의 순이 파랗게 처음 나올 때의 고운 모습.
3) 子不敢(자불감) : 자는 대부. 불감은 달려가지 못하다의 뜻.
4) 啍啍(톤톤) : 느릿느릿 가는 모양.
5) 璊(만) : 옥으로 붉은색.
6) 穀(곡) : 살다.

(마 : 삼)

10. 구중유마(丘中有麻) : 언덕의 삼밭

언덕 한가운데 삼밭 있으니
저 유(留)씨댁 자차(子嗟)님이여
저 유씨댁 자차님이여
원하거든 기쁜 마음으로 오소서.

언덕 한가운데 보리밭 있으니
저 유씨댁 자국(子國)님이여
저 유씨댁 자국님이여 원하거든 오시어 마음껏 드소서.

언덕 한가운데 오얏나무 있으니 저 유씨댁 지자(之子)님이여
저 유씨댁 지자님이여 나에게 패옥을 끼워 줄꺼나.

▨ 부체다. 3장에 장마다 4구절로 이루어졌다.
　부인이 유씨(留氏)의 공자(公子)를 사모하고 한 번 만나자고 하지만 오지 않으므로 자신의 심정을 읊은 연애시라고 했다.

丘中有麻[1]하니 彼留子嗟[2]로다 彼留子嗟니 將[3]其來施施[4]아
丘中有麥하니 彼留子國[5]이로다 彼留子國이니 將其來食[6]가
丘中有李하니 彼留之子[7]로다 彼留之子니 貽我佩玖아

1) 麻(마) : 곡식 이름. 뿌리를 먹고 껍질은 길쌈을 하여 포를 만든다.
2) 留子嗟(유자차) : 유는 당시의 남자 성씨. 자차는 남자의 자(字).
3) 將(장) : 원하다.
4) 施施(시시) : 기쁘다. 또 나아가기가 어렵다고도 풀이함.
5) 子國(자국) : 남자의 자(字).
6) 來食(내식) : 나에게 와서 먹어라.
7) 之子(지자) : 유씨성을 가진 남자의 자(字).

제 7 장 정풍(鄭風 : 鄭一之七)

정(鄭)은 나라 이름이다. 본래 서쪽 도읍지인 기내(畿內)의 함림(咸林) 땅이었다.

주나라의 선왕(宣王)이 자신의 동생 우(友)를 봉하여 채읍(採邑)으로 삼은 곳이다. 그는 유왕(幽王) 때 사도(司徒)가 되어 견융(犬戎)과의 난으로 죽은 환공(桓公)이다.

그의 아들 무공(武公=掘突)이 뒤를 이어 주의 평왕(平王)을 도와 수도를 동도(東都)로 옮길 때 다시 사도가 되었다. 또 괵(虢)·회(檜) 등의 땅을 얻고 자신의 봉지(封地)를 옮겨 새로운 읍(新邑)에 옛 호인 정(鄭)을 다시 썼으며 이를 새로운 정(鄭)이라고 했다.

함림은 지금의 화주 정현 신정(華州鄭縣新鄭)으로 정주(鄭州)가 그곳이다. 그 봉한 땅과 산천(山川)은 회풍(檜風)에 자세히 나와 있다. 또 정풍은 연애시가 대부분으로 옛부터 위풍과 함께 음란의 대명사로 쓰이기도 한다.

1. 치의(緇衣) : 검은옷

검은옷이 잘 맞네. 떨어지면 다시 지어드리리다.
공무(公務)보러 가신 그대 돌아오시면 음식 장만해 드리리다.

검은옷이 참 좋기도 하네. 떨어지면 다시 지어드리리다.
공무보러 가신 그대 돌아오시면 음식 장만해 드리리다.

검은옷이 참 점잖게 보이네. 떨어지면 다시 지어드리리다.

공무보러 가신 그대 돌아오시면 음식 장만해 드리리다.

▨부체다. 3장에 장마다 4구절로 이루어졌다.
옛 말에 정나라의 환공(桓公)과 무공(武公)이 계속 주(周) 왕실의 사도(司徒)가 되어 그의 직무를 충실히 수행함으로 주나라 사람들이 이들을 사랑하여 이 시를 지었다고 적고 있다.

緇衣¹⁾之宜兮여 敝予又改爲兮호리라 適子之館兮라 還予授子之粲²⁾兮호리라
緇衣之好兮여 敝予又改造兮호리라 適子之館兮라 還予授子之粲兮호리라
緇衣之蓆³⁾兮여 敝予又改作兮호리라 適子之館兮라 還予授子之粲兮호리라

1) 緇衣(치의) : 검은색의 옷으로 왕실의 경대부가 집에서 입는 옷.
2) 粲(찬) : 맛있는 음식.
3) 蓆(석) : 옷이 잘 맞아 편안한 것. 혹은 크다.

(박달나무)
檀

2. 장중자(將仲子) : 그 중자님이여
부탁이오, 중자(仲子)님!
우리 동네에 넘어들어와 우리집 버들가지 꺾지 마세요.
어찌 버들가지가 아깝겠습니까, 내 부모님이 두려워서지요.
중자님이 그립지만 부모님의 말씀 또한 두렵답니다.

부탁이오, 중자님!
우리집 담을 넘어와 내 심은 뽕나무 꺾지 마세요.
어찌 뽕나무가 아깝겠습니까, 내 여러 형제들이 두려워서지요.
중자님이 그립지만 여러 형제들의 말씀 또한 두렵답니다

부탁이오, 중자님!

제7장 정풍(鄭風) 129

우리집 정원을 넘어와 내 심은 박달나무 꺾지 마세요.
어찌 박달나무 아깝겠습니까, 남의 말 많은 것이 두려워서지요.
중자님이 그립지만 남의 말 많은 것도 또한 두렵답니다.

▨ 부체다. 3장에 장마다 8구절로 이루어졌다.
남녀의 애정을 노래한 것으로 음란한 시라고 포전 정씨(莆田 鄭氏)가 말했다.

　　將仲子[1]兮는 無踰我里[2]하여 無折我樹杞[3]어다 豈敢愛之리오 畏我父母니라 仲可懷也나 父母之言이 亦可畏也니라
　　將仲子兮는 無踰我牆하여 無折我樹桑이어다 豈敢愛之리오 畏我諸兄이니라 仲可懷也나 諸兄之言이 亦可畏也니라
　　將仲子兮는 無踰我園하여 無折我樹檀[4]이어다 豈敢愛之리오 畏人之多言이니라 仲可懷也나 人之多言이 亦可畏也니라

1) 將仲子(장중자) : 장은 청(請)하다. 중자는 당시의 어느 남자의 자(字)라고 한다.
2) 我里(아리) : 시를 지은 이의 마을.
3) 杞(기) : 버드나무의 일종. 고리버들.
4) 檀(단) : 박달나무. 껍질이 푸르고 미끄러우며 나무가 단단하여 수레를 만드는데 재목으로 씀.

(고리버들)

3. 숙우전(叔于田) : 숙님의 사냥

숙(叔)님이 사냥을 가니 마을에 사는 사람이 없네.
어찌 사는 사람들이 없겠소?
숙님처럼 아름답고 어진 이가 없기 때문이지.

숙님이 사냥을 가니 마을의 술집이 텅비었네.
어찌 술 마시는 사람이 없겠소?
숙님처럼 아름답고 좋은 이가 없기 때문이지.

숙님이 들로 가니 마을엔 말탄 사람이 없네.
어찌 말탄 사람이 없겠소?
숙님처럼 아름답고 늠름한 이가 없기 때문이지.

▓ 부체다. 3장에 장마다 5구절로 되어 있다.
정(鄭)나라 장공(莊公)의 아우 공숙단(共叔段)을 찬양한 시라고 말했다.

　　叔于田[1]하니 巷[2]無居人이로다 豈無居人이리오마는 不如叔也의 洵美[3]且仁이니라
　　叔于狩[4]하니 巷無飮酒로다 豈無飮酒리오마는 不如叔也의 洵美且好니라
　　叔適野하니 巷無服馬로다 豈無服馬리오마는 不如叔也의 洵美且武니라

1) 叔于田(숙우전) : 숙은 장공(莊公)의 아우 공숙단(共叔段)을 가리킴. 자세한 내용은 『춘추』에 있음. 전은 새를 잡으러 가는 사냥을 말함.
2) 巷(항) : 마을길.
3) 洵美(순미) : 진실하고 아름답고 좋은 것.
4) 狩(수) : 겨울에 사냥하는 것을 말함.

4. 대숙우전(大叔于田) : 대숙님의 사냥

숙(叔)님이 사냥나가며 사두마차(四頭馬車)를 타고 가네.
고삐잡기가 실타래 놀리 듯하니 두 참마는 춤추는 듯.
숙님이 늪가에 이르니 사냥 불꽃이 모두 오르네.
웃옷 벗고 맨손으로 범을 잡아 임금님께 바치네.
숙님은 그런 일 자주하지 마오. 그대 다칠까 조심스럽습니다.

숙님이 사냥나가며 누런 사두마차를 타고 가네.
두 필의 복마가 앞에서 끌고 두 필의 곁말은 나란히 가네.

제 7 장 정풍(鄭風)

숙님이 늪가에 이르니 사냥 불꽃이 모두 오르네.
숙님은 활 잘 쏘고 또 말 잘 타시니.
말을 달렸다가 멈추며 활을 쏘아 새를 쫓으시네.

숙님이 사냥나가며 얼룩 사두마차를 타고 가네.
두 필의 복마는 머리가 가지런하고
두 필의 곁말은 손같이 움직이네.
숙님이 늪가에 이르니 사냥 불꽃이 훨훨 타오르네.
숙님의 말이 느려지고 숙님의 활쏘기가 뜸하더니
화살통을 여시고 활을 활집에 넣으시네.

▨ 부체다. 3장에 장마다 10구절로 이루어졌다.
앞의 '숙우전(叔于田)'과 마찬가지로 씩씩한 남성을 사모하는 시라고 하며 공숙단(共叔段)을 찬미한 노래라고 했다.

叔[1]于田하니 乘乘馬[2]로다 執轡如組하니 兩驂如舞[3]로다 叔在藪[4]하니 火烈[5]具擧로다 襢裼[6]暴虎하여 獻于公所로다 將叔無狃[7]어다 戒其傷女하노라

叔于田하니 乘乘黃[8]이로다 兩服上襄[9]이오 兩驂鴈行이로다 叔在藪하니 火烈具揚이로다 叔善射忌며 又良御忌로소니 抑磬控忌[10]며 抑縱送[11]忌로다

叔于田하니 乘乘鴇[12]로다 兩服齊首오 兩驂如手로다 叔在藪하니 火烈具阜로다 叔馬慢忌며 叔發罕忌로소니 抑釋掤[13]忌며 抑鬯弓[14]忌로다

1) 叔(숙) : 공숙단(共叔段)을 가리킴.
2) 乘乘馬(승승마) : 앞의 승은 타다. 승마는 네 필의 말이 끄는 수레.
3) 兩驂如舞(양참여무) : 양참은 네 필의 기본 말 가운데 양쪽 바깥에서 끄는 두 필의 말. 여무는 말들이 조화를 이루어 잘 달리는 것.
4) 藪(수) : 못. 늪.
5) 火烈(화렬) : 불을 질러 신호를 올리는 것. 불이 활활 타오르는 것.

132 제 I 권 국풍(國風)

6) 襢裼(단석) : 웃통을 벗다. 또는 맨손으로.
7) 狃(뉴) : 익히다.
8) 乘黃(승황) : 말 네 마리가 다 황색임을 이른다.
9) 兩服上襄(양복상양) : 중앙에서 멍에를 걸친 두 필의 말. 상양은 말의 뛰어난 것을 멍에매게 하는 것.
10) 抑磬控忌(억경공기) : 억은 어조사. 경은 말이 달리는 것. 공은 말을 그치게 하는 동작. 기는 어조사.
11) 縱送(종송) : 종은 화살을 쏘는 것. 송은 새를 쫓는 것.
12) 鴇(보) : 털의 색이 섞여 있는 것. 오총(烏驄)이라고 함.
13) 釋掤(석붕) : 화살통을 푸는 것.
14) 韔弓(창궁) : 활을 활집에 집어넣는 것.

5. 청인(淸人) : 청고을 사람

청(淸)고을 사람이 팽(彭)땅에 와 있는데
씩씩한 네 필의 말이 수레를 끌고
창 둘에 붉은장식을 겹쳐 세워
하수(河水)의 기슭을 오르내리고 있네.

청고을 사람이 소(消)땅에 와 있는데
늠름한 네 필의 말이 수레를 끌고
창 둘에 꿩깃 단 장식 겹쳐 세워
하수의 기슭 왔다갔다 하네.

(이모) (추모)

청고을 사람이 축(軸)땅에 와 있는데
날쌘 네 필의 말이 수레를 끌고
오른손에는 기 왼손에는 칼 빼들고
군중(軍中)에서 즐기고 있네.

▧ 부체다. 3장에 장마다 4구절로 이루어졌다.

제 7 장 정풍(鄭風) 133

정문공(鄭文公)이 고극(高克)을 미워하여 장수로 삼아 청읍(淸邑)의 병사를 거느리고 오랑캐를 무찌르도록 하였다. 고극은 쳐들어오는 오랑캐를 방어하고 황하의 언덕에 오래 머물러 있었으나 문공이 불러주지 않자 나라 사람들이 이 시를 지었다고 하였다.

清人在彭[1]하니 駟介旁旁[2]이로다 二矛重英[3]으로 河上乎翶翔[4]이로다
清人在消[5]하니 駟介麃麃[6]로다 二矛重喬[7]로 河上乎逍遙로다
清人在軸[8]하니 駟介陶陶[9]로다 左旋右抽[10]어늘 中軍作好[11]로다

1) 清人在彭(청인재팽) : 청고을 사람이 팽땅에 있다. 청은 고을 이름. 팽은 정나라의 고을로 황하의 기슭에 있다.
2) 駟介旁旁(사개방방) : 네 필의 말에 무장한 것. 방방은 달리고 달려 쉬지 않는 모양.
3) 二矛重英(이모중영) : 이모는 추모(酋矛)와 이모(夷矛)의 두 가지 창으로 추모는 2장의 길이이고 이모는 2장 4척이다. 영은 붉은 깃으로 창을 꾸민 것.
4) 翶翔(고상) : 자유롭게 노는 모습.
5) 消(소) : 황하가의 땅 이름.
6) 麃麃(표표) : 씩씩한 모양.
7) 喬(교) : 창의 갈고리. 창의 손잡이 위 칼날 밑에 꿩깃을 장식한 것.
8) 軸(축) : 황하가의 땅 이름.
9) 陶陶(도도) : 홀로 즐기는 모양.
10) 左旋右抽(좌선우추) : 왼손으로 깃발을 흔들고 오른손으로 칼을 들고 지휘하는 모습.
11) 中軍作好(중군작호) : 중군은 장군이 북 아래, 마차의 가운데 있는 것으로 고극(高克) 장군을 지칭함. 작호는 혼자 즐긴다의 뜻.

6. 고구(羔裘) : 염소갖옷
대부의 매끄러운 염소갖옷, 참으로 부드럽고 아름답네.

저 그 임이시여, 천명에 따라 마음은 변치 않으리.

대부의 염소갖옷 표피로 깃을 대니 위엄 있고 씩씩하네.
저 그 임이시여, 이 나라의 주인이로세.

대부의 염소갖옷 성대하고 세 가지 장식으로 찬란하네.
저 그 임이시여, 이 나라의 아름다운 재목이로세.

▨ 부체다. 3장에 장마다 4구절로 이루어졌다.
무엇을 지칭했는지 알 수 없는 시(詩)라고 했다.

羔裘¹⁾如濡²⁾하니 洵直且侯³⁾로다 彼其之子여 舍命不渝⁴⁾로다
羔裘豹飾⁵⁾이로소니 孔武有力이로다 彼其之子여 邦之司⁶⁾直이로다
羔裘晏⁷⁾兮오 三英⁸⁾粲兮로다 彼其之子여 邦之彦⁹⁾兮로다

1) 羔裘(고구) : 염소가죽으로 만든 제후가 입는 옷.
2) 如濡(여유) : 윤택한 모양.
3) 洵直且侯(순직차후) : 순은 진실함. 직은 순(順)과 같은 것으로 부드러운 것. 차는 어조사. 후는 아름다운 것.
4) 舍命不渝(사명불유) : 사명은 명령을 실행하는 것. 불유는 변하지 않는 것.
5) 豹飾(표식) : 소매끝을 표범가죽으로 장식하는 것.
6) 司(사) : 주장하는 사람. 지키는 사람. 곧 주인.
7) 晏(안) : 신선한 모양.
8) 三英(삼영) : 가죽으로 꾸민 것을 뜻하며 그 방법은 자세하지 않다.
9) 彦(언) : 선비의 아름다운 칭호.

7. 준대로(遵大路) : 큰 길로 나서서

큰 길가로 쫓아가 임의 옷소매를 부여잡노라.
나를 미워하지 마세요, 옛 정을 생각하여 버리지 마세요.

큰 길가로 쫓아가 임의 손을 부여잡노라.
나를 미워하지 마세요, 옛 사랑을 생각하여 버리지 마세요.

▧ 부체다. 2장에 장마다 4구절로 이루어졌다.
음란한 부인이 남편의 버림을 받고 떠나가는 남편의 옷소매를 부여잡고 호소하는 시라고 하였다.

　　遵大路兮하여 摻執¹⁾子之袪兮호라 無我惡兮어든 不寁故²⁾也니라
　　遵大路兮하여 摻執子之手兮호라 無我䰟³⁾兮어다 不寁好也니라

1) 摻執(삼집) : 움켜잡는 것.
2) 寁故(잠고) : 잠은 빠르다. 고는 옛날.
3) 䰟(수) : 추(醜)와 같다. 더럽다. 추하다의 뜻.

(청둥오리)

8. 여왈계명(女曰雞鳴) : 닭이 웁니다

여보 닭이 웁니다. 아니야! 아직 어두운 걸.
당신이 일어나 밖을 보세요. 샛별이 반짝반짝 동이 텄어요.
아무곳이나 나가셔서 청둥오리랑 기러기랑 잡아오세요.

활쏘아 잡아오시면 당신 위해 술안주 만들어
마주앉아 술마시며 당신과 해로하리라.
거문고와 비파도 타며 우리 편안하고 행복할거요.

당신이 오시는 것을 알면 모든 패옥을 선물하리.
당신이 다정히 하신다면 온갖 패물로 문안하리.
당신이 저를 좋아하신다면 온갖 패물로 보답하리라.

▧ 부체다. 3장에 장마다 6구절로 되어 있다.
어진 부부가 서로를 사랑하며 서로를 경계한 시라고 했다.

136 제 I 권 국풍(國風)

女曰雞鳴이어늘 士曰昧旦[1]이니라 子興視夜하라 明星[2]有爛이어늘 將翱將翔하여 弋鳧[3]與鴈이어다

弋言加[4]之어든 與子宜之하여 宜言飮酒하여 與子偕老하리라 琴瑟在御 莫不靜好로다

知子之來之란 雜佩[5]以贈之며 知子之順之란 雜佩以問之며 知子之好之란 雜佩以報之하리라

1) 昧旦(매단) : 새벽. 어슴프레한 어둠.
2) 明星(명성) : 계명(啓明)의 별. 해보다 먼저 뜬 별. 샛별.
3) 弋鳧(익부) : 익은 화살에 실을 매 쏘는 것. 부는 오리로 청둥오리.
4) 加(가) : 맞추다. 화살이 청둥오리나 기러기를 맞추다.
5) 雜佩(잡패) : 좌우로 여자가 찬 패옥. 행·황 거우·형아(珩璜琚瑀衡牙) 등을 말함.〈그림 참조〉

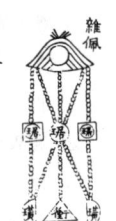

9. **유녀동거**(有女同車) : 수레를 함께 탄 여자
수레를 함께 탄 여자 얼굴은 아름다운 무궁화꽃과 같네.
왔다갔다 거닐 때는 허리에 찬 옥이 눈부시네.
저 어여쁜 강씨댁 맏딸은 진실로 아름답고 우아하네.

길을 함께 한 여자 얼굴은 무궁화꽃처럼 아름답네.
왔다갔다 거닐 때는 허리에 찬 옥이 찰랑거리네.
저 어여쁜 강씨댁 맏딸의
정다운 마음씨 잊지 못하네.

(무궁화)

▨ 부체다. 2장에 장마다 6구절로 이루어졌다. 이 시도 음란한 시라고 했다.

有女同車하니 顔如舜華[1]로다 將翱將翔하나니 佩玉瓊琚로다 彼美孟姜[2]이여 洵美且都[3]로다

제 7 장 정풍(鄭風) 137

有女同行하니 顔如舜英⁴⁾이로다 將翺將翔하나니 佩玉將將⁵⁾이로다
彼美孟姜이여 德音不忘이로다

1) 舜華(순화) : 순은 목근(木槿). 무궁화꽃이 활짝 핀 것.
2) 孟姜(맹강) : 강씨 성을 가진 딸.
3) 都(도) : 한가하고 우아함.
4) 英(영) : 화(華)와 같다.
5) 將將(장장) : 옥이 딸랑거리는 소리.

舜(무궁화)

10. 산유부소(山有扶蘇) : 산의 작은 나무
산에는 작은나무 늪에는 아름다운 연꽃.
보기 전에는 미남이라지만 만나보니 웬 미친 녀석.

산에는 커다란 소나무 습지에는 어수선한 개여뀌.
보기 전에는 호남이라더니 만나보니 이건 웬 깍쟁이.

▩ 흥체다. 2장에 장마다 4구절이다.
음란한 여자가 남자를 희롱하는 것을 주제로 하여 읊은 시라고 했다.

山有扶蘇¹⁾며 隰有荷華²⁾어늘 不見子都³⁾오 乃見狂且아
山有橋⁴⁾松이며 隰有游龍⁵⁾이어늘 不見子充⁶⁾이오 乃見狡童⁷⁾가

1) 扶蘇(부소) : 부서(扶胥). 소목(小木)이다.
2) 荷華(하화) : 부거(芙蕖). 연꽃.
3) 子都(자도) : 남자의 아름다운 자.
4) 橋(교) : 우뚝 솟아 가지가 없는 것으로 교(喬)와 같다.
5) 游龍(유룡) : 유는 가지가

(개여뀌) (연꽃)

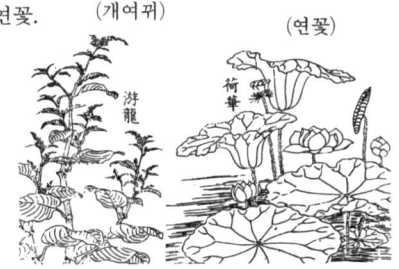

질서가 없는 것. 용은 마료(馬蓼)로 개여뀌. 말여뀌. 잎이 크고 흰 색으로 못에서 자란다.
6) 子充(자충) : 자도(子都)와 같은 뜻.
7) 狡童(교동) : 교활한 아이.

11. 탁혜(蘀兮) : 마른잎이여

마른잎이여 마른잎이여! 저 바람이 너를 날려주리라.
숙님이여 백님이여! 나를 부르면 내 화답하리.

마른잎이여 마른잎이여! 저 바람이 너를 날려주리라.
숙님이여 백님이여! 나를 부르면 내 선뜻 응해주리.

▨ 흥체다. 2장에 장마다 4구절로 이루어졌다.
음란한 행실을 가진 여자가 남자에게 구애를 청하는 노래라고 하였다.

蘀¹⁾兮蘀兮여 風其吹女리라 叔兮伯兮²⁾여 倡予和女³⁾하리라
蘀兮蘀兮여 風其漂⁴⁾女리라 叔兮伯兮여 倡予要⁵⁾女하리라

1) 蘀(탁) : 나무가 말라 잎새가 마른 것.
2) 叔兮伯兮(숙혜백혜) : 숙과 백은 남자의 자(字). 혜는 어조사.
3) 倡予和女(창여화녀) : 나를 부르거든 너에게 화답하리. 여(予)는 여자의 자신을 말하고 여(女)는 숙과 백을 지칭함.
4) 漂(표) : 표(飄)와 같다.
5) 要(요) : 이루다의 뜻.

12. 교동(狡童) : 교활한 녀석

저 교활한 녀석은 나와 함께 말도 하지 않네.
그 녀석 때문에 나는 밥도 못먹고 시름속에 산다네.

저 교활한 녀석은 나와 함께 밥도 먹지 않네.
그 녀석 때문에 나는 잠도 편히 자지 못한다네.

▨부체다. 2장에 장마다 4구절로 이루어졌다.
이 시 역시 음란한 부인이 남자의 버림을 받고 남자를 원망한 것이라 하겠다.

彼狡童兮 不與我言兮하나다 維子之故 使我不能餐兮아
彼狡童兮 不與我食兮하나다 維子之故 使我不能息¹⁾兮아

1) 息(식) : 편안하다와 같다.

13. 건상(褰裳) : 치마를 걷어 올리고

그대 날 사랑한다면 치마 걷고 진수(溱水)라도 건너련만
그대 날 생각하지 않는다면 어찌 다른 사내 없을까?
이 바보같은 미친 녀석아! 미친 녀석아!

그대 날 사랑한다면 치마 걷고 유수(洧水)라도 건너가련만
그대 날 생각하지 않는다면 어찌 다른 사내 없을까?
이 바보같은 미친 녀석아! 미친 녀석아!

▨부체다. 2장에 장마다 5구절로 이루어졌다.
음란한 여자가 버림받은 남자에게 지껄이는 시라고 하였다.

子惠¹⁾思我인댄 褰裳涉溱²⁾이어니와 子不我思인댄 豈無他人이리오 狂童³⁾之狂也且로다
子惠思我인댄 褰裳涉洧⁴⁾어니와 子不我思인댄 豈無他士⁵⁾리오 狂童之狂也且로다

1) 惠(혜) : 사랑하다.
2) 溱(진) : 정나라의 강 이름.

3) 狂童(광동) : 교활한 녀석. 미친 녀석의 뜻.
4) 洧(유) : 또한 정나라의 강 이름.
5) 士(사) : 장가 안 간 총각의 칭호.

14. 봉(丰) : 믿음직스러운 임

믿음직스러운 그대여! 나를 대문밖에서 기다렸건만.
내가 왜 따라가지 않았는가 후회되네요.

씩씩한 그대여! 나를 집에서 기다렸건만.
내가 왜 쫓아가지 않았는가 후회되네요.

비단저고리에 홑옷 걸치고 비단치마 위에 덧치마 걸치고
숙님이여 백님이여! 수레 몰고 오시면 따라갈래요.

비단치마에 홑치마 걸치고 비단저고리에 홑옷 입고서
숙님이여 백님이여! 수레 몰고 오시면 시집갈래요.

▨ 부체다. 4장에 2장은 3구절이요, 2장은 4구절이다.
부인이 첫 남자와 약속을 어기고 시집가지 않았다가 뒤에 후회하여 이 시를 지었다고 하였다.

子之丰¹⁾兮 俟我乎巷²⁾兮러니 悔予不送兮하노
子之昌³⁾兮 俟我乎堂兮러니 悔予不將⁴⁾兮하노라
衣錦褧⁵⁾衣코 裳錦褧裳호니 叔兮伯兮 駕予與行이리라
裳錦褧裳코 衣錦褧衣호니 叔兮伯兮 駕予與歸리라

1) 丰(봉) : 풍만한 상태. 의젓한 모양.
2) 巷(항) : 문밖.
3) 昌(창) : 씩씩한 모양.
4) 將(장) : 보내주는 것이지만 여기서는 쫓아가는 것을 뜻함.

5) 褧(경) : 홑옷. 너무 화려한 것을 감추기 위하여 옷위에 입는 옷.

15. 동문지선(東門之墠) : 동문밖의 마당

동문밖엔 넓은 밭두둑 꼭두서니는 언덕위에 자라네.
그 집이야 가까우나 그 임은 멀기만 하네.

동문밖의 밤나무 옆에 집들이 늘어서 있는데.
어찌 그대를 생각지 않으리. 그대 내게 오지 않을 뿐이네.

▨ 부체다. 2장에 장마다 4구절로 이루어졌다.
사랑하는 사람이 부근에 있지만 서로 만나지 못하는 것을 노래한 시라 하겠다.

東門之墠¹⁾에 茹藘²⁾在阪이로다 其室則邇나 其人甚遠이로다
東門之栗에 有踐³⁾家室이로다 豈不爾思리오마는 子不我卽⁴⁾이니라

1) 東門之墠(동문지선) : 동문은 성(城) 동쪽 문. 선은 공터로 땅을 닦아 평지로 만들어 놓은 곳.
2) 茹藘(여여) : 모수(茅蒐)로 꼭두서니. 수염뿌리는 비대하고 황적색이며 줄기는 방형(方形)이고 가시가 있음.
3) 踐(천) : 집들이 들어선 모양을 말함.
4) 卽(즉) : 나아가다. 찾아오다의 뜻.

(꼭두서니)

16. 풍우(風雨) : 바람과 비

비바람 싸늘한데 닭울음소리 꼬꼬댁 꼬꼬댁.
이제 그리운 임 보았으니 어찌 마음 편안하지 않으리오?

비바람 매서운데 닭울음소리 꼬꼬댁 꼬꼬댁.
이제 그리운 임 보았으니 어찌 병이 낫지 않으리오?

비바람 휘몰아쳐 컴컴하고 닭울음소리 그치지 않네.
이제 그리운 임 보았으니 어찌 내 마음 기쁘지 않으리오?

▨ 부체다. 3장에 장마다 4구절로 이루어졌다.
음란한 여인이 사모하는 사람을 만나고 기쁜 심정에서 자신의 감정을 노래한 연애시라고 했다.

風雨淒淒¹⁾어늘 雞鳴喈喈²⁾로다 旣見君子호니 云胡不夷³⁾리오
風雨瀟瀟⁴⁾어늘 雞鳴膠膠⁵⁾로다 旣見君子호니 云胡不瘳⁶⁾리오
風雨如晦어늘 雞鳴不已로다 旣見君子호니 云胡不喜리오

1) 淒淒(처처) : 싸늘한 기운.
2) 喈喈(개개) : 닭울음소리.
3) 夷(이) : 평온한 상태를 말함.
4) 瀟瀟(소소) : 비바람소리.
5) 膠膠(교교) : 개개(喈喈)와 같은 닭울음소리.
6) 瘳(추) : 병이 낫다.

17. 자금(子衿) : 그 임의 옷깃

푸르고 푸른 그 임의 옷깃. 끊임없이 떠오르는 내 마음.
나는 비록 못간다지만 그 임은 어찌 소식이 없는지요.

푸르고 푸른 허리에 찬 옥. 끊임없이 떠오르는 나의 생각.
나는 비록 못간다지만 그 임은 어찌하여 오지 않는지요.

이리저리 왔다 갔다 성루에도 올라 보는데
하루만 못보아도 석 달 못본 듯하지요.

▨ 부체다. 3장에 장마다 4구절로 이루어졌다.
이 시도 또한 음란한 시라고 하였다.

靑靑子衿¹⁾이여 悠悠²⁾我心이로다 縱我不往이나 子寧不嗣音³⁾고
靑靑子佩⁴⁾여 悠悠我思로다 縱我不往이나 子寧不來오
挑兮達兮⁵⁾하니 在城闕兮로다 一日不見이 如三月兮로다

1) 靑靑子衿(청청자금) : 청청은 순록색. 자금은 남자의 옷깃.
2) 悠悠(유유) : 오랫동안 생각하다.
3) 嗣音(사음) : 소식을 계속 전함.
4) 佩(패) : 옥을 옆에 찬 것.
5) 挑兮達兮(도혜달혜) : 왕래하는 모양. 혜(兮)는 어조사.

18. 양지수(揚之水) : 잔잔한 물결

잔잔한 물결이여, 싸리다발도 흘려보내지 못하네.
형제 적은 이 몸 오직 너와 나뿐이구나.
남의 말 믿지 말아라. 남들은 다 너를 속인단다.

잔잔한 물결이여, 나무다발도 흘려보내지 못하네.
형제 적은 이 몸 오직 우리 둘뿐이구나.
남의 말 믿지 말아라. 남들은 다 믿을 수 없단다.

▧ 흥체다. 2장에 장마다 6구절로 이루어졌다.
『시경』에 '양지수(揚之水)'와 같은 제목의 시가 여러 편이 있다. 모두 남녀의 애정을 노래한 것이라고 보아야겠다.

揚之水여 不流束楚로다 終鮮兄弟라 維予與女¹⁾로니 無信人之言이어다 人實迋²⁾女니라
揚之水여 不流束薪이로다 終鮮兄弟라 維予二人이로니 無信人之言이어다 人實不信이니라

1) 予與女(여여녀) : 여(予)는 나 자신. 여(女)는 너(汝). 나와 너.
2) 迋(광) : 誑(광)과 동일하다. 거짓.

19. 출기동문(出其東門) : 동문을 나서니

저 동문을 나서니 아가씨들이 구름같이 모였네.
비록 구름같이 모여 있으나 내 마음 둘 바 아니요.
흰옷에 녹색수건 걸친 여자만이 나를 즐겁게 해줄 것이네.

저 성문밖을 나서니 여자들이 띠꽃 핀 듯하네.
비록 띠꽃처럼 많다 하나 내가 생각할 바 아니요.
흰옷에 붉은수건 걸친 여인만이 나와 함께 즐길 것이라네.

▓ 부체다. 2장에 장마다 6구절로 이루어졌다.
남자가 음란한 여인을 보고 이 시를 지었다고 했다.

　　出其東門하니 有女如雲[1]이로다 雖則如雲이나 匪我思存이로다 縞
衣綦巾[2]이여 聊樂我員이로다
　　出其闉闍[3]호니 有女如荼로다 雖則如荼나 匪我思且로다 縞衣茹
藘여 聊可與娛[4]로다

1) 如雲(여운) : 아름다운 여인이 많다.
2) 縞衣綦巾(호의기건) : 호의는 흰옷. 기건은 푸른 쑥빛의 수건.
3) 闉闍(인도) : 인은 굽어지게 쌓은 성, 도는 성의 누대.

20. 야유만초(野有蔓草) : 들의 덩굴풀

들에 있는 덩굴풀에 구슬같은 이슬이 방울방울 맺혔네.
아리따운 한 사람이여! 그 예쁘고 시원한 이마.
우연히 서로 만났으니 나의 소원 이루어졌네.

들에 있는 덩굴풀에 구슬같은 이슬이 다닥다닥 맺혔네.
아리따운 한 사람이여! 그 예쁘고 시원한 이마.

제 7 장 정풍(鄭風)   145

우연히 서로 만나 그대와 함께 마음을 합하였네.

▧ 부이흥체(賦而興體)다. 2장 모두 6구절로 이루어졌다. 남녀의 애정을 노래한 시라고 했다.

　野有蔓¹⁾草하니 零露溥²⁾兮로다 有美一人이여 淸揚³⁾婉兮로다 邂逅相遇하니 適我願兮로다
　野有蔓草하니 零露瀼瀼⁴⁾이로다 有美一人이여 婉如淸揚이로다 邂逅相遇하니 與子偕臧이로다
1) 蔓(만) : 덩굴이 뻗은 것.
2) 溥(단) : 이슬이 많이 맺힌 것.
3) 淸揚(청양) : 눈과 눈썹 사이가 시원스레 생기고 아름다운 모양.
4) 瀼瀼(양양) : 이슬이 많은 것.

(들난초)

21. 진유(溱洧) : 진수와 유수

진수(溱水)와 유수(洧水)는 봄물(春水)이 넘실넘실하네.
사내와 여인이 손에 난초를 쥐었네.
여인이 "구경하셨어요" 사내는 "벌써 구경했는데"
"그래도 또 유수가로 구경가요, 정말 즐겁다던데요."
사내와 여인은 서로 히히덕거리며 장난치며 놀다
작약꽃 꺾어주고 헤어졌다네.

진수와 유수는 물이 맑고도 깊네.
사내와 여인네가 수없이 모여들었네.
여인이 "구경하셨어요" 사내는 "벌써 구경했는데"
"그래도 또 유수가로 구경가요, 정말 즐겁다던데요."
사내와 여인은 서로 히히덕거리며 희롱하고 놀다
작약꽃 꺾어주고 헤어졌다네.

▨ 부이흥체(賦而興體)다. 2장 모두 12구절로 이루어졌다.

정나라의 풍속에는 3월의 상기일(上己日 : 육갑의 일진에서 천간의 기(己)가 들은 날)에 남자와 여자가 진수나 유수가에 나와 난초를 캐어 물 위에서 나쁜 일이 없도록 해달라 하고, 소원성취를 비는 놀이가 있었다고 한다. 이 풍습을 남녀가 즐기는 것을 노래한 시라고 기록하고 있다.

溱與洧 方渙渙[1]兮어늘 士與女 方秉蕳[2]兮로다 女曰觀乎인저 士曰旣且로다 且往觀乎인저 洧之外는 洵訏[3]且樂이라하여 維士與女 伊其相謔하여 贈之以勺藥[4]이로다

溱與洧 瀏[5]其淸矣어늘 士與女 殷[6]其盈矣로다 女曰觀乎인저 士曰旣且로다 且往觀乎인저 洧之外는 洵訏且樂이라하여 維士與女 伊其相[7]謔하여 贈之以勺藥이로다

1) 渙渙(환환) : 봄물이 성한 모양. 해빙기에 물이 많이 흐르는 모양.
2) 蕳(간) : 들에 나는 난초로 줄기와 잎이 택란(澤蘭)과 같고 마디가 길며 마디 가운데가 붉고 4, 5척 길이가 된다.
3) 洵訏(순우) : 진실로 크다. 정말 크다.
4) 勺藥(작약) : 작약(芍藥). 향기 있는 풀로 3월에 아름다운 꽃이 핀다.
5) 瀏(유) : 물이 깊은 모양.
6) 殷(은) : 무리.
7) 相(상) : 장(將)으로 되어 있는데 상(相)의 오기(誤記)라고 주자(朱子 : 熹)가 주장함. 정전(鄭箋)에는 대(大)의 뜻으로 보았다.

(작약)

제 8 장 제풍(齊風 : 齊一之八)

제(齊)는 나라 이름이다. 본래는 소호(少昊) 때의 상구(爽鳩) 씨가 다스리던 땅으로 우공(禹貢)의 청주(靑州) 지역이다.
주(周)나라의 무왕(武王)이 은(殷)나라의 주(紂)를 쳐부수고 아버지인 문왕(文王) 때부터 공신인 태공망(太公望) 여상(呂尙)을 봉한 나라이다. 동쪽으로는 해(海)에 이르고 서쪽으로는 하(河)에 이르며 남쪽으로는 목릉(穆陵)에 이르고 북쪽으로는 무체(無棣)에 이르며 지금의 산동성(山東省) 동북부에 해당하는 땅이다.
태공(太公)의 성은 강씨(姜氏)이며, 요(堯)임금 때 사악(四岳)의 후예다.
제나라에 봉해진 후 공예와 상업을 교역하게 하였으며 어업과 염업을 일으켜 백성에게 이로움을 주어 많은 백성이 모여들어 대국(大國)이 되었다.

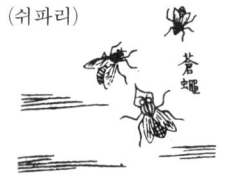
(쉬파리)

1. 계명(雞鳴) : 닭이 울다
닭이 벌써 우네.
조정에 대신들이 모였겠군요.
아니오, 닭의 울음이 아니라 쉬파리소리랍니다.

동녘이 밝았네요. 조정의 조회가 시작되었을거요.
아니오, 동녘이 밝은 것이 아니라 달빛이 밝은 거랍니다.

벌레들 윙윙 날아다니고 당신과 함께 단꿈 더 꾸고 싶건만

아침 조회에 모였다 그냥 돌아갈텐데
저로 인해 그대 미움받지 않을까.

▨ 부체다. 3장에 장마다 4구절로 이루어졌다.
어진 제후의 비(妃)가 새벽에 일찍 일어나 제후를 깨워야 하는데 항상 늦을까 두려워하며 이 시를 지었다고 하였다.

雞旣鳴矣라 朝旣盈矣라하니 匪雞則鳴이라 蒼蠅之聲이로다
東方明矣라 朝旣昌矣라하니 匪東方則明이라 月出之光이로다
蟲飛薨薨¹⁾이어든 甘²⁾與子同夢이언만 會³⁾且歸矣란 無庶予子憎가

1) 薨薨(횡횡) : 떼지어 날으는 벌레 소리.
2) 甘(감) : 즐기다.
3) 會(회) : 조정의 조회에 모이는 것.

(이리)
狼

2. 선(還) : 날쌘 그대
그대 날쌨네. 나를 만난 곳은 노산의 골짜기라네.
말을 나란히 몰아 두 짐승을 쫓았건만
그대는 나에게 읍하고 날쌔다고 인사했네.

그대 멋있었네. 나와 만난 곳은 노산의 길가라네.
말을 나란히 몰아 두 수짐승을 쫓았건만
그대는 나에게 읍하고 멋있다고 인사했네.

그대 씩씩했네. 나와 만난 곳은 노산의 남쪽 기슭이라네.
말을 나란히 몰아 두 이리를 쫓았건만
그대는 나에게 읍하고 씩씩하다고 인사했네.

제 8 장 제풍(齊風)　149

▨ 부체다. 3장에 장마다 4구절로 이루어졌다.
　사냥꾼들이 길이 서로 교차하는 곳에서 만나 서로를 칭찬하는 시라고 했다.

　　子之還¹⁾兮 遭我乎峱²⁾之間兮라 竝驅從兩肩³⁾兮하소니 揖我謂我儇⁴⁾兮라하나다
　　子之茂⁵⁾兮 遭我乎峱之道兮라 竝驅從兩牡兮하소니 揖我謂我好兮라하나다
　　子之昌兮 遭我乎峱之陽兮라 竝驅從兩狼兮하소니 揖我謂我臧兮라하나다

1) 還(선) : 본래는 환으로 발음하나 여기서는 '선'으로 발음하며 재빠른 모양.
2) 峱(노) : 제나라에 있는 산 이름.
3) 肩(견) : 짐승이 태어나 세 해가 된 것을 말함.
4) 儇(현) : 이롭다.
5) 茂(무) : 아름답다.

3. 저(著) : 문간에서
나를 문간에서 맞이하는데 그 임
흰천으로 만든 귀막이에 아름다운 옥돌을 달으셨네.

나를 정원에서 맞이하는데 그 임
파란천으로 만든 귀막이에 품위있는 옥돌을 달으셨네.

나를 방에서 맞이하는데 그 임
노란천으로 만든 귀막이에 기품이 있는 옥돌을 달으셨네.

▨ 부체다. 3장에 장마다 3구절로 이루어졌다.
　제나라의 결혼식 때 신랑이 신부를 맞이하던 광경을 노래한

것이라 했다.

  俟我於著¹⁾乎而하나니 充耳²⁾以素乎而오 尙之以瓊華³⁾乎而로다
  俟我於庭⁴⁾乎而하나니 充耳以靑乎而오 尙之以瓊瑩⁵⁾乎而로다
  俟我於堂乎而하나니 充耳以黃乎而오 尙之以瓊英⁶⁾乎而로다

1) 俟我於著(사아어저) : 사는 기다리다. 아는 시집가는 여자의 자칭. 어는 조사. 저는 문밖. 나를 문밖에서 기다리다의 뜻.
2) 充耳(충이) : 솜에다 구슬같은 돌을 꾀는 것. 일종의 귀막이 장식.
3) 尙之以瓊華(상지이경화) : 상은 더하다. 지이(之以)는 어조사. 경화는 아름다운 돌로 옥과 같은 것이며 귀고리를 만든다.
4) 庭(정) : 대문의 안. 침문(寢門)의 밖을 이름.
5) 瓊瑩(경형) : 아름다운 돌로 옥과 같은 것.
6) 瓊英(경영) : 아름다운 돌로 옥과 같은 것.

4. 동방지일(東方之日) : 동녘의 해

동녘의 밝은 해여.
저 아름다운 아가씨 나의 방에 있네.
나의 방에 있으면서 내 뒤만 따라다니네.

동녘에 휘영청 밝은 달이여.
저 아름다운 아가씨 나의 집 문안에 있네.
나의 집 문안에 있더니 나의 뒤를 졸졸 따라다니네.

▧ 부체다. 2장에 장마다 5구절로 이루어졌다.
여자가 남자에게 반하여 좋아하는 것을 노래한 시 같다.

  東方之日兮여 彼姝者子 在我室兮로다 在我室兮하니 履¹⁾我卽兮로다
  東方之月兮여 彼姝者子 在我闥²⁾兮로다 在我闥兮하니 履我發³⁾

슴로다
1) 履(이) : 발자국을 밟고 따라다니는 것.
2) 闥(달) : 문안(門內).
3) 發(발) : 행하여 가는 것. 다니는 것.

5. 동방미명(東方未明) : 동이 트기 전

아직 동트기 전
허둥지둥 저고리와 치마를 바꿔 입었네.
허둥지둥 바꿔 입은 것은
임금께서 부르시기 때문이라오.

(버들)

아직 동트기 전 허둥지둥 저고리와 치마를 바꿔 입었네.
허둥지둥 바꿔 입은 것은 임금의 명령이 있기 때문이라오.

버들 꺾어 밭에 울타리치면 어리석은 이도 조심하거늘
아침과 밤도 분간 못하여. 신새벽 아니면 늦저녁이네.

▨ 1. 2장은 부체, 3장은 비체다. 3장에 장마다 4구절로 이루어졌다.
기거(起居)가 절도가 없고 호령을 시도 때도 없이 하는 어느 제후의 관리가 제후를 비방한 시라고 했다.

東方未明이어늘 顚倒衣裳호라 顚之倒之어늘 自¹⁾公召之로다
東方未晞²⁾어늘 顚倒裳衣호라 倒之顚之어늘 自公令³⁾之로다
折柳樊圃⁴⁾를 狂夫瞿瞿⁵⁾어늘 不能晨夜하여 不夙則莫⁶⁾로다

1) 自(자) : 쫓아가다.
2) 晞(희) : 희끄무레하게 밝아오는 모습.
3) 令(영) : 임금의 호령.
4) 樊圃(번포) : 채소밭의 울타리.

5) 瞿瞿(구구) : 두려워 삼가하는 모양.
6) 莫(모) : 여기서는 모(暮)로 늦저녁의 뜻이다.

6. 남산(南山) : 남쪽 산

남산은 높고 높은데 수여우 짝찾아 어슬렁거리네.
노나라 가는 길 평이한데 제나라 공주 이 길로 시집갔네.
이미 시집가 잘 사는데 어찌해 다시 옛 생각하는가.

칡신 다섯 켤레도 쌍쌍이고 갓끈도 한 쌍이네.
노나라 가는 길 평이한데 제나라 공주 이 길로 시집갔네.
이미 시집가 잘 사는데 어찌해 다시 뒤따라 가는가.

삼을 심을 때 어찌하나.
가로 세로 이랑을 파네.
장가들려면 어찌하나.
반드시 부모님께 고해야지.
이미 고하고 데려온 것을
어찌해 다시 괴롭히는가.

(도끼)

장작을 팰 때 어찌하나.
도끼 아니면 팰 수 없네.
장가들려면 어찌하나. 중매가 아니면 안 되지.
이미 중매로 얻었는데 어찌해 다시 궁하게 만드는가.

(칡신)

▨ 1. 2장은 비체, 3장은 부체, 4장은 흥체다. 4장에 장마다 6구절로 이루어졌다.
　　제나라 양공(襄公)이 군주로써 사특한 행동을 함으로 그것을 비유하여 지은 시라고 했다.

南山崔崔[1]어늘 雄狐綏綏[2]로다 魯道有蕩[3]이어늘 齊子由歸[4]로다 旣曰歸止어시니 曷又懷止오

葛屨五兩[5]이며 冠綏[6]雙止니라 魯道有蕩이어늘 齊子庸[7]止로다 旣曰庸止어시니 曷又從止오

蓺[8]麻如之何오 衡從其畝니라 取妻如之何오 必告父母니라 旣曰告止어시니 曷又鞫[9]止오

析薪如之何오 匪斧不克이니라 取妻如之何오 匪媒不得이니라 旣曰得止어시니 曷又極[10]止오

1) 南山崔崔(남산최최) : 제나라의 남산을 이름. 최최는 높고 큰 모양.
2) 雄狐綏綏(웅호수수) : 수여우. 여우는 사특하고 간사한 동물이라고 함. 수수는 짝을 찾는 모양.
3) 魯道有蕩(노도유탕) : 노나라로 가는 길이 평이함. 평탄하다의 뜻.
4) 齊子由歸(제자유귀) : 제자는 제양공(齊襄公)의 여동생이며 노환공(魯桓公)의 부인 문강(文姜)으로 이미 환공에게 시집간 문강을 양공이 간통하였음. 유는 따라가다. 귀는 부인이 시집가다.
5) 五兩(오량) : 다섯 켤레. 양은 짝.
6) 冠綏(관유) : 관 양쪽에 하나씩 달린 끈으로 서로 맬 수 있는 것.
7) 庸(용) : 쓰다의 뜻으로 이 길을 따라 노나라로 시집가다.
8) 蓺(예) : 심다.
9) 鞫(국) : 궁하다.
10) 極(극) : 역시 궁하다의 뜻.

7. 보전(甫田) : 큰 밭

큰 밭을 갈지 말아라. 강아지풀만 무성하리라.
멀리 있는 사람을 생각마라. 마음만 괴로우리라.

큰 밭을 갈지 말아라. 강아지풀만 빽빽하리라.
멀리 있는 사람을 생각마라. 마음만 아프리라.

어여쁘고 아름다운 그 더벅머리 총각.
얼마있다 만나보니
돌연히 의젓하게 관을 썼네.

(강아지풀)

▨ 비체다. 3장에 장마다 4구절로 이루어졌다.
여인이 자신을 후회한 노래인 것 같다.

無田甫田¹⁾이어다 維莠²⁾驕驕³⁾리라 無思遠人이어다 勞心忉忉⁴⁾리라
無田甫田이어다 維莠桀桀⁵⁾이리라 無思遠人이어다 勞心怛怛⁶⁾이니라
婉兮孌兮⁷⁾ 總角丱⁸⁾兮를 未幾⁹⁾見兮면 突而弁兮¹⁰⁾하나니라

1) 田甫田(전보전) : 앞의 전은 밭을 갈다. 보전(甫田)은 커다란 밭.
2) 莠(유) : 강아지풀로 곡식을 해치는 풀.
3) 驕驕(교교) : 장황하게 자라는 모양.
4) 忉忉(도도) : 근심하는 모양.
5) 桀桀(걸걸) : 교교와 같다. 장황한 모양.
6) 怛怛(달달) : 근심하는 모양.
7) 婉兮孌兮(완혜연혜) : 완연은 젊고 예쁜 모양. 혜는 어조사.
8) 丱(관) : 양쪽이 뿔이 있는 모양.
9) 未幾(미기) : 얼마간의 시간. 오래되지 않음.
10) 突而弁兮(돌이변혜) : 돌은 홀연히 나타나는 모양. 변은 관의 일종. 고깔.

8. 노령(盧令) : 사냥개의 방울
사냥개의 방울이 딸랑딸랑
그 임은 멋지고 어질기도 하네.

사냥개 목에 크고 작은 목걸이
그 임은 아름답고 멋진 수염 가졌네.

(사냥개)

제 8 장 제풍(齊風)   155

사냥개 목에 두 개의 사슬고리.
그 임은 무성한 멋진 수염을 날리네.

▨ 부체다. 3장에 장마다 2구절로 이루어졌다.
　이 시는 제풍(齊風)의 '선(還)' 장과 뜻이 서로 같다. 사냥하는 모습을 읊은 것이라 한다.

　　盧令令[1]이로소니 其人美且仁이로다
　　盧重環[2]이로소니 其人美且鬈[3]이로다
　　盧重鋂[4]로소니 其人美且偲[5]로다
1) 盧令令(노령령) : 노는 사냥개. 영령은 사냥개의 방울소리를 표현함.
2) 重環(중환) : 작고 큰 개의 목걸이.
3) 鬈(권) : 수염이 좋아보이는 모습.
4) 鋂(매) : 사슬의 고리. 한 개에 2개의 관이 뚫려 있음.
5) 偲(시) : 수염이 무성한 모양.

(방어)

(서어)

9. 폐구(敝笱) : 떨어진 그물
뚫어진 그물 어살에 쳤더니
그 고기는 방어와 환어들이네.
제나라 공주님 시집가니
따르는 시종들이 구름갔네.

뚫어진 그물 어살에 쳤더니
그 고기는 방어와 서어들이네.
제나라 공주님 시집을 가고 따르는 시종들이 빗줄기같네.

뚫어진 그물 어살에 쳤더니 물고기들이 들락거리네.
제나라 공주님 시집가니 따르는 시종들은 흐르는 물같네.

▨비체다. 3장에 장마다 4구절로 이루어졌다.

제나라 사람이 떨어진 그물로 큰고기를 잡지 못하는 것을 노(魯)나라 장공(莊公)이 문강(文姜)을 제지하지 못한 것에 비유하여 읊은 노래하고 하였다.

    敝笱[1]在梁하니 其魚魴鰥[2]이로다 齊子歸止하니 其從如雲이로다
      敝笱在梁하니 其魚魴鱮[3]로다 齊子歸止하니 其從如雨[4]로다
      敝笱在梁하니 其魚唯唯[5]로다 齊子歸止하니 其從如水로다

1) 敝笱(폐구) : 떨어진 그물을 가리킴.
2) 魴鰥(방환) : 방어와 환어로 큰 고기.〈그림 참조〉
3) 鱮(서) : 방어와 같은데 더 크고 머리도 크다. 혹은 연어라고도 함.
4) 如雨(여우) : 빗방울이 내리듯이함. 많다는 뜻.
5) 唯唯(유유) : 멋대로. 유유히 다니는 모양.

10. 재구(載驅) : 수레타고 달리는데

수레타고 쏜살같이 달리는데 대나무발 붉은 가죽장식.
노나라 길 평이한데 제나라 공주님 이 저녁에 떠나왔네.

네 필 말 아름답게 드리운 고삐가 흔들거리네.
노나라 길 평이한데 제나라 공주님 참 즐거워하네.

문(汶)수는 출렁이고 거리의 사람은 웅성거리네.
노나라 길 평이한데 제나라 공주님 유유히 오시네.

문수는 넘실거리고 거리의 사람들은 북적거리네.
노나라 길 평이한데 제나라 공주님 마음껏 노니네.

    ▨부체다. 4장에 장마다 4구절로 이루어졌다.

제나라 사람들이 문강이 화려한 수레를 타고 노나라에서 제나라로 자신의 오빠와 즐기기 위해 찾아온 것을 풍자한 시라고 했다.

載驅薄薄¹⁾하니 簟茀朱鞹²⁾이로다 魯道有蕩이어늘 齊子發夕³⁾이로다
四驪濟濟⁴⁾하니 垂轡濔濔⁵⁾로다 魯道有蕩이어늘 齊子豈弟⁶⁾로다
汶水湯湯⁷⁾이어늘 行人彭彭⁸⁾이로다 魯道有蕩이어늘 齊子翱翔⁹⁾이로다
汶水滔滔어늘 行人儦儦⁹⁾로다 魯道有蕩이어늘 齊子遊敖¹⁰⁾로다

1) 薄薄(박박) : 수레가 빨리 달리는 소리.
2) 簟茀朱鞹(점불주곽) : 점은 대나무로 만든 모난 자리. 불은 수레의 뒷덮개. 주곽은 가죽을 붉게 칠하여 덮고 꿩깃으로 장식한 것.
3) 發夕(발석) : 석은 잠자는 것과 같다. 곧 잠자는 곳을 떠나다.
4) 驪濟濟(이제제) : 이는 말이 검은 것. 제제는 아름다운 모양.
5) 濔濔(니니) : 부드러운 모양.
6) 豈弟(개제) : 즐거운 것. 부끄러움이나 거리낌이 없는 마음.
7) 汶水湯湯(문수상상) : 문수는 제나라 남쪽과 노나라의 북쪽인 두 나라의 국경 사이에 있는 강 이름. 상상은 물이 성하고 많은 모양.
8) 彭彭(방방) : 많은 모양. 다니는 사람이 많다는 것의 표현.
9) 儦儦(표표) : 많은 모양.
10) 遊敖(유오) : 고상(翱翔)과 같은 뜻으로 멋대로 놀아나는 것.

11. 의차(猗嗟) : 아 멋지셔라

아 멋지셔라. 그 훤칠한 키며
시원스런 넓은 이마 눈매도 매우 아름답네.
교묘히 날개편 듯하여 빨라서 활을 쏘면 잘 맞추시네.

아 훌륭하셔라. 아름다운 그 눈 맑기도 하네.
의젓한 거동으로 온종일 활을 쏘지만.
맞지 않는 화살이 없으니 진실로 우리 임금님 조카일세.

아 좋으셔라. 맑은 눈 아름다운 눈썹이네.
춤추는 듯 사뿐사뿐 움직이며 활을 쏘면 꼭 맞추네.
화살 네 개가 한 곳에 꽂히니 혼란을 막을 인물이라네.

▨ 부체다. 3장에 장마다 6구절로 이루어졌다.
　제나라 사람들이 노나라의 장공이 위의와 모든 재능을 갖추었으나 자신의 어머니인 문강(文姜)의 불륜을 막지 못하여 자식의 도를 잃은 것을 풍자한 시라고 적고 있다.

　　猗嗟昌[1]兮여　頎[2]而長兮며　抑若揚[3]兮며　美目揚[4]兮며　巧趨蹌[5]兮로소니　射則臧兮로다
　　猗嗟名[6]兮여　美目清兮오　儀[7]旣成兮로소니　終日射侯[8]호대　不出正兮하나니　展我甥[9]兮로다
　　猗嗟孌兮여　清揚婉[10]兮로다　舞則選兮며　射則貫兮며　四矢[11]反[12]兮로소니　以禦亂兮로다

1) 猗嗟昌(의차창) : 탄식사. 감탄사. 창은 성대한 모양.
2) 頎(기) : 장대한 모양. 멋지다의 뜻.
3) 抑若揚(억약양) : 아름다움의 성대한 것.
4) 揚(양) : 눈의 움직임.
5) 蹌(창) : 활개치며 날으는 것.
6) 名(명) : 칭찬하다. 위의와 기예의 멋을 칭찬하다.
7) 儀(의) : 활쏘는 예절.
8) 射侯(석후) : 활을 쏘아 맞추는 것. 후는 가죽으로 만든 과녁.
9) 我甥(아생) : 생질. 노나라의 장공은 환공과 문강의 사이에서 태어났으므로 제나라 양공의 생질임.
10) 清揚婉(청양완) : 청은 눈의 아름다움. 양은 눈썹 미간의 아름다움. 완은 좋은 모양.
11) 四矢(사시) : 한 번에 4번의 화살을 쏘다.
12) 反(반) : 반복하다.

제 9 장 위풍(魏風 : 魏一之九)

　위(魏)는 나라 이름이며 본래는 순(舜)임금과 우(禹)임금의 옛 도읍지였다. 우공(禹貢) 기주(冀州) 뇌수(雷首)의 북쪽, 석성(析城)의 서남쪽, 하곡(河曲)을 베개 삼아 북쪽으로 하고 분수(汾水)를 건너 있었으므로 그 땅이 협애하고 백성이 가난하며 풍속이 검소했다. 이것은 성현의 영향 때문이었다고 한다.
　주(周)나라 초기에 주나라와 동성(同姓)을 봉했는데 누구를 봉했는지 알 길이 없다. 뒤에 진(晋)나라 헌공(獻公)에게 멸망 당하였으며 진나라로 편입되었다. 현재 하중부(河中府) 해주(解州)가 곧 그 땅이다.
　또 소식(蘇軾)은 '위나라의 땅이 진(晋)나라로 편입된 지 오래라 그 시가 다 진나라의 작품인 것 같다. 당풍(唐風)의 앞에 열거한 것은 패·용(邶鄘)풍이 위풍(衛風)의 앞에 있는 것과 같다.'라고 하고, 또 '시 가운데 중공(中公)·행공(行公)·노공(路公)·공족(公族) 등은 다 진나라의 벼슬 이름으로 미루어 진나라 시인 듯하다.'고 하였다.
　사실 위나라에도 이러한 벼슬 이름이 있었는지는 상고할 길이 없다. 다만 위나라의 시가 생활의 어려움과 원망의 시가 많은 것은 그 당시의 정치가 어지러웠고 나라가 위태로웠기 때문인 것 같다.

1. 갈구(葛屨) : 칡으로 만든 신
듬성듬성 짠 칡신 신고 서리 내린 땅을 밟네.
곱고 고운 새댁의 손, 바지를 만들고 있네.

허리 만들고 동정 달아 좋은 임 입히리로다.

좋은 임은 편안하고 너그러워 왼편으로 살짝 비켜서는데.
허리에는 상아족집게를 찼네.
오직 그 마음 편협하여 조롱만 받네.

▨ 1장은 흥체, 2장은 부체다. 2장에 1장은 6구절 2장은 5구절로 이루어졌다.
위(魏)나라의 땅이 좁고 험하여 그 풍속이 검소하고 인색하고 편협하므로 바지를 만드는 여자가 남자의 바지를 만들어 높은 사람이 입게 한 것을 풍자한 시라고 하였다.

　　糾糾葛屨[1]여 可以履霜이로다 摻摻女手[2]여 可以縫裳이로다 要之襋之[3]하여 好人服之로다
　　好人提提[4]하여 宛然左辟[5]하나니 佩其象揥[6]로다 維是褊心이라 是以爲刺하노라

1) 糾糾葛屨(규규갈구) : 규규는 엉성하게 삼아 차고 시원스럽다는 뜻이 들어 있다. 갈구는 칡신. 겨울은 가죽신, 여름은 칡신을 신는다.
2) 摻摻女手(섬섬녀수) : 섬섬(纖纖)과 같다. 여(女)는 여자가 시집와 사당에 참배하지 못한 여자를 가리킴. 여자가 시집을 오면 3개월이 넘어야 시집의 사당을 참배하고 그 후 며느리의 일을 보게 하는 것.
3) 要之襋之(요지극지) : 요는 바지. 극은 옷깃. 지는 어조사.
4) 提提(제제) : 편안하고 너그러운 모양.
5) 宛然左辟(완연좌피) : 사양하는 모양. 좌피는 왼쪽으로 피하다.
6) 象揥(상체) : 상아로 만든 빗으로 귀인의 장식.

2. 분저여(汾沮洳) : 분수의 늪에서
저 분수(汾水)의 늪에서 나물을 뜯네.
저 우리 임 아름다움이여! 헤아릴 수 없네.

아름다움 헤아릴 수 없으나 귀인(貴人)같지는 않네.

저 분수의 한쪽에서 뽕잎을 따네.
저 우리 임 아름다움이여! 꽃과 같네.
아름다움이 꽃과 같으나 귀인같지는 않네.

저 분수의 한 굽이에서 쇠뜨기를 뜯네.
저 우리 임 아름다움이여! 옥과 같네.
아름다움이 옥과 같으나 귀인같지는 않네.

(쇠뜨기)

▨흥체다. 3장에 장마다 6구절로 이루어졌다.
너무나 검소한 생활을 하여 인색하고 그 검소한 생활이 예절에 합당하지 않은 것을 풍자한 시라고 적고 있다.

    彼汾沮洳[1]에 言采其莫[2]로다 彼其之子여 美無度로다 美無度나 殊異乎公路[3]로다
    彼汾一方에 言采其桑이로다 彼其之子여 美如英[4]이로다 美如英이나 殊異乎公行[5]이로다
    彼汾一曲[6]에 言采其藚[7]이로다 彼其之子여 美如玉이로다 美如玉이나 殊異乎公族[8]이로다

1) 汾沮洳(분저여) : 분은 분수(汾水)의 이름. 태원(太原)에서 발원하여 진(晋)나라 양산(陽山) 서남쪽으로 흘러 하수(河水)로 들어감. 저여는 물에 잠겨 습지가 된 땅.
2) 莫(모) : 나물을 지칭함. 버들잎같이 생기고 두터우며 긴 털이 있으며 국을 끓여 먹을 수 있음. 쇠뜨기.
3) 公路(공로) : 임금의 수레를 맡은 벼슬. 진(晋)나라에서는 경대부의 서자(庶子)가 맡았음.
4) 英(영) : 화(華)와 같으며 꽃.
5) 公行(공행) : 공로(公路)와 같다. 병거(兵車)의 행렬을 주제하다.
6) 一曲(일곡) : 물이 굽이쳐 흐르는 곳.

7) 蓫(속) : 마디로 된 물풀. 수석(水舃). 잎이 차전초(車前草)와 같다.
8) 公族(공족) : 제후의 종친의 일을 주관하는 벼슬.

(복숭아나무)

3. 원유도(園有桃) : 정원의 복숭아

정원에 복숭아나무 있어 그 열매 따먹지요.
마음에 시름이 있으면 나는 노래부르지요.
나를 알지 못하는 사람은
나를 교만하다고 말하네.
저 이의 하는 일이 옳은데
그대는 왜 그러느냐고 하네.
내 마음 근심을 그 누가 알아주리요.
그 누가 알아주리요, 차라리 생각을 말자.

정원에 대추나무 있어 그 열매 따먹지요.
마음에 시름이 있으면 마냥 돌아다녀야지요.
나를 알지 못하는 사람은 나를 옳지 못하다고 하네.
저 이의 하는 일이 옳은데 그대는 왜 그러느냐고 하네.
내 마음 근심을 그 누가 알아주리요.
그 누가 알아주리요, 차라리 생각을 말자.

▨흥체다. 2장에 장마다 12구절로 이루어졌다.
시인(詩人)이 나라가 작아 정치가 제대로 시행되지 않으므로 이 시를 지었다고 하였다.

園有桃하니 其實之殽¹⁾로다 心之憂矣라 我歌且謠²⁾호라 不知我者는 謂我士也驕로다 彼人是哉어늘 子曰何其오하나니 心之憂矣여 其誰知之리오 其誰知之리오 蓋亦勿思로다
園有棘³⁾하니 其實之食이로다 心之憂矣라 聊⁴⁾以行國⁵⁾호라 不知我者는 謂我士也罔極이로다 彼人是哉어늘 子曰何其오하나니 心之憂矣

여 其誰知之리오 其誰知之리오 蓋亦勿思로다
1) 穀(곡) : 먹다.
2) 歌且謠(가차요) : 가는 합창. 차는 어조사. 요는 혼자 부르는 것.
3) 棘(극) : 대추나무. 본래는 가시.
4) 聊(요) : 차(且)와 같다.
5) 行國(행국) : 나라의 안을 떠나다. 여행을 다니다.

4. 척호(陟岵) : 민둥산에 올라서
저 민둥산에 올라 아버님 계신 곳을 바라보네.
아버님 말씀 "슬프다. 내 아들아 전장에서
밤낮을 쉬지도 못하겠지.
부디 몸조심하고 머뭇거리지 말고 빨리 돌아오너라."
들리는 듯하네.

저 푸른산에 올라 어머님 계신 곳을 바라보네.
어머님 말씀 "슬프다. 내 막내야 전장에 나가
밤낮을 잠도 제대로 못자겠지.
부디 몸조심하고 있다가 이 에미 버리지 말고 빨리 돌아오너라."
들리는 듯하네.

저 산등성이에 올라 형님 계신 곳을 바라보네.
형님 말씀 "슬프다. 동생아 전장에 나가
밤낮을 전우와 고생하겠지.
부디 몸조심하고 있다가 죽지 말고 빨리 돌아오너라."
들리는 듯하네.

▨ 부체다. 3장에 장마다 6구절로 이루어졌다.
효자가 국가의 부역에 나가 그 부모 형제를 잊지 못하여 높은 산에 올라 부모 형제를 그리워하며 읊은 시라고 하였다.

　　陟彼岵[1]兮하여 瞻望父兮호라 父曰嗟予子行役하여 夙夜無已로다
上[2]愼旃哉어다 猶來無止니라
　　陟彼屺[3]兮하여 瞻望母兮호라 母曰嗟予季行役하여 夙夜無寐로다
上愼旃哉어다 猶來無棄[4]니라
　　陟彼岡兮하여 瞻望兄兮호라 兄曰嗟予弟行役하여 夙夜必偕로다
上愼旃哉어다 猶來無死니라

1) 岵(호) : 나무가 없는 산.
2) 上(상) : 상(尙)과 뜻이 같다.
3) 屺(기) : 나무가 많은 산.
4) 棄(기) : 죽으면 시체를 버리는 것. 곧 어머니는 버리지 말라의 뜻.

5. 십묘지간(十畝之間) : 10묘의 땅

10묘의 땅이지만 뽕따는 이들이 한가롭네.
나도 그대와 함께 전원으로 돌아가리.

10묘의 땅이지만 뽕따는 이들이 한가롭게 거니네.
나도 그대와 함께 전원으로 돌아가리.

▨ 부체다. 2장에 장마다 3구절로 이루어졌다.
정치가 문란해지고 나라가 어지러워지자 어진 이들이 조정에 벼슬하는 것을 즐기지 않고 전원으로 돌아갈 것을 생각하고 지은 시라고 했다.

　　十畝之間[1]兮여 桑者閑閑[2]兮니 行[3]與子還[4]兮하리라
　　十畝之外[5]兮여 桑者泄泄[6]兮니 行與子逝兮하리라

1) 十畝之間(십묘지간) : 교외에 있는 전포(田圃)의 땅으로 받은 천 평 정도의 밭.

2) 桑者閑閑(상자한한) : 상자는 뽕따는 사람. 한한은 자유자재로 왔다 갔다 하는 모습.
3) 行(행) : 장(將)과 같다.
4) 還(환) : 돌아가다. 벼슬을 그만두고 전원으로 가다.
5) 外(외) : 이웃의 전포.
6) 泄泄(예예) : 한가한 모양. 한한(閑閑)과 같다.

(박달나무)

6. 벌단(伐檀) : 박달나무를 베어
박달나무를 쩡쩡 베어
하수(河水)의 기슭에 쌓는데
하수는 맑아 곱게 물결이 일렁이네.
씨앗도 뿌리지 않고
거두지도 않았는데
어찌하여 삼 백 호의 전세를 거두며
새나 짐승의 사냥도 하지 않았는데
어찌하여 담비가죽이 뜰에 보이나.
저 진실한 군자는 일하지 않고 밥 먹지 않는 법이라네.

수레바퀴살감 쩡쩡 베어 하수의 곁에 쌓는데
맑은 하수 물결은 맑게 출렁이네.
씨를 뿌리지 않고 거두지도 않았는데
어찌하여 벼 3백 석을 얻으며
새나 짐승의 사냥도 하지 않았는데
어찌하여 큰 짐승이 뜰에 보이나.
저 진실한 군자는 일하지 않고 밥 먹지 않는 법이라네.

수레바퀴살감 쩡쩡 베어 하수의 물가에 쌓는데
하수는 맑아 물결은 잔잔하게 일렁이네.
씨를 뿌리지 않고 거두지도 않았는데

어찌하여 벼 3백 더미를 거두며
새나 짐승의 사냥도 하지 않았는데
어찌하여 메추리가 뜰에 보이는가.
저 진실한 군자는 일하지 않고 밥 먹지 않는 법이라네.

▨ 부체다. 3장에 장마다 9구절로 이루어졌다.
군자는 무위도식하지 않는다는 것을 읊은 시라고 전한다.

　　坎坎[1]伐檀兮하여 寘[2]之河之干[3]兮하니 河水淸且漣猗[4]로다 不稼不穡이면 胡取禾三百廛[5]兮며 不狩不獵이면 胡瞻爾庭有縣貆兮리오 하나니 彼君子兮여 不素餐[6]兮로다
　　坎坎伐輻[7]兮하여 寘之河之側兮하니 河水淸且直[8]猗로다 不稼不穡이면 胡取禾三百億兮며 不狩不獵이면 胡瞻爾庭有縣特[9]兮리오하나니 彼君子兮여 不素食兮로다
　　坎坎伐輪兮하여 寘之河之漘兮하니 河水淸且淪[10]猗로다 不稼不穡이면 胡取禾三百囷[11]兮며 不狩不獵이면 胡瞻爾庭有縣鶉[12]兮리오하나니 彼君子兮여 不素飧兮로다

1) 坎坎(감감) : 힘쓰는 소리. 나무를 찍을 때 힘쓰는 소리.
2) 寘(치) : 치(置)와 같다.
3) 干(간) : 물가애(涯)와 같다.
4) 漣猗(연의) : 연은 바람 불면 잔물결이 이는 모양. 의는 어조사.
5) 廛(전) : 한 지아비가 사는 것을 전이라 했다고 함.
6) 素餐(소찬) : 소는 공(空)과 같고 찬은 밥 먹다. 공밥을 먹는 것. 일을 하지 않고 밥만 먹는 것.
7) 輻(복) : 수레바퀴살을 만드는 재목.
8) 直(직) : 곧은 파도(直波).
9) 特(특) : 짐승이 3년이 된 것을 말함.
10) 淪(윤) : 적은 바람에 물결이 이는 것이 바퀴 구르듯하는 모습.
11) 囷(균) : 둥글게 지은 창고.
12) 鶉(순) : 메추리.

7. 석서(碩鼠) : 큰 쥐

큰 쥐야 큰 쥐야
우리의 기장을 먹지 말아라.
3년 동안 너를 위했건만
나를 돌보지 않는구나.
가리라. 장차 너를 두고
저 즐거운 땅으로 가리라.
즐거운 땅이여 즐거운 땅이여. 나의 살 곳으로 가리라.

(큰쥐)

큰 쥐야 큰 쥐야 우리의 보리를 먹지 말아라.
3년 동안 너를 위했건만 나에게 덕을 베풀지 않는구나.
가리라. 장차 너를 두고 저 즐거운 나라로 가리라.
즐거운 나라여 즐거운 나라여. 나의 곧게 살 곳으로 가리라.

큰 쥐야 큰 쥐야 우리의 곡식싹을 먹지 말아라.
3년 동안 너를 위했건만 나에게 위로를 주지 않는구나.
가리라. 장차 너를 두고 저 즐거운 들로 가리라.
즐거운 들이여 즐거운 들이여. 누구를 위해 긴 한숨 쉬리오.

▨비체다. 3장에 장마다 8구절로 이루어졌다.
잔악한 정치에 괴로움을 당한 백성들이 그것을 곡식을 먹는 쥐에 비유하여 풍자한 노래라 한다.

碩鼠[1]碩鼠아 無食我黍어다 三歲貫女[2]호늘 莫我肯顧란대 逝將去女코 適彼樂土호리라 樂土樂土여 爰得我所로다
　碩鼠碩鼠아 無食我麥이어다 三歲貫女호늘 莫我肯德이란대 逝將去女코 適彼樂國호리라 樂國樂國여 爰得我直[3]이로다
　碩鼠碩鼠아 無食我苗어다 三歲貫女호늘 莫我肯勞란대 逝將去女

168 제 1 권 국풍(國風)

코 適彼樂郊호리라 樂郊樂郊여 誰之永號리오
1) 碩鼠(석서) : 들의 큰 쥐. 가렴주구하는 탐관오리를 비유한 것.
2) 三歲貫女(삼세관녀) : 삼세는 오랫동안의 뜻. 관은 관(慣)과 통하며 거두어 주다. 너를 돌봐주다.
3) 直(직) : 마땅하다와 같다. 당연하다.

제 10 장 당풍(唐風 : 唐一之十)

당(唐)은 나라 이름이다. 본래 요(堯)임금의 옛 도읍지로 우공(禹貢) 기주(冀州)의 지역이며 태항·항산(大行恒山)의 서쪽 태원·태악(大原大岳)의 들판에 있다.

주(周)의 성왕(成王)이 동생 숙우(叔虞)를 봉하여 당후(唐侯)로 삼았다. 남쪽에 진수(晉水)가 있으므로 인하여 아들 섭(燮)이 나라 이름을 진(晉)이라고 고쳤다. 후에 곡옥(曲沃)으로 도읍을 옮겼다가 다시 강(絳)으로 도읍을 옮겼다.

진(晉)나라 땅이 척박하고 백성이 가난하였으나 근검하고 질박하여 근심이 깊고 생각을 멀리하였는데, 이것은 요임금이 끼친 풍속의 영향이라고 하였다.

그 시(詩)를 '진(晉)'이라고 말하지 않고 '당(唐)'이라고 한 것은 처음 봉할 때의 국호를 사용하였기 때문이다.

당숙(唐叔)이 도읍지로 삼은 지역은 태원부 곡옥(大原府曲沃) 및 강(絳)땅이다. 지금의 강주(絳州)에 속해 있다.

1. 실솔(蟋蟀) : 귀뚜라미소리

(귀뚜라미)

귀뚜라미 당(堂)에서 울고
이 해도 이미 저물어가네.
지금 우리 즐기지 아니하면
세월은 덧없이 흘러가리.
너무 즐기기만 하지 말고 집안일도 생각해야지.
즐기지만 넘침이 없어야지 어진 선비는 늘 되돌아 본다네.

귀뚜라미 당에서 울고 이 해도 이미 저물어가네.
지금 우리 즐기지 아니하면 세월은 아주 흘러가리.
너무 즐기기만 하지 말고 남의 일도 생각해야지.
즐기지만 넘침이 없어야지 어진 선비는 매사에 민첩하다네.

귀뚜라미 당에서 울고 짐싣는 수레는 일이 없구나.
지금 우리 즐기지 아니하면 세월은 영영 흘러가리.
너무 즐기기만 하지 말고 항상 어려움도 생각해야지.
즐기지만 넘침이 없어야지 어진 선비는 매사에 점잖하다네.

▨ 부체다. 3장에 장마다 8구절로 이루어졌다.
당(唐)나라의 풍속이 근검하고 백성들이 일년 내내 일에 열중하여 수확을 끝내고 한가한 틈을 이용하여 잔치를 벌이며 즐겁게 놀면서 너무 놀기만 해서도 안 된다는 경계의 말을 읊은 시라고 하였다.

蟋蟀在堂[1]하니 歲聿其莫[2]엇다 今我不樂이면 日月其除[3]라 無已大康가 職[4]思其居하여 好樂無荒이 良士의 瞿瞿[5]니라
蟋蟀在堂하니 歲聿其逝엇다 今我不樂이면 日月其邁라 無已大康가 職思其外[6]하여 好樂無荒이 良士의 蹶蹶[7]니라
蟋蟀在堂하니 役車其休엇다 今我不樂이면 日月其慆[8]라 無已大康가 職思其憂하여 好樂無荒이 良士의 休休[9]니라

1) 蟋蟀在堂(실솔재당) : 실솔은 귀뚜라미. 재당은 방문 가까이 문밖에 있는 것.
2) 聿其莫(율기모) : 율은 드디어, 모는 늦다(暮)의 뜻.
3) 除(제) : 가다의 뜻. 세월이 가다.
4) 職(직) : 주인.
5) 瞿瞿(구구) : 문득 뒤를 돌아보는 모양. 자신을 살피는 모양.
6) 外(외) : 밖의 일. 남의 일.
7) 蹶蹶(궤궤) : 부지런하여 일에 민첩한 것.

8) 慆(도) : 지나가는 것.
9) 休休(휴휴) : 편안하고 한가한 모양.

(참느릅나무)

2. 산유추(山有樞) : 산의 느릅나무
산에는 참느릅나무 있고
늪에는 느릅나무 있네.
그대는 의상이 있어도
걸치지도 입지도 않으며
그대는 수레나 말을 두고도 달리지도 몰지도 않네.
가만히 앉아 있다 죽으면 다른 사람만 기뻐하리.

산에는 복나무가 있고 늪에는 참죽나무가 있네.
그대는 집을 두고도 물뿌리고 쓸지 않으며
그대는 종과 북을 두고도 치고 두드리지 않네.
가만히 앉아 있다 죽으면 다른 사람이 다 차지하리.

산에는 옻나무가 있고 늪에는 밤나무가 있네.
그대는 술과 밥이 있는데 어찌 날마다 비파를 타며
기뻐하고 즐기면서 하루 해를 마치지 않는가?
가만히 앉아 있다 죽으면 다른 사람이 그대 집을 차지하리.

▨ 흥체다. 3장에 장마다 8구절로 이루어졌다.
이 시는 앞장 '실솔'편의 시를 해답한 시라고 한다.

　　山有樞[1]여 隰有楡[2]니라 子有衣裳호대 弗曳弗婁[3]며 子有車馬하대 弗馳弗驅면 宛[4]其死矣어든 他人是愉라
　　山有栲[5]여 隰有杻[6]니라 子有廷內호대 弗洒弗掃며 子有鍾鼓하대 弗鼓弗考[7]면 宛其死矣어든 他人是保라
　　山有漆이며 隰有栗이니라 子有酒食호대 何不日鼓瑟하여 且以喜樂

하며 且以永日고 宛其死矣어든 他人入室하리라
1) 樞(추) : 참느릅나무. 곧 지(荎)라고 했으며 자유(刺楡)를 말한다.
2) 楡(유) : 느릅나무. 백분(白粉).
3) 婁(루) : 끌다. 예(曳)와 같다.
4) 宛(완) : 앉아서 보는 모양.
5) 栲(고) : 산운(山樗). 복나무.
6) 杻(뉴) : 참죽나무. 억(檍).
7) 考(고) : 치다. 격(擊)과 같다.

(참죽나무)   (느릅나무)

3. 양지수(揚之水) : 잔잔한 물

잔잔히 흐르는 물이여. 흰돌은 우뚝 솟았네.
흰옷에 붉은깃 달고 그대 쫓아 곡옥땅까지 가려네.
이제 그 임을 뵈옵고 나니 어찌 즐겁지 아니하리오.

잔잔히 흐르는 물이여. 흰돌은 희기도 하네.
흰옷에 붉은깃 달고 그대 쫓아 곡옥읍까지 가려네.
이제 그 임을 뵈옵고 나니 어찌 걱정이 있으리오.

잔잔히 흐르는 물이여. 흰돌은 훤히 보이네.
내 명이 있다는 것은 들었으나 그것을 남에게 고하지 않으리.

▨비체다. 3장에 2장은 6구절, 1장은 4구절로 이루어졌다.
　진(晋)나라의 소후(昭侯)가 그의 숙부(叔父)인 성사(成師)를 곡옥(曲沃)땅에 봉하였는데 이가 곧 환숙(桓叔)이다. 그후 곡옥이 강해지고 진나라가 쇠약해지자, 나라 사람들이 진나라를 등지고 곡옥으로 가는 일이 많아 이 시를 지어 풍자한 시라고 적고 있다. '양지수(揚之水)'는 왕풍(王風)과 정풍(鄭風)에도 있다.

제 10장 당풍(唐風)   173

　　揚之水여 白石鑿鑿¹⁾이로다 素衣朱襮²⁾으로 從子于沃³⁾호리라 旣見君子호니 云何不樂이리오
　　揚之水여 白石皓皓로다 素衣朱繡⁴⁾로 從子于鵠⁵⁾호리라 旣見君子호니 云何其憂리오
　　揚之水여 白石粼粼⁶⁾이로다 我聞有命이오 不敢以告人호라

1) 鑿鑿(착착) : 바위가 우뚝 솟은 모양.
2) 朱襮(주박) : 박은 옷깃. 제후의 의복은 옷깃을 보(黼)무늬로 수를 놓고 단주(丹朱)의 순색으로 한다.
3) 沃(옥) : 곡옥(曲沃) 땅.
4) 朱繡(주수) : 주박(朱襮)과 같다.
5) 鵠(곡) : 곡옥읍(曲沃邑).
6) 粼粼(인인) : 물이 맑아 돌이 보이는 모양.

4. 초료(椒聊) : 산초나무

산초열매여!
다닥다닥 맺혀 됫박에 넘치네.
저기 저 우리 임은
위대하시어 견줄 데가 없네.
산초나무여 그 가지가 길게도 뻗었구나.

산초열매여!
다닥다닥 맺혀 두 줌이 넘네.
저기 저 우리 임은
위대하시고 진실하다네.
산초나무여 그 가지가 길게도 뻗었구나.

(산초나무)

▨ 흥이비(興而比)체다. 2장에 장마다 6구절로 이루어졌다.
　이 시는 무엇을 지칭했는지 알 수 없다고 한다. 다만 혹 곡옥(曲沃) 땅을 가리키지 않았나 하는 생각이 든다고 했다.

椒聊¹⁾之實이여 蕃衍盈升이로다 彼其之子여 碩大無朋²⁾이로다 椒聊여 遠條³⁾且로다
椒聊之實이여 蕃衍盈匊⁴⁾이로다 彼其之子여 碩大且篤이로다 椒聊 且여 遠條且로다

1) 椒聊(초료) : 산초나무. 요는 어조사.
2) 朋(붕) : 비교하다.
3) 條(조) : 긴 가지.
4) 匊(국) : 양손에 가득한 모양. 두 손으로 가득 움켜잡은 것.

5. 주무(綢繆) : 나무단을 묶는데
끈으로 나무단을 묶는데 삼성(三星)이 하늘에 빛나네.
오늘 밤이 어떤 밤이기에 이 좋은 임을 만났을까.
아 임이여 임이시여! 이 좋은 임을 어이할까.

끈으로 나무꼴단을 묶는데 삼성이 동남쪽에 빛나네.
오늘 밤이 어떤 밤이기에 이리도 우연히 임을 만났을까.
아 임이여 임이시여! 우연히 만난 임을 어이할까.

끈으로 나뭇가지단을 묶는데 삼성이 창에 빛나네.
오늘 밤이 어떤 밤이기에 이리도 고운 임 만났을까.
아 임이여 임이시여! 내 좋은 임을 어이할까.

▨흥체다. 3장에 장마다 6구절로 이루어졌다.
  나라가 어지러워지고 백성이 가난하여 남녀가 혼인의 때를 놓친 후에 어느날 갑자기 좋은 짝이 나타나서 혼인의 기회가 돌아온 것을 노래한 시라고 했다.

綢繆¹⁾束薪일새 三星²⁾在天이로다 今夕何夕고 見此良人³⁾호라 子

兮子兮여 如此良人何오
　綢繆束蒭일새 三星在隅[4]로다 今夕何夕고 見此邂逅호라 子兮子兮여 如此邂逅何오
　綢繆束楚새 三星在戶[5]로다 今夕何夕고 見此粲者호라 子兮子兮여 如此粲者何오

1) 綢繆(주무) : 끈으로 묶다. 전면(纏綿)과 같다.
2) 三星(삼성) : 28수(宿)의 심성(心星)으로 해가 저물면 제일 먼저 동방에서 빛난다는 별 이름.
3) 良人(양인) : 지아비를 지칭함. 배필감.
4) 隅(우) : 동남쪽의 모퉁이. 어두울 때 나타나는 별이 이곳에 이르면 밤이 오래 되었다는 뜻.
5) 戶(호) : 방문위 하늘.

6. 체두(杕杜) : 고독한 아가위나무

홀로 우뚝 서있는 아가위나무 그 잎새 성하고 싱싱하네.
나 홀로 쓸쓸히 걷노니 어찌 남이야 없으리오마는
내 형제간 같지 못하구나.
아, 저 길가는 사람은 어찌해 나를 도와주지 아니하는가.
이 사람 형제가 없거늘 어찌 도와주지 아니하는가.

홀로 우뚝 서있는 아가위나무 그 잎새는 푸르고 싱싱하네.
나 홀로 의지할 곳 없으니 어찌 남이야 없으리오마는
내 동기간 같지만 못하구나.
아, 저 길가는 사람은 어찌해 나를 도와주지 아니하는가.
이 사람 형제가 없거늘 어찌 도와주지 아니하는가.

▨흥체다. 2장에 장마다 9구절로 이루어졌다.
　이는 형제가 없는 외로운 처지의 사람이 자신의 고독함을 한탄하고 하소연하는 노래라고 하였다.

有杕之杜[1]여 其葉湑湑[2]로다 獨行踽踽[3]호니 豈無他人이리오마는
不如我同父니라 嗟行之人은 胡不比[4]焉고 人無兄弟어늘 胡不佽焉고
有杕之杜여 其葉菁菁[5]이로다 獨行睘睘[6]호니 豈無他人이리오마는
不如我同姓이니라 嗟行之人은 胡不比焉고 人無兄弟어늘 胡不佽焉고

1) 杕之杜(체지두) : 체는 특별하다. 두는 붉은 아가위. 적당(赤棠)이다.
2) 湑湑(서서) : 싱싱한 모양.
3) 踽踽(우우) : 외로운 모양. 친근한 태도가 없는 상태. 고독한 모습.
4) 比(비) : 도와주다. 보좌하다.
5) 菁菁(청청) : 더욱 싱싱한 모양.
6) 睘睘(경경) : 외로워 의지할 곳 없는 모습.

7. 고구(羔裘) : 염소갖옷

염소갖옷에 표범가죽 소매를 두르고
우리에게 거거(居居) 하게 하네.
어찌 타인이 없으리오마는 그대의 연고 때문이라네.

염소갖옷에 표범가죽 소매를 두르고
우리에게 구구(究究) 하게 하네.
어찌 타인이 없으리오마는 그대의 좋은 것 때문이라네.

▨ 부체다. 2장에 장마다 4구절로 이루어졌다.
무엇을 노래했는지 설명이 정확하지 않다고 하였다.

羔裘豹袪[1]로소니 自我人居居[2]로다 豈無他人이리오마는 維子之故니라
羔裘豹褎[3]로소니 自我人究究[4]로다 豈無他人이리오마는 維子之好니라

1) 羔裘豹袪(고구표거) : 고구는 염소가죽옷. 표거는 소매를 표범가죽으로 두르다. 임금인 제후는 순염소가죽이요, 대부는 표범가죽이다.
2) 居居(거거) : 뜻이 미상(未詳).

3) 褎(유) : 소매.
4) 究究(구구) : 뜻이 미상.

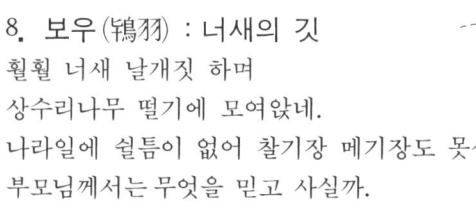
(너새)

8. 보우(鴇羽) : 너새의 깃
훨훨 너새 날개짓 하며
상수리나무 떨기에 모여앉네.
나라일에 쉴틈이 없어 찰기장 메기장도 못심었으니
부모님께서는 무엇을 믿고 사실까.
끝없이 푸른 저 하늘이여. 언제나 우리집에 갈 수 있을까.

훨훨 너새 날개짓 하며 대추나무 떨기에 모여앉네.
나라일에 쉴틈이 없어 찰기장 메기장도 못심었으니
부모님께서는 무엇을 잡수시고 사실까.
끝없이 푸른 저 하늘이여. 언제나 나라일 끝날 수 있을까.

훨훨 너새 날개짓 하며 뽕나무 떨기에 모여앉네.
나라일에 쉴틈이 없어 벼와 수수도 심지 못했네.
우리 부모님은 무엇을 잡수시고 사실까.
끝없이 푸른 저 하늘이여. 언제나 옛날로 돌아가려나.

▨비체다. 3장에 장마다 7구절로 이루어졌다.
모든 백성들이 병역의 부역에 나가 시달림을 받으면서 부모를 봉양하지 못하는 것을 노래한 것이라고 했다.

　　肅肅鴇羽¹⁾여 集于苞栩²⁾로다 王事靡盬³⁾라 不能蓺⁴⁾稷黍하니 父母何怙오 悠悠蒼天아 曷其有所오
　　肅肅鴇翼이여 集于苞棘이로다 王事靡盬라 不能蓺黍稷호니 父母何食고 悠悠蒼天아 曷其有極고
　　肅肅鴇行⁵⁾이여 集于苞桑이로다 王事靡盬라 不能蓺稻粱⁶⁾호니 父

母何嘗고 悠悠蒼天아 曷其有常[7]고
1) 肅肅鴇羽(숙숙보우) : 숙숙은 날개의 펄럭이는 소리. 보는 너새. 기러기와 비슷하며 크고 뒷다리의 발톱이 없다.
2) 苞栩(포허) : 포는 나무의 떨기. 포허는 떨기로 된 상수리나무.
3) 王事靡盬(왕사미고) : 왕사는 국사(國事). 미고는 세심하게 하는 것.
4) 蓺(예) : 심다.
5) 行(항) : 항렬.
6) 稻粱(도량) : 벼와 고량으로 곡식 이름.
7) 常(상) : 정식적인 보통의 상태. 국사가 없어 집에 있는 상태.

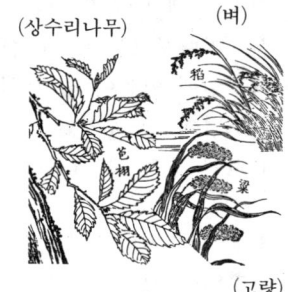
(상수리나무) (벼) (고량)

9. 무의(無衣) : 옷이 없다

어찌 일곱 벌의 옷이 없으랴마는 그대가 준 옷 만큼
편안하고 길하지 못하더이다.

어찌 여섯 벌의 옷이 없으랴마는 그대가 준 옷 만큼
편안하고 따스하지 못하더이다.

▨ 부체다. 2장에 장마다 3구절로 이루어졌다.
『사기』의 기록에 의하면 곡옥(曲沃) 땅의 환숙(桓叔)의 손자인 무공(武公)이 진(晋)나라를 점령하고 그 나라의 보물을 주(周)나라의 이왕(釐王)에게 바쳤다. 이에 이왕이 무공을 진나라의 제후로 삼아 여러 제후와 동등한 위치에 올려놓았다. 이 시는 주나라의 이왕에게 뇌물을 바치며 왕명을 청하는 뜻을 서술한 노래라고 하였다.

豈曰無衣七[1]兮리오 不如子[2]之衣 安且吉兮니라
豈曰無衣六[3]兮리오 不如子之衣 安且燠[4]兮니라

1) 衣七(의칠) : 후백(侯伯)은 칠명(七命)이며 마차와 기와 의복을 7로 꾸몄다. 제후의 복식 치장 등을 말함.
2) 子(자) : 천자(天子). 곧 황제(皇帝)를 지칭함.
3) 衣六(의육) : 천자(天子)의 경(卿)의 예로 여섯 가지 무늬로 장식함.
4) 燠(욱) : 따뜻하다의 뜻으로 오래하다의 뜻이 포함되었다.

10. 유체지두(有杕之杜) : 외로운 아가위나무

외롭게 서있는 아가위나무 길가 동쪽에서 자랐네.
저 군자께서는 기꺼이 내게 올 것인가.
내 마음속으로만 좋아하네.
어찌하면 함께 식사할 수 있을까.

외롭게 서있는 아가위나무 길가 모퉁이에서 자랐네.
저 군자께서는 기꺼이 나와 놀아줄까.
내 마음속으로만 좋아하네.
어찌하면 함께 식사할 수 있을까.

▨비체다. 2장에 장마다 6구절로 이루어졌다.
사람이 어진 이를 좋아하면서 초청하지 않는 것을 풍자한 노래라고 하였다.

　有杕之杜여 生于道左¹⁾로다 彼君子兮 噬²⁾肯適我아 中心好之나 曷飮食之오
　有杕之杜여 生于道周³⁾로다 彼君子兮 噬肯來遊아 中心好之나 曷飮食之오

1) 左(좌) : 동쪽.
2) 噬(서) : 발어사(發語詞).
3) 周(주) : 길의 굽은 곳. 길모퉁이.

11. 갈생(葛生) : 자라는 칡덩굴

칡덩굴은 자라 싸리나무를 덮고
덩굴풀은 들판을 덮었네.
내님 이곳에 없으니 누구와 함께
외로움 달랠까.

(거지덩굴풀)

칡덩굴은 자라 가시나무를 덮고 덩굴풀은 무덤을 덮었네.
내님 이곳에 없으니 누구와 함께 이 쓸쓸함 달랠까.

뿔베개는 아름답고 비단이불은 곱기도 하여라.
내님 이곳에 없으니 누구와 함께 이 한밤을 지새울까.

길고 긴 여름 해와 길고 긴 겨울 밤이여
아, 백 년 뒤라도 내 그대 곁에 돌아가 살리라.

길고 긴 겨울 밤과 길고 긴 여름 해여
아, 백 년 뒤라도 내 그대의 무덤에 돌아가 함께 하리라.

▨ 1·2장은 흥체 3·4·5장은 부체다. 5장에 장마다 4구절로 이루어졌다.

남편이 오랫동안 국가의 부역에 나가 돌아오지 않자 지어 부른 노래라고 하였다.

葛生蒙楚하며 蘞蔓[1]于野로다 予美[2]亡此하니 誰與獨處오
葛生蒙棘하며 蘞蔓于域[3]이로다 予美亡此하니 誰與獨息고
角枕粲兮며 錦衾爛兮로다 予美亡此하니 誰與獨旦[4]고
夏之日과 冬之夜여 百歲之後에나 歸于其居[5]하리라
冬之夜와 夏之日이여 百歲之後에나 歸于其室[6]하리라

1) 蘞蔓(염만) : 염은 거지덩굴풀. 한약재로 쓰임. 만은 뻗었다.
2) 予美(여미) : 부인이 남편을 가리키는 것.
3) 域(역) : 무덤 경계.
4) 獨旦(독단) : 홀로 밤을 새우다. 독수공방(獨守空房)의 뜻.
5) 居(거) : 무덤을 이름.
6) 室(실) : 무덤속 광중.

12. 채령(采苓) : 감초를 캐세

(감초)

감초를 캐러 감초를 캐러
수양산 봉우리로 갈까.
남들이 하는 말들을
진실로 믿지 마오.
들어도 흘려 듣고. 또한 그렇게 하지 않는다면
남들이 말을 하여도 어쩔 수 없으리라.

씀바귀 캐러 씀바귀를 캐러 수양산 밑으로 갈까.
남들이 하는 말들을 진실로 듣지 마오.
들어도 흘려 듣고. 또한 그렇게 하지 않는다면
남들이 말을 하여도 어쩔 수 없으리라.

순무를 캐러 순무를 캐러 수양산 동쪽으로 갈까.
남들이 하는 말들을 너무 따르지 마오.
들어도 흘려 듣고. 또한 그렇게 하지 않는다면
남들이 말을 하여도 어쩔 수 없으리라.

▨비체다. 3장에 장마다 8구절로 이루어졌다.
남을 모략하는 말을 잘 듣는 것을 풍자한 시라고 하였다.

采苓[1]采苓을 首陽[2]之巓[3]가 人之爲言을 苟亦無信이어다 舍旃[4]

舍旃하여 苟亦無然이면 人之爲言이 胡得焉이리오

　采苦⁵⁾采苦를 首陽之下아 人之爲言을 苟亦無與⁶⁾어다 舍旃舍旃하여 苟亦無然이면 人之爲言이 胡得焉이리오

　采葑采葑을 首陽之東가 人之爲言을 苟亦無從⁷⁾이어다 舍旃舍旃하여 苟亦無然이면 人之爲言이 胡得焉이리오

1) 采苓(채령) : 감초를 캐다.
2) 首陽(수양) : 수양산으로 지금의 산서성 영제현의 경계에 있다.
3) 巓(전) : 산의 봉우리. 산꼭대기.
4) 旃(전) : 가다의 뜻. 지(之)와 같다.
5) 苦(고) : 쓴나물. 씀바귀. 도고(荼苦)와 동일.
6) 與(여) : 허락하다.
7) 從(종) : 듣다.

제11장 진풍(秦風 : 秦一之十一)

　진(秦)은 나라 이름이다. 그 땅이 우공(禹貢) 옹주(雍州)의 지역에 있다. 조서산(鳥鼠山) 근처에 있으며, 처음에 백익(伯益)이 하우(夏禹)의 치수(治水)를 도와 공이 있어 성씨로 영(嬴)을 하사받고 그 땅을 다스렸다. 그후 중휼(中潏)이 서융(西戎)의 땅에 살면서 서수(西垂)를 다스렸다.
　6세손인 대락(大駱)이 성(成)과 비자(非子)라는 두 아들을 두었으며 비자는 주나라 효왕(孝王)을 섬겨 병위(洴渭)의 사이에서 말을 길러 크게 번식시켰다. 이에 비자를 주의 효왕이 부용(附庸)에 봉하여 식읍을 삼았다.
　진나라는 선왕(宣王) 때 견융(犬戎)이 성(成)의 일족을 멸망시키자 선왕이 비자의 증손인 진중(秦仲)으로 대부(大夫)를 삼아 서융을 공격하게 하였다. 그러나 진중은 서융에게 패하고 죽음을 당하였다.
　유왕(幽王) 때에 이르러 서융과 견융에게 죽임을 당하고 평왕(平王)이 동쪽으로 도읍을 옮길 때 진중의 손자인 양공(襄公)이 병사로서 평왕을 호위하였다.
　이때의 공로로 양공이 평왕으로부터 정식 제후로 봉함을 받고 견융을 쫓아냈으며 기풍(岐豊)의 땅을 하사받았다. 이때부터 정식으로 제후의 나라가 되었으며, 주(周)의 서도(西都) 기내(畿內) 8백 리의 땅을 소유하게 되었다.
　양공의 현손(玄孫)인 덕공(德公)이 옹(雍) 땅으로 옮겼다. 진(秦)은 지금의 진주(秦州)요, 옹(雍)은 지금의 경조부(京兆府) 흥평현(興平縣)이라고 했다.

1. 거인(車隣) : 수레소리

수레는 덜거덕덜거덕,
말 이마의 흰털이 휘날리네.
그 임을 뵈옵지 못하여 사인(寺人)만 부리네.

(버드나무)

언덕에는 옻나무 늪에는 밤나무.
이미 내님을 만났으니 한자리에 어울려 비파도 타네.
이제 즐기지 아니하면 세월은 흘러 늙게 되리라.

언덕에는 뽕나무 늪에는 버드나무.
이미 내님을 만났으니 한자리에 어울려 생황을 부네.
이제 즐기지 아니하면 세월은 흘러 죽게 되리라.

▧ 1장은 부체 2·3장은 흥체다. 3장에 1장은 4구절, 2·3장은 6구절로 이루어졌다.
이때에 비로소 진나라가 마차와 사인(寺人)을 두어 제후의 체제를 갖춘 것을 찬미한 노래라고 했다.

　　　有車隣隣[1]이며 有馬白顚[2]이로다 未見君子[3]호니 寺人[4]之令[5]이로다
　　　阪有漆이며 隰有栗이로다 旣見君子라 並坐鼓瑟호라 今者不樂이면 逝者其耋[6]이리라
　　　阪有桑이며 隰有楊이로다 旣見君子라 並坐鼓簧[7]호라 今者不樂이면 逝者其亡이리라

1) 隣隣(인인) : 여러 대의 수레가 달리는 소리.
2) 白顚(백전) : 이마에 흰털이 난 말. 적상(的顙)이라고 한다.
3) 君子(군자) : 진나라의 제후.
4) 寺人(시인) : 궁중에서 부리는 신하. 내시.
5) 令(영) : 부리다.

6) 耋(질) : 80세의 노인.
7) 簧(황) : 저대의 가운데 금으로 된 잎이 있어 저대를 불면 고동치는 소리가 난다.

2. 사철(駟驖) : 네 필의 말

네 필의 검정말 매우 큰데 여섯 고삐를 손에 잡았네.
공(公)이 좋아하는 그 사람 공과 함께 사냥 따라가네.

때맞춰 짐승을 몰아오는데 그 짐승들 크기도 하네.
공이 왼편으로 몰라고 분부하니 활을 쏘아 곧바로 잡았네.

북쪽 동산에 노니는 네 필의 말 길도 잘 들었네.
수레는 가볍고 방울단 말 재갈 물리고 여러 사냥개도 실었네.

▨ 부체다. 3장에 장마다 4구절로 이루어졌다.
제후로 승격된 진양공(秦襄公)의 사냥하는 모습을 그린 노래라고 하였다.

　　駟驖孔阜[1]하니 六轡[2]在手로다 公之媚子[3] 從公于狩로다
　　奉時辰牡[4]하니 辰牡孔碩[5]이로다 公曰左之[6]하시니 舍拔則獲이로다
　　遊于北園하니 四馬旣閑[7]이로다 輶車鑾鑣[8]로소니 載獫歇驕[9]로다

1) 駟驖孔阜(사철공부) : 사철은 수레를 끄는 네 마리의 말로 검정색이 쇠같다는 뜻. 공부는 심히 크다. 심히 비대하다의 뜻.
2) 六轡(육비) : 사마의 고삐는 여덟인데 양쪽 참마(驂馬)의 고삐 둘은 마차 앞의 결(觖)이라는 고리에 매고 손에는 여섯 고삐만 잡게 된다.
3) 媚子(미자) : 친애하는 사람들.
4) 時辰牡(시신모) : 이 때에 맞추어 짐승을 몰다. 모(牡)는 수짐승.
5) 辰牡孔碩(신모공석) : 신모는 겨울에는 사랑이, 여름은 사슴, 봄·가

을에는 사슴과 멧돼지를 몰아 사냥할 수 있도록 바치는 것. 공석은
심히 비대하다. 살찌다.
6) 公曰左之(공왈좌지) : 공이 수레를 모는 사람에게 왼쪽으로 몰아라
하는 명령.
7) 閑(한) : 고루 길들여진 것.
8) 輶車鸞鑣(유거란표) : 유거는 가벼운 수레, 난표는 방울과 말재갈.
9) 獫歇驕(험헐교) : 험은 주둥이가 긴 사냥개. 헐교는 주둥이가 짧은
사냥개. 모두 사냥개의 이름.

3. 소융(小戎) : 군인의 작은 수레
작은 수레의 앞뒤는 낮고
다섯 번 가죽으로 감은 멍에채.
가죽고리에 멍에 앞뒤가 가죽끈이며
수레앞은 백금고리.
범가죽방석에 바퀴통은 두텁고

(작은수레 : 병거)

얼룩말과 발목 흰 말이 수레를 끄네.
그리운 임 생각하니 따사로움이 언제나 옥과 같다네.
오랑캐땅 판자집에 계시다니 내 마음 굽이쳐 어지럽네.

네 필의 숫말 크기도 하고 여섯 말고삐 손에 쥐었네.
얼룩말과 갈기 검은 붉은말이 가운데서 끌고
주둥이 검은 누런말과 검은말은 밖의 참마네.
용을 그린 방패 합하고 백금고리에 말고삐 매었네.
그리운 임 생각하니 따사로움이 변방에 계시네.
어느 때 돌아오실까. 어찌해 이 내 마음 그대 생각뿐인가.

엷은 갑옷 걸친 네 필 말 정답고
세모창 고달대는 백금으로 대었네.
깃을 그린 방패는 아름답고 활집은 호피, 말띠는 금빛이네.

활 엇갈리게 두 활집 꽂고 대나무 도지개는 끈으로 맸네.
그리운 임 생각하니 잠깐 자고 곧 일어나네.
편안한 임이여. 좋은 말씀 언제나 조리가 있다네.

▨ 부체다. 3장에 장마다 10구절로 이루어졌다.

서융(西戎)은 진(秦)나라와 불공대천지 원수이다. 진의 양공(襄公)이 주의 평왕(平王)의 명을 받아 서융을 정벌하였다. 이 때 병거(兵車)의 출진하는 성대한 모습을 나열하고 전쟁터에 나아가는 남편을 사모하는 정에서 경대부의 부인이 읊은 노래라고 하였다.

小戎[1] 俴收[2]로소니 五楘梁輈[3]로다 游環脅驅[4]며 陰靷鋈續[5]이며 文茵暢轂[6]이로소니 駕我騏馵[7]로다 言念君子[8]호니 溫其如玉이로다 在其板屋[9]하여 亂我心曲[10]이로다
四牡孔阜[11]하니 六轡在手로다 騏駵[12]是中이오 騧驪是驂[13]이로소니 龍盾[14]之合이오 鋈以觼軜[15]이로다 言念君子호니 溫其在邑[16]이로다 方何爲期오 胡然我念之오
俴駟孔群[17]이어늘 厹矛鋈錞[18]로다 蒙伐有苑[19]이어늘 虎韔鏤膺[20]이로다 交韔[21]二弓하니 竹閉緄縢[22]이로다 言念君子하여 載寢載興[23]호라 厭厭[24]良人이여 秩秩[25]德音이로다

1) 小戎(소융) : 병거(兵車). 여러 신하들의 병거를 소융이라고 함. 대융(大戎)이 앞장 서고 소융이 그 뒤를 따름.
2) 俴收(천수) : 얕은 수레 앞뒤의 양단. 횡목(橫木). 거(車)의 제도에 대개 6척 6촌은 평지에서 실어 나르는 것이요. 대거는 진심(軫深)이 8척이며 병거는 진심이 4척 4촌으로 소융(小戎)이라 한다고 함.
3) 五楘梁輈(오목양주) : 오목은 멍에에 다섯 번 가죽으로 감고 무늬를 한 것. 양주는 앞쪽 수레채의 모양이 점점 굽어져 구부정한 모양을 한 것으로 집의 상량처럼 굽은 상태.
4) 游環脅驅(유환협구) : 유환은 말의 가슴에 거는 가죽으로 된 고리. 협구는 가죽으로 된 것을 앞의 멍에의 양끝에 매고 뒤는 수레턱나무

양쪽에 매어 복마(服馬)의 옆구리 바깥에 늘어져 참마가 달릴 때 안쪽으로 들어오지 못하게 하는 역할을 함.

5) 陰靷鋈續(음인옥속) : 음은 수레의 앞턱나무를 덮어 막은 판. 인은 가죽 두 가락으로 참마의 목에 매고 뒤에 음판(陰版)의 위에 매는 것. 옥속은 가슴걸이 끈을 잇는 백금고리로 만든 쇠.

6) 文茵暢轂(문인창곡) : 문인은 무늬가 있는 호랑이가죽. 창곡은 병거의 곡으로 대거(大車)에 비하여 길이가 길어 창곡이라고 한다.

7) 騏馵(기주) : 기는 알록달록한 무늬가 있는 말. 주는 말의 왼쪽 발이 흰 것.

8) 君子(군자) : 부인이 자신의 남편을 가리킴.

9) 板屋(판옥) : 서융(西戎)의 풍속은 판자로 집을 지었다고 함.

10) 心曲(심곡) : 마음의 굽이치는 곳.

11) 四牡孔阜(사모공부) : 네 마리의 수말이 매우 크다.

12) 駵(유) : 붉은말로 갈기가 검은 말.

13) 騧驪是驂(왜리시참) : 누런말로 주둥이가 검은 것을 왜라고 함. 이는 검은말. 참은 멍에 밖의 곁 참마.

14) 龍盾(용순) : 용이 그려져 있는 방패.

15) 鋈錽(결납) : 결은 참마의 안쪽 고삐에 비늘이 없는 고리. 납은 참마의 안쪽에 달린 고삐.

16) 邑(읍) : 서쪽 변방의 읍.

17) 俴駟孔群(천사공군) : 사마에 엷은 금으로 꾸민 갑옷을 입힌 것. 공군(孔群)은 심히 화목하다. 잘 어울리다.

18) 厹矛鋈錞(구모옥대) : 구모는 세모진 창. 옥대는 창의 고달대를 백금으로 도금하는 것.

19) 蒙伐有苑(몽벌유원) : 여러 가지의 방패. 원은 여러 가지 무늬가 그려져 있는 모양.

20) 虎韔鏤膺(호창루응) : 호창은 호랑이가죽으로 만든 활집. 누응은 쇠로 장식한 말의 가슴고리.

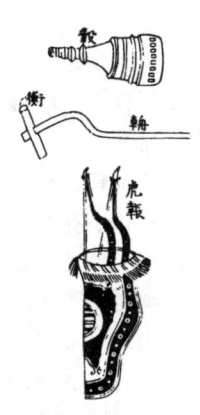

21) 交韔(교창) : 활이 서로 교차되게 꽂아두는 것.
22) 竹閉緄縢(죽폐곤등) : 죽폐는 활을 넣는 기구. 곤등은 끈으로 묶어두는 것.
23) 載寢載興(재침재흥) : 생각이 깊어 기거(起居)가 편안하지 못한 상태. 곧 자나깨나의 뜻. 재는 어조사.
24) 厭厭(염염) : 편안하다.
25) 秩秩(질질) : 차례가 있는 것.

(갈대)

4. 겸가(蒹葭) : 갈대숲

갈대 푸르고 푸른데 흰이슬 서리가 되었네.
저 사람은 강 바로 저쪽에 있네.
물길 거슬러 올라가려니
길은 험하고 또 멀기만 하네.
물길 따라 내려오려니 여전히 물 가운데 그 사람 있네.

갈대 푸르고 푸른데 흰이슬 마르지 않았네.
저 사람은 강가 수풀에 있네.
물길 거슬러 올라가려니 길은 험하고 또 힘이 드네.
물길 따라 내려오려니 여전히 물 가운데 섬에 그 사람 있네.

갈대는 성하고 성한데 흰이슬은 그치지 않았네.
저 사람은 강물 바로 기슭에 있네.
물길 거슬러 올라가니 길이 험하고 또 돌기만 하네.
물길 따라 내려오려니
여전히 물 가운데 작은 섬에 그 사람 있네.

▨ 부체다. 3장에 장마다 8구절로 이루어졌다.
무엇을 가리키는 시인지 알 수 없다고 하였다.

190 제 I 권 국풍(國風)

蒹葭[1]蒼蒼하니 白露爲霜이로다 所謂伊人[2]이 在水一方이로다 遡洄[3]從之나 道阻且長이며 遡游[4]從之나 宛在水中央이로다
蒹葭淒淒[5]하니 白露未晞[6]로다 所謂伊人이 在水之湄[7]로다 遡洄從之나 道阻且躋[8]며 遡游從之나 宛在水中坻[9]로다
蒹葭采采[10]하니 白露未已로다 所謂伊人이 在水之涘로다 遡洄從之나 道阻且右며 遡游從之나 宛在水中沚[11]로다

1) 蒹葭(겸가) : 갈대. 가(葭)와 같으며 가늘고 높이가 수 척이나 된다.
2) 伊人(이인) : 저 사람.
3) 遡洄(소회) : 역류하여 거꾸로 올라감.
4) 遡游(소유) : 순리대로 흘러감.
5) 淒淒(처처) : 창창(蒼蒼)과 같다.
6) 晞(희) : 마르다.
7) 湄(미) : 수초(水草)가 모여있는 것.
8) 躋(제) : 오르다. 어려운 곳에 이르는 것을 이름.
9) 坻(지) : 강물의 가운데 있는 조그마한 섬.
10) 采采(채채) : 무성하며 무성하다.
11) 沚(지) : 강물 가운데 있는 조그마한 모래섬.

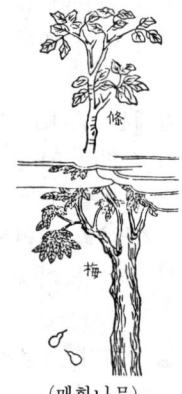

(개오동나무)

(매화나무)

5. 종남(終南) : 종남산

종남산에 무엇이 있나?
개오동나무 있고 매화나무 있다네.
우리 임이 오셨으니
비단옷에 여우갖옷 입으셨네.
얼굴은 붉은칠 한 듯하시니
정말 우리 임금일세.

종남산에 무엇이 있나?
산능선과 평평한 곳이 있다네.

우리 임이 오셨는데
보불무늬 저고리에 수놓은 바지.
패옥소리 찰랑거리시니
오래오래 사시어 잊지 않으리.

(금의)

▨ 흥체다. 2장에 장마다 6구절로 이루어졌다.

진나라 사람들이 자신의 임금을 찬미한 노래라고 하였다.

(호구)

終南¹⁾何有오 有條²⁾有梅로다 君子³⁾至止하시니 錦衣狐裘⁴⁾샷다 顏如渥丹⁵⁾하시니 其君也哉샷다
　終南何有오 有紀有堂⁶⁾이로다 君子至止하시니 黻衣⁷⁾繡裳이샷다 佩玉將將⁸⁾하시니 壽考不忘이로다

1) 終南(종남) : 주나라의 유명한 산 이름.
2) 條(조) : 산추(山楸). 껍질과 잎이 하얗고 재목을 다스리기가 쉽다.
3) 君子(군자) : 임금을 가리킨다.
4) 錦衣狐裘(금의호구) : 비단옷과 여우가죽으로 만든 옷. 제후의 복장.
5) 渥丹(악단) : 붉은 자주색.
6) 有紀有堂(유기유당) : 기는 염각(廉角)으로 산의 능선(稜角)이요, 당은 관평처(寬平處).
7) 黻衣(불의) : 기(己)자를 서로 거슬리게 수놓은 아(亞)자 형의 옷.
8) 將將(장장) : 패옥의 소리. 딸랑딸랑.

6. 황조(黃鳥) : 꾀꼬리

꾀꼴꾀꼴 꾀꼬리 가시나무에 앉았네.
누가 목공(穆公)을 따라갔나 자거엄식(子車奄息)이라네.
오직 이 엄식씨는 백 사람의 남자보다 나은 분이라.
그 무덤에 다다라서는 오들오들 떨었으리라.

저 푸른 하늘이여. 어찌 이 좋은 임을 죽였는가.
그 임을 살릴 수만 있다면 백 번이라도 한 목숨 내놓으련만

꾀꼴꾀꼴 꾀꼬리 뽕나무에 앉았네.
누가 목공을 따라갔는가 자거중항(子車仲行)씨라네.
저 중항씨라는 분은 백 사람이라도 당해낼 수 있는 분.
그 무덤에 다다라서는 오들오들 떨었으리라.
저 푸른 하늘이여. 어찌 이 좋은 임을 죽였는가.
그 분을 살릴 수만 있다면 백 번이라도 한 목숨 내놓으련만

꾀꼴꾀꼴 꾀꼬리 가시덤불 위에 앉았네.
누가 목공을 따라갔는가 자거겸호(子車鍼虎)씨라네.
저 겸호씨라는 분은 백 사람이라도 감당할 수 있는 분.
무덤에 다다랐을 때는 오들오들 떨었겠지.
저 푸른 하늘이여. 어찌 우리 좋은 임을 죽였는가.
그 분을 살릴 수만 있다면 백 번이라도 한 목숨 내놓으련만.

▩흥체다. 3장에 장마다 12구절로 이루어졌다.
　진(秦)나라 목공(穆公)이 죽자 자거(子車)씨의 3형제인 엄식(奄息)·중항(仲行)·겸호(鍼虎)가 순사(殉死)하였다. 이 세 사람은 진나라의 어진 이였다. 진나라의 국민이 슬퍼한 나머지 이 시를 지었다고 하였다.

　交交[1]黃鳥여 止于棘이로다 誰從穆公[2]고 子車奄息[3]이로다 維此奄息이여 百夫之特[4]이로다 臨其穴[5]하여 惴惴其慄[6]이로다 彼蒼者天이여 殲[7]我良人이로다 如可贖[8]兮인댄 人百其身이로다
　交交黃鳥여 止于桑이로다 誰從穆公고 子車仲行이로다 維此仲行이여 百夫之防이로다 臨其穴하여 惴惴其慄이로다 彼蒼者天이여 殲我良人이로다 如可贖兮인댄 人百其身이로다
　交交黃鳥여 止于楚로다 誰從穆公고 子車鍼虎로다 維此鍼虎여

百夫之禦로다 臨其穴하여 惴惴其慄이로다 彼蒼者天이여 殲我良人이로다 如可贖兮인댄 人百其身이로다

1) 交交(교교) : 날아오고 가는 모양으로 교교(咬咬)와 같다.
2) 從穆公(종목공) : 목공을 따라 죽었다. 순사(殉死)하다.
3) 子車奄息(자거엄식) : 자거는 성씨요, 엄식은 이름이다. 이하 중항(仲行)·겸호(鍼虎) 등이 진나라의 어진 이 3형제의 이름이다.
4) 特(특) : 여러 사람 가운데 걸출하다.
5) 穴(혈) : 묘의 광중.
6) 惴惴其慄(췌췌기율) : 두려워하는 모양. 율은 두려워 떠는 것.
7) 殲(섬) : 다하는 것. 운명이 다하다.
8) 贖(속) : 무역하다. 사다.

(새매)

7. 신풍(晨風) : 빨리 나는 새매

쏜살같이 나는 저 새매가
울창한 저 북녘숲으로 날아가네.
그 임을 뵙지 못하였으니 시름섞인 마음 하염없네.
어찌하여 어찌하여 나를 그리 매정하게 잊으셨나요.

산에는 굴참나무 습지에는 가래나무
그 임을 뵙지 못하였으니 시름섞인 마음 즐거움이 없네.
어찌하여 어찌하여 나를 그리 매정하게 잊으셨나요.

산에는 아가위나무 습지에는 돌배나무.
그 임을 뵙지 못하였으니 시름섞인 마음 술취한 듯하네.
어찌하여 어찌하여 나를 그리 매정하게 잊으셨나요.

▩ 홍체다. 3장에 장마다 6구절로 이루어졌다.
남편의 부재(不在)를 부인이 노래한 시라 한다.

䬸彼晨風[1]이여 鬱[2]彼北林이로다 未見君子[3]라 憂心欽欽[4]호라 如何如何로 忘我實多오
山有苞櫟이며 隰有六駁[5]이로다 未見君子라 憂心靡樂호라 如何如何로 忘我實多오
山有苞棣[6]며 隰有樹檖[7]로다 未見君子라 憂心如醉호라 如何如何로 忘我實多오

1) 䬸彼晨風(율피신풍) : 율은 빠르게 날으는 것. 신풍은 새매를 말함.
2) 鬱(울) : 무성한 모양.
3) 君子(군자) : 지아비를 가리킨다.
4) 欽欽(흠흠) : 근심하고 잊지 아니하는 모양.
5) 駁(박) : 가래나무. 재유(梓楡). 그 껍질이 청백으로 얼룩져 있다.
6) 棣(체) : 아가위나무. 당체(唐棣).
7) 檖(수) : 돌배나무. 열매가 배와 같고 작으며 조금 신맛이 있다.

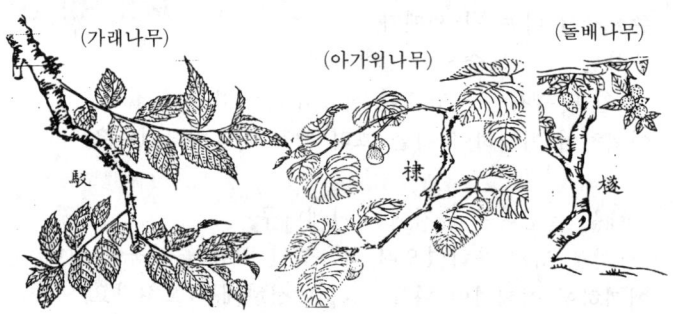

8. 무의(無衣) : 옷이 없으랴

어찌 옷이 없으랴마는 그대와 함께 도포를 나누어 입겠소.
임금께서 군사를 일으키시면 내 짧은창 긴창을 세워
그대와 함께 합심하여 원수를 갚으리라.

어찌 옷이 없으랴마는 그대와 함께 속옷을 나누어 입겠소.
임금께서 군사를 일으키시면 내 긴창과 가지창을 세워
그대와 함께 일어나리라.

어찌 바지가 없으랴마는 그대와 함께 바지를 나누어 입겠소.
임금께서 군사를 일으키시면 내 갑옷과 병기를 세워
그대와 함께 행동하리라.

▩ 부체다. 3장에 장마다 5구절로 이루어졌다.
 진(秦)나라의 풍속이 굳세고 딱딱하여 전투적인 것을 즐겼으므로 임금이 전쟁을 좋아하여 백성들이 풍자한 시라고 하였다.

豈曰無衣라 與子同袍[1]리오 王于興師[2]어시든
脩我戈矛[3]하여 與子同仇하리라
豈曰無衣라 與子同澤[4]이리오 王于興師어시든
脩我矛戟[5]하여 與子偕作하리라
豈曰無衣라 與子同裳이리오 王于興師어시든
脩我甲兵하여 與子偕行[6]하리라

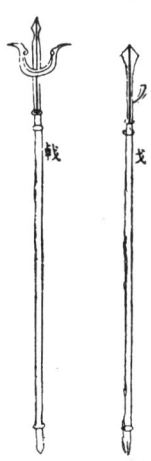

1) 袍(포) : 겉에 입는 도포.
2) 興師(흥사) : 천자의 명령으로 군사를 일으키다.
3) 戈矛(과모) : 과는 길이가 6척 6촌이나 되는 창.
   모는 길이가 2장(二丈)이나 되는 창.
4) 澤(택) : 속옷.
5) 戟(극) : 수레의 창으로 길이가 1장 6척이나 됨.
6) 行(행) : 전쟁에 나아가다.

9. 위양(渭陽) : 위수의 북쪽
외숙님을 전송하러 위수의 북쪽까지 왔네.
무엇을 선물로 드릴까 수레와 누런 사마를 드리리라.

외숙님을 전송하니 내 마음 끝없이 이생각 저생각.
무엇을 선물로 드릴까 빛나는 옥돌과 패옥을 드리리라.

▨ 부체다. 2장에 장마다 4구절로 이루어졌다.
  진나라의 강공(康公)이 외숙인 중이(重耳)를 송별하며 지은 시라고 하였다.

    我送舅氏¹⁾하여 曰至渭陽호라 何以贈之오 路車乘黃이로다
    我送舅氏호니 悠悠我思로다 何以贈之오 瓊瑰²⁾玉佩로다
 1) 舅氏(구씨) : 진(秦)나라 강공(康公)의 외삼촌인 진(晉)나라 공자(公子) 중이(重耳)로 진(晉)나라에서 쫓겨나 목공(穆公)이 불러서 와 있었으며 강공은 태자가 되어 있을 때의 일. 후일의 진문공(晉文公).
 2) 瓊瑰(경괴) : 옥돌 다음가는 좋은 돌.

10. 권여(權輿) : 부귀와 권력
    나에게 매우 넓은 커다란 집에 살게 하더니
    지금은 매양 끼니조차 잇기 어렵네.
    아! 슬프다. 모든 것이 처음과 같을 수 없구나.

    나에게 매일 진수성찬 차려 주더니
    지금은 매양 배불리 먹지도 못하네.
    아! 슬프다. 모든 것이 처음과 같지 않구나.

簋(세기)

▨ 부체다. 2장에 장마다 5구절로 이루어졌다.
  처음에 임금이 어진 이를 대접하되 융성하게 하더니 갈수록 예의가 식어 소홀히 한 것을 풍자한 시라고 하였다.

    於我乎에 夏屋渠渠¹⁾러니 今也엔 每食無餘로다 于嗟乎라 不承

제11장 진풍(秦風)

權輿[2]여
　於我乎에 每食四簋[3]러니 今也엔 每食不飽로다 于嗟乎라 不承權輿여

1) 夏屋渠渠(하옥거거) : 하는 크다. 하옥은 큰 집. 거거는 깊고 넓다란 모양. 고대광실의 뜻.
2) 權輿(권여) : 처음과 같다. 처음의 고대광실에 고량진미를 갖춘 대접 때의 상황을 말함.
3) 四簋(사궤) : 궤는 기와로 만든 한말 두되가 들어가는 둥근 그릇. 사궤는 예의를 갖춘 성대한 음식.

제 12 장 진풍(陳風:陳一之十二)

 진(陳)은 나라 이름으로 태호 복희(太昊伏羲)씨의 옛터이다. 우공(禹貢) 예주(豫州)의 동쪽에 있었다. 그 땅이 넓고 평평하며 이름난 산이나 큰 강이 없다. 서쪽으로 외방(外方)을 바라보고 동쪽으로 맹저(孟諸)에 미치지 못하였다.
 주(周) 무왕(武王) 때 순(舜)임금의 가계를 이어오는 우알보(虞閼父)가 주나라의 질그릇을 굽는 일을 관장하는 도정(陶正)이라는 벼슬에 있었다.
 무왕은 우알보가 재주가 뛰어나고 또 순임금의 후손이라는 것을 알고 자신의 맏딸인 태희(太姬)를 우알보의 아들 만(滿)의 아내로 삼게 하여 진(陳)나라에 봉하고 도읍을 완구(宛丘) 땅에 세웠다. 또 그 옆에 황제(黃帝)와 제요(帝堯)의 후손을 함께 세워 이를 삼각(三恪:세 분을 공경함)이라 불렀으며 이중의 한 사람이 진(陳)나라의 호공(胡公)이다. 호공의 태희 부인은 귀한 이를 존경하고 미신과 풍류를 즐겨하였으며 모든 백성도 이 풍속에 순화하였다.
 지금의 진주(陳州:河南省東南일대)가 곧 옛 진나라의 땅이라고 한다.

1. 완구(宛丘) : 완구 위에서
 그대의 방탕함이여. 완구 위에서 놀고 있네.
 진실한 정이 있으나 희망이 없구나.

 그 북을 둥둥 치며 완구 아래에서 놀고 있네.

겨울이나 여름도 없이 저 백로깃을 가지고 춤추네.

그 질장구를 둥둥 치며 완구의 길에서 노는구나.
겨울이나 여름도 없이 저 백로깃 일산삼아 쥐고 춤추네.

▨ 부체다. 3장에 장마다 4구절로 이루어졌다.
  진나라 사람들이 완구 땅에서 상류계층의 사람들이 위의(威儀)도 없이 질탕하게 노는 것을 풍자한 노래라고 하였다.

子之湯¹⁾兮여 宛丘²⁾之上兮로다 洵有情兮나 而無望³⁾兮로다
坎⁴⁾其擊鼓여 宛丘之下로다 無冬無夏히 値⁵⁾其鷺羽⁶⁾로다
坎其擊缶⁷⁾여 宛丘之道로다 無冬無夏히 値其鷺翿⁸⁾로다

1) 子之湯(자지탕) : 자는 질탕하게 노는 자를 가리킴. 탕은 방탕하다.
2) 宛丘(완구) : 사방이 높고 중앙이 낮은 것을 완구라고 함.
3) 望(망) : 남들이 쳐다본다. 흠을 본다.
4) 坎(감) : 북을 두드리는 소리.
5) 値(치) : 세우다. 곧 식(植)과 같다.
6) 鷺羽(노우) : 백로의 깃. 춤추는 사람이 손에 들고 그 깃으로 얼굴을 가리기도 함.
7) 缶(부) : 기와로 만든 그릇. 두드리는 박자를 맞춘다는 것.
8) 翿(도) : 앞의 우(羽)와 같은 것. 춤추는 사람이 손에 들고 혼들며 얼굴을 가리기도 한다.

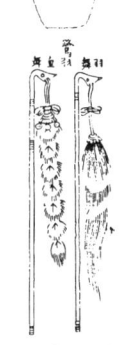

2. 동문지분(東門之枌) : 동문의 느릅나무

동문(東門)에는 흰느릅나무, 완구땅에는 상수리나무.
자중(子仲)씨 딸이 그 아래서 덩실덩실 춤을 추네.

날씨 좋은 날을 잡아 남쪽 언덕에 모였네.

삼베 길쌈을 하지 않고
저자거리에서 춤을 추네.

(흰느릅나무)

날씨 좋은 아침을 택해 떼지어 놀러 가네.
그대를 금규화같다 했더니
내게 산초 한 줌을 뜯어 주네.

▨ 부체다. 3장에 장마다 4구절로 이루어졌다.
　남녀가 한 데 어울려 노래 부르고 춤추는 광경을 노래한 시라고 하였다.

東門之枌¹⁾과 宛丘之栩²⁾에 子仲之子³⁾ 婆娑⁴⁾其下로다
穀旦于差⁵⁾하니 南方之原이로다 不績其麻오 市也婆娑로다
穀旦于逝⁶⁾하니 越以鬷邁⁷⁾로다 視爾如荍⁸⁾하니 貽我握椒로다

1) 枌(분) : 흰느릅나무.
2) 栩(허) : 도토리나무.
3) 子仲之子(자중지자) : 자중(子仲)씨의 딸. 여기서 자(子)는 딸.
4) 婆娑(파사) : 춤추는 모양.
5) 穀旦于差(곡단우차) : 곡단은 좋은 날 아침. 차는 가리다. 좋은 날 아침을 선택하다.
6) 逝(서) : 놀러가다.
7) 鬷邁(종매) : 떼지어 가다. 여럿이 가다.
8) 荍(교) : 금규화라는 꽃.

(금규화)

3. 형문(衡門) : 초라한 집

초라한 집 아래서도 편안하게 쉴 수가 있네.
샘물이 졸졸 흘러내리고 또 굶주림도 즐길 수 있네.

어찌 생선을 먹는데 반드시 하수의 방어(魴魚)라야만 될까.

어찌 아내를 맞이하는데 반드시 제나라의 공주라야만 될까.

어찌 물고기를 먹는데 반드시 하수의 잉어라야만 될까.
어찌 아내를 맞이하는데 반드시 송나라의 공주라야만 될까.

▨ 부체다. 3장에 장마다 4구절로 이루어졌다.
　세상을 피해 살아가는 사람들이 스스로 즐기고 다른 것을 구하지 않은 노래라고 하였다.

衡門¹⁾之下여 可以棲遲²⁾로다 泌之洋洋³⁾이여 可以樂飢로다
豈其食魚를 必河之魴이리오 豈其取妻를 必齊之姜⁴⁾이리오
豈其食魚를 必河之鯉리오 豈其取妻를 必宋之子⁵⁾리오

1) 衡門(형문) : 횡목으로 문을 달은 것. 초라한 집을 가리킴.
2) 棲遲(서지) : 놀며 쉬다.
3) 泌之洋洋(비지양양) : 비는 물이 샘솟는 샘물을 말하고 양양은 물이 흐르는 모양.
4) 姜(강) : 제나라의 성씨.
5) 子(자) : 송나라의 성씨.

(잉어)

4. 동문지지(東門之池) : 동문밖의 연못

동문밖의 연못은
삼(麻)을 적시는 곳이로다.
저 어여쁜 아가씨여,
함께 노래할 만하네.

동문밖의 연못은
모시를 적시는 곳이로다.
저 어여쁜 아가씨여,

(모시)

함께 이야기할 만하네.

동문밖의 연못은 왕골을 적시는 곳이라.
저 어여쁜 아가씨여, 함께 대화할 만하네.

▨흥체다. 3장에 장마다 4구절로 이루어졌다.
남녀가 서로 만나고 싶은 것을 노래한 시라 한다.

  東門之池[1]여 可以漚麻[2]로다 彼美淑姬여 可與晤[3]歌로다
  東門之池여 可以漚紵[4]로다 彼美淑姬여 可與晤語로다
  東門之池여 可以漚菅[5]이로다 彼美淑姬여 可與晤言이로다

1) 池(지) : 성밖의 연못.
2) 漚麻(구마) : 구는 적시다. 삼은 먼저 물에 적셔놓았다가 처리함.
3) 晤(오) : 해(解)와 같다. 풀다. 함께 노래하다의 뜻.
4) 紵(저) : 마(麻)와 같다. 삼.
5) 菅(관) : 왕골. 띠와 같으며 윤택하고 줄기가 백반처럼 희며 부드러운 가죽같다.

5. 동문지양(東門之楊) : 동문밖의 버들

동문밖의 버들이여 그 잎이 무성하구나.
어두우면 만나자더니 새벽 샛별만 반짝이네.

동문밖의 버들이여 그 잎이 울창하구나.
어두우면 만나자더니 새벽 샛별만 밝게 빛나네.

▨흥체다. 2장에 장마다 4구절로 이루어졌다.
이 장도 남녀가 서로 만나기를 기약했으나 만나지 못하고 읊은 노래라고 하였다.

東門之楊이여 其葉牂牂¹⁾이로다 昏以爲期하니 明星²⁾ 煌煌³⁾이로다
東門之楊이여 其葉肺肺⁴⁾로다 昏以爲期하니 明星晢晢⁵⁾로다

1) 牂牂(장장) : 성하고 성한 모양.
2) 明星(명성) : 계명성. 곧 금성.
3) 煌煌(황황) : 크게 밝은 모양.
4) 肺肺(패패) : 성하고 성한 모양. 장장과 같다.
5) 晢晢(제제) : 황황과 같다. 크게 밝은 모양.

6. 묘문(墓門) : 묘문에서
묘문(墓門)에 있는 가시나무 도끼로 자르네.
저 사나이 착하지 못한 걸 나라 사람들은 알고 있네.
알고 있는데도 그만두지 않고 옛 버릇 그대로이네.

묘문에 있는 매화나무 올빼미가 모여 앉았네.
저 사나이 착하지 못한 걸 노래로써 알려 주네.
알려 주어도 돌아보지 않으니 패가망신할 때 나 생각하리.

▩흥체다. 2장에 장마다 6구절로 이루어졌다.
무엇을 뜻한 노래인지 알 수 없다고 하였다.

墓門¹⁾有棘이어늘 斧以斯²⁾之로다 夫³⁾也不良이어늘 國人知之로다 知而不已하나니 誰昔⁴⁾然矣로다
墓門有梅어늘 有鴞萃止로다 夫也不良이어늘 歌以訊⁵⁾之로다 訊予不顧하나니 顚倒⁶⁾思予리라

1) 墓門(묘문) : 묘지의 입구이며 가시덩굴이 많이 나 있어 흉벽하다.
2) 斯(사) : 짜개는 것과 같다. 석(析)과 동일.
3) 夫(부) : 비난하는 대상의 인물.
4) 誰昔(수석) : 옛날이라는 뜻. 주석(疇昔)과 같다.
5) 訊(신) : 고하다.

6) 顚倒(전도) : 낭패한 형상.

7. 방유작소(防有鵲巢) : 제방위의 까치집

제방위에 까치집이 있고
언덕에는 완두콩이 자라네.
누가 내 미모를 가려
내 마음 시름차게 하는가.

안뜰 길에는 벽돌이 깔려 있고
언덕에는 수초 우거졌네.
누가 내 아름다움 가려
내 마음 아프게 하는가.

(들완두콩)

▩흥체다. 2장에 장마다 4구절로 이루어졌다.

남녀가 사사로운 정이 있어 근심하고 또 이간질한 애정의 시라고 하였다.

防¹⁾有鵲巢며 邛有旨苕²⁾로다 誰侜³⁾予美⁴⁾하여 心焉忉忉⁵⁾오
中唐有甓⁶⁾하며 邛有旨鷊⁷⁾이로다 誰侜予美하여 心焉惕惕⁸⁾고

1) 防(방) : 제방. 물을 막아 쌓은 언덕.
2) 邛有旨苕(공유지초) : 공은 언덕. 지는 아름답다. 초는 들완두콩. 언덕에는 아름다운 완두콩이 있다는 뜻.
3) 侜(주) : 속이다. 남을 속이다.
4) 予美(여미) : 나의 사랑하는 사람.
5) 忉忉(도도) : 근심하는 모양.
6) 中唐有甓(중당유벽) : 사당의 가운데 길을 중당(中唐)이라 함. 벽은 벽돌.
7) 鷊(역) : 조그마한 풀. 여러 가지의 색깔로 수(綬)와 같음.

(끈풀)

8) 惕惕(척척) : 도도와 같다. 근심하는 모양.

8. 월출(月出) : 달이 뜨니

달이 떠 환하게 비치니 아름다운 임의 모습 더 아름답네.
왜 우수어린 모습을 하는가. 이 내 마음 시름겹네.

달이 떠 환하게 비치니 아름다운 임의 얼굴 더 아름답네.
왜 우수어린 모습을 하는가. 이 내 마음 초조하네.

달이 떠 밝게 비치니 아름다운 임은 더욱 빛나네.
왜 애수어린 모습을 띠는가. 이 내 마음 수심뿐이네.

▧흥체다. 3장에 장마다 4구절로 이루어졌다.
남녀가 서로 기뻐하고 서로 좋아하는 심정을 노래한 것이라고 하였다.

> 月出皎[1]兮어늘 佼人僚兮[2]로다 舒窈糾[3]兮어뇨 勞心悄[4]兮호라
> 月出皓兮어늘 佼人懰[5]로다 舒憂受[6]兮어뇨 勞心慅[7]兮호라
> 月出照兮어늘 佼人燎[8]로다 舒夭紹[9]兮어뇨 勞心慘[10]兮호라

1) 皎(교) : 달이 빛나다.
2) 佼人僚兮(교인료혜) : 교인은 미인. 료는 좋은 모양.
3) 窈糾(요규) : 유원하고 우수서린 모양. 얌전한 모양.
4) 悄(초) : 근심하다.
5) 懰(유) : 좋은 모양.
6) 憂受(우수) : 근심하고 생각하는 것. 얌전하여 우수어린 모양.
7) 慅(초) : 근심하다.
8) 燎(요) : 밝다.
9) 夭紹(요소) : 수심어린 모습.
10) 慘(참) : 근심하다.

9. 주림(株林) : 주땅의 수풀에서

왜 주림(株林)에 갔는가. 하남(夏南)을 따라간 것이네.
주림에 간 것이 아니라 하남을 따라간 것이네.

네 필 말 수레타고 주땅의 들에서 놀았네.
네 필 망아지 수레타고 주땅에서 아침밥 먹었다네.

▨ 부체다. 2장에 장마다 4구절로 이루어졌다.
    진나라의 영공(靈公)이 하징서(夏徵舒)의 어머니에게 빠져 아침 저녁으로 하씨(夏氏)의 읍으로 찾아가는 것을 나라 사람들이 풍자한 노래라고 하였다.

    胡爲乎株林[1]고 從夏南[2]이니라 匪適株林이라 從夏南이니라
    駕我乘馬하여 說[3]于株野로다 乘我乘駒[4]하여 朝食于株로다

1) 株林(주림) : 하씨읍(夏氏邑).
2) 夏南(하남) : 징서(徵舒)라는 사람의 자(字). 어머니 하희(夏姬)는 정(鄭)나라 목공(穆公)의 딸로 진나라 대부인 하숙경(夏叔卿)에게 시집갔으나 하숙경이 일찍 죽자 진영공과 간통하였다.
3) 說(세) : 쉬다의 뜻.
4) 駒(구) : 6척 이하의 말을 망아지라고 함.

10. 택파(澤陂) : 연못의 둑

저 연못의 둑에는 부들과 연잎이 있네.
아름다운 임이여. 애타는 마음 어찌할까요.
자나깨나 아무일도 못하고 눈물만 비오듯 흘린답니다.

저 연못의 둑에는 부들과 들난초 있네.

아름다운 임이여. 흰칠한 키 수염이 멋지기도 하여라.
자나깨나 아무일도 못하고 가슴만 태우지요.

저 연못의 둑에는 부들과 연꽃이 있네.
아름다운 임이여. 흰칠한 키에 의젓하여라.
자나깨나 아무일도 못하고 잠 못든 채 베갯닛 적시지요.

▨홍체다. 3장에 장마다 6구절로 이루어졌다. 이 시는 앞장 '월출(月出)'과 서로 같은 유(類)라고 하였다.

(부들)

彼澤之陂[1]에 有蒲與荷[2]로다 有美一人이여 傷如之何오 寤寐無爲하여 涕泗滂沱[3]호라
彼澤之陂에 有蒲與蕳[4]이로다 有美一人이여 碩大且卷[5]이로다 寤寐無爲하여 中心悁悁[6]호라
彼澤之陂에 有蒲菡萏[7]이로다 有美一人이여 碩大且儼[8]이로다 寤寐無爲하여 輾轉伏枕[9]호라

1) 陂(파) : 못의 언덕. 연못의 제방. 둑.
2) 蒲與荷(포여하) : 부들과 연잎. 포는 자리를 짤 수 있는 부들, 하(荷)는 연꽃이 아니라 연잎을 지칭함.

(연과 부들)

3) 涕泗滂沱(체사방타) : 눈물을 체. 콧물을 사. 방타는 비오듯이 쏟아지는 모양.
4) 蕳(간) : 난초의 일종. 들난초.
5) 卷(권) : 수염의 아름다운 모습.
6) 悁悁(연연) : 근심하는 모양. 읍읍(悒悒)과 같다.
7) 菡萏(함담) : 연꽃.
8) 儼(엄) : 씩씩한 모양.

(들난초)

9) 輾轉伏枕(전전복침) : 이리뒤척 저리뒤척 잠 못이루는 모양. 복침은 머리를 베개에 파묻고 눈물을 흘림.

제13장 회풍(檜風 : 檜一之十三)

회(檜)는 나라 이름이다. 고신(高辛)씨가 화(火)로써 축융(祝融)의 유허를 바르게 하였다. 우공(禹貢)의 예주(豫州) 외방(外方)의 북쪽, 형파(榮波)의 남쪽 진수(溱水)와 유수(洧水)의 사이에 있었다. 그 임금의 성씨는 운(妘)이며 축융씨의 후예이다.

주(周)나라의 쇠퇴기에 정(鄭)나라 환공(桓公)에게 멸망되고 그 수도를 옮겼다. 지금의 정주(鄭州)가 곧 그 땅이다.

소식(蘇軾)은 "회풍(檜風)은 다 정나라의 작품이라고 했으며 패와 용이 위나라 작품인 것과 같다"고 했다. 옳고 그른 것을 알 길이 없다.

1. 고구(羔裘) : 양의 갖옷
양갖옷 입고 노닐다가 여우갖옷 입고 조정일 보시네.
어찌 그대 생각 않으리오. 마음 시름 끝이 없네.

양갖옷 입고 노닐다가 여우갖옷 입고 공무를 보시네.
어찌 그대 생각 않으리오. 이 내 마음 근심 걱정 가득하네.

양갖옷 번지르르 윤이 나 해 솟아오를 때처럼 빛나네.
어찌 그대 생각 않으리오. 마음속 슬픔뿐이네.

▨ 부체다. 3장에 장마다 4구절로 이루어졌다.
회(檜)나라의 임금이 항상 의복을 깨끗이 하고 놀기를 좋아하며 잔치를 베풀고 정치에는 별 힘을 기울이지 않아 나라 사람들이 근심되어 부른 노래라고 하였다.

羔裘逍遙하며 狐裘以朝로다 豈不爾思리오 勞心忉忉호라
羔裘翱翔¹⁾하며 狐裘在堂²⁾이로다 豈不爾思리오 我心憂傷호라
羔裘如膏³⁾하니 日出有曜로다 豈不爾思리오 中心是悼호라
  1) 翱翔(고상) : 소요(逍遙)와 뜻이 같다. 놀다.
  2) 堂(당) : 공무를 처리하는 집. 공당(公堂).
  3) 膏(고) : 기름의 적신 바 되어 윤이 반짝반짝 하는 것.

2. 소관(素冠) : 하얀갓

행여 흰관 쓰고 상을 당한 사람의 초췌함을 보라.
괴롭고 안스러운 마음뿐이네.

행여 흰옷 입은 이를 보라.
내 마음 슬픔뿐이네. 그대와 함께 집으로 돌아가고 싶네.

행여 하얀슬갑 입은 이를 보라.
내 마음 응어리졌으니,
그대와 함께 한 몸이 되어 위로하고 싶네.

▨ 부체다. 3장에 장마다 3구절로 이루어졌다.
  당시의 사람들이 부모의 3년상을 지키지 않아 어진 이가 이를 풍자한 노래라고 하였다.

庶見素冠¹⁾兮아 棘人²⁾欒欒³⁾兮아 勞心慱慱⁴⁾兮호라
庶見素衣兮아 我心傷悲兮로다 聊與子同歸兮호리라
庶見素韠⁵⁾兮아 我心蘊結⁶⁾兮호니 聊與子如一兮호리라
  1) 庶見素冠(서견소관) : 서는 다행하다의 뜻. 소관은 흰관을 쓴 자. 다

행히 흰갓 쓴 이를 보고 싶다는 뜻으로 3년상을 치르는 사람을 보게 된다는 뜻.
2) 棘人(극인) : 급한 사람. 설움에 몸둘 바를 모르는 사람.
3) 欒欒(난난) : 파리하게 여윈 모습.
4) 慱慱(단단) : 근심하는 모양.
5) 韠(필) : 슬갑으로 무릎 가리개.
6) 蘊結(온결) : 생각이 풀어지지 않다. 엉켜 있다.

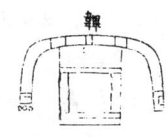
(슬갑)

3. 습유장초(隰有萇楚) : 늪의 양앵두

늪에 있는 양앵두는 그 가지 아름답기도 하네.
싱싱하고 반짝이는데 너의 아는 것 없음이 부럽구나.

늪에 있는 양앵두는 그 꽃이 곱기도 하네.
싱싱하고 반짝이는데 너의 얽매이지 않음이 부럽구나.

늪에 있는 양앵두는 그 열매 아름답기도 하네.
싱싱하고 반짝이는데 너의 짐스러운 가정없음이 부럽구나.

▧ 부체다. 3장에 장마다 4구절로 이루어졌다.
　나라의 정치가 어수선하고 세금은 무거워지자 나라의 백성들이 그 고통을 이기지 못하여 쇠기풀의 아무것도 없는 것을 비유하여 풍자한 노래라고 하였다.

隰有萇楚¹⁾하니 猗儺²⁾其枝로다 天之沃沃³⁾하니 樂子⁴⁾之無知하노라
　隰有萇楚하니 猗儺其華로다 天之沃沃하니 樂子之無家⁵⁾하노라
　隰有萇楚하니 猗儺其實이로다 天之沃沃하니 樂子之無室⁶⁾하노라

(양앵두)

1) 萇楚(장초) : 앵두와 비슷한 열매가 열리는 보리수로 지금의 양앵두.
2) 猗儺(아나) : 유순하다.
3) 夭之沃沃(요지옥옥) : 요는 젊고 아름다운 모양. 옥옥은 빛나고 윤택이 나는 모양.
4) 子(자) : 장초를 가리킴.
5) 無家(무가) : 얽매이지 아니하다. 즉 집이 없다는 것.
6) 無室(무실) : 역시 짐이 되는 가정이 없다는 것.

4. 비풍(匪風) : 바람은 일지 않고

바람 몰아치지 아니하고 수레도 달리지 아니하네.
주나라 가는 길 돌아보니 내 마음 슬퍼지누나.

회오리바람 몰아치지 아니하고 수레도 뒤흔들리지 아니하네.
주나라 가는 길 돌아보니 내 마음 애달퍼지네.

누가 물고기를 삶을까 가마솥을 씻으리라.
누가 장차 주나라로 돌아가는가. 내 좋은 소식으로 위로하리라.

▨ 1·2장은 부체요, 3장은 흥체다. 3장에 장마다 4구절로 이루어졌다.
　주나라의 황실이 쇠약해지자 어진 이가 탄식하여 이 노래를 지었다고 하였다.

匪風發[1]兮며 匪車偈[2]兮라 顧瞻周道오 中心怛兮하라
匪風飄[3]兮며 匪車嘌[4]兮라 顧瞻周道오 中心弔[5]兮하라
誰能亨[6]魚오 溉之釜鬵[7]하리라 誰將西歸[8]오 懷之好音하리라

1) 發(발) : 바람이 사납게 부는 모양.
2) 偈(걸) : 빨리 달리는 모양.
3) 飄(표) : 되돌아오는 바람.

212 제 1 권 국풍(國風)

4) 嘌(표) : 수레가 흔들려 불안한 모양.
5) 弔(조) : 마음이 상하다의 뜻.
6) 亨(팽) : 음을 팽으로 하고 삶다(烹)의 뜻.
7) 漑之釜鬵(개지부심) : 개는 물을 붓는 것. 심은 솥이름.
8) 西歸(서귀) : 서쪽으로 돌아가다. 주나라로 가다의 뜻.

(심)

제 14 장 조풍(曹風 : 曹一之十四)

조(曹)는 나라 이름이다. 그 땅이 우공(禹貢) 곤주(兗州) 도구(陶丘)의 북쪽과 뇌하(雷夏) 하택(荷澤)의 들에 있었다.
주(周)나라의 무왕(武王)이 그의 동생 진탁(振鐸)을 봉하여 제후로 삼았다.
지금의 조주(曹州)가 곧 그 땅이다.

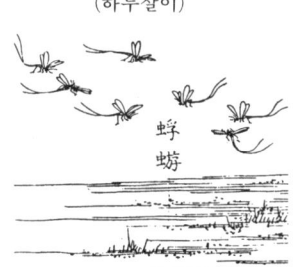
(하루살이)

1. 부유(蜉蝣) : 하루살이들
하루살이 깃이여!
의상이 선명하도다.
마음속의 근심이여!
나에게 돌아와 살지어다.

하루살이 날개여! 화려한 의복이로다.
마음속의 근심이여! 나에게 돌아와 쉴지어다.

하루살이 껍질이여! 삼베옷 흰눈과 같도다.
마음속의 근심이여! 나에게 돌아와 집에서 쉴지어다.

▨ 비체다. 3장에 장마다 4구절로 이루어졌다.
당시의 사람들이 대개 작고 가까운 것에만 마음을 쓰고 멀고 원대한 것을 망각한 것을 하루살이에 비유하여 풍자한 시라고 하였다.

蜉蝣¹⁾之羽여 衣裳楚楚²⁾로다 心之憂矣로니 於我歸處어다
蜉蝣之翼이여 采采³⁾衣服이로다 心之憂矣로니 於我歸息이어다
蜉蝣掘閱⁴⁾하니 麻衣如雪이로다 心之憂矣로니 於我歸說⁵⁾어다

1) 蜉蝣(부유) : 하루살이. 곧 거략(渠略)으로 아침에 태어나서 저녁에 죽는 생물.
2) 楚楚(초초) : 선명한 모양.
3) 采采(채채) : 화려하게 꾸민 모양.
4) 掘閱(굴열) : 뜻이 자세하지 않다.
5) 說(세) : 집에서 쉬다.

(흰물새)
鵝

2. 후인(候人) : 길 안내인

저 길을 안내하는 이는 긴창과 짧은창을 메고 무엇할 것인가.
저 소인배는 삼 백 명의 대부와 한무리이네.

흰물새는 어살에 있어도 그 날개를 적시지 않았네.
저 소인배는 그 옷들이 어울리지도 아니하네.

흰물새는 어살에 있어도 그 부리를 적시지 않았네.
저 소인배는 임금의 은총을 이루지 못하네.

초목은 무성하고 남산엔 아침 무지개 섰네.
젊고 예쁜 아가씨여, 신념있는 그녀는 굶주리는구나.

▧ 1·2·3장은 흥체, 4장은 비체다. 4장에 장마다 4구절로 이루어졌다.
나라의 임금이 군자를 멀리하고 소인배를 가까이 하는 것을 풍자한 시라고 했다.

彼候人¹⁾兮는 何²⁾戈與祋³⁾이어니와 彼其之子⁴⁾는 三百赤芾⁵⁾로다

維鵜⁶⁾在梁하니 不濡其翼이로다 彼其之子여 不稱其服이로다
維鵜在梁하니 不濡其咮⁷⁾로다 彼其之子여 不遂其媾⁸⁾로다
薈兮蔚兮⁹⁾여 南山朝隮¹⁰⁾로다 婉兮孌兮여 季女斯飢로다

1) 候人(후인) : 도로에서 국가의 빈객을 안내하는 관리. 곧 길 안내인.
2) 何(하) : 게(揭)와 같다. 메다(荷).
3) 祋(대) : 짧은창.
4) 之子(지자) : 소인(小人)배를 가리킴. 나쁜 사람.
5) 韍(불) : 면복(冕服)을 묶는 것. 대부부터 적불에 헌(軒)을 탐.
6) 鵜(제) : 물새. 부리가 긴 흰물새.
7) 咮(주) : 새 입. 부리.
8) 媾(구) : 총애하다의 뜻.
9) 薈兮蔚兮(회혜울혜) : 초목이 성하고 많은 것을 뜻함.
10) 朝隮(조제) : 아침에 무지개가 뜨는 것.

3. 시구(鳲鳩) : 뻐꾸기

뻐꾸기 뽕나무에 앉았는데
그 새끼는 일곱 마리네.
어지신 군자여. 그 거동이 한결같네.
거동이 한결같으시니 마음은 변함이 없네.

(뻐꾸기)

뻐꾸기 뽕나무에 앉았는데 그 새끼는 매화나무에 있네.
어지신 군자여. 그 띠 흰비단실로 하였네.
띠를 흰비단실로 하였으니 그 고깔은 검은색이네.

뻐꾸기 뽕나무에 앉았는데 그 새끼는 가시나무에 앉았네.
어지신 군자여. 그 거동이 어김이 없다네.
거동이 어김이 없는지라 온 나라를 바로잡네.

뻐꾸기 뽕나무에 앉았는데 그 새끼는 개암나무에 앉았네.

어지신 군자여. 이 나라 사람들을 바르게 하리.
이 나라 사람들을 바르게 하리니 어찌 만년인들 못사리오.

▨흥체다. 4장에 장마다 6구절로 이루어졌다.
이 시는 무엇을 가리켰는지 알 수 없다고 하였다. 다만 군자를 아름답게 여겨 칭찬한 노래인 것 같다고 하였다.

鳲鳩[1]在桑하니 其子七兮로다 淑人君子여 其儀一兮로다 其儀一兮하니 心如結[2]兮로다
鳲鳩在桑하니 其子在梅로다 淑人君子여 其帶伊絲[3]로다 其帶伊絲니 其弁伊騏[4]로다
鳲鳩在桑하니 其子在棘이로다 淑人君子여 其儀不忒이로다 其儀不忒 正是四國[5]이로다
鳲鳩在桑하니 其子在榛이로다 淑人君子여 正是國人이로다 正是國人하니 胡不萬年이리오

1) 鳲鳩(시구) : 뻐꾸기. 새끼에게 먹이를 먹일 때 아침에는 위에서 아래로 저녁에는 아래에서 위로 하여 항상 균일하게 한다고 하였다.
2) 如結(여결) : 물건이 굳게 얽혀져 흩어지지 않는 것.
3) 帶伊絲(대이사) : 큰 띠. 흰실로 만들고 잡색(雜色)의 장식을 함. 이는 어조사. 사는 소사(素絲)로 흰실.
4) 弁伊騏(변이기) : 변은 피변(皮弁)으로 고깔. 이는 어조사. 기는 검은말로 고깔의 색을 말함.
5) 四國(사국) : 온 나라. 사방의 나라.

4. 하천(下泉) : 흐르는 샘물
차가운 저 샘물 흘러내려 가라지풀을 적시네.
슬프다. 내 자다 깨 탄식하며 저 주나라 수도를 생각하네.

차가운 저 샘물 흘러내려 저 쑥을 적시네.

슬프다. 내 자다 깨 탄식하며 저 주나라 수도를 생각하네.

차가운 저 샘물 흘러내려 저 시초풀을 적시네.
슬프다. 내 자다 깨 탄식하며 저 경사(京師)를 생각하네.

예쁘게 자라나는 기장싹을 장마비가 적셔주네.
온 나라의 임금이 계시거늘 순백(郇伯)이 수고하네.

▨ 비이흥체다. 4장에 장마다 4구절로 이루어졌다.
주의 왕실이 오랑캐에게 능멸당하고 작은 나라들이 곤궁에 처한 것을, 하천이 아래로 흘러 가라지풀을 적시는 것을 들어 비유한 노래라고 하였다.

洌彼下泉¹⁾이여 浸彼苞稂²⁾이로다 愾³⁾我寤嘆하여 念彼周京⁴⁾호라
洌彼下泉이여 浸彼苞蕭⁵⁾로다 愾我寤嘆하여 念彼京周호라
洌彼下泉이여 浸彼苞蓍⁶⁾로다 愾我寤嘆하여 念彼京師호라
芃芃⁷⁾黍苗를 陰雨膏之니라 四國有王이어시늘 郇伯⁸⁾勞之니라

1) 洌彼下泉(열피하천) : 열은 차갑다. 피하천은 저 아래로 흐르는 샘물.
2) 苞稂(포랑) : 풀이 떨기로 자라는 것. 낭은 가라지풀. (톱풀)
3) 愾(개) : 탄식하는 소리.
4) 周京(주경) : 주나라의 서울. 천자의 사는 곳. 아래의 경주(京周), 경사(京師)도 뜻이 같다.
5) 蕭(소) : 쑥.
6) 蓍(시) : 시초풀. 톱풀. 가새풀.
7) 芃芃(봉봉) : 아름다운 모양.
8) 郇伯(순백) : 순(郇)나라의 제후며 문왕의 후예로 일찍이 주백(州伯)이 되어 제후를 다스린 공로가 있었다.

제 15장 빈풍(豳風 : 豳一之十五)

 빈(豳)은 나라 이름이며 우공(禹貢) 옹주(雍州) 기산(岐山)의 북쪽, 원습(原隰)의 들 우하(虞夏)의 사이에 있다.
 순(舜)임금 때에 기(棄)가 후직(后稷)이 되어 태(邰)에 봉하여졌다. 하(夏)나라가 쇠약해져서는 기가 농사일에 힘쓰지 않자 기의 아들 불굴(不窟)이 관직을 잃고 융적(戎狄)의 땅으로 귀양갔다. 불굴이 국도(鞠陶)를 낳고 국도가 공류(公劉)를 낳았다. 공류가 다시 후직의 업을 닦아 백성이 부유하고 또 토지의 마땅한 곳을 골라 빈(豳)의 계곡에 나라를 세웠다.
 그후 10세 후손인 태왕(大王)이 기산(岐山)의 남쪽으로 옮기고 12세손인 문왕(文王)이 처음으로 하늘의 명을 받았다. 13세손인 무왕(武王)이 드디어 천자가 되었다.
 무왕이 죽고 성왕(成王)이 즉위하였는데 나이가 어려 정사에 임하기 어렵자 주공단(周公旦)이 총재(冢宰)로서 섭정하였다. 그리고 후직, 공류의 덕화를 기술하여 시 1편을 지어 성왕을 깨우쳤다. 이것을 빈풍이라고 하였으며, 또 후세 사람들이 주공이 지은 것과 주공을 위해 지은 시를 합하여 빈풍이라고 하였다. 빈 땅은 지금의 분주(邠州) 삼수현(三水縣) 태(邰)로 지금의 경조부(京兆府) 무공현(武功縣)에 있다.

1. 칠월(七月) : 칠월이면
칠월이면 심성(心星 : 火星)이 기울고
구월에는 겨울옷 준비한다네.
동짓달에는 찬바람 일고 섣달에는 강추위 닥치는데

제 15 장 빈풍(豳風)

옷도 없고 털옷도 없다면
어떻게 한 해를 마치리오.
정월에는 쟁기 등을 손질하고
이월에는 밭갈이 하는데
내 아내와 아들과 함께
저 남쪽 이랑에 들밥이 오면
농사 맡은 관리가 와보고 기뻐한다네.

칠월에는 심성이 기울고 구월에는 겨울옷 준비한다네.
봄날의 햇빛은 따스하고 꾀꼬리가 울음 울면
여인들은 광주리 들고 저기 저 샛길을 따라
부드러운 뽕잎을 딴다네.
봄날씨 길고도 긴데 다북쑥을 그득히 뜯고 있으니
여인의 마음 울적하여 공자님에게 시집가고 싶어진다네.

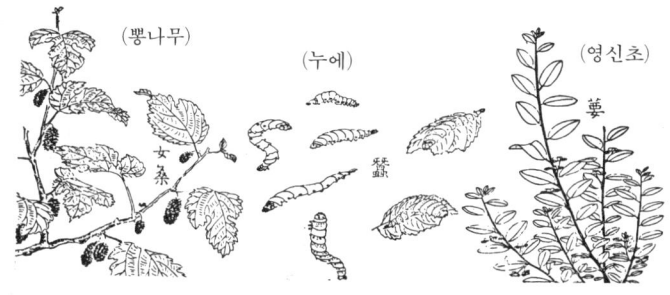

칠월에는 심성이 기울고 팔월에는 갈대를 벤다네.
누에치는 달에 뽕나무가지 도끼를 손에 잡고
높은 가지는 찍어내고 부드러운 가지는 휘어잡아 꺾네.
칠월에는 백로가 울고 팔월에는 길쌈을 하나니
검고 누런 물을 들여 제일 고운천으로
공자님의 바지를 지어드리리라.

사월에는 애기풀열매 오월에는 매미울음
팔월에는 나락 거두고 시월에는 낙엽지네.
동짓달에 오소리 사냥, 여우 너구리 잡아
공자님의 갖옷 만들어 드리고,
섣달에는 모두 모여 사냥 나가 무술 익히고
작은 짐승은 내가 갖고,
큰 짐승은 임금에게 바친다네.

(매미)

오월에는 여치가 울고 유월에는 베짱이 울며 날으네.
칠월에는 들에 있고 팔월에는 처마밑에 있고
구월에는 문간에 있고
시월에는 귀뚜라미 나의 침상 아래에 사네.
구멍을 막고 쥐구멍에 연기 피우고
북창을 막고 문을 바르고
아, 나의 처자들이여, 한 해가 다시 바뀌려 하니
이 집에 들어와 편안히 쉬어보세.

(왜가리)

(오소리)

유월에는 산앵두와 산머루 따먹고
칠월에는 아욱과 콩 삶아먹고
팔월에는 대추를 털고
시월에는 벼를 추수하여
이것으로 봄술을 빚어 노인네들의 장수를 빈다네.
칠월에는 참외 먹고 팔월에는 박을 타고
구월에는 삼씨를 줍고 씀바귀 캐고 가죽나무 장작패어
우리의 농부들을 먹여보세.

(오소리새끼)

(너구리)

구월에는 텃밭에 마당을 쌓고
시월에는 곡식 거두어 들이네.
메기장 찰기장 빨리 익고 늦게 익는 것과
벼 마 콩 보리들이라네.

아아, 우리 농부들이여!
우리의 추수는 이제 마쳤으니
고을로 들어가 집안일을 하세.
낮에는 띠를 짜고 밤에는 새끼를 꼬아
어서 빨리 지붕을 이어야지 그래야 다시 파종을 할 수 있다네.

(베짱이) 莎雞

섣달에는 얼음을 쩡쩡 깨어 정월에는 얼음 창고에 쌓아야지.
이월의 이른 아침에 염소 잡고 부추나물 담아 제사지낸다네.
구월에 찬서리 내리고 시월에 타작마당 치우고 나서
붕주(朋酒)로 잔치 열어 염소 잡아
저 공당(公堂)에 올라가 저 물소뿔잔을 들고서
천년 만년 살아 다함이 없으라 축원하네.

▧ 부체다. 8장에 장마다 11구절로 이루어졌다.
주나라의 주공(周公)이 성왕(成王)이 농사의 어려움을 알지 못하므로 선조(先祖)인 후직(后稷)·공류(公劉)의 아름다운 풍속이 전하여진 내력의 뜻을 엮어서 아침 저녁으로 들려주어 가르친 노래라고 하였다.

七月[1]流火[2]어든 九月授衣[3]하나니라 一之日[4]觱發[5]하고 二之日[6] 栗烈[7]하니 無衣無褐[8]이면 何以卒歲[9]리오 三之日于耜[10]오 四之日擧趾[11]어든 同我婦子하여 饁彼南畝커든 田畯[12]至喜하나니라
七月流火어든 九月授衣하나니라 春日載陽[13]하여 有鳴倉庚[14]이어든 女執懿筐하여 遵彼微行[15]하여 爰求柔桑하며 春日遲遲어든 采蘩祁祁[16]하나니 女心傷悲여 殆及公子[17]同歸로다
七月流火어든 八月萑葦[18]니라 蠶月條桑[19]이라 取彼斧斨하여 以伐遠揚[20]이오 猗彼女桑[21]이니라 七月鳴鵙[22]이어든 八月載績하나니 載玄載黃하여 我朱孔陽[23]이어든 爲公子裳하나니라
四月秀葽[24]어든 五月鳴蜩며 八月其穫이어든 十月隕蘀[25]이니라 一之日于貉[26]하여 取彼狐狸하여 爲公子裘하고 二之日其同[27]하여 載

纘武功하여 言私其豵⁽²⁸⁾이오 獻豜于公하나니라
　五月斯螽動股⁽²⁹⁾오 六月莎雞振羽⁽³⁰⁾오 七月在野오 八月在宇오 九月在戶오 十月蟋蟀이 入我牀下하나니라 穹窒³¹⁾熏鼠하며 塞向墐戶³²⁾하고 嗟我婦子아 曰爲改歲어니 入此室處어다
　六月食鬱及薁³³⁾하며 七月亨葵及菽³⁴⁾하며 八月剝棗³⁵⁾하며 十月穫稻³⁶⁾하여 爲此春酒하여 以介眉壽³⁷⁾하나니라 七月食瓜 八月斷壺³⁸⁾하며 九月叔苴³⁹⁾며 采荼薪樗⁴⁰⁾하여 食我農夫하나니라
　九月築場圃⁴¹⁾오 十月納禾稼⁴²⁾하나니 黍稷重穆⁴³⁾과 禾麻菽麥이니라 嗟我農夫아 我稼旣同이어니 上入執宮功⁴⁴⁾이니 晝爾于茅오 宵爾索綯⁴⁵⁾하여 亟其乘屋이오아 其始播百穀이니라
　二之日鑿氷沖沖⁴⁶⁾하여 三之日納于凌陰⁴⁷⁾하나니 四之日其蚤⁴⁸⁾에 獻羔祭韭하나니라 九月肅霜⁴⁹⁾이어든 十月滌場⁵⁰⁾ 朋⁵¹⁾酒斯饗하여 曰殺羔羊하여 躋彼公堂⁵²⁾하여 稱彼兕觥⁵³⁾하니 萬壽無疆이로다

1) 七月(칠월) : 하(夏)나라의 7월은 12지간(十二支干)의 월건(月建)이 인월(寅月)로 시작되므로 신월(申月)이 된다. 이 편에서 달(月)은 하나라의 역법을 사용한 것이며 우리의 현재 역법과 같다.
2) 流火(유화) : 유는 하(下)와 같다. 화는 28수(二十八宿)의 심성(心星)으로 심성은 대화(大火)에 해당함.
3) 九月授衣(구월수의) : 9월은 서리가 내리고 비로소 날씨가 추워져 길쌈의 공로가 또한 이루어지니 겨울옷을 지어 받는다. 수의는 겨울옷을 받는다.
4) 一之日(일지일) : 월건(月建)이 인(寅)에서 시작하면 자월(子月)은 동짓달이 된다. 일양지월(一陽之月).
5) 觱發(필발) : 찬바람.
6) 二之日(이지일) : 섣달, 축(丑)인 달. 이양지월(二陽之月). 주나라의 선대 임금이 이 기력(紀曆)을 사용한 것으로 이에 따름. 이하 동일.
7) 栗烈(율렬) : 찬기운. 한기(寒氣).
8) 褐(갈) : 모포(毛布).
9) 歲(세) : 하나라의 세(歲).

(쟁기)

10) 于耜(우사) : 우는 가다. 사는 쟁기. 가서 쟁기 등을 수리하다.
11) 擧趾(거지) : 발을 들어 쟁기로 밭을 갈다.
12) 田畯(전준) : 농사를 권장하는 대부(大夫)로 관리를 말함.
13) 載陽(재양) : 비로소 따스해지다.
14) 倉庚(창경) : 꾀꼬리.
15) 微行(미행) : 조그마한 지름길.
16) 祁祁(기기) : 많은 모양.
17) 公子(공자) : 빈공(豳公)의 아들.
18) 萑葦(환위) : 갈대.
19) 蠶月條桑(잠월조상) : 잠월은 양잠하는 달. 조상은 떨어진 가지에서 뽕잎을 취하다.
20) 遠揚(원양) : 가지가 멀리 위로 뻗친 것.
21) 猗彼女桑(의피여상) : 의는 휘어잡는 것. 여상은 작은 뽕나무. 저 작은 뽕나무가지를 휘어잡다의 뜻.
22) 鵙(격) : 왜가리.
23) 孔陽(공양) : 심히 밝다.
24) 秀葽(수요) : 꽃피지 않고 열매가 열리는 것으로 풀 이름. 영신초(靈神草).
25) 隕蘀(운탁) : 낙엽이 지다.
26) 于貉(우학) : 가서 오소리같은 짐승을 잡다.
27) 同(동) : 다하다로 함께 사냥하다의 뜻.
28) 豵(종) : 한 살이 된 돼지. 세 살이 된 돼지는 견(豣)이라고 함.
29) 動股(동고) : 두 다리를 비벼 울음소리를 내는 것.
30) 莎雞振羽(사계진우) : 사계는 베짱이. 진우는 날개를 떨어 소리를

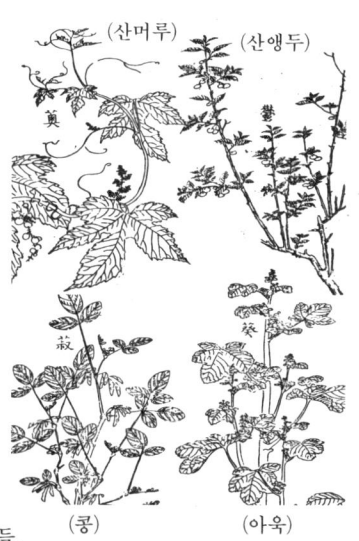

내는 것.
31) 穹窒(궁질) : 틈을 막다.
32) 塞向墐戶(색향근호) : 색향은 북쪽 창문을 막다. 근호는 진흙으로 문틈을 발라 바람을 막다.
33) 鬱及薁(울급욱) : 울은 산앵두. 욱은 산머루의 일종.〈223p. 그림 참조〉

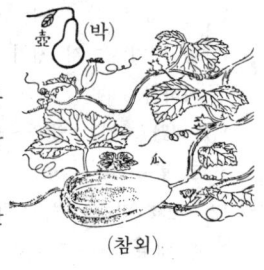
(참외)

34) 葵及菽(규급숙) : 규는 아욱으로 채소 이름. 숙은 콩. 아욱과 콩.
35) 剝棗(박조) : 대추를 두드려 따는 것.〈223p. 그림 참조〉
36) 穫稻(확도) : 벼로 술을 담는 것. 양조하는 것.
37) 介眉壽(개미수) : 오래 살도록 수를 빌다.
38) 斷壺(단호) : 박을 타는 것.
39) 叔苴(숙저) : 숙을 줍다. 저 삼뿌리를 줍다. 곧 캐다.
40) 采荼薪樗(채도신저) : 씀바귀 나물을 캐고 가죽나무로 땔감을 만듬.
41) 場圃(장포) : 마당이나 채소밭. 파종기에는 마당이 채소밭이 되고 가을 추수에는 채소밭을 돋워 추수한 곡식을 쌓아두는 마당이 된다.
42) 禾稼(화가) : 수확한 곡식을 마당에 들인다. 화(禾)는 줄기진 곡식의 총칭. 가(稼)는 곡식의 열매가 들어있는 것을 이름.
43) 重穋(중육) : 먼저 심어 뒤에 익는 것을 중. 늦게 심어 빨리 익는 것을 육이라 함.
44) 上入執宮功(상입집궁공) : 상입은 들에서 집으로 가는 것. 궁공은 집안의 일. 들에서 들어와 집안일을 하다의 뜻.
45) 索綯(삭도) : 새끼 꼬는 일.

(가죽나무)

46) 鑿氷沖沖(착빙충충) : 착빙은 얼음을 깸. 충충은 얼음을 깨는 소리.
47) 納于凌陰(납우릉음) : 납은 감추다. 능음은 얼음 창고.
48) 蚤(조) : 조(早)와 같으며 이른 아침을 이른다.
49) 肅霜(숙상) : 된서리.

50) 滌場(척장) : 농사가 끝나면 마당을 쓰는 일.
51) 朋(붕) : 서로 존경하는 것.
52) 公堂(공당) : 임금님의 집.
53) 稱彼兕觥(칭피시굉) : 칭은 들다. 저 시굉을 들다.
    시는 외뿔소. 굉은 뿔술잔.

(시굉)

2. 치효(鴟鴞) : 부엉이

부엉아 부엉아.
내 자식 잡아 먹었으니 나의 보금자리는 헐지마라.
정성으로 어린자식 길렀는데 불쌍하구나.

장마비 내리기 전에 저 뽕나무뿌리 벗겨다가
창을 엮고 문을 얽었으니
이제 너같은 아랫것들이 어찌 감히 나를 모욕할 수 있겠는가.

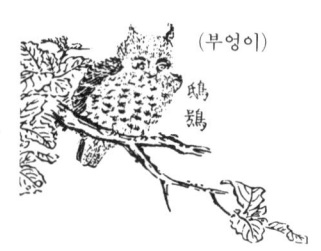
(부엉이)

내 손이 다 닳도록
내 갈대이삭 뽑아다가
내 집을 쌓고 보금자리를 깔았다.
나의 입이 병난 것은
나의 집이 없기 때문이니라.

내 날개는 부러지고 내 꼬리는 다 닳아 빠졌으며
내 보금자리는 위태하여 비바람에 흔들거리는지라
내 소리는 두려움에 떤단다.

▨ 비체다. 4장에 장마다 5구절로 이루어졌다.
무왕(武王)이 상(商)나라를 정벌하고 동생 관숙선(管叔鮮)·채숙도(蔡叔度)로 하여금 주(紂)의 아들 무경(武庚)의 나라를 감독하게 하였다.

무왕이 죽고 아들 성왕(成王)이 왕위에 올라 주공(周公)이 섭정을 하였다. 관숙과 채숙이 무경과 함께 주나라에 반기를 들고 주공을 모략하는 유언비어를 퍼뜨려 '주공이 유자(孺子: 成王)에게 불리하다'고 하였다. 이에 주공이 동쪽으로 쳐들어간 2년에 관숙과 무경을 주살하였는데 성왕이 주공의 뜻을 알지 못하였다. 이에 주공이 이 노래를 지어 자신의 심정을 밝혔다고 하였다.

  鴟鴞[1]鴟鴞아 旣取我子어니 無毁我室[2]이어다 恩斯勤斯[3]하여 鬻子之閔[4]斯라니라
  迨天之未陰雨하여 徹彼桑土[5]하여 綢繆牖戶면 今女下民이 或敢侮予아
  予手拮据[6]하여 予所捋荼[7]며 予所蓄租[8]라 予口卒瘏[9]는 曰予未有室家니라
  予羽譙譙[10]하며 予尾翛翛[11]하여 予室翹翹[12]어늘 風雨所漂搖라 予維音嘵嘵[13]호라

1) 鴟鴞(치효) : 부엉이. 사나운 새의 일종. 새를 잡아 먹는다.
2) 室(실) : 새가 자신의 집을 이른 것이다.
3) 恩斯勤斯(은사근사) : 애정으로써 착실히 집을 가꾸다. 사는 어조사.
4) 鬻子之閔(육자지민) : 육자는 어린아이로 곧 주(周)의 성왕(成王). 민은 민(憫)과 상통함.
5) 徹彼桑土(철피상두) : 철은 취하다. 상두는 뽕나무의 뿌리. 토(土)는 두(杜)의 가자(假字)로 두로 읽고 뿌리의 뜻.
6) 拮据(길거) : 손과 입을 함께 움직여 수고하는 것.
7) 捋荼(날도) : 날은 취하다. 도는 갈대의 꽃. 곧 환초(萑苕).
8) 蓄租(축조) : 축은 쌓다고 조는 모으다로 곧 쌓고 보금자리를 깔다.
9) 卒瘏(졸도) : 다 병들었다.
10) 譙譙(초초) : 새깃이 모질어지다.
11) 翛翛(소소) : 새꼬리가 떨어지다. 모질어지다.
12) 翹翹(교교) : 위대한 모양.

13) 曉曉(효효) : 급하다.

3. 동산(東山) : 동산

(뽕나무벌레)

내 동산으로 가
오래도록 돌아가지 못했네.
내 동쪽으로부터 올 때
그 비가 부슬부슬 내렸네.
내 동쪽에서 돌아갈 때 내 마음 서쪽을 슬퍼했네.
저 의상을 지으며 병영에 가지 않겠노라 했지.
꿈틀꿈틀한 뽕나무벌레가 뽕밭에 있네.
웅크려 새우잠을 자니 이 또한 수레밑이었구려.

내 동산으로 가 오래도록 돌아가지 못했네.
내 동쪽으로부터 올 때 그 비가 부슬부슬 내렸네.
하눌타리열매와 덩굴 처마밑에 뻗어있네.
쥐며느리 방에서 기고 문에는 거미줄이 쳐있네.
뒤뜰에는 사슴이 뛰고 밤길은 도깨비불이 날으네.
그래도 두렵기는 커녕 오히려 그리움뿐이구려.

내 동산으로 가 오래도록 돌아가지 못했네.
내 동쪽으로부터 올 때 그 비가 부슬부슬 내렸네.
개미둑에서는 황새가 울고
아내는 집에서 탄식하며
쓸고 닦고 쥐구멍 막는데
내 출정갔다 돌아왔네.
둥근오이와 덩굴이
밤나무가지에 뻗어있네.
내 보지 못한 것이
벌써 삼 년이나 되었네.

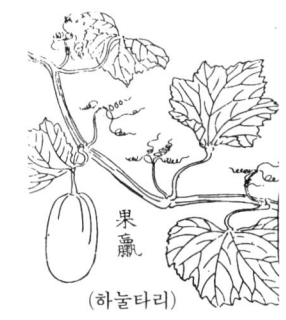
果臝
(하눌타리)

내 동산으로 가 오래도록 돌아가지 못했네.
내 동쪽으로부터 올 때 비가 부슬부슬 내렸네.
꾀꼬리 날으는데 그 날개 아름답네.
그 사람 시집올 때는 갈색말이 수레를 끌었네.
장모는 옷고름 매어주고 온갖 법도 갖추어 시집보냈네.
신혼 때는 심히 즐거웠는데 오래된 지금은 어떠한고.

▩ 부체다. 4장에 장마다 12구절로 이루어졌다.
주의 성왕(成王)이 '치효(鴟鴞)'의 노래를 듣고 또 뇌풍(雷風)의 변화(서경에 자세히 나와 있다.)에 감화되어 비로소 깨닫고 주공을 맞이하려고 하는데, 이때 주공은 동쪽으로 정벌나간 지 3년이었다. 주공이 주나라로 돌아오려고 사졸들을 위로하기 위해 이 노래를 지었다고 하였다.

我徂東山[1]하여 慆慆[2]不歸하라 我來自東일새 零雨其濛이러라 我東曰歸에 我心西悲호라 制彼裳衣하여 勿士行枚[3]로다 蜎蜎者蠋[4]이여 烝[5]在桑野로다 敦[6]彼獨宿이여 亦在車下로다
我徂東山하에 慆慆不歸호라 我來自東일새 零雨其濛이러라 果臝[7]之實이 亦施[8]于宇며 伊威[9]在室이며 蠨蛸[10]在戶며 町畽[11]鹿場이며 熠燿宵行[12]이로소니 不可畏也라 伊可懷也로다
我徂東山하여 慆慆不歸호라 我來自東일새 零雨其濛이러라 鸛鳴于垤[13]이어늘 婦歎于室하여 洒掃穹窒하니 我征聿至로다 有敦瓜苦여 烝在栗薪이로다 自我不見이 于今三年이엇다
我徂東山하여 慆慆不歸호라 我來自東일새 零雨其濛이러라 倉庚于飛여 熠燿其羽로다 之子于歸여 皇駁[14]其馬로다 親結其縭[15]하니 九十[16]其儀로다 其新孔嘉하니 其舊如之何오

1) 東山(동산) : 정벌하러 간 땅.
2) 慆慆(도도) : 오래되다.
3) 勿士行枚(물사행매) : 뜻이 미상하다. 단 정씨(鄭氏)는 사는 일이요, 행은 진지, 매는 행군할 때 떠들지 못하도록 젓가락같은 것을 입에

물리는 것으로 군대에 가지 않겠다는 것을 뜻한다고 했다.
4) 蜎蜎者蠋(연연자촉) : 연연은 움직이는 모양. 촉(蠋)은 누에 비슷한 뽕나무벌레.
5) 烝(증) : 발어사.
6) 敦(퇴) : 홀로 처하여 움직이지 않는 모양.
7) 果臝(과라) : 괄루(栝樓). 곧 하눌타리. 천과(天瓜).
8) 施(이) : 뻗다.
9) 伊威(이위) : 쥐며느리. 서부(鼠婦)라고 함.
10) 蠨蛸(소소) : 거미의 종류.
11) 町畽(정탄) : 집과 방이 틈이 많이 벌어져 있는 것. 틈이 벌어져 사슴과 노루가 들락날락함.
12) 熠燿宵行(습료소행) : 도깨비불. 밝은 것이 정하여지지 않은 것. 소행은 밤에 불을 켜고 다니는 벌레. 반딧불.
13) 鸛鳴于垤(관명우질) : 관은 황새. 학과 같다. 질은 개미집.
14) 皇駁(황박) : 누렇고 흰것을 황, 붉고 흰것을 박.
15) 縭(이) : 여자의 제복. 어머니가 딸을 훈계하며 예복을 입히고 수건을 채워주는 것.
16) 九十(구십) : 아홉 가지 거동. 많은 예절이 있음을 뜻함.

(쥐며느리) (伊威) (반디불) (거미) (蠨蛸)

(이) 縭 (황새) 鸛

4. 파부(破斧) : 부서진 도끼

이미 내 도끼 깨어졌고 싸움도끼는 날이 빠졌네.
주공이 동쪽을 정벌하여 온 천하를 바로잡으시니
내 백성을 어여삐 여기심이 또한 너무나 크시네.

이미 내 도끼 깨어졌고 내 톱은 날이 다 빠졌네.

주공이 동쪽을 정벌하여 온 천하를 교화시키니
내 백성을 어여삐 여기심이 또한 너무 좋으시네.

이미 내 도끼 깨어졌고 연장도 다 부서졌네.
주공이 동쪽을 정벌하여 온 천하를 평화롭게 하시니
내 백성을 어여삐 여기심이 또한 너무 아름다우시네.

▧ 부체다. 3장에 장마다 6구절로 이루어졌다.
종군(從軍)하는 병사가 앞편의 주공의 자신들을 위로하는 노래에 보답하기 위하여 지은 노래라고 하였다.

　　旣破我斧오 又缺我斨이나 周公東征은 四國是皇[1]이시니 哀我人斯 亦孔之將이샷다
　　旣破我斧오 又缺我錡[2]나 周公東征은 四國是吪[3]시니 哀我人斯 亦孔之嘉샷다
　　旣破我斧오 又缺我銶나 周公東征은 四國是遒[4]시니 哀我人斯 亦孔之休샷다

1) 四國是皇(사국시황) : 사방의 나라. 시황은 이에 바로잡다의 뜻.
2) 錡(기) : 끌의 한 종류.
3) 吪(와) : 화하다. 동화되다.
4) 遒(주) : 거두어 견고하게 하다.

5. 벌가(伐柯) : 도끼자루를 베며

도끼자루를 베려면 어떻게 하오. 도끼 아니면 할 수 없지요.
아내를 얻으려면 어떻게 하오. 중매가 아니면 할 수 없지요.

도끼자루 베고 도끼자루를 베네. 그 방법이 멀리 있지 않네.
내 그 임을 만난다면 대그릇에 진수성찬을 차려놓으리.

제 15 장 빈풍(豳風) 231

▨ 비체다. 2장에 장마다 4구절로 이루어졌다.
　주공이 동쪽으로 정벌하러간 때 동쪽 사람들이 주공을 보기가 어려운 것을 노래한 시라고 하였다.

　　伐柯[1]如何오 匪斧不克[2]이니라 取妻如何오 匪媒不得이니라
　　伐柯伐柯여 其則[3]不遠이로다 我覯[4]之子호니 籩豆有踐[5]이로다

1) 柯(가) : 도끼자루.
2) 克(극) : 능하다.
3) 則(칙) : 법칙(法則). 만드는 방법.
4) 覯(구) : 만나다(遇)의 뜻으로 구(遘)와 통함.
5) 籩豆有踐(변두유천) : 변은 대로 만든 제기. 두는 나무로 만든 제기. 천은 늘어놓는 것.

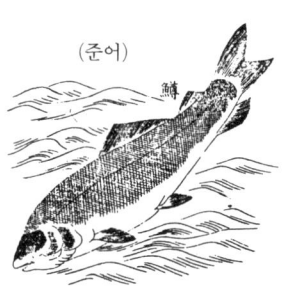
(준어)

6. 구역(九罭) : 고기 그물

아홉 코의 그물의 고기여. 송어와 방어가 걸렸네.
내 임을 뵈니 용무늬 저고리에 수놓은 바지 입으셨네.

기러기 날아와 모래톱 따라 노닐고 있는데,
그 임 돌아가실 곳 없으랴만 그대 집에 두 밤을 머물렀네.

기러기 날아와 평지 따라 노닐고 있는데
임께서 가시면 다시 못오실텐데 그대 집에 두 밤만 묵으셨네.

이렇게 해서 곤룡포 입은 임을 모셨으니
공이여 돌아간다 말씀 마시고 내 마음 슬프게 하지 마소서.

▨ 1·2·3장은 흥체, 4장은 부체다. 4장에 1장은 4구절, 2·3·4

장은 3구절로 이루어졌다.

　주공(周公)이 동쪽으로 정벌 나가 있을 때 동쪽 사람들이 기쁘게 맞이하고 대접하고 있는데 성왕(成王)이 주공을 영접한다고 하자 동쪽 사람들이 떠나는 것을 애석하게 여겨 부른 노래라고 하였다.

　　　九罭¹⁾之魚여 鱒魴²⁾이로다 我覯之子³⁾호니 袞衣繡裳⁴⁾이로다
　　　鴻飛遵渚하나니 公歸無所아 於女信⁵⁾處시니라
　　　鴻飛遵陸하나니 公歸不復이시리니 於女信宿이시니라
　　　是以有袞衣兮러니 無以我公歸兮하여 無使我心悲兮어다

1) 九罭(구역) : 아홉 코 밖에 없는 작은 그물.
2) 鱒魴(준방) : 준어와 방어. 준어는 비늘이 가늘고 눈이 빨갛다.
3) 我覯之子(아구지자) : 아는 동인(東人)이 자칭함. 지자는 주공.
4) 袞衣繡裳(곤의수상) : 곤룡포에 수놓은 옷. 왕공(王公)의 복장.
5) 女信(여신) : 여는 동인이 스스로 그대를 돕다. 신은 한밤 더 묵은 것을 이름.

7. 낭발(狼跋) : 늙은 이리

늙은 이리 늘어진 턱살을 밟고 비틀비틀.
제 꼬리에 걸려 넘어지려 하네.
주공은 겸양하시고 아름다우시니
붉은신발 편안하고 장중하네.

늙은 이리 꼬리 밟고 넘어지려 하고
다시 늘어진 턱살에 걸려 비척비척.
주공께서 겸양하시고 아름다우시니
아름다운 소문 그칠새 없다네.

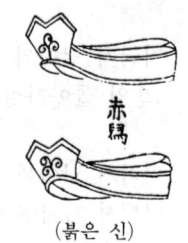
(붉은 신)

▨ 흥체다. 2장에 장마다 4구절로 이루어졌다.

주공이 모략을 받아 의심을 샀으나 몸가짐이 법도에 맞고 행실이 빗나가지 않았으므로 이를 아름답게 여겨 부른 노래라고 하였다.

狼跋其胡[1]오 載疐[2]其尾로다 公孫碩膚[3]하시니 赤舃几几[4]샷다
狼疐其尾오 載跋其胡로다 公孫碩膚하시니 德音不瑕[5]샷다

1) 狼跋其胡(낭발기호) : 낭은 이리. 발은 넘다. 호는 턱아래 늘어진 살.
2) 載疐(재치) : 재는 곧. 치는 넘어지다.
3) 公孫碩膚(공손석부) : 공은 주공. 손은 겸양하다. 석은 크다. 부는 아름답다. 주공은 겸양하고 크게 아름답다는 뜻.
4) 赤舃几几(적석궤궤) : 적석은 붉은신. 궤궤는 편안하고 중후한 모양을 뜻한다.
5) 德音不瑕(덕음불하) : 덕음은 좋은 소문. 불하는 그치지 않다. 좋은 소문이 계속되다.

제 2 권 소아(小雅二)

나무 베는 소리 정정하니
새들 우는 소리 앵앵하네.
깊은 골짜기에서 훨훨 날아
높은 나무에 옮겨 앉네.
앵앵하는 그 울음소리여
그의 벗을 부르는 소리로다.
저 새들을 보더라도
서로 벗을 부르거늘
하물며 우리네 사람으로
벗을 구하지 아니할손가
신령도 이 소리 들으시면
마침내 화평하고 편안하리라

제 2 권 소아(小雅二)

아(雅)는 바르다는 것으로 바른음악(正樂)이라는 뜻이다.
이 편이 본래는 대아(大雅)와 소아(小雅)로만 나누어졌던 것을 선유(先儒)들이 각각 정변(正變)으로 나누어 놓았다.
지금 그것을 고찰하여 보면 정소아(正小雅)는 연회 때 연주하는 음악이요, 정대아(正大雅)는 조회 때의 음악으로 다스리고 경계하는 말이다.
그러므로 혹 기뻐하고 즐겨하며 아랫사람들의 정을 다한 것도 있고 혹은 공경하고 장중함을 갖추어 선왕(先王)의 덕을 나타낸 것도 있어 가사의 길이가 같지 않고 음절이 또한 다른 것은 주공(周公)이 제작할 때 이미 정하여졌다.
또 변(變)에 이르러서는 일이 한 가지가 아닌 것으로 각각의 일에 소리를 붙였다. 이 변(變)이 이루어진 시기와 그 시대는 고증하기가 어렵다 하였다.

제 1 장 녹명(鹿鳴:鹿鳴之什二之一)

아송(雅頌)은 각 나라의 분별이 없으므로 10편을 1권으로 정하였다. 십(什)이라고 명명한 것은 군법(軍法)에서 10인은 십(什)이라고 한 것과 같다.

1. 녹명(鹿鳴) : 사슴이 우네

매애 매애 사슴이 우네.
들에서 물쑥을 뜯고 있네.
나에게 반가운 손님 오시자
비파 뜯고 피리 불며 즐기네.
피리 불고 생황 불며 폐백 광주리를 받들어 올리네.
손님이 나를 좋아하여 내게 큰 도리를 보여주시네.

매애 매애 사슴이 우네. 들에서 쑥을 뜯고 있네.
나에게 반가운 손님 오시자 덕스런 소문이 매우 밝네.
백성 대하길 투박하게 아니하고
군자들도 본받고 우러러 받드네.
나에게 맛좋은 술 있으니 반가운 손님이 마시며 즐기네.

매애 매애 사슴이 우네. 들에서 금풀을 뜯고 있네.
나에게 반가운 손님 오시자 비파 뜯고 거문고 타네.
비파 뜯고 거문고 타니 즐거움이 끝이 없네.
내게 맛좋은 술 있어 잔치 열어 손님 마음을 편안하게 하네.

(금풀)

▨ 흥체다. 3장에 장마다 8구절로 이루어졌다. 잔치를 열고 손님을 접대하는 노래라고 하였다.

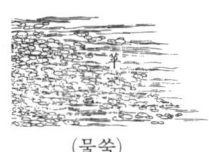
(물쑥)

呦呦[1]鹿鳴이여 食野之苹[2]이로다 我有嘉賓[3]하여 鼓瑟吹笙호라 吹笙鼓簧[4]하여 承筐是將[5]호니 人之好我 示我周行[6]이엇다
呦呦鹿鳴이여 食野之蒿[7]로다 我有嘉賓호니 德音孔昭하여 視民不恌[8]니 君子是則是傚로다 我有旨酒호니 嘉賓式燕以敖[9]로다
呦呦鹿鳴이여 食野之芩[10]이로다 我有嘉賓하여 鼓瑟鼓琴호니 鼓瑟

鼓琴이여 和樂且湛¹¹⁾이로다 我有旨酒하여 以燕¹²⁾樂嘉賓之心이로다

1) 呦呦(유유) : 사슴의 울음소리.
2) 苹(평) : 쑥의 일종. 푸른색에 흰줄기. 비녀같이 생겼다. 물에서 나는 쑥.
3) 嘉賓(가빈) : 아름다운 손님으로 잔치에 온 손님. 혹은 본국의 손님이나 제후의 사신들을 이름.
4) 吹笙鼓簧(취생고황) : 생을 불고 황을 치다. 곧 아악에 쓰는 관악기의 하나로 잔치에 연주함.
5) 承筐是將(승광시장) : 폐백이 든 광주리를 받들어 올리다. 장은 행(行)하다의 뜻.
6) 周行(주행) : 대국을 가는 길로 대도라 함.
7) 蒿(호) : 푸른쑥.
8) 佻(조) : 투박하다.
9) 敖(오) : 즐겁게 놀다.
10) 芩(금) : 풀 이름. 줄기가 비녀같고 잎이 댓잎같으며 덩굴로 자람.
11) 湛(담) : 즐거움이 오래하다.
12) 燕(연) : 편안하다.

(사슴)
鹿

(푸른쑥)
蒿

2. 사모(四牡) : 네 필의 수말

네 필의 수말 달리고 달려도 큰 길 가는데는 끝없이 머네.
어찌 돌아가고 싶지 않으랴
나라일 확고히 해야되기 때문이라.
이 내 마음만 아파오네.

제 1장 녹명(鹿鳴) 239

네 필의 수말이 달리고 달리니 많고 많은 낙마(駱馬)로다.
어찌 돌아가고 싶지 않으랴,
나라일 확고히 해야되기 때문이라.
잠시라도 쉴 틈이 없다네.

훨훨 나는 저 집비둘기는
높고 낮게 날다가
상수리나무 숲에 모여 앉았네.
나라일 확고히 해야되기 때문이라.
아버님 봉양할 틈도 없네.

(집비둘기)
雛

훨훨 나는 저 집비둘기는 높고 낮게 날아서
산구기자나무 숲에 모여 앉았네.
나라일 확고히 해야되기 때문이라. 어머님 봉양할 틈도 없네.

저 사마의 수레는 쏜살같이 달리네.
어찌 돌아가고 싶지 않으리오. 이 노래 지어
어머님 모실 생각 간절히 고하네.

▨ 1·2·5장은 부체요, 3·4장은 흥체다. 총 5장에 장마다 5구절로 이루어졌다.
사신을 위로하는 노래라고 하였다.

杞
(구기자나무)

　　四牡騑騑[1]하니 周道倭遲[2]로다 豈不
懷歸리오마는 王事靡盬라 我心傷悲호라
　　四牡騑騑하니 嘽嘽駱馬[3]로다 豈不懷
歸리오마는 王事靡盬라 不遑啓處[4]호라
　　翩翩[5]者雛여 載飛載下하여 集于苞栩로다 王事靡盬라 不遑將[6]
父호라

翩翩者鵻여 載飛載止하여 集于苞杞[7]로다 王事靡盬라 不遑將母호라

駕彼四駱하여 載驟駸駸[8]하니 豈不懷歸리오 是用作歌하여 將母來諗[9]하노라

1) 四牡騑騑(사모비비) : 사모는 마차를 끄는 네 마리 수말. 비비는 달리고 쉬지 않는 모양.
2) 周道倭遲(주도위지) : 주나라 가는 길이 멀고 먼 모양.
3) 嘽嘽駱馬(탄탄락마) : 떼를 이루어 성한 모양. 낙마는 백마로 검은 수염이 있는 말.
4) 遑啓處(황계처) : 황은 겨를. 계는 궤(跪). 처는 거(居)와 같다.
5) 翩翩(편편) : 날으는 모양.
6) 將(장) : 기르다. 봉양하다.
7) 杞(기) : 구기자나무.
8) 駸駸(침침) : 말이 달리는 모양.
9) 諗(심) : 고(告)하다.

3. 황황자화(皇皇者華) : 아름다운 꽃
아름다운 꽃들이 저 언덕 늪에 피었네.
말을 몰아 달리는 사신은 행여나 못미칠까 걱정하네.

내 말은 망아지. 여섯 말고삐 산뜻도 한데
달리고 달리면서 두루 살피어 묻고 의논하네.

내 말은 얼룩말. 여섯 말고삐 가지런한데.
달리고 달리면서 두루 살피어 일을 꾀하며 가네.

내 말은 갈기 검은 흰말. 여섯 말고삐 번지르르한데.
달리고 달리면서 두루 묻고 헤아리며 달려가네.

내 말은 얼룩말. 여섯 말고삐 고르기도 한데.
달리고 달리면서 두루 묻고 생각하며 달려가네.

▨ 1장은 흥체, 2·3·4·5장은 부체다. 5장에 장마다 4구절로 이루어졌다.
나라의 임금이 다른 나라로 사신을 보낼 때 부르는 노래라고 하였다.

皇皇者華[1]여 于彼原隰이로다 駪駪征夫[2]여 每懷靡及이로다
我馬維駒니 六轡如濡로다 載馳載驅하여 周爰咨諏[3]하놋다
我馬維騏니 六轡如絲[4]로다 載馳載驅하여 周爰咨謀하놋다
我馬維駱이로다 六轡沃若이로다 載馳載驅하여 周爰咨度하놋다
我馬維駰이니 六轡旣均이로다 載馳載驅하여 周爰咨詢하놋다

1) 皇皇者華(황황자화) : 황황은 황황(煌煌)과 같다. 화는 초목의 화려함이다.
2) 駪駪征夫(신신정부) : 많은 무리가 빨리 가는 모양. 정부는 사신(使臣)과 사신을 따르는 무리를 말한다.
3) 周爰咨諏(주원자추) : 주는 두루. 원은 어조사. 자추는 방문하다.
4) 如絲(여사) : 가지런하다.

4. 상체(常棣) : 아가위나무

아가위의 곱게 핀 꽃이여.
그 모습이 화려하도다.
무릇 사람에게 형제 만한 이 없느니라.

죽음과 상을 당한 두려움에도
형제만은 생각하며
시체 쌓인 늪에서도 형제는 구제한다네.
할미새 언덕에서 바삐 날듯

(아가위나무)
常棣

형제는 어려울 때 급히 구하네.
매양 좋은 친구 있다지만 그럴 때는 길이 탄식만 할 뿐.

형제가 집안에선 싸워도 밖으로는 서로 힘모아 막는다네.
매양 좋은 친구 있다지만 그럴 때는 우릴 돕지 않는다네.

세상의 어지러움이 없고 이미 편안하고 또 고요하면
비록 형제 있으나 형제보다 벗들을 좋아함 같지 못하다네.

잔치상 벌여놓고 마음껏 술을 마셔도
형제가 함께 있어야 즐거움이 어린아이 부모 만난 듯하다네.

처와 자식들의 뜻 합함이 거문고와 비파를 타는 것 같더라도
형제가 화목하여야 화락함이 더욱 깊어진다네.

그대의 집안을 화목하게 하고 그대의 처자들을 즐겁게 하며
이 생각 저 생각을 하면 모든 것이 다 그러함을 믿을 것이네.

▨ 1·3장은 흥체, 2·4·5·6·7·8장은 부체다. 8장에 장마다 4구절로 이루어졌다.
　주공이 관숙(管叔)과 채숙(蔡叔)을 참(斬)하고 지은 노래라고 하였다.

常棣之華[1]여 鄂不韡韡[2]아 凡今之人은 莫如兄弟니라
死喪之威[3]에 兄弟孔懷하며 原隰裒矣에 兄弟求矣하나니라
脊令[4]在原하니 兄弟急難이로다 每有良朋이나 況也[5]永歎이니라
兄弟鬩于牆[6]이나 外禦其務[7]니라 每有良朋이나 烝也無戎[8]이니라
喪亂旣平하여 旣安且寧하면 雖有兄弟나 不如友生이로다
儐爾籩豆[9]하여 飮酒之飫[10]라도 兄弟旣具라야 和樂且孺[11]니라
妻子好合이 如鼓瑟琴이라도 兄弟旣翕이라야 和樂且湛이니라

宜爾室家하며 樂爾妻帑를 是究是圖[12]면 亶其然乎인저

1) 常棣之華(상체지화) : 상체는 아가위나무로 열매가 앵두같고 먹을 수 있다고 함. 화는 꽃.
2) 鄂不韡韡(악불위위) : 악은 악연(鄂然)히 밖으로 나타난 모양. 위위는 빛나는 모양.
3) 威(위) : 외(畏)의 뜻으로 두려움.
4) 脊令(척령) : 할미새. 옹거(雝渠)라는 물새.
5) 況也(황야) : 발어사.
6) 閱于牆(혁우장) : 혁은 다투다. 우장은 집안에서. 집안에서 다투다.
7) 務(모) : 모욕적인 것. 모(侮)와 같다.
8) 烝也無戎(증야무융) : 증야는 발어사. 무융은 도움이 없다.
9) 儐爾籩豆(빈이변두) : 빈은 상을 차리다. 변은 과일 담는 대그릇. 두(豆)는 음식을 담는 그릇.
10) 飫(어) : 배부르다.
11) 孺(유) : 어린아이가 부모를 사모하는 것처럼 하는 것.
12) 是究是圖(시구시도) : 이 궁리 이 꾀. 이 생각 저 생각.

(할미새)

(변두)

5. 벌목(伐木) : 나무를 베는데

나무 베는 소리 정정하니 새들 우는 소리 앵앵하네.
깊은 골짜기에서 훨훨 날아 높은 나무에 옮겨앉네.
앵앵하는 그 울음이여. 그의 벗을 부르는 소리로다.
저 새들을 보더라도 서로 벗을 부르거늘
하물며 우리네 사람으로 벗을 구하지 아니할손가.
신령도 이 소리 들으시면 마침내 화평하고 편안하리라.

나무 베는 소리 호호하니 걸러온 술도 맛이 좋네.
이미 살찐 어린양 잡아놓고 집안 어른을 청하였네.

때맞춰 오지 아니할지언정 내 도리를 다하지 않음이 없다네.
깨끗이 방을 쓸고 여러 그릇에 음식을 차려
살찐 수짐승 잡아놓고 외척 어른들을 청하였네.
어찌 때맞춰 아니오시는고. 내 허물이 있어서는 아니라네.

언덕숲에서 나무를 베는데 걸러온 술도 맛이 좋네.
잔치상 푸짐하게 차렸는데, 형님 동생 모두 모였네.
민심을 잃은 것은 접대하는 음식이 변변치 못함이라.
술이 있으면 내 걸러오고, 술이 없으면 내 사오리니.
내 북을 둥둥 치고 내 더덩실 춤을 추어
한가한 이 좋은 때 술을 걸러 마셔나 보세.

▨흥체다. 3장에 장마다 12구절로 되어 있다.
친구와 잔치를 벌이는 노래라고 하였다.

伐木丁丁[1]이어늘 鳥鳴嚶嚶[2]하나니 出自幽谷[3]하여 遷于喬木하놋다 嚶其鳴矣여 求其友聲이로다 相[4]彼鳥矣혼대 猶求友聲이오 矧[5]伊人 矣단 不求友生가 神之聽之하여 終和且平이니라
伐木許許[6]어늘 釃酒有藇[7]로다 旣有肥羜[8]하여 以速[9]諸父[10]호니 寧適不來언정 微我弗顧[11]니라 於粲[12]洒掃오 陳饋八簋[13]호라 旣有 肥牡하여 以速諸舅[14]호니 寧適不來언정 微我有咎니라
伐木于阪이어늘 釃酒有衍[15]이로다 籩豆有踐[16]하니 兄弟無遠이로다 民之失德은 乾餱[17]以愆이니 有酒湑我며 無酒酤我며 坎坎[18]鼓我며 蹲蹲[19]舞我하여 迨[20]我暇矣하여 飲此湑矣로리라

1) 丁丁(정정) : 나무를 베는 소리.
2) 嚶嚶(앵앵) : 새들이 지저귀는 소리.
3) 幽谷(유곡) : 깊은 골짜기.
4) 相(상) : 보다.
5) 矧(신) : 하물며의 뜻.
6) 許許(허허) : 여러 사람이 힘을 쓰는 소리.

7) 有莪(유서) : 아름다운 모양.
8) 羜(저) : 어린 양.
9) 速(속) : 부르다.
10) 諸父(제부) : 친척중의 존경하는 선배.
11) 微我弗顧(미아불고) : 내가 생각하지 않은 것이 없다. 도리를 다하지 않음이 없다. 불(弗)은 불(不)과 같다.
12) 於粲(오찬) : 오는 탄식사. 찬은 선명한 모양.
13) 八簋(팔궤) : 그릇이 많은 것을 이름.
14) 諸舅(제구) : 벗들 중에 다른 성씨를 가진 존경스런 사람.
15) 衍(연) : 많다. 좋다.
16) 踐(천) : 진열한 모양.
17) 乾餱(건후) : 음식의 시원찮은 것. 박하게 대접하는 것.
18) 坎坎(감감) : 북을 치는 소리.
19) 蹲蹲(준준) : 춤추는 모습.
20) 迨(대) : 미치다.

6. 천보(天保) : 하늘의 보호

하늘이 그대를 안정시켜 그 자리 반석처럼 든든하네.
그대를 두터이 도우시니 새로운 복이 열리지 않으랴.
그대를 이롭게 도우시니 복이 적지 아니하네.

하늘이 그대를 안정시켜 그대 다 선하게 하였네.
상서롭지 않은 것 없이 하늘로부터 백 가지 녹을 받았네.
그대에게 큰 복을 내리시되 많은 날들이 오히려 모자라네.

하늘이 그대를 안정시켜 흥성하지 아니함이 없네.
산과 같고 들과 같으며 높은 뫼와 같고 높은 언덕과 같네.
강물이 넘실대며 흐르는 듯 불어나지 아니함이 없네.

좋은 날 선비들 입에 맞는 음식 장만하여 정성들여 효도하며
여름 봄 겨울 가을 사철마다 선대왕께 제사를 올리니
선왕께서 기약하여 이르시기를 만수무강케 하리라 하셨네.

신령님이 오셔서 그대에게 큰 복을 주셨네.
백성들이 질박하여 나날이 편안히 먹고 사는 것이라네.
모든 신하와 백성들 모두가 그대의 덕분이라고 하네.

항상 밝은 달같고 매일 솟아오르는 해같으며
남산의 무궁함같아 이지러지고 무너짐도 없이
소나무 잣나무 무성하듯 그대 자손 계승되지 않음이 없으리.

▨ 부체다. 6장에 장마다 6구절로 이루어졌다.
앞의 노래가 임금이 신하를 위하여 부른 것이라면 이 노래는 신하가 임금의 노래에 대한 답례의 노래라고 하였다.

　　天保定爾[1] 亦孔之固샷다 俾爾單[2]厚어시니 何福不除[3]리오 俾爾多益이라 以莫不庶로다
　　天保定爾하사 俾爾戩穀[4]이샷다 罄[5]無不宜하여 受天百祿이어시늘 降爾遐[6]福하시되 維日不足이샷다
　　天保定爾하사 以莫不興이라 如山如阜하며 如岡如陵하며 如川之方至[7]하여 以莫不增이로다
　　吉蠲爲饎[8]하여 是用孝享하여 禴祠烝嘗[9]을 于公先王[10]하시니 君[11]曰卜爾[12]하사대 萬壽無疆이샷다
　　神之弔[13]矣라 詒爾多福이며 民之質矣라 日用飮食이로소니 群黎百姓이 徧爲爾德이로다
　　如月之恒[14]하며 如日之升하며 如南山之壽하여 不騫[15]不崩하며 如松栢之茂하여 無不爾或承이로다
　1) 天保定爾(천보정이) : 하늘이 그대를 보정시키다. 안정시키다. 그대는 군주를 가리킴.

2) 單(단) : 다하다.
3) 除(제) : 옛 것을 없애고 새로운 것을 낳다.
4) 戩穀(전곡) : 전은 전(翦)과 동일. 곡은 선(善)하다의 뜻.
5) 罄(경) : 다하다.
6) 遐(하) : 멀다와 같다.
7) 川之方至(천지방지) : 융성하고 길이 발전하는 것을 헤아릴 수 없다.
8) 吉蠲爲饎(길견위치) : 길은 날을 받고 좋은 선비를 선택함. 견은 재계하고 세탁하는 청결을 말함. 치는 술과 음식
9) 禴祠烝嘗(약사증상) : 종묘의 여름제사는 약. 봄제사는 사. 겨울제사는 증. 가을제사는 상이라고 함.
10) 公先王(공선왕) : 공은 주나라 시조 후직(后稷) 이하 공숙조(公叔祖)까지를 말하고 선왕은 대왕(大王)이하를 지칭한다고 했다.
11) 君(군) : 선공선왕(先公先王)을 총칭함.
12) 卜爾(복이) : 기약하다. 제사에 보답하다의 뜻.
13) 弔(적) : 이르다. 신이 이르다.
14) 恒(항) : 현(弦)과 같다. 초생달.
15) 騫(건) : 이지러지다.

(고비)   (고사리)

7. 채미(采薇) : 고비를 캐세

고비를 캐세 고비를 캐세. 고비가 돋아났네.
돌아가세 돌아가세. 해도 다 저물었네.
아내도 없고 집도 없는 것은 오랑캐들 때문이네.
잠시 쉴 겨를도 없는 것은 오랑캐들 때문이네.

고비를 캐세 고비를 캐세. 고비가 연하도다.
돌아가세 돌아가세. 마음은 시름뿐이네.
마음의 시름만 치미는데 배고프고 목마름뿐이네.
내 수자리살이 끝이 없으니 돌아가 안부전할 이 없네.

고비를 캐세 고비를 캐세. 고비가 굳세졌네.
돌아가세 돌아가세. 이 해도 또한 시월이네.
나라일 확고하지 못하여 잠시 편히 쉴 틈도 없네.
마음의 시름만 더 아파, 내 가는 길은 돌아가지 못할 것이네.

저 빛나는 것은 무엇인가 아가위의 꽃이로다.
저 군용수레 누구의 것인고 장군의 수레로다.
군용수레 몰고 가니 네 필 수말 힘차도다.
어찌 감히 정한 곳이 있을까. 한 달에 세 번은 이겨야 하네.

저 네 필 수말 수레 끌고 가니 네 필 수말 세차기도 하네.
장군님 타고 가시고 졸병들은 뒤따르네.
네 필 수말 가지런하니 상아활고자에 물개가죽 전통이네.
어찌 하루라도 경계하지 않으리. 오랑캐 심하게 침범하네.

옛날 내 떠날 적에는 버들잎이 파릇파릇 하였는데.
지금 내 돌아와 보니 진눈깨비 심하게 내리네.
가는 길 멀고 멀어 목마르고 배고픔뿐이네.
내 마음 아프고 슬픈 것을 그 누가 알아줄까?

▨ 1·2·3·4장은 흥체, 5·6장은 부체다. 6장에 장마다 8구절로 이루어졌다.
　졸병들을 거느리고 나아가는 장수를 위로한 노래라고 하였다.

　　采薇采薇여 薇亦作止[1]엇다 曰歸曰歸여 歲亦莫[2]止리로다 靡室靡
家 玁狁[3]之故며 不遑啓[4]居 玁狁之故니라
　　采薇采薇여 薇亦柔止엇다 曰歸曰歸여 心亦憂止로다 憂心烈烈[5]
하여 載飢載渴호라 我戍未定이니 靡使歸聘[6]이로다
　　采薇采薇여 薇亦剛止엇다 曰歸曰歸여 歲亦陽[7]止리로다 王事
靡盬라 不遑啓處호니 憂心孔疚[8] 我行不來[9]니라

彼爾[10]維何오 維常[11]之華로다 彼路[12]斯何오 君子[13]之車로다 戎車旣駕하니 四牡業業[14]이로다 豈敢定居리오 一月三捷[15]이로다

駕彼四牡하니 四牡騤騤[16]로다 君子所依오 小人所腓[17]로다 四牡翼翼[18]하니 象弭魚服[19]이로다 豈不日戒리오 玁狁孔棘[20]이로다

昔我往矣에 楊柳依依[21]러니 今我來思엔 雨雪霏霏[22]로다 行道遲遲[23]하여 載渴載飢호라 我心傷悲어늘 莫知我哀하나다

1) 作止(작지) : 땅에서 돋아나다. 지는 어조사.
2) 莫(모) : 늦다. 저물다의 뜻으로 모로 발음함.
3) 玁狁(험윤) : 북쪽의 오랑캐. 북적(北狄).
4) 遑啓(황계) : 황은 겨를. 계는 쪼그려 앉다.
5) 烈烈(열열) : 근심하는 모양.
6) 聘(빙) : 묻다.
7) 陽(양) : 10월을 말함.
8) 孔疚(공구) : 심한 아픔.
9) 來(내) : 돌아가다.
10) 爾(이) : 꽃이 무성한 모양.
11) 常(상) : 상체(常棣).
12) 路(로) : 융거(戎車). 군대의 수레.
13) 君子(군자) : 장수를 가리킴.
14) 業業(업업) : 씩씩한 모양.
15) 捷(첩) : 이기다.
16) 騤騤(규규) : 말이 강하게 보이는 모양.
17) 小人所腓(소인소비) : 소인은 졸병. 소비는 따라 움직이는 바. 곧 따라 움직이다.
18) 翼翼(익익) : 가지런히 줄지어 가는 모양.
19) 象弭魚服(상미어복) : 상아로 활고자를 꾸민 것. 어복은 돼지처럼

(바다이리)　　　　(상미어복)

생긴 바다짐승(一名 魚貍)의 껍질로 푸른 색깔에 반점의 무늬가 있
다고 하며 이 껍질로 화살집을 입힌다. (249p. 그림 참조)
20) 棘(극) : 급(急)하다의 뜻.
21) 依依(의의) : 무성히 늘어진 모양.
22) 雨雪霏霏(우설비비) : 진눈깨비가 심하게 내리다. 많이 쏟아지다.
23) 遲遲(지지) : 길고 멀다.

8. 출거(出車) : 수레를 꺼내다

나는 내 수레를 타고 저 들판에 나왔는데
천자가 계신 곳에서 나를 오도록 하였네.
저 마부를 불러 수레에 모든 장비 싣게 하고
나라의 일 다난하여 급히 서둘러 오게 되었네.

(기)

나는 내 수레를 타고 저 들판에 나왔네.
거북 뱀 그린 깃발 세우고
쇠꼬리털 깃발 세우니.
저 주작과 현무의 깃발 여기저기 휘날리네.
근심하는 마음 한이 없고 마부까지 병이 났네.

왕께서 남중에게 명하시어 삭방땅의 성을 쌓으라시네.
떠나는 수레소리 요란하고 많은 청룡깃발 선명하네.
천자께서 내게 명하시어 삭방땅의 성을 쌓게 하셨으니
혁혁하신 남중이시어 북녘땅 오랑캐를 쳐부수네.

옛날 내가 갈 때에는 기장과 피가 한창 패고 있었는데
이제 내가 돌아올 땐 눈비가 내려 진창이 되었네.
나라일 다난하여 편히 쉴 틈이 없었으니
어찌 돌아가고 싶지 않으랴. 이 명령서의 두려움 때문이네.

제 1장 녹명(鹿鳴)　251

슬피 우는 풀벌레 팔딱팔딱 뛰는 메뚜기.
그 임을 뵈옵지 못하고 마음 시름만 충충하네.
이미 그 임을 뵈어야 내 마음 시름 풀리리라.
혁혁하신 남중이시어 서쪽 오랑캐를 치신다네.

봄날은 길고 길어 풀과 나무 무성하고
꾀꼬리 꾀꼴꾀꼴 쑥을 캐는 이 많기도 하네.
적군의 괴수와 군졸을 사로잡아 이제야 돌아와 집에 오니
혁혁하신 남중이시어 북쪽 오랑캐를 모두 평정하였네.

▨ 부체다. 6장에 장마다 8구절로 이루어졌다.
국방의 의무를 마치고 귀환하는 사람들을 위로하는 노래라고 하였다.

　　我出我車를 于彼牧[1]矣호라 自天子[2]所하여 謂我來矣로다 召彼僕夫[3]하여 謂之載矣오 王事多難이라 維其棘矣라호라
　　我出我車를 于彼郊矣오 設此旐[4]矣며 建彼旄矣하니 彼旟旐斯胡不旆旆[5]리오 憂心悄悄[6]호니 僕夫況瘁로다
　　王命南仲[7]하사 往城于方[8]하시니 出車彭彭[9]하며 旂旐央央[10]이로다 天子命我하사 城彼朔方하시니 赫赫[11]南仲이여 玁狁于襄[12]이로다
　　昔我往矣에 黍稷方華러니 今我來思엔 雨雪載塗[13]로다 王事多難이라 不遑啓居호니 豈不懷歸리오마는 畏此簡書[14]니라
　　喓喓草蟲이며 趯趯阜螽이로다 未見君子라 憂心忡忡호니 旣見君子야 我心則降이로다 赫赫南仲이여 薄伐西戎이로다
　　春日遲遲라 卉木萋萋[15]며 倉庚喈喈[16]며 采蘩祁祁어늘 執訊獲醜[17]하여 薄言還歸하니 赫赫南仲이여 玁狁于夷[18]로다

1) 牧(목) : 교외를 이름.
2) 自天子(자천자) : 자는 쫓다. 천자는 주왕(周王).
3) 僕夫(복부) : 마부(馬夫). 하인.
4) 設此旐(설차조) : 설은 베풀다. 조는 거북과 뱀이 그려진 깃발.

5) 旆旆(패패) : 깃발이 펄럭이는 모양.
6) 悄悄(초초) : 근심하는 모양.
7) 王命南仲(왕명남중) : 왕이 남중에게 명하여. 왕은 주왕(周王). 남중은 이때의 주나라의 대장군.
8) 方(방) : 삭방(朔方). 지금의 영하(靈夏) 등지의 땅.
9) 彭彭(방방) : 무리가 많은 모양.
10) 旂旐央央(기조앙앙) : 기는 교룡이 그려진 깃발. 조는 거북과 뱀이 그려진 것. 앙앙은 선명한 것.
11) 赫赫(혁혁) : 위명이 빛나는 것.
12) 襄(양) : 제거함. 쳐서 없앰.
13) 載塗(재도) : 재는 어조사. 도는 얼음이 풀려서 질퍽한 진흙창.
14) 簡書(간서) : 경계하는 명령서. 군대에 내려지는 명령서.
15) 卉木萋萋(훼목처처) : 훼는 풀. 처처는 웅성한 모양.
16) 喈喈(개개) : 소리의 화음.
17) 執訊獲醜(집신획추) : 신은 포로로 잡힌 괴수(魁首)를 신문하는 사람. 추는 무리의 뜻. 괴수를 잡고 많은 무리를 얻었다의 뜻.
18) 夷(이) : 평정하다. 평(平)과 통한다.

9. 체두(杕杜) : 무성한 아가위나무

우뚝 선 아가위나무여! 알찬 열매로다.
나라일 확고하지 않아 나의 임무는 계속되어지네.
세월이 어느덧 시월이라 여인의 마음 서글퍼지니
병역가신 그 임은 휴가도 없으신가.

우뚝 선 아가위나무여! 그 잎새 무성하기도 하네.
나라일 확고하지 않아 내 마음 슬퍼지네.
풀과 나무 무성해지니 여인의 마음 슬퍼지니
병역가신 그 임은 돌아오실 것이네.

저 북산에 올라 구기자나 캐볼거나.
나라일 확고하지 않아 우리 부모님 걱정시키시네.
박달나무 수레 해지고 네 필 수말도 병들어 지쳤으니
병역 가신 그 임은 돌아올 날 멀지 않으리.

수레타고 오지 않으니 걱정하는 마음 병이 되었네.
기약한 날 지나도 오지 않으니 근심은 더해만 가네.
거북점 시초점 다 쳐보아도 돌아올 날 가깝다고 하니
병역가신 그 임은 가까이 오고 계시겠네.

▨ 부체다. 4장에 장마다 4구절로 이루어졌다.
의무를 마치고 돌아온 군사를 위로한 노래라고 하였다.

　　有杕之杜여 有睆¹⁾其實이로다 王事靡盬라 繼嗣我日이로다 日月陽²⁾止라 女心傷止니 征夫遑³⁾止로다
　　有杕之杜여 其葉萋萋로다 王事靡盬라 我心傷悲호라 卉木萋止라 女心悲止니 征夫歸止로다
　　陟彼北山하여 言采其杞호라 王事靡盬라 憂我父母로다 檀車幝幝⁴⁾하며 四牡痯痯⁵⁾하니 征夫不遠이로다
　　匪載匪來라 憂心孔疚어늘 期逝不至라 而多爲恤이로다 卜筮偕止하여 會言近止하니 征夫邇止로다

1) 睆(환) : 열매 모양.
2) 陽(양) : 10월.
3) 遑(황) : 겨를.
4) 幝幝(천천) : 떨어진 모양.
5) 痯痯(관관) : 피로한 모양.

254 제 2 권 소아(小雅)

10. 남해(南陔)

생(笙)으로 연주하는 시(詩)이다.

▨소리는 있고 가사가 없다. 예전에는 백화(白華)장 '어리(魚麗)'의 뒤에 있었으나 '의례(儀禮)'로 고증해 보니 이 편은 이곳에 있는 것이 타당하므로 이제 바로잡는다.

설명은 다음의 시 '화서(華黍)'를 참조할 것.

제 2 장 백화(白華:白華之什二之二)

  모씨(毛氏)의 전에는 '남해' 이하 '백화·화서(華黍)'의 3편은 가사가 없으므로 '어리(魚麗)' 편을 '녹명(鹿鳴)'장 마지막에 붙이고 그 뒤에 남해·백화·화서 3편을 이어놓았으며 '남유가어(南有嘉魚)'로 제2장을 만들었으나 '의례(儀禮)'를 고증하여 정정(訂正)하였다. 〈화서를 참고하기 바람〉

  1. 백화(白華)
  생(笙)으로 연주하는 시다. 소리는 있고 가사가 없는 시라는 뜻이다. 〈화서 참고〉

  2. 화서(華黍)
  이 또한 생시(笙詩)라고 했다.
  '향음주례(鄕飮酒禮)'에 비파를 타고 '녹명(鹿鳴)·사모(四牡)·황황자화(皇皇者華)'를 노래한 후에 생(笙)이 당하(堂下)에 들어오고 경(磬)이 남북쪽의 아래에 서서 남해(南陔)·백화(白華)·화서(華黍)를 연주하였다.
  연례(燕禮)에서도 역시 비파를 타고 '녹명·사모·황황자화'를 노래 부른 뒤에 생(笙)이 현(縣)의 중앙에 서서 '남해·백화·화서'를 연주한다고 했다. '남해' 이하는 현재로서는 그 명편의 의의를 고증할 길이 없다.
  '생(笙)'이라 하고 '악(樂)'이라 하고 '주(奏)'라고 하면서 노래라고 말하지 않는 것은 소리(악보)는 있고 가사가 없는 것

이 분명하다

또 편명이 이곳에 있는 것은 생각건대 편의 제목 아래 반드시 악보가 있었기 때문이다. 이것은 노고(魯鼓)와 설고(薛鼓)가 절음이 없어진 것과 같다.

3. 어리(魚麗) : 물고기가 걸리다

고기가 통발에 걸렸네. 자가사리와 모래무지로다.
군자가 술을 내오니 맛좋고 많기도 하구나.

고기가 통발에 걸렸네.
방어와 가물치로다.
군자가 술을 내오니
많고 맛도 좋구나.

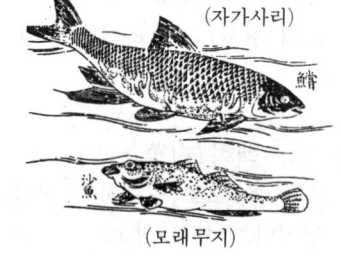
(자가사리)
(모래무지)

고기가 통발에 걸렸네.
메기와 잉어로다.
군자가 술을 내오니 맛좋고 많기도 하구나.

음식이 풍성하니 좋기도 하구나.

음식이 맛도 좋으니 함께 먹고 즐기세.

음식이 많이 있으니 때도 알맞네.

▨ 1·2·3장은 흥체, 4·5·6장은 부체다. 6장에 3장은 장마다 4구절이요, 3장은 장마다 2구절로 이루어졌다.
  모든 잔치에서 많은 손님을 초청하여 푸짐히 접대하며 통용하는 노래라고 하였다.
  '의례'의 향음주(鄕飮酒) 및 연례(燕禮)를 살펴 보니, 앞의

제 2 장 백화(白華)   257

음악이 이미 마치면 그 사이에 '어리'를 노래하고 생(笙)으로 '유경'을 연주하며 '남유가어'를 노래하고, '숭구'를 생으로 연주하며, '남산유대'를 노래하고 '유의'를 생으로 연주하는 것이 서로 이어진다고 하였다.

이는 한 번 노래하고 한 번 부는 것을 말하는 것으로 이 6편은 한 때의 시로 대개 잔치와 빈객을 접대할 때 상하가 통용하여 쓰는 음악이라고 한다.

　　魚麗于罶[1]하니 鱨鯊[2]다 君子[3]有酒하니 旨且多[4]로다
　　魚麗于罶하니 魴鱧[5]로다 君子有酒하니 多且旨로다
　　魚麗于罶하니 鰋[6]鯉로다 君子有酒하니 旨且有[7]로
　　物其多矣니 維其嘉矣로다
　　物其旨矣니 維其偕矣로다
　　物其有矣니 維其時矣로다

1) 麗于罶(이우류) : 여(麗)는 '리(離)'로 발음하고 걸리다의 뜻. 유는 고기잡는 통발. 흐르는 시냇물을 막고 쳐놓는 고기잡는 그물을 말함.
2) 鱨鯊(상사) : 상은 자가사리. 사는 모래무지. (256p. 그림 참조)
3) 君子(군자) : 잔치집의 주인.
4) 旨且多(지차다) : 맛있고 또 많이 있다.
5) 鱧(예) : 가물치.
6) 鰋(언) : 메기.
7) 有(유) : 많이 있다.

4. 유경(由庚)
이 또한 생시(笙詩)다.
〈어리편의 해설 참조〉

5. 남유가어(南有嘉魚) : 남쪽의 곤들메기

(곤들메기)

강한(江漢)의 곤들메기 있는데
통발에 득실득실 잡혔네.
군자가 술이 있으니 귀한 손님과 함께 잔치 열어 즐기리.

강한의 곤들메기 있는데 오구그물에 득실득실 잡혔네.
군자가 술이 있으니 귀한 손님과 잔치 열어 즐기리.

강한에 드리운 나뭇가지 단호박덩굴이 얽혔네.
군자가 술이 있으니 귀한 손님과 잔치 열어 안락하리라.

훨훨 날으는 집비둘기 떼지어 날아왔구나.
군자가 술이 있으니 귀한 손님과 잔치 열고 또 열으리.

▨흥체다. 4장에 장마다 4구절로 이루어졌다.
이 음악도 잔치에서 통상적으로 쓰이는 노래라고 하였다.

南有嘉魚[1]하니 烝然罩罩[2]로다 君子有酒하니 嘉賓式燕以樂이로다
南有嘉魚하니 烝然汕汕[3]이로다 君子有酒하니 嘉賓式燕以衎[4]이로다
南有樛木하니 甘瓠纍之로다 君子有酒하니 嘉賓式燕綏之로다
翩翩者鵻여 烝然來思로다 君子有酒하니 嘉賓式燕又思로다

1) 南有嘉魚(남유가어) : 남은 강한(江漢)의 남쪽. 가어는 연어과에 속 하는 곤들메기로 질이 연하고 잉어와 비슷함.
2) 烝然罩罩(증연조조) : 증연은 발어사. 조조는 두번 세번 통발질한 것.
3) 汕汕(산산) : 그물질하는 것. 오구산그물의 일종.
4) 衎(간) : 즐기다.

6. 숭구(崇丘)

생시(笙詩)다. 〈어리(魚麗)의 편 참조〉

7. 남산유대(南山有臺) : 남산의 향부자

남산에는 향부자 북산에는 명아주풀.
즐거우신 군자님이여 나라의 터전이시네.
즐거우신 군자님이여
만수하여 끝이 없으리라.

(향부자)

남산에는 뽕나무 북산에는 구골나무.
즐거우신 군자님이여 나라의 영광이시네.
즐거우신 군자님이여 만수무강하시리라.

남산에는 구기자 북산에는 오얏나무.
즐거우신 군자님이여 이 백성의 부모로다.
즐거우신 군자님이여
덕음(德音)이 그치지 아니하리.

(명아주풀)

(구골)

남산에는 먹구슬나무 북산에는 참죽나무.
즐거우신 군자님이여
어찌 장수하지 아니하리.
즐거우신 군자님이여 덕음이 무성하리라.

남산에는 호깨나무 북산에는 광나무.
즐거우신 군자님이여 어찌 오래오래 살지 않으리.
즐거우신 군자님이여 후손까지 보호해주리.

■ 흥체다. 5장에 장마다 6구절로 이루어졌다.
이 시도 잔치에서 통상적으로 부르는 노래라고 하였다.

南山有臺[1]오 北山有萊[2]로다 樂只君子[3]여 邦家之基로다 樂只君子여 萬壽無期로다
南山有桑이오 北山有楊이로다 樂只君子여 邦家之光이로다 樂只君子여 萬壽無疆이로다
南山有杞[4]오 北山有李로다 樂只君子여 民之父母로다 樂只君子여 德音不已로다
南山有栲[5]오 北山有杻[6]로다 樂只君子여 遐不眉壽[7]리오 樂只君子여 德音是茂로다
南山有枸[8]오 北山有楰[9]로다 樂只君子여 遐不黃耉[10]리오 樂只君子여 保艾[11]爾後로다

1) 臺(대) : 도롱이를 만드는 풀. 곧 사초(莎草)로 향부자라고도 함.
2) 萊(내) : 명아주풀. 잎이 향기롭고 먹을 수 있다.
3) 樂只君子(낙지군자) : 낙지는 즐거움. 지는 어조사. 군자는 손님을 가리킴.
4) 杞(기) : 가죽나무와 같으며 일명 구골(狗骨)이라고 함.
5) 栲(고) : 먹구슬나무. 산저(山樗)라고 함.
6) 杻(뉴) : 참죽나무.
7) 遐不眉壽(하불미수) : 하는 하(何)와 통함. 어찌 미수치 아니하랴의 뜻. 미수는 88세를 말한다.
8) 枸(구) : 호깨나무. 과실은 맛이 있다.
9) 楰(유) : 광나무. 과실은 약재로 쓰임.
10) 黃耉(황구) : 나이가 아주 많은 늙은 노인을 지칭함.
11) 保艾(보애) : 편안하게 기르다. 보는 안(安)과 같고 애는 양(養)과 같다.

8. 유의(由儀)
생시(笙詩)다. 〈어리편의 해설 참조〉

9. 육소(蓼蕭) : 큰 다북쑥
저 큰 다북쑥 이슬이 촉촉히 적셨네.
임 만나 뵈오니 내 마음 밝아졌네.
잔치 벌여 웃고 이야기하니 좋은 소리만 들리고 편안하네.

저 큰 다북쑥 이슬이 듬뿍 적셨네.
임 만나 뵈오니 총애받고 영광있네.
그 덕이 어긋남이 없으니 수명도 끝이 없으리라.

저 큰 다북쑥 이슬이 함빡 적셨네.
임 만나 뵈오니 즐겁고 편안하네.
그 형에 그 아우라 착한 덕이 오래하고 즐거우리라.

저 큰 다북쑥 이슬이 흠뻑 적셨네.
임 만나 뵈오니 가죽으로 고삐장식 드리웠으며
수레 방울소리 딸랑딸랑 많은 복 다 함께 하리라.

▧ 홍체다. 4장에 장마다 6구절로 이루어졌다.
　제후가 천자에게 조회할 때 천자가 이들에게 잔치를 베풀어 자혜(慈惠)를 보이므로 이 노래를 부른 것이라 하였다.

　　蓼彼蕭斯[1]에 零露湑[2]兮로다 旣見君子[3]호니 我心寫[4]兮로다 燕[5]笑語兮하니 是以有譽處[6]兮로다
　　蓼彼蕭斯에 零露瀼瀼[7]이로다 旣見君子호니 爲龍爲光[8]이로다 其

德不爽[9]하니 壽考不忘이로다

蓼彼蕭斯에 零露泥泥[10]로다 既見君子호니 孔燕豈弟[11]로다 宜兄宜弟라 令德壽豈로다

蓼彼蕭斯에 零露濃濃[12]이로다 既見君子호니 鞗革沖沖[13]하며 和鸞雝雝[14]하니 萬福攸同이로다

1) 蓼彼蕭斯(육피소사) : 육은 길고 크다. 소는 다북쑥. 사는 어조사.
2) 湑(서) : 서연히 다북쑥 위에 이슬이 맺힌 모양.
3) 君子(군자) : 제후를 가리킴.
4) 寫(사) : 마음이 후련하다. 확 트이다.
5) 燕(연) : 잔치를 베풀고 선을 칭송하는 것.
6) 處(처) : 편안한 곳.
7) 瀼瀼(양양) : 이슬이 많은 모양.
8) 爲龍爲光(위룡위광) : 덕을 기쁘게 생각하는 말. 영광된 것.
9) 爽(상) : 그르다. 차(差)와 같다.
10) 泥泥(이니) : 이슬에 젖은 모양.
11) 豈弟(개제) : 개는 즐겁다. 제는 이(易)의 뜻.
12) 濃濃(농롱) : 두터운 모양.
13) 鞗革沖沖(조혁충충) : 말고삐의 늘어진 모양. 조는 가죽으로 장식한 말고삐.
14) 和鸞雝雝(화란옹옹) : 방울소리 옹옹하다. 제후의 수레에 장식한 방울소리.

10. 담로(湛露) : 촉촉히 내린 이슬

촉촉히 내린 이슬 햇빛이 아니면 못말리지.
편안한 이 밤의 술자리 취하지 않으면 못돌아가리.

촉촉히 내린 이슬 저 무성한 풀밭을 적셨네.
편안한 이 밤의 술자리 종실(宗室)에서 벌어졌네.

촉촉히 내린 이슬 구기자나무 가시나무를 적셨네.
밝고 진실한 군자시여, 덕이 아름답지 않은 이 없네.

오동나무 가래나무여 그 열매가 주렁주렁
즐겁고 편안한 군자여, 행동이 좋지 않은 이 없네.

▨흥체다. 4장에 장마다 4구절로 이루어졌다.
이 시도 천자가 제후들에게 잔치를 베풀 때 부르는 노래라고 하였다.

湛湛[1]露斯여 匪陽不晞로다 厭厭夜飮[2]이여 不醉無歸로다
湛湛露斯여 在彼豊草로다 厭厭夜飮이여 在宗載考[3]로다
湛湛露斯여 在彼杞棘이로다 顯允[4]君子여 莫不令德이로다
其桐其椅여 其實離離[5]로다 豈弟[6]君子여 莫不令儀로다

1) 湛湛(담담) : 이슬이 성한 모양.
2) 厭厭夜飮(염염야음) : 염염은 편안한 모양. 야음은 사사로운 잔치. 밤의 술잔치.
3) 在宗載考(재종재고) : 종은 종실(宗室). 고는 이루어지다. 종실에서 잔치가 벌어지다.
4) 顯允(현윤) : 밝고 진실하다.
5) 離離(이리) : 늘어진 모양.
6) 豈弟(개제) : 개는 즐겁다. 제는 이(易)의 뜻.

제 3 장 동궁(彤弓 : 彤弓之什二之三)

1. 동궁(彤弓) : 붉은활

느슨한 붉은활을 받아 고이 간직하였다가
나의 귀한 손님있거든 진심으로 내려주리라.
종과 북을 갖춰놓고 아침부터 큰잔치 베풀었네.   (활과 화살)

느슨한 붉은활을 받아 고이 간직하였다가
나의 귀한 손님있거든 진심으로 기뻐하리라.
종과 북을 갖춰놓고 아침 일찍 잔 권하리.

느슨한 붉은활을 받아
활집에 고이 간직하였다가
나의 귀한 손님있거든 진심으로 좋아하는지라
종과 북을 갖춰놓고 아침부터 술잔을 주고 받으리.

▨ 부체다. 3장에 장마다 6구절로 이루어졌다.
천자가 공로가 있는 제후에게 활과 화살을 하사할 때 부르는 노래라고 하였다.

  彤弓弨兮[1]를 受言藏之라니 我有嘉賓[2]이어늘 中心貺之라 鍾鼓旣設이오 一朝饗[3]之호라
  彤弓弨兮를 受言載之라니 我有嘉賓이어늘 中心喜之라 鍾鼓旣設이오 一朝右[4]之호라
  彤弓弨兮를 受言櫜[5]之니라 我有嘉賓이어늘 中心好之라 鍾鼓旣設이오 一朝醻[6]之호라

1) 彤弓弨兮(동궁초혜) : 동궁은 붉은활. 초는 풀어지고 느슨한 모양.
2) 嘉賓(가빈) : 큰 공로를 세운 제후.
3) 饗(향) : 크게 손님과 함께 마시는 것.
4) 右(우) : 권하는 것. 또는 높이는 것.
5) 櫜(고) : 감추어 두어 좋은 모양.
6) 醻(수) : 수(酬)와 통하며 술을 권하는 것을 말함.

2. 청청자아(菁菁者莪) : 무성한 다북쑥

무성한 다북쑥이 저 언덕위에 자랐네.
그 임을 뵈오니 즐겁고 또 위의(威儀)를 갖추었네.

무성한 다북쑥이 저 모래톱 가운데에 자랐네.
그 임을 뵈오니 내 마음 무척 기쁘네.

무성한 다북쑥이 저 구릉위에 자랐네.
그 임을 뵈오니 많은 보화를 받은 듯하네.

두둥실 뜬 버드나무배 물결위에 잠길락 말락
그 임을 뵈오니 내 마음 평화롭네.

(쑥)

▨ 1·2·3장은 흥체요, 4장은 비체다. 4장에 장마다 4구절로 이루어졌다.
잔치를 베풀고 마시며 빈객을 접대하는 노래라고 하였다.

菁菁者莪¹⁾여 在彼中阿²⁾로다 旣見君子³⁾로다 樂且有儀로다
菁菁者莪여 在彼中沚⁴⁾로다 旣見君子로다 我心則喜로다
菁菁者莪여 在彼中陵이로다 旣見君子로다 錫我百朋⁵⁾이로다
汎汎楊舟 載沈載浮로다 旣見君子로다 我心則休⁶⁾로다

1) 菁菁者莪(청청자아) : 청청은 무성한 모양. 아는 다북쑥.

2) 中阿(중아) : 언덕 가운데. 아는 큰 언덕.
3) 君子(군자) : 빈객(賓客)을 가리킴.
4) 中沚(중지) : 모래톱 가운데.
5) 百朋(백붕) : 화패(貨貝) 가운데. 5패(五貝)를 붕(朋)이라고 함.
6) 休(휴) : 마음이 안정된 상태.

3. 유월(六月) : 뒤숭숭한 유월

유월은 뒤숭숭한 달,
병거를 정비하고
네 필 수말 튼튼하니
모든 군복 실었네.
험윤의 기세 불꽃같아
내 이를 막기 위해 서두르네.
왕께서 직접 출정시켜 나라를 바로잡게 하였네.

(자라)

길 잘 든 네 필 수말이여 발 잘 맞추네.
이 유월에 이미 내 갑옷을 만들고
내 갑옷이 만들어지면 삼 십 리를 달렸네.
왕께서 직접 나가라 하시어 천자를 돕게 하였네.

네 필 수말 흰칠하고 그 덩치 크기도 하네.
험윤을 무찔러 큰 공을 세우리라.
위엄 있고 존경받아 군사일 받드네.
군사일 받들어 이 왕국을 안정시켰네.

험윤을 예측하지 못하여 초호(焦穫)땅에 진을 치고
호(鎬)·방(方)땅을 쳐 경양까지 이르니
깃발무늬 새매며 잡색의 깃발 펄럭이며
큰 병거 열 채가 앞장서서 길을 여네.

병거는 편안히 엎드린 듯 뒤쳐진 듯
네 필 수말 씩씩하니 씩씩하고 익숙하네.
험윤을 쳐서 태원까지 이르니
문무를 겸한 길보 장군이여
온 나라의 모범이라네.

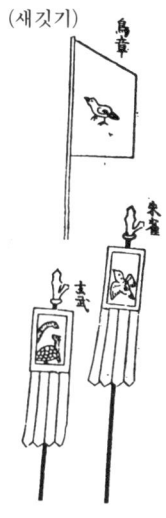
(새깃기)

길보 장군 잔치에서 기뻐하고
많은 복도 받으리라.
호 땅에서 돌아오니
내 떠난 지도 오래되었네.
벗들에게 음식을 권하는데
자라구이 잉어회라.
누구와 같이 하는가
효도하고 우애하는 장중(張仲)이네.

▨ 부체다. 6장에 장마다 8구절로 이루어졌다.

주(周)의 성왕(成王), 강왕(康王)이 죽은 뒤에 주나라는 점점 쇠약해져 여왕(厲王) 때에는 여왕이 포악하여 주나라 사람들의 원망을 샀다.

이때 험윤(북쪽 오랑캐)이 침범하여 여왕을 죽이니 그의 아들 선왕(宣王) 청(請)이 왕위에 올라 윤길보(尹吉甫) 장군으로 하여금 험윤을 치게 하였다. 이에 길보가 큰 공을 세우고 돌아왔다. 이 시는 윤길보의 공로를 치하한 노래라고 하였다.

六月棲棲[1]하여 戎車旣飭[2]하며 四牡騤騤[3]어늘 載是常服[4]하니 玁狁孔熾라 我是用急이니 王于出征하여 以匡王國이시니라

比物[5]四驪여 閑之維則이로다 維此六月에 旣成我服하여 我服旣成이어늘 于三十里[6]하니 王于出征하여 以佐天子시라

四牡脩廣[7]하니 其大有顒이로다 薄伐玁狁하여 以奏膚公[8]이로다 有嚴有翼하여 共武之服[9]하니 共武之服하여 以定王國이로다

玁狁匪茹[10]하여 整居焦穫[11]하여 侵鎬及方[12]하여 至于涇陽[13]이어늘 織文鳥章[14]이며 白旆央央[15]하니 元戎[16]十乘으로 以先啓行이로다
戎車旣安하니 如輊如軒[17]이며 四牡旣佶[18]하니 旣佶且閑이로다 薄伐玁狁하여 至于大原[19]하니 文武吉甫[20]여 萬邦爲憲이로다
吉甫燕喜하니 旣多受祉로다 來歸自鎬하니 我行永久로다 飮御[21] 諸友하니 炰鼈膾鯉로다 侯[22]誰在矣오 張仲[23]孝友로다

1) 棲棲(서서) : 서두르며 불안한 모양.
2) 戎車旣飭(융거기칙) : 융거는 병거. 칙은 정비하는 것.
3) 騤騤(규규) : 굳센 모양.
4) 常服(상복) : 군복으로 싸울 때의 복장.
5) 比物(비물) : 힘이 가지런하다. 곧 비등하다.
6) 于三十里(우삼십리) : 군대가 하루에 30리를 행군하는 것. 옛날에 좋은 일에는 군사가 하루에 50리를 가고 군사의 행군에는 하루에 30리를 갔다고 함.
7) 脩廣(수광) : 길고 큰 것.
8) 奏膚公(주부공) : 주는 천거하다. 부공은 큰 공훈.
9) 共武之服(공무지복) : 공은 공(供)과 동일. 군대의 일을 준비하다.
10) 匪茹(비여) : 헤아리지 않는다.
11) 焦穫(초호) : 땅 이름.
12) 鎬及方(호급방) : 호와 방으로 다 땅 이름.
13) 涇陽(경양) : 경수의 북쪽. 땅 이름.
14) 織文鳥章(치문조장) : 치는 치(幟)와 같다. 문은 무늬. 조장은 매를 그린 깃발.
15) 白旆央央(백패앙앙) : 백패는 희고 긴 천을 거북과 뱀을 그린 기 밑에 달아놓는 것. 앙앙은 선명한 모양.
16) 元戎(원융) : 큰 병거. 군의 선봉.
17) 如輊如軒(여지여헌) : 수레가 넘어질듯 뒤쳐진듯 하며 앞뒤를 돌아오며 달리는 모습.

(큰 병거)

18) 佶(길) : 건장한 모양.
19) 大原(태원) : 땅 이름. 대는 태(泰)로 발음함.
20) 吉甫(길보) : 윤길보(尹吉甫)로 이때의 대장군이다.
21) 御(어) : 대접하다. 진(進)과 같다.
22) 侯(후) : 유(維)와 같으며 발어사.
23) 張仲(장중) : 윤길보의 벗으로 부모에 효도, 형제간에 우애한 사람.

4. 채기(采芑) : 상추를 뜯세
상추를 뜯세. 저 묵은밭에서 뜯고 이 새밭에서도 뜯세.
방숙(方叔)께서 이르르니 그 수레가 3천이어늘
무리를 방어하는 법 익혔네.
방숙께서 그들을 거느리고 큰 네 필 말의 수레에 타네
네 필의 말이 가지런히 달리니.
군용수레 붉은빛 띠고 대자리로 가리개하고
물개가죽 화살집이며 말배띠 쇠갈고리,
고삐엔 가죽장식이네.

상추를 뜯세. 저 묵은밭에서 뜯고 이 마을 밭에서도 뜯세.
방숙께서 이르르니 그 수레가 3천이어늘
교룡깃발, 거북깃발 곱기도 하네.
방숙께서 거느리시며 굴대는 가죽감고 채에는 무늬색이고
여덟 개의 말방울이 딸랑거리네.
천자께서 내리신 군복 입으시고 주황색슬갑 곱기도 하며
옥소리 나는 푸른노리개로다.

훨훨 나는 저 새매 하늘 높이 날다 머물 곳에 모여앉았네.
방숙께서 이르르니 그 수레가 3천대이어늘.
무리를 방어하는 법 익혔네.
방숙께서 거느리시니 징을 치고 북을 치며

사단과 연대를 훈련시키네.
밝고 진실한 방숙께서
북을 치면 둥둥 울리고
군사를 정지시키되 북소리로 하시네.

무지하게 움직이는 형땅의 오랑캐
큰나라를 원수로 삼았네.
방숙께서 늙으셨으나
그의 지모는 뛰어나셨네.
방숙께서 거느리시니 많은 적을 쳐부수고 사로잡았네.
군용수레 많이 달리니 많고 많은 수레소리.
천둥소리 벼락소리 같네.
밝고 진실한 방숙님이여 북쪽 오랑캐 정벌하시니
형땅의 오랑캐도 굴복해 왔네.

▨ 1·2·3장은 흥체, 4장은 부체다. 4장에 장마다 12구절로 이루어졌다.
　주의 선왕(宣王) 때 초(楚:荊)땅의 오랑캐가 배반하므로 선왕이 방숙(方叔)을 시켜 정벌케 하였으며 방숙이 오랑캐를 정벌하였으므로 그를 찬양한 노래라고 하였다.

薄言采芭[1]를 于彼新田[2]이며 于此菑畝로다 方叔涖止[3]하니 其車三千이로소니 師干之試[4]로다 方叔率止하니 乘其四騏로다 四騏翼翼하니 路車有奭[5]이로소니 簟笰[6]魚服이며 鉤膺[7]鞗革이로다

薄言采芭를 于彼新田이며 于此中鄕[8]이로다 方叔涖止하니 其車三千이로소니 旂旐央央이로다 方叔率止하니 約軧錯衡[9]이며 八鸞瑲瑲[10]이로다 服其命服[11]하니 朱芾斯皇[12]이며 有瑲葱珩[13]이로다

鴥彼飛隼[14]이여 其飛戾天[15]이여 亦集爰止로다 方叔涖止하니 其車三千이로소니 師干之試로다 方叔率止하니 鉦人伐鼓[16]어늘 陳師鞠旅[17]로다 顯允方叔이여 伐鼓淵淵[18]이며 振旅闐闐[19]이로다

蠢爾蠻荊[20]이 大邦[21]爲讐로다 方叔元老나 克壯其猶[22]로다 方叔率止하니 執訊獲醜로다 戎車嘽嘽[23]하니 嘽嘽焞焞[24]하여 如霆如雷로다 顯允方叔이여 征伐玁狁하니 蠻荊來威로다

1) 芑(기) : 상추, 또는 일종의 시화인 듯함. 쓴 나물. 청백색으로 그 잎을 따서 흰 즙을 낸다.
2) 新田(신전) : 밭으로 일군 지 1년 되는 것을 치전(菑田), 2년 된 것을 신전(新田)이라고 한다고 함.
3) 方叔涖止(방숙리지) : 방숙은 선왕 때의 향사(鄕士)로 이때 장수로 임명됨. 이는 다르다의 뜻. 지는 어조사.
4) 師干之試(사간지시) : 사는 무리. 간은 한(扞)으로 적을 막는 것. 시는 연습. 또는 훈련.
5) 路車有奭(노거유혁) : 노거는 융거(戎車). 혁은 붉은 모양.
6) 簟茀(점불) : 대로 엮어서 수레를 덮는 것.
7) 鉤膺(구응) : 말배띠의 쇠갈고리. 일설에는 마대와 끈이라고 함.
8) 中鄕(중향) : 백성들이 사는 동네의 밭.
9) 約軝錯衡(약기착형) : 약기는 가죽으로 묶어 붉게 한 굴대통. 착형은 무늬를 아로새긴 것.
10) 八鸞瑲瑲(팔란창창) : 팔란은 여덟 개의 말방울. 창창은 방울소리.
11) 命服(명복) : 천자가 하사한 의복. 자신의 신분에 맞는 의복.
12) 朱芾斯皇(주불사황) : 주불은 주황색의 슬갑. 황은 휘황하다의 뜻.
13) 瑲葱珩(창총형) : 창은 옥의 소리. 총은 푸른색으로 홀(笏)같은 것. 형은 머리에 차는 횡옥(橫玉).
14) 鴥彼飛隼(율피비준) : 빨리 날으는 저 새매. 준은 새매.
15) 戾天(여천) : 하늘 높이 이르르다. 여는 지(至)의 뜻.
16) 鉦人伐鼓(정인벌고) : 정인은 징치는 사람. 고는 북치는 사람.
17) 陳師鞠旅(진사국려) : 2천 5백 인이 사(師), 5백 인을 여(旅)라고 하며 모든 군사들을 진열하여 놓고 서고(誓告)를 하는 것.
18) 淵淵(연연) : 북소리가 평화스럽고 포악하지 않은 것.
19) 振旅闐闐(진려전전) : 전쟁을 파하고 군사를 거두는 것을 진려라 하고, 전전은 북소리.

20) 蠢爾蠻荊(준이만형) : 준은 무지한 사람.
　　만형은 형주(荊州)의 오랑캐.
21) 大邦(대방) : 중국을 말함.
22) 猶(유) : 지모. 꾀.
23) 嘽嘽(탄탄) : 무리지은 것.
24) 焞焞(퇴퇴) : 성(盛)한 모양.

(새매)

5. 거공(車攻) : 탄탄한 수레

나의 수레는 탄탄하고 나의 말도 이미 갖추었네.
네 필 수말 건장도 하니 수레타고 동쪽으로 가보려 하네.

사냥가는 수레 튼튼하고 네 필 수말 건장하네.
동쪽에 보전(甫田)이 있으니 수레타고 사냥가세.

우리 임 사냥 가시는데 시중꾼들 내는 소리 시끄럽네.
거북 뱀 깃발 꽂고 소꼬리 깃발 꽂아 오산에서 짐승을 잡네.

저 사마가 끄는 수레타니 사마는 잘도 달리네.
붉은옷 금색신발로 조회오는 제후들 많기도 하네.

활깍지와 팔찌를 비교하며 활이며 화살을 조절하니.
사냥꾼(제후)들 모두 모여 우리의 잡은 짐승쌓기 거들어주네.

네 필 누런말이 수레를 끄니 양쪽 곁말 쪽 고르네.
달리기도 알맞게 달리거늘 화살은 쏜살같이 꽂히네.

한가하게 말은 울고 잡색기와 새털기 유유히 펄럭이네.
보졸 기병 조용히 움직이며 임금의 푸줏간은 적당히 찼네.

우리 임이 전장에 나가시니 소문은 있고 소리는 없네.
진실하신 군자님이시여, 정말 큰 일을 이루시리라.

▨ 부채다. 8장에 장마다 4구절로 이루어졌다.

주나라가 강왕 이후로 쇠퇴하여져 제후를 조회하는 일이 폐지되었다가 선왕(宣王)이 정사를 닦고 문왕 때의 국경을 되찾아 거마를 갖추고 예식을 갖추어 제후들을 동도에서 조회하도록 하였다. 이때 사냥을 나가면서 거마(車馬) 등을 선발하는데 이것을 보고 시인이 이 노래를 지어 찬양하였다고 한다.

我車旣攻[1]하며 我馬旣同하여 四牡龐龐[2]하니 駕言徂東[3]이로다
田車[4]旣好하니 四牡孔阜[5]로다 東有甫草[6]어늘 駕言行狩로다
之子于苗[7]하니 選徒囂囂[8]로다 建旐設旄하여 搏獸于敖[9]로다
駕彼四牡하니 四牡奕奕[10]이로다 赤芾金舃[11]로 會同有繹[12]이로다
決拾旣佽[13]하며 弓矢旣調하니 射夫[14]旣同하여 助我擧柴[15]로다
四黃旣駕하니 兩驂不猗[16]로다 不失其馳어늘 舍矢如破[17]로다
蕭蕭[18]馬鳴이며 悠悠旆旌이로다 徒御不驚[19]이며 大庖不盈[20]이로다
之子于征하니 有聞無聲[21]이로다 允矣君子여 展也大成이로다

1) 攻(공) : 견고함.
2) 龐龐(농롱) : 충실한 모양.
3) 東(동) : 동도(東都). 낙읍(洛邑)이다.
4) 田車(전거) : 사냥할 때 타는 수레.
5) 孔阜(공부) : 심히 성대하다.
6) 甫草(보초) : 땅 이름. 보전(甫田)을 말함.
7) 之子于苗(지자우묘) : 지자는 유사(有司). 묘는 사냥의 통칭.
8) 選徒囂囂(선도효효) : 선도는 거도(車徒)의 수. 효효는 많은 수레의 소리. 수많은 수레들의 소리.
9) 敖(오) : 땅 이름.
10) 奕奕(혁혁) : 연이어 흩어지는 모양.
11) 赤芾金舃(적불금석) : 적불은 주불(朱芾)과 같다. 금석은 붉은 신에

금을 박은 것.
12) 會同有繹(회동유역) : 때때로 아무때나 천자를 보는 것은 회. 여러 제후가 많이 보는 것은 동. 역은 진열되고 연속되는 것.
13) 決拾旣佽(결습기차) : 결은 상아로 만들어 활을 당길 때 오른손 엄지손가락에 끼는 것. 습은 가죽으로 만들어 활을 쏠 때 왼팔에 끼는 팔찌. 차는 견주다, 비교하다.
14) 射夫(사부) : 활쏘는 사람. 제후들.
15) 柴(자) : 잡은 짐승을 쌓아두는 것.
16) 猗(의) : 한쪽으로 치우쳐 바르지 않은 것.
17) 舍矢如破(사시여파) : 화살을 쏘면 백발 백중 정확히 맞는 것.
18) 蕭蕭(소소) : 유유하고 한가한 모양.
19) 徒御不驚(도어불경) : 도는 보졸. 어는 수레를 모는 사람. 불경은 조용히 행동하여 시끄럽지 않은 것.
20) 大庖不盈(대포불영) : 대포는 임금의 푸줏간. 불영은 차지 아니함.
21) 有聞無聲(유문무성) : 소문만 들리고 아무 소리가 없다. 곧 조용히 행군하는 것을 뜻함.

6. 길일(吉日) : 좋은 날

좋은 날 무일(戊日)을 택해 말 조상에게 비나니
사냥수레 튼튼하고 네 필 수말 건장하거늘.
저 높은 언덕에 올라 그 짐승 무리를 뒤쫓아가리라.

좋은 날 경오(庚午)날에 나의 말을 골라 타고
짐승들이 우글거리는 곳에 암사슴 수사슴 떼지어 노는.
칠저의 물가를 따라갔는데 천자께서 사냥하는 곳이었네.

저 언덕을 바라보니 크고 많은 짐승 무리 있네.
뛰기도 하고 서성대기도 하고, 무리짓고 짝짓기도 하네.
좌우로 달려 모두 몰아다 천자님을 즐겁게 해드리네.

내 활줄을 잡아당겨 내 화살을 낀 다음
저 작은 암퇘지 잡고 이 큰 들소도 한 발에 잡아
손님들에게 나아가 맛난 술을 대접하리.

▨ 부체다. 4장에 장마다 6구절로 이루어졌다.
주나라 선왕 때 사냥하는 광경을 보고 노래한 시라고 한다.

　　吉日維戊[1]에 旣伯[2]旣禱하니 田車旣好하며 四牡孔阜어늘 升彼大阜하여 從其群醜[3]로다
　　吉日庚午[4]에 旣差我馬하여 獸之所同에 麀鹿麌麌[5]한 漆沮[6]之從이여 天子之所로다
　　瞻彼中原[7]호니 其祁孔有로다 儦儦俟俟[8]하여 或群或友[9]어늘 悉率左右하여 以燕天子로다
　　旣張我弓하고 旣挾我矢하여 發彼小豝하며 殪此大兕하여 以御賓客하고 且以酌醴로다

1) 戊(무) : 강일(剛日)이며 만물이 무성한 날 밖의 일에는 강일을 씀.
2) 伯(백) : 말의 시조로 하늘의 사방성(駟房星)의 신(神).
3) 群醜(군추) : 짐승의 무리.
4) 庚午(경오) : 무(戊)와 같이 강일이다.
5) 麌麌(우우) : 많은 모양.
6) 漆沮(칠저) : 서도(西都). 기내의 위경(渭涇)의 북쪽에 있는 물.
7) 中原(중원) : 원중(原中)으로 언덕 가운데.
8) 儦儦俟俟(표표사사) : 표표는 무리지어 모이는 모양. 사사는 무리지어 걸어가는 모양.
9) 或群或友(혹군혹우) : 군은 세 마리의 무리. 우는 쌍쌍이 있는 것.

7. 홍안(鴻鴈) : 날아가는 기러기
기러기 날아가네 훨훨 날개치며 날아가네.
우리들은 집을 나와 들판에서 고생하네.

불쌍한 이 백성들은 홀아비 과부의 슬픔이로다.

기러기 날아가다 연못 가운데 모여드네.
우리들은 담을 쌓아 수백 장(丈) 지었네.
비록 고생은 하였지만 마침내 편안히 살 곳을 마련했네.

기러기 날아가며 기럭기럭 슬피 우네.
이 밝고 어진 사람은 우리에게 고생한다 말하지만
저 어리석은 사람은 우리더러 교만하다고 말하네.

▧ 1 · 2장은 흥체, 3장은 비체다. 3장에 장마다 6구절로 이루어졌다.
옛말에 주나라의 쇠퇴기에 백성이 흩어지고 불안하게 살다가 선왕이 나라를 바로잡아 백성들이 안심하고 살 수 있게 되자 유랑할 때의 과거를 회상하여 지은 노래라고 하였다.

  鴻鴈[1]于飛하니 肅肅[2]其羽로다 之子于征[3]하니 劬勞[4]于野로다 爰及矜人[5]이 哀此鰥寡[6]로다
  鴻鴈于飛하니 集于中澤[7]이로다 之子于垣하니 百堵[8]皆作이로다 雖則劬勞나 其究安宅이로다
  鴻鴈于飛하니 哀鳴嗷嗷[9]로다 維此哲人은 謂我劬勞어늘 維彼愚人은 謂我宣驕[10]라하나다

1) 鴻鴈(홍안) : 홍은 큰 기러기. 안은 작은 기러기.
2) 肅肅(숙숙) : 날개치는 소리.
3) 之子于征(지자우정) : 지자는 유랑민이 자신을 가리킴. 정은 행하다.
4) 劬勞(구로) : 고생하고 수고함.
5) 矜人(긍인) : 불쌍한 사람.
6) 鰥寡(환과) : 환은 아내가 없는 남자. 과는 남편이 없는 여자.
7) 中澤(중택) : 택중(澤中). 못 가운데.
8) 堵(도) : 일장(一丈)이 판(板)이요 오판(五板)이 도(堵)가 된다고 함.

9) 嗷嗷(오오) : 슬피 우는 모양.
10) 宣驕(선교) : 교만한 것을 보이다. 선은 보이다.

8. 정료(庭燎) : 정원의 횃불

밤이 얼마쯤 되었소, 아직 한밤중이 못되었으나
정원의 밝은 횃불 때문이라오.
제후들 조회 들어오니 방울소리 딸랑거리네.

밤이 얼마쯤 되었소, 아직 밤이 다하지 않았으나
정원의 희미한 횃불 때문이라오.
제후들이 조회 들어오니 방울소리만 댕그렁거리네.

밤이 얼마쯤 지났소, 이제 새벽이 되가네.
정원의 횃불이 환하네요.
제후들이 조회 들어오니 그들의 깃발이 보이네요.

▨ 부체다. 3장에 장마다 5구절로 이루어졌다.
천자가 잠을 제대로 이루지 못하고 제후의 조회를 기다리는 노래라고 하였다.

夜如何其오 夜未央이나 庭燎¹⁾之光이로다 君子²⁾至止하니 鸞聲將將³⁾이로다
夜如何其오 夜未艾⁴⁾나 庭燎晣晣⁵⁾로다 君子至止하니 鸞聲噦噦⁶⁾로다
夜如何其오 夜鄉晨⁷⁾이라 庭燎有煇⁸⁾이로다 君子至止하니 言觀其旂⁹⁾로다

1) 庭燎(정료) : 큰 횃불. 제후가 조회하러 들때 횃불 백 개를 한데 묶어 피운다고 했음.
2) 君子(군자) : 제후를 가리킴.
3) 將將(장장) : 방울소리.

4) 艾(애) : 다하다.
5) 晣晣(제제) : 조금 밝은 것, 희미하게 밝은 것.
6) 噦噦(홰홰) : 천천히 가므로 소리가 절도있게 들리는 것.
7) 鄕晨(향신) : 향은 향(向)으로 날이 밝아 오는 것이 가깝다는 뜻.
8) 煇(혼) : 아직도 횃불의 빛이 있는 것.
9) 旂(기) : 제후의 수레에 꽂는 기로 쌍룡이 그려져 있다.

9. 면수(沔水) : 넘치는 물
철철 넘치는 저 흐르는 물은 모두 바다로 모여드네.
훨훨 나는 저 새매는 곧 날아가고 곧 앉네.
아아, 나의 형제들과 모든 백성과 친구들이여.
이 난국을 생각지도 않네. 부모 없이는 그 누구도 없으련만.

철철 넘치는 저 흐르는 물은 그 흐름이 굽이굽이.
훨훨 나는 저 새매는 곧 날다가 곧 하늘로 치솟네.
도를 따르지 않는 이를 생각하고
곧 자리에서 일어나 곧 행하네.
마음의 근심이여, 그만둘 수도 잊을 수도 없네.

훨훨 나는 저 새매는 저 언덕 위를 날으네.
백성들의 뜬소문을 어찌 막을 수 없는고.
나의 벗들이 공경하면 어찌 참언(讒言)이 생기리.

▨ 흥체다. 3장에 2장은 장마다 8구절이요, 1장은 6구절로 이루어졌다.
이는 나라가 어지러운 것을 노래한 시라고 하였다.

沔[1]彼流水여 朝宗[2]于海로다 鴥彼飛隼이여 載飛載止로다 嗟我兄弟 邦人諸友 莫肯念亂하나니 誰無父母오

沔彼流水여 其流湯湯³⁾이로다 鴥彼飛隼이여 載飛載揚이로다 念彼
不蹟⁴⁾하여 載起載行호라 心之憂矣여 不可弭⁵⁾忘이로다

鴥彼飛隼이여 率⁶⁾彼中陵이로다 民之訛言을 寧莫之懲⁷⁾고 我友敬
矣면 讒言其興가

1) 沔(면) : 흐르는 물이 가득한 모양.
2) 朝宗(조종) : 봄에 천자에게 조회하는 것을 조(朝), 여름에 조회하는 것을 종(宗)이라고 한다.
3) 湯湯(상상) : 물결이 성하게 흐르는 모양.
4) 不蹟(부적) : 도를 따르지 않는 사람.
5) 弭(미) : 그치다.
6) 率(솔) : 순(循)의 오자(誤字)라고 함.
7) 懲(징) : 그치다.

(학)

10. 학명(鶴鳴) : 학의 울음

학이 물가 언덕에서 우니 울음소리 들판에 들리고
물고기는 연못에 숨어 있다가 간혹 물가에 나와 노네.
즐거운 저 동산에는 박달나무 우뚝 서 있고
그 아래는 낙엽만이 쌓여있네.
다른 산의 쓸모없는 돌멩이도 숫돌로 쓸 수 있다네.

학이 물가 언덕에서 우니 울음소리 하늘에 들리고
물가에 나와 놀던 고기는 가끔 깊은 못에 숨기도 하네.
즐거운 저 동산에는 박달나무 우뚝 서 있고
그 아래에는 닥나무가 자라고 있네.
다른 산의 쓸모없는 돌멩이도 옥을 갈 수 있다네.

▨ 비체다. 2장에 장마다 9구절로 이루어졌다.
이 시는 무엇을 가리켜서 노래한 것인지 알 수 없다고 하였
으나 선을 베풀고 가르침을 받아들이는 시라고 하였다.

鶴鳴于九皋[1]어든 聲聞于野니라 魚潛在淵하나 或在于渚니라 樂彼之園에 爰有樹檀하니 其下維蘀[2]이니라 他山之石이 可以爲錯[3]이니라

鶴鳴于九皋어든 聲聞于天이니라 魚在于渚하나 或潛在淵이니라 樂彼之園에 爰有樹檀하니 其下維穀[4]이니라 他山之石이 可以攻[5]玉이니라

1) 九皋(구고) : 구는 심원(深遠)의 뜻. 요는 물가의 물이 넘쳐 구덩이가 된 것.
2) 蘀(탁) : 떨어지다.
3) 錯(착) : 숫돌. 칼 등을 가는 돌.
4) 穀(곡) : 쓸모없는 나무. 일명 닥나무라고도 함.
5) 攻(공) : 착(錯)과 같다. 갈다의 뜻.

(닥나무)

제 4 장 기보(祈父 : 祈父之什二之四)

1. 기보(祈父) : 군(軍)의 사마(司馬)

기보(祈父)여! 나는 임금의 발톱과 이빨이어늘
어찌 나를 근심스런 곳으로 옮겨 기거할 곳도 없이 하는고

기보여! 나는 임금의 손톱과 같은 신하이거늘
어찌 나를 근심스런 곳으로 옮겨 갈 곳이 없게 하는고.

기보여! 정말 당신은 귀가 어둡소.
어찌 나를 근심스런 곳으로 옮겨
어머님이 손수 밥을 짓게 하는고.

▨ 부체다. 3장에 장마다 4구절로 이루어졌다.
오랫동안 병역(兵役)에 동원된 군사가 원망하여 자신의 상관인 기보에게 자신의 사정을 호소하여 부른 노래라고 하였다.

祈父[1]여 予王之爪牙[2]어늘 胡轉予于恤[3]하여 靡所止居오
祈父여 予王之爪士어늘 胡轉予于恤하여 靡所底止오
祈父여 亶不聰이로다 胡轉予于恤하여 有母之尸饔고

1) 祈父(기보) : 사마(司馬). 군대의 모든 것을 관장하는 우두머리.
2) 予王之爪牙(여왕지조아) : 여는 육군(六軍)의 병사. 조아는 발톱과 어금니로 사나운 것의 표현. 나는 왕의 발톱과 어금니로 곧 용맹스런 왕의 군사라는 뜻.
3) 恤(휼) : 근심하다.

2. 백구(白駒) : 흰망아지

희고 흰 망아지가 우리 밭 곡식을 먹었다 하여
발 묶고 고삐를 나무에 매어 아침내내 붙잡아두어
저 어진 이가 더 놀다 가시게 하리라.

희고 흰 망아지가 우리 콩밭의 콩싹을 먹었다 하여
발 묶고 고삐를 나무에 매어 저녁내내 붙잡아두어
저 어진 이가 더 놀다 가시게 하리라.

희고 흰 망아지가 재빨리 달려오면
그대에게 공작이나 후작의 벼슬을 내려
즐거움 끝없게 하리라.
유유한 낙에 빠지지 말고 물러가는 것도 신중히 할찌어다.

희고 흰 망아지가 저 깊은 골짜기에 있네.
싱싱한 꼴 한 묶음 먹이고 있는데 그 이는 옥과 같네.
금옥같은 그대 음성 자주 전하고 나를 멀리하지 마소서.

▧ 부체다. 4장에 장마다 6구절로 이루어졌다.
어진 선비가 떠나가는 것을 막지 못하는, 또는 현자를 좋아하는 임금의 마음을 노래한 것이라 하였다.

皎皎白駒[1] 食我場[2]苗라하여 縶之維之[3]하여 以永今朝하여 所謂伊人[4]이 於焉逍遙[5]케하리라
皎皎白駒 食我場藿이라하여 縶之維之하여 以永今夕하여 所謂伊人이 於焉嘉客[6]케하리라
皎皎白駒 賁然[7]來思면 爾公爾侯하여 逸豫無期케하리라 愼[8]爾優游하며 勉爾遁思[9]어다

皎皎白駒 在彼空谷하니 生芻⁽¹⁰⁾一束이로소니 其人如玉이로다 毋金玉爾音하여 而有遐心이어다

1) 皎皎白駒(교교백구) : 교교는 희고 희다. 백구는 말이 다 자라지 않은 것. 흰망아지.
2) 場(장) : 포(圃)의 뜻.
3) 縶之維之(칩지유지) : 칩지는 발을 묶는 것. 유는 고삐를 매는 것.
4) 伊人(이인) : 현자를 가리킴.
5) 於焉逍遙(어언소요) : 어언은 조사. 소요는 쉬다. 놀다의 뜻.
6) 嘉客(가객) : 소요(逍遙)와 같다.
7) 賁然(비연) : 빨리 오는 것.
8) 愼(신) : 지나치지 말 것.
9) 勉爾遁思(면이둔사) : 면은 결단하지 말라. 둔사는 가려고 하는 것. 가려는 마음을 갖지 말라는 뜻.
10) 生芻(생추) : 싱싱한 꼴.

3. 황조(黃鳥) : 꾀꼬리야

꾀꼬리야 꾀꼬리야 닥나무에 앉지 마라.
우리 조를 쪼지 마라.
이 나라 사람들이 나를 좋게 대하지 않으니
돌아가고 돌아가 내 나라 내 가족에게 되돌아가리라.

꾀꼬리야 꾀꼬리야 뽕나무에 앉지 마라.
우리 수수를 쪼지 마라.
이 나라 사람들이 믿어주지 않으니
돌아가고 돌아가 내 형제에게 되돌아가리라.

꾀꼬리야 꾀꼬리야 상수리나무에 앉지 마라.
우리 기장을 쪼지 마라.
이 나라 사람들이 함께 살 수 없다 하니

돌아가고 돌아가 내 부모님 곁으로 되돌아가리라.

▨비체다. 3장에 장마다 7구절로 이루어졌다.
백성들이 이국(異國)으로 떠돌아 다니다가 정착할 곳을 얻지 못하고 이 시를 지었다고 하였다.

　　　黃鳥黃鳥아 無集于穀[1]하여 無啄我粟이어다 此邦之人이 不我肯 穀[2]이란 言旋言歸[3]하여 復我邦族하리라
　　　黃鳥黃鳥아 無集于桑하여 無啄我粱이어다 此邦之人이 不可與 明이란대 言旋言歸하여 復我諸兄하리라
　　　黃鳥黃鳥아 無集于栩하여 無啄我黍어다 此邦之人이 不可與處 란대 言旋言歸하여 復我諸父하리라

1) 穀(곡) : 나무 이름이며 닥나무.
2) 穀(곡) : 선(善)과 상통함.
3) 言旋言歸(언선언귀) : 언은 어조사. 선은 돌아오고, 귀는 되돌아옴.

4. 아행기야(我行其野) : 내 그 들에 나가다

내 그 들에 나가니 가죽나무만 무성하구나.
혼인한 것 때문에 그대의 집에 와 살지만
그대가 나를 돌보지 않으니 나는 친정으로 돌아가려네.

내 그 들에 나가 소루쟁이를 뜯었네.
혼인한 것 때문에 그대의 집에 머물러 있지만
그대 나를 돌보지 않으니 나는 다시 친정으로 가려네.

내 그 들길을 가다가 무를 뽑았네.
옛 혼인을 생각지 않고 그대 새짝만 찾고 있으니
진정 부를 찾기보다는 새로운 사람이구려.

▧ 부체다. 3장에 장마다 6구절로 이루어졌다.
　다른 나라로 시집간 여자가 혼인 때문에 참고 사는데 이제는 돌보지도 않으므로 이 시를 지어 노래한 것이라고 하였다.

(소루쟁이)

(산우엉)

　我行其野하니 蔽芾其樗¹⁾러라 昏姻²⁾之故로 言就爾居하니 爾不我畜이란대 復我邦家하리라
　我行其野하여 言采其蓫³⁾하라 昏姻之故로 言就爾宿하니 爾不我畜이란대 言歸斯復하리라
　我行其野하여 言采其葍⁴⁾하라 不思舊姻이오 求爾新特⁵⁾은 成不以富나 亦祇以異니라

1) 樗(저) : 쓸모없는 나무. 가죽나무.
2) 昏姻(혼인) : 신랑의 아버지와 신부의 아버지가 서로를 혼인(昏姻)이라고 부름.
3) 蓫(축) : 소루쟁이, 쓸모없는 나물 이름.
4) 葍(복) : 쓸모없는 나물. 산우엉.
5) 新特(신특) : 새로운 짝.

5. 사간(斯干) : 이 시냇물

천천히 흐르는 맑은 시냇물
아득한 남산
대나무 무성하게 우거진듯 소나무 무성한듯.
형과 아우는 서로 화목하네. 또 서로 꾀할 것이 없네.

선조들의 유업을 이어 고대광실 지었으니
서쪽과 남쪽이 그 문이로다.
이곳에 살고 이곳에 길들이며 함께 웃고 함께 말하리라.

널판 꽁꽁 동여매고 오르락내리락 흙을 쌓고 절구질하니
비바람 막고 새와 쥐도 제거함이니
군자가 사는 것이 높고도 크네.

우뚝 솟아 날개편 듯하며
빠른 화살처럼 기둥 쭉 곧아
용마루는 새가 날개를 편 듯
처마는 꿩이 날아가 듯.
군자가 올라와 정사를 보네.

뜰은 평평하고 기둥은 쪽쪽 곧고
쾌청한 대청이며 고요하고 넓은 구석진 방.
군자가 편안히 보내는 곳이네.

아래는 돗자리 위는 대자리 깔고
편안히 잠을 자네.
자고 일어나 내 꿈을 점쳐보니
길몽이 무엇인가
작은곰 말곰에
독사와 뱀도 보았다네.

큰점장이가 꿈을 점치니
곰과 말곰은 아들 얻을 꿈이요,
독사와 뱀은 딸을 얻을 꿈이라네.

아들 낳아 곧 침상에 뉘워놓고
좋은 옷 입혀주고 구슬 들고 놀게 하니
그 울음소리 우렁차고 붉은슬갑 찬란하며
집안을 일으키는 제후나 왕이 되시리.

이에 딸을 낳아서는 땅에다 뉘워놓고
포대기로 덮어주며 실패를 가지고 놀게 하니
그름도 없고 잘 함도 없어 오직 술과 밥짓기를 익히며
부모 걱정 끼침이 없네.

▨ 부체다. 9장에 4장은 장마다 7구절, 5장은 장마다 5구절로 이루어졌다.
새집을 짓고 잔치하며 그 기쁨을 노래한 시라고 하였다.

秩秩斯干[1]이오 幽幽南山이로소니 如竹苞[2]矣오 如松茂矣로다 兄及弟矣 式相好矣오 無相猶[3]矣로다
似[4]續妣祖하여 築室百堵하니 西南其戶로소니 爰居爰處며 爰笑爰語로다
約之閣閣[5]하며 椓之橐橐[6]하니 風雨攸除며 鳥鼠攸去로소니 君子攸芋[7]로다
如跂斯翼하며 如矢斯棘하며 如鳥斯革하며 如翬[8]斯飛로소니 君子攸躋로다
殖殖其庭[9]이며 有覺其楹[10]이며 噲噲其正이며 噦噦[11]其冥이로소니 君子攸寧이로다
下莞上簟[12]이로소니 乃安斯寢이로다 乃寢乃興하여 乃占我夢하니 吉夢維何오 維熊維羆[13]와 維虺[14]維蛇로다
大人占之하니 維熊維羆는 男子之祥이오 維虺維蛇는 女子之祥이로다
乃生男子하여 載寢之牀하며 載衣之裳 載弄之璋[15]하니 其泣喤喤[16]이로소니 朱芾斯皇[17]하여 室家君王이로다
乃生女子하여 載寢之地하며 載衣之裼[18]하며 載弄之瓦[19]하니 無非無儀라 唯酒食是議하여 無父母詒罹로다

1) 秩秩斯干(질질사간) : 질질은 차례가 있는 모양. 사는 이것, 간은 산골짜기의 시냇물.
2) 苞(포) : 떨기로 나며 견고하다.

3) 猶(유) : 꾀하다.
4) 似(사) : 사(嗣)와 통하며 계승하는 것.
5) 約之閣閣(약지각각) : 약은 판자를 묶은 것. 각각은 오르락내리락 하는 것.
6) 椓之橐橐(탁지탁탁) : 탁지는 쌓다. 탁탁은 절구대소리.
7) 芋(우) : 높으며 크다.
8) 翬(휘) : 수꿩과 같은 기이한 새로 날을 때의 멋진 모습.
9) 殖殖其庭(식식기정) : 평평하고 바르다. 정은 궁의 침실 앞뜰.
10) 覺其楹(각기영) : 높고 크며 곧다. 영은 기둥.
11) 噦噦(홰홰) : 쾌쾌(快快)하다.
12) 下莞上簟(하관상점) : 하관은 왕골로 만든 아래 돗자리, 상점은 위의 대자리.
13) 羆(비) : 곰과 같고 긴머리, 높은 다리에 사납고 힘이 센 짐승.
14) 虺(훼) : 뱀과에 속하며 목이 가늘고 큰 머리에 색무늬가 있으며 큰 것은 길이가 7, 8척이나 된다. 살모사.
15) 璋(장) : 반규(半圭).
16) 喤喤(황황) : 큰소리.
17) 朱芾斯皇(주불사황) : 주불은 슬갑으로 천자(天子)는 순주(純朱) 슬갑, 제후는 황주(黃朱) 슬갑을 했다. 사황은 황황(煌煌)과 같다.
18)·19) 裼·瓦(체·와) : 석은 어린아이옷. 와(瓦)는 실패

(뱀) (살모사)

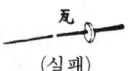
(실패)

6. 무양(無羊) : 양이 없다던가

누가 그대에게 양이 없다하나, 3백 마리의 무리가 있는데.
누가 그대에게 소가 없다하나, 90마리의 황소가 있는데.
그대의 양떼가 돌아오는데 뿔들을 서로 맞대고 있네.
그대의 소떼 돌아오는 것을 보니 서로 핥고 귀 반짝이네.

어떤 놈은 언덕을 내려오고 어떤 놈은 못에서 물을 마시고
혹은 누워있고 혹은 움직이네.
그대 목동 오는 것을 보니 도롱이 입고 삿갓 쓰고
또 밥을 지고 있네.
설흔 색깔 가지가지로 그대의 희생(제물) 갖추었네.

그대 목동 오는 것을 보니 굵고 가는 나무단을 지고
암컷과 수컷의 짐승도 잡았네.
그대의 양 오는 것을 보니
튼튼하고 씩씩하게 잘도 자라서
다치거나 병든 것 없어 팔을 들어 손짓하니
모두 우리로 모여 들어오네.

목동이 꿈을 꾸었는데,
많은 물고기들과 여러 가지 깃발들이네.
점장이에게 점을 치니
많은 물고기는 풍년을 말해 주고
여러 가지 깃발은 집안이 번창할 조짐이라네.

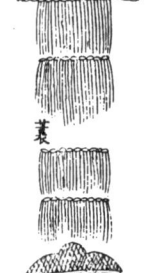
(도롱이)
蓑
笠
(삿갓)

▨ 부체다. 4장에 장마다 8구절로 이루어졌다.
목축업에 성공하여 소와 양이 많은 것을 노래한 것이다.

誰謂爾無羊이리오 三百維群이로오 誰謂爾無牛리오 九十其犉[1]이
로다 爾羊來思하니 其角濈濈[2]이로다 爾牛來思하니 其耳濕濕[3]이로다
　或降于阿하며 或飮于池하며 或寢或訛[4]로다 爾牧來思하니 何蓑
何笠[5]이며 或負其餱로소니 三十維物[6]이라 爾牲則具로다
　爾牧來思하니 以薪以蒸[7]이며 以雌以雄이로다 爾羊來思하니 矜矜
兢兢[8]하며 不騫不崩[9]이로소니 麾之以肱하니 畢來旣升[10]이로다
　牧人乃夢하니 衆維魚矣며 旐維旟[11]矣로다 大人占之하니 衆維魚
矣는 實維豊年이오 旐維旟矣는 室家溱溱[12]이로다

1) 九十其犉(구십기순) : 순은 키가 7척이 넘는 소. 이러한 소가 90마리나 된다는 말.
2) 濈濈(즙즙) : 화목하다.
3) 濕濕(습습) : 윤택한 것.
4) 訛(와) : 움직이는 것.
5) 何蓑何笠(하사하립) : 하는 들다. 사립은 삿갓과 도롱이.
6) 三十維物(삼십유물) : 색을 가지런히 하여 구별하는 것으로 30가지가 되는 것.
7) 以薪以蒸(이신이증) : 이는 조사. 신은 굵은 나무. 증은 가는 나무.
8) 矜矜兢兢(긍긍긍긍) : 견강한 모양.
9) 不騫不崩(불건불붕) : 건은 이그러진 모양. 붕은 무리가 빠르게 움직이는 모양.
10) 旣升(기승) : 다 우리로 들어가다. 기는 다. 승은 우리로 들어감.
11) 旐維旟(조유여) : 유는 어조사. 조는 교외밖에 세우는 기로 사람이 적은 것을 통제하는 기요. 여는 주리(州里)에서 세우는 것으로 사람이 많은 것을 통제하는 깃발.
12) 溱溱(진진) : 무리.

7. 절피남산(節彼南山) : 높이 솟은 저 남산

높이 솟은 저 남산에는 바위가 첩첩이 쌓여 있네.
빛나고 빛나는 태사 윤씨여. 백성들이 그대를 우러러 보네.
근심하는 마음이 불붙는 것 같아 감히 농담도 못하게 되었네.
나라는 이미 망하였거늘 어찌해 살펴보지 않는가.

높이 솟은 저 남산에는 초목이 길게 자랐네.
빛나고 빛나는 태사 윤씨여. 어찌 고루 다스리지 않는가.
하늘이 바야흐로 재앙을 내리시어 환란이 너무 심하여.
백성들이 즐거움이 없거늘 어이하여 한탄도 하지 않나.

제 4 장 기보(祈父)

태사 윤씨는 주나라의 주춧돌인데
나라를 고루 잘 다스렸다면 온 세상이 이에 의지하며
천자님을 잘 도와 백성들을 미혹되지 않게 해야할텐데
무심한 하늘이여. 우리 백성을 못살게 하지 마옵소서.

몸소 정사를 돌보지 아니하면 백성들은 믿지 않나니
묻지 않고 살피지 않으면서 군자를 속이지 말라.
평탄하게 하고 그른 것을 중지하며
소인으로 위태하게 하지 말라.
잗다란 인척들에 후한 벼슬을 주어서는 안 되네.

하늘은 고르지 못하여 이 어지러운 재난을 내리셨으며
하늘은 은혜롭지 못하여 이 큰 변고를 내리셨도다.
군자가 만일 이르르면 흉흉한 민심도 가라앉혔을 것이며
군자가 공정히 했더라면 증오와 원망도 멀어졌을 것이네.

불행한 하늘이여! 어지러운 세상 안정이 안 되고
불안은 나날이 더 늘어 백성들이 편안하지 못하네.
마음의 근심 술병난 것 같은데 누가 이 나라를 다스리려나
스스로 정사를 돌보지 않아 마침내 백성들만 괴롭히네.

저 네 필 수말이 끄는 수레를 타니
네 필의 수말 목이 굵기도 하네.
내 사방을 두루 보아도 조급하여 어디로 갈 바를 모르겠네.

바야흐로 그대 나쁜짓 한창일 땐
그대 창처럼 뾰족해 보이지만
이미 평화롭고 기쁠 때면 서로 술이라도 주고 받으리.

하늘이 공정치 않아 우리 임금님은 편안치 못하시거늘

그대 마음 고치지 않고 도리어 그 바른것을 원망만 하네.
가보(家父)가 이 노래를 지어 임금님 재앙의 원인을 캐려니
그 마음 고쳐 온 천하를 잘 다스리도록 바라네.

▨ 1·2장은 흥체, 3~10장은 부체다. 10장에 6장은 장마다 8구절이요, 4장은 장마다 4구절로 이루어졌다.
이 시는 가보(家父)의 작으로 임금이 태사 윤씨(太師尹氏)를 등용하여 난이 일어난 것을 풍자한 것이라고 하였다.

  節[1]彼南山이여 維石巖巖[2]이로다 赫赫師尹[3]이여 民具爾瞻이로다 憂心如惔하며 不敢戲談[4]하니 國旣卒斬[5]이어늘 何用不監고
  節彼南山이여 有實其猗[6]로다 赫赫師尹이여 不平謂何오 天方薦瘥[7]라 喪亂弘多며 民言無嘉어늘 憯莫懲嗟[8]하나다
  尹氏大師 維周之氐[9]라 秉國之均[10]이란대 四方是維하며 天子是毗[11]하여 俾民不迷어늘 不弔昊天하니 不宜空我師[12]니라
  弗躬弗親을 庶民弗信하나니 弗問弗仕[13]로 勿罔君子[14]어다 式夷式己하여 無小人殆어다 瑣瑣姻亞[15]는 則無膴仕니라
  昊天不傭하여 降此鞠訩[16]이며 昊天不惠하여 降此大戾[17]샷다 君子如屆면 俾民心闋[18]이며 君子如夷면 惡怒是違하리라
  不弔昊天이라 亂靡有定하여 式月斯生하여 俾民不寧하나다 憂心如酲[19]하니 誰秉國成이관대 不自爲政하여 卒勞百姓고
  駕彼四牡하니 四牡項領[20]이로다마는 我瞻四方하니 蹙蹙[21]靡所騁이로다
  方茂爾惡일샌 相爾矛矣더니 旣夷旣懌란 如相酬矣로다
  昊天不平이라 我王不寧이어시늘 不懲其心이오 覆怨其正하나다
  家父[22]作誦하여 以究王訩하노니 式訛爾心하여 以畜萬邦이어다

1) 節(절) : 높고 가파른 모양.
2) 巖巖(암암) : 바위가 쌓여있는 모양.
3) 赫赫師尹(혁혁사윤) : 혁혁은 지위가 높아 세력이 당당한 모양. 사윤은 태사 윤씨(太師尹氏).
4) 談(담) : 속이 타는 것.

5) 卒斬(졸참) : 마침내 끊어지다.
6) 有實其猗(유실기의) : 그 뜻이 자세치 못하다고 했다. 다만 초목이 융성한 것을 뜻하는 것 같다고 했다.
7) 薦瘥(천치) : 거듭 고통을 내리다.
8) 憯莫懲嗟(참막징차) : 참은 일찍. 징은 징계. 차는 자차(咨嗟)의 뜻.
9) 氐(지) : 근본을 뜻함.
10) 秉國之均(병국지균) : 나라의 권세를 잡아 고르게 다스림.
11) 毗(비) : 돕다.
12) 師(사) : 무리.
13) 仕(사) : 일.
14) 勿罔君子(물망군자) : 군자를 속이지 말라. 군자는 왕을 가리킴.
15) 瑣瑣姻亞(쇄쇄인아) : 쇄쇄는 작은 모양. 사위의 아버지는 인(姻), 사위끼리의 호칭은 아(亞)라고 함.
16) 鞫訩(국흉) : 곤궁하고 어지러운 것.
17) 戾(여) : 괴이한 것.
18) 閴(규) : 쉬다.
19) 酲(정) : 술이 병든 것. 곧 썩은 술.
20) 項領(항령) : 목이 굵음.
21) 蹙蹙(축축) : 축소된 모양.
22) 家父(가보) : 성은 가씨로 보(父)는 자(字)이며 주(周)의 대부.

8. 정월(正月) : 사월

사월에 서리가 많이 내리니 내 마음 근심뿐이네.
백성들의 뜬소문은 또한 너무도 크네.
내 홀로 생각하노니 마음의 시름 끝이 없고
나의 마음 소심하여 근심에 젖어 병이 되었네.

부모님 날 낳으시어 어찌하여 나를 괴롭게 하시나
지금의 나보다 먼저 낳든지 나보다 뒤에 낳든지 하지 않았네.

좋은말도 입으로부터 하고 나쁜말도 입으로부터 나오네.
근심하는 마음 한이 없어 이로써 업신여김 받게 되었네.

근심은 한이 없어 나의 복록없음을 생각하네.
백성들 중 죄없는 이들도 모두 잡혀 종이 되었네.
슬프다. 우리 백성들은 어디가서 복록을 누릴까
저기 저 날으는 까마귀는 뉘 집에나 앉을건가

저 숲속을 바라보니 굵은 나무와 잔 나무가 있는데
백성들이 지금 위태로운데 하늘을 보아도 흐리기만 하네
능히 안정시키려 한다면 이를 막을 자가 없을 것이니
하늘의 옥황상제께서는 누구를 증오하시나이까.

산이 낮다고 말하지만 등성이와 언덕이 있는 것
백성들의 뜬소문은 아무도 막지 못하리라.
저 노인장에게 불러 물어보니 고작 해몽만 할 뿐이네.
모두 다 내가 성인이라고 하나
그 누가 까마귀의 암수컷을 분간하리오.

하늘이 아무리 높다고 해도 몸을 굽히지 않을 수 없고
땅이 아무리 두텁다고 해도 살살 걷지 않을 수 없네.
이렇게 부르짖는 말이 도리에 맞고 이치에 맞거늘
슬프다. 지금 사람들은 왜 독사나 뱀처럼 해만 끼치는가.

저 산비탈 자갈밭 바라보니 특별한 싹이 무성하게 자랐네.
하늘이 나를 움직이심이 나를 이기지 못하는 듯하시네.
저들이 나를 구하여 본받을 땐 나를 얻지 못한 듯하더니
나를 잡아서는 원수같이 여겨 나의 힘을 쓰지 않는구려.

마음의 근심이 맺히고 얽힌 듯하네.

오늘의 정치는 어찌하여 포악하기만 한가.
화전(火田)의 활활 타는 불 어찌 끄겠는가.
빛나고 빛나는 주나라를 포사(褒姒)가 망쳤구나.

뒷일을 길이 생각하나 장마비가 나를 괴롭히네.
수레에 짐 가득 싣고 수레의 짐판을 떼어버리니
내 짐이 모두 땅에 떨어지거늘 백씨를 청하여 도와달라네.

수레의 짐판을 버리지 말고 그대의 수레바퀴살을 늘리고
자주 그 수레꾼을 살피면 수레의 짐은 떨어지지 않고
험한 곳도 별 지장 없이 넘어 마음쓰지 않아도 되리라.

물고기는 못에 있으나 또한 즐거울 수가 없네.
물속에 잠겨 비록 엎드려 있으나 또한 심히 다 보이네.
근심하는 마음 아프도록 나라의 포악한 정치를 생각하네.

저 맛있는 술과 또 좋은 안주가 있어
그 이웃과 친하며 인척들에게도 많이 베풀거늘.
나 홀로 외로이 마음 아프게 근심만 하네.

소인들도 저 깨끗한 집이 있고 천한 자들도 녹을 받거늘
백성들이 지금 녹이 없음은 하늘이 재앙을 내리심인가.
부자야 괜찮겠지만 이 외로운 홀아비 고아만 불쌍하구나.

▨ 1·2·3·5·6·8·12·13장은 부체, 4·7장은 흥체, 9·10·11장은 비체다. 총 13장에 8장은 장마다 8구절, 5장은 장마다 6구절로 이루어졌다.
 이 시는 대부가 지은 시로 주(周)의 유왕(幽王)을 풍자한 것이라고 하였다.

正月[1]繁霜이라 我心憂傷이어늘 民之訛言[2]이 亦孔之將이로다 念我獨兮 憂心京京[3]하니 哀我小心이여 癙憂以痒[4]하라

父母生我여 胡俾我瘉오 不自我先이며 不自我後로다 好言自口며 莠[5]言自口라 憂心愈愈[6]하여 是以有侮하라

憂心惸惸[7]하여 念我無祿[8]하노라 民之無辜 幷其臣僕[9]이로다 哀我人斯는 于何從祿고 瞻烏爰止혼댄 于誰之屋고

瞻彼中林혼대 侯薪侯蒸이로다 民今方殆어늘 視天夢夢[10]이로다. 旣克有定이면 靡人弗勝이니 有皇上帝[11] 伊誰云憎이시리오

謂山蓋卑나 爲岡爲陵이니라 民之訛言을 寧莫之懲이로다 召彼故老[12]하며 訊之占夢[13]하니 具曰予聖이라하나니 誰知烏之雌雄고

謂天蓋高나 不敢不局[14]하며 謂地蓋厚나 不敢不蹐[15]하라 維號斯言이 有倫有脊이어늘 哀今之人은 胡爲虺蜴[16]고

瞻彼阪田[17]혼대 有菀其特[18]이어늘 天之扤[19]我여 如不我克이샷다 彼求我則일샌 如不我得이러니 執我仇仇나 亦不我力하나다

心之憂矣 如或結之로다 今玆之正[20]은 胡爲厲矣오 燎之方揚을 寧或滅之리오 赫赫宗周[21]를 褒姒[22]威之로다

終其永懷하니 又窘陰雨로다 其車旣載하고 乃棄爾輔[23]하니 載輸爾載[24]오야 將伯[25]助予로다

無棄爾輔하여 員[26]于爾輻이오 屢顧爾僕하면 不輸爾載하여 終踰絶險이 曾是不意리라

魚在于沼하니 亦匪克樂이로다 潛雖伏矣나 亦孔之炤[27]이로다 憂心慘慘하여 念國之爲虐하노라

彼有旨酒하며 又有嘉殽하여 洽比[28]其隣하며 昏姻孔云[29]이어늘 念我獨兮 憂心慇慇[30]하라

佌佌[31]彼有屋하며 蔌蔌[32]方有穀이어늘 民今之無祿은 天夭[33]是椓[34]이로다 哿[35]矣富人이어니와 哀此惸獨[36]이로다

1) 正月(정월) : 하(夏)나라의 4월로 정월이라고 말한 것은 정양(正陽)의 달을 가리킴.
2) 訛言(와언) : 뜬소문, 거짓말.
3) 京京(경경) : 또한 큰 모양.

4) 瘦憂以痒(서우이양) : 서우는 깊은 근심. 양은 병. 깊은 근심으로 병이 되었다.
5) 莠(유) : 더럽다.
6) 愈愈(유유) : 더욱 심하다의 뜻.
7) 惸惸(경경) : 근심하는 뜻.
8) 無祿(무록) : 불행과 같다.
9) 臣僕(신복) : 신하와 종. 옛날엔 포로나 죄인을 종으로 삼았다.
10) 夢夢(몽몽) : 밝지 않다.
11) 皇上帝(황상제) : 큰 하늘의 신(神).
12) 故老(고로) : 옛 신하.
13) 占夢(점몽) : 벼슬 이름으로 점괘를 맡은 관리.
14) 局(국) : 굽히다.
15) 蹐(척) : 여러 걸음.

(도마뱀)

16) 虺蜴(훼석) : 다 독사와 같은 동물.
17) 阪田(판전) : 울퉁불퉁한 험한 밭.
18) 菀其特(울기특) : 울은 무성한 모양. 특은 특별히 자란 싹.
19) 扤(올) : 움직이다.
20) 正(정) : 정치.
21) 宗周(종주) : 호경(鎬京).
22) 褎姒(포사) : 유왕이 어여삐 여긴 첩. 포국의 딸이며 성은 사(姒).
23) 輔(보) : 수레 양쪽에 대놓은 깔판으로 짐을 싣는 곳.
24) 載輸爾載(재수이재) : 수는 짐을 싣는 양쪽에 대놓은 깔판으로 실은 짐을 떨어뜨리다.
25) 伯(백) : 어느 사람의 자(字)라고 함.
26) 員(원) : 더하다.
27) 炤(작) : 밝아 쉽게 보다.
28) 洽比(흡비) : 다 합하다.
29) 云(운) : 두르다.
30) 慇慇(은은) : 마음이 아프다.

31) 呰呰(차차) : 적은 모양. 왕이 쓰는 소인을 가리킴.
32) 藗藗(속속) : 구차한 모양. 왕이 쓰는 소인을 가리킴.
33) 夭(요) : 화(禍).
34) 椓(탁) : 해롭다.
35) 哿(가) : 가하다.
36) 惸獨(경독) : 외로운 사람.

9. 시월지교(十月之交) : 시월이 되면

시월이 교차되는 초하루인 신묘(辛卯)일에
일식이 일어나니 또한 매우 나쁜일이네.
저번 달에는 월식이 있더니 이 달에는 일식이라.
지금 우리 백성들은 또한 심히 슬퍼하고 있네.

해와 달이 흉사를 알리려 그들의 길을 따르지 않으니
온 세상의 정사가 어지러움은 그 어진 이를 쓰지 않음이네.
저번 달의 월식은 보통 흔히 있는 일이거니와
이번 달의 일식은 이 어떤 불길한 일이 아닌가.

번개 번쩍 우뢰 진동하니 불안하고 좋지 않은 일이로세.
모든 냇물이 끓어오르고 산봉우리 우르르 무너져
높은 언덕 골짜기가 되고 깊은 골짜기 언덕이 되었네.
슬프다. 지금 사람은 어찌 일찍 이런 일을 막지 않는지.

황보(皇父)는 경사(卿士)요, 파씨(番氏)는 사도(司徒).
가백(家伯)인 총재(冢宰)와 중윤(仲允)은 선부(膳夫).
추자(棸子)는 내사(內史)요, 궤씨(蹶氏)는 추마요.
우씨(楀氏)는 사씨(師氏)가 되어 포사와 어울려졌네.

아 황보(皇父)라는 자는 어찌 농사철을 모를까.

어찌 나를 부리면서도 나와 함께 의논하지 않는가.
내 집과 담장은 무너지고 밭은 물이 고여 잡초가 났거늘
자신이 해친 것이 아니라 예절이 그러한 것이라 하네.

황보는 너무도 영리하여 상(向)땅에 도읍을 만들고
삼경(三卿)을 가려서 진실로 많은 재물을 모았네.
한 늙은 신하조차도 왕의 곁에 있지 않게 하고
수레와 말 가진 사람만 골라 상땅으로 가 살게 했네.

힘들여 일을 하면서도 감히 고되다는 말 한 마디 못하네.
죄도 없고 허물도 없건만 모함하는 말만 자자하네.
백성들이 받는 재앙은 하늘이 내린 것이 아니요.
모여 떠들고 헤어져 미워하는 것은
다투어 사람이 빚은 결과라.

근심 걱정으로 내 삶이여 또한 심히 병이 들었네.
온 세상이 여유가 있거늘 나 홀로 근심하며
백성들은 모두 즐기는데 나 홀로 쉬지도 못하네.
하늘의 명이 고르지 않아 감히 내 친구처럼 즐기지 못하네.

▨ 부체다. 총 8장에 장마다 8구절로 이루어졌다.
주의 유왕이 포사에 빠져 있는 것을 풍자한 시라고 했다.

  十月之交[1] 朔日辛卯에 日有食之하니 亦孔之醜로다 彼月而微어니와 此日而微여 今此下民이 亦孔之哀로라
  日月告凶하여 不用其行[2]하니 四國無政하여 不用其良이로다 彼月而食은 則維其常이어니와 此日而食이여 于何不臧고
  爗爗[3] 震電이 不寧不令이로다 百川沸騰[4]하며 山冢崒[5]崩하여 高岸爲谷이오 深谷爲陵이어늘 哀今之人은 胡憯[6]莫懲고
  皇父卿士[7]오 番維司徒[8]오 家伯爲宰[9]오 仲允膳夫[10]오 聚子內

史[11]오 蹶維趣馬[12]오 楀維師氏[13]어늘 豔妻煽方處[14]로다
　　抑[15]此皇父 豈曰不時[16]리오마는 胡爲我作[17]호대 不卽我謀코 徹我牆屋하여 田卒汙萊[18]어늘 日予不戕[19]이라 禮則然矣라하나다
　　皇父孔聖[20]하여 作都于向[21]하고 擇三有事[22]호대 亶侯多藏[23]하며 不憖遺一老하여 俾守我王하고 擇有車馬[24]하여 以居徂向이로다
　　黽勉從事하여 不敢告勞하라 無罪無辜어늘 讒口囂囂[25]로다 下民之孽이 匪降自天이라 噂沓[26]背憎이 職競[27]由人이니라
　　悠悠我里[28]여 亦孔之痗[29]로다 四方有羨[30]이어늘 我獨居憂하며 民莫不逸이어늘 我獨不敢休하니 天命不徹[31]이니 我不敢傚 我友自逸호니라

1) 十月之交(시월지교) : 하(夏)나라의 역(曆)으로 보면 해(亥)에 해당하는 8월. 교는 날과 달이 교차되는 그믐과 초하루의 사이.
2) 行(행) : 길.
3) 爗爗(엽엽) : 번개불이 빛나는 모양.
4) 沸騰(비등) : 끓어오름.
5) 冢崒(총줄) : 산의 등성이를 총이라한다. 줄은 높은 모양.
6) 憯(참) : 일찍의 뜻.
7) 皇父卿士(황보경사) : 황보는 사람의 자. 경사는 6경(六卿)을 거느리는 우두머리.
8) 番維司徒(파유사도) : 파는 사람의 성씨. 유는 어조사. 사도는 교육을 책임지는 사람.
9) 家伯爲宰(가백위재) : 가백은 사람의 자. 재는 나라의 총재.
10) 仲允膳夫(중윤선부) : 중윤은 사람의 자. 선부는 음식을 맡은 벼슬.
11) 棸子內史(추자내사) : 추는 성씨, 자는 칭호. 내사는 중대부(中大夫)로 작록과 살생의 여탈권을 가지고 있음.
12) 蹶維趣馬(궤유추마) : 궤는 사람의 성씨. 추마는 중사(中士)로 왕의 말(馬)을 관장하는 벼슬.
13) 楀維師氏(우유사씨) : 우는 사람의 성씨. 사씨는 또한 중대부로 조회와 일의 득실을 관장하는 벼슬.
14) 豔妻煽方處(염처선방처) : 염처는 포사(褒姒)를 가리킴. 선은 성하

다. 방처는 그곳에 처하여 옮기지 아니하다.
15) 抑(억) : 발어사.
16) 時(시) : 농사철의 시기.
17) 作(작) : 움직이다. 곧 모두 일을 시키다.
18) 汙萊(오래) : 오는 물이 고여있는 것. 내는 풀이 많이 나는 것.
19) 戕(장) : 해침.
20) 孔聖(공성) : 심히 통명(通明)하다.
21) 都于向(도우상) : 도는 큰 읍. 기내(畿內)의 큰 읍은 사방 백 리를 가리키고, 소읍은 사방 50리를 말함. 상은 땅 이름.
22) 三有事(삼유사) : 나라일을 맡아하는 삼경(三卿).
23) 亶侯多藏(단후다장) : 단은 진실하다. 후는 유(維)와 같다. 다장은 저장된 재물이 많다.
24) 有車馬(유거마) : 부자인 백성.
25) 囂囂(효효) : 무리가 많은 모양.
26) 噂沓(준답) : 모이고 거듭 쌓임.
27) 職競(직경) : 주력함. 모든 힘을 쏟음.
28) 悠悠我里(유유아리) : 유유는 근심하는 모양. 아리는 내 사는 곳.
29) 瘽(매) : 병.
30) 羨(선) : 남아있다.
31) 徹(철) : 고르다.

10. 우무정(雨無正) : 내리는 비

넓고 넓은 하늘이 그 덕을 일정하게 아니하시어
난리와 기근을 내려 온 천하를 쓸어 버리시니
하늘의 포악하심은 생각도 없고 도모하지도 않은 것이네.
저 죄있는 자를 놓아둔 것은 그 죄로 죽는다지만
이 죄없는 사람마저 모두 함정에 빠져 죽어야 하나

주나라 종실이 이미 멸망하여 머물러 살 곳이 없어

정대부(正大夫)는 모두 흩어져 나의 괴로움 알지 못하고
삼공대부(三公大夫)는 아침 저녁 임금께 문안 드리지 않고
여러 제후들도 아침 저녁으로 임금님을 뵈러 오지 않네.
행여나 착해질까 하였건만 더욱더 악랄해지네요.

어찌하여 하늘은 법도에 맞는 말을 믿지 아니하나
저 가는 것이 이대로 가다가는 어찌 될지 모르겠네.
무릇 모든 관리들은 각각 너의 몸을 공경할지어다.
어찌 서로 두렵지 않나 하늘도 두렵지 않은가?

난리가 일어나도 물리치지 못하고
굶주림이 일어도 바라만 보니
일찍이 가까운 신하만이 근심으로 나날이 여위어가네.
무릇 모든 관리들은 즐겨 사정을 아뢸 줄 모르고
들은 말이 있으면 대답하고 참소하는 말은 물리치네.

슬프다. 말할 수 없음이여! 혀로 다 말하지 못하니
이 몸만 병들어 허약해지네.
말 잘하는 저 사람이여! 교묘한 말이 물 흐르듯 하여
자기들 몸만 편하게 잘 사네.

나도 벼슬자리에 있다지만 매우 위태로울 뿐이네.
맡은 일 그만두려 하니 천자께 죄를 짓게 되고
또한 일을 계속하려니 벗들에게 원성만 듣게 되네.

그대를 서울로 옮기라 하니 내 집이 없다 핑계를 대네.
근심에 피눈물 흘리고 말하면 속 아프지 않은 곳이 없네.
옛날 그대들이 나가 살땐 누가 와 너의 집을 지어주었나.

▨ 부체다. 총 7장에 2장은 장마다 10구절, 2장은 장마다 8구

절, 3장은 장마다 6구절로 이루어졌다.

　나라가 기근이 심하여 먹고 살 수 없어 여러 신하들이 흩어져 갔는데 가지 않은 신하가 이 시를 지어 떠나간 자를 책망한 노래라는 것이다.

　　浩浩昊天[1]이 不駿[2]其德하사 降喪饑饉하여 斬伐四國하시나니 旻天疾威[3]라 弗慮弗圖[4]삿다 舍彼有罪는 既伏其辜어니와 若此無罪는 淪胥以鋪[5]아
　　周宗[6]既滅하여 靡所止戾[7]하며 正大夫[8]離居하여 莫知我勚[9]하며 三事大夫[10] 莫肯夙夜하며 邦君諸侯 莫肯朝夕일새 庶曰式臧이어늘 覆出爲惡이로다
　　如何昊天아 辟言[11]不信하니 如彼行邁 則靡所臻이로다 凡百君子[12]는 各敬爾身이어다 胡不相畏이오 不畏于天가
　　戎成不退하며 飢成不遂하여 曾我暬御[13] 憯憯日瘁[14]어늘 凡百君子 莫肯用訊이오 聽言則答하며 譖言則退하나다
　　哀哉不能言이여 匪舌是出이라 維躬是瘁로다 哿[15]矣能言이여 巧言如流하여 俾躬處休로다
　　維曰于[16]仕나 孔棘且殆[17]로다 云不可使는 得罪于天子오 亦云可使는 怨及朋友로다
　　謂爾[18]遷于王都라혼을 曰予未有室家라하여 鼠思[19]泣血하여 無言不疾하나니 昔爾出居엔 誰從作爾室오

1) 浩浩昊天(호호호천) : 넓고 넓은 하늘을 말함.
2) 駿(준) : 큰 덕택의 뜻.
3) 疾威(질위) : 포악하다와 같다.
4) 弗慮弗圖(불려불도) : 꾀하지 못하다. 여도는 모(謀)와 같다.
5) 淪胥以鋪(윤서이포) : 윤은 빠지다. 서는 서로. 포는 두루하다의 뜻.
6) 周宗(주종) : 주나라의 종실.
7) 戾(여) : 정하다.
8) 正大夫(정대부) : 주나라 6관(六官)의 우두머리로 상대부(上大夫).
9) 勚(예) : 노고의 뜻.

10) 三事大夫(삼사대부) : 삼사는 삼공(三公). 대부는 6경(六卿)과 중하대부(中下大夫).
11) 辟言(벽언) : 벽은 법(法)으로 법언을 말함.
12) 凡百君子(범백군자) : 여러 신하를 가리킴.
13) 暬御(설어) : 옆에서 모시는 시중(侍中).
14) 憯憯日瘁(참참일췌) : 참참은 근심하는 것. 일췌는 날마다 병들다.
15) 哿(가) : 가(可)와 통한다.
16) 于(우) : 가다.
17) 孔棘且殆(공극차태) : 심히 급하고 또 위태하다.
18) 爾(이) : 떠나간 사람.
19) 鼠思(서사) : 근심하는 병과 같다.

제 5 장 소민(小旻:小旻之什二之五)

1. 소민(小旻) : 저 높은 하늘
저 높은 하늘이 노여움을 이 땅위에 펴시었네.
일을 계획함이 간사하니 그 어느 날에나 그치리오.
좋은 계획엔 따르지 않고 못된 것만 가려서 쓰니
내 그 계획을 보건대 또한 심한 병폐뿐이네.

친하다가 헐뜯는 것은
너무나 가엾은 일이네.
좋은 계획엔 모두들 어기고
나쁜 계획에만 모두들 따르니
내 그 계획을 보건대 어떻게 이룰 것인가.

(거북)

내 점치는 거북도 미워서 내 좋은 계획을 알려주지 않고
계획하는 이 너무 많아 계획하는 일 잘 되지 않으리
발언하는 자 조정에 가득차 누가 감히 그 허물 잡으리오.
방안에서 세운 계획같은 것이라 아무런 쓸모가 없다네.

슬프다, 계획하는 이는 옛 성인을 본받지 않고
떳떳한 도리를 안 지키고 오직 경박한 말만 따르며
경박한 말로 서로 다투고 있네.
저 집짓는 자 길가는 사람에게 묻듯 아무것도 못이루겠네.

국론은 비록 정해지지 않으나
혹은 형통하고 혹은 그렇지 못하며

백성은 많지 않으나 혹은 현명하고 혹은 꾀가 있으며
혹은 신중하고 혹은 점잖은 사람도 있네.
저 한번 흐르면 못돌아오는 샘물처럼 모두 다 패망할 것인가.

감히 맨손으로 호랑이를 잡지 못하고
감히 걸어서 황하를 건너지 못함을
사람들은 그런 것 하나만 알고 다른 것은 모르네.
두려워하고 조심하기를 깊은 연못에 다다른 듯하며
엷은 얼음판을 밟고 건너는 듯해야 하네.

▨ 부체다. 6장에 3장은 장마다 8구절이요, 3장은 장마다 7구절로 이루어졌다.
대부가 왕이 사특한 꾀에 빠져 선을 따르는데 결단을 내리지 못하는 것을 보고 이 시를 지었다고 하였다.

旻天[1]疾威 敷于下土하여 謀猶回遹[2]하니 何日斯沮오 謀臧으란 不從하고 不臧을아 覆用하나니 我視謀猶혼대 亦孔之邛[3]이로다
潝潝訿訿[4]하나니 亦孔之哀로다 謀之其臧으란 則具是違하고 謀之不臧을아 則具是依하나니 我視謀猶혼대 伊于胡底오
我龜旣厭이라 不我告猶하며 謀夫孔多라 是用不集이로다 發言盈庭하니 誰敢執其咎오 如匪行邁謀라 是用不得于道로다
哀哉爲猶여 匪先民是程[5]이며 匪大猶是經[6]이오 維邇言是聽이며 維邇言是爭하나니 如彼築室于道謀라 是用不潰[7]于成이로다
國雖靡止나 或聖或否며 民雖靡膴[8]나 或哲或謀며 或肅或艾[9]니 如彼流泉하여 無淪胥[10]以敗아
不敢暴[11]虎와 不敢馮[12]河를 人知其一이오 莫知其他로다 戰戰兢兢[13]하여 如臨深淵하며 如履薄氷호라

1) 旻天(민천) : 아득히 먼 하늘.
2) 謀猶回遹(모유회휼) : 모유는 꾀하는 것. 회는 사특한 것. 휼은 사벽한 것. 곧 간사한 것.

3) 卭(공) : 병(病)과 같다.
4) 潝潝訿訿(흡흡자자) : 흡흡은 서로 화목한 것. 자자는 서로 헐뜯다.
5) 先民是程(선민시정) : 선민은 선인(先人). 시정은 이 법(法).
6) 大猶是經(대유시경) : 대유는 큰 도리. 시경은 이 떳떳한 것.
7) 潰(궤) : 이루어지다.
8) 幠(무) : 크다. 또는 많다.
9) 艾(예) : 예(乂)와 통하여 예로 읽고 다스리다의 뜻.
10) 淪胥(윤서) : 윤은 빠지다. 서는 상(相)과 같다.
11) 暴(포) : 맨손으로 하는 것.
12) 馮(빙) : 맨발로 건너는 것을 말한다.
13) 戰戰兢兢(전전긍긍) : 전전은 두려워하고, 긍긍은 경계하는 모양.

2. 소완(小宛) : 작은 비둘기

알록달록한 저 작은 비둘기 날개쳐 하늘에 이르르고
내 마음 슬픔에 젖어 옛 조상님 생각하네.
날이 밝도록 잠 못이루고 부모님을 생각하네.

사람이 위엄있고 슬기있으면 술을 마셔도 온순하거늘
저 멍청하고 지혜없는 사람은 매일 취해 더 교만해지네.
각각 행동을 삼가해야 하리,
하늘의 명은 다시 오지 않는 것이니까.

언덕에 열린 콩을 백성들이 따고 있네.
뽕나무 벌레 새끼를 나나니벌이 업고 다니네.
너의 자식을 잘 가르쳐 착하고 선하게 하라.

저 할미새를 보니 날아가며 지저귀네.
나도 날로 나아가고 달마다 정진하리라.
일찍 일어나고 늦게 자면

나를 낳아 주신 부모께
욕됨이 없을지라.

청작새 훨훨 날아와
마당의 곡식을 쪼아 먹네.
슬프다, 우리 병든 자와 과부여 옥살이가 더 편안하다네.
곡식 한 줌 내어 점치러 가는 것은
언제부터 좋아질까 물어보려 함이네.

부드럽고 따스한 사람이 나무위에 앉은 듯하며
두려워하고 조심하는 마음이 깊은 골짜기에 임한 듯하네.
두려워하고 조심하여 엷은 얼음을 밟는 것 같이 해야 하네.

(청작새)
(뽕나무 벌레)
(나나니벌)

▨ 1·3·4·5장은 홍체, 2·6장은 부체다. 총 6장에 장마다 6구절로 이루어졌다.
 이 시는 대부(大夫)가 나라의 어려움에 처하여 형제들이 서로 경계하여 화를 면하자는 것이라고 하였다.

宛彼鳴鳩[1]여 翰飛戾天[2]이로다 我心憂傷이라 念昔先人호라 明發[3]不寐하여 有懷二人[4]호라 人之齊聖[5]은 飮酒溫克이어늘 彼昏不知는 壹醉日富로다 各敬爾儀어다 天命不又니라 中原[6]有菽이어늘 庶民采之로다 螟蛉[7]有子어늘 蜾蠃[8]負之로다 敎誨爾子하여 式穀[9]似之하라
 題彼脊令[10]한대 載飛載鳴이로다 我日斯邁어든 而月斯征이라 夙興夜寐하여 無忝爾所生[11]어다
 交交桑扈[12]여 率場啄粟이로다 哀我塡[13]寡여 宜岸[14]宜獄이로다 握粟出卜하여 自何能穀고호라

溫溫¹⁵⁾恭人이 如集于木하며 惴惴¹⁶⁾小心이 如臨于谷이라 戰戰兢兢하여 如履薄氷호라

1) 宛彼鳴鳩(완피명구) : 완은 적은 모양. 명구는 알록달록한 비둘기.
2) 翰飛戾天(한비려천) : 한은 깃. 여는 이르는 것. 날개를 쳐 하늘로 날은다는 뜻.
3) 明發(명발) : 날이 훤히 새는 것.
4) 二人(이인) : 부모를 가리킴.
5) 齊聖(제성) : 제는 엄숙한 것. 성은 통하여 밝은 것.
6) 中原(중원) : 언덕 가운데.
7) 螟蛉(명령) : 뽕나무 벌레.
8) 蜾蠃負之(과라부지) : 과라는 나나니벌. 나나니벌은 애벌레를 잡아다 그 위에 알을 낳아서 알에서 깨어난 유충의 먹이로 삼는다. 옛날 사람들은 애벌레로 새끼 나나니벌을 만드는 줄 알았다.
9) 式穀(식곡) : 식은 쓰다. 곡은 착하다.
10) 題彼脊令(제피척령) : 제는 보다. 척령은 할미새. 저 할미새를 보면 의 뜻.
11) 忝爾所生(첨이소생) : 첨은 욕(辱)하다. 이소생은 너를 낳은 사람. 곧 부모를 뜻함.
12) 交交桑扈(교교상호) : 교교는 왕래하는 모양. 상호는 절지(竊脂)라는 새로 벌레만 먹고 곡식을 먹지 아니한다.
13) 塡(전) : 병으로 전(瘨)과 통한다.
14) 岸(안) : 감옥과 같다.
15) 溫溫(온온) : 화하고 유순한 모양.
16) 惴惴(췌췌) : 두려워하고 조심하는 모양.

(갈가마귀)

3. 소반(小弁) : 갈가마귀

저 즐겁게 날으는 갈가마귀여!
한가로이 노닐다 돌아가네.
백성들은 선하지 아니함이 없건만

나홀로 근심하네.
하늘은 무슨 죄며 나의 죄는 무엇인가.
마음의 시름이여! 이를 어이할꼬.

평탄한 저 큰길은 풀이 우거져 무성하네.
내 마음 상처는 방망이 가슴치 듯하네.
옷입은 채로 누워 탄식하니 근심으로 다 늙어가네.
마음의 시름이여! 머리는 깨지는 듯 아파오네.

뽕나무와 가래나무도 반드시 공경하는 뜻이 있나니
아버지 말고 누구를 우러르며 어머니 말고 누구를 의지하리.
터럭도 이어받지 않았는가 마음도 물려받지 않았는가.
하늘이 나를 낳으셨는데 나의 때는 어디에 있는가.

저 버드나무 무성하고 매미가 한가로이 울고
깊은 연못가엔 한 길 넘는 억새풀이 우거져 있네.
저기 떠있는 조각배처럼 어디로 갈지를 모르나니
마음의 시름이여! 옷입은 채 잘 겨를도 없네.

사슴은 달릴적에 걸음을 늦추어 무리를 떠나지 않고
꿩이 아침에 우는 것은 그의 짝을 찾는 것이라네.
비유컨대 저 부러진 나무 가지 없어 쓸모없는 것과 같네.
마음의 시름을 어찌 알지 못하는가.

저 그물안에 걸려든 토끼도 빠져나가는 놈이 있고
길에 죽은 사람이 있으면 오히려 묻어 주려고 하나니
군자의 마음 쓰심은 너무도 잔인하시네.
마음의 시름이여! 눈물만이 흘러내리네.

군자께서 거짓말 믿으심을 술잔을 돌리듯이 즐겨하며

군자께서 사랑은 커녕 자세히 보려고도 않네.
나무를 베도 인줄을 치고 장작을 패도 결 따라 쪼개거늘.
저 죄있는 자를 놓아두고 모든 것을 나에게만 돌리시네.

높지 아니하면 산이 아니요, 깊지 아니하면 샘이 아닌가.
군자는 한번 한 말을 바꾸지 말라. 저 담장에도 귀가 있다네.
내 어살에 가지 말고 내 통발을 꺼내지 말라 하였건만.
이 내 몸도 들어가지 못하면서 어느 겨를에 뒷일을 걱정하랴.

▨ 1~7장은 흥체요, 8장은 부이비체다. 총 8장에 장마다 8구절로 이루어졌다.
옛 설화에 의하면 주나라 유왕(幽王)이 태자 의구(宜臼)를 폐지하자 이 시를 지었다고 했다.

弁彼鸒斯¹⁾여 歸飛提提²⁾로다 民莫不穀³⁾이어늘 我獨于罹호다 何辜于天고 我罪伊何오 心之憂矣여 云如之何오
踧踧周道⁴⁾여 鞠⁵⁾爲茂草로다 我心憂傷이여 惄焉如擣⁶⁾로다 假寐⁷⁾永嘆하여 維憂用老호니 心之憂矣라 疢如疾首호라
維桑與梓도 必恭敬止온 靡瞻匪父며 靡依匪母가 不屬于毛며 不離于裏아 天之生我여 我辰⁸⁾安在오
菀彼柳斯에 鳴蜩嘒嘒⁹⁾며 有漼者淵에 萑葦淠淠¹⁰⁾로다 譬彼舟流 不知所屆로소니 心之憂矣라 不遑假寐호라
鹿斯之奔에 維足伎伎¹¹⁾며 雉之朝雊¹²⁾에 尙求其雌어늘 譬彼壞¹³⁾木이 疾用無枝니 心之憂矣를 寧¹⁴⁾莫之知오
相彼投兎¹⁵⁾오 尙或先之¹⁶⁾며 行有死人이어든 尙或墐¹⁷⁾之하나니 君子秉心은 維其忍之로다 心之憂矣라 涕旣隕之호라
君子信讒이 如或醻之며 君子不惠라 不舒究之로다 伐木掎矣며 析薪扡¹⁸⁾矣어늘 舍彼有罪오 予之佗¹⁹⁾矣로다
莫高匪山이며 莫浚匪泉가 君子無易由言이어다 耳屬于垣이니라 無逝我梁하여 無發我笱언마는 我躬不閱이오 遑恤我後아

1) 弁彼鶯斯(반피여사) : 반은 날개치고 날으는 모양. 여는 갈가마귀. 사는 어조사.
2) 提提(시시) : 무리로 날아 편안하고 한가한 모양.
3) 穀(곡) : 선하다.
4) 踧踧周道(척척주도) : 척척은 평이하다. 주도는 큰도(大道)다.
5) 鞠(국) : 궁(窮)이다.
6) 怒焉如擣(역언여도) : 역은 생각하다. 도는 두드리다.
7) 假寐(가매) : 의관을 벗지 않고 잠을 자는 것.
8) 辰(신) : 때.
9) 嘒嘒(혜혜) : 매미우는 소리.
10) 淠淠(비비) : 많은 모양.
11) 伎伎(기기) : 걸음이 느린 모양. 빨리 가다가 서서히 하여 그의 무리에 멈추는 것.
12) 雊(구) : 꿩의 울음.
13) 壞(괴) : 병들어 상한 것.
14) 寧(영) : 어찌하다와 같다.
15) 相彼投兔(상피투토) : 상은 보다. 투토는 토끼가 달려오는 것.
16) 先之(선지) : 놓아준다는 뜻이 있다.
17) 墐(근) : 무덤을 만들어 주다.
18) 杝(치) : 나무의 결을 따라 쪼개는 것.
19) 佗(타) : 더하다.

4. 교언(巧言) : 교묘한 말

아득하고 높은 저 하늘은 부모라고 이르건만
죄도 없고 허물도 없는데 이같은 큰 어려움 당할줄이야.
하늘이 이미 벌을 내렸으나 나는 정말 아무 죄없으며
하늘이 크고 크더라도 나는 정말 아무 허물없다네.

변란이 처음 생기는 것은 처음의 참언(讒言)에서 길러지며 변란이 다시 일어나는 것은 군자께서 참언을 믿기 때문일세.
군자가 노하신다면 변란은 곧바로 막아질 것이며
군자가 기뻐하신다면 변란은 곧바로 그치리라.

군자께서 맹세만 자주 하시니 변란은 이로써 더욱 자라며
군자께서 소인을 믿으시니 변란이 이로써 더욱 거칠어지며
참소하는 말은 매우 달콤하여 변란이 이로써 늘어가네.
그들과 함께 일할 수 없으니 임금님만 병들어가네.

크고 빛나는 저 종묘는 옛 임금이 지으셨으며
위대하고 올바른 법도는 옛 성인이 정하셨네.
남이 지닌 마음을 내 헤아릴 수 있으니
깡총깡총 뛰는 교활한 토끼도 사냥개 만나면 잡히네.

부드럽고 부드러운 나무를 군자께서 심으셨으며
왔다갔다 떠도는 말을 마음으로 분별해야 하네.
허황한 큰소리도 입으로부터 나오고
생황소리 같은 교묘한 말은 낯가죽 두꺼운 자들이 하네.

저 사람은 어떤 사람인가 황하의 물가에 살며
힘도 용맹도 없으면서 변란을 일으키는 것을 일삼네.
정강이와 발뒤꿈치에 종기났으니 그대 용기 무엇하겠는가.
잔꾀를 많이 부리고 있지만 너와 같은 무리 얼마나 될까.

▨ 1·2·3·6장은 부체, 4장은 흥이비체, 5장은 흥체다. 총 6장에 장마다 8구절로 이루어졌다.
대부가 참언에 상처를 입고 빈말로 하늘에게 호소하는 노래라고 하였다.

悠悠[1] 昊天이 曰父母且[2]시니 無罪無辜어늘 亂如此憮[3]아 昊天已

威나 予愼無罪며 昊天泰憮나 予愼無辜로다

亂之初生은 僭始旣涵[4]이며 亂之又生은 君子[5]信讒이니라 君子如怒면 亂庶遄沮[6]며 君子如祉[7]면 亂庶遄已리라

君子屢盟이라 亂是用長이며 君子信盜[8]라 亂是用暴며 盜言孔甘이라 亂是用餤[9]이로다 匪其止共이라 維王之邛이로다

奕奕寢廟[10]를 君子作之며 秩秩大猷[11]를 聖人莫之니라 他人有心을 予忖度之로니 躍躍毚兎[12] 遇犬獲之니라

荏染柔木[13]을 君子樹之며 往來行言[14]을 心焉數[15]之니라 蛇蛇碩言[16]은 出自口矣어니와 巧言如簧은 顔之厚[17]矣로다

彼何人斯[18]오 居河之麋[19]로다 無拳無勇이나 職爲亂階로다 旣微且尰[20]하니 爾勇伊何오 爲猶將[21]多나 爾居徒幾何오

1) 悠悠(유유) : 멀고 큰 모양.
2) 且(차) : 어사(語辭).
3) 憮(무) : 크다.
4) 僭始旣涵(참시기함) : 참시는 처음부터 믿지 않다. 함은 수용하다.
5) 君子(군자) : 왕을 가리킴.
6) 遄沮(천저) : 빨리 그치다.
7) 祉(지) : 기쁨과 같다.
8) 盜(도) : 참소하는 사람.
9) 餤(담) : 나아가다.
10) 奕奕寢廟(혁혁침묘) : 혁혁은 크고 크다. 침묘는 종묘.
11) 秩秩大猷(질질대유) : 질질은 차례가 있는 것. 대유는 큰 도리.
12) 躍躍毚兎(적적참토) : 빨리 뛰는 교활한 토끼.
13) 荏染柔木(임염유목) : 부드러운 모양. 유목은 재목이 되는 오동나무와 같은 좋은 나무.
14) 行言(행언) : 길에 돌아다니는 말.
15) 數(수) : 분별하는 것.
16) 蛇蛇碩言(이이석언) : 이이는 편안하게 느릿느릿하는 것. 석언은 큰 말로 좋은말을 가리킨다.
17) 顔之厚(안지후) : 얼굴이 두껍다. 후안무치(厚顔無恥)와 같다.

18) 何人斯(하인사) : 참소하는 사람을 물리치는 사람. 사는 어조사.
19) 麋(미) : 물가. 물과 풀이 서로 사귀는 곳을 미라고 함.
20) 微且尰(미차종) : 미는 정강이의 종기. 종은 발에 종기난 것.
21) 猶將(유장) : 유는 꾀. 장은 크다.

5. 하인사(何人斯) : 저 어떤 사람

저 사람은 어떤 사람인고 그 마음이 매우 험악하네.
어찌하여 내 어살엔 가면서 내 집은 들르지 않는고
저 사람은 누구를 따르는가, 포공(暴公)을 따른다네.

두 사람이 함께 가는데 누가 이런 재앙을 만들었나
어찌하여 내 어살엔 가면서 내게 와 위로하지 않는가.
처음에는 지금같지 않았는데, 나를 옳다고 하지 않는구나.

저 사람은 어떤 사람인고 어찌 내 뜰을 지나는가.
나는 그의 음성만 들었고 그의 몸은 보지 못했네.
사람에게 부끄럽지 않다지만 하늘이야 두렵지 아니한가.

저 사람은 어떤 사람인고 그는 회오리바람처럼 되었네.
어찌해 북으로부터 아니하고 남쪽으로부터도 아니하는가.
어찌 내 어살에 오는고 다만 내 마음만 흔들어 놓네

그대 천천히 다닐적에도 또한 쉴 겨를이 없다더니
그대 바삐 다닐 때에는 수레에 기름 칠 틈이 있겠는가.
한번쯤 오면 되련만 이리도 눈을 치켜뜨고 보게 하는고

그대 돌아와 들려주면 내 마음 편안해지련만
돌아와 들르지 않으니 이유를 알지 못할 일일세.
한번쯤 오면 되련만 내 마음 편안하지 않네.

맏형은 질나팔 불고 중형은 저를 불고
그대와 줄에 꿴듯 지내렸더니 진실로 나를 몰라주는 구려.
개 돼지 닭 잡아놓고 피뽑아 그대를 저주하리라.

귀신이나 단호(短狐)라면 가히 볼 수 없을지라도
사람의 면목을 갖추고서도 남에게 좋지 않게 보이네.
이 좋은 노래를 지은 것은 그대 뉘우치려 함이라네.

▨ 부체다. 8장에 장마다 6구절로 이루어졌다.
구설에 의하면 포공(暴公)이 경사(卿士)가 되어 소공(蘇公)을 참소하므로 소공이 이 노래를 지어 의절한 노래라고 한다.

彼何人斯¹⁾오 其心孔艱²⁾이로다 胡逝我³⁾梁호대 不入我門고 伊誰云從고 維暴⁴⁾之云이로다
二人⁵⁾從行하나니 誰爲此禍오 胡逝我梁호대 不入唁⁶⁾我오 始者不如今에 云不我可러니라
彼何人斯오 胡逝我陳⁷⁾고 我聞其聲이오 不見其身호라 不愧于人이어니와 不畏于天가
彼何人斯오 其爲飄風⁸⁾이로다 胡不自北이며 胡不自南이오 胡逝我梁고 祗攪我心이로다
爾之安行에도 亦不遑舍⁹⁾어니 爾之亟行에 遑脂爾車아 壹者之來면 云何其盱¹⁰⁾리오
爾還而入이면 我心易也어늘 還而不入하니 否難知也로다 壹者之來면 俾我祇¹¹⁾也니라
伯氏吹壎¹²⁾이어든 仲氏吹篪¹³⁾라 及爾如貫이로니 諒不我知인댄 出此三物¹⁴⁾하여 以詛爾斯호리라
爲鬼爲蜮¹⁵⁾이면 則不可得이어니와 有靦面¹⁶⁾目하여 視人罔極이니라 作此好歌하여 以極反側하노라

1) 何人斯(하인사) : 어떤 사람의 성명을 알지 못하는 것. 斯는 어조사.

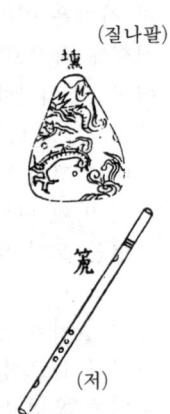

(질나팔)
壎
篪
(저)

2) 孔艱(공간) : 심히 위험하다.
3) 我(아) : 구설(舊說)에는 아는 소공을 가리킨다고 했다.
4) 暴(포) : 포공(暴公)으로 기내(畿內)의 제후를 가리킨다.
5) 二人(이인) : 포공과 그의 무리들.
6) 喧(언) : 위로하다. 지위 잃은 것을 위로함.
7) 陳(진) : 당(堂)에 있는 길. 당아래 문으로 이르는 길을 말함.
8) 飄風(표풍) : 폭풍. 사나운 바람.
9) 遑舍(황사) : 휴가내어 쉬다.
10) 盱(우) : 바라보다. 눈이 빠지도록 바라보다.
11) 祇(기) : 편안하다.
12) 伯氏吹壎(백씨취훈) : 백씨는 맏형. 취훈은 흙으로 만든 악기를 붊.
13) 仲氏吹篪(중씨취지) : 중씨는 둘째형. 취지는 대로 만든 6개 구멍이 있는 악기를 불다. 저대.
14) 三物(삼물) : 개, 돼지, 닭으로 그 피를 받아 저주하며 맹세함.
15) 蜮(역) : 단호(短弧). 강회(江淮)의 물가에 있어 입에 모래를 머금고 물 가운데 사람의 그림자를 향하여 쏘면 그 사람이 곧 병이 들고 그 형체는 볼 수 없다고 하였다.
16) 覥面(전면) : 사람의 얼굴을 보다.

6. 항백(巷伯) : 내시
형형색색 작은 무늬가 조개무늬 비단을 이루었네.
남을 참소하는 저 자는 또한 너무 심하네.

커다랗고 넓다랗게 남기성(南箕星)을 이루었네.
남을 참소하는 저 자는 누구와 더불어 꾀하는가.

소곤소곤 조잘대며 남을 참소하려고만 꾀하네.
그대들 말조심해야지 그대 믿지 않게 될 것일세.

약삭빠르게 요리조리 살피며 참소하려고만 꾀하네.
어찌 그대라고 참소받지 않으랴. 이미 너에게도 옮기리라.

교만한 자들은 좋아하거늘 고생하는 사람은 근심뿐이네.
푸르고 푸른 하늘이여 ! 저 교만한 자들을 보시고
이 고생하는 사람들을 가엾이 여기소서.

저 남을 참소하는 자는 누구와 더불어 꾀하는가.
저 참소하는 사람을 잡아서 승냥이나 범에게 던져주리.
승냥이나 범도 먹지 않으면 북녘땅 벌판에 던져주리라.
북녘땅도 받지 않거든 하늘에 던지리라.

양원(楊園)으로 가는 길이 묘구(畝丘)로 뻗어있네.
내시라는 맹자(孟子)가
이 시를 지었으니
모든 관리들은
공경하여 들을 지어다.

(승냥이)

▨ 1·2장은 비체, 3·4·5·6장은 부체, 7장은 흥체다. 총 7장에 4장은 장마다 4구절이요, 1장은 5구절이요, 1은 8구절, 1장은 6구절로 이루어졌다.
  모함을 당하여 궁형(宮刑)이라는 형벌을 받고 항백(巷伯 : 길의 책임을 맡은 우두머리)이 된 자가 이 시를 지었다고 했다.

萋兮斐兮[1]로 成是貝錦[2]이로다 彼譖人者여 亦已大甚이로다
哆兮侈兮[3]로 成是南箕[4]로다 彼譖人者여 誰適[5]與謀오
緝緝翩翩[6]하여 謀欲譖人하나다 愼爾言也어다 謂爾不信이리라
捷捷幡幡[7]하여 謀欲譖言하나다 豈不爾受리오마는 旣其女遷하리라
驕人好好[8]어늘 勞人草草[9]로다 蒼天蒼天하 視彼驕人하사 矜此
勞人하소서

彼譖人者여 誰適與謀오 取彼譖人하여 投畀豺虎호리라 豺虎不食이어든 投畀有北[10]호리라 有北不受어든 投畀有昊호리라

楊園[11]之道여 猗于畝丘[12]로다 寺人孟子[13] 作爲此詩하노니 凡百君子는 敬而聽之어다

1) 萋兮斐兮(처혜비혜) : 조그맣게 된 무늬들이 섞여 큰 무늬를 이룬 모양. 혜는 어조사.
2) 貝錦(패금) : 비단의 무늬가 물속에 있는 조개껍질의 무늬 같다.
3) 哆兮侈兮(차혜치혜) : 가늘게 벌려진 모양. 혜는 어조사.
4) 南箕(남기) : 별 이름. 별 네 개로 이루어져 2개는 발이 되고 2개는 혀가 되어 다리는 좁고 혀는 넓어 크게 벌려진 모습.
5) 適(적) : 주장하다.
6) 緝緝翩翩(즙즙편편) : 즙즙은 소곤대고 편편은 왔다갔다 하는 모양.
7) 捷捷幡幡(첩첩번번) : 첩첩은 약삭빠른 말을 하는 모양. 번번은 반복하는 모습.
8) 好好(호호) : 즐거워하는 것.
9) 草草(초초) : 근심스러운 것.
10) 北(북) : 북쪽 불모의 땅을 가리킴.
11) 楊園(양원) : 원(園)의 이름으로 아래의 땅. 곧 습지.
12) 猗于畝丘(의우묘구) : 의는 더하다의 뜻. 묘구는 고지(高地)로 양원의 반대.
13) 寺人孟子(시인맹자) : 시인은 내시. 신하로 참소를 당하여 고환을 제거당한 사람의 벼슬 이름. 맹자는 그 사람의 자(字).

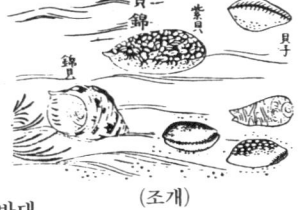

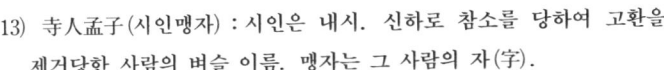
(조개)

7. 곡풍(谷風) : 동녘바람

산들산들 부는 동녘바람 비바람 되어 함께 하네.
두렵고 살기 힘들 땐 오직 나와 너 뿐이라더니.
편안하고 즐거워지자 그대 도리어 날 버리는 구려.

산들산들 부는 동녘바람 회오리바람과 함께 하네.
두렵고 살기 힘들 땐 나를 품에 품어 주더니
편안하고 즐거워지자 나를 버리고 잊어버린 듯하네.

산들산들 부는 동녘바람 높은 산마루까지 불어오는데.
풀도 모두 죽었으며 나무도 모두 시들었네.
내 큰 덕은 잊어버리고 나의 작은 허물만 생각하네.

▨ 1·2장은 흥체, 3장은 비체다. 3장에 장마다 6구절로 이루어졌다.
이 시는 벗들끼리 서로 원망하며 부르는 노래라고 하였다.

　　習習谷風[1]이여 維風及雨로다 將恐將懼[2]일샌 維予與女러니 將安將樂이란 女轉棄予아
　　習習谷風이여 維風及頹[3]로다 將恐將懼일샌 寘[4]予于懷러니 將安將樂이란 棄予如遺로다
　　習習谷風이 維山崔嵬[5]나 無草不死며 無木不萎니 忘我大德이오 思我小怨가

1) 習習谷風(습습곡풍) : 산들산들 부는 동녘바람. 곡풍은 동풍(東風).
2) 將恐將懼(장공장구) : 장은 차(且)와 같다. 공구는 나라가 위난과 우환이 있을 때의 상황.
3) 頹(퇴) : 바람이 사나워지는 것.
4) 寘(치) : 치(置)와 같으며 품안에 두는 것.
5) 崔嵬(최외) : 산이 높은 모양.

8. 육아(蓼莪) : 길고 큰 다북쑥

길고 큰 다북쑥, 다북쑥 아닌 약쑥이네.
슬프도다 부모님이여, 나를 낳으실제 수고하셨네.

길고 큰 다북쑥
다북쑥 아닌 제비쑥일세.
슬프도다 부모님이여.
나를 낳으실제 고생하셨네.

(제비쑥)

작은 술병에 술이 떨어지면
술항아리의 수치로다.
가난한 백성의 삶이란
일찍 죽는 것만 같지 못하다네.
아버지 없으면 누굴 믿으며 어머니 없으면 누구를 믿으리오.
나가도 근심 걱정 들어와도 마음 둘 곳 없다네.

아버님 나를 낳으시고 어머님 나를 기르시니
나를 쓰다듬고 기르시며 나를 키우시고 성장시키셨네.
나를 돌보시고 또 돌보시며 들고 날 때 나를 돌보시니
이 은혜 갚으려 하나 하늘보다 넓어 끝이 없어라.

남산은 높고 높아 회오리바람 빠르게 몰아치네.
백성은 선하지 아니함이 없거늘 나홀로 해로움뿐이런가.

남산은 우뚝 솟아 회오리바람 빠르게 몰아치네.
이 백성은 착하지 아니함이 없거늘
나홀로 부모를 끝까지 받들지 못하네.

(큰술병)

(작은술병)

▨ 1·2·3장은 비체, 4장은 부체, 5·6장은 흥체다. 총 6장에 4장은 장마다 4구절, 2장은 장마다 8구절로 이루어졌다.
　백성이 힘들여 일하지만 마침내 부모도 봉양할 수 없는 지경에 이르자 이 시를 지어 불렀다고 하였다

蓼蓼者莪¹⁾러니 匪莪伊蒿로다 哀哀父母여 生我劬勞샷다
蓼蓼者莪러니 匪莪伊蔚²⁾로다 哀哀父母여 生我勞瘁샷다
缾之罄³⁾矣여 維罍之恥로다 鮮民之生이여 不如死之久矣로다 無父何怙며 無母何恃오 出則銜恤이오 入則靡至호라
父兮生我하시고 母兮鞠我하시고 拊我畜我하시며 長我育我하시며 顧我復我하시며 出入腹我하시니 欲報之德인댄 昊天罔極⁴⁾이샷다
南山烈烈⁵⁾이어늘 飄風發發⁶⁾이로다 民莫不穀⁷⁾이어늘 我獨何害한고
南山律律⁸⁾이어늘 飄風弗弗⁹⁾이로다 民莫不穀이어늘 我獨不卒¹⁰⁾호라

1) 蓼蓼者莪(육육자아) : 육육은 길고 큰 모양. 아(莪)는 아름다운 나물로 다북쑥.
2) 蔚(울) : 제비쑥.
3) 缾之罄(병지경) : 적은 술병을 병. 큰 술병을 뢰(罍)라 하고 술병속의 술이 다 떨어진 것을 경이라 한다.
4) 昊天罔極(호천망극) : 하늘보다 더 큰 은혜를 다 갚을 길이 없다.
5) 烈烈(열열) : 높고 큰 모양.
6) 發發(발발) : 빠른 모양.
7) 穀(곡) : 착하다의 뜻.
8) 律律(율율) : 열열(烈烈)과 같다.
9) 弗弗(불불) : 발발(發發)과 같다.
10) 卒(졸) : 부모의 봉양을 다하다의 뜻.

9. 대동(大東) : 대동고을
수북이 담은 밥그릇. 대추나무숟가락 굽었네.
주나라 가는 길은 숫돌같이 평평하고 곧기는 화살같네.
군자가 밟고 다니고 백성들은 바라보기만 하는 것.
둘러보고 돌아보면 눈물만 줄줄 흘러내리네.

작고 큰 동쪽 나라들엔 베틀의 북과 바디가 비었네.
거친 칡신 신고 서리를 밟으며 가네.

제 5 장 소민(小旻)

경박스런 공자(公子)들이 저 큰 길을 가는데.
오고 가는 그 걸음걸이 내 마음을 아프게 하네.

곁으로 솟는 차가운 샘에 땔나무를 적시지 말라.
괴로움에 잠 깨 탄식하노니 우리 백성들만 불쌍할 뿐.
이 땔나무를 베었으면 수레에 싣고 가야지.
우리 백성들을 불쌍하게 여긴다면 또한 쉬게 하소서.

동쪽 나라 사람들은 수고로움뿐 위로받지 못하네.
서쪽 나라 사람들은 찬란한 옷차림이로다.
뱃사람들 아들들도 곰가죽 갖옷 입고
그 집의 하인들까지도 온갖 벼슬 다 차지하네.

혹 술로써 하더라도 간장 만큼도 안 여기며
치렁치렁한 구슬줄을 주어도 길지 않다고 하네.
하늘엔 은하수가 있고 그 빛 또한 반짝반짝
저 모퉁이 직녀성은 종일토록 일곱 번 베틀에 오르네.

비록 일곱 번 베틀에 올라도 보답할 비단천 짜지 못하고
반짝이는 저 견우성도 수레상자 끌지 못하네.
동쪽에 샛별이 반짝이고 서쪽에 장경성이 도네.
굽은 천필(天畢)성좌 줄지어 벌려놓았네.

남쪽의 키와 같은 기성이 있으나 가히 키질을 할 수 없고
북쪽의 북두칠성 국자같다 하나 가히 술이나 국 뜰 수 없네.
남쪽의 기성은 키와 같이 혀로써 빨아들일 것 같고
북쪽의 북두칠성은 서쪽 자루를 들은 듯하네.

▨ 1·3장은 흥체, 2·4·5·6·7장은 부체다. 총 7장에 장마다 8구절로 이루어졌다.

동국(東國)이 부역에 시달리며 재물이 곤궁해지자 담대부(譚大夫)가 이 시를 지어 노래하였다고 하였다.

　　　有饛簋飧[1]이오 有捄棘匕[2]로다 周道如砥하니 其直如矢로다 君子所履오 小人所視니 睠[3]言顧之오 潸焉出涕호라
　　　小東大東[4]에 杼柚[5]其空이로다 糾糾葛屨여 可以履霜이로다 佻佻公子[6] 行彼周行[7]하여 旣往旣來하니 使我心疚로다
　　　有冽氿泉[8]에 無浸穫薪이어다 契契[9]寤歎호니 哀我憚人이로다 薪是穫薪이란대 尙可載也며 哀我憚人이란대 亦可息也니라
　　　東人[10]之子는 職勞不來[11]오 西人之子는 粲粲[12]衣服이로다 舟人[13]之子는 熊羆是裘오 私人[14]之子는 百僚是試로다
　　　或以其酒라도 不以其漿이며 鞙鞙[15]佩璲를 不以其長이로다 維天有漢[16]하니 監亦有光이며 跂彼織女[17] 終日七襄[18]이로다
　　　雖則七襄이나 不成報章이며 睆彼牽牛[19] 不以服箱[20]이로다 東有啓明[21]이오 西有長庚[22]이며 有捄天畢이 載施之行[23]이로다
　　　維南有箕[24]하니 不可以簸揚이며 維北有斗[25]하니 不可以挹酒漿이로다 維南有箕하니 載翕[26]其舌이며 維北有斗하니 西柄[27]之揭이로다

1) 饛簋飧(몽궤손) : 몽은 그릇에 가득찬 모양. 궤는 그릇. 손은 익힌 음식. 곧 밥.
2) 捄棘匕(구극비) : 구는 굽은 모양. 극비는 대추나무로 만든 숟가락.
3) 睠(권) : 뒤돌아보다.
4) 小東大東(소동대동) : 동쪽 작은 나라 큰 나라. 주나라의 제후들.
5) 杼柚(저축) : 저는 북. 축은 도투마리. 저축은 베틀의 씨줄과 날줄.
6) 佻佻公子(조조공자) : 조조는 경박하여 수고스럽지 않음. 공자는 제후의 귀중한 신하들.
7) 周行(주행) : 큰 길.
8) 冽氿泉(열궤천) : 열은 차가운 모양. 궤천은 옆구리에서 나는 물.
9) 契契(계계) : 근심하고 괴로워하는 모양.
10) 東人(동인) : 제후의 사람.
11) 職勞不來(직로불래) : 주로 수고만 시킴. 내는 위무하다.

12) 粲粲(찬찬) : 선명한 모습.
13) 舟人(주인) : 뱃사공.
14) 私人(사인) : 사택의 종들.
15) 鞙鞙(현현) : 긴 모양.
16) 漢(한) : 은하수.
17) 跂彼織女(기피직녀) : 기는 모난 모양. 직녀는 별 이름으로 은하수 옆의 3개의 별.

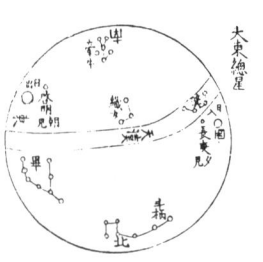

18) 七襄(칠량) : 자세하지 않다. 돌아지다. 또는 멍에 하다. 그 자리를 펴다 뜻이 있다고 했다.
19) 睆彼牽牛(환피견우) : 환은 밝은 별의 모양. 견우는 별 이름.
20) 服箱(복상) : 수레를 끌다. 복은 가(駕)와 통하고 상은 수레의 뜻.
21) 啓明(계명) : 금성. 샛별.
22) 長庚(장경) : 금성을 말한다.
23) 行(항) : 항렬.
24) 箕(기) : 별 이름. 여름과 가을의 사이에 남쪽에 나타나는 별.
25) 斗(두) : 별 이름. 여름과 가을의 사이에 남쪽에 위치하는 별로 기성의 북쪽에 있는 별. 북두칠성이며 국자와 비슷하다.
26) 翕(흡) : 인(引)의 뜻.
27) 西柄(서병) : 남두성의 자루가 서쪽으로 뻗어 있을 때로 가을철.

10. 사월(四月) : 초여름

사월이라 초여름.
유월에는 더위가 가네.
조상님은 사람이 아니던가
어찌 나를 잔인하게 하느뇨.

가을이 서늘하니
온갖 풀들이 시드네요.

난리로 병이 든 이 몸 그 어디로 돌아갈거나.

겨울날 살을 에는 추위. 회오리바람 사납게 몰아치네.
백성이 착하지 않은 이 없건만
어찌 나홀로 해로움만 당하는가.

산에는 아름다운 초목. 밤나무 매화나무네.
돌변하여 백성을 해치고도 그 허물을 알지 못하네.

저 샘물을 보아도 맑기도 하고 흐려도 지네.
나에겐 날마다 재앙만 이르니 언제나 편안할거나.

넘실대는 한수와 강수의 물은 남국을 둘러싸주네.
뼈가 부서지도록 섬겼거늘 어찌 나를 알아주지 않느뇨.

독수리 솔개도 아니기에 하늘 높이 날 수도 없네.
철갑상어도 다랑어도 아니기에 못속에 깊이 잠길 수도 없네.

산에는 고사리와 고비, 습지엔 구기자와 메대추나무 있네.
군자는 노래를 지어서 이 슬픔을 하소연하네.

▨ 1·2·3·4·5·6·8장은 흥체, 7장은 부체다. 총 8장에 장마다 4구절로 이루어졌다.
이 시도 나라의 난리를 만나 스스로 상처입은 사연을 노래한 시라고 했다.

    四月[1]維夏어든 六月徂暑니라 先祖匪人가 胡寧忍予오
    秋日淒淒[2] 百卉具腓[3]로다 亂離瘼矣니 爰其適歸오
    冬日烈烈[4]이어늘 飄風發發이로다 民莫不穀이어늘 我獨何害오
    山有嘉卉하니 侯栗侯梅로다 廢[5]爲殘賊하니 莫知其尤로다

相彼泉水혼대 載淸載濁이로다 我日構禍호니 曷云能穀고
滔滔江漢⁶⁾이 南國之紀⁷⁾니라 盡瘁以仕어늘 寧莫我有오
匪鶉匪鳶⁸⁾이어니 翰飛戾天가 匪鱣匪鮪어니 潛逃于淵가
山有蕨薇어늘 隰有杞桋로다 君子作歌하여 維以告哀로다

1) 四月(사월) : 하(夏)나라의 달로 초여름. 곧 월건이 십간(十干)의 기(己)인 달. 아래 6월은 미(未)인 달.
2) 淒淒(처처) : 서늘한 바람.
3) 卉具腓(훼구비) : 훼는 풀. 비는 병들다.
4) 烈烈(열열) : 매우 추운 모양. 매서운 추위.
5) 廢(폐) : 변하다.
6) 滔滔江漢(도도강한) : 큰물의 모양. 강한은 강수와 한수의 이름.
7) 紀(기) : 기강(紀綱)을 말함.
8) 匪鶉匪鳶(비단비연) : 독수리도 솔개도 아니다. 단은 독수리. 연은 솔개.

제 6 장 북산(北山 : 北山之什二之六)

1. 북산(北山) : 북쪽 산
저 북쪽 산에 올라 구기자를 따네.
건장한 사나이는 아침 저녁으로 일을 하네.
나라일 소홀히 할 수 없어 내 부모님 걱정되네.

넓은 하늘아래 땅, 임금님의 땅 아님이 없고
모든 땅의 그 누구도 임금님의 신하 아니런가.
대부(大夫)가 공평치 못해 나만이 홀로 고달프네.

네 필 말 달리고 또 달려도 나라일 끝이 없네.
내 늙지 않음을 아름답게 여기고
내 한창 때인 것을 산 것인가.
나의 힘 굳셈을 아셨는가, 온 나라 다스리라 분부하셨네.

어떤 이는 편히 쉬고 어떤 이는 죽도록 나라일 하고
어떤 이는 침상에 편안히 누워 쉬고,
어떤 이는 쉴새없이 돌아다니네.

어떤 이는 부르짖음도 모르고, 어떤 이는 처참하게 일하고
어떤 이는 편안히 뒹굴며 사는데,
어떤 이는 나라일에 용모도 갖추지 못하고 일하네.

어떤 이는 즐겁게 술마시고, 어떤 이는 허물쓸까 마음 죄며
어떤 이는 들락날락 수군거리고,

어떤 이는 하지 않는 일이 없네.

▧ 부체다. 6장에 3장은 장마다 6구절이요, 3장은 장마다 4구절로 이루어졌다.

나라의 대부(大夫)가 국가의 부역(賦役)에 종사하며 이 시를 지었다고 하였다.

陟彼北山하여 言采其杞호라 偕偕士子¹⁾ 朝夕從事로니 王事靡盬라 憂我父母호라

溥²⁾天之下 莫非王土며 率土之濱이 莫非王臣이어늘 大夫不均이라 我從事獨賢호라

四牡彭彭³⁾하니 王事傍傍⁴⁾이로다 嘉我未老며 鮮我方將⁵⁾하여 旅力方剛이라 經營四方이로다

或燕燕⁶⁾居息이어늘 或盡瘁事國하며 或息偃在牀이어늘 或不已于行이로다

或不知叫號⁷⁾어늘 或慘慘劬勞하며 或棲遲偃仰이어늘 或王事鞅掌⁸⁾이로다

或湛樂飮酒어늘 或慘慘畏咎하며 或出入風議⁹⁾어늘 或靡事不爲로다

1) 偕偕士子(해해사자) : 해해는 강장(强壯)한 모양. 사자는 시인(詩人)이 스스로를 이르는 것.
2) 溥(부) : 크다의 뜻.
3) 彭彭(방방) : 쉬지 않는 모양.
4) 傍傍(방방) : 그치지 아니하는 모양.
5) 將(장) : 씩씩함.
6) 燕燕(연연) : 편안히 쉬는 모양.
7) 不知叫號(부지규호) : 깊숙한 곳에 편안히 살고 사람의 부르짖는 소리를 듣지 못함.
8) 鞅掌(앙장) : 초라해졌다. 일이 너무 바빠 위의를 차릴 여가가 없다.
9) 出入風議(출입풍의) : 들락날락 마음대로 큰소리치고 다니는 것.

2. 무장대거(無將大車) : 큰 수레 몰지 마라

큰 수레를 몰지 마라. 스스로 먼지나 쓰리라.
온갖 걱정 생각마라 스스로 병만 들 뿐이다.

큰 수레를 몰지 마라. 먼지만 더욱 자욱하리라.
온갖 걱정 생각마라 근심에서 헤어나지 못하리라.

큰 수레를 몰지 마라. 먼지만 덮어쓰리라.
온갖 걱정 생각마라 스스로 근심만 더 겹치리라.

▨홍체다. 3장에 장마다 4구절로 이루어졌다.
　이 시 또한 국가의 부역에 동원되어 괴로움이 심한 것을 근심하여 지은 시라고 하였다.

　　無將大車[1]어다 祇[2]自塵兮리라 無思百憂어다 祇自疧兮리라
　　無將大車어다 維塵冥冥[3]이리라 無思百憂어다 不出于熲[4]이리라
　　無將大車어다 維塵雍[5]兮리라 無思百憂어다 祇自重兮리라

 1) 將大車(장대거) : 몰고 나가다. 대거는 평지에서 짐을 싣는 마차.
 2) 祇(지) : 적당하다.
 3) 冥冥(명명) : 먼지가 자욱한 것.
 4) 熲(경) : 경(耿)과 통하며 조금 밝은 것.
 5) 雍(옹) : 가리는 것. 덮어 씌우다.

3. 소명(小明) : 작은 빛

밝고 밝은 저 하늘은 언제나 이 땅을 밝게 비치시네.
나는 서쪽으로 종군하여 거친 변방 끝에 이르렀네.
이월 초하룻날 집 떠나 추위 더위 다 겪었네.

마음의 시름이여, 그 괴로움 너무나 쓰네.
저 고향 벗을 생각하니 눈물이 비오듯하네.
어찌 돌아갈 마음 없으랴, 이 죄가 두려워서네.

옛날 나 떠나올 때는 세월이 봄이었는데.
언제나 돌아갈지 이 해도 다 저물었네.
생각하니 외로운 이 몸 일이 너무도 많구나.
마음의 시름이여, 시달림에 쉴 겨를이 없네.
저 고향의 벗을 생각하며 먼 하늘 쳐다보며 애만 태우네.
어찌 돌아갈 마음 없으랴, 이 죄책이 두려워서네.

옛날 나 떠나올 때는 세월이 따스한 때였는데.
언제나 돌아갈지 나라일만 더욱 다급하네.
이 해도 저물어 가는데 쑥도 캐고 콩도 거두리라.
마음의 시름이여, 스스로 이런 걱정 들게 하네.
저 고향의 벗을 생각하며 일어나 이 밤을 지새우네.
어찌 돌아갈 마음 없으랴, 억울한 누명쓸까 두려워서네.

아아 그대 친구들이여 항상 편히 쉬려 하지 마라.
그대 자리 삼가 받들어 정직한 사람과 함께 하면
신령께서도 이를 알아 너에게 좋은 복을 주시리라.

아아 그대 친구들이여 항상 편히 놀려 하지 마라.
그대 자리 삼가 받들어 이 곧은 이를 항상 좋아하면
신령께서도 이를 알아 너에게 큰 복록을 주시리라.

▨ 부체다. 5장에 3장은 장마다 12구절, 2장은 장마다 6구절로 이루어졌다.
　나라의 대부가 2월에 정벌에 참여하니 한 해가 저물어도 돌아가지 못하여 이 시를 지었다고 했다.

明明上天이 照臨下土시니라 我征徂西하여 至于艽野호니 二月初吉[1]이러니 載離寒暑엇다 心之憂矣여 其毒大苦로다 念彼共人[2]하여 涕零如雨호라 豈不懷歸리오마는 畏此罪罟니라

昔我往矣엔 日月方除[3]러니 曷云其還고 歲聿云莫엇다 念我獨兮어늘 我事孔庶로다 心之憂矣여 憚我不暇로다 念彼共人하여 睠睠[4] 懷顧호라 豈不懷歸리오마는 畏此譴怒[5]니라

昔我往矣엔 日月方奧이러니 曷云其還고 政事愈蹙이로다 歲聿云莫라 采蕭穫菽하라 心之憂矣여 自詒伊戚이로다 念彼共人하여 興言出宿하라 豈不懷歸리오마는 畏此反覆[6]이니라

嗟爾君子는 無恒安處어다 靖[7]共爾位하여 正直是與면 神之聽之하여 式穀[8]以女리라

嗟爾君子는 無恒安息이어다 靖共爾位하여 好是正直이면 神之聽之하여 介爾景福[9]이리라

1) 初吉(초길) : 초하루.
2) 共人(공인) : 고향의 벗들.
3) 除(제) : 제구신생(除舊新生)의 뜻으로 옛 것이 가고 새로운 것이 태어난다는 뜻. 지난달이 가고 새달이 온다는 뜻. 2월 초길(初吉)일.
4) 睠睠(권권) : 삼가하고 두터운 뜻.
5) 譴怒(견노) : 죄책(罪責).
6) 反覆(반복) : 한쪽으로 기울어 떳떳함이 없다는 뜻.
7) 靖(정) : 정(靜)과 동일함.
8) 穀(곡) : 봉록.
9) 介爾景福(개이경복) : 개경(介景)은 다 크다의 뜻으로 너의 큰 복을 크게 하다.

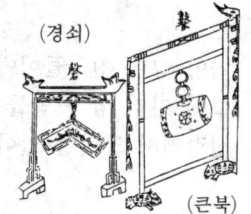
(경쇠) (큰북)

4. 고종(鼓鍾) : 쇠북 울리면

쇠북을 치면 덩덩 울리고 회수(淮水)는 넘실넘실
근심하는 마음 더 아파만 가네.
착하신 군자여 생각할수록 잊을 길 없네.

쇠북을 치면 징징 울리고 회수는 철썩철썩
근심하는 마음 더 슬퍼만 가네.
착하신 군자시여 그 덕이 사악하지 아니하네.

쇠북을 치고 큰북을 치네. 회수는 삼주(三洲)로 돌아흐르고.
근심하는 마음 더욱더 어지럽히네.
착하신 군자시여 그 덕이 남과 다르네.

쇠북을 치면 딩딩하네. 비파 타고 거문고 타니
생황과 경쇠도 함께 하여
이아(二雅)와 이남(二南)도 연주하고.
피리춤을 함께 해도 서로 어그러지지 않네.

▨ 부체다. 총 4장에 장마다 5구절로 이루어졌다.
이 시는 무엇을 의미하였는지 알 수 없다고 하였다.

  鼓鍾將將[1]이어늘 淮水[2] 湯湯[3]하니 憂心且傷호라 淑人君子여 懷允[4]不忘이로다
  鼓鍾喈喈[5]어늘 淮水湝湝[6]하니 憂心且悲호라 淑人君子여 其德不回[7]로다
  鼓鍾伐鼛[8]어늘 淮有三洲[9]하니 憂心且妯호라 淑人君子여 其德不猶로다
  鼓鍾欽欽[10]이어늘 鼓瑟鼓琴하며 笙磬同音하니 以雅以南[11]과 以籥[12]이 不僭[13]이로다

1) 將將(장장) : 쇠북이 울리는 소리.
2) 淮水(회수) : 강 이름. 신양군(信陽郡) 동백산(桐柏山)에서 흘러 초주(楚州)로 흐름.
3) 湯湯(상상) : 물결이 비등하다. 파도가 바위에 부딪쳐 솟아오르는 것.
4) 懷允(회윤) : 회는 생각. 윤은 진실.
5) 喈喈(개개) : '장장'과 같다.

6) 湝湝(해해) : '상상'과 같다.
7) 回(회) : 사특하다.
8) 鼛(고) : 큰북.
9) 三洲(삼주) : 회수가 흐르는 땅.
10) 欽欽(흠흠) : 북이 울리는 소리.
11) 以雅以南(이아이남) : 아는 이아(二雅). 남은 이남(二南).
12) 籥(약) : 피리. 황죽(黃竹)으로 만든 중국 고대의 악기로 3개 또는 6개의 구멍이 있다. 주로 일무(佾舞)를 출 때 문무(文舞)를 하는 사람이 왼손에 쥐고 춘다. 피리춤.
13) 僭(참) : 어지러운 것.

5. 초자(楚茨) : 가시 돋힌 가시나무

다닥다닥 무성한 가시나무, 그 가시나무를 없앤 것은.
옛날부터 무얼하는 건가, 나의 메기장 찰기장 심었네.
내 메기장은 무성하고 내 찰기장도 잘 자라네.
내 창고도 가득차고 내 노적가리도 산더미같네.
술을 빚고 음식 만들어 잔을 올리고 제사지내며
시동 모셔놓고 술을 올리며 큰 복을 더 크게 하리라.

조심하고 단정히 하여 소고기 양고기를 깨끗이 하고
가을제사와 겨울제사 올리니 껍질 까고 고기 삶아
차려 놓고 받쳐 놓았네.
축관이 사당문에서 제사 청하니,
제사의식은 모두 갖추어졌네.
조상의 혼이 찾아와 신들이 제사 음식 잡수시니
효성스런 자손에게 경사가 있고 또 큰 복을 받을 것이니
만수무강하리라.

부엌일을 공경히 하여 제기에 가득가득 풍성히 담네.

혹 굽기도 하고 혹 지지기도 하며 며느리 정성 지극하여
접시마다 음식이 풍성하여 손님되고 객된 이.
서로 주고 받는 술잔 왔다갔다 모두 예의 법도를 따르니
웃으며 담소함도 때에 알맞고 혼령도 이에 이르셨네.
큰 복을 내려주시니 끝없는 수명을 받으리라.

내 심히 정성을 다하고 공경하여 예의에 어긋남이 없거늘.
축관이 신의 뜻을 좇아 아뢰기를
저 효성스런 자손에게 복을 주시되.
향 피우고 정성스레 제사드리니 신께서는 즐겨 음식 드시고
여러 가지 복을 내리시되 기약한 듯 법과 같은 듯하시네.
삼가하고 빠르며 올바르고 경계하는데
길이 너에게 큰 복 내리심을 만년 억년 가도록 하리라.

예의가 이미 갖추어지고 종과 북소리 엄숙히 울리면
효손은 서쪽 자리에 서고 축관이 제사의 끝을 알리네.
신께서도 다 취하시어 모두들 자리에서 일어나
종을 울려 전송하니 조상신도 돌아가시네.
시중드는 사람들과 주부들은 재빨리 젯상을 물리니.
집안의 어른과 형제들이 잔치하듯 즐기네.

음악이 모두 모여 연주되고 각기 복받을 생각에 편안하네.
안주도 골고루 나누어주고 누구나 원망없이 함께 즐기네.
이미 취하고 이미 배불러 아랫사람 윗사람 모두 절하네.
신들도 마음껏 음식 드셔 그대의 자손들 장수하게 하시네.
매우 은혜롭고 매우 때를 맞추어 예절이 다 갖추어졌으니
자자손손이 계속 번창하리라.

▨ 부체다. 6장에 장마다 12구절로 되어 있다.
이 시는 공경대부가 받은 전록(田祿)의 땅으로 농사에 전력

하여 종묘의 제사를 받드는 것을 기술한 것이라고 하였다.

楚楚者茨[1]에 言抽[2]其棘은 自昔何爲오 我蓺黍稷이니라 我黍與與[3]며 我稷翼翼[4]하여 我倉旣盈하며 我庾[5]維億이어늘 以爲酒食하여 以享以祀하며 以妥[6]以侑하여 以介景福이로다
濟濟蹌蹌[7]이라 絜爾牛羊하여 以往烝嘗[8]하니 或剝或亨[9] 或肆或將[10]이로다 祝祭于祊[11]하니 祀事孔明하여 先祖是皇이시며 神保是饗이시니 孝孫有慶하여 報以介福하니 萬壽無疆이로다
執爨踖踖[12]하여 爲俎[13]孔碩하니 或燔或炙이며 君婦莫莫[14]하니 爲豆[15]孔庶어늘 爲賓爲客이 獻酬[16]交錯하니 禮儀卒度하며 笑語卒獲일새 神保是格이라 報以介福하니 萬壽攸酢[17]이로다
我孔熯[18]矣나 式禮莫愆일새 工祝致告[19]호대 徂賚孝孫하사대 苾芬[20]孝祀에 神嗜飮食하여 卜[21]爾百福호대 如幾[22]如式이며 旣齊旣稷[23]이며 旣匡旣敕일새 永錫爾極호대 時萬時億이시니라
禮儀旣備하며 鍾鼓旣戒하여 孝孫徂位[24]어늘 工祝致告로다 神具醉止라 皇尸[25]載起어늘 鼓鍾送尸하니 神保聿歸로다 諸宰[26]君婦 廢徹不遲하니 諸父兄弟 備言燕私[27]로다
樂具入奏하니 以綏後祿이로다 爾殽旣將하니 莫怨具慶이라 旣醉旣飽하여 小大稽首호대 神嗜飮食하여 使君壽考로다 孔惠孔時[28]하여 維其盡之하니 子子孫孫이 勿替引之로다

1) 楚楚者茨(초초자자) : 무성하고 빽빽한 모양. 자는 찔레꽃.
2) 抽(추) : 제거하다.
3) 與與(여여) : 번성한 모양.
4) 翼翼(익익) : 번성한 모양.
5) 庾(유) : 노적가리.
6) 妥(타) : 편안히 앉아 있다.
7) 濟濟蹌蹌(제제창창) : 용모가 있는 것을 말함.
8) 烝嘗(증상) : 겨울제사를 증, 가을제사를 상이라 한다.
9) 或剝或亨(혹박혹팽) : 박은 껍질을 벗기는 것. 형(亨)은 팽으로 발음하며 삶다의 뜻.

10) 或肆或將(혹사혹장) : 사는 베풀다. 장은 받들어 나아가다의 뜻.
11) 祊(방) : 사당의 문안.
12) 執爨踖踖(집찬척척) : 집찬은 부엌에서 음식을 만드는 것. 척척은 공경하는 것.
13) 爲俎(위조) : 희생의 몸체를 올려 놓는 것. 조는 제기.
14) 君婦莫莫(군부막막) : 군부는 주부(主婦). 막막은 맑고 고요하여 공경에 이르는 모양.
15) 豆(두) : 내수(內羞)와 서수(庶羞)로 주부가 올린다. 제기(祭器)들.

(제기)
俎

16) 獻酬(헌수) : 주인이 손님에게 권하는 것이 헌, 손님이 주인에게 권하는 것이 수.
17) 酢(초) : 갚는다의 뜻.
18) 僕(선) : 다하다.
19) 工祝致告(공축치고) : 그 일을 잘 하는 것을 공. 공축이 이르러 고한다의 뜻.
20) 苾芬(필분) : 분향.
21) 卜(복) : 너와 같음.
22) 幾(기) : 기약과 같은 뜻.
23) 稷(직) : 빠르다.
24) 徂位(저위) : 제사가 끝나면 주인은 계단아래 서쪽으로 가 자리함.
25) 皇尸(황시) : 시동(尸童)의 존칭.
26) 諸宰(저재) : 여러 가신들.
27) 燕私(연사) : 집안끼리의 잔치.
28) 孔惠孔時(공혜공시) : 심히 잘 끝마치고 심히 시의적절하다는 뜻.

6. 신남산(信南山) : 우뚝 솟은 남산

믿음직한 저 남산은 우(禹)임금이 다스리던 곳이네.
언덕과 습지를 개간하여 증손들이 경작하네.
내 경계 긋고 내 다스려

밭이랑을 남쪽으로 하며 동쪽으로 했네.

하늘은 구름이 온통 덮이고 눈이 펄펄 날리네.
더하여 보슬비 부슬부슬 내려 온 땅을 촉촉히 적셔주며.
흠뻑 내려 풍족하며 내 온갖 곡식 자라나게 했네.

밭의 경계가 가지런하고 메기장 찰기장 잘 자라네.
증손자가 이를 거두어 술을 빚고 음식을 만들어
시동과 손님을 접대하니 만년토록 살게 되리라.

밭가운데 움막이 있고 밭의 경계에는 오이가 열렸네.
껍질 벗겨 김치 담고 조상님께 바치오니
증손자는 수를 누리며 하늘의 복을 받게 되리라.

맑은 술로써 제사지내고 붉은 수소를 제물로 하여
조상께 바치나니 방울달린 칼 손에 잡고
털을 벗겨 피 뽑고 기름을 받아 내네.

이에 제사하고 이에 흠향하니 향기는 높이 피어오르고
제사는 빠짐없이 갖추어져 선조께서 이에 임금하셔
큰 복으로 갚으시니 만수무강하리로다.

▨ 부체다. 6장에 장마다 6구절로 이루어졌다.
앞 장의 시 '초자'와 마찬가지로 제사 때 읊는 노래라고 하였다.

　　信彼南山[1]을 維禹甸之[2]로다 畇畇[3]原隰을 曾孫田之[4]라 我彊我理[5]하니 南東其畝로다
　　上天同雲[6]이라 雨雪雰雰[7]이어늘 益之以霢霂[8]하니 旣優旣渥하며 旣霑旣足하여 生我百穀이로다

彊場翼翼⁹⁾이어늘 黍稷彧彧¹⁰⁾하니 曾孫之穡이로다 以爲酒食하여 畀我尸賓하니 壽考萬年이로다

中田¹¹⁾有廬오 彊場有瓜어늘 是剝是菹¹²⁾하여 獻之皇祖하니 曾孫壽考하여 受天之祜로다

祭以淸酒¹³⁾하고 從以騂牡¹⁴⁾하여 享于祖考하니 執其鸞刀¹⁵⁾하여 以啓其毛¹⁶⁾하고 取其血膋로다

是烝¹⁷⁾是享하니 苾苾芬芬하여 祀事孔明이어늘 先祖是皇하사 報以介福하니 萬壽無疆이로다

1) 南山(남산) : 종남산(終南山).
2) 禹甸之(우전지) : 우는 하(夏)나라의 우임금. 전지는 다스리다.
3) 畇畇(균균) : 개척하는 모양.
4) 曾孫田之(증손전지) : 증손은 제사를 주관하는 자. 전지는 농사짓다.
5) 我彊我理(아강아리) : 강은 밭의 경계지. 이는 밭을 잘 다스리는 것.
6) 上天同雲(상천동운) : 온 하늘이 구름으로 덮인 상태.
7) 雰雰(분분) : 눈이 내리는 모양.
8) 霢霂(맥목) : 조금 오는 비의 모양.
9) 場翼翼(역익익) : 밭두둑이 가지런한 모양. 장(場)은 '역'으로 발음하며 밭두둑의 뜻.
10) 彧彧(욱욱) : 무성한 모양.
11) 中田(중전) : 전중(田中). 밭가운데.
12) 菹(저) : 초채(酢菜).
13) 淸酒(청주) : 청결한 술. 울창의 술.
14) 騂牡(성모) : 붉은 수소. 주나라에서는 붉은 것을 숭상함.
15) 鸞刀(난도) : 방울달린 칼.
16) 啓其毛(계기모) : 그 털을 벗기다. 계는 벗기는 것을 말함.
17) 烝(증) : 나아가다. 증은 겨울제사의 이름이라고도 함

7. 보전(甫田) : 큰 밭이여

훤히 보이는 저 큰 밭에서 한 해에 많은 세를 받았네.

우리 그 묵은곡식 가져다가 우리 농군들을 먹이리니
예로부터 풍년이 계속되었네.
이제 남쪽 밭에 나가 보니 혹 김매고 혹 북돋우며
메기장 찰기장 무성도 한데 성대한 곳과 쉬는 곳에
우수한 농민을 내보내네.

우리의 메기장과 우리 순색의 양으로
땅의 신과 사방의 신에게 제사하니 우리 밭이 좋은 것은
농부의 경사로다.
거문고와 비파 뜯고 북을 울려 신농씨를 맞이하여
단비 내리게 기도하여 나의 찰기장 메기장 잘 되게 하여
남녀 모두 잘 살게 해주시오.

증손이 오셨는데 그 아녀자들도
저 남쪽 밭에서 들밥 먹이니 권농관도 몹시 기뻐하며
좌우의 음식 집어 그 맛이 어떤가 맛을 보네.
긴 벼밭 끝까지 매 잘 익고 잘 되었으니
증손도 화를 내지 않고 농부들도 더욱 빨리 일하네.

증손의 가을 추수가 지붕같고 수레같이 쌓여
증손의 노적가리 언덕같고 산등성이 같네.
천 개의 창고를 열고 많은 수레상자를 준비하였는데.
메기장 찰기장 벼 조 농부의 경사로세.
큰 복으로 보답받으니 만수무강하리라.

▨부체다. 총 4장에 장마다 10구절로 이루어졌다.
 이 시는 공경(公卿)이 전록(田祿)을 받아 힘써 농사짓고 사방의 신과 후토와 신농씨에게 제사지내는 것을 기술한 것이라 하였다.

제 6 장 북산(北山) 341

倬彼甫田[1]에 歲取十千이로다 我取其陳[2]하여 食我農人하니 自古有年[3]이로다 今適南畝하니 或耘或耔에 黍稷薿薿어늘 攸介攸止에 烝我髦士[4]로다

以我齊明[5]과 與我犧羊[6]으로 以社以方[7]하니 我田旣臧이 農夫之慶이로다 琴瑟擊鼓하여 以御田祖[8]하여 以祈甘雨하니 以介我稷黍하여 以穀[9]我士女로다

曾孫[10]來止에 以其婦子로 饁彼南畝어늘 田畯至喜하여 攘其左右하여 嘗其旨否로다 禾易長畝[11]하니 終善且有라 曾孫不怒하며 農夫克敏이로다

曾孫之稼 如茨如梁[12]이며 曾孫之庾 如坻如京[13]이라 乃求千斯倉하며 乃求萬斯箱[14]이로소니 黍稷稻粱이 農夫之慶이라 報以介福하니 萬壽無疆이로다

1) 倬彼甫田(탁피보전) : 탁은 명(明), 보는 크다. 훤히 트인 큰 밭.
2) 陳(진) : 묵은 곡식.
3) 有年(유년) : 풍년을 뜻함.
4) 烝我髦士(증아모사) : 증은 나아가다. 모사는 준사(俊士)로 뛰어난 농민의 뜻.
5) 齊明(자명) : 자는 자(粢)와 상통함. 명은 수북히 담는다는 뜻. 또는 자명은 피쌀을 지칭하기도 함.
6) 犧羊(희양) : 순색의 양으로 희생에 쓰는 제물.
7) 以社以方(이사이방) : 사는 후토(后土)의 신. 방은 사방의 신. 곧 구룡씨(句龍氏).
8) 御田祖(어전조) : 어는 맞이하다. 전조는 처음 농사를 시작한 신농씨.
9) 穀(곡) : 기르다.
10) 曾孫(증손) : 제사를 주관하는 자를 일컬음.
11) 禾易長畝(화이장묘) : 화이는 벼를 다스리다.
12) 茨梁(자·량) : 빽빽하게 쌓인 것. 양은 높다란 다리처럼 둥글게 많이 쌓여 있는 모습.
13) 坻京(지·경) : 지는 물 가운데 섬처럼 생긴 것. 경은 높은 언덕처럼 생긴 것.

14) 箱(상) : 수레의 상자.

8. 대전(大田) : 넓은 밭

넓은 밭에 농사지으리라. 씨앗 고르고 농구 찾아내어
농사일 준비하고 날카로운 보습 들고 들에 나가
남쪽 밭에서 일을 시작하여 온갖 곡식 파종하니
싹은 곧고 크게 자라네. 증손자는 이에 만족하네.

이삭 패어 열매 맺고 단단하게 잘 영글었네.
강아지풀도 없고 잡초가 없거든 명충 황충과
뿌리 마디 먹는 해충 제거해야 우리 밭 어린싹 해가 없나니.
신농씨의 신령께서는 불길 속으로 벌레를 던져주시오.

하늘에 뭉게구름 피어 비 촉촉히 내리니
우리 공전(公田) 포근히 적셔주고 나의 밭에도 내려주오.
저 베지 않은 어린 벼며 저 거두지 않은 볏단
저 버려진 볏단. 이 버려진 이삭.
저 불쌍한 과부의 몫이로다.

증손자 나오셨네 아낙네 애들과 함께.
저 남쪽 이랑에서 들밥 먹는데 권농관도 기뻐하네.
사방의 신에게 정성껏 제사드리고 붉은소 검은소 잡아.
메기장 찰기장으로 밥지어 신께 바치어 제사드리니
크나큰 복을 내려주시리라.

▨부체다. 총 4장에 2장은 장마다 8구절, 2장은 장마다 9구절로 이루어졌다.
　이 시는 농부가 읊은 것으로 그의 상관(上官)을 찬미한 것인데 '보전'의 시에 답한 것이라고 했다.

大田多稼라 旣種旣戒¹⁾하여 旣備乃事하니 以我覃耜로 俶載²⁾南畝하여 播厥百穀하니 旣庭且碩³⁾이라 曾孫是若⁴⁾이로다
　旣方旣皁⁵⁾하며 旣堅旣好오 不稂不莠⁶⁾어든 去其螟螣⁷⁾과 及其蟊賊⁸⁾이라야 無害我田穉니 田祖有神은 秉畀炎火어다
　有渰萋萋⁹⁾하여 興雨祁祁¹⁰⁾하여 雨我公田이오 遂及我私하여 彼有不穫穉하며 此有不斂穧하며 彼有遺秉하며 此有滯穗¹¹⁾하니 伊寡婦之利로다
　曾孫來止라 以其婦子로 饁彼南畝어늘 田畯至喜로다 來方禋祀¹²⁾하여 以其騂黑과 與其黍稷으로 以享以祀하니 以介景福이로다

1) 旣種旣戒(기종기계) : 종은 씨앗을 가림. 계는 농사기구를 갖춤.
2) 俶載(숙재) : 처음 시작하는 농사일.
3) 庭且碩(정차석) : 정은 곧다. 석은 크다. 곧고 또 크다.
4) 若(약) : 순하다.
5) 旣方旣皁(기방기조) : 방은 방(房)과 같으며 이삭이 패어 꽃이 합하여지지 않는 것. 조는 열매가 굳지 않은 것.
6) 稂·莠(낭·유) : 모를 해치는 풀들.
7) 螟螣(명등) : 벼의 알맹이를 먹는 해충을 명, 잎사귀를 먹는 해충을 등이라 한다.〈그림 참조〉
8) 蟊賊(무적) : 뿌리를 먹는 것을 무, 마디를 먹는 것을 적이라 하는데 벼를 해치는 벌레들.〈그림 참조〉
9) 渰萋萋(엄처처) : 엄은 구름이 일어나는 모양. 처처는 무성한 모양.
10) 祁祁(기기) : 서서히 내리는 모양.
11) 滯穗(체수) : 흘린 벼이삭.
12) 禋祀(인사) : 정성껏 제사를 모시는 것.

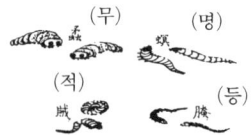

9. 첨피낙의(瞻彼洛矣) : 저 낙수를 보라

저 낙수(洛水)를 바라보니 오직 물만 깊고 넓게 흐르네.
천자께서 오시었으니 복과 녹이 쌓여있는 듯하네.
붉은 가죽옷을 입고 육군(六軍)을 호령하시네.

저 낙수를 바라보니 오직 물만 깊고 넓게 흐르네.
천자께서 오시었으니 칼과 칼집도 화려하네.
천자께서는 만년을 장수하여 길이길이 가문을 보전하시리.

저 낙수를 바라보니 오직 물만 깊고 넓게 흐르네.
천자께서 오시었으니 복과 녹이 모두 모여드네.
천자께서 만년을 장수하여 길이길이 그 나라를 보전하시리.

▓ 부체다. 3장에 장마다 6구절로 이루어졌다.
이 시는 천자가 제후를 동도(東都)에 모아놓고 무사(武事)를 강습할 때 제후가 천자를 찬미한 노래라고 하였다.

瞻彼洛[1]矣혼대 維水泱泱[2]이로다 君子[3]至止하시니 福祿如茨[4]로다 韎韐有奭[5]하니 以作六師[6]로다
瞻彼洛矣혼대 維水泱泱이로다 君子至止하시니 鞞琫[7]有珌이로다 君子萬年에 保其家室이로다
瞻彼洛矣혼대 維水泱泱이로다 君子至止하시니 福祿旣同[8]이로다 君子萬年에 保其家邦이로다

1) 洛(낙) : 물 이름. 동도(東都)에 있으며 제후들이 모이는 곳이다.
2) 泱泱(앙앙) : 깊고 넓다.
3) 君子(군자) : 천자를 가리킴.
4) 如茨(여자) : 노적과 같다의 뜻.
5) 韎韐有奭(매합유석) : 매는 띠풀을 모아 염색한 것. 합은 가죽바지, 석은 붉은 모양.
6) 作六師(작육사) : 작은 일어나다. 육사는 육군(六軍)과 같으며 천자는 육군이라고 했다.
7) 鞞琫(병봉) : 칼집에 장식하는 것. 꾸민 칼집.
8) 同(동) : 취(聚)의 뜻과 같다.

(칼집)

10. 상상자화(裳裳者華) : 아름다운 꽃

아름다운 꽃이여. 그 잎새도 무성하네.
우리 임 만나뵈니 내 마음 활짝 열리네.
내 마음 활짝 열리니 즐겁고 편안할 수 있다네.

아름다운 꽃이여. 그 노란빛깔 곱기도 하여라.
우리 임 만나뵈니 몸가짐이 화려해졌네.
몸가짐이 화려해지니 좋은 경사가 있을지니라.

아름다운 꽃이여. 노란빛 흰빛이 있네.
우리 임 만나뵈니 네 필 말 끄는 수레타셨네.
네 필 말 끄는 수레타시니 여섯 줄 고삐 빛나네.

왼쪽에서 왼쪽으로 해도 군자께서 마땅하시고
오른쪽에서 오른쪽으로 해도 군자께서 갖추어져 있네.
갖추어져 있는지라 모든 것이 완벽하네.

▨ 1·2·3장은 흥체요, 4장은 부체다. 4장에 장마다 6구절로 이루어졌다.
이 시는 천자가 제후를 아름답게 찬미한 노래라고 하였다.

裳裳[1]者華여 其葉湑[2]兮로다 我覯之子호니 我心寫兮로다 我心寫兮호니 是以有譽處兮로다
裳裳者華여 芸其黃[3]矣로다 我覯之子호니 維其有章[4]矣로다 維其有章矣니 是以有慶矣로다
裳裳者華여 或黃或白이로다 我覯之子호니 乘其四駱이로다 乘其四駱하니 六轡沃若이로다
左之左之에 君子宜之며 右之右之에 君子有之로다 維其有之라

是以似之로다

1) 裳裳(상상) : 당당(堂堂)과 같다고 했다. 동씨(董氏)는 옛본(古本)에는 상상(常常)으로 아가워라고 했다.
2) 湑(서) : 성한 모양.
3) 芸其黃(운기황) : 그 누런빛이 성하다.
4) 章(장) : 문장(文章).

제 7 장 상호(桑扈 : 桑扈之什二之七)

1. 상호(桑扈) : 고지새
이리저리 날으며 지저귀는 고지새, 그 깃이 곱기도 하네.
제후님 즐거워하시니 하늘의 큰 복 받으리.

이리저리 날으며 지저귀는 고지새, 그 목이 예쁘기도 하네.
제후님 즐거워하시니 온 나라의 울타리일세.

울타리이며 줄기이시니 모든 제후 본받겠네.
청렴하시고 신중하시니 복 받음이 많지 아니하랴.

굽은 쇠뿔잔에 맛있는 술까지 부드럽네.
저 사귐이 오만하지 않으니 만복이 모여들리.

▨ 1·2장은 흥체요, 3·4장은 부체다. 총 4장에 장마다 4구절로 이루어졌다.
천자가 제후에게 잔치를 베풀면서 노래한 것이다.

> 交交桑扈[1]여 有鶯其羽로다 君子樂胥[2]하니 受天之祜로다
> 交交桑扈여 有鶯其領이로다 君子樂胥하니 萬邦之屛이로다
> 之屛之翰[3]하니 百辟[4]爲憲이로다 不戢[5]不難가 受福不那[6]아
> 兕觥其觩[7]하니 旨酒思柔로다 彼交匪敖하니 萬福來求로다

1) 交交桑扈(교교상호) : 교교는 날아가고 날아오는 모양. 상호는 고지새, 일명 청작(靑雀)이라고도 함.
2) 君子樂胥(군자낙서) : 군자는 제후를 가리킴. 서(胥)는 어조사.

3) 翰(한) : 줄기. 곧 간(幹)으로 담기둥.
4) 百辟(백벽) : 모든 제후.
5) 戢(즙) : 염(斂)과 같다.
6) 那(나) : 많다.
7) 兕觥其觩(시굉기구) : 시굉은 술잔. 구는 뿔위가 굽은 모양.

2. 원앙(鴛鴦) : 원앙새

원앙새 날으니
작은그물 큰그물로 하네.
천자님은 만년이나 복록을 누리시리.

(원앙새)

원앙새는 어살에서 왼쪽 깃을 접네.
천자님은 만년이나
많은 복을 받으시리.

타는 말은 마굿간에 있어 꼴주고 조도 주네.
천자님은 만년이나 복과 녹으로 지내시리.

타는 말은 마굿간에 있어 조도 주고 꼴도 주네.
천자님은 만년이나 복과 녹으로 편안하시리.

▣홍체다. 4장에 장마다 4구절로 이루어졌다.
제후가 천자에게 '상호'에 대한 답례의 노래를 한 것이라고 하였다.

鴛鴦¹⁾于飛하니 畢之羅之²⁾로다 君子³⁾萬年에 福祿宜之로다
鴛鴦在梁⁴⁾하니 戢其左翼이로다 君子萬年에 宜其遐福이로다
乘馬在廄하니 摧之秣⁵⁾로다 君子萬年에 福祿艾⁶⁾之로다
乘馬在廄하니 秣之摧로다 君子萬年에 福祿綏⁷⁾之로다

1) 鴛鴦(원앙) : 금실이 좋은 새로 알려져 있음.
2) 畢之羅之(필지나지) : 필은 작은 그물에 긴 자루가 달린 것. 나는 그 물을 펼치는 것.
3) 君子(군자) : 천자를 가리킴.
4) 梁(양) : 고기를 잡기 위해 돌로 물을 막아놓는 것을 말한다.
5) 摧之秣之(좌지말지) : 좌는 꼴을 써는 것. 말은 곡식.
6) 艾(애) : 기르다. 일설에 애는 노(老)의 뜻으로도 보며 늙어 죽도록 의 뜻이 있음.
7) 綏(유) : 편안하다.

3. 기변(頍弁) : 머리 고깔

점잖은 관은 무엇하러 썼는가.
너의 술은 맛좋고
너의 안주는 진미로다.
어찌 남남이 있으랴
타인이 아닌 형제로다.
누홍초와 여라는
소나무 잣나무에 얽혀 있네.
임을 뵙지 못한 때에는 근심하는 마음 끝이 없더니
그 임을 뵈온 지금은 한없는 기쁨뿐이네.

(누홍초)

점잖은 관은 무엇하러 썼는가.
너의 술은 맛좋고 너의 안주는 철에 알맞네.
어찌 남남이 있으랴, 형제 모두 모였네.
누홍초와 여라는 소나무 위에 얽혀 있네.
임을 뵙지 못한 때에는 근심하는 마음 더욱 심하더니
그 임을 뵈온 지금은 한없이 좋기만 하네.

점잖은 관을 머리에 쓰고 있네.

350 제 2 권 소아(小雅)

너의 술은 맛좋고 너의 안주는 너무도 푸짐하네.
어찌 남남이 있으랴, 형제와 친척들이라네.
큰 눈이 내리기 전에 먼저 싸락눈이 내리듯
죽고 사는 것은 날이 없고 서로 만날 날도 많지 않나니.
이 밤을 술과 함께 즐기려 군자들이 잔치 열었네.

▨ 부·흥·비체다. 3장에 장마다 12구절로 이루어져 있다.
형제와 친척들이 잔치를 벌일 때 부르는 노래라고 하였다.

  有頍者弁[1]이여 實維伊何오 爾酒旣旨하며 爾殽旣嘉하니 豈伊異
人이리오 兄弟匪他[2]로다 蔦與女蘿[3] 施于松柏이로다 未見君子[4]라
憂心奕奕[5]이라니 旣見君子호니 庶幾說懌이로다
  有頍者弁이여 實維何期[6]오 爾酒旣旨하며 爾殽旣時[7]하니 豈伊異
人이리오 兄弟具來로다 蔦與女蘿 施于松上이로다 未見君子라 憂心
怲怲[8]이라니 旣見君子호니 庶幾有臧이로다
  有頍者弁이여 實維在首로다 爾酒旣旨하며 爾殽旣阜[9]하니 豈伊
異人이리오 兄弟甥舅[10]로다 如彼雨雪에 先集維霰[11]이라 死喪無日하
여 無幾相見이란대 樂酒今夕하여 君子維宴이로다

 1) 頍者弁(기자변) : 기는 고깔 모양. 또는 고깔을 쓰고 머리를 든 모
   양. 변은 가죽고깔.
 2) 匪他(비타) : 타인이 아니라는 뜻.
 3) 蔦與女蘿(조여여라) : 조는 기생하
   는 식물로 잎이 당노자(當盧子)나
   복분자(覆盆子)와 같으며 누홍초.
   여라는 토사(兎絲)로 덩굴이 뻗어
   서 나무 위를 덮는다.
 4) 君子(군자) : 형제와 손님을 가
   리킴.
 5) 奕奕(혁혁) : 근심하는 모양.
 6) 何期(하기) : 하이(何伊)와 같다.

(토사(兎絲))

女
蘿

7) 時(시) : 선하다. 좋다의 뜻.
8) 怲怲(병병) : 많이 근심하는 모양.
9) 阜(부) : 많다.
10) 甥舅(생구) : 어머니쪽 친척과 처가집의 친척들.
11) 霰(선) : 눈이 처음 응어리진 것을 말함.

4. 거할(車舝) : 수레의 빗장

수레의 굴대빗장 빙빙 돎이여,
어여쁜 막내딸을 생각하고 가네.
배고픔도 아니요 목마름도 아니다.
선한 행동이 와서 모아짐이니,
비록 좋은 벗이 없다 하여도 잔치 열어 기뻐하리.

저 울창한 평림에 꿩들이 모여 있네.
시집갈 때 된 저 큰아가씨 착한 부덕 가지고 와 가르치네.
잔치 열어 마음껏 즐기며 그대 사랑함은 변치 않으리.

비록 맛 좋은 술 없다지만 마시는 것 끝까지 하고
비록 맛 좋은 안주 없다지만 먹는 것을 끝까지 하며
비록 덕은 그대보다 부족하지만
노래하고 또 춤추리라.

저 높은 언덕에 올라
떡갈나무 장작을 패네.
그 떡갈나무 장작을 패니
그 잎새 싱싱도 하네.
그대 나 보는 것을 아름답게 여기니
내 마음 시름 가시었네.

(꿩)

높은 산을 우러러 보고 큰 길을 가야 하네.
네 필 수말 달리는데 여섯 줄 고삐 비파같네.
그대와 혼인하는 내 마음은 즐거움 뿐이라네.

▨ 1·3장은 비체 2·4·5장은 흥체다. 총 5장에 장마다 6구절로 이루어졌다.
이 시는 결혼할 때 잔치를 열고 즐기는 노래라고 하였다.

  間關[1]車之舝[2]兮여 思孌季女逝[3]兮로다 匪飢匪渴[4]이라 德音來括[5]이니 雖無好友나 式燕且喜어다
  依[6]彼平林에 有集維鷮[7]로다 辰彼碩女 令德來敎로다 式燕且譽하여 好爾無射[8]이로다
  雖無旨酒나 式飮庶幾며 雖無嘉殽나 式食庶幾며 雖無德與女[9]나 式歌且舞어다
  陟彼高岡하여 析其柞[10]薪호라 析其柞薪호니 其葉湑[11]兮다 鮮我覯爾호니 我心寫兮로다
  高山仰止며 景行[12]行止로다 四牡騑騑[13]하니 六轡如琴[14]이로다 覯爾新昏이라 以慰我心호라

1) 間關(간관) : 빗장을 치는 소리. 또는 수레가 돌아가는 소리.
2) 舝(할) : 수레 축의 머리쇠. 곧 굴대빗장.
3) 孌季女逝(연계녀서) : 아름다운 막내딸이 시집가다의 뜻.
4) 匪飢匪渴(비기비갈) : 주리지 않고 목마르지 않다는 것. 육체적으로는 그렇지 않으나 마음속은 목마르고 배고픈 것 같다는 뜻.
5) 括(괄) : 모이다. 만나다.
6) 依(의) : 나무가 무성한 모양.
7) 鷮(교) : 꿩.
8) 爾無射(이무역) : 이는 계녀(季女). 무역은 싫어함이 없다.
9) 女(여) : 계녀(季女).
10) 柞(작) : 굴참나무.
11) 湑(서) : 성한 모양.

12) 景行(경행) : 대도(大道).
13) 騑騑(비비) : 쉬지 않고 다니는 모양.
14) 如琴(여금) : 여섯 줄의 고삐가 조화되어 거문고의 줄과 같다는 뜻.

(쉬파리)

5. 청승(青蠅) : 쉬파리

윙윙대는 쉬파리가 울타리에 앉았네.
점잖은 군왕께서는 참소하는 말을 믿지 마소.

윙윙대는 쉬파리가 가시나무에 앉았네.
참소하는 것은 끝이 없어 온 나라를 어지럽히리.

윙윙대는 쉬파리가 개암나무에 앉았네.
참소하는 것은 끝이 없어 우리 두 사람을 갈라놓았네.

▨ 1장은 비체 2·3장은 흥체다. 총 3장에 장마다 4구절로 이루어져 있다.
 왕이 신하의 참언을 듣기 좋아하는 것을 보고 참언을 쉬파리 떼의 소리와 같은 것으로 비유하여 왕은 듣지 말라고 경계한 노래라고 하였다.

　　營營青蠅[1]이여 止于樊이로다 豈弟君子[2]는 無信讒言이어다
　　營營青蠅이여 止于棘[3]이로다 讒人罔極하여 交亂四國이로다
　　營營青蠅이여 止于榛이로다 讒人罔極하여 構[4]我二人이로다

1) 營營青蠅(영영청승) : 영영은 쉬파리가 날으는 소리. 청승은 쉬파리.
2) 豈弟君子(개제군자) : 개제는 점잖은 것. 군자는 왕을 가리킴.
3) 棘(극) : 가시울타리. 번(藩)과 같다.
4) 構(구) : 교란과 같다.

6. 빈지초연(賓之初筵) : 잔치

손님 모여 첫잔치에 좌우가 질서정연 하거늘.
대그릇 나무접시 줄지어 과일 안주 쌓여 있네.
술은 잘 빚어져 맛이 있고 마셔도 예절 있네.
쇠북소리 북소리 울리면 술잔 들고 오고 가네.
큰 과녁 세워놓고 활에 화살 재어 당기네.
활 쏜 사람 모두 모여
자신의 활 쏜 공을 알리는데
활쏘아 과녁에 적중시켜 그대가 술잔들기 바라네.

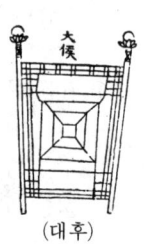
(대후)

피리춤에 생황과 북을 울려 풍악이 이미 어우러지니
나아가 뭇 조상 즐겁게 하여 온갖 예절 합치하네.
온갖 예절 다 갖추어지니 크기도 하고 성대하기도 하네.
신께서 그대에게 큰 복을 내리시니 자손들이 즐기네.
그 즐거움 무르익자 자신들의 재주를 자랑하네.
손님이 손으로 짝을 정하고 일 돕는 이 들어와 참여하네.
저 큰 잔에 술 따르니 제사 시간을 아뢰네.

손님이 첫잔치에는 모두 점잖고 공손하네.
술 취하지 않았을 때는 예의범절이 의젓하더니.
이미 취한 뒤에는 위엄과 예의가 없어지네.
자리 떠나 이리저리 옮기며 술잔들고 비틀비틀 춤을 추네.
술 취하지 않았을 때는 예의범절이 빈틈없더니
이미 취한 뒤에는 예의범절이 산만해지네.
이것이 취한 것이라. 그 질서를 알지 못하네.

손님이 이미 술 취한지라 큰소리치고 떠들어대.
앞의 대그릇 나무그릇 어지럽히고 자주 춤추며 비틀비틀하네.

이것이 취한 것이라. 그 과실도 알지 못하네.
비스듬히 관을 쓰고 비틀비틀 계속 춤을 추네.
이미 취하여 자리를 뜨면 다 복 받으리오마는
취하고도 돌아가지 않으면 이것은 덕을 손상시키는 일이네.
술을 마시고도 아름다운 것은 좋은 행동이라네.

대체로 술 마셔도 어떤 이는 취하고 어떤 이는 취하지 않네.
이에 감시자가 있고 기록하는 관리를 두어 이를 돕게 한다네
저 취한 자가 추태부리는 것을
취하지 않은 이가 오히려 부끄럽게 여긴다네.
쫓아가 말하기를 너무 많이 마셔 태만하지 않게 해야지.
부당한 말을 하지 말며 법도에 어긋난 말을 하지 마라.
술에 취하여 하는 말은 뿔없는 염소를 내라 할 것이라
석 잔 술에 기억하지 못하니 하물며 더 많이 마셔서랴.

▨ 부체다. 5장에 장마다 14구절로 이루어졌다.
위(衛)나라의 무공(武公)이 술 마시고 뉘우치며 이 시를 지었다고 하였다.

　　賓之初筵[1]에 左右秩秩[2]이어늘 籩豆有楚[3]하며 殽核維旅[4]하며 酒旣和旨[5]하여 飮酒孔偕[6]로라 鍾鼓旣設하여 擧醻逸逸[7]하며 大侯旣抗[8]하고 弓矢斯張하니 射夫旣同이라 獻爾發[9]功하여 發彼有的[10]하여 以祈爾爵[11]이로라

　　籥舞[12]笙鼓하여 樂旣和奏하니 烝衎烈祖[13]하여 以洽百禮[14]로라 百禮旣至하니 有壬有林[15]이로다 錫爾純嘏하니 子孫其湛이로다 其湛曰樂하니 各奏爾能이로다 賓載手仇어늘 室人入又하여 酌彼康爵[16]하여 以奏爾時로다

　　賓之初筵엔 溫溫[17]其恭이로다 其未醉止엔 威儀反反[18]이러니 曰旣醉止란 威儀幡幡[19]이라 舍其坐遷하여 屢舞僊僊[20]하나다 其未醉止엔 威儀抑抑[21]이러니 曰旣醉止란 威儀怭怭[22]하니 是曰旣醉라 不

知其秩$^{23)}$이로다

賓旣醉止라 載號載呶하여 亂我籩豆하여 屢舞傚傚$^{24)}$하니 是曰旣醉라 不知其郵$^{25)}$로다 側弁之俄하여 屢舞傞傞$^{26)}$로다 旣醉而出하면 並受其福이어늘 醉而不出하니 是謂伐德이로다 飮酒孔嘉는 維其令儀니라

凡此飮酒에 或醉或否일새 旣立之監$^{27)}$이오 或佐之史하나니 彼醉不臧을 不醉反恥하나니라 式勿從謂하여 無俾大怠아 匪言勿言하며 匪由勿語하라 由醉之言을 俾出童羖$^{28)}$호리라 三爵不識$^{29)}$어니 矧敢多又아

1) 初筵(초연) : 처음으로 여는 잔치.
2) 左右秩秩(좌우질질) : 좌우는 잔치상의 좌우. 질질은 질서가 있는 것.
3) 楚(초) : 진열된 모양.
4) 殽核維旅(효핵유려) : 효는 접시 과일. 핵은 대바구니 과일. 여는 진열한 것.
5) 和旨(화지) : 맛이 좋은 것.
6) 孔偕(공해) : 심히 가지런하다.
7) 擧醻逸逸(거수일일) : 거수는 잔을 들어 올리는 것. 일일은 오고 가는 것이 질서가 있는 모양.
8) 大侯旣抗(대후기항) : 대후는 제후가 쏘는 과녁. 항은 늘어뜨린 것.
9) 獻爾發(헌이발) : 헌은 아뢰다. 발은 화살을 쏘다.
10) 的(적) : 질(質)이다. 과녁. 유적(有的)은 과녁에 적중하다.
11) 祈爾爵(기이작) : 과녁을 맞추지 못하는 자에게 벌주를 먹이는 것.
12) 籥舞(약무) : 피리춤으로 문무(文舞).
13) 烝衎烈祖(증간렬조) : 증은 나아감. 간은 즐거움. 열조는 업적이 많은 조상.
14) 洽百禮(흡백례) : 모든 예절에 맞다.
15) 有壬有林(유임유림) : 크고 성대하다. 곧 예절이 성대함을 뜻함.
16) 康爵(강작) : 편안한 술잔.
17) 溫溫(온온) : 온화한 모양.
18) 反反(반반) : 예의를 돌아봄.

19) 幡幡(번번) : 방정맞은 모양.
20) 僊僊(선선) : 위의(威儀)를 잃은 모양.
21) 抑抑(억억) : 신중한 모양.
22) 怭怭(필필) : 무례한 모양.
23) 秩(질) : 떳떳한 것.
24) 僛僛(기기) : 비틀거리는 모양.
25) 郵(우) : 과(過)와 통하여 허물의 뜻.
26) 傞傞(사사) : 그치지 아니하는 모양.
27) 監(감) : 사정(司正)의 벼슬. 옛날의 활쏘기대회에 사정(司正)의 관리를 파견하여 예법을 살피고 감찰하게 하였다.
28) 童羖(동고) : 뿔이 없는 어린 숫양.
29) 不識(불식) : 의식을 잃다.

7. 어조(魚藻) : 물고기와 마름풀

고기가 마름풀 사이에서 노는데 그 머리 크기도 하네.
임금님께서 호(鎬)땅에 계시며 술 마시며 즐거워하시네.

고기가 마름풀 사이에서 노는데 그 꼬리 길기도 하네.
임금님께서 호땅에 계시며 술 마시며 즐거워하시네.

고기가 마름풀 사이에서 노는데 그 부들잎 옆이었네.
임금님께서 호땅에 계시며 편안하게 지내시네.

▨ 흥체다. 3장에 장마다 4구절로 이루어졌다.
이 시는 천자가 제후에게 잔치를 베풀 때 제후가 천자를 찬미한 시라고 하였다.

魚在在藻[1]하니 有頒[2]其首로다 王在在鎬하시니 豈[3] 樂飲酒샷다
魚在在藻하니 有莘[4]其尾로다 王在在鎬하시니 飲酒樂豈샷다

魚在在藻하니 依于其蒲로다 王在在鎬하시니 有那其居삿다

1) 藻(조) : 마름풀. 수초(水草).
2) 頒(분) : 머리가 큰 모양.
3) 豈(개) : 또한 즐겁다.
4) 莘(신) : 기다랗다.
5) 那(나) : 편안하다.

8. 채숙(采菽) : 콩을 따다

콩을 따고 콩을 따서
모난 광주리 둥근 광주리에 담네.
제후들이 조회 오는데
무얼 내려 주실건가.
비록 줄 것이 없다 해도
큰 수레와 큰 말 주셨네.
또 무얼 주셨나, 검은 곤룡포와
수놓은 바지라네.

펑펑 솟는 샘에서 미나리를 캐네.
제후들 조회 오는데 펄럭이는 깃발 보이네.
그 깃발 펄럭펄럭 말방울소리 딸랑딸랑
네 필 말 수레 몰고 제후들이 이르르네.

다리에는 붉은슬갑
그 밑에는 행전을 치셨네.
저 사람이 소홀함이 없어
천자께서 하사하셨네.
즐겁구나 제후들이여, 천자께서 임명하셨네.
즐겁구나 제후들이여
복과 녹을 계속 내리시리.

(미나리)

(떡갈나무)

(검은 곤룡포)

(보의)
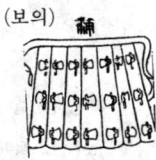

떡갈나무가지에는 그 잎새가 무성하네.
즐겁구나 제후들이여, 천자의 나라를 안정시키리.
즐겁구나 제후들이여, 온갖 복이 함께 하리라.
다스릴 줄 아는 신하들 제후들을 수행하였네.

둥실둥실 뜬 버드나무배는 밧줄에 매여 있네.
즐겁구나 제후들이여, 천자께서 헤아리시리.
즐겁구나 제후들이여, 복록이 더욱 두터워지리.
의젓하고 유유한 모습으로 드디어 여기까지 이르셨네.

▩ 1·2·4·5장은 흥체 3장은 부체다. 총 5장에 장마다 8구절로 이루어졌다.
이 시는 천자가 '어조'에 대답한 노래라고 하였다.

采菽[1] 采菽은 筐之筥之로다 君子[2] 來朝에 何錫予之으 雖無予之나 路車[3] 乘馬로다 又何予之오 玄袞及黼[4]로다

觱沸檻泉[5]에 言采其芹[6]호라 君子來朝에 言觀其旂호라 其旂淠淠[7]하며 鸞聲嘒嘒[8]하며 載驂載駟하니 君子所屆로다

赤芾在股오 邪幅[9]在下로다 彼交匪紓하니 天子所予로다 樂只君子여 天子命之로다 樂只君子여 福祿申之로다

維柞之枝여 其葉蓬蓬[10]이로다 樂只君子여 殿[11]天子之邦이로다 樂只君子여 萬福攸同이로다 平平左右[12] 亦是率從이로다

汎汎楊舟여 紼纚維之[13]로다 樂只君子여 天子葵[14]之로다 樂只君子여 福祿膍[15]之로다 優哉游哉라 亦是戾[16]矣로다

1) 菽(숙) : 대두(大豆). 콩.
2) 君子(군자) : 제후를 지칭함.
3) 路車(노거) : 수레. 금수레(金路=金輅), 상아수레(象路)가 있는데 천자가 동성의 제후에게는 금수레를 주고 타성의 제후에게는 상아수레를 준다고 했다.
4) 玄袞及黼(현곤급보) : 현곤은 검은옷에 둥근 용이 그려진 옷. 보는

도끼모양을 수놓은 바지.
5) 觱沸檻泉(필불함천) : 필불은 샘물이 솟는 모양. 감천은 솟아오르는 샘물.
6) 芹(기) : 수초(水草)로 먹을 수 있는 풀. 미나리.
7) 浘浘(비비) : 움직이는 모양.
8) 嘒嘒(혜혜) : 방울소리.
9) 邪幅(사폭) : 행전과 같이 무릎에서 발목까지 묶는 것.
10) 蓬蓬(봉봉) : 무성한 모양.
11) 殿(전) : 안정하다.
12) 平平左右(평평좌우) : 다스릴 줄 아는 모양. 좌우는 제후의 신하.
13) 紼纚維之(불여유지) : 불은 밧줄. 여유지는 붙들어 매다. 배를 붙들어 매다.
14) 葵(규) : 공을 헤아리다.
15) 腪(비) : 두텁다.
16) 亦是戾(역시려) : 여는 이르다의 뜻. 또한 이에 이르렀다.

9. 각궁(角弓) : 뿔활

잘 다듬어진 뿔활은 늦춰지면 핑 하고 튕겨진다오.
형제나 친척들은 서로 멀리하지 말아야 하네.

그대가 멀리하면 백성들도 서로 그렇게 하며
그대가 가르치면 백성들도 서로 본받을 거라네.

이 의좋은 형제들은 너그럽고 너그러이 지내지만
의좋지 않은 형제들은 서로 배아파 한다네.

좋지 못한 백성들은 서로를 일방적으로 원망한다네.
벼슬을 받고도 사양할 줄 몰라 제 몸 망침에 이른다네.

늙은 말이 도리어 망아지 되어도 뒷일은 생각지 않네.
남보다 배불리 먹으려 하고 더 많이 마시려 드네.

원숭이에게 나무 타는 것 가르치지 말지어다.
진흙에 진흙을 바르는 것과 같다네.
군자가 빛나는 도를 지녔다면 소인들은 이를 따르리라.

눈이 펄펄 내리지만 햇빛을 만나보면 녹는다오.
몸을 굽혀 남을 따르려고 하지 않고 언제나 교만하게 구네.

눈이 펄펄 내리지만 햇빛 만나보면 녹아 버린다오.
오랑캐같은 행동을 하니 나는 늘 근심뿐이라네.

▨ I장은 흥체, 2·3·4장은 부체, 5·6·7·8장은 비체다. 총 8장에 장마다 4구절로 이루어졌다.
이 시는 임금이 종친들을 돌보지 아니하고 참소와 망언을 좋아하여 종족들이 서로 원망하는 노래라고 하였다.

騂騂角弓[1]이여 翩[2]其反矣로다 兄弟昏姻[3]은 無胥遠矣어다
爾[4]之遠矣면 民胥然矣며 爾之敎矣면 民胥傚矣리라
此令[5]兄弟는 綽綽[6]有裕어늘 不令兄弟는 交相爲瘉[7]로다
民之無良은 相怨一方[8]이니라 受爵不讓하니 至于己斯亡이로다
老馬反爲駒하여 不顧其後로다 如食宜饇어늘 如酌孔取로다
毋敎猱[9]升木이니라 如塗塗附니라 君子有徽猷[10]면 小人與屬이리라
雨雪瀌瀌[11]나 見晛[12]日消하나니라 莫肯下遺오 式居婁驕로다
雨雪浮浮[13]나 見晛日流하나니라 如蠻[14]如髦[15]라 我是用憂호라

1) 騂騂角弓(성성각궁) : 성성은 잘 단련된 활. 각궁은 뿔로 꾸민 활.
2) 翩(편) : 뒤집히는 모양.
3) 兄弟昏姻(형제혼인) : 가깝고 먼 친척들의 뜻.
4) 爾(이) : 왕을 가리킴.

5) 令(영) : 선하다.
6) 綽綽(작작) : 너그러운 모양.
7) 瘉(유) : 병(病)과 같다.
8) 一方(일방) : 피일방(彼一方)과 같다.
9) 猱(유) : 원숭이. 나무에 오르기를 좋아하여 가르치지 않아도 능함.
10) 徽猷(휘유) : 아름다운 도(道).
11) 瀌瀌(녹녹) : 성한 모양.
12) 晛(현) : 햇빛.
13) 浮浮(부부) : 녹녹(瀌瀌)과 같다.
14) 蠻(만) : 남쪽 오랑캐.
15) 髦(모) : 남쪽 오랑캐의 머리털.

(원숭이)

10. 울류(菀柳) : 울창한 버들

울창한 버드나무 그늘에서 거의가 쉬고 싶지 않을까.
임금님이 심히 혹독하시어 스스로 가까이 모시지 못하네.
나로 하여금 편안케 하라지만 내 곧 궁지에 빠지리.

울창한 버드나무 그늘에서 거의가 쉬고 싶지 않을까.
임금님이 심히 혹독하시니 스스로 병들 일 하지 마라.
나로 하여금 편안케 하라지만 내 곧 허물만 남으리라.

새도 높이 날으면 하늘 끝에 이른다네.
저 임금의 마음은 어느 곳에 이를 것인가.
어찌 내 편안케 하겠는가, 흉하고 위태로움뿐일 것이라네.

▨ 1·2장은 비체, 3장은 흥체다. 총 3장에 장마다 6구절로 이루어졌다.

임금이 포악하여 제후들이 조회를 오지 않으므로 이 노래를 불렀다고 하였다.

有菀者柳에 不尙息焉가 上帝甚蹈¹⁾이시니 無自暱²⁾焉이어다 俾予靖之나 後予極焉이리라
　有菀者柳에 不尙愒³⁾焉가 上帝甚蹈이시니 無自瘵⁴⁾焉이어다 俾予靖之나 後予邁焉이리라
　有鳥高飛는 亦傅⁵⁾于天이니라 彼人之心은 于何其臻고 曷予靖之리오 居以凶矜이로다

1) 上帝甚蹈(상제심도) : 상제는 왕을 가리킴. 심도는 심히 포악하다.
2) 暱(일) : 가까이 하다.
3) 愒(게) : 쉬다. 식(息)과 같은 뜻.
4) 瘵(제) : 병폐가 되는 못된 행동.
5) 傅(부) : 이르다.

제 8장 도인사(都人士 : 都人士之什二之八)

1. 도인사(都人士) : 서울양반
저 서울양반 여우갖옷 입은 것이 삐까번쩍.
얼굴엔 위엄이 있고 말씨도 조리가 있네.
이제 호경(鎬京)에 돌아가면 모든 백성이 우러르리라.

저 서울양반 풀삿갓에 검은관 썼네.
저 군자의 따님은 머리숱이 많고 아름답네.
나 이제 보지 못하리니 내 마음 기쁘지 않네.

저 서울양반 예쁜 구슬로 귀막이 했네.
저 군자의 따님은 윤씨 길씨의 규수 같네.
나 이제 보지 못하리니 내 마음 우울해지네.

저 서울양반은 띠를 축 늘어뜨렸네.
저 군자의 따님은 전갈같이 머리를 틀어 올렸네.
나 이제 보지 못하리니 그 뒤를 따라갈거나.

그가 띠를 늘어뜨린 것이 아니라 띠가 길어 늘어졌네.
일부러 틀어 올린 것이 아니라 머리가 날려 올라간 거라네.
나 이제 보지 못하리니 어찌 바라보지 않으랴.

▩ 부체다. 5장에 장마다 6구절로 이루어졌다
  옛날에는 도읍이 번성하고 인물들이 위의를 갖추어 아름다웠
는데 난리가 끝난 후에는 그것을 볼 수 없는 것을 개탄한 노래

라고 하였다.

　　彼都人士여 狐裘黃黃[1]이로다 其容不改하며 出言有章[2]하니 行歸于周[3]어든 萬民所望이러니라
　　彼都人士여 臺笠緇撮[4]이로다 彼君子女[5]여 綢直如髮[6]이로다 我不見兮라 我心不說호라
　　彼都人士여 充耳琇實이로다 彼君子女여 謂之尹吉[7]이로다 我不見兮라 我心苑結[8]호라
　　彼都人士여 垂帶而厲[9]로다 彼君子女여 卷髮如蠆[10]로다 我不見兮호니 言從之邁호리라
　　匪伊垂之라 帶則有餘며 匪伊卷之라 髮則有旟[11]로다 我不見兮호니 云何盱矣오

1) 黃黃(황황) : 여우갖옷의 색깔.
2) 章(장) : 문장(文章). 말이 조리가 있는 것.
3) 周(주) : 주나라의 수도 호경(鎬京)을 말함.
4) 臺笠緇撮(대립치촬) : 대는 풀 이름으로 사초(沙草)이며 대립은 이것으로 만든 삿갓. 치촬은 검은베로 만든 관.
5) 君子女(군자녀) : 수도의 귀족의 딸.
6) 綢直如髮(주직여발) : 이 문장은 뜻이 미상(未詳)이다. 다만 머리의 아름다움을 표현한 것이라고 했음.
7) 尹吉(윤길) : 윤씨와 길씨로 주나라가 혼인을 하는 성씨라고 함.
8) 苑結(울결) : 울은 울(鬱)과 같다. 마음이 우울해 지는 것.
9) 厲(여) : 띠를 늘어뜨린 모양.
10) 蠆(채) : 전갈과 같은 벌레.
11) 旟(여) : 머리가 들쳐진 것.

2. 채록(采綠) : 조개풀을 뜯으며

아침내내 조개풀을 뜯어도 한 줌도 차지 않네.
쑥대처럼 엉킨 내 머리, 돌아가서 머리나 감자.

아침내내 쪽풀을 베어도 앞치마 한 자락도 차지 않네.
초닷새날 기약하더니 엿새날에도 보이질 않네.

임께서 사냥 가시면 그 활을 활집에 넣어주고
임께서 낚시 가시면 낚시줄을 간추려 드리리라.

낚시로 무엇을 낚던가, 방어와 서어네.
방어와 서어 잡으시면 잠깐 구경하러 가리.

▨ 부체다. 4장에 장마다 4구절로 이루어졌다.
부인이 남편을 생각하며 부른 노래라고 하였다.

終朝采綠¹⁾을 不盈一匊²⁾호라 予髮曲局³⁾하니 薄言歸沐호리라
終朝采藍⁴⁾을 不盈一襜호라 五日爲期호니 六日不詹호라
之子⁵⁾于狩인댄 言韔⁶⁾其弓하며 之子于釣인댄 言綸⁷⁾之繩호리라
其釣維何오 維魴及鱮⁸⁾로다 維魴及鱮여 薄言觀者하리라

1) 終朝采綠(종조채록) : 종조는 새벽에서 아침 식사 때까지를 말함. 녹은 포아풀과에 속하는 조개풀. 억새와 비슷하며 황색의 염료로 씀.
2) 一匊(일국) : 한 움큼.
3) 曲局(곡국) : 국은 권(卷)과 같으며 헝클어진 머리.
4) 藍(남) : 쪽풀. 남색 물을 들이는 데 씀.
5) 之子(지자) : 군자를 가리키며 남편을 말함.
6) 韔(창) : 활집. 활집에 넣다.
7) 綸(윤) : 실을 추리다.
8) 鱮(서) : 서어. 붕어 비슷한 민물고기.

(연)

3. 서묘(黍苗) : 기장싹
삐쭉 솟은 기장싹을 장마가 적셔주네.

멀고 먼 남행(南行)길 소백(召伯)이 수고하시네.

등짐 지고 손수레 끌고 수레 끌고 큰 수레들이라.
우리 가서 역사를 이루었으니 대개는 돌아가겠지.

걷는 사람 탄 사람 큰 군사 적은 군사들이라.
우리 가서 역사를 이루었으니 대개는 돌아가 살겠지.

빈틈없는 사읍(謝邑)의 일을 소백께서 다스리시네.
씩씩한 젊은 군인들 이끄는 것은 소백께서 이루셨네.

언덕과 늪은 이미 평지 되고 샘물과 냇물이 맑게 흐르네.
소백께서 큰 일 다 이루시니 왕의 마음은 편안하시네.

▨ 1장은 흥체, 2·3·4·5장은 부체다. 총 5장에 장마다 4구절로 이루어졌다.

주의 선왕(宣王)이 신백(申伯)을 사(謝) 땅에 봉하고 목공(穆公)을 불러 사땅으로 가서 성읍(城邑)을 건설하라 명하였다. 이때 많은 무리를 거느리고 남쪽을 향해 가는데 그 무리 가운데 한 사람이 지었다고 한다.

芃芃[1]黍苗를 陰雨膏之로다 悠悠[2]南行을 召伯勞之로다
我任我輦[3]이며 我車我牛라 我行旣集[4]하니 蓋云歸哉인저
我徒我御며 我師我旅라 我行旣集하니 蓋云歸處니라
肅肅謝功[5]을 召伯營之며 烈烈[6]征師를 召伯成之로다
原隰旣平[7]하며 泉流旣淸[8]하여 召伯有成하니 王心則寧이샷다

1) 芃芃(봉봉) : 길고 큰 모양.
2) 悠悠(유유) : 멀리 가는 것을 뜻함.
3) 我任我輦(아임아련) : 임은 짐을 지는 것. 연은 손수레를 끄는 것.
4) 集(집) : 이루다.

5) 肅肅謝功(숙숙사공) : 숙숙은 엄정한 모양. 사는 고을 이름으로 신백(申伯)을 봉한 나라. 공은 일.
6) 烈烈(열열) : 위무가 있는 모양.
7) 平(평) : 땅을 다스려 평평하게 한 것.
8) 淸(청) : 물을 다스리는 것.

4. 습상(隰桑) : 습지의 뽕나무
진펄의 뽕나무 멋들어지니 그 잎새 무성하구나.
우리 임을 만나보니 그 즐거움이 어떠하뇨.

진펄의 뽕나무 멋들어지니 그 잎새 싱싱하구나.
우리 임을 만나보니 어찌 즐겁지 않으리.

진펄의 뽕나무 멋들어지니 그 잎새 검푸르구나.
우리 임을 만나보니 정다운 말로 굳게 언약하네.

마음으로 사랑하는데 어찌 고하지 않으랴마는.
마음속에 품고 있는데 어느 날인들 잊으랴.

▧ 1·2·3장은 흥체요, 4장은 부체다. 총 4장에 장마다 4구절로 이루어졌다.
이 시는 군자를 보고 기뻐하여 부른 노래라고 하였다.

隰桑有阿[1]하니 其葉有難[2]로다 旣見君子호니 其樂如何오
隰桑有阿하니 其葉有沃[3]이로다 旣見君子호니 云何不樂이리오
隰桑有阿하니 其葉有幽[4]로다 旣見君子호니 德音孔膠[5]로다
心乎愛矣어니 遐不謂矣리오마는 中心藏之어니 何日忘之리오

1) 阿(아) : 아름다운 모양.
2) 難(나) : 성한 모양.

3) 沃(옥) : 광택이 나는 모양.
4) 幽(유) : 흑색.
5) 膠(교) : 굳다.

5. 백화(白華) : 왕골
왕골은 물에 담그고 띠풀은 묶는다네.
임은 멀리 가고 나 홀로 외로울 줄이야.

(두루미)

가벼운 흰구름이 저 왕골과 띠풀 위에 이슬되어 적셨네.
시국은 어지러워지는데 임은 도모하지 않네.

못의 물이 북으로 흘러 저 벼논을 적셨는데.
휘파람 불고 속태우며 저 그 임을 생각하노라.

저 뽕나무가지 잘라다 아궁이에 불만 지피네.
저 높으신 임이 내 마음만 괴롭히네.

궁안의 종을 두드리면 밖에까지 들려 오네.
임 생각에 애가 타도 돌아보지 않네.

두루미는 어살에 살고 학은 수풀에 있네.
저 높으신 임이여 내 마음 괴롭히네.

원앙새 어살에 살며 왼쪽 날개 접고 있네.
그 임은 선량하지 않아 덕을 이리저리 옮기시네.

낮은 이 돌은 밟혀서 낮아진 것이라네.
멀리가신 우리 임이여 왜 나를 병나게 하는가.

제 2 권 소아(小雅)

▨비체다. 8장에 장마다 4구절로 이루어져 있다.

주의 유왕(幽王)이 신후(申后)를 얻고 또 포사(褒姒)를 얻은 후 신후를 쫓아내자 신후가 이 노래를 지었다고 전한다.

白華菅[1]兮이든 白茅束兮니라 之子[2]之遠이라 俾我[3]獨兮아
英英[4]白雲이 露彼菅茅니라 天步[5]艱難이어늘 之子不猶로다
滮[6]池北流하여 浸彼稻田하나이다 嘯歌傷懷하여 念彼碩人호라
樵彼桑薪하여 卬烘[7]于煁호라 維彼碩人이여 實勞我心이로다
鼓鍾于宮이어든 聲聞于外하나니라 念子懆懆[8]어늘 視我邁邁[9]아
有鶖[10]在梁이어늘 有鶴在林이로다 維彼碩人이여 實勞我心이로다
鴛鴦在梁하여 戢其左翼이로다 之子無良하여 二三其德[11]이로다
有扁[12]斯石은 履之卑兮니라 之子之遠이여 俾我疧兮로다

1) 白華菅(백화관) : 백화는 야관(野菅)이라 하며 왕골을 말한다. 관은 적시다의 뜻.
2) 之子(지자) : 유왕.
3) 俾我(비아) : 나로 하여금. 곧 신후(申后) 자신.
4) 英英(영영) : 가볍고 밝은 모양.
5) 天步(천보) : 그 시대의 운세.
6) 滮(퓨) : 흐르는 모양.
7) 卬烘(앙홍) : 앙은 나, 홍은 불사르다.
8) 懆懆(조조) : 근심하는 모양.
9) 邁邁(매매) : 돌아보지 않다.
10) 鶖(추) : 두루미.
11) 二三其德(이삼기덕) : 마음을 이랬다 저랬다 하는 것.
12) 扁(편) : 낮은 것.

6. 면만(綿蠻) : 꾀꼬리

꾀꼴꾀꼴 꾀꼬리 언덕 굽은 곳에 앉아 있네.
갈 길이 멀다고 하니 내 고생이 어떠하겠소.

마시게 하고 먹게 하며 가르치고 깨우치며
저 뒷수레에 명하여 태워주라 말할까.

꾀꼴꾀꼴 꾀꼬리 언덕 위에 앉아 있네.
어찌 가기를 꺼리랴마는 빨리 가지 못하는 것을 두려워한다오.
마시게 하고 먹게 하고 가르치고 깨우치며
저 뒷수레에 명하여 태워주라 말할까.

꾀꼴꾀꼴 꾀꼬리 언덕 옆에 앉아 있네.
어찌 가기를 꺼리랴마는 이르지 못하는 것을 두려워한다오.
마시게 하고 먹게 하고 가르치고 깨우치며
저 뒷수레에 명하여 태워주라 말할까.

▨ 비체다. 3장에 장마다 8구절로 이루어져 있다.
이 시는 미천한 사람이 부역의 시달림에 지쳐 부른 노래라고 하였다.

緜蠻[1]黃鳥 止于丘阿[2]로다 道之云遠이니 我勞如何오 飮之食之며 敎之誨之며 命彼後車[3]하여 謂之載之아
緜蠻黃鳥 止于丘隅로다 豈敢憚行이리오 畏不能趨니라 飮之食之며 敎之誨之며 命彼後車하여 謂之載之아
緜蠻黃鳥 止于丘側이로다 豈敢憚行이리오 畏不能極[4]이니라 飮之食之며 敎之誨之며 命彼後車하여 謂之載之아

1) 緜蠻(면만) : 새소리.
2) 阿(아) : 굽은 언덕.
3) 後車(후거) : 부거(副車)로 뒤따르는 수레.
4) 極(극) : 이르다.

7. 호엽(瓠葉) : 박잎

펄럭이는 박잎을 뜯어 삶았네.
군자에게 술 있어 한 잔 들고 맛보네.

토끼 한 마리를 볶고 지졌네.
군자에게 술 있어 한잔 들고 한 잔 권하네.

토끼 한 마리를 지지고 구웠네.
군자에게 술 있어 한잔 들고 잔 돌리네.

토끼 한 마리를 지지고 볶았네.
군자에게 술 있어 한 잔 따라 주고 받네.

▨ 부체다. 4장에 장마다 4구절로 이루어져 있다.
이 또한 잔치 열고 마시며 노래하는 시라고 하였다.

幡幡[1]瓠葉을 采之亨之라 君子有酒어늘 酌言嘗之로다
有兎斯首[2]를 炮之燔之[3]라 君子有酒어늘 酌言獻[4]之로다
有兎斯首를 燔之炙之라 君子有酒어늘 酌言酢之로다
有兎斯首를 燔之炮之라 君子有酒어늘 酌言醻[5]之로다

1) 幡幡(번번) : 박잎이 나풀거리는 모양.
2) 有兎斯首(유토사수) : 토끼 한 마리. 물고기는 일미(一尾)라고 하는
   것과 같다.
3) 炮之燔之(포지번지) : 포는 짐승을 털째 진흙에 싸서 굽는 것. 번은
   불로 익히는 것.
4) 獻(헌) : 주인이 손님에게 처음 술을 올리는 것.
5) 醻(수) : 다시 술을 따라 들도록 권하는 것.

8. 점점지석(漸漸之石) : 우뚝 솟은 바위

우뚝 솟은 바윗돌 높고 높기도 하다.
산과 시내가 더욱 멀어 심한 고생이로다.
동쪽으로 가는 무사들은 천자를 뵈올 틈도 없네.

우뚝 솟은 바윗돌 험하기도 험하다.
산과 시내가 더욱 멀어 언제나 끝날 것인가.
동쪽으로 가는 무사여, 언제나 벗어날까.

흰발의 멧돼지 모두가 물을 건너며.
달이 필성(畢星)에 걸렸으니 큰비가 내리겠네.
동쪽으로 가는 무사여, 다른짓 할 겨를이 없네.

▨ 부체다. 3장에 장마다 6구절로 이루어졌다.
　장수(將帥)가 정벌에 나가 험난하고 먼 곳에서 그 힘들고 괴로운 것을 참다 못해 읊은 시라고 한다.

　　漸漸[1]之石이여 維其高矣로다 山川悠遠하니 維其勞矣로다 武人東征이여 不遑[2]朝矣로다
　　漸漸之石이여 維其卒[3]矣로다 山川悠遠하니 曷其沒[4]矣오 武人東征이여 不遑出矣로다
　　有豕白蹢[5]하니 烝[6]涉波矣며 月離于畢[7]하니 俾滂沱矣로다 武人東征이여 不遑他矣로다

1) 漸漸(점점) : 높고 높은 모양. 곧 무인(武人). 장수를 가리킴.
2) 遑(황) : 가(暇)와 통하여 겨를. 아침 저녁으로 겨를이 없다.
3) 卒(졸) : 높고 높은 것.
4) 曷其沒(갈기몰) : 갈은 어찌의 뜻. 몰은 진(盡)과 통한다.
5) 蹢(적) : 말굽.

6) 烝(증) : 여러. 무리.
7) 月離于畢(월리우필) : 이는 묶는다는 뜻. 달이 필성(畢星)의 옆에서 숙박하다. 필은 별 이름으로 28수의 하나. 필성이 달 옆에 있으면 다음날 비가 온다고 하였다.

9. 초지화(苕之華) : 능소화

능소화이여! 노란 그 꽃 향기롭네.
마음의 근심이여, 가슴이 아파오네.

능소화이여! 그 잎새 푸르고 푸르네.
내 이럴줄 알았다면
태어나지 않음과 같지 못하네.

암염소는 머리만 크고 통발에는 삼성(三星)이 떴네.
사람이 먹었으면 됐지 배불리 먹기란 적은 것이라네.

(능소화)

▨ 1·2장은 비체 3장은 부체다. 총 3장에 장마다 4구절로 이루어졌다.
　시인 자신이 주나라가 쇠약한 것을 보고 능소화에 비유하여 아픈 심정을 노래했다고 한다.

　　苕¹⁾之華여 芸其黃矣로다 心之憂矣여 維其傷矣로다
　　苕之華여 其葉靑靑이로다 知我如此런든 不如無生이랏다
　　牂羊墳首²⁾며 三星在罶³⁾로다 人可以食이언정 鮮可以飽로다

1) 苕(초) : 능초(陵苕). 지금의 자위(紫葳)이며 덩굴로 큰 나무에 붙어 자라며 그 꽃이 누렇고 붉다. 또한 능소화라고도 한다.
2) 牂羊墳首(장양분수) : 장양은 암양, 분수는 큰 머리, 양이 마르면 머리만 크다고 함.
3) 罶(유) : 통발.

10. 하초불황(何草不黃) : 풀은 시드는데

어느 풀인들 단풍들지 않으며 어느 날인들 가지 않으며
어느 사람이 가서 사방을 경영하지 않으랴.

어느 풀인들 마르지 않으며 어느 사람인들 홀아비 아니랴.
슬프다, 우리 역군(役軍) 홀로 백성이 아닌가.

외뿔들소도 아니요 호랑이도 아닌데 저 넓은 들을 헤매나.
슬프다, 우리 역군(役軍) 아침 저녁 쉴 틈이 없네.

꼬리 긴 여우 저 풀밭을 쏘다니네.
저 짐 실은 수레는 저 큰 길을 달려 가네.

(외뿔들소)

▨ 1·2·4장은 흥체 3장은 부체다. 총 4장에 장마다 4구절로 이루어져 있다.
주나라가 망해 가는데도 부역이 끊이지 않아 부역 가는 사람이 이 시를 지었다고 한다.

何草不黃이며 何日不行이며 何人不將[1]하여 經營四方이리오
何草不玄[2]이며 何人不矜[3]이리오 哀我征夫 獨爲匪民가
匪兕匪虎어늘 率彼曠野아 哀我征夫 朝夕不暇로다
有芃[4]者狐어늘 率彼幽草로다 有棧之車[5]여 行彼周道[6]로다

1) 將(장) : 가다. 곧 행(行)의 뜻.
2) 玄(현) : 붉고 검은 색. 이미 누렇고 검다의 뜻.
3) 矜(환) : 늙어 아내가 없음을 환(鰥)이라 하는데 환과 통하며 '긍'의 발음을 '환'으로 한다.

4) 芃(봉) : 꼬리가 긴 모양.
5) 棧之車(잔지거) : 짐 싣는 수레.
6) 周道(주도) : 큰 길. 주나라의 길.

제 3 권 대아(大雅三)

꾀꼴꾀꼴 꾀꼬리
언덕 굽은 곳에 앉아 있네.
갈 길이 멀다고 하니
내 고생이 어떠하겠소.
마시게 하고 먹게 하며
가르치고 깨우치며
저 뒷수레에 명하여
태워주라 말할까.

제 3 권 대아(大雅三)

아(雅)는 바르다는 뜻이다. 대아는 크게 바르다는 것을 의미하는 것으로 주왕조(周王朝)의 궁중(宮中)의 바른 음악이라는 뜻이다. 대아는 소아(小雅)와 달리 제후들이 조회할 때나 큰 잔치에 통용되는 음악이었다. 〈'소아(小雅)'의 내용 참조.〉

제 1 장 문왕(文王 : 文王之什三之一)   (왕관)

1. 문왕(文王) : 주나라 문왕
문왕이 위에 계시니, 아! 하늘에 빛나도다.
주나라 비록 오래된 나라지만 그 천명을 새롭게 했네.
주나라 밝지 아니한가, 하늘의 명이 때맞추었네.
문왕이 오르고 내리셔 하느님의 좌우에 계시었네.

힘쓰시고 힘쓰신 문왕의 어진 소문이 그치지 않고
큰 복을 주나라에 주셔서 문왕의 후손을 도우시니
문왕의 자손들, 본손(本孫)과 지손들이 백세토록 번성하며
무릇 주나라의 신하들도 또한 대대로 밝지 아니함이 없네.

세상은 밝지 아니한가, 그들은 더욱 신중하네.

생각하는 많은 신하들이 이 왕국에 태어났네.
이 왕국에 태어났음은 주나라의 기둥일세.
많은 어진 선비들 있으니 문왕은 편안하시리.

슬기로운 문왕이시여! 아 끊임없이 힘써 공경하셨네.
큰 하늘의 명령은 상(商)나라 자손에게 있었네.
상나라 자손들의 그 수는 헤아릴 수 없이 많았으나
하늘이 명을 내리셔 주나라에 복종토록 하셨네.

주나라에 복종토록 하였으니 천명은 떳떳한 것 아니네.
은나라의 훌륭한 선비도 술 따라 제사를 돕네.
그들이 강신한 술을 올릴 때 항상 저희 나라 관을 썼네.
왕의 진실한 충신들은 그대들 조상의 일을 잊지 말라.

그대의 조상들 일을 잊지 말고 진실로 덕 닦기를 바라네.
길이길이 하늘의 명을 받들어 스스로 많은 복을 구할지니.
은나라가 아직 없어지지 않았을 때는 천명에 부합하더니
마땅히 은나라를 거울삼을지어다. 큰 명은 쉽지 아니하네.

하늘의 명 지키기가 쉽지 않으니 그대의 대에서 끊지 말라.
좋은 소문 나게 하고 은나라의 흥망 하늘에 의한 줄 알라.
하늘의 하시는 일은 소리도 없고 냄새도 없어라.
문왕을 거울삼아 따르면 온 세상이 믿고 따르리.

▨ 1장은 흥체, 6장은 부체. 7장에 장마다 8구절로 이루어졌다.
　주공이 아버지인 문왕의 덕을 기술하여 주나라가 하늘의 명을 받아 상나라를 대신한 것을 이와 같이 인용하여 성왕(成王)을 경계한 것이라고 하였다.

文王在上하샤 於[1]昭于天하시니 周雖舊邦이나 其命維新이로다 有周不顯가 帝[2]命不時[3]가 文王陟降이 在帝左右시니라
亹亹[4]文王이 令聞[5]不已샤 陳錫哉周하샤대 侯文王孫子하시니 文王孫子 本支[6]百世시며 凡周之士도 不顯가 亦世로다
世之不顯가 厥猶翼翼[7]이로다 思皇[8]多士 生此王國이로다 王國克生하니 維周之楨[9]이로다 濟濟[10]多士여 文王以寧이샷다
穆穆[11]文王이여 於緝熙[12]敬止샷다 假[13]哉天命은 有商孫子니라 商之孫子 其麗不億[14]이언마는 上帝旣命이라 侯于周服이로다
侯服于周하니 天命靡常이라 殷士膚敏[15]이 祼將于京[16]하니 厥作祼將이여 常服黼冔[17]로다 王[18]之藎臣은 無念爾祖아
無念爾祖아 聿脩厥德이어다 永言配命이 自求多福이니라 殷之未喪師[19]엔 克配上帝러니 宜鑒于殷이어다 駿命不易니라
命之不易니 無遏[20]爾躬이어다 宣昭義問[21]하며 有虞殷自天하라 上天之載[22]는 無聲無臭어니와 儀刑[23]文王하면 萬邦作孚하리라

1) 於(오) : 감탄사.
2) 帝(제) : 상제(上帝). 곧 하느님.
3) 不時(불시) : 어찌 때가 아닌가 뜻이 같다.
4) 亹亹(미미) : 힘쓰는 모양.
5) 令聞(영문) : 좋은 소문. 좋은 명예.
6) 本支(본지) : 본은 종자(宗子), 지는 서자(庶子)다.
7) 猶翼翼(유익익) : 유는 꾀, 익익은 힘써 공경하다.
8) 思皇(사황) : 사는 어조사(語助辭). 황은 아름다움.
9) 楨(정) : 줄기. 기둥.
10) 濟濟(제제) : 많은 모양.
11) 穆穆(목목) : 깊고 먼 뜻이 포함되어 있음.
12) 於緝熙(오즙희) : 오는 감탄사. 즙은 계속, 희는 밝다의 뜻. 오즙희는 아! 계속 그치지 않는다는 뜻.
13) 假(가) : 크다.
14) 麗不億(여불억) : 여러 수(數)의 뜻. 불억은 수없이 많다는 뜻.
15) 膚敏(부민) : 아름답고 민첩하다.

16) 祼將于京(관장우경) : 울금주를 땅에 붓고 제사지내는 것. 장은 행하다. 경은 주나라의 경사(京師).
17) 黼冔(보후) : 보는 흑백의 수를 놓은 하의. 후는 은나라의 관.
18) 王(왕) : 성왕(成王)을 가리킴.
19) 師(사) : 대중(大衆).
20) 遏(알) : 끊어지다.
21) 義問(의문) : 착한 소문.
22) 載(재) : 일.
23) 儀刑(의형) : 본받는 것.

(매)

2. 대명(大明) : 크게 밝히다

밝고 밝아 아래에 계시며 빛나고 빛나 하늘에도 계시네.
하늘은 믿기가 어렵고 임금 노릇은 쉽지 아니하니
천자인 은나라 적손에게 천하를 두지 못하게 하셨네.

지(摯)나라 둘째 딸 임씨가 저 은나라로부터
주나라로 시집와 주나라 수도의 부인이 되시니
이에 왕계(王季)와 더불어 덕을 행하시었네.
이 태임(太任)께서 아이가 있어 이 문왕을 낳으셨다네.

이 문왕께서는 삼가하고 조심하여
밝게 하늘을 섬기시고 많은 복 누릴 것을 생각하여
그 덕 어긋남이 없어 온 나라의 주인이 되셨네.

하늘이 아래를 두루 살펴 천명이 이곳에 모였으니
문왕이 처음 일을 시작할 때 하늘이 좋은 짝 지어 주시니.
흡수의 북쪽 기슭에 있으며 위수의 가에 있어.
문왕이 혼인을 하였는데 큰 나라의 좋은 규수를 두셨네.

큰 나라의 좋은 규수 두셨으니 하늘이 주신 천사였네.
그 길한 날을 정하여 친히 위수에서 맞이하셨네.
배를 만들어 다리 놓으시니 그 빛이 너무도 밝았네.

하늘로부터 명이 있어 이 문왕께 명하시어
주나라의 수도에서 다스리게 하고 아름다운 신나라의 규수가
맏아들에게 시집와 두터이 무왕을 낳으셔.
보호하고 돕고 명하시어 큰 상나라를 화하여 정벌케 하셨네.

은나라의 군사들 그 수가 숲처럼 모여들자
목야(牧野)에서 군사에게 맹세하기를 내가 일어났도다.
하늘이 그대들을 돌보시니 너희는 두 마음을 먹지 말라.

목야는 넓고 넓으며 박달나무수레 빛을 뿜네.
배가 흰 네 필 말은 씩씩하고 태사인 태공망
매가 날듯 용맹하게 저 무왕을 도우시어
저 큰 상나라를 들이치니 하늘은 아침부터 청명했었네.

▨부체다. 총 8장에 4장은 6구절 4장은 장마다 8구절로 이루어졌다.
이 시도 또한 주공(周公)이 성왕(成王)을 경계한 시다.

　　　明明[1]在下하면 赫赫[2]在上이니라 天難忱斯라 不易維王이니 天位殷適[3]을 使不挾四方하시니라
　　　摯仲氏任[4]이 自彼殷商[5]으로 來嫁于周하샤 曰嬪于京[6]하시니 乃及王季[7]로 維德之行이샷다 大任有身하샤 生此文王하시니라
　　　維此文王이 小心翼翼[8]하샤 昭事上帝하샤 聿懷多福하시니 厥德不回하샤 以受方國하시니라
　　　天監在下샤 有命旣集이라 文王初載[9]에 天作之合하시니 在洽之陽[10]하며 在渭之涘[11]하여 文王嘉止[12]에 大邦有子[13]샷다

大邦有子하니 俔天之妹로다 文定厥祥[14]하시고 親迎于渭하샤 造舟爲梁하시니 不顯其光가

有命自天이라 命此文王을 于周于京이어시늘 纘女維莘[15]이 長子[16]維行하니 篤生武王하샤 保右命爾하샤 燮伐大商하시니라

殷商之旅 其會如林하여 矢于牧野[17]하니 維予侯興이로다 上帝臨女하시니 無貳爾心이어다

牧野洋洋[18]하니 檀車煌煌[19]하며 駟騵彭彭[20]이로다 維師尙父[21] 時維鷹揚[22]하여 涼[23]彼武王하여 肆[24]伐大商하니 會朝[25]淸明이로다

1) 明明(명명) : 덕이 밝은 모양.
2) 赫赫(혁혁) : 하늘의 명이 나타나는 모양.
3) 天位殷適(천위은적) : 천위는 천자의 지위. 은적은 은나라 맏아들.
4) 摯仲氏任(지중씨임) : 지는 나라 이름. 중은 중녀(仲女). 임은 지나라의 성씨이며 태임. 태임(太任)은 문왕의 어머니.
5) 殷商(은상) : 상나라의 제후.
6) 嬪于京(빈우경) : 경은 주경(周京). 주나라의 서울로 시집가다.
7) 王季(왕계) : 문왕의 아버지.
8) 翼翼(익익) : 공순하고 신중한 모양.
9) 載(재) : 연(年)과 같다.
10) 洽之陽(흡지양) : 흡수의 북쪽 기슭.
11) 渭之涘(위지사) : 위수의 물가.
12) 嘉止(가지) : 혼례(婚禮)를 말한다. 지는 어조사.
13) 大邦有子(대방유자) : 대방은 신국(莘國). 유자는 태사(太姒).
14) 文定厥祥(문정궐상) : 예로써 그 길일을 정하고의 뜻. 문은 예절.
15) 莘(신) : 나라 이름.
16) 長子(장자) : 신국의 장녀 태사(太姒).
17) 牧野(목야) : 땅 이름.
18) 洋洋(양양) : 넓고 큰 모양.
19) 煌煌(황황) : 선명한 모양.
20) 駟騵彭彭(사원방방) : 사원은 말의 배가 희고 갈기는 검은 말. 방방은 강성한 모양.

21) 師尙父(사상보) : 태공망(太公望). 태사(太師)였으며 호는 상보(尙父).
22) 鷹揚(응양) : 매가 빨리 날으면 새를 채듯 매서운 모양.
23) 涼(양) : 양(亮)과 통하며 돕다의 뜻.
24) 肆(사) : 병사를 종대로 세워놓은 것.
25) 會朝(회조) : 모여 싸우는 아침.

3. 면(緜) : 길게 이어지는 것

길게 뻗은 덩굴에 크고 작은 오이.
백성이 처음 삶을 누린 곳은
저와 칠의 물가였네.
고공단보(古公亶父)께서는
굴을 파고 흙집 지어 살고
집같은 집은 두지 못했다네.

(바곳)

고공단보께서 아침에 오셔 말을 달려
서쪽 호수를 따라 기산 아래에 이르셨네.
이곳에서 강녀(姜女)와 함께 새살림을 차리셨네.

주나라 들판은 기름져서 바곳과 씀바귀도 엿처럼 달다네.
이에 시작하고 이에 꾀하여 우리의 거북점을 쳐보시고
머물러 살 만하다 하시고 여기에 집을 지으셨네.

편안히 살게 되고 왼쪽과 오른쪽에도 집을 지어
경계를 짓고 도랑 파서 밭갈고 이랑을 내니
서쪽에서 동쪽에 이르기까지 모든 일을 다하셨네.

이에 사공을 부르고 이에 사도를 불러
집을 짓게 하시니 그 먹줄 친 것이 곧바르거늘

새끼로 담틀을 묶어 세워놓고 지은 종묘는 위엄이 있네.

들것에 흙담는 소리 많고 흙던지는 소리 웅웅하며
담을 다지되 등등(登登)하며 중복된 것 다스려 풍풍소리 나
모든 담벽을 다 세우니 북소리도 그치지 아니하네.

성곽 문 세우니 성곽 문은 하늘을 찌를 듯하고
정문을 세우고 보니 정문은 반듯하고 장엄하네.
큰 사직을 세우니 모든 민중들이 다니는 곳이네.

그들에 대한 노여움을 풀지 않았으나
그 자신의 명예도 실추치 않았네.
떡갈나무 두릅나무 뽑아 다니는 길을 통하게 하니
오랑캐들 달려드는 것도 중지되었네.

우와 예나라가 송사하러 왔다가 바르게 되었으니
문왕께서 그 움직임을 빠르게 하였네.
나는 이르되 이것을 소부(疏附)함이며 선후(先後)함이며
분주(奔奏)함이며 어모(禦侮)함이 있다고 하는 것이라 하노라.

▨ 부체다. 총 9장에 장마다 6구절로 이루어졌다.
이 시도 주공(周公)이 성왕을 경계하기 위해 지은 시라고 하였다.

緜緜瓜瓞[1]이여 民之初生이 自土沮漆[2]하니 古公亶父[3] 陶復陶穴[4]하여 未有家室[5]이러시니라
古公亶父 來朝走馬하샤 率西水滸하샤 至于岐下하시니 爰及姜女[6]로 聿來胥宇하시니라
周原膴膴[7]하니 菫荼[8] 如飴로다 爰始爰謀하시며 爰契[9]我龜하샤 曰止曰時하여 築室于玆라하시니라

迺慰迺止[10]하며 迺左迺右[11]하며 迺彊迺理하며 迺宣迺畝하니 自西徂東하여 周爰執事하니라
乃召司空[12]하며 乃召司徒[13]하여 俾立室家하니 其繩則直이어늘 縮版以載[14]하니 作廟翼翼[15]이로다
捄之陾陾[16]하며 度之薨薨[17]하며 築之登登[18]하며 削屢馮馮[19]하여 百堵皆興하니 鼛鼓[20]弗勝이로다
迺立皐門하니 皐門有伉[21]하며 迺立應門[22]하니 應門將將[23]하며 迺立冢土[24]하니 戎醜[25]攸行이로다
肆[26]不殄厥慍하시나 亦不隕厥問하시니 柞棫拔矣라 行道兌[27]矣하니 混夷駾矣하여 維其喙[28]矣로다
虞芮質厥成[29]이어늘 文王蹶厥生[30]하시니 予曰有疏附[31]며 予曰有先後며 予曰有奔奏[32]며 予曰有禦侮[33]라하노라

1) 綿綿瓜瓞(면면과질) : 면면은 계속 이어져 끊어지지 않는 모양. 참외의 큰 것을 과 작은 것을 질이라고 함.
2) 自土沮漆(자토저칠) : 저와 칠의 땅으로부터. 저와 칠은 저수(沮水)와 칠수(漆水)로 물의 이름.
3) 古公亶父(고공단보) : 고공은 호요, 단보는 이름이라 함. 주나라에서 추징하여 태왕(太王)이라 함.
4) 陶復陶穴(도복도혈) : 굴을 파고 흙집을 짓다.
5) 家室(가실) : 땅 위에 집을 지은 것.
6) 姜女(강녀) : 태왕(太王)의 비.
7) 周原膴膴(주원무무) : 주는 땅 이름. 넓고 평평한 것을 원(原). 무무는 아름다운 모양.
8) 菫荼(근도) : 근은 오두(烏頭)라고 하는 독초로 바곳이며 도는 씀바귀.
9) 契(계) : 불을 지펴 거북의 등을 지지는 것.
10) 迺慰迺止(내위내지) : 이에 편안하고 이에 살다.
11) 迺左迺右(내좌내우) : 동서 좌우로 벌리는 것.
12) 司空(사공) : 나라의 수도를 관장하는 벼슬.
13) 司徒(사도) : 모든 역사를 관장하는 벼슬.
14) 縮版以載(축판이재) : 축판은 담틀판을 묶어 새끼로 동여매는 것.

재는 상하로 서로 잇는 것.
15) 翼翼(익익) : 엄정한 것.
16) 俅之陾陾(구지잉잉) : 구는 흙을 그릇에 담는 것. 잉잉은 무리들.
17) 度之薨薨(탁지홍홍) : 탁은 판에 흙을 담는 것. 홍홍은 여러 소리.
18) 登登(등등) : 서로 응하는 소리. 일하면서 서로 주고 받는 소리.
19) 馮馮(빙빙) : 담을 굳게 하는 소리로 흙을 내리치는 상태.
20) 鼛鼓(고고) : 길고 큰 북. 북을 치며 일을 함.
21) 皐門有伉(고문유항) : 고문은 왕궁의 성문을 말함. 항은 높은 모양.
22) 應門(응문) : 왕궁의 정문(正門)을 말함.
23) 將將(장장) : 엄정한 것.
24) 冢土(총토) : 큰 사직으로 토지신을 제사지내는 곳.〈그림 참조〉

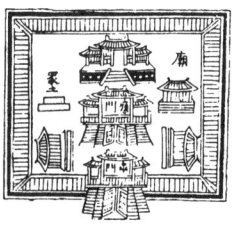

25) 戎醜(융추) : 대중(大衆).
26) 肆(사) : 그러므로. 또는 이루어지다.
27) 兌(태) : 통하다.
28) 喙(훼) : 쉬다.
29) 虞芮質厥成(우예질궐성) : 우나라 예나라의 두 임금이 그 이루는 것을 바르게 하다. 우와 예의 두 나라가 항상 밭의 경계로 다투다 서백(西伯)에게 재판을 청하러 왔는데, 주나라에서는 모든 사람이 서로 사양하는 것을 보고 서로 다투는 것을 어리석게 여기고 돌아갔다는 고사가 있음.
30) 蹶厥生(궤궐생) : 뜻이 미상이라 했다. 다만 궤는 움직임이 빠르다. 생은 일어나는 것과 같다.
31) 疏附(소부) : 아랫사람을 거느리고 윗사람과 친밀하게 지내는 것.
32) 奔奏(분주) : 덕을 칭찬하는 것이 빠르게 전파되는 것.
33) 禦侮(어모) : 무신이 적의 침략을 막고 방어하는 것.

4. 역복(棫樸) : 두릅나무 떨기
무성한 두릅나무 떨기여 땔나무로 베어 쌓아두었네.

거룩하신 임금님이여 좌우에서 달려오네.

거룩하신 임금님이여 좌우에서 구슬잔 들어 제사 돕네.
잔 드는 모습 장엄히 하니 뛰어난 선비의 마땅함이네.

저 경수의 두둥실 떠가는 배 여러 사람이 노를 젓고 있네.
주나라 임금님 행차에 육군(六軍)이 뒤를 따르네.

큰 저 은하수는 온 하늘을 수놓고 있네.
주나라 왕 만수무강하시니 어찌 변화고무시키지 않으랴!

새기고 쪼은 그 문채요 금과 옥이 바탕이네.
힘쓰고 힘쓰시는 우리 임금께서는 사방의 기강이라네.

▨ 1·3·4·5장은 흥체, 2장은 부체다. 총 5장에 장마다 4구절로 이루어져 있다.
이 시도 또한 문왕의 덕을 노래한 시다.

芃芃棫樸[1]이여 薪之槱[2]之로다 濟濟辟王[3]이여 左右趣之로다
濟濟辟王이여 左右奉璋[4]이로다 奉璋峨峨[5]하니 髦士攸宜로다
淠彼涇舟[6]를 烝徒楫之로다 周王于邁하시니 六師[7]及之로다
倬彼雲漢[8]이여 爲章于天이로다 周王壽考하시니 遐不作人이시리오
追琢[9]其章이오 金玉其相[10]이로다 勉勉[11]我王이여 綱紀四方이샷다

1) 芃芃棫樸(봉봉역복) : 봉봉은 무성한 모양. 역복은 두릅나무떨기.
2) 槱(유) : 쌓다.
3) 濟濟辟王(제제벽왕) : 제제는 용모의 아름다운 모양. 벽왕은 문왕.
4) 璋(장) : 반규(半圭).
5) 峨峨(아아) : 성하고 씩씩한 모양.
6) 淠彼涇舟(비피경주) : 비는 배가 가는 모양. 경주는 경수(涇水)의 배.
7) 六師(육사) : 육군(六軍).

8) 雲漢(운한) : 하늘의 은하수.
9) 追琢(퇴탁) : 퇴는 조(雕)로 새기다의 뜻. 금(金)을 세공하는 것은 조(雕)라 하고 옥(玉)을 다듬어 무늬를 넣는 것은 탁(琢)이라 한다.
10) 相(상) : 바탕을 말함.
11) 勉勉(면면) : 그치지 아니함을 말함.

5. 한록(旱麓) : 한산의 기슭
저 한산 기슭을 바라보니 개암나무 호나무 울창하네.
점잖으신 군자여 녹을 구하는 것이 즐겁네.

고운 저 옥구슬잔에 울창주가 가득하네.
점잖으신 군자여 복과 녹이 내려오네.

솔개는 날아 하늘에 이르고 고기는 연못에서 노네.
점잖으신 군자여 어찌 변화고무 시키지 않으랴.

맑은 술 잔에 부어 놓고 붉은 황소 갖추었으니
흠향시키고 제사 올려 큰 복을 더 크게 하시네.

무성한 저 떡갈나무 두릅나무 백성들의 땔나무감이네.
점잖으신 군자에게는 신도 위무하시네.

무성한 칡덩굴 나뭇가지를 휘감았네.
점잖으신 군자여 복을 구함에 사특하지 않네.

▨ 1·2·3·5·6장은 흥체, 4장은 부체다. 총 6장에 장마다 4구절로 이루어져 있다.
이 시도 문왕의 덕을 노래한 것이다.

瞻彼旱麓¹⁾혼대 榛楛濟濟²⁾로다 豈弟君子³⁾여 干祿豈弟로다
瑟彼玉瓚⁴⁾에 黃流⁵⁾在中이로다 豈弟君子여 福祿攸降이로다
鳶飛戾天이어늘 魚躍于淵이로다 豈弟君子여 遐不作人이리오
淸酒旣載하며 騂牡旣備하니 以享以祀하여 以介景福이로다
瑟彼柞棫은 民所燎矣로다 豈弟君子는 神所勞矣로다
莫莫⁶⁾葛藟여 施于條枚⁷⁾로다 豈弟君子여 求福不回로다

1) 旱麓(한록) : 한은 산 이름. 녹은 산줄기.
2) 濟濟(제제) : 많은 모양.
3) 豈弟君子(개제군자) : 즐겁고 평이하다. 군자는 문왕을 가리킴.
4) 瑟彼玉瓚(슬피옥찬) : 슬은 빽빽하고 조밀한 것. 옥찬은 규찬(圭瓚) 으로 구슬로 손잡이를 한 것.
5) 黃流(황류) : 울창주를 말함.
6) 莫莫(막막) : 성한 모양.
7) 施于條枚(이우조매) : 이는 뻗다. 가지와 줄기가 뻗다의 뜻.

6. 사제(思齊) : 거룩하신 태임은

거룩하신 태임은 문왕의 어머니이시네.
주강(周姜)을 사랑하셔 주나라 집안의 주부이시네.
태사(太姒)가 아름다운 부덕을 이어 여러 아들 낳으셨네.

종묘의 선공에게 순종하셔 신령들이 무슨 원망이 없으며
신령이 상심하지도 않은 것은 과처(寡妻)를 본보기로 삼아
형제에게 이르샤 집안과 나라를 다스렸기 때문일세.

화합한 모습으로 궁에 계시며
공경한 모습으로 사당에 계시며
나타나지 않아도 있는 듯하며 싫어함이 없이 보호하시네.

그러므로 큰 재앙 없지 않았으나 공적에 과실이 없으며

들은 것 없어도 법도에 맞고 간함이 없어도 선에 드셨네.

그러므로 성인은 덕을 지니고 소자들은 이에 따르니
문왕께선 싫어함이 없는지라 선비도 이름을 날리게 되었네.

▨ 부체다. 5장에 2장은 장마다 6구절, 3장은 장마다 4구절로 이루어졌다.
이 시도 문왕의 덕을 찬미한 것이라 하였다.

  思齊大任[1]이 文王之母시니 思媚周姜[2]하샤 京室[3]之婦러시니 大姒[4]嗣徽音하시니 則百斯男이샷다
  惠于宗公[5]하샤 神罔時怨하며 神罔時恫[6]은 刑于寡妻[7]하샤 至于兄弟하샤 以御于家邦이실새니라
  雝雝[8]在宮하시며 肅肅[9]在廟하시며 不顯[10]亦臨하시며 無射[11]亦保하시니라
  肆戎疾[12]不殄하시나 烈假不瑕[13]하시며 不聞亦式하시며 不諫亦入하시니라
  肆成人有德하며 小子有造하니 古之人[14]無斁이라 譽髦[15]斯士샷다

1) 思齊大任(사제태임) : 사는 어조사. 제는 장엄하다. 태임은 문왕의 어머니.
2) 媚周姜(미주강) : 미는 사랑하다. 주강은 문왕의 할머니.
3) 京室(경실) : 주실(周室).
4) 大姒(태사) : 문왕의 비(妃).
5) 惠于宗公(혜우종공) : 혜는 순하다. 종공은 종묘의 선공(先公).
6) 恫(통) : 아프다.
7) 刑于寡妻(형우과처) : 형은 의법(義法). 과처는 과소군(寡小君)의 뜻.
8) 雝雝(옹옹-) : 화합이 지극한 것.
9) 肅肅(숙숙) : 공경이 지극한 것.
10) 不顯(불현) : 깊숙하고 은밀한 곳.
11) 射(역) : 싫어하다.

12) 戎疾(융질) : 융은 크다. 질은 난리. 큰 난리는 문왕이 유리(羑里)
   의 감옥에 갇힌 것을 말함.
13) 烈假不瑕(열가불하) : 열은 빛나다. 가는 크다. 하는 허물을 말함.
14) 古之人(고지인) : 문왕을 가리킴.
15) 譽髦(예모) : 예는 명예. 모는 준걸을 뜻함.   (산뽕나무)

7. 황의(皇矣) : 위대하다

위대하신 하느님이
위엄있게 이 땅에 강림하셔.
온 천하를 보살펴
백성의 편안함을 구하셨네.
하나라 은나라가 정사를 잘못하였기 때문에
저 사방의 나라에서 이에 살피고 이에 꾀하셨네.
하늘이 이르신 것은 규모를 더해준 것이라.
정성껏 서쪽을 돌아보시고 여기에 머무르시게 되었네.

뽑아내고 제거하는 것은 말라 죽고 시들은 나무며
거칠고 빽빽한 곳을 치고
곧고 바르게 한 것은 떨기나무 늘어선 곳이며
줄기 치고 가지 자르는 것은 능수버들과 영수목들이며.
치고 베고 하는 것은 산뽕나무 들뽕나무로다.
하늘이 밝은 덕 지닌 분 옮기시니 오랑캐들 두려워 도망가고
하늘이 그 배필 세우시니 천명 받음이 이에 굳어졌도다.

하늘이 그 산을 살피시니 떡갈나무 두릅나무 다 뽑혔고
소나무 잣나무도 치워져
하늘이 나라 세워 임금 정하니 태백과 왕계로부터네.
이 왕계야말로 마음이 우애로우셔 그 형과 우애하셔
그의 복을 두터이 하시어 빛나는 덕을 주셨으니

복받아 잃지 아니하시고 마침내 온 나라를 두시게 되었네.

이 왕계를 하늘은 그 마음을 헤아리시고
덕과 명성을 맑게 하시니 그 덕이 더욱 밝으셨네.
더욱 밝고 더욱 선하셔 더욱 어른답고 더욱 임금다우며
이 큰 나라의 왕이 되셔 더욱 자혜하고 더욱 친하시더니
문왕에 이르러서도 그 덕이 더욱 흠이 없으셔
하늘의 복을 받아 자손만대에 뻗쳤다네.

하늘이 문왕께 이르시기를 그처럼 인심이 멀어지게 말며
그처럼 탐내는 일 없게 하며 먼저 언덕에 오르라 하셨다.
밀(密)나라 사람이 공순치 않아 감히 큰 나라에 항거하며
완(阮)과 공(共)을 침범하였네. 임금님이 크게 화를 내셔
군사를 거느리시고 그 무리를 막아
주나라의 복을 두터이 하셔 천하의 기대에 보답하셨네.

편안히 수도에 계시면서
완강땅부터 침략을 시작했네.
나의 높은 언덕에 올랐으니
나의 언덕에 군사를 진열할 자 없는지라
나의 구릉 나의 언덕이며
나의 샘물 마실 자 없네.
나의 샘 나의 못이거늘 그 좋은 언덕을 넘어서
기산의 남쪽에 터를 삼아
위수의 곁에 머무르시니.
온 천하들의 고향이요, 모든 백성의 왕이 되셨네.

(버들)
(영수목)

하늘이 문왕께 이르시기를 나는 생각하니 밝은 덕은
소리와 얼굴빛을 크게 말며 하(夏)와 혁(革)을 길게 하지 말며
알건 모르건 하늘의 법칙을 따르라 하셨네.

하늘이 문왕께 이르시기를 그대 원수 나라를 꾀하고
그대의 형제 나라와 함께하여 그대 성에 오를 사다리와
그대 임거와 충거를 준비하여
숭(崇)나라의 성을 치라 하셨네.

임거 충거 서서히 가니 숭나라 도성은 높고 크네.
소식 가져온 포로는 줄줄이었고 귀 베되 난폭하지 않네.
상제와 군신(軍神)에게 제사지내고 모두 와 복종케 하시니
사방을 보아도 넘보는 이 없네.
임거와 충거 탄탄하고 숭나라 성은 군건하기도 하네.
이에 치고 이에 무찌르고 이에 자르고 이에 소탕하니
사방의 나라가 거역함이 없네.

▩ 부체다. 총 8장에 장마다 12구절로 이루어졌다.
　이 시는 주나라의 태왕(太王)·태백(太伯)·왕계(王季)의 덕을 찬미하고 문왕(文王)에 이르러 밀(密)·숭(崇)의 두 나라를 정벌하는 것을 서술한 것이라고 한다.

　　　皇矣上帝[1]　臨下有赫[2]하사 監觀四方하사 求民之莫[3]이시니 維此二國[4]이 其政不獲일새 維彼四國[5]에 爰究爰度하시니 上帝耆之는 憎其式廓[6]이라 乃眷西顧하사 此維與宅하시니라
　　作之屏之[7]하니 其菑其翳[8]며 修之平之하니 其灌其栵[9]며 啓之辟之[10]하니 其檉其椐[11]며 攘之剔之[12]하니 其檿其柘[13]로다 帝遷明德이라 串夷載路[14]어늘 天立厥配[15]하시니 受命旣固샷다
　　帝省其山하시니 柞棫斯拔[16]하며 松柏斯兌[17]어늘 帝作邦作對하시니 自大伯王季[18]샷다 維此王季 因心則友하사 則友其兄하사 則篤其慶하사 載錫之光하시니 受祿無喪하여 奄有四方이샷다
　　維此王季를 帝度其心하시고 貊[19]其德音하시니 其德克明이샷다 克明克類[20]하시며 克長克君하시며 王此大邦하사 克順克比[21]러시니 比于[22]文王하샤 其德靡悔하시니 旣受帝祉하샤 施于孫子샷다

帝謂文王하사대 無然畔援[23]하며 無然歆羨하여 誕先登于岸[24]이라 하시다 密人[25]不恭이라 敢距大邦하여 侵阮徂共[26]이어늘 王赫斯怒하시어 爰整其旅[27]하사 以按徂旅[28]하사 以篤于周祜하사 以對于天下하시니라

依[29]其在京이어시늘 侵自阮彊하여 陟我高岡하니 無矢[30]我陵이라 我陵我阿며 無飮我泉이라 我泉我池어늘 度其鮮原하사 居岐之陽하여 在渭之將하시니 萬邦之方이며 下民之王이샷다

帝謂文王하시되 予懷[31]明德의 不大聲以色하며 不長夏以革[32]하고 不識不知하여 順帝之則이라하시다 帝謂文王하사대 詢爾仇方[33]하여 同爾兄弟하여 以爾鉤援[34]과 與爾臨衝[35]으로 以伐崇墉[36]이라하시다

臨衝閑閑[37]하니 崇墉言言[38]이로다 執訊連連[39]하며 攸馘安安[40]이로다 是類是禡[41]하여 是致是附[42]하시니 四方以無侮로다 臨衝茀茀[43]하니 崇墉仡仡[44]이로다 是伐是肆[45]하며 是絶是忽[46]하시니 四方以無拂이로다

1) 皇矣上帝(황의상제) : 황은 위대한 것. 상제는 하느님.
2) 臨下有赫(임하유혁) : 임은 보다. 혁은 위엄이 있는 것. 백성을 보는 것이 위엄이 있다는 뜻.
3) 莫(막) : 정하다의 뜻.
4) 二國(이국) : 은(殷)나라와 하(夏)나라.
5) 四國(사국) : 온 천하. 사방 나라.
6) 耆之憎其式廓(기지증기식곽) : 뜻이 미상하다고 했다. 다만 기는 이르다. 증은 더하다. 식곽은 규모와 같다고 하는 해설이 있기도 하며 또는 주나라의 땅 이름이라는 설도 있다.
7) 作之屛之(작지병지) : 작지는 발기(拔起)의 뜻으로 뽑다. 병지는 제거하다의 뜻.
8) 菑翳(치예) : 치는 나무가 서서 말라 죽은 것. 예는 스스로 죽은 나무. 곧 시들어 죽은 나무.
9) 灌栵(관례) : 관은 떨기로 자라는 나무. 예는 길가에 자라는 것.
10) 啓之辟之(계지벽지) : 베어 버리는 것.
11) 檉椐(정거) : 정은 물가의 버들. 거는 영수목(靈壽木). 〈그림 참조〉

12) 攘之剔之(양지척지) : 가지가 많은 것은 쳐주어 잘 자라게 하는 것.
13) 其檿其柘(기염기자) : 염은 산뽕나무. 자는 들뽕나무.
14) 串夷載路(관이재로) : 뜻이 미상. 다만 관이는 곤이(昆夷). 재로는 수레에 가득 싣고 간다는 뜻이라고 함.
15) 厥配(궐배) : 어진 아내 태강(太姜)을 가리킴.
16) 柞棫斯拔(작역사패) : 나무를 뽑고 땅을 개척하고 도로를 내는 것.
17) 兌(태) : 통하다로 뜻이 통함.
18) 大伯王季(대백왕계) : 대백은 태백(泰伯)으로 왕계의 형님. 왕계는 문왕의 아버지.
19) 貊(맥) : 막연히 맑고 고요하게 하다.
20) 克明克類(극명극류) : 극명은 시비를 살핌. 극류는 선악을 분별함.
21) 克比(극비) : 상하가 서로 친하여지는 것.
22) 比于(비우) : 지우(至于)와 같다.
23) 無然畔援(무연반원) : 무연은 이와 같지 않다. 반원은 배반하여 저쪽으로 가는 것.
24) 岸(안) : 도의 지극한 곳에 이르는 것.
25) 密人(밀인) : 밀나라 사람. 밀은 밀수씨(密須氏).
26) 阮共(완·공) : 나라 이름.
27) 其旅(기려) : 주나라의 군사.
28) 按徂旅(알조려) : 알은 막다. 조려는 가는 군대의 뜻으로 가서 밀수씨의 군대를 막다.
29) 依(의) : 편안한 모양.
30) 矢(시) : 진(陳)과 같으며 병사를 베풀다의 뜻.
31) 懷(회) : 생각하고 돌보아 줌.
32) 夏以革(하이혁) : 뜻이 자세치 않다. 다만 하혁은 법칙이라고 했다.
33) 仇方(구방) : 원수의 나라.
34) 鉤援(구원) : 구제(鉤梯)로 성에 오를 때 쓰는 사다리.
35) 臨衝(임충) : 임은 임거(臨車)로 위에서 아래로 가는 것. 충은 충거(衝車)로 옆으로 가 충돌하는 것으로 성을 공격할 때 쓰는 수레.
36) 崇墉(숭용) : 숭은 나라 이름. 용은 성(城).

37) 閑閑(한한) : 서서히 가는 것.
38) 言言(언언) : 높고 높은 것.
39) 連連(연연) : 계속되는 모양.
40) 馘安安(괵안안) : 괵은 귀를 베는 것. 안안은 사납지 않다는 뜻.
41) 是類是禡(시류시마) : 유는 군대가 출정할 때 하늘에 제사지내는 것. 마는 정벌하러 간 땅에서 군법(軍法)을 처음으로 만든 황제(黃帝)와 치우(蚩尤)에게 제사지내는 것.
42) 是致是附(시치시부) : 치는 지극한 곳에 이름. 부는 내부(來附)하게 하는 것.
43) 茀茀(불불) : 강성한 모양.
44) 仡仡(흘흘) : 굳세고 씩씩한 모양.
45) 是肆(시사) : 군사를 종대로 하는 것.
46) 忽(홀) : 멸하다.

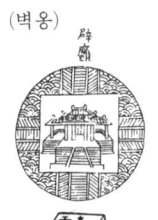
(벽옹)

(영대)

8. 영대(靈臺) : 영대

영대(靈臺)를 짓기 시작하여
재고 푯말을 세우시니
백성들이 모두 도와 하루가 안 되어
다 이루었네.
재고 푯말 세우는 일을 서두르지 말라 하였거늘
백성들은 아들이 부모일 돕듯 몰려들었네.

왕께서 영유에 계시니 암사슴 엎드려 노네.
암사슴 살이 쪄 윤이 나고 백조는 희기도 희네.
왕께서 영소에 계시니 오호라! 고기 가득 못에서 뛰노네.

종틀 경틀을 세우고 큰북 쇠북이로다.
오라, 나란히 있는 쇠북과 큰북이여
오라, 즐거운 천자의 궁전이라.

오라, 나란히 있는 쇠북과 큰북이여
오라, 즐거운 천자의 궁전이라.
악어북소리 둥둥거리고
장님악공들이 풍악을 울리네.

▨ 부체다. 총 4장에 2장은 장마다 6구절, 2장은 장마다 4구절로 이루어졌다.
주의 문왕이 영대(靈臺)와 영소(靈沼)를 백성과 함께 즐기는 것을 노래한 것이다.

經始靈臺¹⁾하여 經之營之하시니 庶民攻²⁾之라
不日³⁾成之로다 經始勿亟하시나 庶民子來⁴⁾로다
王在靈囿⁵⁾하시니 麀鹿⁶⁾攸伏이로다 麀鹿濯濯⁷⁾이어늘 白鳥翯翯⁸⁾이
로다 王在靈沼⁹⁾하시니 於牣¹⁰⁾魚躍이로다
虡業¹¹⁾維樅¹²⁾이오 賁¹³⁾鼓維鏞¹⁴⁾이로소니 於論¹⁵⁾鼓鐘이여 於樂
辟廱¹⁶⁾이로다
於論鼓鐘이여 於樂辟廱이로다 鼉鼓¹⁷⁾逢逢¹⁸⁾하니 矇瞍¹⁹⁾奏公²⁰⁾이로다

1) 經始靈臺(경시영대) : 경시는 재서 일을 시작함. 영대는 문왕의 궁전 속에 있는 별장으로 대(臺) 이름.
2) 攻(공) : 일을 하는 것.
3) 不日(불일) : 하루가 다 되지 않아서의 뜻.
4) 子來(자래) : 자식이 부모일처럼 오는 것을 말함.
5) 靈囿(영유) : 영대의 아래에 있는 동산. 새와 짐승을 기르는 곳.
6) 麀鹿(우록) : 암사슴, 수사슴. 우는 암사슴.
7) 濯濯(탁탁) : 비대하고 윤택함.
8) 翯翯(확확) : 희고 흰 모양.
9) 靈沼(영소) : 동산의 가운데에 있는 못. 영대 안에 있는 것.
10) 於牣(오인) : 오는 감탄사. 인은 가득하다.
11) 虡業(거업) : 거는 나무를 심어 경이나 종을 다는 틀. 가로 지른 것을 순(栒)이라 함. 업은 순 위에 판각(版刻)을 올려 업(業)을 미치

게 하는데 톱니같은 것이다.
12) 樅(종) : 업(業) 위에 종과 경쇠를 달아 채색하는 것.
13) 賁(분) : 큰북으로 길이가 8척 높이가 4척.
14) 鏞(용) : 큰종.
15) 論(논) : 윤리를 얻는 것.
16) 辟廱(벽옹) : 임금이 활쏘기와 예절을 배우는 곳.
17) 鼉鼓(타고) : 악어가죽으로 만든 북.
18) 逢逢(봉봉) : 화락한 것.
19) 矇瞍(몽수) : 몽은 눈동자가 있으면서 못보는 것. 수는 눈동자가 없는 맹인. 옛날의 악관은 전부 맹인들이 했다.
20) 公(공) : 악사의 일.

(악어)

9. 하무(下武) : 무궁하게 이어갈 주나라

문왕과 무왕의 주나라. 대대로 어진 임금 나셨네.
세 임금님은 하늘에 계시고
무왕이 호경(鎬京 : 수도)에 대신하셨네.

무왕이 호경에 대신하시니 대대로 덕을 구하셨네.
길이길이 천명을 받들어 임금님의 믿음을 이루셨네.

임금님의 믿음을 이루셔 백성의 본보기가 되신 것은.
효도를 길이 하신 것이라 그 효도가 본보기 되신 것이라네.

이 한 분을 사랑한 것이라 응하는 것은 순한 덕으로 하니.
길이 효도 다하시어 밝게 후계의 일을 이으셨네.

밝다. 후세가 그 선왕조의 업적을 이으면
아아, 만년토록 하늘의 복을 받으리라.

하늘의 복을 받으시니 사방에서 와 조공바치네.
아아, 만년토록 어찌 도움이 있지 않으랴.

▨부체다. 총 6장에 장마다 4구절로 이루어졌다.
이 시는 주의 무왕이 태왕과 왕계와 문왕의 뒤를 이어 천하를 계승한 것을 찬미한 노래라고 하였다.

下¹⁾武維周에 世有哲王²⁾이샷다 三后³⁾在天이어시늘 王配于京⁴⁾이샷다
王配于京하시니 世德作求샷다 永言配命하샤 成王之孚샷다
成王之孚하샤 下土之式⁵⁾은 永言孝思라 孝思維則이시니라
媚玆一人⁶⁾이라 應侯順德⁷⁾하니 永言孝思하사 昭哉嗣服⁸⁾이샷다
昭玆來許⁹⁾ 繩其祖武면 於萬斯年에 受天之祜라
受天之祜하시니 四方來賀¹⁰⁾로다 於萬斯年에 不遐有佐아

1) 下(하) : 뜻이 미상이다. '문(文)'자의 잘못이 아닌가도 보고 있으며 문왕과 무왕의 뜻으로도 본다.
2) 哲王(철왕) : 태왕과 왕계(大王王季)를 말한다.
3) 三后(삼후) : 태왕, 왕계, 문왕.
4) 王配于京(왕배우경) : 왕은 무왕. 배는 대(對)하다로 대신하다의 뜻. 경은 주나라의 서울 호경(鎬京)을 말한다.
5) 式(식) : 법칙과 같다.
6) 媚玆一人(미자일인) : 이 한 사람을 사랑한다. 일인은 무왕, 미는 사랑하다.
7) 應侯順德(응후순덕) : 응하는 것을 순한 덕으로 한다. 후는 어조사.
8) 嗣服(사복) : 선왕의 일을 계승하는 것.
9) 昭玆來許(소자래허) : 앞구절의 뜻을 이은 것. 자는 재(哉)와 소리가 서로 같으므로 통용하여 씀. 내는 후세, 허는 곳과 같으며 내허는 앞으로 올 날을 뜻함.
10) 賀(하) : 조회를 받다.

10. 문왕유성(文王有聲) : 문왕을 칭송하다

문왕을 칭송하는 그 소리 크기도 하네.
그 편안한 것을 구하시어 그 이름을 보게 되었으니
참으로 문왕다운 임금이시네.

문왕께서 하늘의 명을 받아 이 무공을 세우셨네.
이미 숭나라를 쳐 정벌하고 풍땅에 도읍을 정하시니.
참으로 문왕다운 임금이시네.

성을 쌓고 성의 도랑을 파 도읍을 어울리게 만드시니
욕심대로 급히 하신 것이 아니라
선왕의 뜻 따라 효도 다함이니
참으로 문왕다운 임금이시네.

문왕의 공적이 이에 빛남은 풍땅에 성을 쌓으심이네.
사방의 제후들 모여들어 문왕의 기둥되니
참으로 문왕다운 임금이시네.

풍수(豊水)가 동으로 흐르니 우임금의 공적이라네.
사방의 제후들 모여들어 무왕의 제후되니
참으로 무왕다운 임금이시네.

호경의 공부하는 집을 지을 때 서쪽에서 동쪽이며
남쪽에서 북쪽까지 복종하지 않는 자 없었나니
참으로 무왕다운 임금이시네.

점을 쳐보신 임금께서 이 호경에 도읍을 정하셨네.
거북점을 쳐서 일을 결정하였거늘 무왕이 이루셨네.

참으로 무왕다운 임금이시네.

풍수에 풀이 있는데
무왕께서 어찌 일하지 아니하시리오.
그 자손에게 좋은 과업 물려주어
착한 아들 즐겁게 하셨으니.
참으로 무왕다운 임금이시네.

▨ 1~7장은 부체, 8장은 흥체다. 총 8장에 장마다 5구절로 이루어져 있다.
 이 시는 주의 문왕이 풍에 도읍을 옮기고 무왕이 호에 도읍을 옮긴 것을 찬미한 노래라 하였다.

　　文王有聲이 遹¹⁾駿有聲이샷다 遹求厥寧하사 遹觀厥成하시니 文王烝²⁾哉샷다
　　文王受命하샤 有此武功하샷다 旣伐于崇하시고 作邑于豊³⁾하시니 文王烝哉샷다
　　築城伊淢⁴⁾하시고 作豊伊匹⁵⁾하시니 匪棘其欲이라 遹追來孝시니 王后⁶⁾烝哉샷다
　　王公伊濯⁷⁾은 維豊之垣이니라 四方攸同하여 王后維翰하니 王后烝哉샷다
　　豊水⁸⁾東注하니 維禹之績이로다 四方攸同하여 皇王維辟하니 皇王烝哉샷다
　　鎬京⁹⁾辟廱에 自西自東하며 自南自北하여 無思不服하니 皇王烝哉샷다
　　考卜¹⁰⁾維王이 宅¹¹⁾是鎬京이샷다 維龜正¹²⁾之어늘 武王成之하시니 武王烝哉샷다
　　豊水有芑¹³⁾하니 武王豈不仕¹⁴⁾시리오 詒厥孫謀하샤 以燕翼子하시니 武王烝哉샷다
　1) 遹(휼) : 뜻이 미상이라 했다. 혹 율(聿)과 동일하고 발어사인 듯함.

2) 烝(증) : 임금님의 뜻.
3) 作邑于豊(작읍우풍) : 도읍을 옮기는 것. 풍은 땅 이름.
4) 洫(혁) : 성의 도랑.
5) 匹(필) : 칭찬하다.
6) 王后(왕후) : 문왕을 가리킴.
7) 王公伊濯(왕공이탁) : 왕의 일이 이에 빛나다. 공은 일, 탁은 빛나다.
8) 豊水(풍수) : 물 이름.
9) 鎬京(호경) : 호경은 무왕이 정한 수도.
10) 考卜(고복) : 점을 쳐 알아보는 것. 고는 계(稽)의 뜻.
11) 宅(택) : 살 자리를 잡다.
12) 正(정) : 판단을 정확하게 내리는 것. 결단하다.
13) 芑(기) : 풀 이름.
14) 仕(사) : 일하는 것.

제 2 장 생민(生民 : 生民之什三之二)

1. 생민(生民) : 백성을 낳으시다
그 처음 백성을 낳은 분은 바로 그분 강원(姜嫄)이시니
어떻게 백성을 낳으셨는가, 능히 삼가하고 능히 제사드려
아들 빌어 구하시고 하느님의 엄지를 밟아
큰곳과 그친곳에 경이로워져
내려와 곧 아이 배고 곧 정숙하여
곧 아기 낳아 곧 기르시니 이 분이 바로 후직이시네.

그 달을 맞춰 첫아이 낳기를 양처럼 쉽게 낳으시니
찢어지고 갈라지는 일도 없으시고 재난도 해도 없으셨네.
그 영험함이 밝으셨으니 상제께서 크게 편안하셨네.
정결한 제사를 편안히 여겨 의연히 아들을 낳게 하셨네.

아이를 좁은 골목에 버렸으나 소와 양도 피하고
넓은 숲속에 버렸으나 나무꾼이 안아주고.
얼음 위에 버렸더니 새가 날개로 품어 덮어주었네.
새가 날아가거늘 후직께서 울으시니
그 소리 길고 커서 큰길까지 들렸다네.

엉금엉금 기어다니자
준수하고 건강하시더니
음식을 찾아 먹을 나이가 되자
콩을 심으시니.
그 콩은 너풀너풀 자랐으며 벼도 심어 쑥쑥 자랐네.

(잡두)

삼과 보리도 무럭무럭 자랐고
크고 작은 오이도 탐스럽게 자랐네.

후직의 농사 짓는 것은 사람의 힘을 다했다네.
저 무성한 잡초를 뽑아내고 아름다운 곡식의 종자를 심으니
종자 물에 담궈 싹 틔우고
껍질 벗고 나온 싹은 쑥쑥 자랐네.
알이 배고 여물게 되어 열매 단단하고 좋았으며
이삭 고개 숙여 여무니 태나라에서 집안을 거느리셨네.

좋은 종자를 주셨으니 검은기장과 알이 두 개 든 기장과
붉은차조와 흰차조였네.
검은기장과 알이 두 개 든 기장을 심어
거두어 밭에 쌓아두고
붉은차조와 흰차조를 심어 어깨에 매고 등에 지고 돌아와
처음으로 제사를 지내셨네.

우리 제사는 어떻게 지내셨나. 방아찧고 절구질하여
혹 키질하고 혹 발로 비비고 물을 부어 쌀을 북북 일어
그것을 찌고 푹 익혀 날을 가려 몸을 재계하고
쑥을 기름에 섞어 태워 숫양으로 길가의 신에게 제사지내고
굽고 익혀 내어 새해의 풍년을 빌었다네.

내 제기에 제물 가득 담으니 접시와 대접으로 하네.
그 향기 하늘까지 오르고 하느님 즐겨 흠향하시네.
어찌 향기가 제 때에 하는가 후직이 비로소 제사지내심으로
후손 아무런 죄 허물없이 대대로 지금까지 이어온거라네.

▨ 부체다. 총 8장에 4장은 장마다 10구절, 4장은 장마다 8구절로 이루어져 있다.

제3권 대아(大雅)

　강원이 들에 나가 교제를 지내다가 대인의 발자취를 보고 그 발자취를 밟고 임신이 되어 후직을 낳았는데 이 사람이 주나라의 시조라고 하였다. 주공이 이러한 선조의 내력을 기록하여 주나라가 발상할 때의 상서로운 것은 그때부터 하늘의 명을 받은 것으로 주나라의 후손은 보통의 사람들과 다르다는 것을 노래한 것이다.

　　厥初生民[1]이 時維姜嫄[2]하시니 生民如何오 克禋克祀하샤 以弗無子하시고 履帝武敏[3]하샤 歆[4]攸介[5]攸止하샤 載震載夙[6]하샤 載生載育하시니 時維后稷[7]이시니라
　　誕彌厥月[8]하여 先生如達[9]하시니 不坼不副하시며 無菑無害하샤 以赫厥靈하시니 上帝不寧가 不康禋祀아 居然生子샷다
　　誕寘之隘巷한대 牛羊腓[10]字之하며 誕寘之平林한대 會伐平林하며 誕寘之寒氷한대 鳥覆翼之로다 鳥乃去矣어늘 后稷呱矣하시니 實覃實訏하샤 厥聲載路러시니라
　　誕實匍匐[11]하샤 克岐克嶷이러시니 以就口食[12]하샤 蓺之荏菽[13]하시니 荏菽旆旆[14]하며 禾役穟穟[15]하며 麻麥幪幪[16]하며 瓜瓞唪唪[17]하더니라
　　誕后稷之穡이 有相之道로다 茀厥豊草[18]하고 種之黃茂[19]하니 實方實苞하며 實種實褎하며 實發實秀하며 實堅實好하며 實穎實栗하더니 卽有邰[20]家室하시니라
　　誕降嘉種하니 維秬維秠며 維穈維芑로다 恒之秬秠[21]하니 是穫是畝하며 恒之穈芑[22]하니 是任是負하여 以歸肇祀하시니라
　　誕我祀如何오 或春或揄하며 或簸或蹂하며 釋之叟叟[23]하며 烝之浮浮[24]하며 載謀載惟[25]하며 取蕭祭脂하며 取羝以軷하며 載燔載烈하여 以興嗣歲로다
　　卬[26]盛于豆[27]하니 于豆于登[28]이로다 其香始升하니 上帝居歆[29]이샷다 胡臭亶[30]時리오 后稷肇祀하심으로 庶無罪悔하여 以迄于今이샷다

1) 厥草生民(궐초생민) : 태초에 사람을 처음 낳다. 주나라 시조를 낳음.
2) 時維姜嫄(시유강원) : 시는 시(是)와 같다. 유는 어조사. 강원은 후

직(后稷)의 어머니로 성은 태(邰)씨 이름은 원(嫄)으로 고신(高辛)씨의 세비(世妃)다.

3) 以弗無子履帝武敏(이불무자이제무민) : 이불무자는 자식 없는 것을 빌다. 불(弗)은 불(祓)과 같다. 이는 밟다. 제는 상제(上帝). 무는 자취. 민은 무(拇)와 같으며 엄지발가락. 하느님의 큰 엄지발가락을 밟다의 뜻.

4) 歆(흠) : 움직이다의 뜻으로 경이(驚異)하다와 같다.

5) 介(개) : 크다.

6) 載震載夙(재진재숙) : 재는 어조사. 진은 임신하다. 숙은 엄숙하다.

7) 后稷(후직) : 농사를 맡은 관리로 이름은 기(棄), 주나라의 시조로 요임금 때 후직의 벼슬을 함. 주나라 무왕은 그의 15세손이라 한다.

8) 誕彌厥月(탄미궐월) : 탄은 발어사. 미는 종(終)과 같다. 임신하여 10개월이 찬 것을 이른다.

9) 先生如達(선생여달) : 첫번째로 낳되 양처럼 낳았다. 선생은 초산(初産)을 말하고 달은 양이 새끼를 쉽게 낳는 것같이 순산하였다는 뜻.

10) 腓(비) : 사랑하다의 뜻.

11) 匍匐(포복) : 손과 발이 같이 행하는 것. 곧 기어다니는 것.

12) 就口食(취구식) : 스스로 먹을 수 있게 되다. 6·7세가 되면 혼자 먹을 수 있다.

13) 荏菽(임숙) : 대두(大豆).

14) 旆旆(패패) : 가지가 잘 자라는 모양.

15) 穟穟(수수) : 싹이 잘 자라는 모양.

16) 幪幪(몽몽) : 무성한 모양.

17) 唪唪(봉봉) : 열매가 많은 모양.

18) 茀厥豊草(불궐풍초) : 불은 다스리다. 풍초는 잡초를 말한다.

19) 種之黃茂(종지황무) : 종은 뿌리다. 황무는 아름다운 좋은 씨앗.

20) 邰(태) : 후직의 어머니의 나라.

21) 秬秠(거비) : 거는 검은기장. 비는 검은기장이 한 구멍에 2개가 들어 있는 것.

22) 穈芑(미기) : 미는 붉은조. 기는 흰조.

408 제 3 권 대아(大雅)

23) 叟叟(수수) : 곡식을 물로 씻는 소리.
24) 浮浮(부부) : 김이 오르는 모양.
25) 謀惟(모유) : 모는 길일을 택하는 것. 유는 재계하고 몸을 닦는 것.
26) 卬(앙) : 아(我)의 뜻.
27) 豆(두) : 나무접시.
28) 登(등) : 기와로 구운 국그릇.
29) 歆(흠) : 귀신이 흠향하는 것.
30) 胡臭亶(호취단) : 호는 어찌하다. 취는 냄새. 단은 진실하다의 뜻.

2. 행위(行葦) : 길가의 갈대
빽빽하게 자란 저 길가의 갈대를 소나 양이 밟지 않게 하면
단단히 자라고 제 모습을 찾아
그 잎새 부드럽고 윤택하리라.
친하고 정다운 우리 형제 멀리 말고 가까이 하면
어떤 이는 자리 깔아 드리고 어떤 이는 안석을 받쳐 드리리.

자리 깔고 또 깔고 안석 받쳐 드리며 계속 모시네.
혹 권하고 혹은 받으며 술잔 씻고 다시 권하네.
갖가지 절인 고기를 권하며 고기 굽고 간을 지지고
지라와 머리고기 아름다운 안주에 노래하고 북 두드리네.

무늬 새긴 활은 견고하고 네 화살촉 고르거늘.
활을 쏘면 적중하니 손님의 차례를 어진 이로 하네.
무늬 새긴 활 잡아당겨 네 개의 화살촉을 쏘면
네개의 화살 적중하니 손님 순서 매김 공경스럽게 하네.

증손자가 주인이니 단술 전국술 내놓네.
큰 국자로 술을 퍼서 노인들의 장수를 비네.
검버섯 피고 복어무늬 배에 난 노인들 이끌고

부축하여 도우사
오래도록 장수하시고 큰 복을 누리시도록 비네.

▩ 1장은 흥체, 2·3·4장은 부체다. 총 4장에 장마다 8구절로 이루어졌다.
이 시는 집안의 제사를 마치고 부형과 노인들이 잔치를 베푸는 시라고 하였다.

　　敦彼行葦¹⁾를 牛羊勿踐履면 方苞方體하여 維葉泥泥²⁾라 戚戚³⁾
兄弟를 莫遠具爾⁴⁾면 或肆⁵⁾之筵이며 或授之几리라
　　肆筵設席⁶⁾하니 授几有緝御⁷⁾로다 或獻或酢⁸⁾하며 洗爵奠斝⁹⁾하며
醓醢以薦하며 或燔或炙¹⁰⁾하며 嘉殽脾臄¹¹⁾이며 或歌或罵이로다
　　敦弓¹²⁾旣堅하며 四鍭¹³⁾旣鈞이어늘 舍矢旣均하니 序賓以賢이로다
敦弓旣句하며 旣挾四鍭하여 四鍭如樹¹⁴⁾하니 序賓以不侮¹⁵⁾로다
　　曾孫¹⁶⁾維主하니 酒醴維醹¹⁷⁾로다 酌以大斗¹⁸⁾하여 以祈黃耈¹⁹⁾하놋다
黃耈台背²⁰⁾ 以引以翼하여 壽考維祺하여 以介景福이로다

1) 敦彼行葦(단피행위) : 단은 취(聚)의 뜻. 행위는 길가의 갈대.
2) 泥泥(니니) : 부드럽고 윤택한 모양.
3) 戚戚(척척) : 친애하는 것.
4) 爾(이) : 이(邇)와 상통함.
5) 肆(사) : 베풀다.
6) 設席(설석) : 거듭 자리를 까는 것.
7) 緝御(즙어) : 계속 모시다.
8) 獻酢(헌작) : 술을 손님에게 주는 것을 헌. 손님이 주인에게 답하는 것을 작이라 함.
9) 斝(가) : 술잔.
10) 燔炙(번적) : 번은 고기를 구운 것. 적은 고기의 간을 지진 것.
11) 脾臄(비갹) : 비는 지라. 갹은 짐승의 입위의 고기.
12) 敦弓(조궁) : 여러 가지 무늬가 새겨진 활. 천자의 활.
13) 四鍭(사후) : 네 개의 금촉(金鍭) 전우(翦羽)의 화살.

14) 如樹(여수) : 나무 심은 듯이 곧게 박혔다는 뜻.
15) 不侮(불모) : 공경하다.
16) 曾孫(증손) : 제사를 주관하는 자.
17) 醹(유) : 전국술.
18) 大斗(대두) : 자루의 길이가 3자나 되는 것.
19) 黃耇(황구) : 노인이 늙으면 얼굴에 검버섯이 피는 것을 말하는 것으로 오래 산다는 뜻.
20) 台背(태배) : 태는 태(鮐)와 같고 나이 많은 노인의 배를 태배라 함.

3. 기취(旣醉) : 술에 취하다

이미 술로 취하고 이미 덕으로 배불렀네.
군자께서 만년토록 그대의 큰 복을 더 크게 하리라.

이미 술로써 취하였고 너의 안주 많이 내왔네.
군자께서 만년토록 그대의 밝고 큰 것을 크게 하리라.

밝고 큰 것이 더 빛나니 사심없이 밝아 끝을 잘 마치겠네.
끝을 잘 마침이 시작이 있으니 공시(公尸)가 좋은 말씀하시리.

그 고하는 것이 어떠하뇨. 제기의 제물이 정결하고
제사 돕는 빈객들이 위엄과 예의 다 지키네.

위엄과 예절을 다하니 군자께서는 효자를 두셨네.
효자가 끊이질 아니하니 길이 네게 착한 것을 주리라.

그 착한 것은 어떠한가 온 궁중 전체에
군자께서 만세토록 길이 복과 자손 받으시리.

그의 후손은 어떠한가 하늘이 복록을 입게 하여
군자께서 만년토록 하늘의 명이 붙어 따르리라.

그 딸린 식구 어떠한가 너에게 좋은 배필 얻게 하리라.
좋은 배필 주셔서 어진 자손 얻을 것이네.

▨ 부체다. 8장에 장마다 4구절로 이루어졌다.
  이 시는 부형이 앞의 '행위(行葦)'의 시에 대한 답이라고 했다. 음식과 은혜에 보답하여 많은 복을 받기를 기원하였다.

    旣醉以酒오 旣飽以德[1]호니 君子[2] 萬年에 介爾[3] 景福이로다
    旣醉以酒오 爾殽旣將[4]하니 君子萬年에 介爾昭明[5]이로다
    昭明有融[6]하니 高朗令終[7]이로다 令終有俶[8]하니 公尸[9] 嘉告이로다
    其告維何오 籩豆靜嘉[10]어늘 朋友攸攝[11]이 攝以威儀로다
    威儀孔時어늘 君子有孝子로다 孝子不匱[12]하니 永錫爾類[13]로다
    其類維何오 室家之壺[14]에 君子萬年을 永錫祚胤[15]이로다
    其胤維何오 天被爾祿하여 君子萬年을 景命有僕[16]이로다
    其僕維何오 釐爾女士[17]로다 釐爾女士오 從以孫子로다

1) 德(덕) : 은덕(恩德).
2) 君子(군자) : 왕을 가리킴.
3) 爾(이) : 역시 왕을 가리킴.
4) 將(장) : 행(行)하다.
5) 昭明(소명) : 빛나고 크다.
6) 融(융) : 빛나는 것이 성대함.
7) 高朗令終(고랑영종) : 높고 밝아 마침을 잘 하다.
8) 俶(숙) : 시작. 시(始)와 같은 뜻.
9) 公尸(공시) : 임금의 시동(尸童).
10) 靜嘉(정가) : 청결하고 아름다움.
11) 朋友攸攝(붕우유섭) : 붕우는 빈객(賓客). 섭은 점검(檢)하는 것. 또는 도우는 것.

12) 匱(궤) : 다하다.
13) 類(유) : 선하다.
14) 壼(곤) : 궁중의 복도로 심원하고 엄숙한 것을 뜻함.
15) 祚胤(조윤) : 복 있는 자손.
16) 僕(복) : 따르다.
17) 女士(여사) : 여자로써 선비의 행동이 있는 자.

4. 부예(鳧鷖) : 물오리와 갈매기

물오리 갈매기 경수(涇水)에 놀고
시동은 잔치에 와 편안히 즐기네.
그대의 술은 맑고
그대의 안주도 향기롭거늘
시동이 즐겁게 술 마시니
복과 녹이 다 이루어지네.

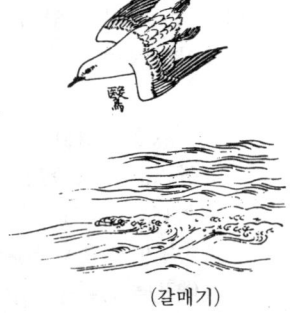
(갈매기)

물오리 갈매기 모래밭에 놀고
시동은 잔치에 와 편안히 즐기네.
그대의 술은 많기도 하고 그대의 안주 아름답거늘
시동이 즐기고 술 마시니 복과 녹이 와서 도우리라.

물오리 갈매기 모래톱에서 놀고
시동은 잔치에 와 즐기고 자리잡네.
그대의 술은 체에 거르고 그대의 안주는 육포 안주어늘
시동이 즐기고 술 마시니 복과 녹이 내려오리라.

물오리 갈매기 물 모이는 곳에서 놀고
시동은 잔치에 와 즐기고 존경받네.
이미 종묘에 잔치 베풀고 복과 녹을 내리거늘
시동이 즐기고 술 마시니 복과 녹이 쌓이고 쌓이리.

물오리 갈매기 수문에 놀고
시동은 잔치에 와 머물러 기뻐하네.
맛있는 술 즐길 때 고기 굽는 향기 가득하거늘
시동이 잔치에서 즐기고 술 마시니 무슨 뒷탈이 있겠는가.

▨흥체다. 총 5장에 장마다 6구절로 이루어져 있다.
이 시는 제사지낸 다음날 계속 잔치하여 빈객과 시동을 즐겁게 하기 위해 부르는 노래라고 하였다.

  鳧鷖[1]在涇이어늘 公尸來燕來寧이로다 爾[2]酒旣淸하며 爾殽旣馨[3]이어늘 公尸燕飮하니 福祿來成이로다
  鳧鷖在沙어늘 公尸來燕來宜로다 爾酒旣多하며 爾殽旣嘉어늘 公尸燕飮하니 福祿來爲[4]로다
  鳧鷖在渚[5]어늘 公尸來燕來處로다 爾酒旣湑[6]하며 爾殽伊脯어늘 公尸燕飮하니 福祿來下로다
  鳧鷖在潀[7]이어늘 公尸來燕來宗[8]이로다 旣燕于宗[9]하니 福祿攸降이어늘 公尸燕飮하니 福祿來崇이로다
  鳧鷖在亹[10]이어늘 公尸來止熏熏[11]이로다 旨酒欣欣[12]하며 燔炙芬芬[13]이어늘 公尸燕飮하니 無有後艱이로다

1) 鳧鷖(부예) : 부는 물오리. 예는 갈매기.
2) 爾(이) : 노래를 부르는 사람이 주인을 가리켜 하는 말.
3) 馨(형) : 향기가 멀리까지 나는 것.
4) 爲(위) : 돕다의 뜻.
5) 渚(저) : 모래톱. 물 가운데에 모래나 흙이 쌓여 높아진 곳.
6) 湑(서) : 술을 거르다.
7) 潀(총) : 물이 모이는 곳. 지류가 본류와 합류하는 곳.
8) 來宗(내종) : 와서 존경하다.
9) 于宗(우종) : 종묘를 가리킴.
10) 亹(문) : 흐르는 물의 양쪽이 언덕의 문(門)과 같다고 하여 이르는 것.
11) 熏熏(훈훈) : 화열(和說)한 모양.

12) 欣欣(흔흔) : 즐거운 것.
13) 芬芬(분분) : 향기로운 것.

5. 가락(假樂) : 아름답고 즐거워라

아름다운 임금님이여. 밝고 밝은 어진 덕이 있네.
백성과 관리를 잘 돌보시니 하늘의 복을 받으시네.
보호하고 도우셔 명을 내리시고 하늘로부터 복이 거듭되네.

복을 구하여 온갖 복을 받으시니 자손들이 수천명이네.
의젓하고 아름다워 임금노릇 제후노릇 잘도 하겠네.
허물없고 실수없어 모두 옛 선왕의 법도를 따르네.

위엄과 예의 늠름하여 어진 소문 계속 이어지네.
원망도 없고 증오도 없어. 어진 신하들이 따르네.
복받음이 한이 없으니 온 세상의 기강이라네.

법이 되시고 본보기 되시어 편안함이 군신들에게 이르면
여러 제후와 신하들이 천자님을 받들어 모시고
맡은 일에 게을리하지 않아 백성들이 편안한 것이라네.

▨ 부체다. 4장에 장마다 6구절로 이루어졌다.
　왕의 덕이 모든 백성과 관리에게 미쳐 하늘의 복록을 누리고 있음을 찬미한 노래라고 하였다.
　이 시는 앞 편의 '부예'에 대한 답례로 공시(公尸)가 찬미한 노래가 아닌가 하였다.

　　假樂君子[1]여　顯顯令德이로다　宜民宜人[2]이라　受祿于天이어늘　保
右命之하시고　自天申[3]之샷다
　　　干祿百福이라　子孫千億이로다　穆穆皇皇[4]하여　宜君宜王[5]이라　不

愆不忘하여 率由舊章⁶⁾이로다
　威儀抑抑⁷⁾하며 德音秩秩⁸⁾하고 無怨無惡하여 率由群匹하니 受福無彊이라 四方之綱이로다
　之綱之紀하여 燕及朋友⁹⁾면 百辟卿士 媚于天子하여 不解¹⁰⁾于位하여 民之攸墍¹¹⁾라

1) 假樂君子(가락군자) : 가락은 아름답고 즐거움. 군자는 왕을 가리킴.
2) 宜民宜人(의민의인) : 백성에게 좋고 관리에게 좋다. 인은 관리.
3) 申(신) : 거듭하다.
4) 穆穆皇皇(목목황황) : 목목은 공경하다. 황황은 아름답다.
5) 宜君宜王(의군의왕) : 군은 제후. 왕은 천자(天子). 제후도 알맞고 천자도 알맞다의 뜻.
6) 率由舊章(솔유구장) : 솔은 따르다. 구장은 옛 선왕의 예악형정(禮樂刑政)을 뜻함.
7) 抑抑(억억) : 빽빽하다.
8) 秩秩(질질) : 떳떳함이 있다.
9) 燕及朋友(연급붕우) : 연은 안(安)의 뜻. 붕우는 모든 신하의 뜻.
10) 解(해) : 게으르다.
11) 墍(기) : 편히 쉬다.

6. 공류(公劉) : 공류씨여

두터우신 공류께서는 몸 편히 쉴틈도 없이
밭을 골라 경계 그으시고 노적가리 창고에 가득 채웠네.
음식과 양식을 싸 전대와 자루에 넣어 싣고
평화롭고 빛나게 하시려고 활과 화살을 갖추시고
방패와 창 도끼 들고 비로소 길을 떠나셨네.

두터우신 공류께서는 이 언덕을 둘러 보시고
백성들은 번성하고 편안하며 이곳저곳 두루 살아
탄식하는 소리도 없다네.

산봉우리에 올랐다가 다시 들판으로 내려오시니
무엇을 차고 있었는가?
짤랑대는 옥과 옥돌과 빛깔 수려한 큰칼을 차셨네.

두터우신 공류께서는 저 백천(百泉)의 물가로 가셔서
저 넓은 언덕을 바라보시고 또 남쪽 산마루에 오르셔서
경땅을 살펴 보셨네.
경땅의 들판 곳곳에 살 곳을 정하시고
찾아오는 사람들을 위해 움막 짓고 서로들 충고하고
서로 즐겁게 이야기 나누며 살았네.

두터우신 공류께서는 경땅에 기거하시니
예의 갖춘 신하들이 많고 많아 자리 깔고 안석 펴니
모두 잔치에 나와 안석에 앉았네.
그 돼지우리에 가서 우리에 있는 돼지 잡게 하시고
바가지로 듬뿍듬뿍 퍼서 먹고 마시게 하셔
임금으로 받들고 존경받았네.

두터우신 공류께서는 그 땅을 넓고 길게 하셨네.
그림자를 재시고 언덕에 올라 음지와 양지를 살피시어
그 흐르는 샘물을 살피시고 그 군사는 삼단(三單)이었네.
그 습지와 언덕을 재어 정전법을 세워 세금 거두고
그 산 서쪽 땅까지 재니 빈땅은 참으로 넓었네.

두터우신 공류께서는 빈땅에 객사(客舍)를 지으시어
위수를 가로질러 건너가 큰돌과 쇠를 주워다 썼네.
터전을 닦고 땅을 나누니 많은 사람들이 모여들어
그 황간(皇澗)을 끼고 그 과간(過澗)을 향하는 곳으로
백성들이 모여들어 예수(芮水)의 밖까지 나아갔네.

▨ 부체다. 총 6장에 장마다 10구절로 이루어졌다.

구설(舊說)에 소강공(召康公)이 성왕이 정사를 맡을 때 선조인 공류(公劉)가 백성들을 위해 애쓰신 공로를 찬양하여 조카를 훈계한 노래라고 하였다.

篤公劉[1] 匪居匪康[2]하샤 迺場迺疆[3]하여 迺積迺倉이어늘 迺裹餱糧[4]을 于橐于囊[5]하여 思輯用光[6]하샤 弓矢斯張하며 干戈戚揚[7]으로 爰方[8]啓行하시니라

篤公劉 于胥斯原하시니 旣庶旣繁하며 旣順迺宣[9]하여 而無永嘆[10]이로다 陟則在巘하시며 復降在原하시니 何以舟[11]之오 維玉及瑤과 鞞琫容刀[12]로다

篤公劉 逝彼百泉하샤 瞻彼溥[13]原하시고 迺陟南岡하샤 乃覯于京하시니 京師[14]之野일새 于時處處[15]하며 于時廬旅[16]하며 于時言言[17]하며 于時語語[18]하시니라

篤公劉 于京斯依하시니 蹌蹌濟濟[19]어늘 俾筵俾几니 旣登乃依[20]로다 乃造其曹[21]하여 執豕于牢하며 酌之用匏[22]하니 食之飮之하며 君之宗之로다

篤公劉 旣溥旣長이어늘 旣景迺岡[23]하여 相其陰陽[24]하며 觀其流泉[25]하니 其軍三單[26]이로다 度其隰原하여 徹田[27]爲糧하며 度其夕陽[28]하니 豳居允荒[29]이로다

篤公劉 于豳斯館[30]하샤 涉渭爲亂[31]하여 取厲取鍛하여 止基[32]迺理하니 爰衆爰有[33]하여 夾其皇澗[34]하며 遡其過澗[35]하며 止旅迺密하여 芮鞫[36]之卽이로다

1) 篤公劉(독공류): 독은 두터운의 뜻. 공류는 주나라의 시조 후직(后稷)의 증손(曾孫).
2) 匪居匪康(비거비강): 거는 안(安). 강은 영(寧)의 뜻. 편치 않고 편안하지 않다의 뜻.
3) 迺場迺疆(내역내강): 역과 강은 밭이

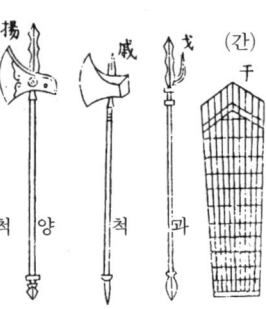

랑 경계를 정하는 것.
4) 餱糧(후량) : 말린 양식.
5) 于橐于囊(우탁우낭) : 탁은 밑이 없고, 낭은 밑이 있는 주머니.
6) 思輯用光(사집용광) : 집은 화하다. 백성을 평화롭게 살게 하는 것을 생각함.
7) 干戈戚揚(간과척양) : 간은 방패. 과는 창. 척은 부(斧)요, 양은 월(鉞)과 같다. 〈그림 참조〉
8) 方(방) : 비롯하다.
9) 旣順迺宣(기순내선) : 순은 편안하게, 선은 두루하다. 편안하고 널리 사는 것을 뜻함.
10) 無永嘆(무영탄) : 긴 한숨 쉴 일이 없다.
11) 舟(주) : 띠.
12) 鞞琫容刀(병봉용도) : 병은 칼집. 봉은 칼위의 무늬. 용도는 꾸민 칼.
13) 溥(부) : 크다.
14) 京師(경사) : 높은 산에 여러 사람이 모여 산다는 뜻이며, 후세의 수도를 경사라고 한 것은 이것에서 유래했다.
15) 時處處(시처처) : 이 거실. 이 사는 곳.
16) 廬旅(여려) : 여는 기숙. 여(旅)는 나그네. 나그네가 기숙하는 곳.
17) 言言(언언) : 충고하는 말.
18) 語語(어어) : 정답게 이야기하는 것.
19) 蹌蹌濟濟(창창제제) : 여러 신하들이 위의가 있는 모양.
20) 旣登及依(기등급의) : 등은 자리에 오르는 것. 의는 안석에 앉는 것.
21) 乃造其曹(내조기조) : 조는 여러 목장을 말함. 돼지우리에서 돼지를 잡는 것.
22) 用匏(용포) : 바가지로써 잔을 삼음. 검소함을 말하는 것.
23) 景迺岡(경내강) : 경은 햇빛이 정 서쪽으로 기울어 그림자를 측정하는 것. 강은 높은 곳에 올라 바라봄.
24) 相其陰陽(상기음양) : 음지와 양지를 살피다.
25) 流泉(유천) : 관개의 이용을 살피는 것.
26) 三單(삼단) : 뜻이 미상(未詳).

27) 徹田(철전) : 철은 통하다의 뜻. 철전은 1정(一井)의 밭은 9백묘인 데 8가구가 각각 1백묘씩을 분배받아 경작하고 공동으로 1백묘를 경작하는데 이 1백묘는 공전(公田)이다. 경작할 때는 힘을 다하고 수확할 때는 1백묘의 공전은 세금으로 바치고 8백묘는 각자가 수확을 나눈다. 이것은 주나라의 세법(稅法 : 徹法)이었으며 주공(周公)이 다시 쓴 것이다. 정전법이 이때 비롯되었다.
28) 夕陽(석양) : 산의 서쪽.
29) 允荒(윤황) : 진실로 크다의 뜻.
30) 館(관) : 객사(客舍)로 손님이 머무는 곳.
31) 亂(난) : 배가 물을 가로질러 가는 것.
32) 止基(지기) : 살 곳을 정하다.
33) 爰衆爰有(원중원유) : 사람이 많고 재물이 풍족함.
34) 皇澗(황간) : 물 이름.
35) 過澗(과간) : 간수 이름.
36) 鞫(국) : 물밖을 말함. 수외(水外).

7. 형작(泂酌) : 고인 물을 떠서

멀리 저 흐르는 물을 떠다 걸러 이곳에 쏟으면
찐밥과 술밥을 지을 수 있지요.
점잖으신 임금님은 백성들의 부모이시네.

멀리 저 흐르는 물을 떠다 걸러 이곳에 쏟으면
술단지야 씻을 수 있겠지요.
점잖으신 임금님은 백성들이 따르는 것이라네.

멀리 저 흐르는 물을 떠다 걸러 이곳에 쏟으면
씻고 또 씻을 수 있겠지요.
점잖으신 임금님은 백성들이 편히 쉬게 하는 분이라네.

▨흥체다. 3장에 장마다 5구절로 이루어졌다.
구설(舊說)에 소강공(召康公)이 성왕을 경계하며 부른 노래라고 하였다.

泂[1]酌彼行潦[2]하여 挹彼注玆라도 可以餴饎[3]로다 豈弟君子[4]여 民之父母로다
泂酌彼行潦하여 挹彼注玆라도 可以濯罍로다 豈弟君子여 民之攸歸로다
泂酌彼行潦하여 挹彼注玆라도 可以濯漑[5]로다 豈弟君子여 民之攸塈로다

1) 泂(형): 멀다.
2) 行潦(행로): 길로 흐르는 물.
3) 餴饎(분치): 분은 쌀을 쪄서 물로 씻어 다시 찌는 것. 치는 술밥.
4) 君子(군자): 왕을 가리킴.
5) 漑(개): 씻는 것.

8. 권아(卷阿) : 굽은 큰 언덕

굽은 큰 언덕 위로 남쪽에서 불어오는 회오리바람.
점잖으신 왕께서는 와 노시고
와 노래 부르며
그 소리를 늘어놓으시네.

한가하게 노시고
한가하게 쉬시는구려.
점잖으신 왕께서는
오래도록 장수하시어
조상들의 좋은 업적
마침과 같이 하소서.

(봉황새)

그대의 땅 넓고 크게 밝아 또한 심히 두텁네.
점잖으신 왕께서는 오래도록 장수하시어
온갖 신령이 그대를 주인으로 삼으리.

누리시는 수명 길고 길어 복록에 모두 편안하리.
점잖으신 왕께서는 오래도록 장수하시어
큰 복을 항상 누리시겠네.

의지하고 보좌하며 효도하고 덕이 있어
인도하고 도와드리면 점잖으신 임금님을
온 세상 사람들이 본받으리라.

존엄하시고 위엄있으며 구슬같고 규옥같으시며
아름다운 소문 자자하시네. 점잖으신 임금님은
온 세상의 법도 되리라.

봉황새가 높이 날으네, 그 날개를 펄럭펄럭 퍼덕이며
여기 모여들어 앉았네.
어진 임금께 어진 신하 많아 임금의 부리는 바라.
천자님의 사랑받네.

봉황새가 높이 날으네, 펄럭펄럭 그 날개를 퍼덕이며
또한 하늘 위로 올라가네.
어진 임금께 어진 신하 많아 임금이 명령하는지라
백성들에게 사랑받게 하리.

봉황새가 울음 우네. 저 높은 언덕 위에서 우네.
오동나무 자라니, 저 동쪽 양지쪽에서 하네.
오동나무 무성하고 무성하며 봉황새 울음소리 조화롭네.

임금님의 수레 참으로 많고 또 많네.
임금님의 말은 의젓하고 씩씩하게 달리네.
읊은 시 얼마 되지 않으나 드디어 노래 되었네.

▨ 1·2·3·4·5·6·10장은 부체, 7·8장은 흥체, 9장은 비체다. 총 10장에 6장은 장마다 5구절, 4장은 장마다 6구절로 이루어졌다.

구설(舊說)에 소강공(召康公)이 자신을 의심하므로 성왕(成王)을 따라 놀면서 이 노래를 지어 불렀다고 하였다.

有卷者阿[1]에 飄風自南이로다 豈弟君子[2] 來游來歌하여 以矢[3]其音이로다

伴奐[4]爾游矣며 優游爾休矣로다 豈弟君子아 俾爾彌爾性[5]하여 似先公酋[6]矣리로다

爾土宇昄章[7]하니 亦孔之厚矣로다 豈弟君子아 俾爾彌爾性하여 百神爾主矣리로다

爾受命長矣니 茀祿爾康矣로다 豈弟君子아 俾爾彌爾性하여 純嘏爾常[8]矣리로다

有馮有翼[9]하며 有孝有德하여 以引以翼[10]하면 豈弟君子를 四方爲則하리라

顒顒卬卬[11]하며 如圭如璋[12]하며 令聞令望[13]이라 豈弟君子를 四方爲綱하리라

鳳凰[14]于飛하니 翽翽[15]其羽라 亦集爰止로다 藹藹王多吉士하시니 維君子使라 媚[17]于天子로다

鳳凰于飛하니 翽翽其羽라 亦傅于天이로다 藹藹王多吉人하시니 維君子命이라 媚于庶人이로다

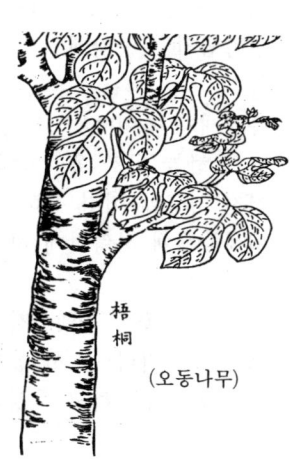

梧桐
(오동나무)

鳳凰鳴矣니 于彼高岡이로다 梧桐生矣니 于彼朝陽[18]이로다 菶菶萋萋[19]하니 雝雝喈喈[20]로다

君子之車 旣庶且多하며 君子之馬 旣閑且馳로다 矢詩不多라 維以遂歌니라

1) 卷者阿(권자아) : 권은 곡(曲). 아는 큰 언덕을 가리킴.
2) 豈弟君子(개제군자) : 왕을 지칭함.
3) 矢(시) : 베풀다.
4) 伴奐(반환) : 여유있고 한가하다는 뜻.
5) 彌爾性(미이성) : 미는 마치다. 이는 왕. 성은 명(命)과 같다.
6) 酋(추) : 마침과 같다.
7) 昄章(판장) : 크게 밝다. 또는 판도(版圖)와 같다고도 하였다.
8) 嘏爾常(가이상) : 가는 복(福). 상은 떳떳이 흠향하다.
9) 有馮有翼(유빙유익) : 빙은 의지하다. 익은 돕다.
10) 以引以翼(이인이익) : 인은 앞으로 인도함. 익은 좌우에서 돕다.
11) 顒顒卬卬(옹옹앙앙) : 존엄(尊嚴)한 것.
12) 如圭如璋(여규여장) : 순결(純潔)한 것. 규는 서옥으로 신규·환규·궁규가 있고 장은 반쪽 서옥으로 군대를 일으킬 때 사용한다.
13) 令聞令望(영문영망) : 영문은 착한 명예. 영망은 위의가 있어 법도를 삼는 것.
14) 鳳凰(봉황) : 신령한 새. 암놈을 황(凰), 수놈을 봉(鳳)이라 함.
15) 翽翽(홰홰) : 봉황의 날개소리.
16) 藹藹(애애) : 무리가 많은 것.
17) 媚(미) : 순애(順愛)하다.
18) 朝陽(조양) : 산의 동쪽.
19) 菶菶萋萋(봉봉처처) : 오동나무가 싱싱하게 자라는 것.
20) 雝雝喈喈(옹옹개개) : 봉황새의 울음소리가 화락한 것.

9. 민로(民勞) : 백성의 노고

백성들은 고생에 지쳤네 조금이라도 편안케 해주리니.
이 나라를 사랑하며 온 세상을 편안케 할지어다.
거짓말과 속이는 자 용서말고 선량하지 못한 자 조심하며
포악한 자들은 막아 포악한 것을 그치게 하여야 하며
먼 곳을 편히 하고 가까운 곳을 다정히 하여
임금님을 편안하게 하리라.

백성들은 고생에 지쳤네 조금이라도 편안하게 해주리니.
이 나라를 사랑하며 온 백성을 편안케 할지어다.
거짓말과 속이는 자 용서하지 말고 난동하는 자 물리쳐
포악한 자들을 막아 백성에게 근심끼치지 마라.
그대의 수고로움 아끼지 말고 임금님을 아름답게 해드리리.

백성들은 고생에 지쳤네 조금이라도 쉬게 하리니
이 경사를 사랑하며 온 나라를 편안하게 할지어다
거짓말과 속이는 자 용서하지 말고 악한 자 삼가하며
포악한 자들을 막아 간사한 짓을 못하도록 하라.
위엄과 예의를 공경하고 삼가 덕 있는 이를 가까이 하소서.

백성들은 고생에 지쳤네 조금이라도 쉬게 해주리니
이 나라를 사랑하며 백성들의 근심도 없애 줄지어다.
거짓말과 속이는 자 용서 말고 악하고 사나운 자 삼가하며
포악한 자를 막아 바른 것을 허물지 말라.
너 비록 젊다 하나 그 일은 크고 큰 것이라네.

백성들은 고생에 지쳤네 조금이라도 편안하게 해주리니.
이 나라를 사랑하며 나라를 해치는 자를 없애 줄지어다.
거짓말과 속이는 자 용서하지 말고 아첨하는 무리 물리치며
포악한 자를 막아 바른 것에 반대되는 일이 없게 하라.

왕이 그대를 옥같이 여기므로 이로써 크게 간한다네.

▨ 부체다. 총 5장에 장마다 10구절로 이루어졌다.
이 시는 소목공(召穆公)이 주나라 유왕(幽王)을 풍자한 시라고 하였다.

民亦勞止라 汔¹⁾可小康이니 惠此中國²⁾하여 以綏四方³⁾이어다 無縱詭隨⁴⁾하여 以謹無良하며 式遏寇虐이 憯⁵⁾不畏明이라아 柔遠能邇⁶⁾하여 以定我王이리라

民亦勞止라 汔可小休니 惠此中國하여 以爲民逑⁷⁾어다 無縱詭隨하여 以謹惛怓⁸⁾하며 式遏寇虐하여 無俾民憂라 無棄爾勞하여 以爲王休⁹⁾어다

民亦勞止라 汔可小息이니 惠此京師하여 以綏四國이어다 無縱詭隨하여 以謹罔極¹⁰⁾하며 式遏寇虐하여 無俾作慝이오 敬愼威儀하여 以近有德하라

民亦勞止라 汔可小愒니 惠此中國하여 俾民憂泄¹¹⁾어다 無縱詭隨하여 以謹醜厲¹²⁾하며 式遏寇虐하여 無俾正敗¹³⁾하라 戎¹⁴⁾雖小子나 而式弘大하니라

民亦勞止라 汔可小安이니 惠此中國하여 國無有殘이어다 無縱詭隨하여 以謹繾綣¹⁵⁾하며 式遏寇虐하여 無俾正反¹⁶⁾하라 王欲玉女¹⁷⁾실새니 是用大諫하노라

1) 汔(흘) : 거의. 기(幾)의 뜻
2) 中國(중국) : 경사(京師)로 경사는 중국의 근본이라 했다.
3) 四方(사방) : 제하(諸夏)를 말한다. 온 중국.
4) 詭隨(궤수) : 시비를 돌아보지 않고 망령되이 사람을 따름.
5) 憯(참) : 일찍.
6) 柔遠能邇(유원능이) : 먼 나라를 부드럽게 대하고 가까운 나라를 더 다정하게 하는 것.
7) 逑(구) : 모으다.
8) 惛怓(혼노) : 시끄럽게 떠드는 것으로 말다툼 잘 하는 것.

9) 休(휴) : 아름답다.
10) 罔極(망극) : 악을 계속하는 사람. 끝이 없는 사람.
11) 泄(예) : 버리다. 거(去)의 뜻.
12) 厲(여) : 악(惡)의 뜻.
13) 正敗(정패) : 정도가 패괴(敗壞)되다.
14) 戎(융) : 여(汝)와 같다.
15) 繾綣(견권) : 임금에게 붙어있는 소인들.
16) 正反(정반) : 바른 것에 반대하는 것.
17) 玉女(옥녀) : 여는 여(汝)와 같다. 그대를 구슬처럼 사랑한다는 뜻.

10. 판(板) : 하늘의 저버림

하늘이 버리면 백성들은 모두 고생하거늘.
하는 말이 옳지 않고 계획은 원대하지 못하여
의지할 만한 성인 없으며 진실한 것이 없으니
계획도 원대하지 못한지라 크게 간하는 것이라네.

하늘이 바야흐로 어지러우시니 너무 즐거워하지 말게.
하늘이 바야흐로 움직이시니 너무 답답해 하지 말게.
말이 부드러우면 백성들이 흡족해 하고
말이 즐거우면 백성들은 안정되리라.

내 비록 직책이 달라도 너와 같이 임금을 섬기는 신하.
내 그대에게 계획을 말하지만 내 말 귀담아 듣지 않네.
내 말은 급한 일이라 비웃지 말게나.
옛 어른들 말씀에 나무꾼에게 물으라 하지 않았나.

하늘이 바야흐로 가혹하니 너무 희희낙낙하지 말게.
늙은이 진정으로 대하는데 젊은이는 교만스럽네.
내 말이 망령되지 않았거늘 그대는 농으로 받을 뿐이네.

활활 타오르는 불꽃처럼 되면 그때는 고칠 약도 없다네.

하늘이 바야흐로 진노하시니 너무 아첨만 하지 말게.
위엄과 예의가 혼미하여 착한 사람이 시동(尸童) 같네.
백성들은 신음하고 절규하는데 우리를 생각하려 하지 않네.
어지러움에 물자마저 없건만 우리 무리를 구하려 하지 않네.

하늘이 이 백성을 개명함이 질나팔과 대피리같으며
장옥같고 규옥같으며 취하고 끌어안아 주는 것 같으니
끌어안아 주는 것을 막지 않으면 백성은 개명함이 쉽다네.
백성들이 사특한 자 많으니 스스로 법을 세우지 말게나.

큰 덕을 가진 이는 나라의 울타리이고
많은 무리는 나라의 담장이네.
제후는 나라의 병풍이며 친척은 나라의 기둥이며
덕으로 하면 나라가 편안하며 아들은 성벽이 되네.
그 성벽이 무너지지 않게 하며 홀로 두려움에 떨지 마라.

하늘의 노하심을 공경하며 감히 희롱하며 즐기지 말고
하늘의 변심을 공경하며 감히 함부로 행동하지 말지어다.
넓은 하늘 밝고 밝아 그대 가는 곳 지켜보고
넓은 하늘 밝고 밝아 그대 노는 것을 지켜보시리라.

▨ 부체다. 총 8장에 장마다 8구절로 이루어졌다.
이 시는 범백(凡伯)이 여왕(厲王)을 풍자한 시라고 하였다.

上帝板板[1]이라 下民卒癉[2]이어늘 出話不然하며 爲猶[3]不遠하여 靡
聖管管[4]하며 不實於亶[5]하나니 猶之未遠이라 是用大諫하노라
天之方難이시니 無然憲憲[6]이어다 天之方蹶[7]시니 無然泄泄[8]어다
辭之輯[9]矣면 民之洽矣며 辭之懌矣면 民之莫[10]矣리

我雖異事[11]나 及爾同僚로다 我卽爾謀호니 聽我囂囂[12]하나다 我言維服이니 勿以爲笑하라 先民[13]有言호대 詢于芻蕘[14]라하니라
　　天之方虐이시니 無然謔謔[15]이어다 老夫灌灌[16]이어늘 小子蹻蹻[17]이로다 匪我言耄[18]어늘 爾用憂謔하나니 多將熇熇[19]하여 不可救藥이리라
　　天之方懠[20]시니 無爲夸毗[21]하여 威儀卒迷하며 善人載尸어다 民之方殿屎[22]어늘 則莫我敢葵하나니 喪亂蔑資[23]라 曾莫惠我師[24]로다
　　天之牖[25]民이 如壎如篪하며 如璋如圭하며 如取如攜하니 攜無曰益이라 牖民孔易하니라 民之多辟[26]이니 無自立辟이어다
　　价人[27]維藩이며 大師維垣이며 大邦維屛[28]이며 大宗[29]維翰이며 懷德維寧이며 宗子[30]維城이니 無俾城壞하여 無獨斯畏하라
　　敬天之怒하여 無敢戲豫하며 敬天之渝[31]하여 無敢馳驅어다 昊天曰明하샤 及爾出王하시며 昊天曰旦[32]하샤 及爾游衍[33]하시나니라

1) 板板(판판) : 반(反)하다. 등지다.
2) 卒癉(졸단) : 모두 병들다.
3) 猶(유) : 꾀하다.
4) 管管(관관) : 의지할 곳이 없다.
5) 亶(단) : 진실하다의 뜻.
6) 憲憲(헌헌) : 즐거운 모양.
7) 蹶(궤) : 움직이다.
8) 泄泄(예예) : 완만히 풀어진 모양.
9) 輯(집) : 화(和)하다.
10) 莫(막) : 정하다.
11) 異事(이사) : 직업이 같지 아니한 것.
12) 囂囂(효효) : 남의 말을 잘 듣지 않는 것.
13) 先民(선민) : 옛 현인을 지칭함.
14) 芻蕘(추요) : 나무하는 사람.
15) 謔謔(학학) : 희롱하고 모욕하는 것.
16) 老夫灌灌(노부관관) : 노부는 시인이 자칭한 것. 관관은 정성되고 간절한 것.
17) 蹻蹻(갹갹) : 교만한 모양.

18) 耄(모) : 늙어서 혼미한 것.
19) 熇熇(학학) : 번성한 모양.
20) 懠(제) : 성내다.
21) 夸毗(과비) : 크게 아부하는 것. 몸을 부드럽게 하여 아부하는 것.
22) 殿屎(전히) : 신음하다.
23) 蔑資(멸자) : 난리로 물자가 떨어져 백성들이 탄식하는 것.
24) 惠我師(혜아사) : 우리의 민중을 순하게 하다. 혜(惠)는 순하다. 사는 대중.
25) 牖(유) : 개명(開明)하다.
26) 辟(벽) : 사특하다.
27) 价人(개인) : 개는 크다의 뜻으로 대덕(大德)을 갖춘 사람.
28) 屛(병) : 가리다의 뜻.
29) 大宗(대종) : 임금의 종친들.
30) 宗子(종자) : 동성(同姓).
31) 渝(유) : 변하다.
32) 旦(단) : 밝다의 뜻.
33) 衍(연) : 너그러운 것.

제 3 장 탕(蕩 : 蕩之什三之三)

1. 탕(蕩) : 위대하다
넓고 큰 하느님은 이 백성의 임금이시거늘.
사납고 포악한 하느님은 그 명령하심이 사벽한가.
하늘이 이 백성을 낳으셨는데 그 명령이 진실하지 아니한 것은
처음부터 잘하지 아니한 이 없지만 끝까지 잘한 이 적어서네.

문왕께서 말씀하시되 아 그대 은나라여,
어찌하여 이 포악한 사람과 강제로 취렴하는 신하들이
일찍 이런 지위에 있었으며 일찍 이런 일을 보고 있으니
하늘이 악덕을 내렸는데도 그대는 나쁜짓만 힘써 행하나.

문왕께서 말씀하시되 아 그대 은나라여,
의로운 무리를 써야 하거늘 포악하고 원망 많은 자만으로
헛소문만 대하니 도둑들이 안으로 들어온 것이라.
서로 미워하고 저주함이 끝도 없고 끝도 없다네.

문왕께서 말씀하시되 아 그대 은나라여,
그대 나라 안에서 포악한 짓하여 원망 듣는 것 덕으로 삼네.
그대 덕 밝지 않은지라 곁에 좋은 신하 없고.
그대 덕 밝지 않은지라 충신도 없고 어진 신하도 없네.

문왕께서 말씀하시되 아 그대 은나라여,
하늘이 그대 술에 빠지지 말라 했거늘 불의만 따르고 갔네.
이미 그대 체면도 잃고 밤도 없고 낮도 없으며

소리 지르고 외치며 낮으로 하여금 밤을 삼았네.

문왕께서 말씀하시되 아 그대 은나라여,
쓰르라미같고 씽씽매미같으며 국이 부글부글 끓듯 하여
모든 사람 망해가거늘 사람의 행실 고치지 않아
안으로 원성이 가득차 오랑캐 나라까지 미쳤도다.

문왕께서 말씀하시되 아 그대 은나라여,
하느님이 때가 되지 않아서가 아니라
은나라가 옛법 따르지 않아서니라.
비록 늙은 훌륭한 신하 없다지만 오히려 옛 법도는 있거늘
이것을 듣지 아니하여 큰 명이 기울어진 것이네.

문왕께서 말씀하시되 아 그대 은나라여,
사람이 말하기를 쓰러진 나무 뿌리가 드러나면
가지와 잎은 상하지 않아도 뿌리는 벌써 죽었다고 했네.
은나라 거울이 멀지 않아 하나라의 망한 것에 있다네.

▨ 부체다. 총 8장에 장마다 8구절로 이루어졌다.
시인(詩人)이 주나라 여왕(厲王)이 장차 망해가는 것을 알고 이 시를 문왕에게 의탁하여 지어 탄식한 것이라고 하였다.

蕩蕩[1] 上帝는 下民之辟[2]이시니 疾威[3] 上帝는 其命多辟[4]이로다 天生烝民하시니 其命匪諶[5]은 靡不有初나 鮮克有終일새니라
文王曰咨[6]라 咨女殷商[7]아 曾是彊禦[8]와 曾是掊克[9]이 曾是在位하며 曾是在服[10]은 天降慆德[11]이나 女興是力일새니라
文王曰咨라 咨女殷商아 而[12]秉義類어늘 彊禦多懟로 流言[13]以對하나니 寇攘式內라 侯作侯祝[14] 靡屆靡究로다
文王曰咨라 咨女殷商아 女炰烋[15]于中國하여 斂怨[16]以爲德하나다 不明爾德이라 時無背無側하며 爾德不明이라 以無陪[17]無卿이로다

文王曰咨라 咨女殷商아 天不湎[18]爾以酒어시늘 不義從式[19]이로다 既愆爾止[20]하여 靡明靡晦하며 式號式呼하여 俾晝作夜하놋다

　　文王曰咨라 咨女殷商아 如蜩如螗[21]하며 如沸如羹[22]하여 小大近喪이어늘 人尙乎由行하여 內奰[23]于中國하여 覃及鬼方[24]이로다

　　文王曰咨라 咨女殷商아 匪上帝不時라 殷不用舊니라 雖無老成人[25]이나 尙有典刑[26]이어늘 曾是莫聽이라 大命以傾이로다

　　文王曰咨라 咨女殷商아 人亦有言호대 顚沛之揭[27]에 枝葉未有害라 本實先撥[28]이라하나다 殷鑒不遠하여 在夏后之世하니라

1) 蕩蕩(탕탕) : 넓고 큰 모양.
2) 辟(벽) : 임금을 지칭함.
3) 疾威(질위) : 포학한 것과 같다.
4) 多辟(다벽) : 사벽(邪辟) 하다.
5) 諶(심) : 진실하다.
6) 咨(자) : 슬프다.
7) 殷商(은상) : 주(紂) 임금.
8) 彊禦(강어) : 포악한 신하.
9) 掊克(부극) : 취렴(聚斂) 하는 신하.
10) 服(복) : 일.
11) 慆德(도덕) : 게으른 덕. 거만한 덕.
12) 而(이) : 또. 너와 같은 뜻.
13) 流言(유언) : 유언비어.
14) 侯作侯祝(후저후주) : 후는 유(維)와 같다. 저(作)는 저(詛)와 같고 주(祝)는 원망하고 비방하다의 뜻.
15) 炰烋(포휴) : 기운이 건강한 모습.
16) 斂怨(염원) : 원망을 거두어 들이다. 원망 사는 일만 한다.
17) 陪(배) : 이(貳)와 같다.
18) 湎(면) : 술을 마시고 얼굴색이 변하는 것.
19) 式(식) : 용(用)과 같다.
20) 止(지) : 용지(容止).
21) 蜩·螗(조·당) : 다 매미를 지칭함.

22) 沸·羹(불·갱) : 어지러운 상태의 뜻. 국이 끓듯 하는 것.
23) 豐(비) : 성내다.
24) 覃及鬼方(담급귀방) : 담은 뻗다. 귀방은 먼 오랑캐의 나라.
25) 老成人(노성인) : 옛 신하.
26) 典刑(전형) : 옛 법도.
27) 顚沛之揭(전패지게) : 쓰러진 나무의 솟아오른 근본 뿌리의 모양.
28) 撥(발) : 끊어진 것과 같다.

2. 억(抑) : 가득한 위엄

가득한 위엄은 오직 덕의 청렴함이네.
사람들이 말하기를
철인(哲人) 중에 어리석지 않은 이 없다 하네.
백성들의 어리석음은 본래의 병폐라 하겠지만
철인의 어리석음은 있을 수 없는 일이라네.

지극히 선한 사람이라면 온 나라가 교훈으로 삼고
곧고 큰 덕행을 두었으면 천하가 다 다스려지리라.
큰 계획은 하늘의 명으로 정하고
원대한 계획은 때를 맞추어야 하며
항상 위의를 삼가고 공경해야 백성의 법칙이리라.

지금의 세상에서는 정사가 어둡고 어지러워져
그의 덕을 전복시키고 술에 빠져 헤어나지 못하네.
그대 향락을 쫓아 젖어 있으며
이어받은 일은 생각조차 않네.
선왕의 도를 널리 구하여 밝은 법을 밝히려 하지 않네.

그러므로 하늘도 돕지 않고 저 샘물이 흘러가듯.
서로 함께 망하지 말아라. 일찍 일어나고 밤늦게 자며

뜰안을 쓸고 닦아 백성의 본보기가 될 것이며
그대들의 수레와 말과 활과 화살 및 병기를 갖추어
전쟁에 대비하고 오랑캐들을 멀리 추방할지어다.

그대의 백성을 안정시키고 그대 임금의 법도를 삼가하여
뜻하지 않은 환란에 대비하고 그대 언행을 삼가하여
그대 위의를 공경하고 부드럽고 아름답게 해야 할 것이다.
흰구슬의 반점은 오히려 갈면 없어지지만
말 한번 잘못한 것은 어찌할 도리가 없다네.

경솔하게 말하지 말고 함부로 말하지 말라.
그 누구도 혀를 잡아주지 않으며 한 말 다시 잡을 수 없네.
말은 대답이 없을 수 없고 덕은 갚지 아니함이 없다네.
친구에게 은혜를 베풀며 백성을 따르게 하면
자손은 대대로 이어져 모든 백성이 받들게 되리라.

그대 어진 선비와 사귈 때에는 그대 얼굴을 부드럽게 하여
무슨 허물이 있을까 생각하고 그대 방안에 혼자 있을 때에는
어두운 방안의 부끄러움 살피고 깜깜한 곳이라도
보는 이 없다고 말하지 말라. 신령께서 나타나심을
헤아려 짐작하지 못할 것이니 어찌 소홀히 할 수 있겠는가.

그대여 그대의 덕을 행하면 착하고 아름답게 되리라.
그대의 몸가짐 삼가고 삼가 거동에 허물이 없어야 하네.
어긋남이 없고 해침이 없으면 모두가 본받을 것이라.
나에게 복숭아를 던지면 오얏으로 갚는다고 하였네.
저 목동 보고 새끼양 뿔을 내라하면 진실로 그대를 속이리.

부드럽고 단단한 나무를 베어 줄을 매 활을 만드네.
온순하고 공손한 사람은 오직 덕의 터전이라네.

제 3 장 탕(蕩) 435

오직 어진 사람은 좋은 말을 들려주면
덕을 따라 행하지만 그 어리석은 사람은
도리어 나를 헐뜯으니 백성의 마음 각각이라네.

아아, 젊은이들이여. 선과 악을 구별하지 못하는구나.
손으로 이끌어 줄 뿐만 아니라 사실을 들어 밝혀주고
맞대어 명령만 할 뿐 아니라 귀를 잡아당겨 들려주게나.
가령 알지 못한다지만 또한 자식도 기른 그대들이라네.
백성이 품은 불만을 일찍 알았다면 곧 성공하리라.

넓은 저 하늘은 심히 밝고 내 인생은 즐겁지 않네.
그대의 어지러운 것을 보니 내 마음은 슬픔 뿐이네.
그대에게 자세히 가르쳐도 내 말은 건성으로 듣네.
교훈이 된다 말하지 않고 도리어 장난으로 여기네.
가령 아는 것 없다지만 내 나이는 많다네.

오라! 젊은이들이여 그대에게 옛 법도를 일러주리라.
내 말을 따른다면 거의 큰 뉘우침은 없으리라.
하늘이 재앙을 내려 그 나라를 망하게 하리라.
먼 비유를 말하지 않아도 넓은 하늘은 그르치지 않는다네.
그 덕을 그릇되게 하여 이 백성을 못살게 구는가?

▨ 1·2·3·4·5·6·7·8·10·11·12장은 부체, 9장은 홍체로 총 12장에 3장은 장마다 8구절, 9장은 장마다 10구절로 이루어졌다.
이 시는 위(衛)나라의 무공(武公)이 몸소 지어 사람으로 하여금 무공의 곁에서 날마다 외우도록 하여 자신을 자신이 방만해질까하여 경계했다는 노래다.

抑抑¹⁾威儀는 維德之隅²⁾니라 人亦有言인댄 靡哲不愚라하니 庶人之愚는 亦職³⁾維疾이어니와 哲人之愚는 亦維斯戾로다

無競⁴⁾維人이면 四方其訓之하며 有覺⁵⁾德行이면 四國順之하나니 訏謨⁶⁾定命하며 遠猶辰告⁷⁾하며 敬愼威儀라아 維民之則이리라

其在于今하여 興迷亂于政하여 顚覆厥德이오 荒湛于酒하나다 女雖湛樂從하나 弗念厥紹아 罔敷求先王⁸⁾하여 克共明刑⁹⁾하나다

肆皇天弗尙¹⁰⁾이시니 如彼流泉이라 無淪胥¹¹⁾以亡가 夙興夜寐하여 洒掃廷內하여 維民之章이며 脩爾車馬와 弓矢戎兵하여 用戒戎作¹²⁾하여 用逷蠻方이어다

質¹³⁾爾人民하며 謹爾侯度¹⁴⁾하여 用戒不虞오 愼爾出話하며 敬爾威儀하여 無不柔嘉¹⁵⁾어다 白圭之玷¹⁶⁾은 尙可磨也어니와 斯言之玷은 不可爲也니라

無易由言하여 無曰苟矣어다 莫捫朕舌이라 言不可逝¹⁷⁾矣니라 無言不讐¹⁸⁾며 無德不報니 惠于朋友와 庶民小子면 子孫繩繩¹⁹⁾하여 萬民靡不承하리라

視爾友君子혼대 輯²⁰⁾柔爾顔하여 不遐有愆가하나다 相在爾室혼대 尙不愧于屋漏²¹⁾니 無曰不顯이라 莫予云覯라하라 神之格思 不可度思은 矧可射²²⁾思아

辟²³⁾爾爲德을 俾臧俾嘉니 淑愼爾止²⁴⁾하여 不愆于儀어다 不僭不賊이면 鮮不爲則이 投我以桃에 報之以李니 彼童²⁵⁾而角이라 實虹²⁶⁾小子니라

荏染柔木²⁷⁾에 言緡²⁸⁾之絲니라 溫溫²⁹⁾恭人은 維德之基니라 其維哲人은 告之話言³⁰⁾에 順德之行이어든 其維愚人은 覆謂我僭³¹⁾하나니 民各有心이로다

於乎³²⁾小子아 未知臧否³³⁾아 匪手攜之라 言示之事며 匪面命之라 言提其耳호라 借曰未知나 亦旣抱子³⁴⁾엇다 民之靡盈이면 誰夙知而莫成이리오

昊天孔昭하시니 我生靡樂이로다 視爾夢夢³⁵⁾이오 我心慘慘³⁶⁾호라 誨爾諄諄³⁷⁾호니 聽我藐藐³⁸⁾하나다 匪用爲敎오 覆用爲虐하나다 借曰未知나 亦聿旣耄엇다

於乎小子아 告爾舊止³⁹⁾하노라 聽用我謀면 庶無大悔라라 天方艱難이라 曰喪厥國이로소니 取譬不遠이라 昊天不忒⁴⁰⁾이어늘 回遹⁴¹⁾其

德하여 俾民大棘⁽⁴²⁾하나다

1) 抑抑(억억) : 빽빽하여 빈틈이 없는 것.
2) 隅(우) : 염각(廉角)하다. 청렴하고 모가 나다. 곧 엄정하다의 뜻.
3) 職(직) : 주(主)와 같다.
4) 競(경) : 강하다.
5) 覺(각) : 곧고 크다.
6) 訏謨(우모) : 큰 꾀. 곧 커다란 계획.
7) 遠猶辰告(원유신고) : 멀리 보고 계획을 세워 때에 맞춰 포고하는 것. 유는 꾀와 같다. 신은 때. 고는 경계함.
8) 敷求先王(부구선왕) : 선왕의 법을 널리 구하는 것.
9) 共明刑(공명형) : 밝은 법을 집행함. 공은 집(執), 형은 법과 같다.
10) 弗尙(불상) : 싫어하여 버리다.
11) 淪胥(윤서) : 윤은 빠지다. 서는 서로하다.
12) 戎作(융작) : 싸움이 일어남.
13) 質(질) : 이루다. 정하다의 뜻.
14) 侯度(후도) : 제후가 지키는 법도.
15) 柔嘉(유가) : 편안한 선.
16) 玷(점) : 반점(班點). 일종의 피.
17) 不可逝(불가서) : 뒤쫓아 잡을 수 없다는 뜻.
18) 讐(수) : 대답.
19) 繩繩(승승) : 계속 이어져 번성하는 모양.
20) 輯(집) : 화(和)하다.
21) 屋漏(옥루) : 집 서북쪽 음침한 모퉁이.
22) 射(역) : 싫어하다.
23) 辟(벽) : 임금으로 위나라 무공(武公)을 가리킴.
24) 止(지) : 용모와 거동.
25) 童(동) : 뿔이 없는 것을 말함.
26) 虹(홍) : 궤란(潰亂)하다. 어지럽게 흩어진 모양.
27) 荏染柔木(임염유목) : 임염은 부드러운 모양. 유목은 잘 휘는 나무.
28) 緡(민) : 푸른실로. 푸른실을 가지고 활을 맨다.

29) 溫溫(온온) : 온화한 모양.
30) 話言(화언) : 옛날의 선한 말.
31) 僭(참) : 믿지 않다.
32) 於乎(오호) : 탄식하는 말.
33) 臧否(장부) : 선하고 나쁜 것.
34) 抱子(포자) : 자식을 안아 기른다는 뜻.
35) 夢夢(몽몽) : 어리둥절한 모양.
36) 慘慘(참참) : 근심하는 모양.
37) 諄諄(순순) : 자세한 모양.
38) 藐藐(막막) : 대강 듣고 흘려버리는 것.
39) 舊止(구지) : 옛날의 법도 곧 오래하다의 뜻. 지는 어조사.
40) 忒(특) : 그르다.
41) 回遹(회휼) : 사벽(邪僻)하다.
42) 棘(극) : 급하다.

3. 상유(桑柔) : 저 부드러운 뽕나무

저 울창하고 부드러운 뽕나무 그 아래 그늘 넓게 깔렸네.
잎이 성긴 그 가지를 훑으니 이제 백성들이 쉴 그늘도 없네.
끝없는 근심 가슴에 안고 슬픔만이 더해 병이 되었네.
밝으신 저 하늘은 이 몸을 불쌍히 여기시지도 않네.

네 필 수말 늠름하게 달리고 깃발은 높이 펄럭이네.
어지러운 나라 평정치 아니하면 망하지 않는 나라 없으니
백성은 많지도 않고 산 사람 모두 화를 입었네.
아아! 슬프다. 나라의 운명이 참으로 위급하네.

국가의 운명을 돌이킬 수 없고 하늘마저 나를 돕지 않네.
머물러 쉴 곳이 없으니 간다한들 어느 곳으로 가야 하는가.
군자들은 진실로 좋은 정사를 펼 생각이 없으니

제 3 장 탕(蕩)

누가 재앙을 더하여 지금처럼 괴로움을 만들었나.

깊은 고뇌에 몸부림치며 내 고향을 생각하네.
내 시대가 좋지 않은 때 태어나 하늘의 큰 노하심을 만났네.
서쪽에서 동쪽까지 살아보지 않은 곳 없으니
내 많은 고생 겪게 되고 우리 변방은 더 위급하네.

정책을 신중히 세우지 않을까마는 어지러움은 더해만 가네.
그대에게 근심 걱정 고하고 그대에게 인재등용을 가르쳤네.
누가 뜨거운 물건 잡으면 찬물에 손 씻지 않으리오.
그 누가 착하단 말이요. 서로 물에 빠진 꼴 되었네.

저 휘몰아치는 바람 맞대고 있듯 또한 심히 숨막히네.
백성은 나아갈 마음이 있으나 나아가지 못하게 하네.
어진 이는 초야에서 농사지어 백성과 함께 식록 대신하네.
농사짓는 일이 보배로우니 식록을 대신하여 좋은 일이네.

하늘이 환난을 내리시어 우리의 임금을 멸하시고
이 많은 해충 내리시어 지은 농사 병들게 하였네.
슬프도다. 중국이 위급하고 모든 농사도 황폐해졌으니
기력마저 떨어져 하늘을 원망할 힘도 없네.

인자한 임금은 백성들이 우러러 받드는 것
마음가짐이 계획을 두루하여 보좌할 신하를 신중하게 하네.
저 도리를 따르지 않는 것은 스스로 잘난 체하며
자기만의 소견을 내세워 백성들을 어리둥절하게 만드네.

저 숲속을 바라보면 많은 사슴들이 떼지어 있거늘.
여러 신하들이 서로 속이며 사이가 좋지 않네.
옛 사람이 말하되 이것은 진퇴유곡(進退維谷)이라 했다네.

이 어질고 거룩한 사람은 백 리 앞을 보시거늘
저 어리석은 사람들은 멋모르고 현혹되어 기뻐하네.
말할 줄 모르는 것 아닌데 어찌 이리 두려워 말하지 못하나.

이렇게 선량한 사람을 구하지도 쓰지도 않고.
저 잔인한 사람은 아끼고 어루만져 주나니
백성이 망하기를 바라니 괴로운 독약에 편안한 것이네.

큰 바람 불어도 길이 있나니 큰 골짜기로 하였네.
이 선량한 사람은 하는 일 모두 좋거늘
저 도리를 따르지 않는 이는 더러운 일만 하네.

큰 바람 불어도 길이 있나니 탐욕스런 자들 착한 이 해치네.
달콤한 말만 잘 듣고 거슬리는 말에는 술 취한 듯하네.
선량한 사람 쓰지 않고 나에게 거슬리는 일만 하게 하네.

슬프다. 그대 친구들이여 내 어찌 모르고 이 노래 지으리.
저 날으는 벌레들은 때로는 주살에 맞아 죽기도 한다네.
이미 그대 감싸주는데 도리어 내게 화를 내네.

좋지 못한 백성들은 배신을 잘도 한다네.
백성에게 이롭지 않게 하고 또 부족한듯 다시 더하네.
간악한 백성들은 서로 다투어 그런 일 힘쓴다네.

백성의 들뜬 마음은 관리들의 도둑질 때문이네.
겉으로 그렇지 않다지만 뒤돌아서선 욕을 하네.
비록 나 때문은 아니라지만 그대 때문에 이 노래 지었네.

▨ 1장은 비체, 2~8장, 10·11·14·15·16장은 부체, 9·12·13장은 흥체다. 총 16장으로 8장은 장마다 8구절, 8장은 장마다 6

구절로 이루어졌다.
 구설(舊說)에 예백(芮伯)이 여왕(厲王)을 풍자하여 지었다고 하였으며 『춘추전(春秋傳)』에도 또한 예량부(芮良夫)의 시라고 하였는데 이 설이 옳다고 하였다.

 菀彼桑柔[1]여 其下侯旬[2]이러니 捋采其劉[3]하여 瘼此下民이로다 不殄心憂하여 倉兄塡[4]兮호니 倬[5]彼昊天은 寧不我矜고
 四牡騤騤[6]하니 旟旐有翩이로다 亂生不夷[7]하여 靡國不泯[8]이며 民靡有黎[9]하여 具禍以燼이로다 於乎有哀호니 國步[10]斯頻[11]이로다
 國步蔑資[12]라 天不我將[13]하샤 靡所止疑[14]이로소니 云徂[15]何往고 君子實維 秉心無競이어시니 誰生厲階[16]하여 至今爲梗[17]고
 憂心慇慇하여 念我土宇[18]하노라 我生不辰이라 逢天僤怒[19]호라 自西徂東히 靡所定處로소니 多我覯痻이며 孔棘我圉[20]로다
 爲謀爲毖[21]나 亂況[22]斯削이로다 告爾憂恤하며 誨爾序爵[23]하노라 誰能執熱하여 逝不以濯이리오 其何能淑고 載胥及溺이로다
 如彼遡風이라 亦孔之僾로다 民有肅心[24]이나 荓云不逮라하여 好是稼穡하여 力民代食이로소니 稼穡維寶며 代食維好로다
 天降喪亂이라 滅我立王이오 降此蟊賊하여 稼穡卒痒이로다 哀恫中國이 具贅[25]卒荒이로소니 靡有旅力[26]이 以念穹蒼이로다
 維此惠君의 民人所瞻은 秉心宣猶[27]하여 考愼其相이니라 維彼不順은 自獨俾臧하며 自有肺腸하여 俾民卒狂하나다
 瞻彼中林혼대 甡甡[28]其鹿이어늘 朋友已譖하여 不胥以穀[29]이로다 人亦有言호대 進退維谷이라하나다
 維此聖人은 瞻言百里어늘 維彼愚人은 覆狂以喜하나다 匪言不能이어시니 胡斯畏忌오
 維此良人을 弗求弗迪하고 維彼忍心을 是顧是復[30]하나니 民之貪亂이여 寧爲荼毒[31]이로다
 大風有隧[32]하니 有空大谷이로다 維此良人은 作爲式穀[33]이어늘 維彼不順은 征以中垢[34]로다
 大風有隧하니 貪人敗類[35]로다 聽言則對나 誦言如醉호니 匪用其

제 3 권 대아(大雅)

良하여 覆俾我悖로다

嗟爾朋友아 予豈不知而作이리오 如彼飛蟲을 時亦弋獲이라 旣之陰女하니 反予來赫³⁶⁾하나다

民之罔極은 職凉³⁷⁾善背³⁸⁾니라 爲民不利호대 如云不克하나다 民之回遹은 職競用力이니라

民之未戾³⁹⁾는 職盜爲寇니라 凉曰不可라하나 覆背善詈하나니 雖曰匪予라하나 旣作爾歌로다

1) 菀彼桑柔(울피상유) : 무성한 저 부드러운 뽕나무의 뜻.
2) 旬(순) : 두루하다. 편(徧)과 같다.
3) 劉(유) : 잎이 얼마 남지 않은 것.
4) 倉兄塡(창황전) : 슬프고 민망한 것. 창황(愴怳)과 동일함. 전은 뜻이 확실하지 않으나 혹 진(陳), 진(塵)과 동일하고 병과 같다고 함.
5) 倬(탁) : 밝다.
6) 騤騤(규규) : 말이 건장한 모양.
7) 夷(이) : 평(平)과 같다.
8) 泯(민) : 멸하다.
9) 黎(여) : 검은 머리. 곧 백성을 뜻함.
10) 國步(국보) : 보는 운(運)과 같으며 국보는 국운(國運)을 뜻함.
11) 頻(빈) : 급박하다.
12) 蔑資(멸자) : 헤쳐나갈 힘이 없다. 계획이 없다.
13) 將(장) : 기르다.
14) 止疑(지응) : 머물러 정하는 것. 응은 본래 의(疑)자로 여기서는 응으로 발음함.
15) 徂(저) : 머무르다.
16) 厲階(여계) : 원망하는 단계.
17) 梗(경) : 아픔. 괴로움. 병(病).
18) 土宇(토우) : 고향의 집.
19) 僤怒(탄노) : 크게 성내다.
20) 圉(어) : 변방. 또는 방어의 뜻.
21) 毖(비) : 삼가하다.

22) 亂況(난황) : 어지러움이 더하다.
23) 序爵(서작) : 어질고 어질지 않은 것을 판단하는 것.
24) 肅心(숙심) : 숙은 진(進)과 같으며 나아가는 마음.
25) 贅(췌) : 위급하다.
26) 旅力(여력) : 힘이 다 빠져 피골이 상접한 상태.
27) 宣猶(선유) : 두루 꾀하다. 두루 계획하다.
28) 甡甡(신신) : 여러 사람이 모여 함께 가는 모양.
29) 胥以穀(서이곡) : 서로 착해지는 것. 곡은 선(善)하다는 뜻.
30) 是顧是復(시고시복) : 돌아보고 또 돌아보는 것. 돌보아주는 것.
31) 荼毒(도독) : 씀바귀처럼 쓰며 사람을 죽일 수 있는 독이라고 함.
32) 有隧(유수) : 길이 있다.
33) 式穀(식곡) : 선한 것을 쓰다.
34) 征以中垢(정이중구) : 뜻이 확실하지 않다고 한다. 혹은 정은 행하다. 중은 깜깜한 곳, 구는 더러운 것으로 더럽고 나쁜 것만 행한다는 뜻.
35) 敗類(패류) : 서로 해치는 것을 뜻함.
36) 赫(혁) : 매우 성난 모양.

荼
(방가지똥)

37) 職凉(직량) : 직은 오롯이 하다. 양은 뜻이 확실하지 않으나 다만 엷다, 또는 진실하다의 뜻이 있다고 함.
38) 善背(선배) : 반복되는 것. 곧 배반을 잘하는 것.
39) 戾(여) : 정하다.

4. 운한(雲漢) : 저 은하수

밝은 저 은하수는 밝게 하늘을 떠도네.
왕께서 이르시기를 오! 슬프다. 우리 백성이 무슨 죄 있어
하늘은 재앙을 내려 기근을 자꾸 들게 하시는가.
모든 신들에게 제사지냈으며 희생물을 아끼지 아니하고
규벽까지 모두 바쳤거늘 어찌 제 청을 들어주지 않느뇨.

가뭄이 너무 심하여 찌는 듯한 더위에 숨이 막히네.
제사를 끊임없이 지내고 들제사에서 종묘에 이르기까지
하늘과 땅에 제물을 올리고 어느 신이든 모두 받들었는데
후직께서도 모른 체하시고 하느님도 돌보지 않으시네.
이 세상을 모두 망치시니 어찌하여 내 대(代)에 이르렀는가.

가뭄이 너무 심하여 가히 막을 도리가 없네.
두렵고 위태함이 천둥치고 벼락치는 것 같네.
주나라의 남은 백성들은 한쪽 어깨도 없거늘
넓은 하늘 저 하느님께서는 나마저도 남기지 않으려 하시네.
어찌 두렵지 않으리오. 조상의 제사도 끊기겠네.

가뭄이 너무 심하여 가히 막을 길이 없네.
불꽃처럼 타는 폭염속에 내 몸 둘 곳이 없네.
하늘의 명이 다한 것인지 살펴봄도 돌아봄도 없네.
어진 대신들의 신령이야 나를 돌보지 않는다 해도
부모님과 선조께서는 어찌 저를 버리시나요.

가뭄이 너무 심하여 산천초목이 모두 말랐네.
가뭄귀신이 맹위를 떨쳐 불붙는 듯 타는 듯하네.
내 마음 더위에 지쳐 근심하는 마음 타는 듯하네.
어진 대신들의 신령이야 내 말 들어주지 않아도
넓은 하늘 저 하느님께서는 어찌 나를 도망치게 하는가.

가뭄이 너무 심하여 어디 갈 곳이 없네.
어찌 나를 가뭄으로 고생시키는고
진실로 그 까닭을 알 수 없네.
풍년의 제사는 이미 올렸고 사방의 제사는 늦지 않았는데
넓은 하늘 저 하느님께서는 나를 헤아려 주시지 않네.
신에게 공경하였으니 마땅히 성내지 말아야 하네.

가뭄이 너무 심하여 나라의 기강이 흩어졌네.
궁핍한 서정(庶正)들이며 병든 총재(冢宰)며
추마와 사씨와 선부와 좌우의 여러 신하들은
가난을 구제하려 애쓰나 가난을 막지 못하네.
넓은 하늘 우러러 보아도 이 시름 어찌해야 할까.

넓은 하늘 우러러 보아도 별들만 반짝이네.
대부와 군자들이 정성을 다해 제사지냈네.
하늘의 명이 바뀌려는가 그대의 정성 버리지 말게.
어찌 나만을 위해 빌겠는가 서정들을 위해서라네.
넓은 하늘 우러러 보나니 언제 그 편안함을 베푸시려는가.

▨ 부체다. 총 8장에 장마다 10구절로 이루어졌다.

구설(舊說)에 주(周)의 선왕(宣王)이 여왕(厲王)의 뒤를 이어 안으로 난리가 있는 것을 몸을 닦고 몸소 행하여 천하를 다스리므로 주나라 대부인 잉숙(仍叔)이 이 시를 지어 노래했다고 하였다.

倬彼雲漢[1]이여 昭回[2] 于天이로다 王曰於乎라 何辜今之人고 天降喪亂하샤 饑饉薦臻[3]일새 靡神不擧[4]하며 靡愛斯牲하여 圭璧[5]旣卒이어늘 寧莫我聽고

旱旣大甚하여 蘊隆蟲蟲[6]일새 不殄禋祀하여 自郊徂宮[7]하여 上下奠瘞하며 靡神不宗호니 后稷不克[8]이시며 上帝不臨이샷다 耗斁[9]下土 寧丁我躬고

旱旣大甚이라 則不可推로다 兢兢業業[10]하여 如霆如雷호라 周餘黎民이 靡有孑遺[11]어늘 昊天上帝 則不我遺샷다 胡不相畏리오 先祖于摧[12]혼더

旱旣大甚이라 則不可沮로다 赫赫炎炎[13]하여 云我無所[14]로다 大命近止[15]라 靡瞻靡顧호라 群公先正[16]은 則不我助어니와 父母先祖는 胡寧忍予오

旱旣大甚이라 滌滌[17]山川이로다 旱魃[18]爲虐하여 如惔如焚이로다
我心憚暑하여 憂心如熏호라 群公先正이 則不我聞이로소니 昊天上
帝는 寧俾我遯고

旱旣大甚이라 黽勉畏去[19]호라 胡寧瘨我以旱고 憯[20]不知其故로다
祈年[21]孔夙하며 方社[22]不莫호니 昊天上帝 則不我虞샷다 敬恭明神
으론 宜無悔怒니라

旱旣大甚이라 散無友紀[23]로다 鞫哉庶正[24]이며 疚哉冢宰[25]며 趣
馬師氏[26]와 膳夫[27]左右왜 靡人不周[28]하여 無不能止로다 瞻卬昊天
호니 云如何里[29]오

瞻卬昊天혼대 有嘒[30]其星이로다 大夫君子 昭假[31]無贏이로다 大
命近止나 無棄爾成이어다 何求爲我리오 以戾庶正이니라 瞻卬昊天
하노니 曷惠其寧고

1) 雲漢(운한) : 하늘의 은하수.
2) 昭回(소회) : 소는 밝다. 회는 회전하다. 밝은 빛이 하늘을 회전한
   것과 같은 것.
3) 薦臻(천진) : 거듭하는 것과 같다. 진은 이르다.
4) 靡神不擧(미신불거) : 나라의 흉년이 있을 때에는 모든 귀신을 다 찾
   아 제사를 지내는 것.
5) 圭璧(규벽) : 신에게 예물로 드리는 옥.
6) 蘊隆蟲蟲(온륭충충) : 온륭은 싸여 성하다. 충충은 더운 기운.
7) 郊禋宮(교저궁) : 교는 천지에 제사하는 것. 궁은 종묘에 지내는 것.
8) 后稷不克(후직불극) : 후직이 가뭄을 구제하려 하나 가뭄을 이기지
   못하는 것.
9) 耗斁(모두) : 못살게 하는 것. 멸망케 하는 것.
10) 兢兢業業(긍긍업업) : 긍긍은 두려운 모양. 업업은 위태한 모양.
11) 孑遺(혈유) : 혈은 오른쪽 어깨가 없는 모양. 유는 나머지의 뜻.
12) 摧(최) : 멸하다.
13) 赫赫炎炎(혁혁염염) : 혁혁은 가뭄의 기운. 염염은 무더운 모양.
14) 無所(무소) : 용납할 곳이 없다.
15) 大命近止(대명근지) : 모든 백성의 죽음이 앞으로 다가왔다.

16) 群公先正(군공선정) : 군공은 제후들. 선정은 공을 세운 신하들.
17) 滌滌(척척) : 산과 개울이 나무나 물이 말라 세탁한 것처럼 된 것.
18) 魃(발) : 가뭄의 귀신.
19) 黽勉畏去(민면외거) : 가되 갈 곳이 없다.
20) 憯(참) : 일찍.
21) 祈年(기년) : 맹춘에는 상제께 풍년을 빌고 맹동에는 내년의 천종(天宗)에게 풍년을 비는 것.
22) 方社(방사) : 사방의 지신에게 제사하는 것.
23) 友紀(우기) : 기강(紀綱)과 같다.
24) 鞫哉庶正(국재서정) : 국은 궁하다. 서정은 여러 관리의 우두머리.
25) 疚哉冢宰(구재총재) : 구는 병나다. 총재는 관리의 최고 우두머리.
26) 趣馬師氏(추마사씨) : 추마는 말을 관리하는 벼슬아치. 사씨는 왕의 수비대장.
27) 膳夫(선부) : 음식을 맡은 관리.
28) 周(주) : 구제하다.
29) 里(이) : 근심하다.
30) 有嘒(유혜) : 밝은 모양.
31) 昭假(소격) : 밝음이 이르다. 가(假)는 격으로 발음함.

5. 숭고(崧高) : 높이 치솟다
높이 치솟은 산봉우리 하늘에 닿을 듯하네.
이 봉우리에 신령님 내려오셔 보씨와 신씨를 낳으셨네.
이 신씨와 보씨는 오직 주나라의 기둥이로세.
사방의 나라 울타리이시며 온 세상에 덕을 베풀었네.

부지런한 신백을 불러 왕께서 정사를 계승케 하시어
사땅에 도읍을 정하여 남국의 본보기 되게 하셨네.
왕께서 소백에게 명하시어 신백의 거처를 정해 주시고
이 남쪽 나라를 이루게 하여 대대로 그 공을 맡게 하셨네.

왕께서 신백에게 명하시어 남쪽 나라의 본보기 삼으시고
이 사땅 사람들을 부려 그대의 성을 쌓으라 하셨네.
왕께서 소백에게 명하시어
신백의 토전(土田)을 정해 세를 부과하시고
부어(傅御)에게 명하시어 그 집안 사람들 옮기도록 하셨네.

신백의 일은 소백이 맡아 경영하였네.
그 성을 쌓기 시작하더니 궁전과 종묘가 이루어지고
그 이루어짐이 장엄하니 왕께서 신백에게 내리셨네.
네 필의 수말은 건장하고 말 가슴고리는 찬란하네.

왕께서 신백을 보내실제 큰 수레와 네 필 말 내리셨네.
내 그대 살 곳을 살펴보니 남쪽의 그곳 만한 곳이 없네.
그대에게 큰 구슬을 내려 그대의 보배로 삼게 하리니.
가시오 외숙이시어 남쪽 땅을 보존하시오.

신백께서 진실로 가니 왕께서는 미(郿) 땅까지 전송하셨네.
신백께서 남쪽으로 돌아가 사땅으로 성실히 가셨네.
왕께서 소백에게 명하셔 신백의 토지에 부세를 거두게 하셔
그 양식을 쌓아두었다가 불편없이 가게 하셨네.

신백의 씩씩한 기상 이미 사땅에 들어가시니
따르는 무리 많기도 하고 주나라도 다 기뻐하여
훌륭한 인재라 하였네. 빛나는 신백이여.
왕의 큰 외숙이시니 문관과 무관이 모두 법도로 삼네.

신백의 거룩한 덕은 유순하고도 곧다네.
온 세상을 순종케 하시어 사방으로 명성이 들리네.
길보씨가 노래를 지으니 그 시가 매우 위대하네.
그 노래소리가 매우 좋으니 신백에게 바치는 것이네.

▓ 부체다. 총 8장에 장마다 8구절로 이루어졌다.
　주나라 선왕(宣王)의 큰 외숙 신백(申伯)을 사(謝) 땅에 봉하여 떠날 때 윤길보(尹吉甫)가 이 시를 지어 보냈다고 하였으며 길보가 선왕을 찬미한 시라고 하였다.

　　崧高維嶽[1]이 駿[2]極于天이로다 維嶽降神하여 生甫及申[3]이로다 維申及甫 維周之翰[4]이라 四國于蕃[5]이며 四方于宣이로다
　　亹亹[6] 申伯을 王纘之事하샤 于邑于謝[7]하여 南國是式케하시다 王命召伯[8]하샤 定申伯之宅하샤 登是南邦하시니 世執其功이로다
　　王命申伯하샤 式是南邦시고 因是謝人하여 以作爾庸[9]하시다 王命召伯하샤 徹[10]申伯土田하시고 王命傅御[11]하샤 遷其私人[12]하시다
　　申伯之功을 召伯是營이로다 有俶[13]其城하니 寢廟旣成하여 旣成藐藐[14]이어늘 王錫申伯하시니 四牡蹻蹻[15]하여 鉤膺濯濯[16]이로다
　　王遣申伯하시니 路車乘馬로다 我圖爾居호니 莫如南土로다 錫爾介圭[17]하여 以作爾寶하노니 往近[18]王舅아 南土是保이다
　　申伯信邁어늘 王餞于郿[19]하시다 申伯還南하니 謝于誠歸로다 王命召伯하샤 徹申伯土疆하여 以峙其粻[20]하니 式遄[21]其行이로다
　　申伯番番[22]하니 旣入于謝하여 徒御嘽嘽[23]하니 周邦咸喜하여 戎有良翰이라하놋다 不顯가 申伯이여 王之元舅[24]로소니 文武是憲이로다
　　申伯之德이여 柔惠且直이로다 揉此萬邦하여 聞于四國이로다 吉甫作誦[25]호니 其詩孔碩이로다 其風肆[26]好하니 以贈申伯하노라

1) 崧高維嶽(숭고유악) : 숭은 산이 크고 높은 것. 악은 산을 존숭한 것. 높이 치솟은 산봉우리의 뜻.
2) 駿(준) : 크다.
3) 甫及申(보급신) : 보는 보나라의 제후로 여형(呂刑)을 지은 자라고 함. 신은 신백(申伯)으로 선왕의 큰 외숙. 모두 강씨(姜氏)의 나라.
4) 翰(한) : 줄기.
5) 蕃(번) : 울타리.
6) 亹亹(미미) : 애써 힘쓰는 모양.
7) 邑于謝(읍우사) : 사는 땅 이름이며 나라 이름. 사땅에 도읍하다의

450 제 3 권 대아(大雅)

뜻. 사는 주의 남쪽 땅.
8) 召伯(소백) : 소목공(召穆公)이며 이름은 호(虎)다.
9) 庸(용) : 성(城)을 말함. 또는 공(功)으로도 해석함.
10) 徹(철) : 주나라의 세법으로 밭의 경계를 정하고 그 부세(賦稅)를 정하는 것. 철법(徹法).
11) 傅御(부어) : 신백의 가신(家臣)의 우두머리.
12) 私人(사인) : 가인(家人).
13) 俶(축) : 시작하다.
14) 藐藐(막막) : 깊은 모양.
15) 蹻蹻(갹갹) : 씩씩한 모양.
16) 濯濯(탁탁) : 빛나는 모양.
17) 介圭(개규) : 제후로 봉할 때 신표로 내리는 옥. 대규(大圭)와 환규(桓圭)가 있다.〈그림 참조〉

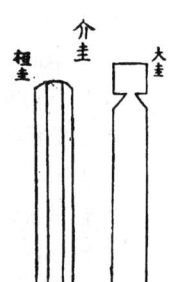

18) 近(근) : 사(辭)의 뜻.
19) 郿(미) : 땅 이름. 지금의 봉상부 미현,
20) 峙其粻(치기장) : 치는 쌓다. 장은 양식의 뜻.
21) 遄(천) : 빠르다.
22) 番番(파파) : 용감한 모양.
23) 嘽嘽(탄탄) : 여럿이 많은 모양.
24) 元舅(원구) : 큰 외숙.
25) 吉甫作誦(길보작송) : 윤길보(尹吉甫)로 주나라의 경사(卿士). 송은 외는 가사.
26) 風肆(풍사) : 풍은 소리. 사는 이루다의 뜻.

6. 증민(烝民) : 모든 백성들

하늘이 이 많은 백성을 낳으시고 사물의 법칙을 정하셨네.
백성은 떳떳한 것을 지니어 아름다운 덕을 좋아하네.
하늘이 주나라를 살피시고 밝히 이 땅에 내려오셔서
우리 천자님을 보호하시고 중산보(仲山甫)를 낳게 하셨네.

제 3 장 탕(蕩) 451

중산보의 지니신 덕은 부드럽고 아름답고 법도가 있네
훌륭한 거동 훌륭한 모습. 마음을 적게 하여 공손하며
옛 교훈을 본받으며 위의를 갖추기에 힘쓰며
천자님의 어진 뜻을 좇아 밝은 명령을 널리 폈네.

왕께서 중산보에게 명해서 모든 제후의 법도 되라 하셨으며
조상들의 빛나는 업적 계승하고 왕의 몸 보호하라 하셨네.
왕의 명령을 내고 받아들이시니 왕의 목도 되고 입도 되며
밖으로 명령을 널리 펴니 온 세상이 모두 호응하였네.

위엄있는 왕의 명령 중산보가 받들어 행하고
나라의 정치가 잘 되고 안 되는 것을 중산보가 밝히고 있네.
이미 밝혀 주고 살피시며 그의 몸을 잘 보전하여
낮과 밤을 게을리하지 않고 한 분인 왕만을 섬기네.

옛말에 이르기를 부드러우면 받아들이고
딱딱하면 뱉으라 하였네. 그러나 중산보는
부드럽다고 받아들이지 않고 딱딱하다고 뱉지 않으며
홀아비 과부 업신여기지 않고
강하고 사나운 자 두려워하지 않았네.

또 옛말에 이르기를 덕 가볍기는 털과 같으나
백성은 덕을 드는 이 없었다네. 내 헤아려 꾀해 보건대
중산보가 들었으니 사랑하지만 도울 수 없네.
왕의 일 결함이 있으면 중산보가 도와주리라.

중산보 노제를 지내고 길을 떠나니 네 필 수말 씩씩하며
따르는 병사들 씩씩하니 행여 못미칠까 두려워하네.
네 필 수말 위엄있게 달리고 여덟 말방울 짤랑거리네.
왕께서 중산보에게 명하여 동쪽 제나라에 성벽 쌓게 하셨네.

네 필 수말 건장히 달리며 여덟 말방울 딸랑거리네.
중산보 제나라로 가니 빨리 돌아오기 바라네.
길보가 이 노래를 지으니 그 화음이 맑은 바람과 같네.
중산보 길이 생각하리라. 이로써 그 마음 위로하노라.

▨ 부체다. 총 8장에 장마다 8구절로 이루어졌다.
주나라 선왕(宣王)이 번후(樊侯)인 중산보에게 제나라에 성을 쌓게 하였는데 떠날 때 윤길보가 시를 지어 헌송한 노래라고 하였다.

天生蒸民[1]하시니 有物有則[2]이로다 民之秉彛[3]라 好是懿德이로다 天監有周하시니 昭假于下일새 保玆天子하샤 生仲山甫[4]샷다
仲山甫之德이 柔嘉維則이라 令儀令色[5]이며 小心翼翼[6]하며 古訓[7]是式하고 威儀是力하며 天子是若[8]하며 明命使賦[9]로다
王命仲山甫하샤 式是百辟하며 纘戎[10]祖考하여 王躬是保케하시다 出納王命하니 王之喉舌[11]이며 賦政于外하니 四方爰發이로다
肅肅[12]王命을 仲山甫將[13]之하며 邦國若否[14]를 仲山甫明之로다 旣明且哲하여 以保其身이며 夙夜匪解하여 以事一人[15]이로다
人亦有言호대 柔則茹[16]之오 剛則吐之라하나니 維仲山甫는 柔亦不茹하며 剛亦不吐하여 不侮矜寡하며 不畏彊禦로다
人亦有言호대 德輶如毛나 民鮮克擧라하나니 我儀圖[17]之호니 維仲山甫擧之로소니 愛莫助之로다 袞職[18]有闕이어든 維仲山甫補之로다
仲山甫出祖[19]하니 四牡業業[20]하며 征夫捷捷[21]하니 每懷靡及이로다 四牡彭彭하며 八鸞鏘鏘하니 王命仲山甫하샤 城彼東方[22]이샷다
四牡騤騤하며 八鸞喈喈하니 仲山甫徂齊하나니 式遄其歸로다 吉甫作誦호니 穆如淸風[23]이로다 仲山甫永懷라 以慰其心하노라

1) 蒸民(증민) : 여러 백성. 곧 모든 백성.
2) 有則(유칙) : 법칙이 있다의 뜻.
3) 秉彛(병이) : 언제나 지니고 있는 아름다운 도리.
4) 仲山甫(중산보) : 번(樊)나라 제후의 자(字).

5) 令儀令色(영의영색) : 아름다운 거동과 온화한 얼굴빛.
6) 小心翼翼(소심익익) : 마음을 가다듬어 공경하는 것.
7) 古訓(고훈) : 선왕(先王)이 남긴 법전.
8) 若(약) : 순하다.
9) 賦(부) : 펴다의 뜻.
10) 戎(융) : 너(汝)와 같다.
11) 喉舌(후설) : 말을 출납시키는 것으로 지금의 대변인.
12) 肅肅(숙숙) : 엄한 것.
13) 將(장) : 받들어 행하다.
14) 若否(약비) : 잘 하고 못하는 것. 선비(善否)의 뜻.
15) 一人(일인) : 천자(天子).
16) 茹(여) : 납(納)과 같다.
17) 儀圖(의도) : 헤아리고 꾀하다.
18) 袞職(곤직) : 천자의 직책.
19) 祖(조) : 길을 떠날 때 지내는 행제(行祭).
20) 業業(업업) : 건장한 모양.
21) 征夫捷捷(정부첩첩) : 정부는 병졸. 첩첩은 빠른 모양.
22) 東方(동방) : 제(齊)나라를 가리킴.
23) 穆如淸風(목여청풍) : 목은 깊고 길다의 뜻. 청풍은 맑고 맑은 바람.

7. 한혁(韓奕) : 큰 한나라

크고 큰 양산(梁山)은 우임금이 다스리셨네.
밝으신 그 도로 한후(韓侯)가 명을 받았네.
왕께서 친히 명하시어 그대의 조상 공적을 이어
짐의 명령을 저버리지 말고 낮밤없이 게으르지 말며
그대 지위 삼가 공경하라. 짐의 명령은 바꾸지 않으리라.
내조(來朝)하지 않는 제후 바로잡아 그대의 임금 보좌하라.

네 필 수말 크기도 하며 길고 큰 몸집 당당하네.

한후가 들어와 왕을 뵈올제 그 큰 홀(圭)을 받들고
왕에게 인사 드리네. 왕께서는 한후에게 하사하시니
무늬있는 깃대와 새깃 깃발 대자리 덮개와 고운 멍애채.
검은곤룡포에 붉은신 고리달린 말배띠와 무늬있는 당로.
수레의 가로막이 나무턱, 호피덮개 고삐줄 황금고리였네.

한후 노제를 지내고 가다가 도(屠)땅에 머무셨네.
현보(顯父)가 송별잔치 하니 맑은 술이 백 병이나 되네.
그 안주는 무엇인가 구운 자라와 싱싱한 생선이네.
그 나물은 무엇인가 죽순과 부들이었네.
그 선물은 무엇인가 네 필 말과 큰 수레네.
대그릇 나무그릇 많기도 하니 한후 기뻐하여 즐기네.

한후가 장가를 드니 분왕(汾王)의 생질이요
궤보(蹶父)의 따님이네.
한후가 아내로 맞이하러
궤씨네 마을까지 갔네.
많은 수레 의젓하게 달리며
여덟 말방울 딸랑거리니 그 빛 매우 밝았네.
따라오는 여러 몸종들 줄지은 것이 구름같네.
한후가 뒤돌아보니
찬란한 빛 그 문안에 가득하네.

(부들)

궤보는 매우 용감하여 가보지 않은 나라 없으며
딸 시집보낼 곳을 찾아보니 한나라 만한 곳이 없더라네.
즐거운 한나라 영토여. 시냇물 못물이 넘쳐흐르고
방어와 서어 뛰놀고 암사슴 떼지어 풀을 뜯고
곰과 말곰이 있으며 살쾡이도 있고 범도 있네.
이미 좋은 곳을 가려 잔치하니 궤보말도 좋아하네.

높은 저 한나라 성이여 연나라 백성이 완성시켰
네.
조상의 명을 받들어 여러 오랑캐를 다스리시니
왕께서 한후에게 추나라와 맥땅까지 내리셨네.
북쪽 나라 맡아 다스리고 그곳의 제후가 되셨네.
성 쌓고 호 파고 밭 정리하고 부세하여
비가죽과 표범가죽 누런 말곰가죽을 바치네.

(죽순)

▨ 부체다. 총 6장에 장마다 12구절로 이루
어져 있다.
한(韓)나라의 제후가 제후로 봉함을 받고
처음으로 천자에게 조회를 와 천자의 명령을
받고 돌아가는 상황을 시인이 시로 지어 전
송한 노래라고 한다.

奕奕梁山[1]을 維禹甸之샷다 有倬其道애 韓侯[2]受命이로다 王親
命之하사대 纘戎[3]祖考하노니 無廢朕命하여 夙夜匪解하여 虔共爾位
하라 朕命不易호리라 榦不庭方[4]하여 以佐戎辟[5]하라

四牡奕奕하니 孔修且張[6]이로다 韓侯入覲하니 以其介圭[7]로 入覲
于王이로다 王錫韓侯하시니 淑旂綏章[8]과 簟茀錯衡[9]과 玄袞赤舃[10]
과 鉤膺鏤錫[11]과 鞹鞃淺幭[12]과 鞗革金厄[13]이로다

韓侯出祖하니 出宿于屠[14]로다 顯父[15]餞之하니 淸酒百壺로다 其
殽維何오 炰鱉鮮魚로다 其蔌[16]維何오 維筍及蒲로다 其贈維何오
乘馬路車로다 籩豆有且하니 侯氏[17]燕胥로다

韓侯取妻하니 汾王[18]之甥이오 蹶父[19]之子로다 韓侯迎止하니 于
蹶之里로다 百兩彭彭하며 八鸞鏘鏘하니 不顯其光가 諸娣[20]從之하
니 祁祁[21]如雲이로다 韓侯顧之하니 爛其盈門이로다

蹶父孔武하여 靡國不到하여 爲韓姞相攸[22]하니 莫如韓樂이로다
孔樂韓土여 川澤訏訏[23]하며 魴鱮甫甫[24]하며 麀鹿噳噳[25]하며 有熊
有羆하며 有貓有虎로다 慶旣令居[26]하니 韓姞燕譽[27]로다

溥彼韓城이여 燕師[28]所完이로다 以先祖受命이 因時百蠻으로 王

錫韓侯하시니 其追其貊²⁹⁾이로다 奄受北國하여 因以其伯하니 實墉實壑³⁰⁾하며 實畝實籍³¹⁾하고 獻其貔皮³²⁾와 赤豹黃羆로다

1) 奕奕梁山(혁혁양산) : 혁혁은 큰 모양. 양산은 한나라의 진지로 산 이름. 지금의 동주 한성현에 있는 산.
2) 韓侯(한후) : 한은 나라 이름이며 제후로 무왕(武王)의 후손이라 함.
3) 纘戎(찬융) : 찬은 이으다. 융은 여(女)로 너와 같다.
4) 榦不庭方(간부정방) : 간은 바르다. 천자의 나라에 조회 오지 않는 나라를 바로잡으라는 뜻.
5) 戎辟(융벽) : 너의 임금. 곧 천자.
6) 修且張(수차장) : 수는 길다. 장은 크다의 뜻.
7) 介圭(개규) : 제후가 봉해질 때 받은 구슬로 조회올 때 다시 예물로 천자께 바치는 것.
8) 淑旂綏章(숙기유장) : 숙은 선(善)하다. 기는 교룡(蛟龍)이 그려진 기. 유장은 새의 깃을 그린 것이나 혹은 소꼬리를 깃대 끝에 단 것.
9) 簟茀錯衡(점불착형) : 점불은 옻칠한 삿자리로 수레를 덮는 것. 착형은 무늬가 그려진 멍에.
10) 玄袞赤舄(현곤적석) : 현곤은 제후들이 입는 곤룡포. 적석은 제후가 신는 붉은신.
11) 鉤膺鏤鍚(구응루양) : 구응은 고리가 달린 말의 배띠. 누양은 무늬가 새겨진 쇠로 만든 말 앞이마의 장식들.
12) 鞹鞃淺幭(곽굉천멱) : 곽은 털을 제거한 가죽. 굉은 식중(式中)으로 곽굉은 수레안의 턱나무를 가죽으로 싸서 사람이 기댈 수 있게 한 것. 천은 호랑이가죽. 멱은 식(式)의 덮개.
13) 條革金厄(조혁금액) : 조혁은 고삐머리로 쇠고리가 달린 가죽고삐. 금액은 쇠로 고리를 만든 것으로 멍에 밑에 달린 고리.
14) 屠(도) : 땅 이름.
15) 顯父(현보) : 주나라의 경사(卿士).
16) 蔌(속) : 야채 안주.
17) 侯氏(후씨) : 조회 온 제후를 가리킴.
18) 汾王(분왕) : 여왕(厲王). 여왕이 체(彘)땅으로 귀양갔으며 체땅은

분수의 가에 있으므로 사람들이 분왕이라 불렀다.
19) 蹶父(궤보) : 주나라의 경사(卿士)이며 성은 길(姞)씨.
20) 諸娣(제제) : 제후가 한 번 장가갈 때 아홉 여자를 얻고 같은 성씨의 다른 두 나라에서 여자를 딸려 보내오는 것을 말하는 것으로 여자의 조카라는 뜻.
21) 祁祁(기기) : 느릿느릿하고 얌전한 모양.
22) 韓姞相攸(한길상유) : 궤보의 딸. 한나라로 시집가므로 한길이라 함. 상유는 시집보낼 곳을 고르는 것.
23) 訏訏(우우) : 크다.
24) 甫甫(보보) : 크다.
25) 噳噳(어어) : 많은 모양.
26) 慶旣令居(경기영거) : 살기 좋은 곳이 있음을 기뻐함. 경은 기뻐하다. 또는 경사로 여기다.
27) 燕譽(연예) : 편안하고 즐겁다는 뜻.
28) 燕師(연사) : 연(燕)나라는 소공(召公)의 나라. 사는 무리. 연사는 연나라의 무리의 뜻.
29) 其追其貊(기추기맥) : 추나라와 맥나라의 뜻. 다 오랑캐의 나라.
30) 墉實壑(용실학) : 용은 성. 실은 어조사. 학은 연못, 방죽의 뜻.
31) 籍(적) : 세금.
32) 貔皮(비피) : 맹수의 이름. 짐승의 가죽.

8. 강한(江漢) : 강수와 한수

강수와 한수가 넘실거리니 병사들의 발걸음 씩씩하네.
즐기는 것도 노는 것도 아니네, 회땅의 오랑캐 찾아간다네.
벌써 내 수레를 내보내고 우리의 새매 그린 깃발 세우니
즐기는 것도 쉬는 것도 아니네
회땅의 오랑캐 무찌르려는 거라네.

강수와 한수가 출렁거리고 병사들의 모습 씩씩하기만 하네.

사방을 평정하고 왕에게 성공을 아뢰옵네.
사방을 이미 평정하였으니 왕국이 거의 안정되었네.
이제는 전쟁이 없으니 왕의 마음 편안하시겠네.

강수와 한수의 물가에 왕께서 소호에게 명하시어
온 세상을 평정하여 내 강토를 바르게 정리하려 하는 것은
병든 것도 급한 일도 아니라 왕국으로 와 중앙을 표하심이라.
경계를 정하고 다스려 남쪽의 바다까지 이르렀네.

왕께서 소호께 명하시어 널리 펴고 넓게 베풀지니라.
문왕과 무왕의 명을 이어받아 소공께서 기둥이 되시오.
나를 부족한 왕이라 말하지 말고 소공과 같이 하시오.
그대 일을 민첩하게 끝마치면 그대에게 복록을 내리리라.

그대에게 구슬술잔과 검은 기장술 한 통을 내리니
덕있는 선조들께 고하여 산과 밭을 주겠노니
주나라의 명을 받들어 소공할아버지를 계승하시오.
소호는 절하고 머리 조아려 천자의 만수를 빌었다네.

소호는 절하고 머리 조아려 임금의 성덕을 감축하옵고
소공을 추모하여 섬기노니 천자님은 만수를 누리소서.
밝으신 천자께서는 아름다운 명성이 그치지 않고
그 문덕을 널리 펴시어 온 천하를 만족하게 하소서.

▨ 부체다. 총 6장에 장마다 8구절로 이루어져 있다.
　주나라의 선왕(宣王)이 소목공(召穆公)을 불러 회남땅의 오랑캐를 평정시켰는데 이때 시인이 이것을 찬미한 노래라고 하였다.

江漢浮浮[1]하니 武夫滔滔[2]로다 匪安匪遊라 淮夷[3]來求니라 旣出

我車하며 旣設我旗하니 匪安匪舒라 淮夷來鋪[4]니라
　　江漢湯湯하니 武夫洸洸[5]이로다 經營四方하여 告成于王이로다 四方旣平하니 王國庶[6]定이로다 時靡有爭하니 王心載寧이샷다
　　江漢之滸에 王命召虎[7]하사 式辟[8]四方하여 徹我彊土하산단 匪疚匪棘[9]이라 王國來極[10]하시니 于彊于理하여 至于南海로다
　　王命召虎하사 來旬來宣[11]하시다 文武受命이실새 召公維翰[12]이러니 無曰予小子[13]어다 召公是似니라 肇敏戎公[14]이면 用錫爾祉호리라
　　釐爾圭瓚[15]과 秬鬯一卣[16]하며 告于文人[17]하여 錫山土田하노니 于周受命하여 自召祖[18]命하노라 虎拜稽首하니 天子萬年이소서
　　虎拜稽首하여 對揚[19]王休하여 作召公考[20]하니 天子萬壽소서 明明天子 令聞不已하시며 矢[21]其文德하사 洽此四國하소서

1) 江漢浮浮(강한부부) : 강한은 강수와 한수. 부부는 왕성한 모양.
2) 武夫滔滔(무부도도) : 무부는 군사들. 도도(滔滔)는 순한 모양. 질서 있게 가는 모양.
3) 淮夷(회이) : 회수가에 있는 오랑캐.
4) 鋪(포) : 베풀다. 곧 군사를 침공하다의 뜻.
5) 洸洸(광광) : 씩씩한 모양.
6) 庶(서) : 다행히.
7) 召虎(소호) : 소목공(召穆公)의 이름.
8) 辟(벽) : 벽(闢)과 동일하고 평정하다의 뜻.
9) 匪疚匪棘(비구비극) : 병도 아니고 급한 것도 아니다.
10) 極(극) : 중정의 표. 중정의 도.
11) 來旬來宣(내순내선) : 와서 두루하고 와서 펴라.
12) 召公維翰(소공유한) : 소공은 소강공석(召康公奭). 한은 줄기.
13) 予小子(여소자) : 왕이 스스로를 칭한 것.
14) 肇敏戎公(조민융공) : 조는 열다. 융은 너, 공은 공적. 너의 공적을 열어 빠르게 하다의 뜻.
15) 釐爾圭瓚(이이규찬) : 이(釐)는 줄다의 뜻. 규찬은 옥찬(玉瓚)으로 자루가 달린 옥으로 만든 술잔. 〈460p. 그림 참조〉
16) 秬鬯一卣(거창일유) : 거는 검은 기장. 창은 울기장. 거창은 검은기

460 제3권 대아(大雅)

장의 술. 일유는 술 한 병.〈그림 참조〉
17) 文人(문인) : 선조의 문덕(文
　德)이 있는 자. 곧 주 문왕을
　가리킴.
18) 召祖(소조) : 목공(穆公)의
　할아버지인 강공(康公).
19) 對揚(대양) : 대답하고 칭찬함.
20) 考(고) : 이루다.
21) 矢(시) : 베풀다.

(옻기장)　(검은기장)　(규찬)

9. 상무(常武) : 장중한 군사의 행렬
빛나고 빛나며 밝고 밝은 왕께서
경사(卿士)인 남중(南仲) 태조의 태사 황보(皇父)에게
명하시어
우리 육군(六軍)을 정비하고 우리 군사를 갖추게 하여
공경하고 경계하여 이 남쪽 나라를 편안하게 하셨네.

왕께서 윤씨에게 이르시되 정나라 휴보(休父)에게 명하시어.
좌우로 항렬을 벌려 우리의 군사에게 훈시를 하여
저 회수 기슭을 따라 이 서주 땅을 순찰할 것이니
머무르지 말고 쉬지 말라 하시니 삼사(三事) 일에 나갔네.

빛나고 빛나며 크고 크며 위엄있는 천자이시네.
군사들을 서서히 이끄시고 급하지도 않고 놀지도 않으시네.
서주땅의 오랑캐들 아우성치고 서주땅을 격동시키네.
벼락치고 천둥 울리듯 하니 서주땅 오랑캐 놀라 도망치네.

왕께서 그 무용 떨치시니 천둥치 듯 성낸 듯하네.
범같은 군사를 진격시키니 울부짖는 성난 범같네.

회수가에 진을 치고 많은 포로를 잡으시니.
다스려진 저 회수가는 왕의 군사들 머물 곳이네.

왕의 군사 위세당당하니 나는 듯 날개치 듯하며
강수같고 한수같으며 산밑둥같이 든든하며
시냇물 흐르듯 하며 끊임없고 정연하며
헤아릴 수도 이길 수도 없는 그 군사로 서나라 정벌하였네.

왕의 길은 진실로 착실하여 서나라가 항복하였네.
서나라가 동화되었음은 천자님의 공이로세.
사방이 이미 평정되었으니 서나라도 조공을 바치네.
서나라 배반 않게 되니 왕께서 귀환하셨네.

▨ 부체다. 총 6장에 장마다 8구절로 이루어졌다.
주나라의 선왕이 몸소 군사를 거느리고 회수 북쪽 오랑캐를 정벌할 때 경사인 남중을 태조라 하고 태사를 겸임시켜 자를 황보(皇父)라 하여 종군시켜 육군(六軍)을 거느리고 군사들을 조련시켜 회수 오랑캐를 평정하고 남국에 은혜를 베푸니 시인(詩人)이 이 시를 지어 찬미한 것이라 하였다.

赫赫明明히 王命卿士[1] 南仲大祖[2]인 大師皇父[3]하사 整我六師[4]하여 以脩我戎[5]하여 旣敬旣戒하여 惠此南國하시다
王謂尹氏[6]하사 命程伯休父[7]하여 左右陳行하여 戒我師旅[8]하여 率彼淮浦하여 省此徐土하시니 不留不處하여 三事[9]就緖로다
赫赫業業[10]하니 有嚴天子샷다 王舒保作[11]하샤 匪紹匪遊[12]하시니 徐方繹騷[13]로다 震驚徐方하니 如雷如霆하여 徐方震驚이로다
王奮厥武하시니 如震如怒로다 進厥虎臣하시니 闞[14]如虓虎로다 鋪敦[15]淮濆하여 仍[16]執醜虜하니 截彼淮浦하여 王師之所로다
王旅嘽嘽[17]하니 如飛如翰하며 如江如漢[18]하며 如山之苞하며 如川之流하며 綿綿翼翼[19]하며 不測不克하여 濯[20]征徐國이로다

462 제3권 대아(大雅)

王猶允塞[21]하시니 徐方旣來로다 徐方旣同하니 天子之功이샷다 四方旣平하니 徐方來庭[22]이로다 徐方不回[23]어늘 王曰還歸라하시다

1) 卿士(경사) : 황보(皇父)의 벼슬.
2) 南仲大祖(남중태조) : 남중은 선왕 때 사람. 태조는 시조(始祖).
3) 大師皇父(태사황보) : 태사는 황보가 겸임한 벼슬. 황보는 자(字).
4) 我六師(아육사) : 아는 선왕이 스스로를 이른 것. 육사는 육군(六軍)으로 선봉군·우군·전군·후군·중군·좌군을 말한다.〈그림 참조〉
5) 戎(융) : 병기.
6) 尹氏(윤씨) : 윤길보(尹吉甫).
7) 程伯休父(정백휴보) : 주나라의 대부(大夫).
8) 戒我師旅(계아사려) : 나의 군사에게 훈시하다. 사는 2500명으로 오려(五旅)가 사이고 여는 500명이다.〈그림 참조〉
9) 三事(삼사) : 뜻이 확실하지 않다고 했다. 다만 삼농(三農)의 일이라고 보는 이도 있다.
10) 赫赫業業(혁혁업업) : 혁혁은 나타나다. 업업은 크다.
11) 王舒保作(왕서보작) : 그 뜻이 확실하지 않다고 했다. 다만 어떤 이는 서는 서(徐)로 보는 안(安), 작은 행(行)하다의 뜻이 있어 왕의 군대가 서서히 편안하게 행군한다의 뜻으로 보기도 한다.
12) 匪紹匪遊(비소비유) : 소는 규긴(糾緊)하고 유는 오유(遨遊)와 같다고 했다. 급하지 않고 놀지도 않으며 편안히 행군하는 것.
13) 徐方繹騷(서방역소) : 서방은 서(徐)나라. 역소는 소란스러움이 계속됨.
14) 闞(함) : 분노한 모양.
15) 鋪敦(포돈) : 포는 펴다의 뜻으로 군사의 진을

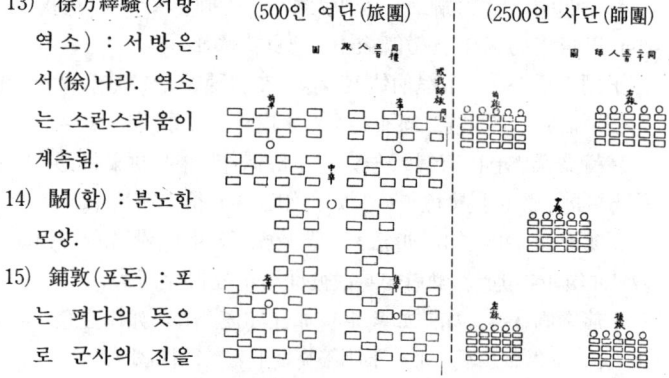

펴다. 돈은 두텁다로 그 진을 두텁게 하다.
16) 仍(잉) : 나아가다. 어깨를 세우고 나아가는 것.
17) 嘽嘽(탄탄) : 많고 왕성한 모양.
18) 如飛如翰如江如漢(여비여한 여강여한) : 여비여한은 빠른 것을 나타내고 여강여한은 무늬가 많은 것을 나타냄.
19) 綿綿翼翼(면면익익) : 면면은 끊어지지 않는 것. 익익은 어지럽지 아니한 것.
20) 濯(탁) : 크다.
21) 猶允塞(유윤색) : 유는 도(道). 윤은 신(信). 색은 실(實)과 같음.
22) 庭(정) : 천자에게 조회오는 것.
23) 回(회) : 어기다.

(육사)

10. 첨앙(瞻卬) : 우러러 보다

넓은 하늘을 우러러보니 나를 사랑하지 않으시네.
오랫동안 편안치 않으니 이 큰 재앙을 내리셨네.
나라가 편안치 않으니 백성들은 지쳐있네.
해충들이 곡식을 해치듯 끝이 없으며
죄를 덮어 씌우는 그물 거두지 않으니 병이 낫을 날 없네.

남이 논밭 있다 하면 너는 도리어 빼앗아 가며
남이 백성 있다 하면 너는 도리어 빼앗아 가며
이 죄 없는 사람을 너는 도리어 처벌하고
저 죄 있는 사람을 너는 도리어 용서하네.

지혜있는 남자는 나라를 이루고
지혜있는 여자는 나라를 망친다네.
아 저 똑똑한 여자는 올빼미 부엉이 짓을 하고 있네.
여자의 긴 혀는 나라를 어지럽히는 화근이라네.

환란은 하늘이 내리신 것이 아니라 여자로부터 생긴 것이네.
가르치고 깨우쳐도 안 되는 것은 여자와 내시(內侍)라네.

사람을 궁지에 몰아 참언하고 끝내는 배반하네.
어찌 바르지 않다고 하겠소. 도리어 무슨 잘못이냐 따지리.
세곱절의 장사속을 군자가 어떻게 알리오.
여자는 공사(公事) 없는데 그 길쌈일 쉬고 엉뚱한 짓하네.

하늘이 어찌 해치며 어찌 귀신은 돕지 않는가.
큰 오랑캐는 버려두고 나만을 시샘하고 있는가.
나쁜일 못본 체하고 위의 또한 엉망이며
백성들이 망하니 나라가 다 병이 들었네.

하늘이 그물을 내리심은 너무도 많도다.
백성들이 망해 가는데 마음의 근심뿐이네.
하늘이 그물을 내리심이 가까이 다가오네.
백성들이 망해 가는데 마음만 슬퍼질 뿐이네.

솟아오르는 샘물은 깊고 깊네.
마음의 시름이여 어찌 지금부터 시작되었겠는가.
나보다 먼저도 아니요 나보다 뒤에도 아니네.
아득히 멀고 넓은 하늘은 공고치 않는 일 없다네.
선조께 욕되게 않는다면 그대의 자손은 구원되리라.

▨ 1~6장은 부체, 7장은 홍체다. 총 7장에 3장은 장마다 10구절 4장은 장마다 8구절로 이루어졌다.
　이 시는 주의 유왕(幽王)이 포사(褒姒)에게 빠져 나라가 어지럽게 되자 임엄(任奄)인이 난을 일으키고 유왕을 풍자한 시라고 하였다.

제 3 장 탕(蕩)   465

瞻卬昊天호니 則不我惠라 孔塡[1]不寧하여 降此大厲[2]샷다 邦靡有定하여 士民其瘵하니 蟊賊[3]蟊疾이 靡有夷屆[4]하며 罪罟不收[5]하여 靡有夷瘳로다

人有土田를 女反有之하며 人有民人을 女覆奪之하며 此宜無罪를 女反收之하며 彼宜有罪를 女覆說[6]之로다

哲夫成城[7]이어든 哲婦[8]傾城하나이다 懿厥哲婦 爲梟爲鴟로다 婦有長舌이여 維厲之階[9]로다 亂匪降自天이라 生自婦人이니라 匪敎匪誨는 時維婦寺[10]니라

鞫人忮忒[11]하여 譖始竟背[12]어든 豈曰不極이리오 伊胡爲慝고하나니 如賈三倍[13]를 君子是識이라 婦無公事[14]어늘 休其蠶織[15]이로다

天何以刺[16]며 何神不富오 舍爾介狄[17]이오 維予胥忌하나다 不弔[18]不祥하며 威儀不類하며 人之云亡이니 邦國殄瘁로다

天之降罔[19]이여 維其優矣로다 人之云亡이여 心之憂矣로다 天之降罔이여 維其幾矣로다 人之云亡이여 心之悲矣로다

觱沸檻泉[20]이여 維其深矣로다 心之憂矣여 寧自今矣리오 不自我先이며 不自我後로다 藐藐[21]昊天이나 無不克鞏이시니 無忝皇祖면 式救爾後리라

1) 塡(진) : 오래하다.
2) 大厲(대려) : 큰 난리.
3) 蟊賊(모적) : 싹을 해치는 벌레.
4) 夷屆(이계) : 이는 평평하다. 계는 다하다 또는 그치다의 뜻.
5) 收(수) : 꺼리끼다.
6) 說(설) : 놓다.
7) 城(성) : 나라의 뜻.
8) 哲婦(철부) : 포사(襃姒)를 가리킴.
9) 厲之階(여지계) : 난을 일으키는 계기. 계는 사다리의 뜻.
10) 婦寺(부사) : 여자와 내시.
11) 忮忒(기특) : 기는 해(害)와 같고 특은 변하다의 뜻.
12) 竟背(경배) : 마침내 배반함.
13) 賈三倍(고삼배) : 물건을 팔 때 장사가 3배의 이익을 남기는 것. 즉

폭리를 취하는 것.
14) 公事(공사) : 조정의 일.
15) 蠶織(잠직) : 누에치는 일로 여인들의 직업.
16) 刺(자) : 책망하다.
17) 介狄(개적) : 큰 오랑캐. 곧 나라가 위급한 상태.
18) 弔(조) : 민망하게 여기다.
19) 罔(망) : 그물.
20) 觱沸檻泉(필불함천) : 필불은 용솟음치는 모양. 함천은 샘이 바르게 솟는 것.
21) 藐藐(막막) : 높고 먼 모양.

11. 소민(召旻) : 하늘이시여
하늘이 미워하고 벌하시려고 이런 큰 재앙을 내리셨네.
우리를 기근으로 괴롭히시니 백성들은 뿔뿔이 흩어지고
나의 살던 나라 변방까지 모두 황폐해졌네.

하늘이 죄그물을 내리셔 벼해충들이 벼를 해치 듯하여
모함하고 행패부리는 자 어지럽고 간사한 자들이 들끓거늘
진실로 우리 나라를 그들이 다스리게 하네.

속이고 헐뜯으며 그 잘못을 알지 못하는 무리
조심하고 경계하여 심히 오래도록 편안하지 못하니
내 지위도 무척 위태롭게 되었네.

저 가문 해에 풀 한 포기 자라지 못한 듯하며
저 나무위에 걸쳐진 마름풀같아 내 이 나라를 보건대
어지럽지 아니함이 없네.

옛날 부유할 때는 지금 같지 않았으며

근래에 병들었어도 지금 같지는 않았네.
저것은 거칠고 이것은 고운 것이어늘
어찌 스스로 물러나지 않는지.
오로지 두려움만 연장시키네.

못물이 마르는 것은 물길에서 물이 흘러들지 않아서이며
샘물이 마르는 것은 안에서 솟아나지 않아서이네.
이 해(害)가 너무 큰지라 오로지 두려움도 더 크니
내 몸에 재난이 안 닥칠 것인가.

옛 선왕이 명을 받으실 때는 소공같은 분이 계셔서
날마다 백 리의 땅을 넓혔는데
지금은 날마다 백 리씩 줄어가네.
아아, 슬픈 일이구나. 지금 사람들은
옛 분들 같이 어질고 덕있는 분이 없다는 말인가?

▨ 부체다. 총 7장에 4장은 장마다 5구절, 3장은 장마다 7구절로 이루어졌다.

이 시는 유왕이 소인(小人)을 임용하여 나라의 정치를 그르치고 기근이 일어났으며 외국의 침입을 받은 것을 풍자한 노래라고 하였다.

旻天疾威[1]라 天篤降喪[2]하사 瘨我饑饉하여 民卒流亡하여 我居圉[3]卒荒이로다
天降罪罟하사 蟊賊內訌[4]하며 昏椓靡共[5]하여 潰潰回遹[6]이어늘 實靖夷[7]我邦이로다
皐皐訿訿[8]란 曾不知其玷[9]하고 兢兢業業하여 孔塡不寧하니야 我位孔貶이로다
如彼歲旱에 草不潰[10]茂하며 如彼棲苴[11]하니 我相此邦혼대 無不潰[12]止로다

維昔之富에 不如時하며 維今之疚도 不如玆로다 彼疏斯粺[13]어늘 胡不自替[14]오 職兄斯引[15]호라

池之竭矣를 不云自頻[16]하며 泉之竭矣를 不云自中하나다 溥斯害矣라 職兄斯弘호니 不烖我躬가

昔先王[17]受命엔 有如召公[18]의 日辟[19]國百里러니 今也日蹙[20]國百里로다 於乎哀哉라 維今之人은 不尙有舊아

1) 疾威(질위) : 빨리 벌을 내리는 것.
2) 篤降喪(독강상) : 독은 두텁다. 상은 멸망. 크게 멸망시키려는 것.
3) 居圉(거어) : 거는 나라의 가운데. 어는 변방의 뜻.
4) 內訌(내홍) : 내란. 내분.
5) 昏椓靡共(혼탁비공) : 혼란하고 남을 해치는 것. 비공은 공손치 않다.
6) 潰潰回遹(궤궤회휼) : 궤궤는 어지러움. 회휼은 사악한 것.
7) 靖夷(정이) : 다스리고 평정하다. 소인들이 나라를 다스리고 평정함.
8) 皐皐訾訾(고고자자) : 고고는 완악하고 게으름. 자자는 헐뜯는 것.
9) 玷(점) : 결함.
10) 潰(궤) : 이루다.
11) 棲苴(서차) : 수중의 부평초가 나무위에 걸려있는 것.
12) 潰(궤) : 어지러운 것.
13) 疏斯粺(소사패) : 소는 거친 쌀. 패는 고운 쌀을 가리킴.
14) 自替(자체) : 스스로 물러남.
15) 兄斯引(황사인) : 황(兄)은 황(怳)과 통하며 상심. 사는 어조사. 인은 길다.
16) 頻(빈) : 물가의 뜻.
17) 先王(선왕) : 문왕과 무왕을 가리킴.
18) 召公(소공) : 소강공(召康公).
19) 辟(벽) : 개척하다.
20) 蹙(축) : 축박하여 지는 것. 쭈그러드는 것.

제 4 권 송(頌四)

아아! 신공(臣工)들아!
그대들은 공사를 신중히 하시오
왕이 그대에게 농사일을 일러주리니
와서 익힐지어다.
아아! 보개여. 이 봄도 저물었으니
또한 무엇을 구하려 하느뇨
새밭 일구는 것이 어떤가
아아! 아름다운 밀과 보리여
장차 하늘의 은혜를 받으리라
밝고 밝으신 하늘
풍년이 들도록 하실 것이네
우리 백성들에게 명하여
가래와 호미를 갖추게 할찌니라
낫으로 곡식을 거둘 때가 올 것이니라

제 4 권 송(頌四)

송(頌)이란 종묘(宗廟)의 노래이다. '대서(大序)'에 '융성한 덕의 형용을 아름답게 하고 그 성공한 공덕을 신명(神明)에 고한다'고 하였다.

대개 송(頌)과 용(容)은 고자(古字)에서 서로 통용한 것으로 서문에 이렇게 말한 것이다.

주송(周頌) 31편은 거의 다 주공(周公)이 지은 것이고 혹 강왕(康王) 이후의 시가 몇 편 있다고 했다.

노송(魯頌)은 4편이요, 상송(商頌)은 5편이 있어 다 송으로 묶어 5권으로 만들었다.

제 1 장 주송청묘(周頌淸廟 : 淸廟之什四之一)

1. **청묘(淸廟) : 깨끗한 사당**
아! 아름답고 깨끗한 사당에
공경스럽고 온화하고 밝은 대신들이 모였네.
수없이 모인 선비들은 문왕의 덕을 받들어
하늘에 계신 신령님 모시고 신주를 위해 바삐 오고 가네.
이 정성 어찌 나타나지 않으리 받들지 않으리 !

사람들은 싫어하는 빛이 없네.

▨ 부체다. 1장에 8구절로 이루어졌다. 이는 주공(周公)이 이미 낙읍(洛邑)을 완성시키고 제후들이 조회를 오게 하여 문왕의 사당에 제사지내며 부르던 악가라 하였다.

於穆淸廟[1]에 肅雝顯相[2]이며 濟濟多士[3] 秉文之德하여 對越[4]在天이오 駿奔走在廟하나니 不顯不承[5]가 無射於人斯[6]샷다

1) 於穆淸廟(오목청묘) : 오는 감탄사. 목은 심원한 것. 청묘는 맑고 고요한 사당, 곧 덕스런 사당.
2) 肅雝顯相(숙옹현상) : 숙옹은 공경하고 온화한 것. 현상은 밝고 서로 돕는다는 뜻으로 제사를 돕는 공경제후들을 말함.
3) 濟濟多士(제제다사) : 제제는 많은 모양. 다사는 제사에 참여하는 집사(執士)들.
4) 越(월) : 어조사.
5) 承(승) : 존경하여 받드는 것.
6) 斯(사) : 어조사.

2. 유천지명(維天之命) : 하늘의 명
하늘의 명령은 오호라! 그윽하여 끝이 없으니
오라! 밝지 아니한가, 문왕의 덕 순수함이여.
무엇으로 우리를 구제하시려나 내 그것을 받아
크게 우리 문왕을 따르리니 증손은 독실할지어다.

▨ 부체다. 1장에 8구절로 이루어졌다.
이 시도 문왕에게 제사를 올리는 노래이다.

維天之命이 於穆不已[1]시니 於乎不顯가 文王之德之純[2]이여 假以溢我[3]오 我其收[4]之하여 駿惠[5]我文王호리니 曾孫篤之[6]어다

1) 不已(불이) : 다함이 없다.
2) 純(순) : 섞이지 않았다. 순종.
3) 假以溢我(가이일아) : 『춘추전(春秋傳)』에 가는 하(何)와 같고 일은 휼(恤)과 같다고 했다.
4) 收(수) : 받다의 뜻.
5) 駿惠(준혜) : 크게 순하다.
6) 曾孫篤之(증손독지) : 증손은 후왕(後王). 독은 두텁다의 뜻.

3. 유청(維淸) : 맑고 빛나다

맑고 계속 빛나는 것은 문왕의 법도로다.
처음 제사지내는 것으로 대업(大業)을 이루어 놓았으니
오직 주나라의 복됨이로다.

▧ 부체다. 1장에 5구절로 이루어졌다.
이 시도 문왕을 제사지내면서 부르는 노래이다.

　　維淸緝熙[1]는 文王之典이시니 肇禋[2]하나로 迄[3]用有成하니 維周之禎이로다
1) 淸緝熙(청즙희) : 청은 맑고 밝다. 즙은 계속되다. 희는 밝다의 뜻.
2) 肇禋(조인) : 처음 제사지낼 때부터.
3) 迄(흘) : 이르다.

4. 열문(烈文) : 빛나고 덕이 있는

빛나고 덕이 있는 제후들이 제사를 도와 복을 받게 하니
우리를 사랑하심 끝이 없어 자손들을 보호하시네.
그대의 나라에 성실하면 왕께서 그대를 높여 주시리.
큰 공을 생각하라 차례를 이어 더욱 빛을 내리라
이를데 없이 훌륭한 사람을 온 세상이 본받으며

더없이 밝은 그 덕행을 온 제후들이 본받으니
오호라! 선왕들의 그 덕을 잊을 수 없구나.

▨ 부체다. 1장에 13구절로 이루어져 있다.
이 시는 종묘에 제사지낼 때 제사를 돕는 제후들에게 바치는 노래라고 하였다.

烈文辟公¹⁾이 錫玆祉福하니 惠我無疆하여 子孫保之로다 無封靡²⁾ 于爾邦이면 維王其崇之며 念玆戎³⁾功이라 繼序其皇⁴⁾之리라 無競維人을 四方其訓之하며 不顯維德을 百辟其刑之하나니 於乎前王不忘이로다

1) 烈文辟公(열문벽공) : 열은 빛나다. 문은 문채. 벽공은 제후.
2) 封靡(봉미) : 뜻이 확실하지 않다고 했다. 다만 봉은 스스로 재산을 늘린다는 뜻. 미는 사치하는 것을 뜻한다는 혹자의 해석이 있다.
3) 戎(융) : 크다.
4) 皇(황) : 크다의 뜻.

5. 천작(天作) : 하늘이 만드셨네
하늘이 기산을 만드셨거늘 태왕께서 이를 다스리셨네.
그대가 이루어놓은 것을 문왕께서 편안하게 하셨네.
저 험준한 기산에 평탄한 길이 남으니
자손들은 이 유업을 보존할지어다.

▨ 부체다. 1장에 7구절로 이루어졌다.
이 시는 주나라의 태왕(太王)을 제사할 때의 악가(樂歌)라고 하였다.

天作高山¹⁾이어시늘 大王荒²⁾之샷다 彼作矣어시늘 文王康之라 彼岨³⁾矣岐에 有夷之行하니 子孫保之어다

1) 高山(고산) : 기산(岐山)을 가리킴. 주나라의 발원지 산.
2) 荒(황) : 다스리다.
3) 岨(저) : 험하고 더러운 것.

6. 호천유성명(昊天有成命) : 하늘이 정한 명

하늘이 이룬 명령이어늘 문왕과 무왕이 받으셨네.
성왕이 편안하지 못하고 낮밤으로 천명을 쫓아 애쓰셔
오! 이어 빛나시고 그 마음 두텁게 하시니
드디어 편안하게 되시었네.

▩부체다. 1장에 6구절로 이루어졌다.
이 시는 성왕(成王)의 덕을 이른 것으로 보아 성왕을 제사할 때의 시같다고 하였다.

昊天有成命이어시늘 二后¹⁾受之하시니라 成王²⁾不敢康하샤 夙夜基命宥密³⁾하샤 於緝熙⁴⁾單厥心하시니 肆其靖⁵⁾之시니라

1) 二后(이후) : 문왕과 무왕.
2) 成王(성왕) : 무왕의 아들로 이름은 송(誦).
3) 宥密(유밀) : 유는 크고 깊은 것. 밀은 정밀한 것.
4) 於緝熙(오즙희) : 오는 감탄사. 즙희는 계속 밝다의 뜻.
5) 靖(정) : 편안함.

7. 아장(我將) : 내 정성으로 드리리다

내 정성껏 받들어 올림을 양과 소로 하였으니
하늘이 이 존경을 받으실까?
문왕의 법도를 본받으며 매일 사방을 편안하게 하면
복을 주시는 문왕께서 오셔서 흠향하시리.
나는 밤낮없이 하늘의 위엄 두려워하여 이에 보전하리.

▧ 부체다. 1장에 10구절로 이루어졌다.
　이 시는 문왕을 명당(明堂)에 모시고 상제(上帝)와 배향(配享)하는 악가라고 하였다.

　　我將[1]我享이 維羊維牛니 維天其右[2]之아
　　儀式刑[3]文王之典하여 日靖四方하면 伊嘏[4]文王이 旣右饗之하시리라
　　我其夙夜에 畏天之威하여 于時保之엇다
　1) 將(장) : 정성껏 받드는 것.
　2) 右(우) : 높이다.
　3) 儀式刑(의식형) : 다 법이다.
　4) 嘏(가) : 복을 주다.

8. 시매(時邁) : 순방하다
때맞춰 제후국을 순방하니 하늘이 자식으로 삼을까
진실로 주나라를 도우셨네.
잠깐 위엄을 떨치시니 두려워하지 않은 이 없었고.
모든 신들을 달래 황하와 교악(喬嶽)에 이르며
진실로 왕다운 임금이시었네.
밝고 밝은 주나라 벼슬에 있는 이 서열을 분명히 하고
방패와 창을 모두 거두며 활과 화살 자루에 넣고
우리의 아름다운 덕을 구하여 온 나라에 고루 펴시니
진실로 왕께서 나라를 보전하시었네.

▧ 부체다. 1장에 15구절로 이루어졌다.
　이 시는 천자가 제후국을 순수(巡狩)할 때 조회를 하며 제사에 고하는 악가라 했다.

　　時邁其邦[1]에 昊天其子之아

實右序²⁾有周라 薄言震之³⁾하니 莫不震疊하며 懷柔⁴⁾百神하여 及河喬嶽⁵⁾하며 允王維后샷다

明昭有周 式序在位하고 載戢⁶⁾干戈하며 載櫜⁷⁾弓矢하고 我求懿德하여 肆于時夏⁸⁾하니 允王保之샷다

1) 邁其邦(매기방) : 천자가 제후의 나라를 순행하는 것. 기방은 그 제후의 나라를 가리킴. 주나라의 제도에 보면 12년에 한번씩 왕이 제후국을 순방하게 되어 있음.
2) 右序(우서) : 우는 돕다. 서는 차례하다의 뜻.
3) 薄言震之(박언진지) : 박언은 어조사. 진은 움직이다. 진동시키다.
4) 懷柔(회유) : 오는 이를 편안하게 함.
5) 河喬嶽(하교악) : 황하와 큰 산.
6) 載戢(재즙) : 모으다.
7) 載櫜(재고) : 곧 활집에 넣다.
8) 肆于時夏(사우시하) : 사는 베풀다. 하는 중국. 온 중국에 베풀다.

9. 집경(執競) : 굳세다

굳세고 굳센 무왕이시여 견줄 곳 없이 크시네.
밝지 아니한가, 성왕과 강왕이여 하늘이 왕으로 여기시네.
저 성왕 강왕으로부터 문득 온 천하를 다스리시니
그 덕 밝음이 더욱더 빛나시었네.
쇠북과 북은 둥둥 울리고 경쇠와 피리 쟁쟁 울리니
내리시는 복 한없이 많네.
내리시는 복은 크고 위엄있는 자태는 삼가 장중하니
이미 취하고 이미 배불러 복과 녹을 겹쳐 돌려주시네.

▨부체다. 1장에 14구절로 이루어졌다.
이 시는 무왕·성왕·강왕을 제사지내는 악가라고 하였다.

執競¹⁾武王이여 無競維烈이샷다 不顯가 成康²⁾이여 上帝是皇이샷다

제 1 장 주송청묘(周頌淸廟) 477

自彼成康하여 奄有四方하시니 斤斤³⁾其明이샷다
鍾鼓喤喤⁴⁾하며 磬筦將將⁵⁾하니 降福穰穰⁶⁾이로다
降福簡簡⁷⁾이어늘 威儀反反⁸⁾하니 旣醉旣飽하여 福祿來反이로다

1) 執競(집경) : 경은 강(强)의 뜻. 집경은 스스로 강하여 쉬지 않는 마음을 굳세게 지닌 것을 표현함.
2) 成康(성강) : 성왕과 강왕.
3) 斤斤(근근) : 밝게 살피는 것.
4) 喤喤(횡횡) : 화락한 소리.
5) 磬筦將將(경관장장) : 경은 돌로 만든 타악기. 관은 관(管)과 같은 것으로 관악기를 말함. 장장은 소리가 서로 모아진 소리.
6) 穰穰(양양) : 많은 것.
7) 簡簡(간간) : 크다.
8) 反反(반반) : 삼가하고 장중한 것.

10. 사문(思文) : 큰 덕 두신 후직

(보리)

문덕이 빛나는 후직은
능히 저 하늘을 짝하셨네.
백성들을 편안히 먹게 하셨으니
그분의 은덕 아님이 없네.
우리에게 밀과 보리를 주시어
하늘이 두루 자라게 하셨네.
내것 네것 가릴 것 없이
온 나라에 펴시었네.

▨ 부체다. 1장에 8구절로 이루어졌다.
주나라의 시조인 후직(后稷)을 상제에 배향하고 제사지내며 부르는 악가라 하였다.

思文¹⁾后稷이여 克配彼天이샷다 立²⁾我烝民이 莫匪爾極³⁾이시니라

貽我來牟⁴⁾ 帝命率育⁵⁾이라 無此彊爾界⁶⁾하시고 陳常于時夏⁷⁾샷다

1) 思文(사문) : 사는 어조사. 문은 문덕(文德)이 있음을 말함.
2) 立(입) : 입(粒)과 동일하다.
3) 極(극) : 이르다. 덕이 이르다의 뜻.
4) 貽我來牟(이아래모) : 이는 끼치다. 내는 소맥(小麥). 모는 대맥(大麥)을 말함.
5) 率育(솔육) : 솔은 두루하다. 육은 기르다의 뜻.
6) 此彊爾界(차강이계) : 이땅 저땅 할 것 없이의 뜻.
7) 時夏(시하) : 시는 시(是)와 같고, 하는 중국을 말함.

제 2 장 주송신공(周頌臣工 : 臣公之什四之二)

1. 신공(臣工) : 관리들

아아! 신공(臣工)들아. 그대들은 공사를 신중히 하시오.
왕이 그대에게 농사일을 일러주리니 와서 익힐지어다.
아아! 보개여. 이 봄도 저물었으니
또한 무엇을 구하려 하느뇨. 새밭 일구는 것이 어떤가.
아아, 아름다운 밀과 보리여. 장차 하늘의 은혜를 받으리라.
밝고 밝으신 하늘 풍년이 들도록 하실 것이네.
우리 백성들에게 명하여 가래와 호미를 갖추게 할찌니라.
낫으로 곡식을 거둘 때가 올 것이니라.

(가래)

▨부체다. 1장에 15구절로 되어 있다.
이 시는 농사를 맡은 농관(農官)을 경계한 악가라고 하였다.

嗟嗟臣工[1]아 敬爾在公[2]이어다 王釐爾成[3]하시니 來咨來茹[4]어다 嗟嗟保介[5]여 維莫之春[6]이어니 亦又何求오 如何新畬[7]오 於皇[8]來牟 將受厥明이로소니 明昭上帝 迄用康年[9]이샷다 命我衆人하여 庤乃錢鎛[10]하라 奄觀銍艾[11]리로다

(낫)

1) 嗟嗟臣工(차차신공) : 차는 거듭 탄식하는 소리. 신공은 모든 신하.
2) 在公(재공) : 공가(公家)의 일.
3) 釐爾成(이이성) : 이는 주다. 성은 성법(成法)을 가리킴.
4) 咨來茹(자래여) : 자는 자(諮)와 같고 여는 헤아리다. 와서 배우고

와서 익히다의 뜻.
5) 保介(보개) : 『여씨춘추』의 뜻과 다르나 대개 밭을 관리하는 농관의 다음 벼슬을 뜻함.
6) 莫春(모·춘) : 하(夏)나라의 3월에 해당하며 북두칠성의 자리가 진수(辰宿)에 서 있을 때를 가리킴.
7) 新畬(신여) : 신은 2년 된 밭. 여는 3년 된 밭.
8) 於皇(오황) : 감탄사.
9) 康年(강년) : 풍년을 말함.
10) 庤乃錢鎛(치내전박) : 치는 갖추다. 전은 가래. 박은 호미를 말함.
11) 銍艾(질예) : 벼를 베는 낫. 예는 수확하는 것.

2. 희희(噫嘻) : 아아!
아아! 성왕이시여. 밝은 덕이 천하에 가득 이르니
농부들 친히 거느리고 온갖 곡식 씨를 뿌리고
각각 그대들 밭을 갈아 30리의 넓은 밭을 이루고
그대의 밭을 부지런히 갈아 서로 짝지어 갈게 하여라.

▨부체다. 1장에 8구절로 이루어져 있다.
이 시도 상편의 '신공'을 이어 농관(農官)을 경계하는 노래라고 하였다.

噫嘻[1]成王이 旣昭假爾[2]하시니 率時[3]農夫하여 播厥百穀호대 駿發爾私[4]하여 終三十里하며 亦服爾耕호대 十千維耦[5]하라

1) 噫嘻(희희) : 탄식하는 소리.
2) 昭假爾(소격이) : 밝은 빛이 이르는 것. 이는 전관(田官)을 가리킴.
3) 時(시) : 시(是)와 같다.
4) 駿發爾私(준발이사) : 준은 크다. 발은 밭을 갈다. 사는 사전(私田).
5) 十千維耦(십천유우) : 십천은 만인. 우는 둘이 짝을 지어 밭을 감.

3. 진로(振鷺) : 백로떼

떼지어 나는 백로들 저 서쪽 옹택으로 가네.
우리 손님 오셨는데 그 용모 곱기도 하네.
저쪽에서도 미워하지 않고 이쪽에서도 싫어하지 않으니
밤낮으로 덕을 닦아 길이 영예 누리시리라.

▨ 부체다. 1장에 8구절로 이루어졌다.
이 시는 하(夏)나라와 은(殷)나라인 두 왕조의 후손이 와 제사를 돕는 것을 노래한 것이라 하였다.

振鷺¹⁾于飛하니 于彼西雝²⁾이로다 我客³⁾戾止하니 亦有斯容이로다
在彼無惡하며 在此無斁하니 庶幾夙夜하여 以永終譽리로다

1) 振鷺(진로) : 진은 무리로 나는 모양. 노는 백로.
2) 西雝(서옹) : 서쪽의 옹이라는 연못.
3) 客(객) : 하나라 은나라의 후예인 주나라의 제후들로 기나라 송나라를 가리킴.

(백로)

4. 풍년(豊年) : 풍년

풍년 들어 기장과 벼가 풍성하여
하늘 높이 솟은 창고 즐비하여 억만도 넘네.
술 빚고 단술 만들어 내 조상에게 진상하고
온갖 예절 모두 갖추니 복을 내리심이 두루 하옵시네.

▨ 부체다. 1장에 7구절로 이루어져 있다.
이 시는 추동(秋冬)에 밭일을 마치고 추수를 감사하는 악가라고 하였다.

豊年多黍多稌¹⁾하여 亦有高廩이 萬億及秭²⁾어늘 爲酒爲醴하여 烝畀³⁾祖妣하여 以洽⁴⁾百禮하니 降福孔皆로다

1) 稌(도) : 벼.
2) 秭(자) : 만억(萬億)을 말함.
3) 烝畀(증비) : 증은 나아가다. 비는 여(予)와 같다.
4) 洽(흡) : 비(備)와 같다.

5. 유고(有瞽) : 장님 악사

장님 악사! 장님 악사여! 주나라 종묘 뜰에 있네.
종과 경틀 세우고 조각한 판엔 오색 깃을 꽂았네.
작은북 큰북 매달고 도·경·축·어 걸어놓고
모두 갖추어 연주하니 퉁소와 피리도 화합하네.
둥둥거리는 그 소리 엄숙하게 조화되어 울리니
선조께서 들으시고 우리 손님도 오셔서
그 곡이 끝날 때까지 길이 들으시네.

(현고)

▨ 부체다. 1장에 13구절로 이루어져 있다.
처음으로 음악을 만들어 태조(太祖)의 묘(廟)에 합주한 것이라고 하였다.

有瞽¹⁾有瞽여 在周之庭이로다 設業設虡²⁾하니 崇牙³⁾樹羽⁴⁾로다 應田縣鼓⁵⁾와 鞉磬柷圉⁶⁾旣備乃奏하니 簫管⁷⁾備擧로다
喤喤厥聲이 肅雝和鳴니 先祖是聽하시며 我客⁸⁾戾止하여 永觀厥成⁹⁾이로다

1) 瞽(고) : 눈이 없는 맹인으로 악관(樂官)을 가리킴.
2) 業·虡(업·거) : 종이나 경쇠를 매다는 가로대. 순(栒)을 덮는 판자.
3) 崇牙(숭아) : 업(業) 위에 종이나 경쇠를 매다는 곳.
4) 樹羽(수우) : 5색의 깃을 숭아의 위에 두는 것.

제 2 장 주송신공(周頌臣工) 483

5) 應田縣鼓(응전현고) : 응은 작은북. 전은 큰북. 현고는 응(應)과 전(田)을 매달아 놓은 것으로 주(周)나라는 현고, 은나라는 영고(楹鼓), 하나라는 족고(足鼓)라고 하였다.
6) 鞉磬柷圉(도경축어) : 도는 고(鼓)와 같으며 작은 손잡이가 있어 손잡이를 잡고 흔드는 북. 경은 경쇠. 축은 칠통(漆桶)과 비슷하게 나무로 만든 것으로 흔들면 가에 부딪쳐 소리가 난다. 어는 어(敔)로써 엎드린 호랑이같이 생긴 것으로 음악을 그치게 할 때 울리는 악기.〈그림 참조〉

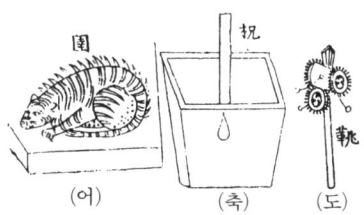
(어) (축) (도)

7) 簫管(소관) : 퉁소와 피리.
8) 我客(아객) : 두 왕의 후손들.
9) 成(성) : 음악이 그칠 때까지의 뜻.

6. 잠(潛) : 물속의 고기

아! 칠수와 저수(沮水)의 섶(潛) 속에는 고기도 많네.
철갑상어 다랑어 있고 피라미 자가사리 메기 잉어가 있네.
모두 잡아 흠향시키고 제사지내 큰 복을 내리게 하리라.

▨ 부체다. 1장에 6구절로 이루어져 있다.
월령(月令)에 보면 계동(季冬)에 어사(漁師)에게 명하여 처음 고기를 잡으면 천자가 왕림하여 친히 맛보고 먼저 침묘에 올리며 계춘에는 유어를 침묘에 올리고 이 음악을 쓴다고 하였다.

(피라미)
(자가사리)

猗與[1] 漆沮에 潛[2] 有多魚하니 有鱣有鮪하며 鰷鱨鰋鯉로소니 以享以祀하여 以介景福이로다

1) 猗與(의여) : 감탄사.
2) 潛(잠) : 물속에 나무를 쌓아놓고 추운 겨울에 고기들이 그 밑으로 피신하여 모여들면 포위하여 잡는 것.

7. 옹(雝) : 온화한 화기

올 때는 온화하고 와서는 공경하네.
제사를 돕는 이 제후들로 천자께서는 아름답기만 하네.
오라! 큰 짐승을 제물로 바쳐 나를 도와 제사를 지내니
크나크신 문왕이 아들을 편안하게 하시네.
밝고 명철한 분이시며 문무를 겸비한 임금이시니
편안히 하늘에 이르러 능히 그 후손을 창성케 하셨네.
나를 편케 하시되 장수케 하시며 많은 복으로 도우셔
공 높으신 아버님께 제사 올리고
덕 많으신 어머님께 제사 올리네.

▨ 부체다. 1장에 16구절로 이루어졌다.
이는 무왕이 아버지인 문왕에게 제사 올리는 시라고 하였다.

有來雝雝[1]하여 至止肅肅[2]이로다 相維辟公[3]이어늘 天子穆穆[4]이샷다 於薦廣牡[5]하여 相予肆祀하니 假哉皇考[6] 綏予孝子[7]샷다 宣哲維人이시며 文武維后시니 燕及皇天하여 克昌厥後샷다 綏我眉壽하며 介以繁祉하여 旣右烈考[8]오 亦右文母[9]샷다

1) 雝雝(옹옹) : 화(和)하다.
2) 肅肅(숙숙) : 경(敬)하다.
3) 相維辟公(상유벽공) : 상은 제사를 돕다. 유는 어조사. 벽공은 제후를 가리킴.
4) 穆穆(목목) : 천자의 용모. 위용(威容).
5) 於薦廣牡(오천광모) : 오는 감탄사. 천은 올리다. 광모는 큰 짐승.
6) 假哉皇考(가재황고) : 가재는 크다. 황고는 아버지로 문왕(文王)을

가리킴.
7) 綏予孝子(유여효자) : 유는 편안함. 효자는 아들 무왕(武王).
8) 右烈考(우열고) : 우는 존(尊)과 같다. 열고는 황고(皇考)와 같다.
9) 文母(문모) : 무왕의 어머니인 태사(太姒)를 가리킴.

8. 재견(載見) : 처음 뵈옵다
천자님을 알현하고 그 법도를 구하였네.
용을 그린 깃발 선명하고 수레와 깃대방울 딸랑거리며
고삐고리 울리니 아름다운 광채가 빛나네.
모두들 무왕의 묘에 참배하고 효심으로 제사지내니
만수무강을 빌어 오래도록 길이 보호하시어
크고도 많은 복 내리시는 일은 공 많고 문덕있는 제후들이
많은 복을 누리게 하며 계속 밝은 큰 복을 누리게 하셨네.

▨ 부체다. 1장에 14구절로 이루어졌다.
이 시는 제후들이 무왕(武王)의 종묘에 제사를 돕는 노래라고 하였다.

載見¹⁾辟王하여 曰²⁾求厥章³⁾하니 龍旂陽陽⁴⁾하며 和鈴央央⁵⁾하며 儵革有鶬⁶⁾하니 休有烈光이로다
率見昭考⁷⁾하여 以孝以享하여
以介眉壽하여 永言保之하여 思皇⁸⁾多祜는 烈文辟公이 綏以多福하여 俾緝熙于純嘏⁹⁾로다

1) 載見(재현) : 재는 곧과 같다. 현은 뵈옵다. 알현하다.
2) 曰(왈) : 발어사(發語辭).
3) 章(장) : 법도(法度).
4) 龍旂陽陽(용기양양) : 용기는 교룡(蛟龍)이 그려진 것. 양양은 밝다.
5) 和鈴央央(화령앙앙) : 화는 수레 앞턱나무의 방울. 영은 기상(旂上)의 방울. 앙앙은 화합한 소리.

486 제4권 송(頌)

6) 鞗革有鶬(조혁유창) : 조혁은 고삐끝에 고리가 달린 것. 창은 방울소리가 어울리는 것.
7) 昭考(소고) : 무왕. 묘제(廟制)에 중앙은 태조(太祖), 좌는 소(昭), 우는 목(穆)으로 되어 있는데 주나라의 묘는 문왕은 목(穆), 무왕은 소(昭)에 속하므로 문왕을 목고(穆考), 무왕을 소고(昭考)라 한다.
8) 思皇(사황) : 사는 어사(語辭). 황은 크다. 아름답다의 뜻.
9) 純嘏(순가) : 큰 복.

9. 유객(有客) : 손님이 오셨네

손님이여 손님이여 그 말 희기도 하네.
손님들 공경하고 삼가하니
선택된 사람들이네.
손님이 하루 묵으시고
또 하루를 더 묵으시네.
타고 온 말 고삐를 주어 그 말 매놓게 하네.
잠깐 쫓아가 좌우를 편하게 해드리네.
선왕의 큰 덕을 두었으니 복을 내려도 매우 크리라.

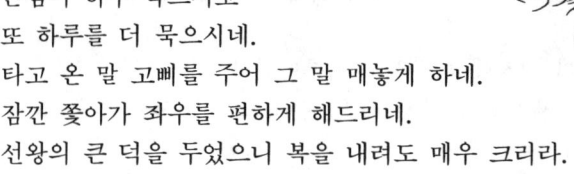
(용)

▨부체다. 1장에 12구절로 되어 있다.
이 시는 은나라의 후예인 미자(微子)가 내조하여 조묘(祖廟)에 참배할 때 부른 악가라 하였다.

有客¹⁾有客이여 亦白其馬로다 有萋有且²⁾하니 敦琢其旅³⁾로다
有客宿宿⁴⁾하며 有客信信⁵⁾하니 言授之縶하여 以縶其馬호리라
薄言追⁶⁾之하여 左右⁷⁾綏之호라 旣有淫威⁸⁾하니 降福孔夷⁹⁾로다

1) 客(객) : 은의 후예 미자(微子)를 가리킴. 주가 은를 멸망시키고 미자를 송(宋)에 봉하고 그의 선왕을 제사지내도록 하였으며 주에서는 손님으로 대접하고 신하라고 하지 않았다. 또 은에서는 흰색을 숭상함.
2) 有萋有且(유처유저) : 뜻이 확실하지 않다고 했다. 다만 전(傳)에는

경신모(敬愼貌)라 했다.
3) 敦琢其旅(퇴탁기려) : 퇴탁은 선택하다. 여는 손님의 경대부들.
4) 宿宿(숙숙) : 하루를 묵다.
5) 信信(신신) : 하루를 더 묵다.
6) 追(추) : 전송하는 것.
7) 左右(좌우) : 성왕의 신하들.
8) 淫威(음위) : 뜻이 확실하지 않다. 다만 구설(舊說)에 음은 크다의 뜻이라 함. 큰 위의.
9) 夷(이) : 크다. 쉽다의 뜻.

10. 무(武) : 오, 무왕이시여!

오오, 위대한 무왕이시여. 비할 곳 없이 공이 빛나네.
진실로 문덕 높으신 문왕은 능히 후손을 열어주셨네.
무왕이 뒤를 이어 은나라를 이기고 포악을 제거하여
크나큰 공을 정함에 이르렀네.

▧ 부체다. 1장에 7구절로 이루어졌다.
주공(周公)이 형인 무왕의 공을 상징하여 대무(大武)의 음악을 만들어 연주한 음악이라고 하였다.

於皇[1]武王이여 無競維烈이샷다 允文文王이 克開厥後어시늘 嗣武受之하샤 勝殷遏劉[2]하여 耆[3]定爾功이샷다

1) 於皇(오황) : 오라! 크다의 뜻.
2) 遏劉(알류) : 알은 그치다. 유는 죽이다. 죽이는 것을 그치게 함.
3) 耆(지) : 이르다.

제 3 장 주송민여소자(周頌閔予小子 : 閔予小子之什四之三)

1. 민여소자(閔予小子) : 가엾은 소자여
가엾은 소자가 집안의 큰 불행을 당하여
외로이 애통해 하고 있으니 아아, 아버님이시여.
영원토록 효도할 수 있게 하소서.
할아버지를 생각하면 뜰에 오르내리시는 것 같으셔
이 소자는 밤낮으로 공경하나이다.
오호라 두 분 왕이시여. 차례로 이으심을 잊지 않겠나이다.

▨ 부체다. 1장 3단락에 11구절로 되어 있다.
성왕(成王)이 상(喪)을 마치고 선왕(先王)들의 묘에 참배하며 이 노래를 불렀다고 하였다.

閔予小子[1] 遭家不造하여 嬛嬛[2]在疚호니 於乎皇考[3]여 永世克孝샷다
念玆皇祖[4] 陟降庭止하시니 維予小子 夙夜敬止엇다
於乎皇王[5]이여 繼序思不忘이로다

1) 閔予小子(민여소자) : 민은 병들다. 여소자는 성왕 자신. 가엾은 소자의 뜻.
2) 嬛嬛(경경) : 고독한 모양.
3) 皇考(황고) : 성왕의 아버지인 무왕을 가리킴.
3) 皇祖(황조) : 문왕을 말함.
4) 皇王(황왕) : 문왕과 무왕을 가리킴.

2. 방락(訪落) : 처음 묻다

내 처음부터 물어 아버지의 뒤를 따르려 하나
오호라 멀기만 하구나. 나는 미치지 못하고 있구나.
내 나아가 힘쓰고 있으나 유업을 잇지 못할까 두렵네.
이 소자는 집안의 많은 어려움을 감당치 못하네.
신령께서 뜰을 왔다갔다 하시며 집안을 오르내리시어
거룩하신 아버님처럼 몸을 밝게 보전하게 할지어다.

▨ 부체다. 1장에 12구절로 이루어져 있다.
성왕이 종묘에 참배하고 이 시를 지었다고 한다.

訪予落[1]止하여 率時昭考나 於乎悠哉[2]라 朕未有艾[3]로다 將予就之나 繼猶判渙[4]이로다 維予小子 未堪家多難호니 紹庭上下하여 陟降厥家하여 休矣皇考로 以保明[5]其身이엇다.

1) 訪予落(방여락) : 방은 묻다. 낙은 처음. 내 처음을 묻다의 뜻.
2) 悠哉(유재) : 멀다. 유원하다의 뜻.
3) 艾(예) : 헤아리다. 다스리다의 뜻.
4) 判渙(판환) : 분산(分散)되는 것.
5) 保明(보명) : 편안히 나타나다의 뜻.

3. 경지(敬之) : 공경함이란

공경하고 또 공경할지어다. 하늘은 오직 밝으신지라
하늘의 명은 쉽지 아니하니
높고 높아 위에 있다고 말하지 말라.
일마다 오르내리시며 날마다 감시하고 계시니라.
이 소자는 총명하여 공경하지도 못하나
날로 이루고 달마다 나아가 학문을 닦아 빛나게 하며

경들은 충성으로 나를 도와 나에게 밝은 덕으로 보여주오.

▨ 부체다. 1장 2단락에 12구절로 이루어져 있다.
성왕이 모든 신하들의 경계를 받아들여 그 말을 서술한 악가라고 한다.

敬之敬之어다 天維顯思[1]라 命不易哉니 無曰高高在上이어다 陟降厥士[2]하여 日監在玆시니라
維予小子 不聰敬止호나 日就月將[3]하여 學有緝熙于光明하며 佛[4]時仔肩[5]하여 示我顯德行이니라

1) 顯思(현사) : 현은 밝다. 사는 어조사.
2) 厥士(궐사) : 그 일의 뜻.
3) 將(장) : 진(進)과 같다.
4) 佛(필) : 불(佛)은 필로 발음하며 필(弼)과 같다.
5) 仔肩(자견) : 맡기다의 뜻.

(벌)

4. 소비(小毖) : 삼가하고 신중히
내가 삼가하고 조심하는 것은
후환을 삼가함인가.
그대는 날으는 벌을 부리지 말라.
스스로 독침을 구하는 것이다.
처음에는 뱁새라 믿었으나 훨훨 날으면 큰 새가 되네.
집안의 어지러움을 감당치 못하거늘
나 또한 여뀌풀 위에 오를까.

▨ 부체다. 1장에 8구절로 이루어져 있다.
이 시는 '방락(訪落)'과 같이 묘에 참배하고 지은 시라고 하였다.

제 3 장 주송민여소자(周頌閔予小子) 491

予其懲[1]이라 而毖[2]後患가 莫予荓蜂[3]이랏다 自求辛螫이로다 肇允
彼桃蟲[4]이라니 拚[5]飛維鳥로다 未堪家多難이어늘 予又集于蓼[6]호라

1) 懲(징) : 마음 아픈 바가 있어 경계함을 아는 것.
2) 毖(비) : 삼가하는 것.
3) 荓蜂(병봉) : 벌을 부리다. 벌은 독침이 있음.
4) 肇允彼桃蟲(조윤피도충) : 조는 처음. 윤은 진실함. 도충은 뱁새로 작은 새.
5) 拚(번) : 날으는 모양.
6) 蓼(요) : 여뀌풀. 쓴 나물.

(도충 : 뱁새)

5. 재삼(載芟) : 풀을 베다

풀을 베고 나무를 베어 그 땅을 갈아 일구었네.
많은 사람 짝지어 김을 매네. 새로 일군 밭이랑에서.
주인과 맏아들과 숙부와 그밖의 여러 자제들과
일손 도우러 온 사람들이 들밥을 맛있게 먹고 있네.
그 부인은 순종하고 그 남편은 사랑하며
잘 갈리는 쟁기로 비로소 남쪽 밭에서 일하네.
그 온갖 곡식을 씨 뿌리며 부풀어 움터 생기가 나니
새싹이 밭에 가득히 차 아름답게 잘도 자라며
돋아난 싹 가지런히 빈틈없이 김을 매주네.
수확하되 많은 사람들이 일하고
커다란 노적가리 만억(萬億) 또는 억만이고
술을 빚고 단술 빚어서
조상의 사당에 삼가 바쳐 온갖 예절 다하네.
향기로운 술로 잔치하니 나라와 가정의 영광이며
향기로운 술을 마시니 늙은 어버이의 편안함이네.
이곳만 즐거운 것이 아니며 금년만 풍년이 아니라네.
옛날부터 이와 같았다네.

▨ 부체다. 1장 9단락에 31구절로 이루어졌다.
이 시는 어디에 쓰이는 시인지 자세하지 않다고 하였다.

  載芟載柞[1]하니 其耕澤澤[2]이로라
  千耦其耘[3]하니 徂隰徂畛[4]이로다
  侯主侯伯[5]과 侯亞侯旅[6]와 侯彊侯以[7]왜 有噴[8]其饁이로소니 思媚[9]其婦하며 有依其士[10]하여 有略[11]其耜로 俶載[12]南畝로다
  播厥百穀하여 實函斯活[13]하니
  驛驛其達[14]이며 有厭其傑[15]이며
  厭厭[16]其苗며 緜緜其麃[17]로다
  載穫濟濟[18]하니 有實其積 萬億及秭어늘 爲酒爲醴하여 烝畀祖妣하여 以洽百禮로다
  有飶[19]其香하니 邦家之光이며 有椒其馨하니 胡考[20]之寧이로다
  匪且有且[21]며 匪今斯今[22]이라 振古[23]如玆로다

1) 載芟載柞(재삼재책) : 재는 어조사. 삼은 풀을 베는 것. 책은 나무를 베는 것.
2) 澤澤(석석) : 풀어 흩어지는 것.
3) 千耦其耘(천우기운) : 천우는 짝지은 천 쌍. 운은 김을 매는 것. 1천 쌍이 김을 매는 것을 뜻함.
4) 徂隰徂畛(조습조진) : 조습은 새로 일구는 밭. 조진은 밭의 두둑.
5) 侯主侯伯(후주후백) : 후는 어조사. 주는 가장. 백은 큰아들.
6) 侯亞侯旅(후아후려) : 후는 어조사. 아는 중부(仲父) 또는 숙부(叔父). 여는 여러 자제(子弟)들.
7) 彊以(강·이) : 강은 여유가 있는 사람이 도우러 온 것. 이는 품삯을 받고 일하는 사람.
8) 噴(탐) : 여럿이 음식 먹는 소리.
9) 媚(미) : 순종하는 것.
10) 依其士(의기사) : 의는 사랑하는 것. 사는 지아비.
11) 略(약) : 날카로운 것.
12) 俶載(숙재) : 처음 시작하는 일.

제 3 장 주송민여소자(周頌閔予小子) 493

13) 實函斯活(실함사활) : 씨앗이 불어 터 싹이 나다의 뜻. 함은 함(含)과 같고 활은 생(生)과 같다.
14) 驛驛其達(역역기달) : 역역은 싹이 나는 모양. 달은 흙에서 나오다.
15) 厭其傑(염기걸) : 염은 기운을 받은 것이 풍족함. 걸은 먼저 자라다.
16) 厭厭(염염) : 곡식 싹이 가지런한 모양.
17) 綿綿其麃(면면기표) : 면면은 자세하고 빽빽함. 표는 김을 매는 것.
18) 濟濟(제제) : 사람이 많은 모양.
19) 飶(필) : 분향(芬香)이라고 함. 무슨 향인지 불분명하다고 했다.
20) 胡考(호고) : 수고(壽考)와 같으며 늙으신 아버지의 뜻.
21) 匪且有且(비차유차) : 여기에만 풍년이 든 것은 아니다의 뜻.
22) 匪今斯今(비금사금) : 금년에만 풍년이 든 것은 아니다의 뜻.
23) 振古(진고) : 진은 극(極)과 같다. 진고는 예로부터의 뜻.

6. 양사(良耜) : 좋은 보습

날카롭고 질좋은 보습으로 비로소 남쪽의 밭을 갈아
온갖 곡식의 씨를 뿌리니 부풀어 움터 생기가 나네.
저 여인네들 오는 것을 보니 둥글고 모난 광주리에
가득 담아 온 것은 기장밥이네.
삿갓 비스듬히 비껴 쓰고 호미 들어 김매어 가며
온갖 잡초를 뽑아내네.
잡초들 시들어지니 기장이 무성하게 잘 자라네.
거두어 들이되 날쌔게 하며 차곡차곡 쌓아올리니
높이가 성같고 빗살같이 늘어서서
모든 집들이 문열어 곡식 들이네.
집집이 곡식 가득하니 처자들이 편안하네.
커다란 황소를 잡고 보니
그 뿔만이 구부정하네.
대대로 잇고 또 이어
선조의 제사를 모시리라.

(여뀌)

▓ 부체다. 1장에 8단락이며 23구절로 이루어져 있다.
이 시도 어느 때 쓰이는지 알 수 없다고 했다.

畟畟[1]良耟로 俶載南畝하여
播厥百穀하니 實函斯活이로다
或來瞻女[2]하니 載筐及筥[3]로소니 其饟伊黍로다
其笠伊糾[4]며 其鎛斯趙[5]로소니 以薅荼蓼[6]로다
荼蓼朽止하니 黍稷茂止로다
穫之挃挃[7]하며 積之栗栗[8]하니 其崇如墉하며 其比如櫛[9]하니 以開百室[10]이로다
百室盈止하니 婦子寧止로다
殺時犉[11]牡하니 有捄[12]其角이로다 以似以續[13]하여 續古之人이로다

1) 畟畟(측측) : 예리하게 날카로운 모양.
2) 或來瞻女(혹래첨녀) : 여자들이 들밥을 내오지 않나 쳐다보는 것.
3) 筐及筥(광급거) : 광은 둥근 광주리. 거는 모난 광주리로 둘 다 밥 담아오는 찬구.
4) 糾(교) : 삿갓이 가볍게 올라간 모양.
5) 趙(조) : 찌르는 것.
6) 薅荼蓼(호도료) : 호는 제거하는 것. 도료는 논의 물속이나 밭에 자라는 모든 잡초. 요는 여뀌
7) 挃挃(질질) : 수확하는 소리.
8) 栗栗(율율) : 쌓는 것을 빽빽히 하다.
9) 櫛(즐) : 머리 빗는 빗.
10) 百室(백실) : 한 집안의 전 가족.
11) 犉(순) : 황소로 입술이 검은 것을 순이라 함.
12) 捄(구) : 구부러진 모양.
13) 續(속) : 선조를 이어 계속 제사를 모시는 것.

7. 사의(絲衣) : 제사의 의복

제사의 의복이 정결하고 관을 쓴 것이 의젓도 하네.
당에서 내려와 문전으로 가며 양있는데서 소있는데로 갔다가
크고 작은 가마솥도 보셨네. 소뿔잔 구부정한가
맛있는 술 부드러워 떠들지도 오만하지도 않으니
장수하시는 아버지의 편안함이로다.

▨ 부체다. 1장에 9구절로 이루어져 있다.
이는 제사가 끝난 후 술을 마시며 부르는 노래이다.

　絲衣其紑[1]하니 載弁俅俅[2]로다 自堂徂基[3]하며 自羊徂牛하며 鼐鼎及鼒[4]로다 兕觥其觩하니 旨酒思[5]柔어늘 不吳[6]不傲호니 胡考之休로다

1) 絲衣其紑(사의기부) : 사의는 제복(祭服). 부는 깨끗한 모양.
2) 載弁俅俅(재변구구) : 재는 대(戴)와 같다. 변은 작변(爵弁). 주나라 관으로 사(士)가 왕에게 제사지내는 의복. 구구는 공순한 모양.
3) 基(기) : 문앞의 터.
4) 鼐鼎及鼒(내정급자) : 내정은 큰솥. 자는 작은솥.
5) 思(사) : 어조사.
6) 吳(화) : 떠들어대는 것.

(큰솥)

8. 작(酌) : 술잔의 춤

오오, 왕성한 임금의 군사들이여!
돌아가 부모 봉양하다가 때를 기다려
그때에 크게 빛내시게 하여 큰 군사로 쓰셨네.
내 총애를 받아서 씩씩한 왕의 업적 이루었네.
이로써 업적을 계승하는 것이 진실로 무왕의 공이니

진실로 본받을지어다.

▒부체다 1장에 8구절로 이루어졌다.
이 또한 무왕을 칭송한 노래라고 하였다.

　　於鑠¹⁾王師로 遵養²⁾時晦하여 時純熙矣어아 是用大介³⁾샷다 我龍受⁴⁾之호니 蹻蹻⁵⁾王之造로다 載用有嗣⁶⁾ 實維爾公允師⁷⁾로다
1) 於鑠(오삭) : 오는 감탄사. 삭은 성하다.
2) 遵養(준양) : 취하여 따르다.
3) 大介(대개) : 큰 갑옷으로 곧 한번 융의를 하시고와 같다.
4) 龍受(용수) : 용은 총(寵)과 같다. 용수는 문왕의 은덕을 받은 것.
5) 蹻蹻(교교) : 씩씩한 모양.
6) 有嗣(유사) : 선인의 유업을 계속 잇는 것.
7) 允師(윤사) : 진실한 스승으로 삼다. 본받다.

9. 환(桓) : 씩씩하고 늠름하다
온 세상을 편안케 하시니 해마다 풍년이네.
하늘의 명은 게으르지 아니한지라
위엄있는 무왕께서 그 군사를 보호하셔
사방을 다스리셔 왕실을 든든하게 하시니
오호라 하늘에 그 덕이 미쳐 은나라를 대신하였네.

▒부체다. 1장에 9구절로 되어 있다.
이 시는 무왕의 공을 찬미한 노래라고 하였다.

　　綏萬邦하시니 屢豐年이로다 天命匪解라 桓桓¹⁾武王이 保有厥士하샤 于以四方하여 克定厥家하시니 於昭于天이라 皇以間²⁾之샷다
1) 桓桓(환환) : 씩씩한 모양. 늠름한 모양.
2) 間(간) : 자(字)의 뜻이 확실하지 않다고 했다. 다만 대(代)의 뜻으로

천하의 임금이 되어 은(殷)나라를 대신하다의 뜻이 있다고 보았다.

10. 뢰(賚) : 주는 것
문왕께서 이미 부지런하시고 내 마땅히 받았네.
그 덕을 찾아 이어 널리 펴 내가 천하의 안정을 구하리.
이것이 주나라의 운명이니 곰곰히 생각하리라.

▨ 부체다. 1장에 6구절로 이루어져 있다.
이는 문왕과 무왕의 공을 칭찬하고 공신들을 크게 책봉하면서 부른 노래라 한다.

　　文王旣勤止어시늘 我應¹⁾受之호니 敷時²⁾繹³⁾思하여 我徂維求定이니라 時周之命이시니 於繹思⁴⁾어다
 1) 應(응) : 당(當)과 같다. 마땅히.
 2) 敷時(부시) : 부는 펴다. 시는 시(是)와 같다.
 3) 繹(역) : 찾아서 살피는 것.
 4) 於繹思(오역사) : 오는 감탄사. 역사는 찾아 살피고 생각하는 것.

11. 반(般) : 즐거움 (*뜻이 확실하지 않다.)
오오, 아름다운 주나라여!
그 높은 산과 낮은 산과 거대한 산에 오르시고
진실로 황하의 물줄기 따라 넓은 하늘 아래.
무리로 모여 대하고 있으니 이것이 주나라의 운명이라네.

▨ 부체다. 1장에 7구절로 이루어져 있다.
이 시는 시제(詩題)의 뜻도 자세하지 않다고 하였다.

　　於皇時周 陟其高山¹⁾과 隨山²⁾喬嶽³⁾하시고 允猶翕河⁴⁾하여 敷天

之下를 裒時之對⁵⁾하시니 時周之命이시니라
1) 高山(고산) : 널리 산을 이르는 것.
2) 墮山(타산) : 폭이 좁고 높으며 기다란 산.
3) 喬嶽(교악) : 산이 높고 거대한 산.
4) 允猶翕河(윤유흡하) : 윤유는 뜻이 자세하지 않으나 일설에 윤은 진실하다. 유는 유(由)와 동일하다고 했다. 흡하는 여러 하(河)가 서로 합치는 것으로 화합하여 사납지 않은 것을 뜻함.
5) 裒時之對(부시지대) : 부는 모으다. 대는 대답하다의 뜻. 대중의 뜻을 모아 보답하다.

제 4 장 노송(魯頌 : 魯頌四之四)

　노(魯)나라는 소호(少皡)씨의 유허이며 우공(禹貢) 서주몽우(徐州蒙羽)의 들에 있다. 성왕(成王)이 주공(周公)의 장자 백금(伯禽)을 봉하였다. 지금의 습경(襲慶) 동평부(東平府) 기밀해(沂密海) 등의 땅이 그곳이다.
　성왕은 주공이 큰 공훈을 천하에 세우므로 백금에게 천자의 예악을 하사하였다. 이에 주나라의 송(頌)을 모방하여 노송(魯頌)을 지었다.
　'구설(舊說)'에 의하면 백금의 19세손인 희공(僖公) 신(申)의 시라고 하는데 고증할 자료가 없다. 다만 '비궁(閟宮)' 1편은 희공의 시라고 한 것은 의심할 여지가 없다.
　시의 참람함이 이와 같은데 공자(孔子)께서 기록하여 놓은 것은 대개 나라의 여러 풍(風)들이 모두 당시의 일로써 천자의 송(頌)에는 순일하지 못하지만 그 노래로 된 일들은 모두 선왕의 예악의 교화에서 비롯되었다는 데서 기인한 것 같다.
　그러나 그의 문체에서 의심이 가는 것은 가히 나의 짐작과 같다고 할 것이다. 공자는 노나라 사람이다. 노나라 사람으로, 있는 것을 어떻게 삭제할 수 있었겠는가. 그 있는 실상을 그대로를 나타내었을 뿐이요 그 시비득실을 스스로 덮을 수는 없는 것이다. 이것 또한 춘추의 필법이다.

(말)
馬

1. 경(駉) : 살찐 큰 말
살찌고 큰 수말이
먼 들밖에서 놀고 있는데

잠깐 살이 찐 것이네. 살이 흰 말과 황백색의 말이며
검은말과 누렇고 붉은 말인데 수레를 힘차게 끄네.
생각은 한이 없어 좋은 말을 생각하는 것 또한 끝이 없네.

살찌고 큰 수말이 먼 들밖에서 놀고 있는데
잠깐 살이 찐 것이네.
청백색의 얼룩말, 황백색의 얼룩말이며
붉은말과 청흑색의 얼룩말인데 수레를 끌고 힘차게 가네.
생각은 기약이 없는 것. 재주있는 말만을 생각하네.

살찌고 큰 수말이 먼 들밖에서 놀고 있는데
잠깐 살이 찐 것이네. 돈점박이말, 갈기 검은 흰말이며
월다말에 갈기 흰 검은말인데 수레를 끌고 잘도 달리네.
생각이란 끝이 없으니 잘 달리는 말만을 생각하네.

살찌고 큰 수말이 먼 들밖에서 놀고 있는데
잠깐 살이 찐 것이네. 회백색의 말과 붉고 흰 얼룩말이고
무릎 흰 말과 눈가 흰 말인데 씩씩하게 수레를 끄네.
생각이 사특함이 없으니 달려가는 말만을 생각하네.

▨ 부체다. 총 4장에 장마다 8구절로 이루어져 있다.
노나라 희공(僖公)이 말(馬)을 기르는 것이 성대함을 찬미한 시라고 한다.

駉駉[1]牡馬 在坰[2]之野하니 薄言駉者로다 有驈有皇[3]하며 有驪有黃[4]하니 以車彭彭[5]이로다 思無疆[6]하니 思馬斯臧[7]이로다
駉駉牡馬 在坰之野하니 薄言駉者로다 有騅有駓[8]하며 有騂有騏[9]하니 以車伾伾[10]로다 思無期하니 思馬斯才로다
駉駉牡馬 在坰之野하니 薄言駉者로다 有驒有駱[11]하며 有駵有雒[12]하니 以車繹繹[13]이로다 思無斁하니 思馬斯作이로다

제 4 장 노송(魯頌)　501

駉駉牡馬 在坰之野하니 薄言駉者라 有駰有騢[14]하며 有驔有魚[15]하니 以車袪袪[16]로다 思無邪하니 思馬斯徂로다

1) 駉駉(경경) : 말의 배 줄기가 살찌고 건장한 모양.
2) 坰(경) : 읍의 밖을 교(郊). 교외를 목(牧), 목 밖을 야(野), 야 밖을 임(林). 수풀 밖을 경(坰)이라 하였다.
3) 有驈有皇(유율유황) : 율은 샅이 하얀 말. 황은 희고 누런 말.
4) 有驪有黃(유리유황) : 검은말을 이, 누렇고 붉은 말을 황이라 함.
5) 彭彭(방방) : 성대한 모양.
6) 思無彊(사무강) : 생각은 경계가 없다. 무한정하다의 뜻.
7) 臧(장) : 선하다.
8) 有騅有駓(유추유비) : 추는 푸르고 흰 털이 섞여있는 말. 비는 누렇고 흰 털이 섞여있는 말.
9) 有騂有騏(유성유기) : 성은 적황색의 말. 청흑색의 말을 기(騏)라 함.
10) 伾伾(비비) : 힘이 있는 모양.
11) 有驒有駱(유타유락) : 타는 돈점박이말. 낙은 갈기검은 흰말.
12) 有駵有雒(유류유락) : 유는 붉은 몸에 검은 갈기 말. 낙은 검은 몸에 흰 갈기 말.
13) 繹繹(역역) : 끊이지 않는 모양.
14) 有駰有騢(유인유가) : 인은 회백색의 말. 가는 붉은털과 흰털이 섞인 말.
15) 有驔有魚(유담유어) : 담은 정강이가 흰 말. 어는 두 눈 언저리가 흼.
16) 袪袪(거거) : 건강하게 수레 끌고 가는 모양.

2. 유필(有駜) : 살찌고 건강한 말

살찌고 억센 살찌고 억센, 저 살찐 누런말이 오네.
밤낮없이 공사에 매이니 공사(公事)가 밝게 처리되네.
훨훨 나는 백로가 깃을 치며 내려앉네.
북소리 둥둥 울리는데 술에 취하여 춤을 추니
너도 나도 즐거워하네.

살찌고 억센 살찌고 억센, 저 살찐 수말을 타고 오네.
밤낮없이 공사에 매이니 공사를 처리하며 술을 마시네.
훨훨 나는 백로가 깃을 치며 날고 있네.
북소리 둥둥 울리는데 술에 취하여 돌아가니
너도 나도 즐거워하네.

살찌고 억센 살찌고 억센, 저 살찐 검푸른 말이 오네.
밤낮없이 공사에 매이니 공사일 처리하며 잔치도 하네.
지금부터 시작하여 해마다 이런 일이 있으리라.
군자님은 선(善)을 두어 자손에게 물려주시니
너도 나도 즐거워하네.

▨ 흥체다. 3장에 장마다 9구절로 이루어져 있다.
잔치를 베풀어 술을 마시고 축하하는 뜻에서 지은 노래라고 하였다.

有駜[1]有駜하니 駜彼乘黃이로다 夙夜在公하니 在公明明[2]이로다 振振[3]鷺[4]여 鷺于下로다 鼓咽咽[5]이어늘 醉言舞하니 于胥[6]樂兮로다
有駜有駜하니 駜彼乘牡로다 夙夜在公하니 在公飮酒로다 振振鷺여 鷺于飛로다 鼓咽咽이어늘 醉言歸하니 于胥樂兮로다
有駜有駜하니 駜彼乘駽[7]이로다 夙夜在公하니 在公載燕이로다 自今以始하여 歲其有[8]로다 君子有穀하여 詒孫子로소니 于胥樂兮로다

1) 駜(필) : 말이 살찌고 굳센 모양.
2) 明明(명명) : 잘 다스리는 모양.
3) 振振(진진) : 무리로 나는 모양.
4) 鷺(로) : 백로가 날개치는 것으로 앉을까 날까 펄럭이는 것.
5) 咽咽(인인) : 연(淵)과 동일하며 북소리가 심장(深長)한 것.
6) 胥(서) : 서로하다.
7) 駽(현) : 푸르고 검은 말로 철총(鐵驄).
8) 有(유) : 유년(有年).

3. 반수(泮水) : 반궁의 물

즐거운 반궁의 물가에서 그 미나리를 캐네.
노나라 임금께서 오시니 그 깃발이 보이네.
그 깃발은 펄럭펄럭 방울소리 딸랑딸랑.
젊은이 늙은이 모두 임금님 뒤를 쫓아가네.

즐거운 반궁의 물가에서 그 마름풀을 뜯네.
노나라 임금께서 오시니 그 말이 건장하고 건장하네.
그 말 건장하고 건장하며 그 소리는 밝기도 밝네.
얼굴 환한 웃음 띠시니 화내는 것이 아니라 가르침이네.

즐거운 반궁의 물가에서 그 순채나물 뜯네.
노나라 임금께서 오시어 반궁에서 술을 드시네.
맛있는 술을 드시고 오래 늙지 않는 선물 받았네.
저 큰 도를 순일히하여 이 모든 백성을 굴복시키소서.

점잖고 점잖은 노나라 임금님은 그 덕을 밝히셨네.
위의를 공경하고 신중하며 백성의 법이 되셨네.
문(文)과 무(武)를 갖추어 선조를 밝게 빛내셨네.
효도 아닌 것이 없어 스스로 큰 복을 구하셨네.

밝고 밝은 노나라 임금님은 능히 그 덕을 밝히셨네.
이미 반궁을 지으시니 회땅의 오랑캐들 굴복하였네.
씩씩한 무사들이 반궁에서 적의 귀 베어온 것을 바치네.
포로 심문을 고요(皐陶)같이 하는 이가
반궁에서 죄수를 바치네.

많고 많은 신하들이 덕스러운 마음을 능히 넓혀

씩씩하게 정벌 나가 회땅의 오랑캐를 물리쳤네.
씩씩하고 씩씩하며 엄숙하고 겸손하며
소란스러운 일이 없이 반궁에서 공로를 아뢰네.

뿔로 만든 활이 굳세고 한 다발의 화살 빠른 시위소리.
큰 병거는 매우 넓고 무리와 수레는 다툼이 없네.
이미 회땅 오랑캐 정벌하니 심히 착하여 거역하지 않네.
그대의 계획 빈틈없이 하면 회땅 오랑캐 다 잡으리.

훨훨 나는 저 올빼미 반궁의 숲에 앉아.
내 뽕나무 오디 따먹으며 내게 좋은 소리 들려주네.
죄를 깨달은 저 회땅의 오랑캐 보물을 헌납하니
큰 거북과 상아와 남쪽에서 나는 금(金)을 바치네.

▨ 1~7장은 부체, 8장은 흥체다. 총 8장에 장마다 8구절로 이루어져 있다.
노나라 임금이 반궁에 있으면서 자신의 공로를 자랑하려고 짓게 한 시라고 한다.

   思樂泮水[1]에 薄采其芹[2]호라 魯侯戾止[3]하시니 言觀其旂로다 其旂茷茷[4]하며 鸞聲噦噦[5]하니 無小無大히 從公于邁로다
   思樂泮水에 薄采其藻호라 魯侯戾止하시니 其馬蹻蹻[6]로다 其馬蹻蹻하니 其音昭昭샷다 載色[7]載笑하시니 匪怒伊敎샷다
   思樂泮水에 薄采其茆[8]호라 魯侯戾止하시니 在泮飮酒로다 旣飮旨酒하시니 永錫難老로다 順彼長道[9]하샤 屈此群醜[10]소서
   穆穆魯侯여 敬明其德이샷다 敬愼威儀하시니 維民之則이샷다 允文允武하샤 昭假[11]烈祖[12]하시니 靡有不孝하여 自求伊祜샷다
   明明魯侯여 克明其德이샷다 旣作泮宮하니 淮夷攸服이로다 矯矯[13]虎臣이 在泮獻馘하며 淑問[14]如皐陶 在泮獻囚리로다
   濟濟多士 克廣德心하여 桓桓于征하여 狄彼東南[15]하니 烝烝皇

皇[16]하며 不吳不揚[17]하며 不告于訩[18]하여 在泮獻功이리로다
　　角弓其觩[19]하니 束矢其搜[20]로다 戎車孔博하니 徒御無斁[21]이로다 旣克淮夷하니 孔淑不逆이로다 式固爾猶면 淮夷卒獲하리라
　　翩彼飛鴞 集于泮林하여 食我桑葚하고 懷我好音이로다 憬彼淮夷 來獻其琛[22]하니 元龜[23] 象齒와 大賂南金[24]이로다

1) 思樂泮水(사락반수) : 사는 발어사. 반수는 반궁(泮宮)의 물. 즐거운 반궁의 물가에서의 뜻이며 반궁은 제후의 학당(學堂)이며 향사(鄕射)를 하는 궁을 가리킴.
2) 芹(근) : 미나리. 수채(水菜).
3) 戾止(여지) : 여는 이르다. 지는 어조사.
4) 茷茷(패패) : 깃발이 펄럭이는 모양.
5) 噦噦(홰홰) : 잘 화합된 말방울소리.
6) 蹻蹻(교교) : 무성한 모양.
7) 色(색) : 안색이 온화한 것.
8) 茆(묘) : 오리풀. 부규(鳧葵). 잎이 크고 손바닥같이 생겼으며 붉고 둥글며 미끄럽다.

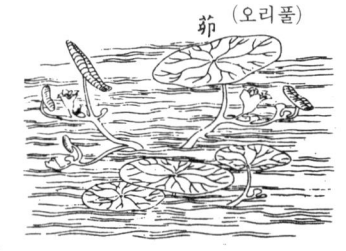
茆 (오리풀)

9) 長道(장도) : 큰 도(大道).
10) 醜(추) : 무리.
11) 昭假(소격) : 밝게 이르다의 뜻.
12) 烈祖(열조) : 주공. 노공(魯公).
13) 矯矯(교교) : 씩씩한 모양.
14) 淑問(숙문) : 숙은 선(善)하다. 문은 죄수를 신문함.
15) 狄彼東南(적피동남) : 적은 막다. 동남은 회땅 오랑캐.
16) 烝烝皇皇(증증황황) : 성대한 모양.
17) 不吳不揚(불화불양) : 엄숙한 것.
18) 不告于訩(불고우흉) : 이겼으되 서로 공을 다투지 않는 것.
19) 觩(구) : 활이 굳센 것.
20) 束矢其搜(속시기수) : 속은 화살 50개 묶음. 혹은 100개의 묶음이라고도 함. 수는 화살이 빨리 날아가는 소리.

21) 無斁(무역) : 다투어 권장하다.
22) 琛(침) : 보물.
23) 元龜(원귀) : 한 자 두 치의 거북.
24) 賂南金(뇌남금) : 뇌는 바치다. 남금은 형주(荊州) 양주(揚州)에서
    나는 금(金).

4. 비궁(閟宮) : 깊숙한 사당

깊숙한 사당은 깨끗하고 조용하며 튼튼하고 아름답네.
밝고 밝으신 강원(姜嫄)은 그 덕이 사특하지 아니하여
하늘이 돌아보시고 재앙도 없고 해악도 없으시네.
달을 마치고 그치지 아니하여 이에 후직을 낳으시고
온갖 복을 내리시니 메기장 찰기장 이른곡식 늦곡식.
올벼 늦벼 콩과 보리였네.
모든 나라를 다스리고 백성들로 하여금 농사짓게 하시니.
메기장 찰기장에 벼와 검은기장 있게 되었으며
온 땅을 다스리셔 우임금의 업적을 계승하셨네.

후직의 자손이 실제로 태왕(太王)이시네.
기산의 남쪽에 거하시어 처음부터 상나라를 치려 하셨네.
문왕과 무왕에 이르러 태왕의 업적을 계승하셔
하늘의 벌이 이르는 것을 목땅의 들에서 하였네.
두 마음 갖지 말고 근심하지 말지어다.
하늘이 그대 위에 계시네.
상나라의 군사를 다스리어 능히 그 큰 공을 이루셨거늘
왕께서 숙부여 그대의 맏아들을 세워
노나라의 제후로 봉하노니 그대의 나라를 크게 열어
주나라 왕실을 보좌하여라.

노공(魯公)에게 명하시어 동쪽 나라 제후로 삼으시고

산천과 땅과 밭과 그에 따른 성들을 내려주셨네.
주공의 자손이며 장공의 아들이
쌍룡깃발 세우고 제사 받드니 여섯 줄 고삐 찰랑거리네.
봄과 가을 게을리 하지 않고 제사 올림이 변함없어
크고 크신 하느님과 위대한 선조 후직께
붉은 황소 제물로 바치니 이에 흠향하고 이에 편안하셔
복 주시기를 많이 하소서.
위대하신 주공할아버지께서도 또한 복을 내리소서.

가을 제사 지내기 위해 여름부터 뿔 가로 지르지 못하게 했네.
흰 황소 붉은 황소 잡아 바치니 제사 술잔도 아름답고
굽기도 하고 국도 끓여
대그릇 나무그릇 대방(大房)으로 하거늘.
만무(萬舞)춤 너울너울 추니 효손에게는 경사가 났네.
그대를 번창케 하고 그대 장수하고 잘 살게 하여
저 동쪽 나라를 보전하고 노나라를 떳떳하게 하시며
일그러지지 않고 무너지지 않으며 놀라고 흔들림 없이
삼수(三壽)들과 벗이 되어 뫼처럼 언덕처럼 영원하리.

희공의 수레 천 승인데 붉은창대 녹색의 활대
두 개의 창과 활을 겹쳐 드셨네. 공을 따르는 군사 3만이고
자개갑옷에 붉은투구 많은 무리의 군사 많기도 많네.
서쪽 북쪽 오랑캐 무찌르고 남쪽의 오랑캐 징계하니
나에게 감히 대항하지 못하네.
그대 번창하고 번창하며 그대 장수하고 부귀하여
머리 누렇고 태배(鮐背)까지 수를 서로 견주며
그대 번창하고 크게 하며 그대 오래 오래 살게 하여
천세 만세 누리도록 미수(眉壽)하여 재앙없게 하리라.

태산은 높고도 높아 노나라가 우러러보네.

구산과 몽산을 차지하고 드디어 대동땅까지 내리 뻗어
바닷가에까지 이르르니 회땅의 오랑캐 동화되고
모두 따르지 않는 이 없으니 노나라 임금의 공이시네.

부산과 역산을 차지하고 드디어 서나라 땅까지 뻗어
바닷가에까지 이르르니 회땅 오랑캐 만맥(蠻貊)의 오랑캐
저 남쪽 오랑캐들이 따르지 않는 이 없으며
감히 받들지 않는 이 없으니 노나라 제후는 이에 순하네.

하늘이 공에게 큰 복 내리시고 오래도록 노나라를 보호하셔
상읍(常邑)과 허읍(許邑) 차지하고 주공의 땅 회복하였네.
노후가 기뻐하시니 착한 아내 건강하신 어머니 계시네.
대부들과 여러 관리들 거느리시고 나라를 편안하게 하시니
이미 많은 복 받으셔
누런 머리와 치아가 다시 나도록 장수하시네.

조래산의 소나무와 신보산의 잣나무를
이에 자르고 이에 헤아려 재고 치수 맞추어
큰 소나무 서까래하여 웅장한 궁전 이룩하였네.
새로운 묘당 빛나니 공자 어가 지은 것이라네.
심히 길고 커서 모든 백성들이 순종하리라.

▨부체다. 총 9장에 5장은 장마다 17구절인데 제4장은 1구절이 없어졌다. 2장은 장마다 8구절, 2장은 장마다 10구절로 이루어져 있다.
　새 궁전을 짓고 이것을 기념하기 위해 부른 노래라 하였다.

　　閟宮有侐[1]하니　實實枚枚[2]로다　赫赫姜嫄이　其德不回[3]하샤　上帝是依[4]하시니　無災無害하여　彌月[5]不遲하여　是生后稷하시고　降之百福하시니　黍稷重穋[6]과　稙穉[7]菽麥이로다　奄有下國[8]하샤　俾民稼穡하

시니 有稷有黍하며 有稻有秬로소니 奄有下土하샤 纘禹之緒[9]샷다

后稷之孫이 實維大王이시니 居岐之陽하샤 實始翦商[10]이어시늘 至于文武하샤 纘大王之緒하샤 致天之屆[11]를 于牧之野하시니 無貳無虞하라 上帝臨女시니라 敦[12]商之旅하여 克咸[13]厥功이어늘 王曰叔父[14]아 建爾元子[15]하여 俾侯于魯하노니 大啓爾宇[16]하여 爲周室輔어다

乃命魯公하샤 俾侯于東하시고 錫之山川과 土田附庸[17]이로다 周公之孫 莊公之子[18] 龍旂承祀하시니 六轡耳耳[19]로다 春秋[20]匪解하샤 享祀不忒하샤 皇皇后帝와 皇祖[21]后稷께 享以騂犧하시니 是饗是宜하여 降福旣多하며 周公皇祖도 亦其福女샷다

秋而載嘗[22]이라 夏而楅衡[23]하니 白牡騂剛[24]이며 犧尊將將[25]하며 毛炰胾羹[26]이며 籩豆大房[27]이어늘 萬舞洋洋[28]하니 孝孫有慶이로다 俾爾熾而昌하며 俾爾壽而臧하여 保彼東方하여 魯邦是常이시며 不虧不崩하며 不震不騰하여 三壽[29]作朋하샤 如岡如陵이쇼셔

公車千乘[30]이니 朱英[31]綠縢이며 二矛重弓이로다 公徒三萬[32]이니 貝冑朱綅[33]이며 烝徒增增[34]이로다 戎狄是膺[35]하며 荊舒是懲[36]하니 則莫我敢承이로다 俾爾昌而熾하며 俾爾壽而富하여 黃髮台背 壽胥與試[37]하며 俾爾昌而大하며 俾爾耆而艾하여 萬有千歲에 眉壽無有害소셔

泰山巖巖[38]하니 魯邦所詹[39]이로다 奄有龜蒙[40]하여 遂荒大東[41]하여 至于海邦하니 淮夷來同하여 莫不率從하니 魯侯之功이샷다

保有鳧繹[42]하며 遂荒徐宅[43]하여 至于海邦하니 淮夷蠻貊과 及彼南夷 莫不率從하며 莫敢不諾하여 魯侯是若이로다

天錫公純嘏하시니 眉壽保魯하샤 居常與許[44]하여 復周公之宇샷다 魯侯燕喜하시니 令妻壽母[45]샷다 宜大夫庶士하샤 邦國是有하시니 旣多受祉하샤 黃髮兒齒샷다

徂來[46]之松과 新甫[47]之柏을 是斷是度하며 是尋是尺하여 松桷有舃하니 路寢[48]孔碩이로다 新廟奕奕[49]하니 奚斯[50]所作이로다 孔曼且碩하니 萬民是若이로다

1) 閟宮有侐(비궁유혁) : 비궁은 깊숙히 닫혀 있는 사당. 혁은 맑고 고요한 것.

2) 實實枚枚(실실매매) : 실실은 견고한 것. 매매는 세밀한 모양.
3) 回(회) : 사특하다.
4) 依(의) : 정성껏 돌아보다.
5) 彌月(미월) : 달을 마치다. 임신후 10개월이 다 찬 것.
6) 重穋(중륙) : 중은 일찍 패는 것. 육은 늦게 여무는 것.
7) 稙穉(직치) : 먼저 심는 것을 직, 뒤에 심는 것을 치라고 함.
8) 奄有下國(엄유하국) : 태(邰)에 봉한 것을 뜻함.
9) 緖(서) : 업적(業蹟).
10) 翦商(전상) : 상나라를 정벌하다. 전은 단(斷)과 같다.
11) 屆(계) : 극(極)과 같으며 궁극의 뜻.
12) 敦(퇴) : 다스리다.
13) 咸(함) : 동일하다.
14) 王曰叔父(왕왈숙부) : 왕은 주의 성왕(成王). 숙부는 주공(周公).
15) 元子(원자) : 주공의 큰 아들 백금(伯禽)으로 노공(魯公).
16) 啓爾宇(계이우) : 계는 열다. 우는 살 곳. 너의 살 곳을 열어라.
17) 附庸(부용) : 큰 제후의 나라에 속해 있는 작은 나라.
18) 莊公之子(장공지자) : 장공이 두 아들이 있는데 하나는 민공(閔公), 하나는 희공(僖公)으로 민공은 재위에 오래 있지 않았으므로 송(頌)이 없어 여기서는 희공이 옳을 것 같다.
19) 耳耳(이이) : 부드럽게 따라감.
20) 春秋(춘추) : 봄 여름 가을 겨울을 지칭함.
21) 皇祖(황조) : 여러 공(公)을 가리킴.
22) 嘗(상) : 가을제사 이름.
23) 楅衡(복형) : 소뿔에 나무를 달아 받지 못하게 하는 것.
24) 白牡騂剛(백모성강) : 백모는 백색의 수소로 주공에게 바치는 제물. 성강은 노공(魯公)에게 바치는 제물.
25) 犧尊將將(사준장장) : 사준은 술잔 바다에 소를 그린 것. 장장은 엄정한 모양.

(부용(附庸))

(희준) (대방)

26) 毛炰胾羹(모포자갱) : 모포는 털 째 짐승을 흙에 싸 굽는 것. 자는 썰은 고기. 갱은 그릇에 담은 국.
27) 大房(대방) : 도마같은 제기에 제물을 절반으로 쪼개 올려놓은 것.
28) 萬舞洋洋(만무양양) : 만무는 방패 들고 추는 춤. 양양은 변화가 많은 것.
29) 三壽(삼수) : 뜻이 자세치 않다. 다만 삼경(三卿)이라고 하고 혹은 수강릉(壽・岡・陵) 등 세 가지라는 설이 있다.
30) 千乘(천승) : 제후의 나라를 천승의 나라라고 함.
31) 朱英(주영) : 창을 꾸미는 장식.
32) 徒三萬(도삼만) : 보졸(步卒)이 3만이나 된다.
33) 貝冑朱綅(패주주침) : 조개갑옷을 붉은실로 꾸민 것.
34) 增增(증증) : 많은 모양.
35) 戎狄是膺(융적시응) : 융적은 서쪽과 북쪽 오랑캐, 응은 당하다.
36) 荊舒是懲(형서시징) : 형은 초(楚)의 별칭. 서는 더불어 있는 나라. 징은 다스리다의 뜻.
37) 壽胥與試(수서여시) : 뜻이 자세하지 않다.
38) 泰山巖巖(태산암암) : 태산은 노나라의 산. 암암은 높고 높은 모양.
39) 詹(첨) : 첨(瞻)과 동일.
40) 龜蒙(구몽) : 구산과 몽산.
41) 荒大東(황대동) : 황은 엄(奄)의 뜻. 대동은 노나라 동부 일대.
42) 鳧繹(부역) : 부산과 역산.
43) 徐宅(서택) : 나라에서 사는 것.
44) 常與許(상여허) : 상은 상(甞)으로 상땅과 허땅. 노나라의 옛 땅.
45) 令妻壽母(영처수모) : 영처는 훌륭한 아내로 희공의 부인. 수모는 오래 사는 희공의 어머니.
46) 徂來(조래) : 산 이름.
47) 新甫(신보) : 산 이름.
48) 路寢(노침) : 왕궁의 정침(正寢).
49) 新廟奕奕(신묘혁혁) : 신묘는 희공의 사당. 혁혁은 웅장하다.
50) 奚斯(해사) : 공자(公子) 어(魚)라는 사람.

제 5 장 상송(商頌 : 商頌四之五)

　상(商)은 나라 이름이다. 설(契)이 순(舜)임금 때 사도(司徒)가 되어 상(商)에 봉하여졌다. 설의 14세손 탕(湯)이 하나라의 걸왕(桀王)을 멸망시키고 천하를 차지하여 상이라 하고 박(亳)땅에 도읍하였다. 반경(盤庚)에 이르러 은(殷)이라고 국호를 고쳤다.
　그후 주(紂)에 이르러 방탕하고 무도하여 주(周)의 무왕(武王)의 정벌로 은나라가 멸망하였다. 이에 무왕은 주(紂)의 서형(庶兄)인 미자계(微子啓)를 송(宋)나라에 봉하고 그 예악을 닦아 상(商)을 받들게 하였다. 이 땅은 우공(禹貢) 서주(徐州) 사빈(泗濱)의 서쪽과 예주(豫州) 맹도(孟豬)의 들이다.
　그후 정치가 쇠약해지고 예악이 날로 방탕하여져 7세인 대공(戴公) 때에 이르러 정고보(正考甫)가 상나라의 송(頌) 12편을 주태사(周太師)에게 얻어 송(宋)나라로 돌아와 그의 선왕(先王)에게 제사지냈다.
　공자께서 시를 편찬할 때는 또 없어지고 7편만 남았었다. 7편 가운데도 많이 빠지고 문맥이 통하지 않는 곳이 많아 억지로 해석하지 않는다.
　상의 도읍지는 박(亳)땅이고 송(宋)의 도읍지는 상구(商丘)로 지금의 응천부(應天府) 박주(亳州) 경계에 있다.

1. 나(那) : 아름답기도 하네
아아! 많기도 하네.
우리의 땡땡이 큰북 늘어놓고

북을 둥둥 울리니 공 많은 우리의 선조도 즐거워하시겠네.
탕임금 자손의 풍악이 이르니 우리의 뜻을 들어주소서.
땡땡이북 큰북 둥둥 울리고 닐리리 관악기 울리면
평화롭고 또 화합하게 되어 경쇠소리 잘 어울리네.
아아, 빛나는 탕왕의 자손이여 그 소리 아름답기도 하여라.
쇠북과 큰북소리 이어 퍼지고 만무를 너울너울 추니
우리의 아름다운 손님들이 또한 기쁘지 아니한가.
먼 먼 옛날부터 조상들이 정하신 법이 있으니
아침 저녁으로 몸을 공손히 하여 일을 신중히 했다네.
내 제사를 돌아보시오. 탕임금의 손자가 받드나이다.

▧ 부체다. 1장에 6단락에 22구절로 이루어져 있다.
구설(舊說)에 성탕(成湯)을 제사지내는 음악이라고 했다.

猗與那與¹⁾라 置我鞉鼓²⁾하여 奏鼓簡簡³⁾하니 衎我烈祖⁴⁾로다
湯孫奏假⁵⁾하시니 綏我思成⁶⁾이샷다 鞉鼓淵淵하며 嘒嘒管聲이 旣
和且平하여 依我磬聲하니 於赫湯孫이여 穆穆厥聲이샷다
庸⁷⁾鼓有斁하며 萬舞有奕하니 我有嘉客이 亦不夷⁸⁾懌아
自古在昔에 先民有作하니 溫恭朝夕하여 執事有恪⁹⁾하니라
顧予烝嘗인저 湯孫之將¹⁰⁾이니라

1) 猗與那與(의여나여) : 의는 감탄사. 여는 어조사. 나는 많다의 뜻.
2) 置我鞉鼓(치아도고) : 치는 진(陳)의 뜻. 도는 작은북. 고는 큰북.
3) 簡簡(간간) : 크게 화하다. 대화(大和).
4) 衎我烈祖(간아열조) : 간은 즐겁다. 열조는 탕임금.
5) 湯孫奏假(탕손주격) : 탕손은 제사를 주관하는 후손. 격은 격(格).
6) 綏我思成(유아사성) : 유는 편안하다. 사성은 뜻이 자세하지 않다.
7) 庸(용) : 큰종.〈그림 참조〉
8) 夷(이) : 기쁘다.
9) 恪(각) : 공경하다.
10) 將(장) : 받들다.

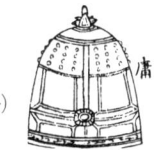
(용)

2. 열조(烈祖) : 공로가 많으신 탕임금

아아, 탕임금님이여! 그 떳떳한 그 복을 두셔
다시 끝없는 복을 내리시니 이곳까지 이르렀네.
이미 맑은 술을 올리니 우리 뜻대로 강신하소서.
고기국은 양념이 알맞아 이미 삼가하여 잘 갖추었으며
조용히 신의 강림을 빌어 시끄럽게 구는 사람 있지 않으니
나에게 미수를 내리셔 만수무강하겠네.
가죽을 감은 속바퀴와 재갈에 무늬있는
여덟 개 말방울 딸랑딸랑.
이에 이르시어 이에 제사드리니 우리의 명받은 것이 크거늘
하늘로부터 편안함이 내리셔 풍년들어 곡식 많으니
신이 강림하셔 흠향하시고 끊임없는 복을 내리리라.
우리가 드리는 제사 돌아보소서. 탕왕의 자손이 받드나이다.

▩ 부체다. 1장에 4단락이며 22구절로 이루어졌다.
이 시도 성탕(成湯)을 제사지내는 음악이라고 하였다.

  嗟嗟烈祖[1] 有秩[2]斯祜하샤 申[3]錫無彊이라 及爾斯所[4]로다
  旣載淸酤하니 賚我思成이며 亦有和羹[5]이 旣戒旣平이어늘 鬷假
無言하여 時靡有爭하니 綏我眉壽하여 黃耉無彊이로다
  約軝錯衡이며 八鸞鶬鶬이라 以假以享하니 我受命溥將[6]이어늘 自
天降康하샤 豊年穰穰[7]하니 來假來饗하여 降福無疆이로다
  顧予烝嘗인저 湯孫之將이니라

1) 嗟嗟烈祖(차차열조) : 차차는 감탄사. 열조는 탕임금을 가리킴.
2) 秩(질) : 떳떳한 것.
3) 申(신) : 거듭하다.
4) 爾斯所(이사소) : 이는 제사를 주관하는 임금. 사소는 이곳과 같다.
5) 和羹(화갱) : 맛이 조화된 국.

6) 溥將(부장) : 넓고 크다는 뜻.
7) 穰穰(양양) : 많다.

(제비)

3. 현조(玄鳥) : 제비

하늘이 제비에게 명하여 상(商)나라 조상을 낳게 하여
넓고 넓은 은나라 땅에 살도록 하였거늘
옛날 상제께서 용맹한 탕임금을 도와
온 천하를 바로잡으셨네.
사방으로 제후에게 명하시어 구주(九州)를 차지하셨으니
상나라의 옛 임금들은 명을 받들어 어기지 않은지라.
자손인 무정(武丁)에까지 이르렀네.
손자 무정이 탕왕의 뒤를 이어 이기지 못한 곳이 없으시니.
용의 깃발을 단 열 채의 수레로
많은 기장과 찰기장을 바치네.
나라의 기내(畿內) 천 리는 백성들이 사는 곳이니
나라의 경계는 저 바다끝까지 하였네.
온 천하 제후들이 제사 도우러 무리지어 이르네.
경산 아래 두루하여 황하까지 천명을 받음이 마땅하네.
그 많은 복을 어찌 다 감당하리.

▨ 부체다. 1장에 5단락이며 22구절로 이루어졌다.
이 시는 송(宋)나라의 종묘에 제사지내는 악가라고 하였다.

　　天命玄鳥¹⁾하샤 降而生商²⁾하여 宅殷土芒芒³⁾이어시늘 古帝命武湯⁴⁾하샤 正域⁵⁾彼四方하시니라
　　方命厥后하샤 奄有九有⁶⁾하시니 商之先后 受命不殆라 在武丁⁷⁾孫子하샷다
　　武丁孫子武王⁸⁾이 靡不勝하시니 龍旂⁹⁾十乘으로 大糦是承¹⁰⁾이로다
　　邦畿千里여 維民所止로소니 肇¹¹⁾域彼四海로다

四海來假[12]하니 來假祁祁[13]로다 景員維河[14]에 殷受命咸宜라 百祿是何로다

1) 玄鳥(현조) : 제비. 춘분이면 제비가 온다. 고신(高辛)씨의 비(妃) 유융(有娀)씨의 딸 간적(間狄)이 교매(郊禖)에 기도할 때 제비가 알을 낳았다. 간적이 그 알을 삼키고 그후 설(契)을 낳았다. 후세에 유상(有商)씨가 되었으며 탕에 이르러 천하를 두었다고 하였다.
2) 生商(생상) : 상을 낳다.
3) 宅殷土芒芒(택은토망망) : 택은 은땅에 살다. 망망은 큰 모양.
4) 古帝命武湯(고제명무탕) : 고는 석(昔)과 같다. 고제는 상제(上帝). 무탕은 무덕(武德)으로 탕왕의 호를 말함.
5) 正域(정역) : 정은 다스리다. 역은 봉한 경계.
6) 九有(구유) : 구주(九州)를 말함. 중국 전체를 말함.
7) 武丁(무정) : 고종(高宗). 은나라를 중흥시킨 임금.
8) 武王(무왕) : 탕임금. 무는 탕임금의 호로 후세에 이렇게 불렀다.
9) 龍旂(용기) : 제후가 세우는 교룡이 그려진 깃대와 깃발.
10) 大糦是承(대치시승) : 대치는 기장과 피. 승은 받들다.
11) 肇(조) : 열다.
12) 假(격) : 격(格)과 같다.
13) 祁祁(기기) : 무리가 많은 모양.
14) 景員維河(경원유하) : 뜻이 자세하지 않고 다만 경은 산 이름으로 상이 도읍한 곳이요 원은 두루하다. 하는 대하(大河)와 같다고 함.

4. 장발(長發) : 길이 길이

어질고 지혜로운 상나라에 그 상서로움이 오래오래 있었네.
홍수가 가득가득 하거늘 우임금이 세상을 잘 다스리시어
밖의 큰 나라를 경계로 하여 나라의 영토를 크게 넓혔거늘.
유융(有娀)씨의 딸을 맞아들여서
하늘이 아들을 세워 상나라를 낳게 하셨네.

제 5 장 상송(商頌)

설왕이 용감하시어 작은 나라를 받았어도 잘 다스리시며
큰 나라를 받아도 잘 다스렸네.
예법을 따르고 도에 넘지 않으니 모든 명령이 잘 행해졌네.
손자 상토(相土)의 빛나는 업적 나라 밖까지 다스림이네.

하늘의 명을 어기지 않아 탕왕에 이르러 왕업을 이루셨네.
탕왕은 알맞게 태어나시고 성스러움 날로 더해만 가네.
밝게 이르러 오래하였으며 하느님을 이에 공경하시니
하늘이 온 세상의 법도가 되도록 하셨네.

작은옥도 큰옥도 받으시고 온 세상의 본보기가 되시어
하늘의 큰 복 누리셨네.
다투지도 늦추지도 않고 강하게도 유하게도 않으셔서
정사를 펴심이 훌륭하시니 온갖 복이 이에 따르셨네.

작은 공물 큰 공물 받으시고 온 나라의 울타리 되시어
하늘의 은총을 받으셨네.
그 용맹을 널리 떨쳐 놀라지도 움직이지도 아니하고
겁내지도 두려워하지도 않으시니 온갖 복록을 다 받으셨네.

탕왕께서 깃발을 세우시고 도끼를 굳게 잡으시니
불꽃처럼 타오르는 위엄 아무도 감히 막지를 못했네.
한 뿌리에서 난 세 가지 재앙이 이루지도 달하지도 못하고
구주가 떨어지거늘 위(韋)와 고(顧)를 치시고
곤오(昆吾)와 하나라의 걸(桀)을 치셨네.

옛날 중엽(中葉)에 있어서는 두렵고 위태로운 때 있었네.
진실한 천자께서 훌륭한 인재를 내려주시니
진실로 이윤(伊尹)이 좌우에서 상나라 임금을 도우셨네.

▧ 부체다. 총 7장에 1장은 8구절, 4장은 장마다 7구절, 1장은 9구절, 1장은 6구절로 이루어져 있다.
　상(商)나라의 대체(大禘)에 부르던 시라고 하였다.

　　濬哲[1]維商에 長發[2]其祥이로다 洪水芒芒이어늘 禹敷下土方[3]하샤 外大國[4]是彊하여 幅隕[5]旣長이어늘 有娀方將[6]일새 帝立子生商하시니라
　　玄王桓撥[7]하시니 受小國是達이며 受大國是達이샷다 率履[8]不越하시니 遂視旣發이로다 相土[9]烈烈하시니 海外有截[10]이로다
　　帝命不違하샤 至于湯齊[11]하시니 湯降[12]不遲하시며 聖敬日躋하샤 昭假遲遲[13]하샤 上帝是祗하시니 帝命式于九圍[14]하시니라
　　受小球大球[15]하샤 爲下國綴旒[16]하샤 何天之休샷다 不競不絿[17]하시며 不剛不柔하샤 敷政優優[18]하시니 百祿是遒[19]샷다
　　受小共大共[20]하샤 爲下國駿厖[21]하샤 何天之龍[22]이샷다 敷奏其勇[23]하샤 不震不動하시며 不戁不竦하시니 百祿是總이샷다
　　武王載旆하샤 有虔秉鉞하시니 如火烈烈하여 則莫我敢曷이로다 苞有三蘖[24]이 莫遂莫達하여 九有有截이어늘 韋顧旣伐하시고 昆吾夏桀이로다
　　昔在中葉[25]하여 有震且業이러니 允也天子[26] 降于卿士[27]하시니 實維阿衡[28]이 實左右商王이로다

1) 濬哲(준철) : 깊은 지혜를 뜻함.
2) 長發(장발) : 오래 나타나다.
3) 方(방) : 사방을 뜻함.
4) 外大國(외대국) : 먼 제후국.
5) 幅隕(폭원) : 폭은 변방의 넓이. 원은 두루하다의 뜻.
6) 有娀方將(유융방장) : 유융은 설(契)의 어머니. 장은 크다.
7) 玄王桓撥(현왕환발) : 현왕은 설(契)이며 현은 깊고 미묘한 뜻이 있음. 환은 무(武)의 뜻. 발은 다스리다.
8) 率履(솔리) : 예를 따르다. 솔은 따르다. 이는 예절.
9) 相土(상토) : 설의 손자.

10) 截(절) : 정제하다.
11) 湯齊(탕제) : 뜻이 자세하지 않다. 다만 탕임금에 이르러 '왕업이 이루어져 천명이 모아졌다.'의 뜻으로 본다.
12) 降(강) : 낳다의 뜻.
13) 遲遲(지지) : 오래하다.
14) 九圍(구위) : 구주(九州).
15) 小球大球(소구대구) : 뜻이 자세하지 않다. 혹 말하되 소국이 대국에게 바치는 옥이라고 한다.
16) 下國綴旒(하국철류) : 하국은 제후. 철은 결(結)의 뜻. 유는 깃의 드리운 것.
17) 絿(구) : 느지러지다.
18) 優優(우우) : 너그러운 뜻.
19) 遒(추) : 무리.
20) 小共大共(소공대공) : 뜻이 자세하지 않다. 일설에 의하면 소구대구(小球大球)와 뜻이 같다고 했다.
21) 駿厖(준방) : 뜻이 자세하지 않으나 준은 크다. 방은 두텁다의 뜻이 있다고 했다.
22) 龍(용) : 총(寵)의 뜻이 있다.
23) 敷奏其勇(부주기용) : 그 무공을 크게 나아가게 하다.
24) 三蘗(삼얼) : 곁에서 난 싹 세 개의 뜻으로 위(韋)·고(顧)·곤오(昆吾)의 세 나라를 가리킴.
25) 中葉(중엽) : 중세의 뜻.
26) 天子(천자) : 탕임금을 가리킴.
27) 降于卿士(강우경사) : 강은 하늘이 내리다. 경사는 은나라의 이윤(伊尹)을 가리킴.
28) 阿衡(아형) : 이윤의 벼슬 호칭.

5. 은무(殷武) : 은나라의 힘

날래고 씩씩한 은나라의 힘은 형초의 오랑캐를 쳐부수고파

험준한 그 땅까지 쳐들어가 형의 오랑캐 사로잡아
그 나라를 가지런히 다스리니 탕임금 후손들의 공이로세.

너희 형초의 오랑캐 우리의 남쪽을 차지하고 있네.
옛날 탕임금이 계실 때는 저 저강(氐羌)의 오랑캐로부터
감히 조공하지 않은 이 없고 왕으로 삼지 않은 이 없어
오직 상나라를 떳떳한 것이라 하더이다.

하늘이 여러 제후에게 명하여
우임금의 업적 쌓은 곳에 도읍하게 하시니
해마다 내조하여 섬기고 나를 탓하지 말찌어다.
또 농사일 게을리하지 않았다네.

하늘이 내려다 보신지라 온 백성들이 두려워하니.
잘못됨도 지나침도 없고 조금도 게으르지 아니하면.
제후들에게 명령하시어 크게 그 복을 받게 하셨다네.

상나라 서울은 정돈되니 온 천하의 본보기였네.
빛나고 빛나는 명성이며 밝고 빛나는 신령스러움이네.
오래 사시고 또 편안하셔 우리의 후손을 도우소서.

저 곳 경산에 오르니 소나무 잣나무 울창하구나.
이에 재단하고 옮겨서 바르게 깎고 이에 잘라서
소나무 서까래는 길게 하고 여러 기둥은 크게 하여
사당이 완성되자 귀신도 편안해졌다네.

▨부체다. 총 6장에 3장은 장마다 6구절, 2장은 장마다 7구절, 1장은 5구절로 이루어져 있다.
　구설(舊說)에 은나라의 고종(高宗)을 제사지내는 악가라고 하였다.

제 5 장 상송(商頌) 521

　撻彼殷武[1]로 奮伐荊楚하샤 冞[2]入其阻하여 裒[3]荊之旅하여 有截其所하니 湯孫[4]之緖샷다
　維女荊楚 居國南鄕하나니 昔有成湯하실새 自彼氐羌[5]하여 莫敢不來享[6]하며 莫敢不來王[7]하여 曰商是常이러니라
　天命多辟[8]하샤 設都于禹之績하시니 歲事來辟[9]하여 勿予禍適[10]이어다 稼穡匪解로이다
　天命降監이라 下民有嚴하니 不僭不濫[11]하여 不敢怠遑[12]하면 命于下國하샤 封[13]建厥福하시나니라
　商邑翼翼[14]하니 四方之極이로다 赫赫[15]厥聲이며 濯濯[16]厥靈이로소니 壽考且寧하샤 以保我後生[17]이샷다
　陟彼景山[18]하니 松柏丸丸[19]이어늘 是斷是遷하여 方斲是虔[20]하니 松桷有梃하며 旅楹有閑하니 寢成孔安[21]이로다

1) 撻彼殷武(달피은무) : 달은 빠른 모양. 은무는 은나라 왕의 위무.
2) 冞(미) : 무릅쓰다.
3) 裒(부) : 모으다. 취(聚)의 뜻.
4) 湯孫(탕손) : 은나라의 고종(高宗)을 지칭함.
5) 氐羌(저강) : 추(秋)나라로 서쪽의 오랑캐.
6) 享(향) : 헌납하는 것.
7) 來王(내왕) : 와서 왕으로 섬기는 것.
8) 多辟(다벽) : 여러 제후.
9) 來辟(내벽) : 내왕(來王)과 같다.
10) 適(적) : 꾸짖다의 뜻.
11) 不僭不濫(불참불람) : 참은 포상이 잘못됨. 남은 형벌이 과한 것.
12) 遑(황) : 가(暇)와 같다.
13) 封(봉) : 크다의 뜻.
14) 商邑翼翼(상읍익익) : 상읍은 왕도(王都). 익익은 정연한 모양.
15) 赫赫(혁혁) : 빛나고 또 빛나다.
16) 濯濯(탁탁) : 밝은 모양.
17) 後生(후생) : 뒤의 자손. 후손들.
18) 景山(경산) : 상나라의 도읍에 있는 산.

19) 丸丸(환환) : 곧다.
20) 方斲是虔(방착시건) : 방착은 바르게 깍다. 건은 자르다.
21) 寢成孔安(침성공안) : 침은 사당 가운데의 침묘(寢廟). 안은 편안한 것으로 고종(高宗)의 귀신을 편안하게 하는 것을 말함.

■ 원문시구색인(原文詩句索引)

*『詩傳』의 音讀을 기준으로 했음. ※ 예) 敦 = ①단 ②돈 ③조 ④퇴

[가]

葭菼揭揭 103
假樂君子 414
假寐永嘆 311
家伯爲宰 299
家父作誦 292
嘉賓式燕綏之 258
嘉賓式燕又思 258
嘉賓式燕以衎 258
嘉賓式燕以敖 237
嘉賓式燕以樂 258
稼穡匪解 521
稼穡維寶 441
稼穡卒痒 441
駕我騏𩥍 187
嘉我未老 329
駕我乘馬 206
駕言徂東 273
駕言出遊 78, 108
駕言行狩 273
駕予與歸 140
駕予與行 140
可與晤歌 202
可與晤語 202
可與晤言 202
哿矣能言 303
哿矣富人 296
可以攻玉 280
可以漚苧 202
可以漚麻 202
可以漚紵 202
可以樂飢 201
可以履霜 160, 324
可以縫裳 160
可以餴饎 420
可以棲遲 201
歌以訊之 203

可以爲錯 280
假以溢我 471
可以濯溉 420
可以濯罍 420
假哉天命 380
假哉皇考 484
駕彼四駱 240, 249, 273, 292
駕彼四牡 249, 273, 292
嘉殽脾臄 409
各敬爾身 303
各敬爾儀 308
角弓其觩 505
各奏爾能 355
角枕粲兮 180
衎我烈祖 513
干戈戚揚 417
間關車之舝兮 352
干祿豈弟 390
干祿百福 414
榦不庭方 455
簡兮簡兮 76
葛屨五兩 153
曷其沒矣 373
曷其有極 177
曷其有常 178
曷其有所 177
曷其有佸 118
葛藟纍之 30
葛藟縈之 30
葛藟荒之 30
曷不肅雝 55
葛生蒙棘 180
葛生蒙楚 180
曷予靖之 363
曷又鞠止 153
曷又極止 153
曷又從止 153

曷又懷止 153
曷云其還 332
曷云能穀 327
曷云能來 68
曷月予還歸哉 120
曷維其亡 60
曷維其已 60
曷飮食之 179
葛之覃兮 27
曷至哉 118
曷惠其寧 446
坎坎鼓我 244
坎坎伐檀兮 166
坎坎伐輪兮 166
坎坎伐輻兮 166
敢距大邦 395
監觀四方 394
坎其擊鼓 199
坎其擊缶 199
甘心首疾 111
甘與子同夢 148
監亦有光 324
甘瓠纍之 258
降觀于桑 92
綱紀四方 388
降福簡簡 477
降福孔皆 482
降福孔夷 486
降福旣多 509
降福無疆 514
降福穰穰 477
降喪饑饉 303
疆禦多懟 431
剛亦不吐 452
疆場有瓜 339
疆場翼翼 339
降于卿士 518
江有汜 52

江有渚 52	擊鼓其鏜 65	雞鳴不已 142
江有沱 52	見此良人 174	繼嗣我日 253
降而生商 515	見此粲者 175	繼序其皇之 473
降爾遐福 246	見此邂逅 175	繼序思不忘 488
降之百福 508	俔天之妹 383	雞棲于桀 118
江之永矣 35, 36	見晛曰流 361	雞棲于塒 118
降此鞠訩 292	見晛曰消 361	戒我師旅 461
降此大戾 292	決拾旣佽 273	繼猶判渙 489
降此大厲 465	挈爾牛羊 336	啓之辟之 394
降此蟊賊 441	蒹葭蒼蒼 190	藝鼓弗勝 386
剛則吐之 452	蒹葭采采 190	皋皋訿訿 467
江漢浮浮 458	蒹葭凄凄 190	杲杲出日 111
江漢湯湯 459	駉駉牡馬 500, 501	古公亶父 385
江漢之滸 459	耿耿不寐 58	羔裘翱翔 209
嘅其嘆矣 121	嬽嬽在疚 488	羔裘逍遙 209
豈樂飮酒 357	敬恭明神 446	羔裘晏兮 134
愾我寤嘆 217	磬筦將將 477	羔裘如膏 209
蓋亦勿思 162, 163	頃筐墍之 50	羔裘如濡 134
蓋云歸哉 367	瓊瑰玉佩 196	羔裘豹祛 176
蓋云歸處 367	慶旣令居 455	羔裘豹飾 134
介爾景福 332, 411	敬明其德 504	羔裘豹褎 176
介以繁祉 484	景命有僕 411	高朗令終 411
介爾昭明 411	罄無不宜 246	皐門有伉 386
价人維藩 428	京師之野 417	考槃在澗 101
豈弟君子 263, 353, 390, 420, 422	景山與京 92	考槃在陸 102
	經始勿亟 398	考槃在阿 102
溉之釜鬵 211	經始靈臺 398	考卜維王 402
凱風自南 67	敬愼威儀 425, 436, 504	高山仰止 352
居國南鄉 521	京室之婦 391	告成于王 459
去其螟螣 343	經營四方 329, 375, 459	鼓瑟鼓琴 237, 333
居岐之陽 395, 509	景員維河 516	鼓瑟吹笙 237
居常與許 509	敬爾威儀 436	考愼其相 441
舉醻逸逸 355	涇以渭濁 71	顧我復我 322
虡業維樅 398	敬爾在公 479	顧我則笑 64
居然生子 406	敬而聽之 319	高岸爲谷 299
居以凶矜 363	敬之敬之 490	羔羊之縫 48
蘧篨不殄 82	經之營之 398	羔羊之皮 48
蘧篨不鮮 82	敬天之怒 428	羔羊之革 48
秬鬯一卣 459	敬天之渝 428	顧予烝嘗 513, 514
居河之麋 314	憬彼淮夷 505	鼓咽咽 502
虔共爾位 455	景行行止 352	賈用不售 72
褰裳涉洧 139	契契寤嘆 324	告于文人 459
褰裳涉溱 139	雞旣鳴矣 148	告爾舊止 436
建爾元子 509	戒其傷女 131	告爾憂恤 441
建旐設旄 273	季女斯飢 215	古帝命武湯 515
建彼旄矣 251	雞鳴喈喈 142	鼓鐘喈喈 333
乾餱以愆 244	雞鳴膠膠 142	鼓鐘伐鼛 333

鼓鐘送尸 336	公侯干城 33	九十其犉 289
鼓鐘于宮 370	公侯腹心 33	九十其儀 228
鼓鐘將將 333	公侯之宮 41	求我庶士 50
鼓鐘欽欽 333	公侯之事 41	構我二人 353
古之人無斁 391	公侯好仇 33	寇攘式內 431
告之話言 436	蜾蠃負之 308	苟亦無信 181
顧瞻周道 211	果臝之實 228	苟亦無與 182
古訓是式 452	瓜㽕唪唪 406	苟亦無然 182
穀旦于逝 200	鞹鞃淺幭 455	苟亦無從 182
穀旦于差 200	關關雎鳩 25	九罭之魚 232
穀則異室 125	觀其流泉 417	具曰予聖 296
昆吾夏桀 518	鸛鳴于垤 228	九月授衣 221
袞衣繡裳 232	冠 綏雙止 153	九月肅霜 222
混夷駾矣 386	串夷載路 394	九月叔苴 222
袞職有闕 452	祼將于京 380	九月在戶 222
公車千乘 509	寬兮綽兮 100	九月築場圃 222
公歸無所 232	狂童之狂也且 139	九有有截 518
公歸不復 232	狂夫瞿瞿 151	鉤膺鏤錫 455
孔棘我圉 441	筐之筥之 359	鉤膺鞗革 270
孔棘且殆 303	皎皎白駒 282, 283	鉤膺濯濯 449
公徒三萬 509	交交桑扈 308, 347	求爾新特 285
孔樂韓土 455	蹻蹻王之造 496	覯爾新昏 352
孔曼且碩 509	翹翹錯薪 35, 36	疚哉冢宰 446
孔武有力 134	矯矯虎臣 504	丘中有李 126
共武之服 267	交交黃鳥 192	丘中有麻 126
公孫碩膚 233	交亂四國 353	丘中有麥 126
孔脩且張 455	交相爲瘉 361	求之不得 25
孔夙 446	巧笑之瑳 108	捄之陾陾 386
孔淑不逆 505	巧笑倩兮 103	具贅卒荒 441
公尸嘉告 411	巧言如流 303	具禍以燼 441
公尸來燕來寧 413	巧言如簧 314	國既卒斬 292
公尸來燕來宜 413	佼人僚兮 205	國無有殘 425
公尸來燕來宗 413	佼人燎兮 205	國步蔑資 441
公尸來燕來處 413	佼人懰兮 205	國步斯頻 441
公尸來止熏熏 413	驕人好好 318	國雖靡止 306
公尸燕飲 413	敎之誨之 371	鞫爲茂草 311
公言錫爵 76	交韔二弓 187	鞫人忮忒 465
孔燕豈弟 262	巧趨蹌兮 158	國人知之 203
公曰左之 185	敎誨爾子 308	鞫哉庶正 446
控于大邦 97	求其友聲 244	群公先正 445, 446
邛有旨鷊 204	劬勞于野 276	群黎百姓 246
邛有旨苕 204	驅馬悠悠 97	君婦莫莫 336
孔塡不寧 465, 467	廄矛鋈錞 187	君曰卜爾 246
公庭萬舞 76	苟無飢渴 118	君子樂胥 347
公之媚子 185	覯閔既多 59	君子陶陶 119
工祝致告 336	求民之莫 394	君子樂胥 347
孔惠孔時 336	求福不回 390	君子來朝 359

君子屢盟 314	厥德不回 382	今我不樂 170
君子萬年 344, 348, 411	蹶父孔武 455	今也每食無餘 196
君子無易由言 311	蹶父之子 455	今也每食不飽 197
君子秉心 311	厥聲載路 406	今也日蹙國百里 468
君子不惠 311	厥猶翼翼 380	今女下民 226
君子所屆 359	蹶維趣馬 300	金玉其相 388
君子所履 324	厥作祼將 380	錦衣狐裘 191
君子所依 249	厥初生民 406	今者不樂 184
君子樹之 314	潰潰回遹 467	今茲之正 296
君子是識 465	歸寧父母 27	今適南畝 341
君子是則是傚 237	歸飛提提 311	今此下民 299
君子信盜 314	歸唁衞侯 97	及其孟賊 343
君子信讒 311, 314	歸于其居 180	及爾同僚 428
君子實維 441	歸于其室 180	及爾同死 71
君子陽陽 119	歸哉歸哉 49	及爾斯所 514
君子如屆 292	糾糾葛屨 160, 324	及爾如貫 316
君子如怒 314	赳赳武夫 33	及爾游衍 428
君子如夷 292	圭璧旣卒 445	及爾顚覆 72
君子如祉 314	揆之以日 92	及爾出王 428
君子于役 118	昫昫原隰 338	及爾偕老 107
君子有穀 502	克開厥後 487	及彼南夷 509
君子攸寧 287	克共明刑 436	及河喬嶽 476
君子維宴 350	克廣德心 504	矜矜兢兢 289
君子攸芋 287	克岐克嶷 406	兢兢業業 445, 467
君子攸躋 287	亟其乘屋 222	矜此勞人 318
君子有酒 257, 258, 372	克明克類 394	其角濈濈 289
君子有之 345	克明其德 504	豈敢愛之 129
君子有孝子 411	克配上帝 380	其甘如薺 71
君子有徽猷 361	克配彼天 477	豈敢定居 249
君子宜之 345	克順克比 394	豈敢憚行 371
君子作歌 327	棘心夭夭 67	其車旣載 296
君子作之 314	棘人欒欒兮 209	其車三千 270
君子之車 249, 423	克長克君 394	旣愆爾止 432
君子之馬 423	克壯其猶 271	旣見君子 37, 142, 173,
君子至止 191, 277, 344	克定厥家 496	184, 251, 261, 262,
君子偕老 88	克昌厥後 484	265, 350, 368,
君子好逑 25	克咸厥功 509	旣堅旣好 343
君之宗之 417	斤斤其明 477	旣見復關 106
屈此群醜 504	堇荼如飴 385	旣敬旣戒 461
弓矢旣調 273	謹爾侯度 436	其耕澤澤 492
弓矢斯張 355, 417	錦衾爛兮 180	旣戒旣平 514
弓矢戎兵 436	今夕何夕 174, 175	其告維何 411
躬自悼矣 107	琴瑟擊鼓 341	其灌其栵 394
穹窒熏鼠 222	琴瑟友之 25	旣匡旣敕 336
睠睠懷顧 332	琴瑟在御 136	其究安宅 276
卷髮如蠆 365	今我來思 249, 251	其舊如之何 228
睠言顧之 324		其軍三單 417

시구색인(詩句索引) 527

其君也哉 191
旣克有定 296
旣亟只且 80
旣克淮夷 505
饑饉薦臻 445
其祁孔有 275
其旂淠淠 359
豈其食魚 201
祁祁如雲 455
旣其女遷 318
豈其取妻 201
其旂茷茷 504
旣佶且閑 268
旣多受祉 268, 509
其湛曰樂 355
其大有顒 267
其帶伊絲 216
其德克明 394
其德靡悔 394
其德不爽 261
其德不猶 333
其德不回 333, 508
其毒大苦 332
其桐其椅 263
旣登乃依 417
其樂如何 368
其樂只且 119
其麗不億 380
其流湯湯 279
騏騮是中 187
其類維何 411
其笠伊糾 494
旣立之監 356
其馬蹻蹻 504
其鳴喈喈 27
其命多辟 431
其命匪諶 431
其命維新 380
旣明且哲 452
豈無居人 130
豈無膏沐 111
豈無服馬 130
豈無飮酒 130
豈無他士 139
豈無他人 139, 176
旣微且尰 314
其未醉止 355

其鏄斯趙 494
旣方旣早 343
旣伯旣禱 275
旣伐于崇 402
其弁伊騏 216
祈父 281
旣伏其辜 303
其僕維何 411
旣溥旣長 417
豈不夙夜 47
旣不我嘉 97
豈不爾思 108, 125, 141, 209
豈不爾受 318
豈不日戒 249
豈不懷歸 239, 240, 251, 332
旣備乃事 343
旣備乃奏 482
其飛戾天 270
其比如櫛 494
旣生旣育 72
旣庶旣繁 417
期逝不至 253
旣庶且多 423
旣設我旟 459
旣成藐藐 449
飢成不遂 303
旣成我服 267
旣昭假爾 480
其嘯也歌 52
其萩維何 455
淇水瀵瀵 108
淇水在右 108
旣受帝祉 394
其誰知之 162, 163
淇水湯湯 106
旣順迺宣 417
其崇如墉 494
其繩則直 386
其詩孔碩 449
其始播百穀 222
其新孔嘉 228
其實離離 263
其實三兮 50
其實之食 162
其實之殽 162

其室則邇 141
其實七兮 50
其心孔艱 316
其心塞淵 61
期我乎桑中 90
旣安且寧 242
其魚魴鱮 156
其魚魴鰥 156
其魚唯唯 156
跂予望之 110
棄予如遺 320
祈年孔夙 446
旣燕于宗 413
其堅其柘 394
旣有淫威 486
其葉蓬蓬 359
其葉湑湑 176
其葉湑兮 345, 352
其葉沃若 106
其葉有難 368
其葉有沃 368
其葉有幽 368
其葉牂牂 203
其葉蓁蓁 32
其葉萋萋 253
其葉菁菁 176
其葉青青 374
其葉肺肺 203
旣景迺岡 417
旣曰告止 153
旣曰歸止 153
旣曰得止 153
豈曰無衣 195
豈曰無衣六兮 178
豈曰無衣七兮 178
豈曰不極 465
豈曰不時 300
豈曰庸止 153
旣往旣來 324
其容不改 365
旣優旣渥 338
其雨其雨 111
旣右烈考 484
旣右饗之 475
其爲飄風 316
旣有肥牡 244
旣有肥羜 244

其維愚人 436	其追其貊 456	樂且有儀 265
旣有淫威 486	旣出我車 458	樂土樂土 167
其維哲人 436	旣醉旣飽 336, 477	樂彼之園 280
其胤維何 411	旣取我子 226	爛其盈門 455
其音昭昭 504	旣醉以酒 411	亂離瘼矣 326
旣飲旨酒 504	旣醉而出 356	亂靡有定 292
其泣喤喤 287	其菑其翳 394	亂匪降自天 465
其儀不忒 216	其則不遠 231	亂生不夷 441
其儀一兮 216	淇則有岸 107	亂庶遄已 314
旣夷旣懌 292	旣破我斧 230	亂庶遄沮 314
其耳濕濕 289	旣飽以德 411	鸞聲將將 277
旣詒我肄 72	其風肆好 449	鸞聲嘒嘒 359
豈伊異人 350	跂彼織女 324	鸞聲噦噦 277, 504
蓁顓而長兮 158	其何能淑 441	亂是用餤 314
其人美且鬈 155	其下維穀 280	亂是用長 314
其人美且偲 155	其下維蘀 280	亂是用暴 314
其人美且仁 155	其下侯旬 441	亂我籩豆 356
其人甚遠 141	旣閑且馳 423	亂我心曲 187
其人如玉 283	其香始升 406	亂如此憮 313
旣入于謝 449	其鐛伊黍 494	亂之又生 314
其子在棘 216	其虛其邪 80	亂之初生 314
其子在梅 216	旣挾四鍭 409	亂況斯削 441
其子在榛 216	旣挾我矢 275	拷采其劉 441
其子七兮 216	旣和且平 513	南澗之濱 44
旣作泮宮 504	其黃而隕 106	南國是式 449
旣作爾歌 441	其會如林 383	南國之紀 327
旣張我弓 275	其殽維何 455	南東其畝 338
其在于今 436	其後也處 52	南方之原 200
旣載淸酤 514	其後也悔 52	南山烈烈 322
旣霑旣足 338	吉蠲爲饎 246	南山有栲 260
其桯其椐 394	吉夢維何 287	南山有枸 260
其政不獲 394	吉甫燕喜 268	南山有杞 260
旣庭且碩 343	吉甫作誦 449, 452	南山有臺 260
旣齊旣稷 336	吉士誘之 53	南山有桑 260
旣阻我德 72	吉日庚午 275	南山律律 322
旂旐央央 251, 270	吉日維戊 275	南山朝隮 215
其釣維何 55, 366		南山崔崔 153
旣種旣戒 343	**[나]**	南有嘉魚 258
其從如水 156		南有喬木 35
其從如雨 156	樂郊樂郊 168	南有樛木 30, 258
其從如雲 156	樂國樂國 167	男子之祥 287
其贈維何 455	樂爾妻帑 243	南仲大祖 461
旣之陰女 441	樂子之無家 210	南土是保 449
其之翟也 88	樂子之無室 210	狼跋其胡 233
其之展也 88	樂子之無知 210	狼疐其尾 233
其直如矢 324	樂酒今夕 350	來嫁于周 382
旣差我馬 275	樂只君子 30, 260, 359	迺疆迺理 386

시구색인(詩句索引) 529

來假祁祁 516	魯道有蕩 153, 157	檀車煌煌 383
來假來饗 514	老馬反爲駒 361	亶其然乎 243
乃見狂且 137	魯邦所詹 509	亶不聰 281
乃見狡童 137	魯邦是常 509	禮楊暴虎 131
乃求萬斯箱 341	老夫灌灌 428	敦彼行葦 409
乃覯于京 417	老使我怨 107	亶侯多藏 300
乃求千斯倉 341	勞心慱慱兮 209	撻彼殷武 521
乃眷西顧 394	勞心怛怛 154	譚公維私 103
來歸自鎬 268	勞心忉忉 154, 209	覃及鬼方 432
乃及王季 382	勞心慘兮 205	湛湛露斯 263
乃棄爾輔 296	勞心慅兮 205	簟茀錯衡 455
迺立皐門 386	勞心悄兮 205	髧彼兩髦 86
迺立應門 386	盧令令 155	醓醢以薦 409
迺立冢土 386	勞人草草 318	唐棣之華 55
乃命魯公 509	盧重鋂 155	大車啍啍 125
來方禋祀 343	盧重環 155	大車檻檻 125
內奰于中國 432	路寢孔碩 509	大啓爾宇 509
駴牝三千 92	露彼菅茅 370	大賂南金 505
乃生男子 287	魯侯戾止 504	臺笠緇撮 365
乃生女子 287	魯侯是若 509	大命近止 445, 446
迺宣迺畝 386	魯侯燕喜 509	大命以傾 432
乃召司空 386	魯侯之功 509	大無信也 94
乃召司徒 386	鹿斯之奔 311	大邦爲讐 271
來旬來宣 459	綠衣黃裏 60	大邦維屛 428
乃安斯寢 287	綠衣黃裳 60	大邦有子 382, 383
乃如之人也 94	綠竹如簀 100	大夫君子 97, 446
乃如之人兮 63	綠竹猗猗 100	大夫跋涉 97
迺裹餱糧 417	綠竹靑靑 100	大夫不均 329
迺場迺疆 417	綠兮絲兮 60	大夫夙退 103
迺積迺倉 417	綠兮衣兮 60	大師維垣 428
迺陟南岡 417	農夫克敏 341	代食維好 441
來游來歌 422	農夫之慶 341	對揚王休 459
迺慰迺止 386	賚我思成 514	對越在天 471
來咨來茹 479	屢顧爾僕 296	大田多稼 343
乃占我夢 287	屢舞傞傞 356	大宗維翰 428
鼐鼎及鼒 495	屢舞僛僛 356	大糦是承 515
乃造其曹 417	屢舞僛僛 355	帶則有餘 365
來朝走馬 385	婁豐年 496	大庖不盈 273
迺左迺右 386	能不我甲 109	大風有隧 441
來卽我謀 106	能不我知 109	大侯旣抗 355
乃寢乃興 287		德輶如毛 452
來獻其琛 505	**[다]**	德音孔膠 368
路車乘馬 359, 449		德音孔昭 237
路車乘黃 196	多我覯痻 441	德音來括 352
路車有奭 270	多將熇熇 428	德音莫違 71
鷺于飛 502	多且旨 257	德音無良 63
鷺于下 502	檀車幝幝 253	德音不忘 137

530 시경(詩經)

德音不已 260
德音不瑕 233
德音是茂 260
德音秩秩 415
靴磬柷圉 482
靴鼓淵淵 513
滔滔江漢 327
慆慆不歸 228
荼蓼朽止 494
陶復陶穴 385
徒御無斁 505
徒御不驚 273
徒御嘽嘽 449
盜言孔甘 314
道阻且右 190
道阻且長 190
道阻且躋 190
桃之夭夭 32
道之云遠 68, 371
倒之顚之 151
挑兮達兮 143
篤公劉 417
獨寐寤歌 102
獨寐寤宿 102
獨寐寤言 101
篤生武王 383
獨爲匪民 375
獨行睘睘 176
獨行踽踽 176
突而弁兮 154
彤弓弨兮 264
彤管有煒 81
東宮之妹 103
東門之枌 200
東門之墠 141
東門之楊 203
東門之栗 141
東門之池 202
東方明矣 148
東方未明 151
東方未晞 151
東方自出 63
東方之月兮 150
東方之日兮 150
同我婦子 221
東有啓明 324
東有甫草 273

同爾兄弟 395
東人之子 324
冬日烈烈 326
童子佩韘 109
童子佩觿 109
冬之夜 180
得罪于天子 303
得此戚施 82
登是南邦 449

[마]

麻麥幪幪 406
麻衣如雪 214
莫敢不諾 509
莫敢不來王 521
莫敢不來享 521
莫敢或遑 49
莫敢遑息 49
莫高匪山 311
莫肯念亂 278
莫肯夙夜 303
莫肯用訊 303
莫肯朝夕 303
莫肯下遺 361
莫莫葛藟 390
藐藐昊天 465
莫捫朕舌 436
莫不靜好 136
莫不令德 263
莫不令儀 263
莫不率從 509
莫不震疊 476
莫非王臣 329
莫非王土 329
莫匪爾極 477
莫遂莫達 518
莫我肯顧 167
莫我肯德 167
莫我肯勞 167
莫如南土 449
莫予荓蜂 491
莫予云覯 436
莫如韓樂 455
莫如兄弟 242
莫往莫來 64
莫怨具慶 336

莫遠具爾 409
莫慰母心 67
莫赤匪狐 80
莫浚匪泉 311
莫之敢指 94
莫知其尤 326
莫知其他 306
莫知我艱 79
莫知我哀 249
莫知我勩 303
瘼此下民 441
莫或遑處 49
莫黑匪烏 80
萬舞洋洋 509
萬舞有奕 513
萬民靡不承 436
萬民所望 365
萬民是若 509
萬邦爲憲 268
萬邦作孚 380
萬邦之方 395
萬邦之屛 347
萬福來求 347
萬福攸同 262, 359
萬壽無疆 222, 246, 260,
　　　　　336, 339, 341
萬壽無期 260
萬壽攸酢 336
萬億及秭 482, 492
萬有千歲 509
蠻荊來威 271
秣之摧之 348
罔敷求先王 436
忘我大德 320
忘我實多 194
望楚與堂 92
每食無餘 196
每食不飽 197
每食四簋 197
每有良朋 242
沬之東矣 90
沬之北矣 90
沬之鄕矣 90
靺韐有奭 344
每懷靡及 241
每懷靡及 452
貊其德音 394

시구색인(詩句索引)

氓之蚩蚩 106	謀之其臧 306	無非無儀 287
緜蠻黃鳥 371	謀之不臧 306	無俾民憂 425
緜緜葛藟 123	毛炰胾羹 509	無俾城壞 428
緜緜瓜瓞 385	母兮鞠我 322	無俾作慝 425
緜緜其麃 492	穆穆厥聲 513	無俾正反 425
勉勉我王 388	穆穆魯侯 504	無俾正敗 425
綿綿翼翼 461	穆穆文王 380	無俾大怠 356
勉爾遁思 282	穆穆皇皇 414	無使君勞 103
沔彼流水 278, 279	牧野洋洋 383	無使尨也吠 53
蔑我立王 441	穆如淸風 452	無思百憂 330
螟蛉有子 308	牧人乃夢 289	無思不服 402
明明魯侯 504	蒙伐有苑 187	無使我心悲兮 232
明命使賦 452	矇瞍奏公 398	無思遠人 154
明明上天 332	蒙彼縐絺 88	無相猶矣 287
明明在下 382	墓門有棘 203	母逝我梁 71
明明天子 459	墓門有梅 203	無逝我梁 311
明發不寐 308	無感我帨兮 53	無庶予子憎 148
命不易哉 490	無敢馳驅 428	無胥遠矣 361
明星有爛 136	無敢戲豫 428	無聲無臭 380
明星晢晢 203	無競維烈 476, 487	無小無大 504
明星煌煌 203	無競維人 436, 473	無小人殆 292
明昭上帝 479	毋教猱升木 361	無矢我陵 395
明昭有周 476	無拳無勇 314	無食桑葚 106
命我衆人 479	無幾相見 350	無食我麥 167
命于下國 521	無棄爾勞 425	無食我苗 167
命程伯休父 461	無棄爾輔 296	無食我黍 167
鳴蜩嘒嘒 311	無棄爾成 446	無信人之言 143
命之不易 380	無念爾祖 380	無信讒言 353
命此文王 383	無德不報 436	無我惡兮 135
命彼倌人 92	無獨斯畏 428	無我有尤 97
命彼後車 371	無冬無夏 199	無我醜兮 135
旄丘之葛兮 74	無淪胥以亡 436	無遏爾躬 380
母金玉爾音 283	無淪胥以敗 306	無言不疾 303
耗斁下土 445	無母何恃 322	無言不讎 436
謀夫孔多 306	無木不萎 320	無與士耽 106
髦士攸宜 388	母發我笱 71	無射於人斯 471
母氏劬勞 67	無發我笱 311	無射亦保 391
母氏勞苦 67	無封靡于爾邦 473	無然泄泄 427
母氏聖善 67	武夫洸洸 459	無然謔謔 428
母也天只 86	武夫滔滔 458	無然憲憲 427
母曰嗟予季行役 164	無父母詒罹 287	無然歆羨 395
謀欲譖言 318	無父何怙 322	無曰高高在上 490
謀欲譖人 318	無不潰止 467	無曰苟矣 436
謀猶回遹 306	無不克鞏 465	無曰不顯 436
謀臧不從 306	無不能止 446	無曰予小子 459
蟊賊內訌 467	無不柔嘉 436	武王豈不仕 402
蟊賊蟊疾 465	無不爾或承 246	

武王成之 402	無害我田穉 343	未幾見兮 154
武王載旆 518	無毁我室 226	美孟姜矣 90
武王烝哉 402	文武吉甫 268	美孟庸矣 90
無怨無惡 415	文武受命 459	美孟弋矣 90
無爲夸毗 428	文武是憲 449	靡明靡晦 432
無踰我里 129	文武維后 484	美目盼兮 103
無踰我園 129	汶水滔滔 157	美目揚兮 158
無踰我牆 129	汶水湯湯 157	美目清兮 158
無有後艱 413	問我諸姑 77	美無度 161
無飮我泉 395	文王嘉止 382	亹亹文王 380
無衣無褐 221	文王康之 473	亹亹申伯 449
無貳無虞 509	文王蹶厥生 386	靡不勝 515
無以我公歸兮 232	文王旣勤止 497	靡不有初 431
無易由言 436	文王孫子 380	靡使歸聘 248
無貳爾心 383	文王受命 402	靡聖管管 427
無已大康 170	文王曰咨 431, 432	靡所與同 74
無以下體 71	文王有聲 402	靡所定處 441
武人東征 373	文王以寧 380	靡所止居 281
無自暱焉 363	文王在上 380	靡所止戾 303
無自立辟 428	文王烝哉 402	靡所止疑 441
無自瘝焉 363	文王之德純 471	靡所底止 281
無將大車 330	文王之母 391	眉壽無有害 509
無蓄無害 406	文王之典 472	眉壽保魯 509
無災無害 508	文王陟降 380	靡神不宗 445
無田甫田 154	文王初載 382	靡神不擧 445
無折我樹杞 129	聞于四國 449	靡室勞矣 107
無折我樹檀 129	文茵暢轂 187	靡室靡家 248
無折我樹桑 129	文定厥祥 383	微我無酒 58
武丁孫子武王 515	物其多矣 257	微我弗顧 244
無縱詭隨 425	物其有矣 257	微我有咎 244
無罪無辜 300, 313	物其旨矣 257	靡愛斯牲 445
無酒酤我 244	勿罔君子 292	美如英 161
無集于穀 284	勿士行枚 228	美如玉 161
無集于桑 284	勿予禍適 521	薇亦剛止 248
無集于栩 284	勿以爲笑 428	薇亦柔止 248
無此疆爾界 478	勿翦勿拜 45	薇亦作止 248
無忝爾所生 308	勿翦勿伐 45	媚于庶人 422
無忝皇祖 465	勿翦勿敗 45	媚于天子 415, 422
無草不死 320	勿替引之 336	彌月不遲 508
舞則選兮 158	未堪家多難 489, 491	未有家室 385
無浸穫薪 324	未見君子 37, 42, 184, 194, 251, 350	靡有旅力 441
無啄我粱 284		靡有不孝 504
無啄我黍 284	靡屆靡究 431	靡有夷屆 465
無啄我粟 284	靡國不到 455	靡有夷瘳 465
無廢朕命 455	靡國不泯 441	靡有朝矣 107
無恒安息 332	微君之故 73	靡有子遺 445
無恒安處 332	微君之躬 73	靡依匪母 311

靡人不周 446	民之初生 385	邦君諸侯 303
靡人弗勝 296	民之貪亂 441	邦畿千里 515
美人之貽 81	民之回遹 441	魴鱧 257
靡日不思 77	民之洽矣 427	方命厥后 515
采入其阻 521	旻天疾威 303, 306, 467	方茂爾惡 292
媚玆一人 400	密人不恭 395	方靡有定 465
未知臧否 436		方秉蕳兮 146
靡哲不愚 435	[바]	方社不莫 446
靡瞻靡顧 445		魴鱮甫甫 455
靡瞻匪父 311	薄伐西戎 251	方叔涖止 270
民各有心 436	薄伐玁狁 267, 268	方叔率止 270, 271
民具爾瞻 292	薄送我畿 71	方叔元老 271
民今方殆 296	搏獸于敖 273	魴魚赬尾 37
民今之無祿 296	薄言祜之 34	訪予落止 489
民莫不穀 311, 322, 326	薄言駉者 500, 501	防有鵲巢 204
民莫不逸 300	薄言觀者 366	邦人諸友 278
黽勉求之 71	薄言歸沐 366	方將萬舞 76
黽勉同心 71	薄言掎之 34	邦之桀兮 111
黽勉畏去 446	薄言還歸 251	邦之司直 134
黽勉從事 300	薄言往愬 59	邦之彦兮 134
民靡有黎 441	薄言有之 34	邦之媛也 88
民胥然矣 361	薄言震之 476	方之舟之 71
民胥傚矣 361	薄言采芑 270	方斲是虔 521
民鮮克擧之 452	薄言采之 34	方苞方體 409
民所燎矣 390	薄言掇之 34	方何爲期 187
民雖靡膴 306	薄言追之 486	方渙渙兮 146
民言無嘉 292	薄言還歸 41, 251	白圭之玷 436
閔予小子 488	薄言襭之 34	百堵皆作 276
民亦勞止 425	薄汚我私 27	百堵皆興 386
民有肅心 441	薄采其芹 504	百兩彭彭 455
民人所瞻 441	薄采其茆 504	百兩成之 40
民卒流亡 467	薄采其藻 504	百兩御之 40
民之多辟 428	薄澣我衣 27	百兩將之 40
民之莫矣 427	反是不思 107	百禮旣至 355
民之罔極 442	反予來赫 441	白露未已 190
民之無辜 296	反以我爲讐 72	白露未晞 190
民之無良 361	弁彼鸒斯 311	白露爲霜 190
民之未戾 441	伴奐爾游矣 422	百祿是遒 518
民之靡盈 436	發言盈庭 306	百祿是總 518
民之方殿屎 428	髮則有旟 365	百祿是何 516
民之秉彝 452	發彼小豝 275	百僚是試 324
民之父母 260, 420	發彼有的 355	白茅純束 53
民之失德 244	邦家之光 260, 492	白牡騂剛 509
民之訛言 279, 296	邦家之基 260	白茅束兮 370
民之攸歸 420	邦國是有 509	白茅包之 53
民之攸墍 415, 420	邦國若否 452	百辟卿士 415
民之質矣 246	邦國殄瘁 465	百辟其刑之 473

百辟爲憲 347
百夫之防 192
百夫之禦 193
百夫之特 192
白石粼粼 173
白石鑿鑿 173
白石皓皓 173
百歲之後 180
百神爾主矣 422
百室盈止 494
伯氏吹壎 316
伯也執殳 111
百爾君子 68
百爾所思 97
白鳥翯翯 398
百川沸騰 299
白茆央央 268
伯兮朅兮 111
白華菅兮 370
百卉具腓 326
幡幡瓠葉 372
抃飛維鳥 491
蕃衍盈匊 174
蕃衍盈升 174
燔炙芬芬 413
燔之炙之 372
燔之炮之 372
伐柯伐柯 231
伐柯如何 231
伐鼓淵淵 270
伐其條枚 37
伐其條肄 37
伐木掎矣 311
伐木于阪 244
伐木丁丁 244
伐木許許 244
凡今之人 242
凡民有喪 71
凡百君子 303, 319
汎汎其逝 84
汎汎其景 84
汎汎楊舟 265
汎汎楊舟 359
凡周之士 380
凡此飲酒 356
汎彼柏舟 58, 86
辟言不信 303

辟爾爲德 436
籩豆大房 509
籩豆有且 455
籩豆有踐 231, 244
籩豆有楚 355
籩豆靜嘉 411
竝驅從兩肩兮 149
竝驅從兩狼兮 149
竝驅從兩牡兮 149
秉國之均 292
幷其臣僕 296
秉文之德 471
鞞琫容刀 417
鞞琫有珌 344
秉畀炎火 343
竝受其福 356
秉心無競 441
秉心塞淵 92
秉心宣猶 441
幷云不逮 441
竝坐鼓瑟 184
竝坐鼓簧 184
缾之罄矣 322
保其家邦 344
保其家室 344
報我不述 63
保艾爾後 260
保右命爾 383
保右命之 414
保有厥士 496
保有鳧鷖 509
報以介福 336, 339, 341
保玆天子 452
報之以瓊玖 113
報之以瓊瑤 113
報之以瓊琚 113
報之以李 436
保彼東方 509
復降在原 417
覆狂以喜 441
服其命服 270
福祿旣同 344
福祿來反 477
福祿來成 413
福祿來崇 413
福祿來爲 413
福祿來下 413

福祿膍之 359
福祿綏之 348
福祿申之 359
福祿艾之 348
福祿如茨 344
福祿攸降 390, 413
福祿宜之 348
福履成之 30
福履綏之 30
福履將之 30
覆背善詈 441
僕夫況瘁 251
覆俾我悖 442
卜筮偕止 253
復我邦家 285
復我邦族 284
復我諸父 284
復我諸兄 284
覆用爲虐 436
卜云其吉 92
覆怨其正 292
覆謂我僭 436
卜爾百福 336
復周公之宇 509
服之無斁 27
覆出爲惡 303
本實先撥 432
本支百世 380
封建厥福 521
芃芃其麥 97
芃芃黍苗 217, 367
芃芃棫樸 388
菶菶萋萋 423
奉時辰牡 185
奉璋峨峨 388
逢此百罹 122
逢此百憂 122
逢此百凶 122
逢天僤怒 441
逢彼之怒 59
鳳凰鳴矣 423
鳳凰于飛 422
副笄六珈 88
否難知也 316
不能蓺稻粱 177
不大聲以色 395
父母孔邇 37

시구색인(詩句索引) 535

父母生我 296	不殄心憂 441	不諫亦入 391
父母先祖 445	不殄禋祀 445	不敢告勞 300
父母之言 129	不懲其心 292	不敢不局 296
父母何嘗 177	敷天之下 497	不敢不蹐 296
父母何食 177	溥天之下 329	不敢馮河 306
父母何怙 177	婦歎于室 228	不敢以告人 173
婦無公事 465	溥彼韓城 455	不敢怠遑 521
溥斯害矣 468	裒荊有旅 521	不敢暴虎 306
敷時繹思 497	父兮母兮 63	不敢戲談 292
哀時之對 498	父兮生我 322	不剛不柔 518
拊我畜我 322	北流活活 103	不康禋祀 406
夫也不良 203	北山有杻 260	不忿不忘 414
膚如凝脂 103	北山有萊 260	不騫不崩 246, 289
鳧鷖在涇 413	北山有李 260	不愆于儀 436
鳧鷖在亹 413	北山有楊 260	不見其身 316
鳧鷖在沙 413	北山有楰 260	不見復關 106
鳧鷖在渚 413	北風其喈 80	不見子都 137
鳧鷖在潨 413	北風其涼 80	不見子充 137
父曰嗟予子行役 164	賁鼓維鏞 398	不競不絿 518
敷于下土 306	奮伐荊楚 521	不顧其後 361
蜉蝣掘閱 214	汾王之甥 455	弗鼓弗考 171
婦有長舌 465	不可求思 35	不告于訩 505
蜉蝣之羽 214	不可救藥 428	不愧于人 316
蜉蝣之翼 214	不可卷也 59	弗求弗迪 441
斧以斯之 203	不可道也 87	不求友生 244
婦子寧止 494	不可讀也 87	弗躬弗親 292
不自我先 296, 465	不可弭忘 279	弗厭豐草 406
不自我後 296, 465	不可方思 35, 36	不忮不求 68
不自爲政 292	不稼不穡 166	不戁不竦 518
不臧覆用 306	不可詳也 87	弗念厥紹 436
不長夏以革 395	不可選也 59	不念昔者 72
不栽我躬 468	不可說也 106	不寧不令 299
不績其麻 200	不可掃也 87	不能奮飛 59
賦政于外 452	不可東也 87	不能旋反 97
敷政優優 518	不可襄也 87	不能旋濟 97
不弔昊天 292	不可與明 284	不能晨夜 151
敷奏其勇 518	不可與處 284	不能蓺稻粱
不駿其德 303	不可泳思 35, 36	不能蓺黍稷 177
不知其期 118	不可畏也 228	不能蓺稷黍 177
不知其郵 356	不可爲也 436	不稂不莠 343
不知其秩 355	不可以據 59	不諒人只 86
不知德行 68	不可以茹 59	弗慮弗圖 303
不知命也 94	不可以挹酒漿 324	不令兄弟 361
不知所屆 311	不可以簸揚 324	弗祿爾康矣 422
不知我者 117, 162	不可轉也 59	不留不處 461
不震不動 518	不可度思 436	不流束薪 120, 143
不震不騰 509	不可休思 35	不流束楚 120, 143

不流束蒲 120	不如我所之 97	不出正兮 158
不離于裏 311	不與我戍甫 120	不醉無歸 263
紼纚維之 359	不與我戍申 120	不醉反恥 356
不明爾德 431	不與我戍許 120	不測不克 461
不侮矜寡 452	不與我食兮 139	弗馳弗驅 171
弗問弗仕 292	不與我言兮 139	不稱其服 215
不聞亦式 391	不如友生 242	不坏不副 406
不思舊姻 285	不如玆 468	不平謂何 292
不思其反 107	不如子之衣 178	不遐有愆 436
不死何俟 95	不盈頃筐 29	不遐有佐 400
不死何爲 95	不盈一匊 366	不瑕有害 77, 84
不尙愒焉 363	不盈一襜 366	不解于位 415
不尙息焉 363	弗曳弗婁 171	不顯其光 383, 455
不尙有舊 468	不畏疆禦 452	不顯不承 471
不舒究之 311	不畏于天 303, 316	不顯成康 476
不胥以穀 441	不用其良 299	不顯申伯 449
不屑髢也 88	不用其行 299	不顯亦臨 391
不成報章 324	不云自頻 468	不顯亦世 380
不素飧兮 166	不云自中 468	不顯維德 473
不素食兮 166	不遠伊邇 71	不吳不揚 505
不素餐兮 166	不爲虐兮 100	不吳不敖 495
弗洒弗掃 171	不濡其翼 215	不遑假寐 311
不遂其媾 215	不濡其咮 215	不遑啓居 248, 251
不狩不獵 166	不憖遺一老 300	不遑啓處 239, 248
不輸爾載 296	不宜空我師 292	不遑將母 240
不夙則莫 151	黻衣繡裳 191	不遑將父 239
不承權輿 196, 197	不宜有怒 71	不皇朝矣 373
不識不知 395	不義從式 432	不皇出矣 373
不失其馳 273	不以其漿 324	不皇他矣 373
不實於亶 427	不以其長 324	不虧不崩 509
不我告猶 306	不以服箱 324	朋友攸攝 411
不我過 52	不易維王 382	朋友已譖 441
不我肯穀 284	不日不月 118	朋酒斯饗 222
不我能慉 72	不日成之 398	匪降自天 300
不我屑以 71	不日有曀 64	匪車偈兮 211
不我信兮 65	不入我門 316	匪車不東 74
不我與 52	不入唁我 316	匪居匪康 417
不我以 52	不寁故也 135	匪車嘌兮 211
不我以歸 65	不寁好也 135	匪雞則鳴 148
不我遐棄 37	不弔不祥 465	匪教匪誨 465
不我活兮 65	不卽我謀 300	匪茨匪棘 459
不如無生 374	不戢不難 347	閟宮有侐 508
不如死之久矣 322	不僭不賊 436	俾躬處休 303
不如叔也 130	不僭不濫 521	匪棘其欲 402
不如時 468	不屬于毛 311	匪今斯今 492
不如我同父 176	不聽敬止 490	匪飢匪渴 352
不如我同姓 176	不出于潁 330	匪其止共 314

시구색인(詩句索引)　537

匪女之爲美 81	賁然來思 282	駟介麃麃 133
匪怒伊敎 504	俾筵俾几 417	四國無政 299
匪鶉匪鳶 327	匪用其良 441	四國順之 436
匪大猶是經 306	匪用爲敎 436	四國是吡 230
匪東方則明 148	比于文王 394	四國是遒 230
匪來貿絲 106	匪由勿語 356	四國是皇 230
俾立室家 386	匪伊卷之 365	四國于蕃 449
匪媒不得 153, 231	俾爾耆而艾 509	四國有王 217
匪面命之 436	俾爾多益 246	使君壽考 336
俾無訧兮 60	俾爾單厚 246	四騏翼翼 270
比物四驪 267	俾爾彌爾性 422	肆其靖之 474
俾民稼穡 508	俾爾壽而富 509	舍其坐遷 355
俾民大棘 437	俾爾壽而臧 509	思樂泮水 504
俾民不寧 292	匪伊垂之 365	思孌季女逝兮 352
俾民不迷 292	俾爾戩穀 246	四驪濟濟 157
俾民心闋 292	俾爾昌而大 509	四馬旣閑 185
俾民憂泄 425	俾爾昌而熾 509	思馬斯作 500
俾民卒狂 441	俾爾熾而昌 509	思馬斯臧 500
俾滂沱矣 373	俾爾俾嘉 436	思馬斯才 500
匪報也 113	匪臧匪來 253	思馬斯徂 501
匪斧不克 153, 231	匪適株林 206	舍命不渝 134
匪上帝不時 432	匪鱣匪鮪 327	四牡蹻蹻 449
匪先民是程 306	俾晝作夜 432	四牡孔阜 187, 273, 275
匪舌是出 303	泌之洋洋 201	四牡痯痯 253
匪紹匪遊 461	俾緝熙于純 485	四牡騤騤 249, 267, 441,
俾守我王 300	匪直也人 92	452
匪手攜之 436	匪且有且 492	四牡旣佶 268
匪兕匪虎 375	俾出童羖 356	四牡龐龐 273
匪我愆期 106	匪風發兮 211	四牡彭彭 329, 452
俾我獨兮 370	匪風飄兮 211	四牡騑騑 239, 352
匪我思存 144	淠彼涇舟 388	四牡脩廣 267
匪我思且 144	譬彼壞木 311	四牡業業 249, 452
畀我尸賓 339	譬彼舟流 311	四牡有驕 103
匪我言耄 428	毖彼泉水 77	四牡翼翼 249
匪我伊蔚 322	俾侯于東 509	四牡項領 292
匪茭伊蒿 322	俾侯于魯 509	四牡奕奕 273, 455
俾我底兮 370	閟宮有侐 417	思無疆 500
俾我祇也 316	儐爾籩豆 242	思無期 500
匪安匪舒 459	賓旣醉止 356	思無邪 501
匪安匪遊 458	賓載手仇 355	嗣武受之 487
俾也可忘 63	賓之初筵 355	思無斁 500
匪陽不晞 263		思文后稷 477
匪言勿言 356	[사]	思媚其婦 492
匪言不能 441		思媚周姜 391
備言燕私 336	師干之試 270	士民其瘵 465
比予于毒 72	駟介陶陶 133	舍拔則獲 185
俾予靖之 363	駟介旁旁 133	四方旣平 459, 462

四方其訓之 436, 473
四方來賀 400
四方是維 292
四方于宣 449
四方爰發 452
四方爲綱 422
四方爲則 422
四方攸同 402
四方有羨 300
四方以無侮 395
四方以無拂 395
四方之綱 415
四方之極 521
肆伐大商 383
射夫旣同 273, 355
肆不殄厥慍 386
使不挾四方 382
祀事孔明 336, 339
死喪無日 350
死喪之威 242
死生契闊 65
似先公酋矣 422
肆成人有德 391
似續妣祖 287
思須與漕 78
舍矢旣均 409
四矢反兮 158
舍矢如破 273
食我農夫 222
食我農人 341
使我不能息兮 139
使我不能餐兮 139
思我小怨 320
使我心疚 324
使我心痗 111
俟我於堂乎而 150
俟我於城隅 81
俟我於著乎而 150
俟我於庭乎而 150
俟我乎堂兮 140
俟我乎巷兮 140
士也罔極 107
斯言之玷 436
士如歸妻 69
士與女 146
肆筵設席 409
士曰旣且 146

士曰昧旦 136
謝于誠歸 449
肆于時夏 476
駟驖彭彭 383
四月秀葽 221
四月維夏 326
肆戎疾不殄 391
絲衣其紑 495
舍爾介狄 465
士貳其行 107
私人之子 324
舍旃舍旃 181, 182
思齊大任 391
犧尊將將 509
辭之懌矣 427
食之飮之 417
四之日擧趾 221
四之日其蚤 222
辭之輯矣 427
士之耽兮 106
思輯用光 417
駟驖孔阜 185
射則貫兮 158
死則同穴 125
射則臧兮 158
邪幅在下 359
舍彼有罪 303, 311
四海來假 516
四黃旣駕 273
士皇多士 380
思皇多祜 485
肆皇天弗尙 436
四鍭旣鈞 409
四鍭如樹 409
削屢馮馮 386
朔日辛卯 299
散無友紀 446
潸焉出涕 324
山有嘉卉 326
山有栲 171
山有橋松 137
山有蕨薇 327
山有扶蘇 88
山有榛 76
山有樞 171
山有漆 171
山有苞櫟 194

山有苞棣 194
山川悠遠 373
山冢崒崩 299
殺時犉牡 494
三百維群 289
三百赤芾 214
三事大夫 303
三事就緒 461
三星在罶 374
三星在隅 175
三星在天 174
三星在戶 175
三歲貫女 167
三歲食貧 106
三歲爲婦 107
三壽作朋 509
三十維物 289
三英粲兮 134
三五在東 51
三爵不識 356
三之日納于凌陰 222
三之日于耜 221
摻執子之袪兮 135
摻執子之手兮 135
三后在天 400
尙可磨也 436
尙可彼也 324
尙求其雌 311
裳錦褧裳 140
相其陰陽 417
嘗其旨否 341
喪亂旣平 242
喪亂蔑資 428
喪亂弘多 292
尙寐無覺 122
尙寐無吪 122
尙寐無聰 122
尙無庸 122
尙無爲 122
尙無造 122
象弭魚服 249
常服黻舄 380
象服是宜 88
尙不愧于屋漏 436
鱨鯊 257
裳裳者華 345
相鼠有體 95

시구색인(詩句索引) 539

相鼠有齒 95	生我劬勞 322	舒憂受兮 205
相鼠有皮 95	生我勞瘁 322	西有長庚 324
上愼旃哉 164	生我百穀 338	舒而脫脫兮 53
相予肆祀 484	生于道左 179	庶人之愚 435
傷如之何 207	生于道周 179	西人之子 324
相怨一方 361	生自婦人 465	逝者其亡 184
相維辟公 484	生仲山甫 452	逝者其耋 184
尙有典刑 432	生此文王 382	逝將去女 167
商邑翼翼 521	生此王國 380	黍稷稻粱 341
相爾矛矣 292	生芻一束 283	黍稷茂止 494
上入執宮功 222	庶姜孼孼 103	黍稷方華 251
桑者泄泄兮 164	庶見素冠兮 209	黍稷彧彧 339
桑者閑閑兮 164	庶見素衣兮 209	黍稷薿薿 341
相在爾室 436	庶見素韠兮 209	黍稷重穋 222, 508
上帝居歆 406	噬肯來遊 179	逝彼百泉 417
上帝旣命 380	噬肯適我 179	析其柞薪 352
上帝耆之 394	庶幾夙夜 481	碩大無朋 174
上帝臨女 383, 509	庶幾說懌 350	碩大且卷 207
上帝不寧 406	庶幾有臧 350	碩大且篤 174
上帝不臨 445	西南其戶 287	碩大且儼 207
上帝是依 508	庶無大悔 436	錫山土田 459
上帝是祇 518	庶無罪悔 406	碩鼠碩鼠 167
上帝是皇 476	庶民攻之 398	昔先王受命 468
上帝甚蹈 363	庶民弗信 292	析薪如之何 153
上帝板板 427	庶民子來 398	析薪杝矣 311
桑之落矣 106	庶民小子 436	錫我百朋 265
桑之未落 106	庶民采之 308	昔我往矣 249, 251, 332
商之先后 515	徐方旣同 462	昔有成湯 521
商之孫子 380	徐方旣來 462	昔育恐育鞫 72
尙之以瓊瑩乎而 150	徐方來庭 462	錫爾介圭 449
尙之以瓊英乎而 150	西方美人 76	錫爾純嘏 355
尙之以瓊華乎而 150	徐方不回 462	昔爾出居 303
象之揥也 88	徐方繹騷 461	碩人其頎 103
上天同雲 338	西方之人兮 76	碩人敖敖 103
上天之載 380	徐方震驚 461	碩人俁俁 76
常棣之華 242	西柄之揭 324	碩人之薖 102
相土烈烈 518	逝不古處 63	碩人之寬 101
相彼鳥矣 244	逝不相好 63	碩人之軸 102
相彼泉水 327	逝不以濯 441	錫玆祉福 473
相彼投兔 311	序賓以不侮 409	昔在中葉 518
上下奠瘞 445	序賓以賢 409	錫之山川 509
尙或墐之 311	庶士有朅 103	釋之叟叟 406
尙或先之 311	鼠思泣血 303	鮮可以飽 374
塞向墐戶 222	庶曰式臧 303	還車言邁 77
笙磬同音 333	舒窈糾兮 205	先君之思 61
生民如何 406	舒夭紹兮 205	鮮克有終 431
生甫及申 449	癙憂以痒 296	選徒囂囂 273

先民有言 428
先民有作 513
鮮民之生 322
膳夫左右 446
鮮不爲則 436
先生如達 406
詵詵兮 31
宜昭義問 380
鮮我覯爾 352
鮮我方將 329
善人載尸 428
先祖匪人 326
先祖是聽 482
先祖是皇 336, 339
先祖于摧 445
先集維霰 350
宣哲維人 484
善戲謔兮 100
設都于禹之績 521
設業設虡 482
設此旐矣 251
摻摻女手 160
殲我良人 192, 193
摻執子之祛 135
摻執子之手兮 135
燮伐大商 383
涉渭爲亂 417
攝以威儀 411
聖敬日躋 518
騂牡旣備 390
聲聞于野 280
聲聞于外 370
聲聞于天 280
成不以富 285
騂騂角弓 361
成是南箕 318
成是貝錦 318
星言夙駕 92
成王不敢康 474
成王之孚 400
聖人莫之 314
省此徐土 461
城彼東方 452
城彼朔方 251
歲其有 502
世德作求 400
歲事來辟 521

歲亦莫止 248
歲亦陽止 248
說于農郊 103
說于桑田 92
說于株野 206
世有哲王 400
歲聿其莫 170
歲聿其逝 170
歲聿云莫 332
洗爵奠斝 409
世之不顯 380
世執其功 449
歲取十千 341
所可道也 87
所可讀也 87
所可詳也 87
嘯歌傷懷 370
昭假無贏 446
昭假烈祖 504
昭假于下 452
昭假遲遲 518
召公是似 459
召公維翰 459
蕭管備舉 482
遡其過澗 417
小大稽首 336
小大近喪 432
小東大東 324
昭明有融 411
召伯勞之 367
召伯成之 367
召伯所憩 45
召伯所茇 45
召伯所說 45
召伯是營 449
召伯營之 367
召伯有成 367
素絲紕之 95
昭事上帝 382
素絲五緎 48
素絲五總 48
素絲五紽 48
素絲組之 96
素絲祝之 96
蕭蕭馬鳴 273
蠨蛸在戶 228
搔首踟蹰 81

小心翼翼 382, 452
笑語卒獲 336
所謂伊人 190, 282
遡游從之 190
小戎俴收 187
素衣朱襮 173
素衣朱繡 173
宵爾索綯 222
小人所腓 249
小人所視 324
小人與屬 361
小子蹻蹻 428
昭玆來許 400
小子有造 391
昭哉嗣服 400
紹庭上下 489
召彼故老 296
召彼僕夫 251
昭回于天 445
遡洄從之 190
續古之人 494
蓛蓛方有穀 296
束矢其搜 505
率履不越 518
率西水滸 385
率時農夫 480
率時昭考 489
率由舊章 415
率由群匹 415
率場啄粟 308
率土之濱 329
率彼曠野 375
率彼幽草 375
率彼中陵 279
率彼淮浦 461
率見昭考 485
松桷有舃 509
松桷有梴 521
松柏斯兌 394
松柏丸丸 521
送我乎淇之上矣 90
誦言如醉 441
送子涉淇 106
洒掃穹窒 228
灑掃廷內 436
瑣瑣姻亞 292
瑣兮尾兮 74

시구색인(詩句索引) 541

誰敢執其咎 306	首陽之巓 181	雖則佩觿 109
壽考萬年 339	首陽之下 182	雖則佩韘 109
壽考不忘 191, 262	受言橐之 264	遂荒大東 509
壽考維祺 409	受言藏之 264	遂荒徐宅 509
壽考且寧 521	受言載之 264	淑旂綏章 455
授几有緝御 409	誰與獨旦 180	叔馬慢忌 131
遂及伯姊 77	誰與獨息 180	淑問如皐陶 504
遂及我私 343	誰與獨處 180	叔發罕忌 131
誰其尸之 44	首如飛蓬 111	叔善射忌 131
誰能執熱 441	手如柔荑 103	肅肅其羽 276
誰能亨魚 211	綏予孝子 484	肅肅鴇羽 177
垂帶悸兮 109	雖曰匪予 441	肅肅鴇翼 177
受大國是達 518	誰謂荼苦 71	肅肅鴇行 177
垂帶而厲 365	誰謂鼠無牙 47	肅肅謝功 367
受祿無喪 394	誰謂宋遠 110	肅肅宵征 51
受祿于天 414	誰謂女無家 47	肅肅王命 452
綏萬邦 496	誰謂爾無羊 289	肅肅在廟 391
受命旣固 394	誰謂爾無牛 289	肅肅兎罝 33
受命不殆 515	誰謂雀無角 47	淑愼其身 61
受侮不少 59	誰爲此禍 316	淑愼爾止 436
雖無嘉殽 352	誰謂河廣 110	夙夜敬止 488
雖無德與女 352	雖有兄弟 242	夙夜基命宥密 474
雖無老成人 432	修爾車馬 436	夙夜無寐 164
誰無父母 278	綏以多福 485	夙夜無已 164
雖無予之 359	殊異乎公路 161	夙夜匪解 452, 455
雖無旨酒 352	殊異乎公族 161	夙夜在公 41, 51, 502
雖無好友 352	殊異乎公行 161	夙夜必偕 164
誰秉國成 292	誰因誰極 97	肅雝顯相 471
受福無疆 415	受爵不讓 361	肅雝和鳴 482
受福不那 347	誰將西歸 211	叔于狩 130
垂轡濔濔 157	誰適與謀 318	叔于田 130, 131
誰生厲階 441	誰適爲容 111	淑人君子 216, 333
壽胥與試 509	誰從穆公 192	俶載南畝 343, 492
誰昔然矣 203	誰從作爾室 303	叔在藪 131
受小共大共 518	誰侜予美 204	叔適野 130
受小球大球 518	獸之所同 275	叔兮伯兮 74, 138, 140
受小國是達 518	誰之永號 168	夙興夜寐 107, 308, 436
雖速我訟 47	誰知烏之雌雄 296	純嘏爾常矣 422
雖速我獄 47	樹之榛栗 92	順德之行 436
誰夙知而莫成 436	脩之平之 394	洵美且都 136
遂視旣發 518	受天百祿 246	洵美且武 130
脩我甲兵 195	受天之祜 339, 347, 400	洵美且異 81
脩我戈矛 195	雖則劬勞 276	洵美且仁 130
脩我矛戟 195	雖則女荼 144	洵美且好 130
綏我眉壽 484, 514	雖則如雲 144	郇伯勞之 217
綏我思成 513	雖則如荼 37	洵訏且樂 146
首陽之東 182	雖則七襄 324	詢于芻蕘 428

542 시경(詩經)

洵有情兮 199
詢爾仇方 395
順帝之則 395
鶉之奔奔 91
洵直且侯 134
順彼長道 504
崧高維嶽 449
崇牙樹羽 482
崇墉言言 395
崇墉仡仡 395
崇朝其雨 94
瑟彼玉瓚 390
瑟彼柞棫 390
瑟兮僩兮 100
隰桑有阿 368
習習谷風 71, 320
熠燿其羽 228
熠燿宵行 228
隰有杞桋 327
隰有萇 171
隰有苓 76
隰有樹檖 194
隰有楊 184
隰有榆 171
隰有游龍 137
隰有六駮 194
隰有栗 171, 184
隰有萇楚 210
隰有荷華 137
隰則有泮 107
承筐是將 237
乘其四騏 270
乘其四駱 345
繩其祖武 400
乘馬路車 455
乘馬在廐 348
乘乘馬 131
乘乘鴇 131
乘乘黃 131
繩繩兮 31
乘我乘駒 206
勝殷遏劉 487
乘彼垝垣 106
升彼大阜 275
升彼虛矣 92
是顧是復 441
施罛濊濊 103

兕觥其觩 347, 495
是究是圖 243
鳲鳩在桑 216
矢其文德 459
是斷是遷 521
是斷是度 509
是類是禡 395
時萬時億 336
時邁其邦 475
時無背無側 431
時靡有爭 459, 514
視民不恌 237
是剝是菹 339
是伐是肆 395
是生后稷 508
是紲袢也 88
時純熙矣 496
矢詩不多 423
是尋是尺 509
視我邁邁 370
示我周行 237
示我顯德行 490
市也婆娑 200
時亦弋獲 441
是刈是濩 27
是曰既醉 355, 356
是用大諫 425, 427
是用大介 496
是用不得于道 306
是用不集 306
是用不潰于成 306
是用作歌 240
是用孝享 246
矢于牧野 383
施于中谷 27
施于中逵 33
施于中林 33
是謂伐德 356
時維姜嫄 406
時維婦寺 465
時維鷹揚 383
時維后稷 406
視爾夢夢 436
視爾不臧 97
是以似之 346
視爾如荍 200
視爾友君子 436

是以爲刺 160
是以有慶矣 345
是以有袞衣兮 232
是以有侮 296
是以有譽處兮 261, 345
視人罔極 316
寺人孟子 319
寺人之令 184
是任是負 406
始者不如今 316
是絶是忽 395
釃酒有藇 244
釃酒有衍 244
時周之命 497, 498
是烝是享 339
視天夢夢 296
是致是附 395
視彼驕人 318
是饗是宜 509
豺虎不食 319
是穫是畝 406
式歌且舞 352
式居婁驕 361
式固爾猶 505
式穀似之 308
式穀以女 332
式救爾後 465
式禮莫愆 336
寔命不同 51
寔命不猶 51
式勿從謂 356
式微式微 73
式辟四方 459
式相好矣 287
式序在位 476
式是南邦 449
式是百辟 452
殖殖其庭 287
湜湜其沚 71
式食庶幾 352
食我農夫 222
食我桑黮 505
食我場藿 282
食我場苗 282
式遏寇虐 425
食野之芩 237
食野之萃 237

시구색인(詩句索引)　543

食野之蒿 237
式燕且譽 352
式燕且喜 352
式訛爾心 292
式月斯生 292
式飲庶幾 352
式夷式已 292
式遄其歸 452
式遄其行 449
式號式呼 432
矧可射思 436
矧敢多又 356
神具醉止 336
神嗜飲食 336
新臺有泚 82
新臺有洒 82
神罔時怨 391
神罔時恫 391
辰牡孔碩 185
新廟奕奕 509
申伯信邁 449
申伯之功 449
申伯之德 449
申伯番番 449
申伯還南 449
神保是格 336
神保是饗 336
神保聿歸 336
新甫之柏 509
信誓旦旦 107
申錫無疆 514
神所勞矣 390
薪是穫薪 324
甡甡其鹿 441
駪駪征夫 241
訊予不顧 203
慎爾言也 318
慎爾優游 282
矧伊人矣 244
慎爾出話 436
神之格思 436
薪之槱之 388
神之弔矣 246
訊之占夢 296
神之聽之 244, 332
信彼南山 338
辰彼碩女 352

室家君王 287
室家不足 47
室家之壼 411
室家溱溱 289
實堅實好 406
實覃實訏 406
實勞我心 61, 68, 370
實畝實籍 456
實發實秀 406
實方實苞 406
蟋蟀在堂 170
悉率左右 275
實始翦商 509
實實枚枚 508
實穎實栗 406
實墉實壑 456
實右序有周 476
實維我儀 86
實維我特 86
實維阿衡 518
實維爾公允師 496
實維伊何 350
實維在首 350
實維大王 509
實維豊年 289
實維何期 350
室人交徧讁我 79
室人交徧催我 79
室人入又 355
實靖夷我邦 467
實種實襃 406
實左右商王 518
實函斯活 492, 494
實虹小子 436
實獲我心 60
深谷爲陵 299
心焉切切 204
心焉數之 314
心焉惕惕 204
心如結兮 216
心亦憂止 248
心之悲矣 465
心之憂矣 59, 60, 112, 162, 214, 279, 296, 311, 332, 374, 465
深則厲淺則揭 69
心乎愛矣 368

十畝之間兮 164
十畝之外兮 164
十月納禾稼 222
十月蟋蟀 222
十月隕蘀 221
十月之交 299
十月滌場 222
十月穫稻 222
十千維耦 480

[아]

我稼旣同 222
我歌且謠 162
我疆我理 338
我客戾止 481, 482
我車旣攻 273
我車我牛 367
我居圉卒荒 467
我姑酌彼金罍 29
我姑酌彼兕觥 29
我孔熯矣 336
我求懿德 476
我覯之子 231, 232, 345
我躬不閱 71, 311
我龜旣厭 306
我其收之 471
我其夙夜 475
猗儺其實 210
猗儺其枝 210
猗儺其華 210
我徒我御 367
我圖爾居 449
我獨居憂 300
我獨南行 65
我獨不敢休 300
我獨不卒 322
我獨于罹 311
我獨何害 322, 326
我東曰歸 228
我來自東 228
我勞如何 371
我龍受之 496
我陵我阿 395
我馬旣同 273
我馬瘏矣 29
我馬維駒 241

我馬維騏 241	我心慘慘 436	我行不來 248
我馬維駱 241	我心則降 42	我行永久 268
我馬維駰 241	我心則說 42	樂具入奏 336
我馬玄黃 29	我心則憂 97	樂旣和奏 355
我馬虺隤 29	我心則夷 42	鄂不韡韡 242
我無令人 67	我心則降 42, 251	握粟出卜 308
我聞其聲 316	我心則休 265	顔如舜英 137
我聞有命 173	我心則喜 265	顔如舜華 136
我服旣成 267	我心憚暑 446	顔如渥丹 191
我僕痛矣 29	我言維服 428	顔之厚矣 314
我不敢傚 300	我蓺黍稷 336	安且吉兮 178
我不見兮 365	我王不寧 292	安且燠兮 178
我思古人 60	我友敬矣 279	卬盛于豆 406
我事孔庶 332	我友自逸 300	卬須我友 69
我思不閟 97	我位孔貶 467	卬烘于煁 370
我思不遠 97	我有嘉客 513	哀今之人 296, 299
我思肥泉 78	我有嘉賓 237, 264	愛莫助之 452
我師我旅 367	我庾維億 336	哀鳴嗷嗷 276
我相此邦 467	我有旨酒 237, 238	哀我小心 296
我生靡樂 436	我有旨蓄 72	哀我人斯 230, 296
我生不辰 441	我應受之 497	哀我塡寡 308
我生之初 122	我儀圖之 452	哀我征夫 375
我生之後 122	我以爲君 91	哀我憚人 324
我黍與與 336	我以爲兄 91	哀哀父母 322
我送舅氏 196	我日構禍 327	藹藹王多吉士 422
我受命溥將 514	我日斯邁 308	藹藹王多吉人 422
我戍未定 248	我任我輦 367	愛而不見 81
我雖異事 428	我入自外 79	哀哉不能言 303
我視謀猶 306	我將我享 475	哀哉爲猶 306
我是用急 267	我田旣臧 341	哀此惸獨 296
我是用憂 361	我征聿至 228	哀此鰥寡 276
我辰安在 311	我征徂西 332	哀恫中國 441
我心不說 365	我徂東山 228	嚶其鳴矣 244
我心匪鑒 59	我徂維求定 497	夜未央 277
我心匪席 59	我從事獨賢 329	夜未艾 277
我心匪石 59	我罪伊何 311	夜如何其 277
我心寫兮 261, 345, 352	我朱孔陽 221	野有蔓草 145
我心傷悲 42, 239, 249, 253	我卽爾謀 428	野有死麕 53
	我之懷矣 68	野有死鹿 53
我心傷悲兮 209	我稷翼翼 336	夜鄕晨 277
我心西悲 228	我倉旣盈 336	約軧錯衡 270, 514
我心蘊結兮 209	我泉我池 395	簫舞笙鼓 355
我心憂傷 209, 296, 308, 311	我瞻四方 292	禴祠烝嘗 246
	我出我車 251	約之閣閣 287
我心苑結 365	我取其陳 341	若此無罪 303
我心悠悠 78	我行其野 97, 285	攘其左右 341
我心易也 316	我行旣集 367	楊柳依依 249

시구색인(詩句索引) 545

良馬六之 96	言歸斯復 285	如可贖兮 192, 193
良馬四之 95	言旣遂矣 107	如岡如陵 246, 509
良馬五之 96	言念君子 187	如江如漢 461
兩服上襄 131	焉得諼草 111	如賈三倍 465
兩服齊首 131	言綸之繩 366	如鼓瑟琴 242
諒不我知 316	言秣其駒 36	予口卒瘏 226
良士瞿瞿 170	言秣其馬 35	如圭如璧 100
良士蹶蹶 170	言緡之絲 436	如圭如璋 422
良士休休 170	言不可逝矣 436	如金如錫 100
涼曰不可 441	言私其豵 222	予豈不知而作 441
羊牛下括 118	言旋言歸 284	如跂斯翼 287
羊牛下來 118	言笑晏晏 107	與其黍稷 343
楊園之道 319	言樹之背 111	如幾如式 336
揚且之晳也 88	言授之勢 486	予其懲 491
揚且之顔也 88	言示之事 436	如南山之壽 246
揚之水 120, 143, 173	言刈其蔞 36	如惔如焚 446
攘之剔之 394	言刈其楚 35	如塗塗附 361
兩驂不猗 273	駜鯉 257	旅力方剛 329
兩驂鴈行 131	言提其耳 436	如雷如霆 461
兩驂如舞 131	言從之邁 365	如履薄氷 306, 309
兩驂如手 131	言至於漕 97	如臨深淵 306
涼彼武王 383	言之辱也 87	如臨于谷 309
魚麗于罶 257	言之長也 87	如蠻如髦 361
魚網之設 82	言之醜也 87	予美亡此 180
於我歸說 214	言韔其弓 366	予尾翛翛 226
於我歸息 214	言采其蕨 42	女反收之 465
於我歸處 214	言采其芹 359	女反有之 465
於我乎 196, 197	言采其杞 253, 329	予髮曲局 366
魚躍于淵 390	言采其蝱 97	女覆說之 465
於焉嘉客 282	言采其莫 161	女覆奪之 465
於焉逍遙 282	言采其薇 42	如不我克 296
於女信宿 232	言采其葍 285	如不我得 296
於女信處 232	言采其桑 161	如沸如羹 432
魚潛在淵 280	言采其蕡 161	如飛如翰 461
魚在于沼 296	言采其蓫 285	如匪澣衣 59
魚在于渚 280	言抽其棘 336	如匪行邁謀 306
魚在在藻 357, 358	言就爾居 285	如山如阜 246
抑磬控忌 131	言就爾宿 285	如山如河 88
抑釋掤忌 131	奄觀銍艾 479	如山之苞 461
抑若揚兮 158	奄受北國 456	如三歲兮 124
抑抑威儀 435	奄有九有 515	如三月兮 124, 143
抑縱送忌 131	奄有龜蒙 509	如三秋兮 124
抑此皇父 300	奄有四方 394, 477	如相酬矣 292
抑鬯弓忌 131	奄有下國 508	予所捋荼 226
言告師氏 27	奄有下土 509	予所蓄租 226
言告言歸 27	曀曀其陰 64	女所治兮 60
言觀其旂 277, 359, 504	殄此大咀 275	如松茂矣 287

如松栢之茂 246	女轉棄予 320	亦孔之嘉 230
予手拮据 226	如切如磋 100	亦孔之固 246
女雖湛樂從 436	如霆如雷 271, 445	亦孔之邛 306
如矢斯棘 287	如鳥斯革 287	亦孔之痻 300
如食宜饇 361	如蜩如螗 432	亦孔之哀 299, 306
予慎無辜 314	旟旐有翩 441	亦孔之憂 441
予慎無罪 314	如竹苞矣 287	亦孔之炤 296
予室翹翹 226	如坻如京 341	亦孔之將 230, 296
女心悲止 253	如輊如軒 268	亦孔之醜 299
女心傷悲 221	予之佗矣 311	亦孔之厚矣 422
女心傷止 253	女之耽兮 106	亦孔之休 230
與我犧羊 341	如之何勿思 118	亦既見止 42
女也不爽 107	如震如怒 461	亦既覯止 42
茹藘在阪 141	如集于木 309	亦其福女 509
旅楹有閑 521	女執懿筐 221	亦既抱子 436
女曰雞鳴 136	如此良人何 175	亦流于淇 77
女曰觀乎 146	如此粲者何 175	亦莫我顧 123
予曰有奔奏 386	如此邂逅何 175	亦莫我聞 123
予曰有先後 386	如川之流 461	亦莫我有 123
予曰有疏附 386	如川之方至 246	力民代食 441
予曰有禦侮 386	予忖度之 314	亦白其馬 486
予王之爪士 281	如取如攜 428	亦汎其流 58
予王之爪牙 281	如琢如磨 100	亦服爾耕 480
予又集于蓼 491	女炰烋于中國 431	亦傅于天 363, 422
予羽譙譙 226	如彼流泉 306, 436	亦不我力 296
如云不克 441	如彼飛蟲 441	亦不女從 47
如月之恒 246	如彼棲苴 467	亦不隕厥問 386
如有隱憂 58	如彼歲旱 467	亦不夷懌 513
予維音嘵嘵 226	如彼遡風 441	亦不遑舍 316
與爾臨衝 395	如彼雨雪 350	亦匪克樂 296
如日之升 246	如彼築室于道謀 306	亦是戾矣 359
與子同仇 195	如彼行邁 303	亦是率從 359
與子同裳 195	如何新畬 479	怒焉女擣 311
與子同澤 195	如何如何 194	惄如調飢 37
與子同袍 195	如何昊天 303	驛驛其達 492
女子善懷 97	如兄如弟 71	亦右文母 484
與子成說 65	如或結之 296	亦又何求 479
如茨如梁 341	如或酬之 311	亦云可使 303
女子有行 77, 94, 108	如火烈烈 518	亦有高廩 482
與子宜之 136	予懷明德 395	亦維斯戾 435
女之祥 287	如壎如箎 428	亦有斯容 481
與子偕老 65, 136	如翬斯飛 287	亦有兄弟 59
與子偕作 195	女興是力 431	亦有和羹 514
與子偕臧 145	亦可息也 324	亦聿旣耄 436
與子偕行 195	亦可畏也 129	亦以御冬 72
如酌孔取 361	亦各有行 97	亦已焉哉 107
如璋如圭 428	役車其休 170	亦施于宇 228

亦已大甚 318	零露濃濃 262	蓺之荏菽 406
亦在車下 228	零露泥泥 262	禮則然矣 300
亦祇以異 285	零露漙兮 145	惡怒是違 292
亦職維疾 435	零露清兮 261	於樂辟廱 398
亦集爰止 270, 422	零露瀼瀼 145, 261	於論鼓鐘 398
燕及朋友 415	寧莫我有 327	梧桐生矣 423
燕及皇天 484	寧莫我聽 445	於萬斯年 400
鳶飛戾天 390	寧莫之知 311	寤寐求之 25
燕師所完 455	寧莫之懲 279, 296	寤寐無爲 207
燕笑語兮 261	令聞令望 422	寤寐思服 25
燕燕于飛 61	令聞不已 380, 459	於穆不已 471
蜎蜎者蠋 228	寧不我顧 63	五楘梁輈 187
燕婉之求 82	寧不我矜 441	於穆清廟 471
宴爾新昏 71, 72	寧不我報 63	寤辟有摽 59
孌彼諸姬 77	寧俾我遹 446	於鑠王師 496
烈假不瑕 391	永錫難老 504	於昭于天 380, 496
烈烈征師 367	永錫爾極 336	寤言不寐 64
烈文辟公 473, 485	永錫爾類 411	於繹思 497
說懌女美 81	永錫祚胤 411	五月鳴蜩 221
冽彼下泉 217	永永克孝 488	五月斯螽動股 222
念國之爲虐 296	永矢弗告 102	於牣魚躍 398
薇蔓于野 180	永矢弗過 102	五日爲期 366
薇蔓于域 180	永矢弗諼 101	於緝熙單厥心 474
念昔先人 308	永言配命 380, 400	於緝熙敬止 380
念我獨兮 296, 332	永言保之 485	於粲洒掃 244
念我無祿 296	永言孝思 400	於薦廣牡 484
念我土宇 441	領如蝤蠐 103	於赫湯孫 513
厭厭其苗 492	英英白雲 370	於乎不顯 471
厭厭夜飮 263	營營青蠅 353	於乎小子 436
厭厭良人 187	靈雨旣零 92	於乎哀哉 468
斂怨以爲德 431	零雨其濛 228	於乎有哀 441
厭浥行露 47	寧爲荼毒 441	於乎悠哉 489
念玆戎功 473	令儀令色 452	於乎前王不忘 473
念子懆懆 370	永以爲好也 113	於乎皇考 488
念玆皇祖 488	寧自今矣 465	於乎皇王 488
豔妻煽方處 300	寧適不來 244	於皇來牟 479
念彼京師 217	寧丁我躬 445	於皇武王 487
念彼京周 217	令終有俶 411	於皇時周 497
念彼共人 332	泳之游之 71	盦以觩軜 187
念彼不蹟 279	令妻壽母 509	玉之瑱也 88
念彼碩人 370	寧或滅之 296	溫恭朝夕 513
念彼周京 217	蓺麻如之何 153	溫其如玉 187
爗爗震電 299	芮鞫之卽 417	溫其在邑 187
鯈彼南畝 221, 341, 343	譽髦斯士 391	蘊隆蟲蟲 445
永觀厥成 482	泄泄其羽 68	溫溫恭人 309, 436
令德來敎 352	禮儀旣備 336	溫溫其恭 355
令德壽豈 262	禮儀卒度 336	慍于群小 59

시구색인(詩句索引) 547

雝雝喈喈 423	王配于京 400	畏子不奔 125
雝雝鳴鴈 69	王奮厥武 461	畏此簡書 251
顒顒卬卬 422	王事多難 251	畏此譴怒 332
雝雝在宮 391	王事敦我 79	畏此反覆 332
宛丘之道 199	王事靡盬 177, 239, 240,	畏此罪罟 332
宛丘之上兮 199	248, 253, 329	畏天之威 475
宛丘之下 199	王事傍傍 329	聊可與娛 144
宛丘之栩 200	王事適我 79	聊樂我員 144
宛其死矣 171, 172	王師之所 461	要我乎上宮 90
婉如淸揚 145	王舒保作 461	聊與子同歸兮 209
宛然左辟 160	王錫申伯 449	聊與子如一兮 209
宛在水中央 190	王錫韓侯 455	聊與之謀 77
宛在水中沚 190	往城于方 251	喓喓草蟲 42, 251
宛在水中坻 190	王室如燬 37	聊以行國 162
宛彼鳴鳩 308	王心載寧 459	窈窕淑女 25
婉兮孌兮 154, 215	王心則寧 367	要之襋之 160
曰求厥章 485	王曰叔父 509	燎之方揚 296
曰歸曰歸 248	王曰於乎 445	天之沃沃 210
曰旣醉止 355	王曰還歸 462	欲報之德 322
曰父母且 313	王欲玉女 425	用戒不虞 436
曰嬪于京 382	王于出征 267	用戒戎作 436
曰殺羔羊 222	王于興師 195	庸鼓有斁 513
曰喪厥國 436	王謂尹氏 461	龍旂十乘 515
曰商是常 521	王猶允塞 462	龍旂陽陽 485
曰予未有室家 226, 303	王在靈沼 398	龍龍旂承祀 509
曰予不戕 300	王在靈囿 398	用錫爾祉 459
曰於乎 445	王在在鎬 357, 358	龍盾之合 187
曰爲改歲 222	王餞于郿 449	踊躍用兵 65
曰止曰時 385	王之藎臣 380	用遏蠻方 436
曰至渭陽 196	王之元舅 449	容兮遂兮 109
王遣申伯 449	王之喉舌 452	于澗之中 41
王公伊濯 402	王此大邦 394	于疆于理 459
王國克生 380	王纘之事 449	遇犬獲之 314
王國來極 459	王親命之 455	又缺我錡 230
王國庶定 459	王赫斯怒 395	又缺我錡 230
王躬是保 452	王后維翰 402	又缺我斨 230
往近王舅 449	王后烝哉 402	于京斯依 417
往來行言 314	王姬之車 55	于公先王 246
王旅嘽嘽 461	騧驪是驂 187	又窘陰雨 296
王釐爾成 479	外大國是疆 518	于蹶之里 455
王命卿士 461	畏不能極 371	于今三年 228
王命南仲 251	畏不能趨 371	麀鹿噳噳 455
王命傅御 449	畏我父母 129	麀鹿麌麌 275
王命召伯 449	畏我諸兄 129	麀鹿攸伏 398
王命召虎 359	外禦其務 242	麀鹿濯濯 398
王命申伯 449	畏人之多言 129	于豆于登 406
王命仲山甫 452	畏子不敢 125	又良御忌 131

시구색인(詩句索引)

于林之下 65	憂我父母 253, 329	旭日始旦 69
訏謨定命 436	牛羊勿踐履 409	芸其黃矣 345, 374
于牧之野 509	牛羊腓字之 406	云不可使 303
禹敷下土方 518	虞芮質厥成 386	云不我可 316
于函斯館 417	又有嘉殽 296	云誰之思 76, 90
于三十里 267	橘維師氏 300	云我無所 445
于胥樂兮 502	優游爾休矣 422	云如何何 88, 311
于胥斯原 417	于邑于謝 449	云如何里 446
雨雪其雰 80	于以求之 65	云徂何往 441
雨雪其雱 80	于以四方 496	云何其憂 173
雨雪浮浮 361	于以湘之 44	云何其盱 316
雨雪雰雰 338	于以盛之 44	云何不樂 173, 368
雨雪霏霏 249	于以用之 41	云何盱矣 29, 365
雨雪載塗 251	于以奠之 44	云胡不夷 142
雨雪瀌瀌 361	于以采蘩 41	云胡不瘳 142
于沼于沚 41	于以采蘋 44	云胡不喜 142
右手秉翟 76	于以采藻 44	菀彼柳斯 311
于誰之屋 296	遇人之艱難矣 12	鬱彼北林 194
于時廬旅 417	遇人之不淑矣 12	菀彼桑柔 441
于時保之 475	優哉游哉 359	熊羆是裘 324
于時語語 417	于周受命 459	雄雉于飛 68
于時言言 417	于周于京 383	雄狐綏綏 153
于時處處 417	右之右之 345	爰居爰處 65, 287
憂心京京 296	于嗟鳩兮 106	爰契我龜 385
憂心悼悼 296	于嗟麟兮 38	爰究爰度 394
憂心孔疚 248, 253	于嗟洵兮 65	爰求柔桑 221
憂心烈烈 248	于嗟女兮 106	元龜象齒 505
憂心靡樂 194	于此中鄉 270	爰及姜女 385
憂心怲怲 350	于此蓋臧 270	爰及矜人 276
憂心如惔 292	于嗟乎 196, 197	怨及朋友 303
憂心如酲 292	于嗟乎騶虞 55, 56	爰其適歸 326
憂心如醉 194	于嗟闊兮 65	爰得我所 167
憂心如薰 446	右招我由房 119	爰得我直 167
憂心愈愈 296	右招我由敖 119	遠莫致之 108
憂心有忡 65	于橐于囊 417	爰方啓行 417
憂心殷殷 79	于彼高岡 423	爰伐琴瑟 92
憂心慇慇 296, 441	于彼郊矣 251	遠父母兄弟 77, 94, 108
憂心且悲 333	于彼牧矣 251	爰喪其馬 65
憂心且傷 333	于彼西雝 481	爰笑爰語 287
憂心且妯 333	于彼新田 270	遠送于南 61
憂心慘慘 296	于彼原隰 241	遠送于野 61
憂心愒愒 42	于彼朝陽 423	原隰既平 367
憂心悄悄 59, 251	于彼行潦 44	原隰裒矣 242
憂心忡忡 42, 251	于何其臻 363	爰始爰謀 385
憂心奕奕 350	于何不臧 299	鴛鴦于飛 348
憂心欽欽 194	又何予之 359	鴛鴦在梁 348, 370
雨我公田 343	于何從祿 296	願言思伯 111

願言思子 84	威儀孔時 411	有洸有潰 72
願言則嚏 64	威儀反反 355, 477	攸馘安安 395
願言則懷 64	威儀幡幡 355	維鳩居之 40
員于爾輻 296	威儀不類 465	有捄棘匕 324
遠于將之 61	威儀是力 452	有捄其角 494
園有棘 162	威儀抑抑 355, 415	維鳩方之 40
園有桃 162	威儀卒迷 428	維鳩盈之 40
爰有樹檀 280	威儀棣棣 59	猶求友聲 244
遠猶辰告 436	威儀怭怭 355	有捄天畢 324
爰有寒泉 67	謂爾不信 318	維君子命 422
元戎十乘 268	謂爾遷于王都 303	維君子使 422
爰整其旅 395	爲章于天 388	維躬是瘁 303
遠條且 174	爲俎孔碩 336	有卷者阿 422
爰衆爰有 417	爲周室輔 509	維龜正之 402
爰采唐矣 90	爲酒爲醴 482, 492	有頍者弁 350
爰采麥矣 90	謂地蓋厚 296	維今之疚 468
爰采葑矣 90	謂之尹吉 365	維今之人 468
遠兄弟父母 94	謂之載矣 251, 371	維其嘉矣 257
月離于畢 373	謂之何哉 79	維其高矣 373
越以鬷邁 200	爲此春酒 222	維其棘矣 251
月出皎兮 205	謂天蓋高 296	維錡及釜 44
月出照兮 205	爲絺爲綌 27	維其幾矣 465
月出皓兮 205	謂他人昆 123	維其令儀 356
月出之光 148	謂他人母 123	維其勞矣 373
爲岡爲陵 296	謂他人父 123	維其傷矣 374
韋顧既伐 518	爲下國駿厖 518	維其時矣 257
爲公子裘 221	爲下國綴旒 518	維其深矣 465
爲公子裳 221	爲韓姞相攸 455	維其優矣 465
爲鬼爲蜮 316	謂行多露 47	有紀有堂 191
爲豆孔庶 336	爲梟爲鴟 465	維其有章矣 345
爲龍爲光 261	衛侯之妻 103	維其有之 345
爲謀爲毖 441	猶可說也 106	維其忍之 311
爲民不利 441	柔嘉維則 452	維其卒矣 373
爲賓爲客 336	有覺其楹 287	維其盡之 336
謂山蓋卑 296	有覺德行 436	瀏其清矣 146
謂我劬勞 276	攸介攸止 341	維其偕矣 257
謂我來矣 251	有客宿宿 486	維其噣矣 386
謂我士也驕 162	有客信信 486	有那其居 358
謂我士也罔極 162	有客有客 486	維南有箕 324
謂我宣驕 276	轇車鸞鑣 185	有女同車 136
謂我心憂 117	維秬維秠 406	有女同行 137
謂我何求 117	有車鄰鄰 184	有女化離 121
謂予不信 125	有虔秉鉞 518	有女如荼 144
爲王前驅 111	有瞽有瞽 482	有女如玉 53
委委佗佗 88	有空大谷 441	有女如雲 144
爲猶不遠 427	維筐及筥 44	有女懷春 53
爲猶將多 314		維纍之恥 322

有驈有魚 501	有相之道 406	維禹甸之 338, 455
維德之基 436	維常之華 249	維禹之績 402
維德之隅 435	維石巖巖 292	有菀其特 296
維德之行 382	維昔之富 468	有菀者柳 363
有稻有秬 509	有駓有騏 500	維熊維羆 287
猶來無棄 164	維水泱泱 344	有熊有羆 455
猶來無死 164	有俶其城 449	柔遠能邇 425
猶來無止 164	維筍及蒲 455	維莠桀桀 154
有來雝雝 484	有豕白蹢 373	維莠驕驕 154
有略其耜 492	維是褊心 160	幽幽南山 287
有力如虎 76	維申及甫 449	悠悠南行 367
有倫有脊 296	有莘其尾 357	呦呦鹿鳴 237
有驪有黃 500	有實其猗 292	悠悠我里 300
有駓有雒 500	有實其積 492	悠悠我思 64, 68, 143, 196
流離之子 74	維嶽降神 449	悠悠我心 143
有馬白顛 184	有鶩其領 347	悠悠蒼天 117, 177, 178
有命旣集 382	有鶩其羽 347	悠悠斾旌 273
有命自天 383	維羊維牛 475	悠悠昊天 313
有鳴倉庚 221	流言以對 431	有騧有皇 500
有母之尸饔 281	莠言自口 296	有娀方將 518
維莫之春 479	有嚴有翼 267	有依其士 492
有饛簋飧 324	有洽萋萋 343	維以告哀 327
有貓有虎 455	有嚴天子 461	維以不永傷 29
有聞無聲 273	有如皦日 125	維以不永懷 29
維麋維芑 406	維子肯忌 465	維以遂歌 423
有物有則 452	有如召公 468	維邇言是爭 306
有美一人 145, 207	維予小子 488, 489, 490	維邇言是聽 306
有瀰濟盈 69	維予與女 143, 320	有夷之行 473
牖民孔易 428	維予二人 143	有駰有騢 501
維民所止 515	維厲之階 465	維日不足 246
維民之章 436	褎如充耳 74	有壬有林 355
維民之則 436, 504	維女荊楚 521	維子之故 139, 176
有頒其首 357	維予侯興 383	維子之好 176
維魴及鱮 366	柔亦不茹 452	有子七人 67
有芃者狐 375	有冽氿泉 324	維鵲有巢 40
有北不受 319	有厭其傑 492	維柞之枝 359
維北有斗 324	維葉泥泥 409	有棧之車 375
有賁其實 32	維葉莫莫 27	悠哉悠哉 25
有匪君子 100	維葉萋萋 27	有靦面目 316
有馮有翼 422	維玉及瑤 417	有鱣有鮪 483
維師尙父 383	維日于仕 303	有截其所 521
維士與女 146	維王崇之 473	有齊季女 44
維絲伊緡 55	維王之邛 314	維鶉在梁 215
維山崔嵬 320	有鷮雉鳴 69	有鳥高飛 363
維參與昴 51	遊于北園 185	有條有梅 191
有商孫子 380	維憂用老 311	維足伎伎 311
維桑與梓 311	有虞殷自天 380	

有周不顯 380
唯酒食是議 287
有酒湑我 244
維周之氐 292
維周之楨 380
維周之禎 472
維周之翰 449
維仲山甫 452
維仲山甫擧之 452
維仲山甫補之 452
猶之未遠 427
洧之外 146
有稷有黍 509
維塵冥冥 330
維塵雍兮 330
有震且業 518
有秩斯祜 514
有集維鷮 352
維此鍼虎 192
採此萬邦 449
有此武功 402
維此文王 382
維此聖人 441
維此良人 441
維此奄息 192
維此王季 394
維此六月 267
維此二國 394
維此仲行 192
維此哲人 276
維此惠君 441
有瓊瑤珩 270
有妻有且 486
有踐家室 141
維天其右之 475
維天有漢 324
維天之命 471
維清緝熙 472
有杕之杜 176, 179, 253,
有椒其馨 492
有瀖者淵 311
有騏有駓 500
有鶩在梁 370
由醉之言 356
柔則茹之 452
有倬其道 455
有驔有駱 500

有嗿其饁 492
有兔斯首 372
有兔爰爰 122
有敦瓜苦 228
有扁斯石 370
有蒲與蕑 207
有蒲與荷 207
有暴之云 316
有蒲菡萏 207
維風及雨 320
維風及穨 320
維豐之垣 402
維彼不順 441
維彼四國 394
維彼碩人 370
維彼愚人 276, 441
維彼忍人 441
有飶其香 492
有駜有駜 502
有鶴在林 370
有嘒其星 446
柔惠且直 449
維號斯言 296
有狐綏綏 112
有晛其實 253
游環脅驅 187
有皇上帝 296
有懷于衛 77
有懷二人 308
有孝有德 422
有鴞萃止 203
維虺維蛇 287
六轡既均 241
六轡如琴 352
六轡如絲 241
六轡如濡 241
六轡沃若 241, 345
六轡耳耳 509
六轡在手 185, 187
六師及之 388
蓼蓼者莪 322
六月莎雞振羽 222
六月棲棲 267
六月食鬱及薁 222
六月徂暑 326
六日不詹 366
鬻子之閔斯 226

蓼彼蕭斯 261, 262
允文文王 487
允文允武 504
淪胥以鋪 303
尹氏大師 292
允也天子 518
允王保之 476
允王維后 476
允猶翕河 497
允矣君子 273
聿來胥宇 385
聿脩厥德 380
鴥彼飛隼 270, 278, 279
鴥彼晨風 194
聿懷多福 382
戎車孔博 505
戎車既駕 249
戎車既安 268
戎車既飭 267
戎車嘽嘽 271
戎成不退 303
戎雖小子 425
戎有良翰 449
戎狄是膺 509
戎醜攸行 386
殷鑒不遠 432
殷其靁 49
殷其盈矣 146
殷不用舊 432
恩斯勤斯 226
殷士膚敏 380
殷商之旅 383
殷受命咸宜 516
殷之未喪師 380
飲御諸友 268
陰雨膏之 217, 367
陰靷鋈續 187
飲餞于禰 77
飲餞于言 77
飲酒孔嘉 356
飲酒孔偕 355
飲酒樂豈 357
飲酒溫克 308
飲酒之飫 242
飲之食之 371
飲此湑矣 244
挹我謂我臧兮 149

시구색인(詩句索引)　553

揖我謂我儇兮 149
揖我謂我好兮 149
泣涕如雨 61
泣涕漣漣 106
挹彼注玆 420
應門將將 386
應田縣鼓 482
應侯順德 400
宜鑑于殷 380
宜君宜王 414
懿厥哲婦 465
衣錦褧衣 103, 140
宜其家室 32
宜其家人 32
儀旣成兮 158
宜其室家 32
依其在京 395
宜其遐福 348
宜大夫庶士 509
椅桐梓漆 92
宜無悔怒 446
宜民宜人 414
衣裳楚楚 214
儀式刑文王之典 475
依我磬聲 513
宜岸宜獄 308
宜言飮酒 136
猗與那與 513
猗與漆沮 483
依于其蒲 358
猗于畝丘 319
宜爾室家 243
宜爾子孫繩繩兮 31
宜爾子孫振振兮 31
宜爾子孫蟄蟄兮 31
猗重較兮 100
猗嗟名兮 158
猗嗟孌兮 158
猗嗟昌兮 158
猗彼女桑 221
依彼平林 352
儀刑文王 380
宜兄宜弟 262
伊嘏文王 475
伊可懷也 228
以介景福 336, 343, 390, 409, 483

以介眉壽 222, 485
以開百室 494
以介我稷黍 341
以車祛祛 501
爾居徒幾何 314
以車彭彭 500
以車佸佸 500
以車繹繹 500
以居 向 300
以假以享 514
以啓其毛 339
以穀我士女 341
爾公爾侯 282
伊寡婦之利 343
以匡王國 267
以究王訩 292
詒厥孫謀 402
以歸肇祀 406
以極反側 316
以謹繾綣 425
以謹罔極 425
以謹無良 425
以近有德 425
以謹醜厲 425
以謹惽怓 425
以祈甘雨 341
以其介圭 455
以其婦子 341, 343
伊其相謔 146
以其騂黑 343
以祈爾爵 355
伊其相謔 146
以祈黃耉 409
以念穹蒼 441
而多爲恤 253
以對于天下 395
爾德不明 431
以篤于周祜 395
以戾庶正 446
以莫不增 246
以莫不庶 246
以莫不興 246
以望復關 106
以望楚矣 92
二矛重喬 133
二矛重弓 509
二矛重英 133

爾牧來思 289
而無望兮 199
爾無陪無卿 431
而無永嘆 417
以伐崇墉 395
以伐遠揚 221
而秉義類 431
以保其身 452
以保明其身 489
以保後生 521
爾卜爾筮 106
以弗無子 406
爾不我畜 285
而忨後患 491
以寫我憂 78, 108
以社以方 341
以似以續 494
以事一人 452
二三其德 107, 370
爾牲則具 289
以先啓行 268
以先祖受命 455
以速諸舅 244
以速諸父 244
詒孫子 502
爾受命長矣 422
以受方國 382
以綏四國 425
以綏四方 425
以脩我戎 461
伊誰云從 316
伊誰云憎 296
以綏後祿 336
以矢其音 422
而式弘大 425
以薪以蒸 289
以我覃耜 343
貽我彤管 81
貽我來牟 477
履我發兮 150
貽我握椒 200
以我御窮 72
以雅以南 333
以我齊明 341
履我卽兮 150
貽我佩玖 126
以我賄遷 106

以按徂旅 395	以作六師 344	以迄于今 406
以篤不僭 333	以作爾寶 449	以洽百禮 355, 482, 492
爾羊來思 289	以作爾庸 449	以興嗣歲 406
以禦亂兮 158	以定我王 425	弋鳧與鴈 136
以御賓客 275	以定王國 267	弋言加之 136
以御于家邦 391	履帝武敏 406	益之以霢霂 338
以御田祖 341	以釣于淇 108	人可以食 374
已焉哉 79	以詛爾斯 316	人無兄弟 176
伊余來墍 72	以佐戎辟 455	人無兄弟 176
以燕樂嘉賓之心 238	以佐天子 267	人百其身 192, 193
以燕翼子 402	爾酒既多 413	人尚乎由行 432
以燕天子 275	爾酒既湑 413	人涉卬否 69
以永今夕 282	爾酒既旨 350	因時百蠻 455
以永今朝 282	爾酒既清 413	因是謝人 449
以永終譽 481	以奏膚公 267	人實迋女 143
以敖以遊 58	以奏爾時 355	人實不信 143
以往蒸嘗 336	以贈申伯 449	因心則友 394
爾用憂謔 428	爾之教矣 361	人亦有言 432, 435, 441, 452
爾勇伊何 314	爾之亟行 316	
爾牛來思 289	履之卑兮 370	人有民人 465
施于孫子 394	爾之安行 316	人有土田 465
施于松栢 350	爾之遠矣 361	因以其伯 456
施于松上 350	二之日其同 221	人而無禮 95
施于條枚 390	二之日栗烈 221	人而無儀 95
施于中谷 27	二之日鑿冰沖沖 222	人而無止 95
伊于胡底 306	以縶其馬 486	麟之角 38
以勖寡人 61	耳屬于垣 311	人知其一 306
而月斯征 308	以畜萬邦 292	人之多言 129
二月初吉 332	以就口食 406	人之無良 91
以慰其心 452	以峙其粮 449	人之云亡 465
以爲民逑 425	以妥以侑 336	人之爲言 181, 182
以慰我心 352	爾土宇昄章 422	麟之定 38
以爲王休 425	爾飽以德 411	人之齊聖 308
伊威在室 228	以享以祀 336, 343, 390, 483	麟之趾 38
以爲酒食 336, 339		人之好我 237
而有遯心 283	以赫厥靈 406	日監在玆 490
以陰以雨 71	以薅荼蓼 494	日居月諸 59, 63
以爾車來 106	伊胡爲慝 465	壹發五豵 56
以爾鉤援 395	爾還而入 316	壹發五豝 55
釐爾圭瓚 459	爾殽既嘉 350, 413	日辟國百里 468
蛇蛇碩言 314	爾殽既阜 350	逸豫無期 282
釐爾女士 411	爾殽既時 350	日用飮食 246
詒爾多福 246	爾殽既將 336, 411	日月告凶 299
以引以翼 409, 422	爾殽既馨 413	日月其慆 170
二人從行 316	爾殽伊脯 413	日月其邁 170
二子乘舟 84	以孝以享 485	日月其除 170
以雌以雄 289	二后受之 474	日月方奧 332

시구색인(詩句索引)　555

日月方除 332
一月三捷 249
日月陽止 253
一葦杭之 110
日有食之 299
一日不見 124, 143
壹者之來 316
日靖四方 475
一朝醻之 264
一朝右之 264
一朝饗之 264
日之方中 76
日之夕矣 118
一之日于貉 221
一之日觱發 221
日出有曜 209
日就月將 490
壹醉日富 308
臨其穴 192, 193
荏菽旆旆 406
荏染柔木 314, 436
林有樸樕 53
臨衝茀茀 395
臨衝閑閑 395
臨下有赫 394
入覲于王 455
入我牀下 222
立我烝民 477
入此室處 222
入則靡至 322
仍執醜虜 461

[자]

子車鍼虎 192
子車奄息 192
子車仲行 192
自古有年 341
自古在昔 513
自公令之 151
自公召之 151
自公退食 48
自郊徂宮 445
自求多福 380
自求辛螫 491
自求伊祜 504
自今以始 502

自南自北 402
子寧不來 143
子寧不嗣音 143
自堂徂基 495
自獨俾臧 441
自牧歸荑 81
子無良媒 106
自伯之東 111
子不我思 139
子不我卽 141
自西自東 402
自西徂東 386, 441
自昔何爲 336
自召祖命 459
子孫其湛 355
子孫保之 473
子孫繩繩 436
子孫千億 414
自我不見 228
自我人居居 176
自我人究究 176
自我徂爾 106
自羊徂牛 495
杏女殷商 431, 432
子曰何其 162
子有車馬 171
子有衣裳 171
子有廷內 171
子有鍾鼓 171
子有酒食 171
自有肺腸 441
自詒伊阻 68
自詒伊戚 332
子子孫孫 336
子仲之子 200
子之茂兮 149
子之丰兮 140
子之不淑 88
玆之永歎 78
子之昌兮 140, 149
子之清揚 88
子之湯兮 199
子之還兮 149
自天降康 514
自天申之 414
自天子所 251
自大伯王季 394

自土沮漆 385
自彼成康 477
自彼殷商 382
自彼氐羌 521
自何能穀 308
子惠思我 139
玼兮玼兮 88
子兮子兮 174, 175
子興視夜 136
作都于向 300
作廟翼翼 386
作召公考 459
酌言嘗之 372
酌言酢之 372
酌言醻之 372
酌言獻之 372
柞棫拔矣 386
柞棫斯拔 394
作于楚宮 92
作于楚室 92
作爲式穀 441
作爲此詩 319
作邑于豐 402
酌以大斗 409
灼灼其華 32
綽綽有裕 361
鵲之彊彊 91
作之屛之 394
酌之用匏 417
作此好歌 316
作豐伊匹 402
酌彼康爵 355
潛逃于淵 327
潛雖伏矣 296
蠶月條桑 221
潛有多魚 483
雜佩以問之 136
雜佩以報之 136
雜佩以贈之 136
將翶將翔 136, 137
將恐將懼 320
莊公之子 509
將其來施施 126
將其來食 126
將母來諗 240
長發其祥 518
將伯助予 296

將受厥明 479	載笑載言 106	在彼河側 86
將叔無狃 131	載輸爾載 296	在河之漘 123
長我育我 322	在水一方 190	在河之滸 123
將安將樂 320	在水之湄 190	在河之洲 25
牂羊墳首 374	在水之涘 190	在河之涘 123
將予就之 489	載是常服 267	在夏後之世 432
牆有茨 87	載施之行 324	載獫歇驕 185
將子無怒 106	在我闥兮 150	載見辟王 485
長子維行 383	在我室兮 150	載玄載黃 221
將仲子兮 129	載用有嗣 496	載好其音 67
張仲孝友 268	在渭之涘 382	載號載呶 356
載渴載飢 249	在渭之將 395	載穫濟濟 492
在坰之野 500, 501	載衣之裳 287	載翕其舌 324
載櫜弓矢 476	載衣之裼 287	在洽之陽 382
在公明明 502	在前上處 76	佇立以泣 61
在公飲酒 502	在帝左右 380	杼柚其空 324
在公載燕 502	在宗載考 263	赤芾金舄 273
載筐及筥 494	在周之庭 482	翟茀以朝 103
載驅薄薄 157	在浚之郊 95	赤芾在股 359
載飢載渴 248	在浚之都 96	赤舃几几 233
載起載行 279	在浚之城 96	適我願兮 145
在其板屋 187	在浚之下 67	適子之館兮 128
在南山之陽 49	載戢干戈 476	趯趯阜螽 42, 251
在南山之側 49	載脂載舝 77	籊籊竹竿 108
在南山之下 49	載震載夙 406	躍躍毚兎 314
載弄之瓦 287	在此無斁 481	積之栗栗 494
載弄之璋 287	載纘武功 221	赤豹黃羆 456
載離寒暑 332	載驂載駟 359	狄彼東南 504
載謀載惟 406	載清載濁 327	適彼樂郊 168
在武丁孫子 515	載驟駸駸 240	適彼樂國 167
在泮飲酒 504	載蜃其尾 233	適彼樂土 167
在泮獻功 505	載馳載驅 97, 241	田車既好 273, 275
在泮獻馘 504	載沈載浮 265	顛倒思予 203
在泮獻囚 504	載寢載興 187	顛倒裳衣 151
載跋其胡 233	載寢之牀 287	顛倒衣裳 151
載燔載烈 406	載寢之地 287	顛覆厥德 436
載弁俅俅 495	在彼空谷 283	瘨我饑饉 467
載飛載鳴 308	在彼杞棘 263	展我甥兮 158
載飛載揚 279	在彼淇梁 112	展也大成 273
載飛載止 240, 278	在彼淇厲 112	展如之人兮 88
載飛載下 239	在彼淇側 112	鱣鮪發發 103
載芟載柞 492	在彼無惡 481	展矣君子 68
載色載笑 504	在彼中陵 265	戰戰兢兢 306, 309
載生載育 406	在彼中阿 265	輾轉反側 25
載胥及溺 441	在彼中沚 265	輾轉伏枕 207
載錫之光 394	在彼中河 86	田祖有神 343
在城闕兮 143	在彼豐草 263	田卒汙萊 300

시구색인(詩句索引) 557

田畯至喜 221, 341, 343	帝省其山 394	遭我乎狃之陽兮 149
顛之倒之 151	濟盈不濡軌 69	蔦與女蘿 350
殿天子之邦 359	帝謂文王 395	肇域彼四海 515
顛沛之揭 432	濟有深涉 69	旐維旟矣 289
折柳樊圃 151	祭以清酒 339	肇允彼桃蟲 491
節彼南山 292	齊子翱翔 157	肇禋 472
截彼淮浦 461	齊子歸止 156	朝隮于西 94
漸車帷裳 107	齊子豈弟 157	佻佻公子 324
簟笰魚服 270	齊子發夕 157	朝宗于海 278
簟茀朱鞹 157	齊子庸止 153	造舟爲梁 383
簟茀錯衡 455	齊子由歸 153	條革金厄 455
漸漸之石 373	齊子遊敖 157	條革有鶬 485
整居焦穫 268	帝作邦作對 394	條革沖沖 262
靖共爾位 332	諸宰君婦 336	卒勞百姓 292
靜女其孌 81	濟濟多士 380, 471, 504	霬假無言 514
靜女其姝 81	濟濟辟王 388	鐘鼓旣戒 336, 264
正大夫離居 303	諸娣從之 455	鐘鼓旣設 264, 355
庭燎有煇 277	濟濟蹌蹌 336	鐘鼓樂之 25
庭燎晣晣 277	帝遷明德 394	鐘鼓喤喤 477
庭燎之光 277	帝度其心 394	從公于邁 504
征伐玁狁 271	蹌彼公堂 222	從公于狩 185
征夫歸止 253	制彼裳衣 228	終寠且貧 79
征夫不遠 253	題彼脊令 308	從其群醜 275
征夫邇止 253	諸兄之言 129	終其永懷 296
征夫捷捷 452	齊侯之子 55, 103	終南何有 191
征夫遑止 253	遭家不造 488	終不可諼兮 100
政事愈蹙 332	敦弓旣堅 409	螽斯羽詵詵兮 31
政事一埤遺我 79	敦弓旣句 409	螽斯羽揖揖兮 31
政事一埤益我 79	條其嘯矣 121	螽斯羽薨薨兮 31
正是國人 216	朝旣盈矣 148	終三十里 480
正是四國 216	朝旣昌矣 148	終善且有 341
定申伯之宅 449	鳥乃去矣 406	終鮮兄弟 143
整我六師 461	徂來之松 509	從孫子仲 65
靜言思之 59, 107	徂賚孝孫 336	宗室牖下 44
正域彼四方 515	照臨下土 63, 332	縱我不往 143
正月繁霜 296	鳥鳴嚶嚶 244	終焉允臧 92
征以中垢 441	肇敏戎公 459	終溫且惠 61
鉦人伐鼓 270	鳥覆翼之 406	終遠兄弟 123
定之方中 92	鰷鱨鰋鯉 483	終踰絶險 296
正直是與 332	鳥鼠攸去 287	從以駉牡 339
町畽鹿場 228	朝夕不暇 375	從以孫子 411
帝立子生商 518	朝夕從事 329	終日射侯 158
帝命不時 380	徂濕徂畛 492	終日七襄 324
帝命不違 518	朝食于株 206	從子于鵠 173
帝命率育 4㐅8	助我擧柴 273	從子于沃 173
帝命式于九圍 518	遭我乎狃之間兮 149	宗子維城 428
諸父兄弟 336	遭我乎狃之道兮 149	終朝采藍 366

終朝采綠 366
種之黃茂 406
終風且霾 64
終風且曀 64
終風且暴 64
從夏南 206
終和且平 244
左旋右抽 133
左手執籥 76
左右流之 25
左右芼之 25
左右奉璋 388
左右綏之 486
左右陳行 461
左右秩秩 355
左右采之 25
左右趣之 388
左之左之 345
左執翿 119
左執簧 119
罪苦不收 465
奏鼓簡簡 513
周公東征 230
周公之孫 509
周公皇祖 509
酒旣和旨 355
周道如砥 324
周道倭遲 239
酒醴維醹 409
綢繆束薪 174
綢繆束楚 175
綢繆束芻 175
綢繆牖戶 226
周邦咸喜 449
朱幩鑣鑣 103
朱芾斯皇 270, 287
周雖舊邦 380
周餘黎民 445
朱英綠縢 509
周王壽考 388
周王于邁 388
周原膴膴 385
周爰咨謀 241
周爰咨詢 241
周爰咨諏 241
周爰咨度 241
周爰執事 386

晝爾于茅 222
舟人之子 324
周宗旣滅 303
綢直如髮 365
竹閉緄縢 187
駿極于天 449
噂沓背憎 300
遵大路兮 135
駿命不易 380
駿發爾私 480
鱒魴 232
駿奔走在廟 471
遵養時晦 496
蠢爾蠻荊 271
蹲蹲舞我 244
濬哲維商 518
遵彼微行 221
遵彼汝墳 37
駿惠我文王 471
仲可懷也 129
中谷有蓷 121
中冓之言 87
中軍作好 131
中唐有甓 204
仲山甫明之 452
仲山甫永懷 452
仲山甫將之 452
仲山甫徂齊 452
仲山甫之德 452
仲山甫出祖 452
中心怛兮 211
中心是悼 64, 209
中心養養 84
中心如噎 117
中心如醉 117
中心悁悁 107
中心搖搖 116
中心有違 71
中心藏之 368
中心弔兮 211
中心好之 179, 264
中心貺之 264
中心喜之 264
仲氏任只 61
仲氏吹篪 316
中原有菽 308
衆維魚矣 289

仲允膳夫 299
中田有廬 339
衆稚且狂 97
則具是違 306
則具是依 306
則篤其慶 394
則莫我敢曷 518
則莫我敢葵 428
則莫我敢承 509
則無膴仕 292
則靡所臻 303
則百斯男 391
則不可得 316
則不可推 445
則不我聞 446
則不我虞 446
則不我遺 445
則不我助 445
則不我惠 465
則友其常 394
則維其常 299
卽有邰家室 406
則不可沮 445
戩其左翼 348, 370
緝緝翩翩 318
揖揖兮 31
烝衎烈祖 355
憎其式廓 394
烝徒楫之 388
烝徒增增 509
曾莫惠我師 428
曾不知其玷 467
曾不崇朝 110
曾不容刀 110
烝畀祖妣 482, 492
烝涉波矣 373
曾孫篤之 471
曾孫來止 341, 343
曾孫不怒 341
曾孫壽考 339
曾孫是若 343
曾孫維主 409
曾孫田之 338
曾孫之稼 341
曾孫之穡 339
曾孫之庚 341
曾是疆禦 431

시구색인(詩句索引)　559

曾是莫聽 432
曾是掊克 431
曾是不意 296
曾是在服 431
曾是在位 431
烝我髦士 341
曾我暬御 303
烝也無戎 242
烝然來思 258
烝然汕汕 258
烝然罩罩 258
烝在桑野 228
烝在栗薪 228
烝烝皇皇 504
烝之浮浮 406
贈之以勺藥 146
之綱之紀 415
祇攪我心 316
至今爲梗 441
止基迺理 417
止旅迺密 417
之屛之翰 347
之死矢靡他 86
之死矢靡慝 86
知我如此 374
知我者 116, 117
枝葉未有害 432
至于涇陽 268
止于丘阿 371
至于艽野 332
止于丘隅 371
止于丘側 371
止于棘 192, 353
至于岐下 385
至于南海 459
至于頓丘 106
至于文武 509
止于樊 353
止于桑 192
至于已斯亡 361
止于榛 353
止于楚 192
至于湯齊 518
至于大原 268
至于暴矣 107
至于海邦 509
至于兄弟 391

知而不已 203
之子歸 52
之子無帶 112
之子無良 370
之子無服 112
之子無裳 112
之子不猶 370
之子于歸 32, 35, 36, 40 61, 228,
之子于苗 273
之子于狩 366
之子于垣 276
之子于征 273, 276
之子于釣 366
祇自疧兮 330
祇自重兮 330
知子之來之 136
知子之順之 136
之子之遠 370
知子之好之 136
祇自塵兮 330
耆定爾功 487
旨酒思柔 347, 495
旨酒欣欣 413
摯仲氏任 382
池之竭矣 468
至止肅肅 484
旨且 257
旨且有 257
職競用力 441
職競由人 300
職盜爲寇 441
職涼善背 441
職勞不來 324
職思其居 170
職思其外 170
職思其憂 170
職爲亂階 314
稙穉菽麥 508
職兄斯引 468
職兄斯弘 468
震驚徐方 461
振古如玆 492
進厥虎臣 461
陳饋八簋 244
振旅闐闐 270
振鷺于飛 481

鬒髮如雲 88
陳師鞫旅 270
陳常于時夏 478
陳錫哉周 380
蓁首蛾眉 103
溱與洧 146
疢如疾首 311
振振公姓 38
振振公子 38
振振公族 38
振振君子 49
振振鷺 502
振振兮 31
盡瘁以仕 327
進退維谷 441
榛楛濟濟 390
咥其笑矣 107
疾用無枝 311
賈爾人民 436
秩秩大猷 314
秩秩德音 187
秩秩斯干 287
朕命不易 455
朕未有艾 489
執競武王 476
執其鸞刀 339
執轡如組 76, 131
執事有恪 513
執豕于牢 417
執訊連連 395
執訊獲醜 251, 271
執我仇仇 296
集于灌木 27
集于泮林 505
集于中澤 276
集于苞棘 177
集于苞杞 240
集于苞桑 177
集于苞栩 177, 239
輯柔爾顔 436
執子之手 65
縶之維之 282
執爨踖踖 336

[차]

此令兄弟 361

此邦之人 284
嗟我農夫 222
嗟我婦子 222
嗟我兄弟 278
嗟我懷人 29
借曰未知 436
且往觀乎洧之外 146
此有不斂穧 343
此維與宅 394
此有滯穗 343
此宜無罪 465
嗟爾君子 332
嗟爾朋友 441
且以永日 172
且以酌醴 275
且以喜樂 171
此日而微 299
此日而食 299
嗟嗟保介 479
嗟嗟臣工 479
嗟嗟烈祖 514
此此彼有屋 296
此何人哉 117
嗟行之人 176
瑳兮瑳兮 88
哆兮侈兮 318
纘女維莘 383
纘禹之緒 509
纘戎祖考 452, 455
粲粲衣服 324
纘大王之緒 509
讒口囂囂 300
憯莫懲嗟 292
斬伐四國 303
憯不知其故 446
憯不畏明 425
譖始竟背 465
僭始旣涵 314
讒言其興 279
譖言則退 303
讒人罔極 353
參差荇菜 25
慘慘日瘁 303
倉庚喈喈 251
倉庚于飛 228
蒼蠅之聲 148
倡予要女 138

倡予和女 138
蹌蹌濟濟 417
蒼天蒼天 318
倉兄填兮 441
采苦采苦 182
采荼薪樗 222
采苓采苓 181
采薇采薇 248
采蘩祁祁 251
采葑采 182
采葑采菲 71
采蕭穫菽 332
采菽采菽 359
采之亨之 372
采采卷耳 29
采采芣苢 34
采采衣服 214
淒其以風 60
妻子好合 242
妻兮斐兮 318
陟降厥家 489
陟降厥士 490
陟降庭止 488
陟其高山 497
陟令在原 242
陟我高岡 395
滌滌山川 446
戚戚兄弟 409
踧踧周道 311
陟則在巘 417
陟彼岡兮 164
陟彼景山 521
陟彼高岡 29, 352
陟彼屺兮 164
陟彼南山 42
陟彼北山 253, 329
陟彼阿丘 97
陟彼砠矣 29
陟彼崔嵬 29
陟彼岵兮 164
天監有周 452
天監在下 382
天降慆德 431
天降喪亂 441, 445
天降罪苦 467
遷其私人 449
天難忱斯 382

天篤降喪 467
泉流旣清 367
天立厥配 394
天命降監 521
天命多辟 521
天命靡常 380
天命不又 308
天命不徹 300
天命匪解 496
天命玄鳥 515
天方艱難 436
天方薦瘥 292
天步艱難 370
天保定爾 246
天不湎爾以酒 432
天不我將 441
俴駟孔群 187
天生烝民 431, 452
天錫公純嘏 509
天實爲之 79
天夭是椓 296
遷于喬木 244
千耦其耘 492
泉源在左 108
天位殷適 382
淺則揭 69
天維顯思 490
天子葵之 359
天子萬年 459
天子萬壽 459
天子命我 251
天子命之 359
天子穆穆 484
天子所予 359
天子是毗 292
天子是若 452
天子之功 462
天子之所 275
天作高山 473
天作之合 382
淺則揭 69
泉之竭矣 468
天之降罔 465
天之方蹶 427
天之方難 427
天之方懠 428
天之方虐 428

시구색인(詩句索引)　561

天之生我 311	涕旣隕之 311	蟲飛薨薨 148
天之扤我 296	蝃蝀在東 94	充耳琇實 365
天之牖民 428	涕零如雨 332	充耳琇瑩 100
遄臻于衛 77	體無咎言 106	充耳以素乎而 150
川澤訏訏 455	涕泗滂沱 207	充耳以靑乎而 150
天被爾祿 411	椒聊且 174	充耳以黃乎而 150
天何以刺 465	椒聊之實 174	惙惙其慄 192, 193
啜其泣矣 121	草不潰茂 467	惙惙小心 309
哲婦傾城 465	苕之華 374	就其深矣 71
哲夫成城 465	楚楚者茨 336	就其淺矣 71
徹申伯土疆 449	招招舟子 69	取其血膋 339
徹申伯土田 449	樵彼桑薪 370	取厲取鍛 417
徹我疆土 459	總角丱兮 154	取譬不遠 436
哲人之愚 435	總角之宴 107	吹笙鼓簧 237
徹我牆屋 300	燼之秩之 348	取蕭祭脂 406
徹田爲糧 417	趣馬師氏 446	醉言歸 502
徹彼桑土 226	秋以爲期 106	醉言舞 502
瞻望母兮 164	秋而載嘗 509	毳衣如菼 125
瞻望父兮 164	秋日凄凄 326	毳衣如璊 125
瞻望弗及 61	聚子內史 299	醉而不出 356
瞻望兄兮 164	築城伊淢 402	取羝以軷 406
瞻卬昊天 446, 465	築室百堵 287	取妻如之何 153
瞻言百里 441	築室于茲 385	取妻如何 231
瞻烏爰止 296	畜我不卒 63	吹彼棘薪 67
瞻彼淇奧 100	祝祭于祊 336	吹彼棘心 67
瞻彼洛矣 344	築之登登 386	取彼斧斨 221
瞻彼溥原 417	蹙蹙靡所騁 292	取彼譖人 319
瞻彼日月 68	縮版以載 386	取彼狐狸 221
瞻彼中林 296, 441	春日載陽 221	側弁之俄 356
瞻彼中原 275	春日遲遲 221, 251	娶娶良耜 494
瞻彼阪田 296	春秋匪解 509	値其鷺翿 199
瞻彼旱麓 390	出車彭彭 251	値其鷺羽 199
捷捷幡幡 318	出其闉闍 144	庤乃錢鎛 479
聽聽藐藐 436	出其東門 144	雉離于罿 122
聽我囂囂 428	出納王命 452	雉離于羅 122
淸揚婉兮 145, 158	出宿于干 77	雉離于罦 122
聽言則答 303	出宿于屠 455	雉鳴求其牡 69
聽言則對 441	出宿于泲 77	織文鳥章 268
聽用我謀 436	出言有章 365	置我鞉鼓 513
淸人在消 133	出入腹我 322	寘予于懷 320
淸人在軸 133	出自口矣 314	齒如瓠犀 103
淸人在彭 133	出自東方 63	緇衣之蓆兮 128
淸酒旣載 390	出自北門 79	緇衣之宜兮 128
淸酒百壺 455	出自幽谷 244	緇衣之好兮 128
靑靑子衿 143	出此三物 316	差池其羽 61
菁菁者莪 265	出則銜恤 322	雉之朝雊 311
靑靑子佩 143	出話不然 427	寘之河之干兮 166

寘之河之漘兮 166
寘之河之側兮 166
致天之屆 509
寘彼周行 29
絺兮綌兮 60
鴟鴞鴟鴞 226
親結其縭 228
親迎于渭 383
七月鳴鵙 221
七月食瓜 222
七月流火 221
七月在野 222
七月亨葵及菽 222
漆沮之從 275
寢廟既成 449
寢成孔安 521
侵阮徂共 395
侵自阮疆 395
浸彼稻田 370
浸彼苞稂 217
浸彼苞蕭 217
浸彼苞蓍 217
侵鎬及方 268
繫之維之 282
蟄蟄兮 31
稱彼兕觥 222

[카]

噲噲其正 287

[타]

鼛鼓逢逢 398
墮山喬嶽 497
他山之石 280
他人是保 171
他人是愉 171
他人有心 314
他人入室 172
度其夕陽 417
度其鮮原 395
度其隰原 417
濯征徐國 461
椓之丁丁 33
椓之橐橐 287
度之薨薨 386

濯濯厥靈 521
倬彼甫田 341
倬彼雲漢 388, 445
倬彼昊天 441
蘀兮蘀兮 138
誕降嘉種 406
誕彌厥月 406
誕先登于岸 395
誕實匍匐 406
憚我不暇 332
誕我祀如何 406
誕寘之隘巷 406
誕寘之平林 406
誕寘之寒氷 406
嘽嘽駱馬 239
嘽嘽焞焞 271
誕后稷之穡 406
貪人敗類 441
湯降不遲 518
湯孫奏假 513
湯孫之緒 521
湯孫之將 513, 514
蕩蕩上帝 431
殆及公子同歸 221
迨其今兮 50
迨其吉兮 50
迨其謂之 50
迨氷未泮 69
大姒嗣徽音 391
大師皇父 461
泰山巖巖 509
迨我暇矣 244
大王荒之 473
大人占之 287, 289
大任有身 382
迨天之未陰雨 226
擇三有事 300
宅是鎬京 402
擇有車馬 300
宅殷土芒芒 515
土國城漕 65
土田附庸 509
敦商之旅 509
退食自公 48
敦琢其旅 486
追琢其章 388
敦彼獨宿 228

投畀豺虎 319
投畀有北 319
投畀有昊 319
投我以桃 436
投我以木瓜 113
投我以木桃 113
投我以木李 113

[파]

播厥百穀 343, 480,
　　　　　492, 494
婆娑其下 200
番維司徒 299
阪有桑 184
阪有漆 184
八鸞喈喈 452
八鸞鶬鶬 452, 455
八鸞瑲瑲 270
八鸞鶬鶬 514
八月其穫 221
八月斷壺 222
八月剝棗 222
八月在宇 222
八月載績 221
八月萑葦 221
佩其象揥 160
佩玉瓊琚 136
佩玉將將 137, 191
佩玉之儺 108
貝冑朱綅 509
翩其反矣 361
徧爲爾德 246
翩翩者鵻 239, 240, 258
翩彼飛鴞 505
平王之孫 55
平陳與宋 65
平平左右 359
敝笱在梁 156
敝予又改爲兮 128
敝予又改作兮 128
敝予又改造兮 128
廢爲殘賊 326
廢徹不遲 336
蔽芾甘棠 45
蔽芾其樗 285
抱衾與裯 51

鋪敦淮濆 461
包罍鮮魚 455
包罍贈鯉 268
匍匐救之 71
襃姒威之 296
匏有苦葉 69
苞有三蘗 518
炮之燔之 372
抱布貿絲 106
幅隕旣長 518
摽有梅 50
儦儦俟俟 275
飄風發發 322, 326
飄風弗弗 322
飄風自南 422
風其吹女 138
風其漂女 138
豐年多黍多稌 482
豐年穰穰 514
豐水東注 402
豐水有芑 402
風雨瀟瀟 142
風雨所漂搖 226
風雨如晦 142
風雨攸除 287
風雨淒淒 142
灃池北流 370
彼狡童兮 139
彼交匪紓 359
彼交匪敖 347
彼求我則 296
彼君子兮 166, 179, 365
彼其之子 120, 134, 161,
174, 214, 215
彼都人士 365
彼童而角 436
彼路斯何 249
 彼留子國 126
彼留子嗟 126
彼留之子 126
彼美孟姜 136, 137
彼美淑姬 202
彼美人兮 76
彼汾一曲 161
彼汾一方 161
彼汾沮洳 161
彼黍離離 116, 117

彼疏斯粺 468
彼旆旐斯 251
彼月而微 299
彼月而食 299
彼有不穫穉 343
彼有遺秉 343
彼有旨酒 296
彼宜有罪 465
彼爾維何 249
彼人是哉 162
彼人之心 363
彼作矣 473
彼徂矣岐 473
彼苢者葭 55
彼苢者蓬 56
彼姝者子 95, 96, 150
祓之祁祁 41
被之僮僮 41
彼稷之苗 116
彼稷之穗 117
彼稷之實 117, 319
彼蒼者天 192, 193
彼采葛兮 124
彼采蕭兮 124
彼采艾兮 124
彼醉不臧 356
彼澤之陂 207
彼何人斯 314, 316
彼昏不知 308
彼候人兮 214
必告父母 153
必恭敬止 311
畢來旣升 289
苾芬孝祀 336
觱沸檻泉 359, 465
必宋之子 201
佛時仔肩 490
必有與也 74
必有以也 74
必齊之姜 201
畢之羅之 348
泌之洋洋 201
駜彼乘牡 502
駜彼乘駽 502
駜彼乘黃 502
苾苾芬芬 339
必河之鯉 201

必河之魴 201

[하]

何辜今之人 445
何辜于天 311
何戈與祋 214
下莞上簟 287
何求爲我 446
何其久也 74
何其處也 74
何多日也 74
下武維周 400
下民有嚴 521
下民卒癉 427
下民之辟 431
下民之孽 300
下民之王 395
何福不除 246
遐不作人 388, 390
遐不眉壽 260
遐不謂矣 368
何不日鼓瑟 171
遐不黃耉 260
何斯違斯 49
何蓑何笠 289
下上其音 61, 68
河上乎翶翔 133
河上乎逍遙 133
何錫予之 359
河水浼浼 82
河水瀰瀰 82
河水洋洋 103
河水淸且漣猗 166
河水淸且淪猗 166
河水淸且直猗 166
何神不富 465
夏屋渠渠 196
何用不臧 68
何用不監 292
何有何亡 71
何以告之 96
夏而楅衡 509
何以畀之 96
何以棲遲 201
何以速我獄 47
何以速我訟 47

何以予之 96	恒之糜芑 406	玄袞赤舃 455
假以溢我 471	奚斯所作 509	顯父餞之 455
何以卒歲 221	海外有截 518	玄王桓撥 518
何以舟之 417	偕偕士子 329	顯允君子 263
何以贈之 196	邂逅相遇 145	顯允方叔 270, 271
何以穿我屋 47	行歸于周 365	顯顯令德 414
何以穿我墉 47	行道遲遲 71, 249	鞙鞙佩璲 324
何人不將 375	行道兌矣 386	睍睆黃鳥 67
何人不矜 375	行邁靡靡 116, 117	子子干旄 95
何日忘之 368	行與子逝兮 164	子子干旟 96
何日不行 375	行與子還兮 164	子子干旐 96
何日斯沮 306	行有死人 311	子子干旌 96
夏之日 180	行人彭彭 157	夾其皇澗 417
何嗟及矣 121	行人儦儦 157	兄及弟矣 287
何天之龍 518	行彼周道 375	衡門之下 201
何天之休 518	行彼周行 324	荊舒是懲 509
何草不玄 375	享祀不忒 509	兄曰嗟予弟行役 164
何草不黃 375	享于祖考 339	刑于寡妻 391
何誕之節兮 74	享以騂犧 509	泂酌彼行潦 420
下土是冒 63	許人尤之 97	兄弟孔懷 242
下土之式 400	獻豜于公 222	兄弟具來 350
何彼襛矣 55	獻羔祭韭 222	兄弟求矣 242
謔浪笑敖 64	獻其貔皮 456	兄弟急難 242
鶴鳴于九皋 280	獻酬交錯 336	兄弟既具 242
學有緝熙于光明 490	獻于公所 131	兄弟既翕 242
嘆其乾矣 121	獻爾發功 355	兄弟無遠 244
嘆其脩矣 121	獻之皇祖 339	兄弟不知 107
嘆其濕矣 121	儼狁孔棘 249	兄弟匪他 350
旱既大甚 445, 446	儼狁孔熾 267	兄弟甥舅 350
韓姞燕譽 455	儼狁匪茹 268	兄弟閱于牆 242
旱魃爲虐 446	儼狁于襄 251	兄弟昏姻 361
翰飛戾天 308, 327	儼狁于夷 251	邢侯之姨 103
漢有游女 35	儼狁之故 248	惠我無疆 473
漢之廣矣 35, 36	赫如渥赭 76	惠然肯來 64
閑之維則 267	赫赫姜嫄 508	惠于朋友 436
韓侯顧之 455	赫赫厥聲 521	惠于宗公 391
韓侯受命 455	赫赫南仲 251	惠而好我 80
韓侯迎止 455	赫赫明明 461	惠此京師 425
韓侯入覲 455	赫赫師尹 292	惠此南國 461
韓侯出祖 455	奕奕梁山 455	惠此中國 425
韓侯取妻 455	赫赫業業 461	嘒彼小星 51
害澣害否 27	赫赫炎炎 445	嘒嘒管聲 513
闞如虓虎 461	赫赫在上 382	嘒彼小星 51
巷無居人 130	赫赫宗周 296	鎬京辟廱 402
巷無服馬 130	奕奕寢廟 314	胡考之寧 492
巷無飲酒 130	赫兮咺兮 100	胡考之休 495
恒之秬秠 406	玄袞及黼 359	狐裘蒙戎 74

시구색인(詩句索引)   565

狐裘以朝 209
狐裘在堂 209
狐裘黃黃 365
胡寧忍予 326, 445
胡寧瘨我以旱 446
胡能有定 63
胡得焉 182
好樂無荒 170
虎拜稽首 459
胡不自南 316
胡不自北 316
胡不自替 468
胡不歸 73
胡不萬年 216
胡不比焉 176
胡不相畏 303, 445
胡不佽焉 176
胡不遄死 95
胡不旆旆 251
胡俾我瘉 296
胡斯畏忌 441
胡逝我梁 316
胡逝我陳 316
好是稼穡 441
好是懿德 452
好是正直 332
好言自口 296
胡然厲矣 296
胡然我念之 187
胡然而帝也 88
胡然而天也 88
胡爲我作 300
胡爲厲矣 296
胡爲乎泥中 73
胡爲乎株林 206
胡爲乎中露 73
胡爲虺蜴 296
縞衣綦巾 144
縞衣茹藘 144
好爾無射 352
好人服之 160
好人提提 160
胡轉予于恤 281
胡迭而微 59
胡憯莫懲 299
虎韔鏤膺 187
昊天孔昭 436

昊天其子之 475
昊天罔極 322
昊天不傭 292
昊天不忒 436
昊天不平 292
昊天不惠 292
昊天上帝 445, 446
昊天曰旦 428
昊天曰明 428
昊天有成命 474
昊天已威 313
昊天疾威 467
昊天泰憮 314
胡瞻爾庭有縣特兮 166
胡瞻爾庭有縣鶉兮 166
胡瞻爾庭有縣貆兮 166
胡臭亶時 406
胡取禾三百億兮 166
胡取禾三百廛兮 166
胡取禾三百囷兮 166
浩浩昊天 303
或歌或咢 409
或敢侮予 226
或降于阿 289
或群或友 275
或湛樂飲酒 329
或來瞻女 494
或靡事不爲 329
或剝或亨 336
或燔或炙 336, 409
或負其餱 289
或不知叫號 329
或不已于行 329
或肆之筵 409
或肆或將 336
或棲遲偃仰 329
或聖或否 306
或授之几 409
或肅或艾 306
或息偃在牀 329
或燕燕居息 329
或王事鞅掌 329
或春或揄 406
或耘或耔 341
或飮于池 289
或以其酒 324
或潛在淵 280

或在于渚 280
或佐之史 356
或盡瘁事國 329
或慘慘劬勞 329
或慘慘畏咎 329
或哲或謀 306
或出入風議 329
或醉或否 356
或寢或訛 289
或簸或蹂 406
或獻或酢 409
或黃或白 345
昏以爲期 203
昏姻孔云 296
昏姻之故 285
昏椓靡共 467
鴻飛遵陸 232
鴻飛遵渚 232
洪水芒芒 518
鴻鴈于飛 276
鴻則離之 82
和樂且湛 238, 242
和樂且孺 242
和鸞雝雝 262
和鈴央央 485
禾麻菽麥 222
華如桃李 55
禾役穟穟 406
火烈具擧 131
火烈具阜 131
火烈具揚 131
禾易長畝 341
種之挃挃 494
芃蘭之葉 109
芃蘭之支 109
還予授子之粲兮 128
萑葦淠淠 311
還而不入 316
桓桓武王 496
桓桓于征 504
睆彼牽牛 324
皇父卿士 299
黃耇無疆 514
黃耇台背 409
荒湛于酒 436
黃流在中 390
皇駁其馬 228

黃髮兒齒 509
黃髮台背 509
皇父孔聖 300
皇尸載起 336
況也永歎 242
皇王維辟 402
皇王烝哉 402
皇矣上帝 394
皇以間之 496
黃鳥于飛 27
黃鳥黃鳥 284
皇祖后稷 509
遑脂爾車 316
喤喤厥聲 482
皇皇者華 241
皇皇后帝 509
遑恤我後 71, 311
歲獮其羽 422
喊喊其冥 287
懷德維寧 428
會同有繹 273
會伐平林 406
會弁如星 100
淮水湯湯 333
淮水湝湝 333
懷我好音 505
會言近止 253
悔予不將兮 140
悔予不送兮 140
懷柔百神 476
淮有三洲 333
懷允不忘 333
淮夷來求 458
淮夷來同 509
淮夷來鋪 459

淮夷蠻貊 509
誨爾序爵 441
誨爾諄諄 436
淮夷攸服 504
淮夷卒獲 505
懷哉懷哉 120
會朝清明 383
檜楫松舟 108
懷之好音 211
會且歸矣 148
懷昏姻也 94
薈兮蔚兮 215
回遹其德 436
衡從其畝 153
薨薨兮 31
孝思維則 400
孝孫有慶 336, 509
孝孫徂位 336
孝子不匱 411
殽核維旅 355
侯疆侯以 492
侯文王孫子 380
侯服于周 380
侯誰在矣 268
侯薪侯蒸 296
侯氏燕胥 455
侯亞侯旅 492
後予極焉 363
後予邁焉 363
侯于周服 380
侯栗侯梅 326
侯作侯祝 431
侯主侯伯 492
后稷呱矣 406
后稷不克 445

后稷肇祀 406
后稷之孫 509
卉木萋止 253
卉木萋萋 251
虺虺其靁 64
麏之以肱 289
休其蠶織 465
攜手同車 80
攜手同歸 80
攜手同行 80
休矣皇考 489
休有烈光 485
攜無曰益 428
遹求厥寧 402
遹駿有聲 402
遹追來孝 402
遹觀厥成 402
汔可小康 425
汔可小 425
汔可小息 425
汔可小安 425
汔可小休 425
迄用康年 479
迄用有成 472
飲飫介飫止 406
洽比其隣 296
洽此四國 459
訿訿訿訿 306
興迷亂于政 436
興言出宿 332
興雨祁祁 343
噫嘻成王 480
頡之頏之 61
〈끝〉

제목색인(題目索引)

[가]

假樂 414
角弓 360
干旄 95
簡兮 75
葛屨 159
葛覃 26
葛藟 123
葛生 180
甘棠 45
江有汜 51
江漢 457
凱風 66
車攻 272
車鄰 184
車舝 351
褰裳 139
擊鼓 65
蒹葭 189
駉 499
敬之 489
雞鳴 147
羔裘 133, 176, 208
考槃 101
羔羊 47
鼓鐘 330
谷風 70, 319
谷風 70
公劉 415
關雎 24
狡童 138
巧言 312
九罭 231
丘中有麻 126
君子陽陽 118
君子于役 117
君子偕老 87
權輿 196
卷耳 28
樛木 29

頍弁 349
祈父 281
淇奧 99
既醉 410
吉日 274

[나]

那 512
南山 152
南山有臺 259
南有嘉魚 258
南陔 254
狼跋 232
盧令 154
鹿鳴 237
綠衣 59
賚 497

[다]

湛露 261
大車 124
大東 322
大明 381
大叔于田 130
大田 341
桃夭 31
都人士 364
彤弓 264
東門之枌 199
東門之墠 141
東門之楊 202
東門之池 201
東方未明 151
東方之日 150
東山 227

[마]

氓 105

鳲 384
鳲蠻 370
汚水 278
旄丘 73
木瓜 113
墓門 203
武 487
無羊 288
無衣 178, 194
無將大車 330
文王 378
文王有聲 401
民勞 424
閔予小子 488

[바]

般 497
泮水 503
訪落 489
防有鵲巢 204
白駒 282
柏舟 57, 85
伯兮 111
白華 255, 369
伐柯 230
伐檀 165
伐木 243
鴇羽 177
甫田 153, 339
丰 140
鳧鷖 412
蜉蝣 213
芣苢 33
北門 78
北山 328
北風 80
汾沮洳 160
閟宮 506
匪風 211
賓之初筵 354

[사]

斯干 285
四牡 238
思文 477
四月 325
絲衣 495
思齊 390
駟驖 185
山有扶蘇 137
山有樞 171
常武 460
裳裳者華 345
相鼠 94
桑柔 438
桑中 89
常棣 241
桑扈 347
生民 404
黍離 116
黍苗 366
碩鼠 167
碩人 102
還(선) 148
素冠 209
小明 332
召旻 466
小旻 305
小弁 309
小毖 490
小星 50
小宛 307
小戎 186
叔于田 129
鶉之奔奔 90
崧高 447
崇邱 259
隰桑 368
隰有萇楚 210
鳲鳩 215
時邁 475
式微 73
臣工 479
信南山 337
新臺 82
晨風 193
蟋蟀 269

十畝之間 164
十月之交 298

[아]

我將 474
我行其野 284
野有蔓草 144
野有死麕 53
良耜 493
揚之水 119, 143, 172
魚麗 256
魚藻 357
抑 433
汝墳 36
女曰鷄鳴 135
棫樸 387
燕燕 60
烈文 472
烈祖 514
靈臺 397
雝 484
宛丘 198
雨無正 301
雲漢 443
菀柳 362
雄雉 67
鴛鴦 348
園有桃 162
月出 205
渭陽 195
有客 486
由庚 257
有駜 482
有女同車 136
由儀 261
維天之命 471
維淸 472
有杕之杜 179
有駜 501
有狐 112
蓼蕭 261
蓼莪 320
六月 266
殷其雷 48
殷武 519
猗嗟 157

二子乘舟 83
麟之趾 37
日月 62

[자]

子衿 142
酌 495
鵲巢 39
潛 483
長發 516
牆有茨 86
將仲子 128
載驅 156
載芟 491
載馳 96
載見 485
著 149
節彼南山 290
漸漸之石 373
靜女 81
庭燎 277
正月 293
定之方中 91
終南 190
螽斯 50
終風 63
株林 206
綢繆 174
竹竿 108
遵大路 134
中谷有蓷 120
烝民 450
振鷺 481
溱洧 145
執競 476

[차]

采葛 124
采芑 269
采苓 181
采綠 365
采薇 247
采蘩 40
采蘋 43
采菽 358

제목색인(題目索引)   569

陟岵 163
天保 245
泉水 77
天作 473
瞻卬 463
瞻彼洛矣 343
淸廟 470
靑蠅 353
淸人 132
菁菁者莪 265
蝃蝀 93
杕杜 175, 252
椒聊 173
楚茨 334
苕之華 374
草蟲 41
騶虞 55
出車 250
出其東門 144
緇衣 127
鴟鴞 225
七月 218

[타]

蘀兮 138
蕩 430
澤陂 206
兎爰 121
兎罝 32

[파]

破斧 229
板 426
敝笱 155
匏有苦葉 68
摽有梅 49
豊年 481
風雨 141

[하]

河廣 110
下武 399
何人斯 315
下泉 216

何草不黃 375
何彼穠矣 54
鶴鳴 279
漢廣 34
旱麓 389
韓奕 453
巷伯 317
行露 46
行葦 408
玄鳥 515
衡門 200
洞酌 419
瓠葉 372
昊天有成命 474
鴻鴈 275
華黍 255
桓 496
芄蘭 109
皇矣 392
黃鳥 191,283
皇皇者華 240
候人 214
噫嘻 480

시간과 공간을 초월하여
영원한 고전으로 남아질 수 있는
과거속의 유산을 캐내어
메마른 우리들의 마음밭을
기름지게 가꾸어 줄 수 있는 —

자유문고의 책들

1. 정관정요
최형주 해역 ● 576쪽

당나라 이후 중국의 역대왕실이 모든 제왕의 통치철학으로 삼아 오던 이 저서는 일본으로 건너가 「도꾸가와 이에야스(德川家康)」가 일본 통일의 기틀을 마련하는데 큰 힘이 되었다. 〈완역〉

2. 식경
남상해 해역 ● 328쪽

어떤 음식을 어떻게 섭취하면 몸에 좋은가? 어떻게 하면 건강하게 무병 장수 할 수 있는가 등등. 옛 중국인들의 음식물 조리와 저장방법 등 예방 의학적 관점에서 그 해답을 얻을 수 있다. 〈완역〉

3. 십팔사략
증선지 해역 ● 254쪽

고대 중국의 3황 5제에서부터 송나라 말기까지 유구한 역사의 노정에서 격랑에 휘말린 인물과 사건을 시대별로 나눈 5천년 중국사를 한눈에 볼 수 있는 역사서. 〈완역〉

4. 소학
조형남 해역 ● 338쪽

자녀들의 인격 완성을 위하여 성인이 되기 전 한번쯤 읽어야 하는 고전. 아름다운 말, 착한 행동, 교육의 기초 등, 인간이 지켜야 할 예절과 우리 선조들의 예의범절을 되돌아 볼 수 있다. 〈완역〉

5. 대학
정우영 해역 ● 156쪽

사회생활에서 지도자가 되거나 조직의 일원이 될 때 행동과 처세, 자신의 수양, 상하의 관계 등에 도움은 물론, 훌륭한 지도자로 성장할 수 있도록 하는 조직관리의 길잡이이다. 〈완역〉

6. 중용
조강환 해역 ● 192쪽

인간의 성(性)·도(道)·교(敎)의 구체적인 사항을 제시하였다. 도(道)와 중화(中和)는 항상 성(誠)을 가지고 살아가야 한다는 것과 귀신에 대한 문제 등이 심도있게 논의됐다. 〈완역〉

7. 신음어
여곤 지음 ● 256쪽

한 국가를 경영하는 요체로써 인간의 마음, 인간의 도리, 도를 논하는 방법, 국가공복의 의무, 세상의 운세 그리고 성인과 현인, 국가를 경영하는 요체 등을 주제로 한 공직자의 필독서이다.

8. 논어
김상배 해역 ● 376쪽

공자와 제자들의 사랑방 대화록. 공자(孔子)의 '배우고 때때로 익히면 즐겁지 아니한가.' 로 시작되는 논어를 통해 공문 제자의 교육법을 알 수 있다. 〈완역〉

9. 맹자
전일환 해역 ● 464쪽

난세를 다스리는 정치철학. 백성이란 생활을 유지할 생업이 있어야 변함 없는 마음을 가질 수 있고, 생업이 없으면 변함없는 마음을 가질 수 없다. 〈완역〉

10. 시경
이상진·황송문 역 ● 576쪽

공자는 시(詩) 3백편을 한마디로 대변한다면 '사무사(思無邪)'라고 했다. 옛 성인들은 시경을 인간의 마음을 정화시키는 중요한 교육서로 삼았다. 각 시에 관련된 그림도 수록되어 있다. 〈완역-자구 색인〉

11. 서경
이상진·강명관 역 ● 444쪽

요순(堯舜)시대부터 서주(西周)시대까지의 정사(政事)에 관한 모든 문서(文書)를 공자(孔子)가 수집하여 편찬한 책이다. 유학의 정치에 치중한 경전의 하나 〈완역〉

12. 주역
양학형·이준영 역 ● 496쪽

주역은 신성한 경전도 신비한 기서(奇書)도 아니다. 보는 자의 관점에 따라 판단을 내리도록 하는 것이 역의 기본이치이다. 주역은 하나의 암시로 그 암시를 통해 문제를 해결해 나가는 것이다. 〈완역〉

13. 노자도덕경
노재욱 해역 ● 280쪽

난세를 쉽게 사는 생존철학으로 인생은 속절없고 천지는 유구하다. 천지가 유구한 것은 무위 자연의 도를 수행하고 있기 때문이다. 제일 귀중한 것은 자기의 생명이다 라고 했다. 〈완역〉

14. 장자
노재욱 편저 ● 260쪽

바람따라 구름따라 정처없이 노닐며 온 천하의 그 무엇에도 속박되는 것 없이 절대 자유로운 삶을 영위하는 소요유에서부터 제물론, 응제왕편 등 장주(莊周)의 자유무애한 삶의 이야기이다.

15. 묵자
박문형·이준영 역 ● 552쪽

묵자(墨子)는 '사랑'을 주창한 철학자이며 실천가이다. 묵자의 이론은 단순하지만 그 이론을 지탱하는 무게는 끝없이 크다. 묵자의 '사랑'은 구체적이고 적극적이다. 〈완역〉

16. 효경
박명용·황송문 역 ● 232쪽

효도의 개념을 정립한 것. 공자의 제자인 증자(曾子)는 효도의 마음가짐이 뛰어났다. 이 점을 간파한 공자가 증자에게 효도에 관한 언행을 전하여 기록하게 한 효의 이론서이다. 〈완역〉

17. 한비자 상·하
노재욱·조강환역 ● 상532쪽·하512쪽

약육강식이 횡행하던 춘추전국시대에 순자의 성악설(性惡說)을 사상적 배경으로 받아들여 법의 절대주의를 역설하였다. 법 위주의 냉엄한 철학으로 이루어졌다. 〈완역〉

18. 근사록
정영호 해역 ● 488쪽

내 삶의 지팡이. 송(宋)나라의 논어(論語)라 일컬어진 『근사록』은 송나라 성리학(性理學)을 집대성한 유학의 진수이다. 높은 차원의 철학적 사상과 학문이 쉽고 짧은 문장으로 다루어졌다. 〈완역〉

19. 포박자
길홍 저/장영창 역 ● 280쪽

불로장생(不老長生), 이것은 모든 인간의 소망이며 기원의 대상이다. 인간은 죽음을 초월할 수 있는가? 불로불사(不老不死)의 약은 있는가? 등등. 인간들이 궁금해 하는 사연들이 조명되었다.

20. 여씨춘추
정영호 ● 12기 370쪽 ● 8람 464쪽 ● 6론 464쪽

여불위가 3천여 학자와 이룩한 사론서(史論書)로 유가·도가·묵가·병가·명가 등의 설을 취합. '12기(紀), 8람(覽), 6론(論)'으로 나뉘어 선진(先秦)시대의 학설과 사상을 총망라해 다룬 백과전서. 〈완역〉

21. 고승전
혜교 저/유월탄 역 ● 288쪽

중국대륙에 불교가 들어 오면서 불가(佛家)의 오묘 불가사의한 행적들과 중국으로 전파되는 전도과정에서의 수난과 고통, 수도과정에서 보여주는 고승들의 행적 등을 기록한 기록문.

22. 한문입문
최형주 해역 ● 232쪽

조선시대의 유치원 교육서라고 하는 천자문, 이천자문, 사자소학, 계몽편, 동몽선습이 수록됨. 또 관혼상제 등과 가족의 호칭법 등이 나열되고 간단한 제상차리는 법 등이 요약되었다. 〈완역〉

23. 열녀전
유향 저/박양숙 역 ● 416쪽

역사에 큰 발자취를 남긴 89명의 여인들을 다룬 여성의 전기이다. 총 7권으로 구성되었으며 옛여성들이 지킨 도덕관을 한 눈에 볼 수 있는 교양서. 〈완역〉

24. 육도삼략
조강환 해역 ● 296쪽

병법학의 최고봉인 무경칠서(武經七書) 가운데 두 가지의 책으로 3군을 지휘하고 국가를 방위하는데 필요한 저서이다. 『육도』와 『삼략』의 두 권이 하나로 합한 것이다. 〈완역〉

25. 주역참동계
최형주 해역 ● 272쪽

『주역참동계(周易參同契)』란 주나라의 역(易)이 노자의 도(道)와 연단술(練丹術)과 서로 섞여 통하며 『주역』과 연단은 음양을 벗어나지 못하며 노자의 도는 음양이 합치된다고 하였다. 〈완역〉

26. 한서예문지
이세열 해역 ● 328쪽

반고(班固)가 찬한 『한서(漢書)』 제30권에 들어 있는 동양고전의 서지학(書誌學)의 대사전이다. 한(漢)나라 이전의 모든 고전을 일목요연하게 볼 수 있는 서지학의 원조이다. 〈완역〉

27. 대대례
박양숙 해역 ● 344쪽

『대대례』의 정식 명칭은 『대대예기』이며 한(漢)나라 대덕(戴德)이 편찬한 저서로 공자(孔子)와 그의 제자들이 예에 관한 기록의 131편을 수집하여 집대성한 것이다. 〈완역〉

28. 열자
유평수 해역 ● 304쪽

『열자』의 학문은 황제(黃帝)와 노자(老子)에 근본을 삼았고 열자 자신을 호칭하여 도가(道家)의 중시조라고 했다. 『열자』는 내용이 재미가 있고 어렵지 않은 것이 특징이다. 〈완역〉

29. 법언
양웅 저/최형주 역 ● 312쪽

전한(前漢)시대 사마상여(司馬相如)의 영향을 받아 대문장가가 된 양웅(楊雄)의 문집이다. 양웅은 오로지 저술에 의해 이름을 남기고자 힘써 저술에 전념하였다. 〈완역〉

30. 산해경
최형주해역 ● 408쪽

『산해경(山海經)』은 문학・사학・신화학・지리학・민속학・인류학・종교학・생물학・광물학・자원학 등 제반 분야를 총망라한 동양 최고의 기서(奇書)이며 박물지(博物志)이다. 〈완역〉

31. 고사성어
송기섭 지음 ● 304쪽

일상생활에서 많이 쓰이는 중심되는 125개의 고사성어가 생기게 된 유래를 밝히고 1,000여개 고사성어의 유사어와 반대되는 말, 속어, 준말, 자해(字解) 등을 자세하게 실어 이해를 도왔다.

32. 명심보감・격몽요결
박양숙 해역 ● 280쪽

인간 기본 소양의 명심보감과 공부하는 지침을 가르쳐 주는 격몽요결, 학교의 운영과 학생들의 행동에 대한 모범안을 보여주는 율곡 이이(李珥) 선생의 학교모범으로 이루어졌다. 〈완역〉

33. 이향견문록 상・하
이상진 역 ● 상352쪽・하352쪽

일반적으로 많이 알려지지 않은 숨은 이야기 모음이다. 소문으로 알려져 있는 평범한 이야기도 있고, 기이한 이야기도 있고, 유명한 사람의 이야기를 능가하는 이야기도 있다. 〈완역〉

34. 성학십도와 동국십팔선정
이상진 외2인 ● 248쪽

'성학십도'는 어린 선조(宣祖)가 성군(聖君)이 되기를 바라는 마음에서 퇴계 이황이 집필한 책. '동국십팔선정'은 우리나라 사람으로서 성균관 문묘(文廟)에 배향된 대유학자 18명의 발자취를 나열한 책. 〈완역〉

35. 시자
신용철 해역 ● 240쪽

진(秦)나라 재상 상앙의 스승이었다는 시교의 저서로 인의(仁義)를 바탕에 깔고 유가(儒家)의 덕치(德治)를 바탕으로 '정명(正名)과 명분(名分)'을 내세워 형벌을 주창하였다. 〈완역〉

36. 유몽영
장조 저/박양숙 역 ● 240쪽

장조(張潮)가 쓴 중국 청대(淸代)의 수필 소품문학의 백미(白眉)로, 도학자(道學者)다운 자세와 차원높은 은유로 인간의 진솔한 삶의 방법과 존재가치를 탐구하였다. 〈완역〉

37. 채근담
박양숙 해역 ● 296쪽

명(明)나라 때 홍자성(洪自誠)이 지은 저서로 하늘의 이치와 인간의 정(情)을 근본으로 삼아 덕행을 숭상하고 명예와 이익을 가볍게 보아 담박한 삶의 참맛을 찾는 길을 모색하였다. 〈완역〉

38. 수신기
간보 저 / 전병구 역 ● 462쪽

동진(東晉)의 간보(干寶)가 지은 것으로 '신괴(神怪)한 것을 찾다'와 같이 '귀신을 수색한다'의 뜻으로 신선, 도사, 기인, 괴물, 귀신 등등의 이야기로 이루어져 있다. 〈완역〉

39. 당의통략
이덕일 · 이준영 역 ● 462쪽

조선 말기의 정치가이며 학자인 이건창이 지은 책으로 선조(宣祖) 때부터 영조(英祖) 때까지의 당쟁사이다. 음모와 모략, 드디어 영조가 대탕평을 펼치게 되는 일에서 끝을 맺었다. 〈완역〉

40. 거울로 보는 관상
신성은 엮음 ● 400쪽

달마조사와 마의선사의 상법(相法)을 300여 도록을 완비하여 넣고 완전 현대문으로 재해석하여 누구나 쉽게 알 수 있도록 꾸민 관상학의 해설서. 원제는 '마의상법(麻衣相法)'이다. 〈완역〉

41. 다경
박양숙 해역 ● 240쪽

당나라 육우(陸羽)의 『다경(茶經)』과 일본의 영서(榮西)선사의 『끽다양생기』를 합 현대문으로 재해석하고 도록으로 차와 건강을 설명하여 전통차의 효용성과 커피의 실용성을 곁들여 다루었다. 〈완역〉

42. 음즐록
정우영 해역 ● 176쪽

선행을 많이 쌓으면 타고난 운명을 바꿀 수 있다는 저서. 음즐은 '하늘이 아무도 모르게 사람의 행동을 보고 화복을 내린다.'는 뜻에서 딴 것. 어떤 행동이 얼마만큼의 공덕에 해당하는 가에 대한 예시도 해놓았다. 〈완역〉

43. 손자병법
조일형 해역 ● 272쪽

혼란했던 춘추시대에 태어나 약육강식의 시대를 살며 터득한 경험을 이론으로 승화시킨 손자의 병서다. 현대인들에게는 처세술의 대표적인 책으로 알려졌다. 〈완역〉

44. 사경
김해성 해역 ● 288쪽

'사람을 쏘려거든 먼저 말을 쏘아라'라는 부제가 대변해 주듯, 활쏘기의 방법에 대한 개론서. 활쏘기 자체를 초월한 도(道)의 경지에 오르는 길을 설명하고, 관련 도록을 수록하고, 『예기』에서 관련된 부분을 발췌해 넣었다. 〈완역〉

45. 예기 상·중·하
지재희역 ● 상448쪽 · 중416쪽 · 하427쪽

옛날 사람들의 생활과 관련된 모든 것을 총망라하여 49편으로 구성해 놓은 생활지침서이다. 옛날 사람들이 어떤 문화를 가지고 살았으며, 어떤 것에 생활의 무게를 두었는지 알 수 있다. 〈완역-자구색인〉

46. 이아주소
최형주 · 이준영 역 ● 424쪽

중국 13경(經)의 하나. 가장 오래된 동양 자전(字典). 이(爾)는 가깝다, 아(雅)는 바르다, 곧 '가까운 곳에서 바른 것을 취한다'는 뜻. 천문·지리·음악·기재(器材)·초목·조수(鳥獸)에 대한 고금의 문자 설명. 〈완역〉

47. 주례
지재희 · 이준영 역 ● 608쪽

중국의 국가 제도를 기록한 최고의 책이며, 삼례(三禮)의 하나. 중국 주(周)나라의 관직을 분류하고 그 예하의 관명과 각 관직에서 행하는 직무의 범위를 설명했다. 〈완역 – 자구 색인〉

48. 춘추좌전 상·중·하
남기현역 ● 상664쪽 · 중656쪽 · 하672쪽

중국의 노(魯)나라 은공(隱公) 1년에서부터 애공(哀公) 14년까지의 12대 242년간의 일들을 공자가 서술한 역사서. 좌구명(左丘明)이 전(傳)을 썼다. 〈완역 – 자구 색인〉

49. 순자
이지한 해역 ● 656쪽

맹자(孟子)의 성선설(性善說)을 부정하고 성악설(性惡說)를 주창한 순자의 모든 사상이 담겨 있는 저서이다. 모든 국가는 예로써 다스려야 한다는 순자의 이론을 집대성하고 있다. 〈완역 – 자구 색인〉

50. 악기
이영구 편저 ● 312쪽

예기 악기편과 여러 경전에 나오는 음악 관련 내용을 발췌하여 엮고, 국악기와 무일도의 도록과 설명도 실었다. 악기는 동양 최초로, 음악 이론과 악장을 다룬 예술서이며 6경(六經)의 하나이다.

51. 가범
이영구 해역 ●336쪽

가훈(家訓)과 같은 것으로 중국 가정의 규범이 될만한 내용이다.. 교훈적으로 살아간 가정을 열거하였고 살아가는데 도움이 될 것을 모았다.

52. 원본소녀경
최형주 해역 ●322쪽

인간의 성(性)을 연마해서 장생(長生)하고 인간의 질병을 성(性)으로 다스리는 방법과 기(氣)를 보충하며 건강하게 사는 것들을 담고 있다.

53. 상군서
남기현 해역 ●288쪽

국가를 법으로 다스려야 부강하는 나라를 만들 수 있다는 내용으로 상앙이 주창한 법치국가로 부국강병을 이루는 방법을 나열한 저서이다. 〈완역 – 자구 색인〉

54. 황제내경소문
최형주역●상472쪽·중448쪽·하416쪽

양생(養生)하고 질병을 제거하여 자연의 도에 순응하며 인간의 타고난 수명을 다하고 또 질병이 있게 되면 그에 대한 치료방법을 제시한 동양최고의 한의학 경전이다. 〈완역 – 자구 색인〉

55. 황제내경영추
최형주해역● 상496쪽·하496쪽

한방(漢方)의 최고 경전이며 주로 침술을 이용하여 질병을 치료하는 방법을 제시한 동양 최고의 한의학 경전이다. 〈완역 – 자구 색인〉

56. 의례
지재희·이준영 역 ●671쪽

동양 전통예절의 법전이며 삼례(三禮)의 으뜸이다. 관혼상례를 비롯한 고대사회의 사회의식과 종교학적인 면들을 자세히 엿볼 수 있는 예절의 최고 경전. 〈완역 – 자구 색인〉

57. 춘추곡량전
남기현 해역 ●568쪽

공자(孔子)의 춘추를 명분(名分)과 의리를 내세워 자세히 설명하여 비롯된 고문학(古文學)의 최고의 경전이며 사학자의 필독서로 13경의 하나이다. 〈완역 – 자구 색인〉

58. 춘추공양전
남기현 해역 ●568쪽

13경의 하나. 공자가 축약한 춘추를 고대 문화의 언어 해설로 풀어 놓아 춘추시대의 문화와 문학을 연구하는데 중요한 저서로 사학자의 필독서이다. 〈완역 – 자구 색인〉

59. 춘추번로
남기현 해역 ●568쪽

공자(孔子)의 춘추(春秋)를 공양전(公羊傳)에 의거하여 미진한 부분을 자문자답의 형식으로 재해석한 동중서(董仲舒) 평생의 연구서.

60. 청오경 · 금낭경
신성은 해역 ●288쪽

동진(東晉)시대 곽박(郭璞)과 청오선생이 지은 장서(葬書)로 최고의 명당을 찾는 법과 올바른 장법(葬法)을 제시하는 풍수(風水)의 기본서.

61. 태현경
김태식 해역 ●448쪽

양웅(揚雄)이 주역의 천지현황(天地玄黃)과 노자의 현지우현(玄知又玄)을 결부시켜 새로이 창안한 한(漢)나라의 주역이다.

62. 한서열전

근간

101. 한자원리해법
김철영 엮음 ●232쪽

한자가 이루어진 원리를 부수를 기본으로 나열하여 쉽게 풀어놓았다. 한자의 기본인 부수가 생겨나게 된 원리를 보여주어 한자에 쉽게 다가갈 수 있게 하였다.

102. 상례와 제례
김창선 지음 ● 248쪽

병법학의 최고봉인 무경칠서(武經七書) 가운데 두 가지의 책으로 3군을 지휘하고 국가를 방위하는데 필요한 저서이다. 『육도』와 『삼략』의 두 권이 하나로 합한 것이다.
〈완역〉

어머니 회초리에 힘이 없으시니
임종문 지음 ● 284쪽

고려 중기 이후 조선 말까지 7백여 년 동안 우리나라 청소년의 기초 인성교육을 맡아 온 책인 『소학』에서 현대에 맞는 이야기들을 발췌하여 한글 세대에 맞게 쉽게 풀어 쓴 한글 소학

외날개 새는 어떻게 날아가나
임종문 지음 ● 312쪽

중국의 제자백가들을 총마라하여 나열해 놓은 사상의 백과사전인 『여씨춘추』를 이야기 중심으로 엮어놓아 재미있게 읽도록 하여 역사에서 지혜와 교훈을 배울 수 있게 했다.

이것도 인생이다
유태전 지음 ● 314쪽

한글 이인기행록이다. 일반적인 눈으로 보면 이상한 사람들이지만, 인생을 자기 것으로 만들어 삶을 즐겁게 살다 간 사람들의 이야기에서 삶의 방법과 인생의 의미를 깨닫게 될 것이다. 우리의 거짓 관념을 깬 인생의 기록.

썩은 나무에는 조각할 수 없고
지재희 지음 ● 320쪽

인간적인 삶. 인간다운 사회의 이상향을 꿈꾼 동양 정신의 다이아몬드라 불리 수 있는 『논어』를 한글 세대에 맞게 풀어 썼다. 잠언처럼 우리의 영혼에 파고드는 말씀과 만고불변의 진리를 만날 수 있다.

맹자로 한국 살리기
이승철 지음 ● 310쪽

논쟁의 대가인 맹자의 저서 『맹자』를 한글 세대에 맞게 풀어 쓴 책. 논술시험을 보는 학생과 수험생이라면 반드시 읽어 보는 맹자의 말솜씨를 배워봄직하다. 말을 때와 장소에 맞게 논리정연하게 하는 말솜씨는 경제사회의 현대를 살아가는 사람들에게 가장 중요한 필수조건이라 할 수 있다.

나보다 남을 더 사랑한 사람들
남기현 해역 ● 568쪽

한글 오륜행실도이다. 효돌을 행한 사람들. 충성을 다한 사람들, 부부간의 사랑을 극진히 한 사람들, 친구와 형제에게 의리와 우애를 다한 사람들. 가족사랑을 다하고 사회의 본보기가 된 사람들의 이야기를 엮은 책이다. 이야기 옆에 김홍도가 그린 이야기 그림을 실었는데 이야기를 읽지 않고 그림만 보아도 이야기의 줄거리를 알 수 있고 이야기와 그림을 비교해 보는 재미도 있다.

리더가 잘해야 모두가 산다

한글 한비자이다. 나라가, 회사가, 조직이 망하는 징조를 미리 알아내고 예방하는 비법과, 아랫사람을 다스리는 방법, 조정하는 요령, 조직원을 손 안에 장악하는 비법들을 자세하게 알 수 있다. 고전인 『한비자』를 새롭게 편집하여 한글 세대들도 쉽게 접할 수 있게 했다.

성공의 문을 여는 열쇠 33
조일형 지음 ● 320쪽

성공의 전제 조건인 목표 세우기. 신념 갖기. 시간 활용법. 기회잡기. 인간관계. 결단력. 인내심과 끈기 등 7가지 항목을 설정하고 각 항목별로 세분하여 모두 33가지 성공 조건을 설명했다.

■ 동양학 100권 발간 후원인(가나다 순)
　후원회장 : 유태전
　후원회운영위원장 : 지재희
　　김경범, 김관해, 김기흥, 김소형, 김재성, 김종원, 김주혁, 김창선, 김태수, 김태식,
　　김해성, 김향기, 남기현, 박남수, 박문현, 박양숙, 박종거, 박종성, 백상태, 송기섭,
　　신성은, 신순원, 신용민, 양태조, 양태하, 오두환, 유재귀, 유평수, 이규환, 이덕일,
　　이상진, 이석표, 이세열, 이승균, 이승철, 이영구, 이용원, 이원표, 임종문, 임헌영,
　　전병구, 전일환, 정갑용, 정인숙, 정찬옥, 정철규, 정통규, 조강환, 조응태, 조일형,
　　조혜자, 최계림, 최형주, 한정곤, 한정주, 황송문

　　　인 지
　　　생 략

동양학총서 〔10〕
시경(詩經)

초판 1쇄 발행　1994년 5월 25일
초판 3쇄 발행　2007년 1월 30일

해역자 : 이상진 · 이준영 · 황송문
펴낸이 : 이준영

회장 · 유태전
주간 · 백상태 / 편집 · 김경숙 / 교정 · 홍영선
조판 · 태광문화 / 인쇄 · 천광인쇄 / 제본 · 기성제책 / 유통 · 문화유통북스

펴낸곳 : 자유문고
서울 영등포구 문래동6가 56-1 미주프라자 B-102호
전화 · 2637-8988 · 2676-9759 / FAX · 2676-9759
홈페이지 : http://www.jayumungo.co.kr
e-mail : jayumg@hanmail.net
등록 · 제2-93호(1979. 12. 31)

정가 20,000원
※ 잘못 만들어진 책은 구입하신 서점에서 바꿔드립니다.

ISBN 978-89-7030-010-8　04150
ISBN 978-89-7030-000-7　(세트)